U0508755

“口述乡村”丛书

“口述乡村”丛书　　主编　谢治菊

从“扎根”到“引领”

FROM STATIONED ASSISTOR
TO DEVELOPMENT BELLWETHER

新农人致富记忆与带头密码

SECRETS AND COLLECTIVE MEMORIES OF
THE NEW FARMERS IN RURAL REVITALIZATION

谢治菊　郭　明　编著

社会科学文献出版社
SOCIAL SCIENCES ACADEMIC PRESS (CHINA)

“口述乡村”丛书总序

寻找乡村振兴的集体记忆

2021 年 2 月 25 日，习总书记在全国脱贫攻坚总结表彰大会上的庄严宣告标志着我国脱贫攻坚战的全面胜利。8 年来，为了取得这场胜利，中央、省、市、县财政专项扶贫资金累计投入近 1.6 万亿元，最终现行标准下 9899 万农村贫困人口全部脱贫，832 个贫困县全部“摘帽”，12.8 万个贫困村全部出列，完成解决区域性整体贫困和绝对贫困的艰巨任务。[①] 中国脱贫攻坚战之所以能取得伟大成就、创造伟大奇迹，离不开坚强的领导核心、科学的顶层设计、有效的制度安排、精准的脱贫策略、深厚的人民情谊，更与数百万默默坚守在一线的扶贫干部以及长期扎根在农村的致富带头人、乡村教师、乡村医生等骨干力量分不开，他们艰苦奋斗、无私奉献、开拓创新，彰显出“责任、担当、奉献、探索、吃苦、实干”等感人精神，谱写了许多不为人知的感人故事，这些精神与故事对巩固拓展脱贫攻坚成果、全面推进乡村振兴、实现农业农村现代化、迈向共同富裕有重要的价值，理应在凝练总结的基础上结合新时代的新要求来发扬与传承。为了让这些精神与故事能够流传下来，被更多的人所珍藏和记忆，为后续研究者提供素材，为中华人民共和国波澜壮阔的历史书写新的篇章，自 2020 年 5 月以来，在广州市委宣传部、广州市社会科学界联合会等单位的指导和支持下，我们已（正在）采写一线扶贫干部、乡村致富带头人（新农人）、社会帮扶群体等三个群体的口述故事并出版，接下来将采写大学

---

① 习近平：《在全国脱贫攻坚总结表彰大会上的讲话》，《人民日报》2021 年 2 月 26 日，第 2 版。

生村官、乡村医生、乡村教师、乡村振兴专干等群体的口述故事。那么，我们为何要采写这些群体的口述故事？我们如何采写这些群体的口述故事？我们如何开发并运用这些群体的口述故事？下面一一分析。

一　缘起：调研中的感动与初心

我们为什么要出版这样一套丛书呢？这与我们团队的研究经历有关。我们知道，“逐步消灭贫困，达到共同富裕”是中国共产党始终秉持和为之奋斗的崇高目标。自成立以来，中国共产党就一直关注着人民群众的贫困问题，并将取得政权让人民当家做主作为解决此问题的根本途径，率领全国各族人民开展各种形式的反贫困斗争，先后经历“计划经济体制下的救济式扶贫、开发式与综合性扶贫、整村推进与两轮驱动扶贫、脱贫攻坚”四个阶段，解决了数以亿计贫困人口的生存问题，实现了几千年的民族梦想，创造了人类减贫史上的奇迹。自党的十八大以来，以习近平同志为核心的党中央坚持把解决好“三农”问题作为全党工作的重中之重，把脱贫攻坚作为全面建成小康社会的标志性工程，组织推进人类历史上规模空前、力度最大、惠及人口最多的脱贫攻坚战，启动实施乡村振兴战略，推动农业农村取得历史性成就、发生历史性变化。如期完成新时代脱贫攻坚目标任务后，“三农”工作就将进入全面推进乡村振兴的新阶段，这是“三农”工作重心的历史性转移。

在此过程中，我们团队牢牢抓住时代赋予的契机，围绕脱贫攻坚与乡村振兴理论、实践与案例开展研究。事实上，脱贫攻坚与乡村振兴研究是团队自创建以来所开展的乡村治理理论与实践研究的延伸，其所蕴含的时代精神、问题意识和责任情怀，一直都是团队研究的生命线。为此，自“十三五”以来，团队一直以国家脱贫攻坚与乡村振兴战略为指引，聚焦脱贫攻坚与乡村振兴的重点、难点与痛点，立足广东、辐射西部、面向全国，围绕“理论研究、实践探索、政策咨询、人才培养”四大模块，构建“认知、体验、践行”三阶合一的乡村实践体系，探索“高校—政府—企业—社会组织”四元互动的乡村研究模式，深化“政产学研创”五位一体的乡村育人平台。近年来，团队在脱贫攻坚与乡村振兴领域的学术思想与实践活动被《人民日报》、学习强国、今日头条、《中国青年报》、《中国教育报》、《中国社会科学报》、《学习时报》等主流媒体报道100多次。

而“口述乡村”系列故事的采集初心，来自扶贫干部在脱贫攻坚中的伟大精神，这种精神深深地打动了我们。脱贫攻坚战，是一场没有硝烟的战斗，更是一场旷日持久的战斗。在这场史无前例的战斗中，广大基层干部无论是身体还是精神方面都经历了前所未有的考验，做出了不可磨灭的贡献。据统计，在这场彪炳史册的脱贫攻坚战中，中国累计选派25.5万个驻村工作队、300万名第一书记和驻村干部，同近200万名乡镇干部和数百万村干部共同奋斗在脱贫攻坚战场上。[①] 确实，自脱贫攻坚以来，广大一线扶贫干部坚决贯彻中央政策与群众路线，与贫困群众生活在一起、工作在一起、战斗在一起，以解决贫困群众“一达标两不愁三保障”为使命，以帮助贫困群众彻底摆脱贫困为目标，齐心协力、顽强奋战、呕心沥血，更有1800多名扶贫干部牺牲在了脱贫攻坚征程中。

促使我们团队萌发采集口述故事点子的是2018年、2019年在贵州大山深处调研中的感动。当时许多驻村干部家住县城，前往驻村点往往要花1~2小时，为了打赢脱贫攻坚战，大部分干部经常两三个月才回家一次，无暇顾及家庭。每每听到这样的故事，我们都被他们的那股精神深深地感动，忍着眼泪，真正体会到“过家门而不入”的高尚情怀。而后，我原单位贵州民族大学毕业生余金政的离开给了我更大的触动。他是一位2019年3月倒在扶贫一线的战士，牺牲时才39岁，未婚，工作11年，存款只有4万多元。在连续工作近40小时后，他突然倒在了帮扶对象家中，再也没有醒来。这让我们深切地感受到，开展脱贫攻坚的这些年扶贫干部为此付出的汗水、热血甚至生命，理应被后人、被历史、被所有的中华儿女记住。由此，我们团队有个心愿，一定要为扶贫干部这个群体做些什么。而采集口述故事正好以原汁原味的方式将扶贫干部的所见、所闻、所感、所历和所获记录下来，由此我们团队萌生了开展“口述乡村”系列活动的想法。后来发现，这样的想法比较有价值与意义，因为无论是脱贫攻坚还是乡村振兴，无论是农业农村现代化还是共同富裕，都离不开外在的帮扶与内生的动力，而扶贫干部、社会帮扶群体、大学生村官、乡村振兴专干代表外

① 习近平：《在全国脱贫攻坚总结表彰大会上的讲话》，《人民日报》2021年2月26日，第2版。

力帮扶，乡村致富带头人、乡村医生、乡村教师代表内生动力。通过口述史的方法将这些群体的故事采写回来，挖掘他们的共同记忆与集体画像，可以了解乡村命运共同体在脱贫攻坚与乡村振兴背景下的个体体验与心路历程，分析个体记忆对集体记忆的建构和集体记忆对个体记忆的再生产，为将口述故事转化为研究素材、有声读物、思政案例、育人实践提供“面粉”与“养料”。

二　画像：乡村命运共同体的集体记忆

恰如一块极具创造力的园地，口述史吸引了国内外不同研究者的目光。口述史是基于特定的研究目的，利用文字、录音、录像等手段收集、整理和保存受访者口头叙述历史记忆的研究方法，近年来被广泛用于社会学、传媒学、心理学、医学、档案学等学科领域。其中，社会学与口述史的关系最为密切，两者通过社会性、功能性与历史性的逻辑互构，从而在个体既视感的群体幻象、个体生命历程的社会痕迹和个体记忆的集体表征中有着共同的研究旨趣。口述史素材往往来自口述者对其过往生活经历的理解性叙事，其中包含着口述者对社会事件的理解及其自身的生命体验，从这些理解和体验中能够折射出集体的群像和社会发展的轨迹，从而遵循着“个体—群体/集体—社会”的建构逻辑，形成了个体、集体与社会互构的理论旨趣。所以，以口述史方法来寻找的，是乡村命运共同体的集体记忆。

随着传统权威的肢解与乡土意识的弱化，农村“原子化”问题越来越凸显。“原子化”强化个体意识与自我，是农村传统社会结构、整合关系、伦理道德和交往样式消解的产物。在此背景下，乡村命运共同体有何特征？滕尼斯认为，共同体包括三种类型，从最初的血缘共同体发展为地缘共同体，最后是精神共同体。从具体表现来看，其典型的形态是亲属、邻里与友谊，这些共同体具有亲情性、集体性与安全性特征。从中国农村社会结构变迁史可知，农村共同体经历了三种逐步更替的形态，分别是农村自然共同体、农村伦理共同体、农村命运共同体，后者是对前者的依次扬弃。其中，于新时代新要求下的新群体，农村命运共同体既有伦理共同体的传统风俗，又是超越伦理共同体血缘、地缘和伦理界限的，建立在政治、经济和文化共建共享基础上的联结网络，是受现代农村社会转型影响的被分化出的特殊群体。① 这些群体包括乡村干部、乡村医生、乡村教师、乡村致富带头人等，虽然家庭背景、成长历程、文化水平、经济收入、社会地位不一，但他们都在农村从事相同领域的工作，具有相似的工作场域、工作经历与工作感受，因此可以称为“乡村命运共同体”。

近年来，由于城市化和工业化的快速推进，各地大量撤村并居，由此引发了村落“空心化”、乡村文化“荒漠化”、乡村集体“失忆”乃至“断根”等现象。② 为了记得住乡愁，政府不仅出台了政策来规范、组织活动来引领（如乡村记忆工程、印迹乡村创意设计大赛等），学界也进行了一些探讨和研究，主要还是聚焦在乡村文化振兴的角度，尤其强调依托乡村社会原有的文化背景和社会基础，充分挖掘以农耕文明为代表的传统乡村文化的历史价值，传承和重构传统村落的集体记忆。③ 有关集体记忆的研究最早可以追溯到法国社会学家涂尔干提出的“集体意识”和节日仪式中的“集体欢腾”。而哈布瓦赫则认为，集体记忆受社会支配性的意识形态和文化规范、社会禁忌的影响，也是与他人、社会、环境紧密相关的个体记忆促动的结果。站在这个角度，乡村文化建设固然能够唤起乡村集体记忆，却难以准确描绘乡村命运共同体的集体记忆，因此需要运用口述史方法来采集。可以说，以口述史方法来呈现乡村命运共同体的集体记忆，可以像写实画家一样，忠于每个个体、忠于他们的表达、忠于他们的叙述，原汁原味地呈现群体的真实“画像”，对记忆的主体、客体、载体、内容与过程进行详细而系统的描绘。

三　传承：记忆里的情怀与价值

“育人”是我们开展“口述乡村”系列活动的主要目的之一。正因为如此，“口述乡村”系列故事的采写主体，往往是来自全国各地的青年大学生，且以本科生为主。例如，已经出版的扶贫干部口述故事，吸引了全

---

① 刘海军、王平：《共享发展理念下的农村命运共同体建构》，《西北农林科技大学学报》（社会科学版）2017 年第 3 期。

② 鲁可荣：《乡村集体记忆重构与价值传承》，《民俗研究》2021 年第 3 期。

③ 鲁可荣：《乡村集体记忆重构与价值传承》，《民俗研究》2021 年第 3 期。

国 10 多所高校 130 多名大学生参与；正在出版的新农人口述故事，有全国 10 多所高校 181 名学生参与；正在征集的企业扶贫口述史，也有全国 10 多所高校 100 多名学生报名参与。

之所以将“口述乡村”系列故事采写及采写中所挖掘的系列精神作为培育青年大学生的重要资源与核心素材，是因为这样的传承至少有三方面的意义：一是可以解决脱贫攻坚与乡村振兴精神转化为立德树人的资源问题，丰富高校立德树人的方式与途径。脱贫攻坚与乡村振兴精神蕴含着时代价值、文化精神、教育意蕴，对于明确立德树人内容导向、构建立德树人课程体系、健全立德树人评价机制，具有重要的推动与促进作用。通过开发以“责任、担当、奉献、探索、吃苦、实干”为核心要义的脱贫攻坚与乡村振兴精神，将这些精神转化为带有普遍特征的立德树人资源，能够丰富高校立德树人的路径与方式。二是可以解决脱贫攻坚与乡村振兴资源融入课程思政的过程问题，提升“大思政”体系的育人效能。面对“大思政”育人格局，脱贫攻坚与乡村振兴所蕴含的“科研育人、实践育人、课程育人、活动育人、精神育人”要素，是破解乡村资源融入课程思政的密码，能够提升“大思政”体系的育人效能。三是可以解决脱贫攻坚与乡村振兴过程对接创业就业的实践问题，增强脱贫攻坚与乡村振兴资源育人的示范效应。参与“口述乡村”系列活动，一方面可以培养学生吃苦耐劳的精神，让学生正确地认识自己，选择适合自己的方式去就业创业，另一方面可以让更多的学生认识基层与农村，鼓励他们到基层到农村去就业创业，支持乡村振兴。

正因为脱贫攻坚与乡村振兴精神具有如此重要的教育价值与育人功能，所以团队主要从以下四个方面来传承该精神：一是让学生面对面采访口述群体，滴灌式感受口述群体精神、系统化撰写口述群体故事、全方位传播口述群体情怀；二是无论是故事征集活动的策划、征集方案的制定、征集活动的开展、口述故事的采写还是采写成果的传播，都是青年学生在老师指导下参与完成的，此种参与可以让大学生全方位全过程感受并挖掘口述群体精神与集体记忆；三是在全校开设公共选修课“中国扶贫密码”“乡村振兴概论”“乡村创新创业实践”等，并将挖掘的口述群体精神与故事作为课程的教学案例、思政素材与育人资源；四是将采写出版的口述群体故事变成有声故事让大学生倾情演绎与宣讲传播，在市委宣传部的指导下进社区、进学校（中小学和大学）、进农村、进政府。

进一步，可以这样理解，我们一方面积极发动全国的本科学生参与“口述乡村”系列故事的采写，通过让学生深入一线采访、身临其境感受、扎扎实实撰写、实实在在体验，来培育其责任担当意识、净化其心灵、锻炼其能力。另一方面，将收集而来的素材用于课程思政建设与育人活动中，先后开展“乡村精神进校园”“乡村资源进课程”“乡村干部进课堂”等活动，构建“科研育人、实践育人、课程育人、活动育人、精神育人”五大乡村资源育人体系，为锻炼学生的“脚力、眼力、脑力、笔力”，建设“走基层、懂国情、长本领”的人才培养体系，培养“脚踏大地、志存高远、心怀家国”的卓越应用型人才做出应有的贡献。

“新时代催生新思想，新思想呼唤新作为”，“治国犹如栽树，本根不摇则枝叶茂荣”。“农业兴、农村稳、农民富”是“三农”发展的根本目的，“产业振兴、人才振兴、文化振兴、生态振兴、组织振兴”是乡村振兴的五大目标。未来，我们团队会更加及时传播乡村振兴的经验、案例与声音，竭力贡献乡村振兴的智慧、力量与情怀，认真履行高校学者的责任、使命与担当。

谢治菊

2021 年 6 月 12 日于羊城

自序：寻找新农人的致富记忆与带头密码

习近平总书记多次强调，从中华民族伟大复兴战略全局看，民族要复兴，乡村必振兴。[①] 乡村振兴包括产业振兴、组织振兴、文化振兴、生态振兴与人才振兴五个维度，所有维度都需要人才来引领，这里的人才既包括乡村已有的在地人才，又包括愿意扎根乡土的外来人才，前者可通过培训、学习、教育来造就，后者则需要通过引导、鼓励与培育，让其有向乡村流动的意愿、平台与契机。其中，基层组织人才、乡村经营人才与管理人才尤为重要，也十分短缺，此种短缺对巩固拓展脱贫攻坚成果、全面开展乡村振兴、稳步迈向共同富裕极其不利。为此，2021 年 3 ~ 12 月，团队通过“乡村致富带头人口述故事征集与教学案例编写”活动，一方面，努力寻找乡村振兴中新农人的致富记忆与带头密码；另一方面，试图将新农人的致富记忆与带头密码开发成课程思政素材进校园、进课堂、进书本，鼓励城市有为青年和大学生到农村到基层去创业就业。

一　缘起：新农人致富带头的历史使命

“乡村要振兴，关键在人才。”但是，整体而言，我国“三农”人才数量不足、质量不高、结构不优的现象比较普遍。乡村人才之所以不足，一方面与“三农问题”在中国现代化进程中的劣势地位有关，另一方面应归结为高校人才培养取向的“阻滞”。一如 2018 年中央一号文件所指出的：实施乡村振兴战略，必须破解人才瓶颈制约，把人力资本开发放在首要位

① 《坚持把解决好“三农”问题作为全党工作重中之重　促进农业高质高效乡村宜居宜业农民富裕富足》，《人民日报》2020 年 12 月 30 日，第 1 版。

置，培养更多的乡村人才。[①]

进一步讲，人才是乡村的第一资源，创新是乡村发展的主要动力。这说明，乡村的发展需要一批创新型人才。《农村实用人才和农业科技人才队伍建设中长期规划（2010—2020 年）》指出，截至 2008 年年底，我国拥有农村实用人才 820 万人、农业科技人才 62.6 万人、农技推广人才 56.3 万人，约占全国人才资源总量的 8%。其中，农村实用人才占农村劳动力的比重仅为 1.6%，而农村实用人才中受过中等以上职业教育的比例不足 4%，农业科技人才中大专以上学历的比例不足 50%，再次印证我国乡村人才比较缺乏，也说明乡村振兴需要的是一批示范性、带动性强的创新创业型人才。然而，这样的人才更是短缺，因为，一方面乡村人才不仅存量不足，现有人才的质量、结构与文化程度也不甚合理，难以通过培训与教育来有效提升其水平；另一方面，现在的大学生普遍存在就业难、就业质量不高等问题，部分学生思维僵化、取向单一，不愿意到基层和乡村去创业就业，以致乡村人才的增加难以实现。故而，与更加重视实践的国外教育相比，学生的指向性实践远远不够。所以，乡村需要的带动性强的实用型人才，最好通过榜样示范、品牌打造来培养。

可以说，在推进全面乡村振兴的过程中，作为乡村振兴战略成功实施的重要主体和关键力量，新农人因具备深厚的群众基础、过硬的本领作风与丰富的资源优势，往往能够在农民群众中起到良好的示范带动作用，有效破解乡村振兴的人才短板。对此，《中共中央　国务院关于实施乡村振兴战略的意见》指出，要实施农村带头人队伍整体优化提升行动；《中共中央　国务院关于抓好“三农”领域重点工作确保如期实现全面小康的意见》也指出，要深入实施农村创新创业带头人培育行动，打造一支“不走的工作队”；习近平总书记在其重要文章《扎实推动共同富裕》中也强调，要重点鼓励辛勤劳动、合法经营、敢于创业的致富带头人。

以乡村致富带头人为主体的新农人，是一批具有知识、眼光、技能、追求和情怀的人，他们中有海归人士、高校大学生、城市返乡青年、企业高管，也有进城务工、在外参军转业回乡的草根青年农民，还有大字不识

① 中共中央党史和文献研究院编《十九大以来重要文献选编》（上），中央文献出版社，2019，第 175 页。

几个的家庭妇女与长期扎根农村的在地干部。这些人，无论从出身、能力、阅历、经历、水平还是理想、追求来看，都具有较大的差异，但他们愿意回归乡土的情怀、乐于奉献家乡的精神、敢于打破传统的勇气、能够承担责任的胸怀、善于带动一方的能力、广于联农带农的使命，深深地打动了我们。他们是一个个具有独立价值追求的个体，他们有的人会因资金、韧劲、知识、经验、兴趣、技术、市场而改行转业、另谋出路，但他们的探索，会鼓励更多有知识、有能力、有追求的人投身农业，成为新农人，也会推动国家出台更多的政策支持新农人“以农为业、以农为乐、以农为傲、以农为生”。

为深入挖掘新农人的致富记忆与带头密码，激励学生到农村到基层去创业就业，2021 年 3 月，由广东省乡村振兴局、共青团广东省委员会、广州市社科联联合指导，广东省国强公益基金会主办，广州大学乡村振兴研究院、公共管理学院承办的“乡村致富带头人口述故事征集与教学案例编写”活动正式启动。此次活动是 2020 年“攻坚 2020：一线扶贫干部口述故事”的延续，也是团队谋划的“口述乡村”系列活动重要的一环。受新冠肺炎疫情的影响，此次活动采用“线上 + 线下”的方式，以“采写培训、精准辅导、专题讲座、实地调研、暑期三下乡”等形式开展，吸引了来自全国 10 多所高校 181 名学生报名参加，这些学生共计采写了来自广东、广西、河北、贵州等地 51 个县 100 多名新农人的故事。经过初评、修改、复评、再修改与终评，共有 64 份作品获奖，此次出版的 55 个故事，就是从获奖作品中遴选出来的。

二　群像：新农人致富带头的集体记忆

本书是用口述史方法来寻找新农人的集体记忆。通过亲历者口头叙述讲出的叙事历史，简称“口述史”。口述史是基于特定的研究目的，利用文字、录音、录像等手段收集、整理和保存受访者口头叙述历史记忆的研究方法。口述史素材往往来自口述者对其过往生活经历的理解性叙事，其中包含着口述者对社会事件的理解及其自身的生命体验，从这些理解和体验中能够折射出集体的群像和社会发展的轨迹，从而遵循着“个体—群体/集体—社会"的建构逻辑，形成了个体与社会互构的理论旨趣。①

事实上，与他人、社会、环境紧密相关的个体记忆，不是单纯的个体现象，更不是单纯的生理现象，而是与别人或自己的某段经历相关的自然景物刺激、促动、激发的结果，甚至可以说是"我的记忆借助了他们的记忆"。② 这个唤起、重构、叙述、定位和规范记忆的文化框架就是所谓的"集体记忆"或"记忆的社会框架"。③ 而特定的个人记忆能否被回忆起、以什么方式被回忆起，都取决于这个框架。也就是说，一个社会支配性的意识形态和文化规范、社会禁忌常常决定性地塑造了记忆的社会框架，个体记忆在集体记忆的框架中得到阐发。④ 站在这个角度，新农人的集体记忆，一方面，与个体的神经机制、心理过程与人生阅历有关系，与其致富中的特定知识和记忆领域有关联；另一方面，又受到脱贫攻坚、乡村振兴、共同富裕的政策要求与现实需求的形塑，被"时代所建构"。

"农村致富带头人"一词带有鲜明的时代烙印和政治意蕴，曾被称为"新型职业农民""高素质农民""农村新型经营主体"等，可以统称为"新农人"。新农人，是指坚持生态农业、现代农业理念，运用互联网、大数据、区块链、人工智能等技术手段，提供农业生产、加工、流通、推广服务的群体。新农人对于推动农产品营销方式创新、引领农业生产方式的转变、拓展农民就业和增收空间、带动城市资源要素向农村流动、促进农村一二三产融合有重要的价值，可以分为知识青年、跨界人士、返乡创业的农民工、乡村当地人员等四种类型，但不管是哪种类型，对小农户的增收能起到一定的带动作用。

目前，学术界主要从生产方式、经营业态、互联网基因、市场化思维等方面来描绘新农人的群像，提出了新农人即农业新业态、农村新细胞、农民新群体。这些画像虽然对新农人的基本特征进行了描述，但没有弄清

---

① 谢治菊、陆珍旭：《社会学与口述史互构的逻辑、旨趣与取向》，《贵州师范大学学报》（社会科学版）2022 年第 1 期。

② 〔法〕莫里斯·哈布瓦赫：《论集体记忆》，毕然、郭金华译，上海人民出版社，2002，第 69 页。

③ 〔法〕莫里斯·哈布瓦赫：《论集体记忆》，毕然、郭金华译，上海人民出版社，2002，第 69 页。

④ 〔法〕莫里斯·哈布瓦赫：《论集体记忆》，毕然、郭金华译，上海人民出版社，2002，第 71 页。

新农人的群体范围，看不出新农人的成长轨迹、致富记忆、带头密码与心路历程，尤其没有对新农人的驱动因素如资本驱动、问题驱动、需求驱动、技术驱动、情怀驱动等进行系统分析，更没有对新农人的培育因素如政策体系、个体特征、家庭背景、社会支持、环境条件等进行全面了解，这恰好是本次口述故事采集活动所比较看重的。数据显示，在55个口述故事中，新农人群体年龄主要分布在30～45岁区间内，其中，30岁以下的占5.4%，30～45岁的占67.2%，46～60岁的占27.3%；性别以男性为主，占81.8%，女性仅占18.2%；学历以大专、本科为主，占47.2%，初中以下的占21.8%，高中或中职的占30.9%；致富领域以蔬菜、水果等种植业为主，占65.4%，养猪、养鱼、养虾等养殖业占18.1%，其余行业占16.5%；带贫人口以200人以上为主，占32.7%，100人以下的占23.6%，100～200人的占14.5%，29.2%的受访者未明确提及。

从55个新农人人物群像来看，他们之所以被称作“新农人”，主要“新”在以下五个方面。

一是思维新。与传统的农民相比，新农人更具备团队意识和集体观念，他们拒绝“关起门来搞建设”的局限性思维，通过汇集来自不同领域和行业人才的创新性想法，将其经营理念、管理模式、技术路线等灵活应用于农业领域，协调机遇与挑战的关系、改变单打独斗的生产组织方式、完善创新技术成果转化机制，从而构建自我服务的典范。因此，他们常常通过合作社、公司、工厂等法人组织以及各式各样的非正式组织将人组织起来，构建起具有组织认同感的实践平台，积极探求新业态下的农业发展，把安全、可持续、绿色、有机、营养、健康等作为农业最重要的追求目标。正是有这样的新思维，新农人都比较有信心，恰如刘云祥所说：“总有一天，我会推倒这堵‘贫困墙’，开辟出一条康庄大道！”一心想着要将柳编记忆传承下去的张建国，一直致力于将“炕头经济”与“居家经济”发展起来，带领更多的村民脱贫致富。将种植益肾子当成一生信仰的黄俊添说，他回乡创业可不是随随便便的，而是有很大志向，想把在城里学的新思维、新思路、新理念带回去，结合当地实际发展产业。曾经的农村家庭妇女黄月情，用一双勤劳的双手，将一片片“野生草”变成了可以包粽子的意想不到的财富。她说：“要努力去拼搏，多苦多累都不放弃。”

二是结构新。新农人的“新”首要体现在新农人由来自各行各业的中青年组成，在群体结构上呈现“年轻化、高学历化、多元化”。在口述样本中，相较于一生躬耕于土地的传统农人，新农人普遍较为年轻，年龄主要集中在25~45岁，其中不乏生于乡村求学而成回馈家乡的高学历人士、进城营生辗转各地后回乡创业的务工人员、心存乡村情怀敏锐捕捉发展契机的青年企业家、在外参军转业回乡的村委会主任等等。从个体来看，出身、人生经历、专长领域、思维模式等都具有较大的差异，但是对传统农业产业的探索和突破，对传统个体农业经营方式的创新和融合，对传统乡村生活的乡土情怀是共同的。例如，至今怀念童年时听到的瑶族长鼓之音的创业人唐买社吊，认为最大的幸福就是守护好、传承好瑶族长鼓的制作技术，和更多人分享传统文化的魅力。在广州闯出一番天地后毅然回乡创业种菜的张天荣，建立了12000多亩蔬菜示范基地，带动周围乡镇几百人就业，积极推动“黔菜出山”。因在深圳打工期间怀念家乡的酸菜而返乡创业的黄杰，创业三年贷款上百万，只为将家乡的酸菜带到世界上任何一个地方，让乡亲们在家门口就业，打造贵州第二个“老干妈”。

三是形象新。新农人不再将农民当成一个传统的受歧视的职业，而是将农业作为一份事业，有计划、有方案、有策略地开展工作，在自己从事的事业中，也有成就感、获得感，且感觉骄傲和自豪。例如，来自广东东源县的王建新在其创业历程中历经各种艰难困苦。为了陪伴病重的母亲，毅然决然回到家乡成为村里最早发展农业的人，干过多种产业，大都受市场、疾病、环境等因素影响以失败告终；雪上加霜的是，后因感染布鲁氏菌一度病危，命悬一线。但难能可贵的是他在出院后仍然不忘初心，开启扬“莓”起航的致富带头路，秉着“先富带动后富”的精神，积极帮扶村留守妇女与老人就业，尽己所能带动更多的乡贤推动当地发展，积极推动乡村建设。来自贵州六盘水的邓彪，用上亿的资产打造了一个野生刺梨王国，带动周边人全部脱贫致富。之所以有这样的“大手笔”，是因为他认为农村人一定要把思想放正，一定要把心放在农村上，既为取得的成绩感到自豪，也要在反哺故里的路上继续前进。邢海龙告诉我们，每当想到老祖宗传下来的这么好的种植技术会在咱手里失传，都很心痛，他坚定地告诉自己必须把它传承、发展下去。从到处碰壁无人理解到苦尽甘来的石英，从单打独斗到抱团取暖、从8人小队到150人大团队、从无到有再到2000万元销售额，仅仅用时3年左右。虽然历尽坎坷，但他认为有满满的成就感，因为所有的付出都是值得的，所有的努力都是会有回报的。

四是手段新。站在时代的风口上，80%以上的新农人都懂得运用网络平台来推销自己的产品，懂得电商直播带货的技巧。在互联网技术和社交媒体的带动下，竞赛、演说、学术会议、公益活动、家访、支教、沙龙、市集等活动以线上或线下的形式开展，新农人通过分享经验、交流情感、答疑解惑、共同探讨等形式推进产学研相结合，形成“社会化、智能化、网络化、互动化、专业化和弹性化”的经验分享机制和学习交流平台。例如，种植草莓的张广运心怀扶贫理想，中年勇敢转行，创新农业技术，迎来致富春天。他不屈于市场萧条对服装厂关停的打击，敏锐把握乡村振兴政策扶持的潮流，多方借鉴，仔细钻研，刻苦努力，低调谦逊。从家庭农场到几十亩现代化果蔬大棚，从棉纺业商人到带领几十名乡亲在田地里实现脱贫致富，张广运勤奋求知，研发高质量草莓种植技术、独创土壤成分改良方法，认为果实要对接国际标准，农场设备要科技化、专业化，务农也要追求卓越。从一颗草莓，张广运看见更广阔的世界。誓把蜜柚卖出大山的官维远，利用智慧农业技术，将柚子种植规模化、产业化与标准化。他说，“能做自己喜欢的事情，实现自己的人生价值，是一件非常美好的事情”。

五是带动新。大多数新农人愿意将自己的思维、观念、技术、方法、市场等分享给当地的村民，愿意帮助当地村民脱贫致富，特别是在产业前端的标准化种植、中端的品牌化包装和后端的规模化销售方面，新农人的示范带头行为十分明显。例如，从药店营业员到自己开药店，再到返乡种植莓茶带领乡亲一起致富的刘超说，作为大山的儿子，无论走多远，都会听见大山的呼唤，呼唤着自己去尽一份责任。他说一个人的梦想和他埋下的种子是息息相关的，埋下什么样的种子他的梦想就会长成什么样，他想让自己的家乡富起来，变得更美更好。怀着同样梦想的康学鹏认为，做新农人要有宽广的胸怀，“虽不能说我自己的胸怀有多广，但是必须能装下老百姓，得为他们着想才行”。樊浪生则认为，“穷则独善其身，达则兼济天下”，创业成功给他带来的最大成就，是看到了自己的价值，“那就是能够做些对社会有益的事，能扛起一部分社会责任”，这对他来说不仅是鼓励，更是鞭策。成家驹认为，“一个人的富裕并不是真正的富裕，真正的富裕应该是带动乡亲们一起富裕”。在他看来，一家优秀、有良心的地方企业，不但要发展好，更要回报社会，带领家乡一起前进。在文付贵看来，在任何时候都不应该去抱怨，只需努力做好该做的事，实现自己的价值，毕竟，“让更多人因你而实现更大的价值”才是最重要的。

可以说，大部分新农人没有专家的智慧、总裁的资源、诗人的浪漫、明星的风采，也没有完全能与国内国外、省内省外市场有效接轨的专业化团队、市场化资源与精准化策略。但是，他们有坚定的信念、不屈的精神、温暖的内心、勤劳的双手、活跃的思维与宽广的胸怀。他们用良心去塑造品牌、用脚步去丈量土地、用双手去开拓市场、用本真去打动客户、用汗水去浇灌未来。他们中，有为了陪伴患病母亲而放弃塑胶模具厂合伙人身份、为了养虾事业而感染病菌命悬一线的王建新；有一边照顾重病家人一边发展产业的林小花；有身残志坚努力发展茶产业的李韦荣；有回报用 80 个户头在银行贷款 40 万元恩情而成功发展莓茶产业、带动 2575 人脱贫的刘超；有即便夜晚在车后座入眠冻醒、清晨在公厕里匆匆洗漱也始终不言放弃、咬牙坚持的李臣果；有日日最迟不过五点起床、勤勤恳恳守护“味怡然原味口感番茄”成长的李龙……

当然，新农人群体的发展也存在一些问题，包括与其他农业经营主体的共性困难，如用工难、用地难、融资难、人才缺、成本高、周期长、赚钱难等，也包括新农人独有的一些困难，如不太善于与农民打交道、不太了解农业生产特点、不太熟悉农业发展规律、不太明白农业支持政策、不太获得家庭支持与社会认同等，同时也面临标准化、职业化、专业化、市场化、规模化、组织化、品牌化程度不够的窘境。因此，运用 Nvivo 软件对新农人口述故事文稿进行高频词抓取的时候，“政策、产业、技术、人才、项目、支持、帮助、学习”等词出现频率比较高。

三　拓展：新农人致富带头的育人功能

此次实践活动共形成了 100 多份新农人口述故事与逐字访谈稿。同时，团队还与贵州、广西、广东等省（区）10 多个县（区）职能部门对接，开展了 25 场新农人培育情况座谈会，深度了解新农人培育政策与支持体系。在与新农人的深度访谈中，团队成员收获颇丰、感触良多。大家不仅进一步了解了乡村致富来之不易，也深刻思考了作为青年大学生的责任与担当。

为进一步应用该成果，我们以开发新农人资源进校园、进课程、进教材为目的，以发挥新农人精神的教育功能与育人功能为引领，以激励青年学生爱国爱党爱人民、培养青年学生责任担当精神、引导青年学生到乡村创业就业为目标，将新农人的脱贫攻坚精神、乡村振兴使命、爱党爱国情怀、创新创业思维、自强不息意识等思政元素全方位、立体式、多元化融入大学人才培养中，让大学校园的立德树人和课程思政资源真正成为有情有义、有温度、有爱的教育元素。

一是将新农人的脱贫攻坚精神“嵌入式”融入育人过程。通过“三下乡、社会调查、口述故事、乡村体验”等新农人实践活动，开发以“上下同心、尽锐出战、精准务实、开拓创新、攻坚克难、不负人民”为核心要义的脱贫攻坚精神，将这些精神转化为带有普遍特征的立德树人资源，丰富高校立德树人的路径与方式。通过脱贫攻坚的精神鼓舞、榜样示范、价值引领和课堂教育，破解新农人的脱贫攻坚资源与乡村振兴资源融入课程思政的密码，提升育人效能。

二是将新农人的乡村振兴使命“滴灌式”融入育人环节。通过面对面采访新农人，让学生以这样特殊的方式走进乡村，“滴灌式”将新农人的乡村振兴情怀融入育人环节，让学生了解乡村创新创业的有效契机、成功经验、现实困难、影响因素与未来走向，将新农人身上所呈现的精神作为课程思政素材，进而使学生了解乡村、关注乡村、投入乡村、献身乡村、振兴乡村。

三是将新农人的爱党爱国情怀“沉浸式”融入育人课堂。新农人对脱贫攻坚与乡村振兴做出了重要贡献，这些贡献凸显出实践中的成果共享与利益连接，用铁一样的事实与成效驳斥了历史虚无主义，这是青年学生能够看得到、摸得着、感受到的。以“讲故事、进村庄、验农情、悟实践”的方式将他们的爱党爱国情怀传播给学生，鼓励学生争当乡村人才振兴的孵化器，引导学生到西部、到基层、到农村去创业就业，为乡村人才振兴提供智力支持与人才支撑。

四是将新农人的创新创业思维“多元式”融入育人内容。乡村振兴，人才是关键，但乡村人才"进不来"也"留不住"。要解决这个难题，培训在地人才固然重要，更重要的是培育青年大学生这一潜在人才，将新农人的创新创业思维传播开来。口述故事让青年学生系统了解新农人致富的政策体系、思维模式、经验启示、典型案例与现实路径，深度开展新农人的基地考察、现场讲解与项目设计，将创新创业思维"多元化"融合育人内容。

五是将新农人自强不息意识"辐射式"融入育人内涵。部分青年学生不思进取、好高骛远、怨天尤人、心浮气躁，新农人"自力更生、自强不息、艰苦奋斗、开拓创新"的精神，是培育青年学生信仰、情怀、责任感、担当精神的鲜活教材与生动案例，将其融入育人内涵，是培育学生志气、骨气、勇气的重要手段。

简言之，将新农人的故事、资源、精神与情怀挖掘出来，作为培育大学生的课程思政素材和课堂教学案例，可以助推解决创新创业精神转化为立德树人的资源问题，丰富高校立德树人的方式、途径；助推解决乡村振兴资源融入课程思政的过程问题，提升"大思政"体系的育人效能；助推解决乡村振兴过程对接创业就业的实践问题，增强乡土资源育人的示范效应。

谢治菊

2022 年 5 月 25 日于羊城

contents

目 录

上 卷

张天荣　以赤子之心筑起蔬菜致富之路 …… 3

黄　杰　只为打造第二个“老干妈” …… 16

张友东　果香溢清远，冀子致富路 …… 29

石　英　芒果凝聚希望，团结诞生力量 …… 40

唐买社吊　非遗瑶鼓领奏乡村致富乐 …… 53

黄子欣　让科技兴农敲开乡村致富之窗 …… 62

蒙建祥　我的养牛致富记 …… 72

郑吃合　返乡圈养乌金猪，探寻三河致富路 …… 81

方　道　中医药开出的致富方 …… 91

成家驹　核桃乡里的小康致富梦 …… 99

李　龙　一方热土在心间，返乡带头育番茄 …… 108

黄月情　编草变出致富路 …… 119

王健午　退役军人带领乡亲“触电”致富 …… 130

林小花　花大娘的返乡致富路 …… 141

杨存博　发展“黄花菜产业”奔小康 …… 152

陈昌鑫　“高山冷凉蔬菜”带来的希望之路 …… 163

王建新　风雨之后，扬“莓”启航 …… 174

尹智杰　打好民情牌，领好致富路 …… 185

文付贵　“猪芋”璧合助振兴 …… 194

刘　超　黑马王子重返白马山 …… 205
曾大庆　一片茶叶带富一方百姓 …… 215
张广运　已识天地大，犹爱禾苗青 …… 227
吴海丰　一位有志青年的十八年致富路 …… 240
武硕磊　十二载筚路蓝缕，为百姓种下“黄金果” …… 251
樊浪生　富硒小米粒掀起产业融合致富大浪潮 …… 261
刘云祥　养殖路上披荆斩棘扬起致富风帆 …… 271
罗继海　为致富梦想插上翅膀的“益肾子” …… 282
王绵生　三十年佛手传承路 …… 292

下　卷

官维远　把蜜柚卖出大山的返乡创业青年 …… 305
王双有　渭水河畔的甜“蜜”致富路 …… 317
彭鸿康　一场缘于“水果自由”的阴差阳错 …… 332
李臣果　在白鸟之都飞翔的电商追梦青年 …… 345
丁　玉　一位返乡女大学生的养猪致富路 …… 356
黄俊添　把益肾子做大做强就是我的信仰 …… 366
张晓燕　传承父辈精神的致富播种者 …… 378
黄购奇　“酱干飘湘”百年传承致富路 …… 391
邢少兵　我不想让工人“放假” …… 402
古庆辉　撂荒鱼塘开启致富之路 …… 413
王东栋　小苔藓成就大生态梦 …… 426
廖志其　带领村民走向共同富裕的鱼咀“老村长” …… 438
廖茂航　选择重新开始的返乡创业者 …… 451
张建国　巧编致富柳，共奔小康路 …… 464
黎少梅　与五色米的不解情缘 …… 476
吴俊松　以“葛根”开启致富之门 …… 490
聂德友　一心创业富近邻　万亩刺梨助振兴 …… 502
李韦荣　茶园巾帼回甘之路 …… 510
李洋东　读书走出山村　扶贫反哺家乡 …… 524

张志生　敬天爱人，做好“一耕一读一素” …………………… 534
陈洁玲　小辣椒映红云浮致富路 …………………………… 547
周科学　在追梦振兴乡村的烟茶路上 ………………………… 562
邓　彪　致富不忘乡亲　带头不忘本色 ……………………… 576
邢海龙　喜送贫困去，又亮致富路 ………………………… 583
官贵娟　深山种灵芝，护山致富两不误 ……………………… 593
周克追　游子回乡致富记 …………………………………… 603
康学鹏　南果北种创收益，脱贫致富有决心 ………………… 621

后记：传承新农人的致富密码与创业精神 …………………… 631

上　卷

以赤子之心筑起蔬菜致富之路*

受访人：张天荣

访谈人：杜颖彬　罗焯怀

访谈时间：2021 年 7 月 19 日

访谈形式：线上访谈

访谈整理：马欣瑶　罗焯怀

访谈校对：马欣瑶　罗焯怀

故事写作：杜颖彬　马欣瑶

受访人简介：张天荣，男，汉族，1975 年生，贵州大方人，初中文化，现为贵州云贵农业发展有限公司（以下简称“云贵农业”）总经理和法定代表人。1994 年，张天荣去广州打拼，1998 年在广州江南市场开始做蔬菜销售生意，2003 年在蔬菜供给地成立云南建水县曲江前进冷库有限公司，建立起从蔬菜生产、冷链、加工到运输的一条完整产业链。2015 年，张天荣通过招商引资回到贵州省毕节市成立贵州云贵农业发展有限公司，在大方县、德江县等地建立 12000 多亩蔬菜示范基地，带动周围乡镇几百人就业，积极推动“黔菜出山”，每年生产一万多吨蔬菜直销广州、深圳等地，实现“从分散到集约，从产地到市场”的销售转变，帮助家乡人民脱贫致富。经过多年的努力，2016 年，贵州云贵农业发展有限公司被毕节市表彰为农业板块经济先进集体，张天荣获毕节市委统战部“千凤还巢”先进个人荣誉称号；2020 年，张天荣获毕节市脱贫攻坚先进个人荣誉称号。

---

* 本故事参照《今天，毕节 125 吨生活物资驰援广东》，https://m. thepaper. cn/newsDetail forward 6024348，最后访问日期：2020 年 2 月 16 日。

图1　2021年7月张天荣（下）接受罗焯怀（左上）、杜颖彬（右上）线上访谈

一　大山走出放牛娃，为谋生计寻出路

我出生于毕节市大方县兴隆乡，是土生土长的本地人。记忆里家乡很穷，深处乌蒙山之中，鲜为人知，不仅交通闭塞，而且水电不通，村民生活也因此受到了很多限制。虽有青山绿水，环境优美，但经济发展水平落后、人民生活水平低是我们最大的“硬伤”，“看不见”和“出不去”成了我们最大的遗憾。“想要致富快，回家种蔬菜”是当时村民们的一致想法。由于受到交通、灌溉等方面的影响，我们村除了种植粮食外，没有其他的出路，乡亲们也很难将自己的蔬菜销售出去，收入大多只能勉强维持自己的生计。所以村里的年轻人都选择外出打工，村里留下的基本上都是老人和小孩。

我在家中排行老二，上面有一个姐姐，下面还有两个弟弟。当时家里是比较贫困的，父母亲都是以种田为生，家里收入微薄，因此姐姐很早就辍学了，而且家里两个弟弟上学，成绩很好，我希望他们能多学习文化知识再出来工作，所以为了支持他们，我高中没念完就选择辍学了。都说穷人的孩子早当家，我十几岁的时候就开始帮父母干农活，放牛、喂猪、耕田、插秧都不在话下。在读初中时，我还为自己找了一份零工，但是工资太低了，只能勉强养活自己，补贴不了什么家用。但我有不服输的性格，总觉得这样的生活没有盼头，就想往外面走。大概是 1994 年的时候，刚好有亲戚在广州做生意，我就和乡里的几个年轻人一起到广州去闯一闯。

初到广州时，我们对新的环境有些不适应，找工作竞争压力非常大，一直找不到活干。出身农村的我们没有太多找工作的渠道，于是就想到刚开业的江南市场碰碰运气，在这里遇到了我进入蔬菜销售这一行的启蒙老师——蔬菜行的老板。刚开始我们从最简单的搬运做起，这是个力气活，工作量很大，有货来了就得搬，为了抢到更多的活干，我们就索性住在市场里。面对这份来之不易的工作，我们很珍惜，再加上我们都是农村出身的，对蔬菜这块儿比较熟悉，干活儿手脚麻利也勤快，老板觉得我们很踏实，就开始教我们怎么收购蔬菜、怎么卖出去。我逐渐从一个只会搬运的门外汉成为有一些经验的蔬菜销售从业者。

渐渐地，我对这个行业有了初步的认识。首先，蔬菜种植和农业发展是分不开的，不同地方的蔬菜品质有差异，很多偏远落后的农村都是通过蔬菜种植谋生，而且蔬菜品质也不差。但我发现，这些地方的蔬菜品质好却没有销路，卖不出去，加上交通不便，生鲜蔬菜保质期短，蔬菜还没运到市场就坏了，这种就是产销不对接的情况：生产端的资源没有整合起来，中间端又没有冷链运输的配套设施，而市场上品质好的蔬菜又供不应求。因此如果能把产供销这三方统一起来，形成完整的产业体系，就能解决很多问题，但是这项工作实操起来难度很大，所以对当时的我来说，这只能是一个想法。

做了几年后，我渐渐摸到了行业的门道，也积攒了不少市场经验，有了一定的积蓄。1998 年，我买下江南市场的两个档口，开始自己做生意，为更多的人提供绿色、健康的蔬菜。我们主要的货源地是云南红河州，因为当地气候适宜、环境也好，出产的蔬菜品质高。我跟那边种植蔬菜的农户打交道越来越多，发现他们中有不少都是家中贫困的老人，而当地年轻人多选择外出务工，他们不仅觉得从事农业没有前途，而且种菜还得看老天爷给不给饭吃，赶上收成好，勉强还能维持生活，要是哪年发洪灾，一年的收入就全没了。其实，云南的自然条件非常好，一年四季温差不大，可以错季种植蔬菜，但是老百姓缺的是科学的种植方法，因此一些地方的蔬菜种植业发展不起来。我认为，当地蔬菜的品质好是一个很大的优势，即便价格略高也可以被消费者接受，但他们缺乏指导和牵引，浪费了当地良好的资源。如果这一块有人去带动，那当地靠种植蔬菜脱贫是很有希望的。这时候我就想到，蔬菜种植本身就是农业发展的一个方向，如果我们一方面是做蔬菜销售，另一方面还能帮助农民致富，这是相得益彰的啊！当然，要先有资金和技术做支撑，那时我就只有两个门面，是不足以支撑的，因此我先要往大了做，往长远发展做好规划。

二　打造产销一体链，砥砺前行记初衷

2003 年，我以个体户的形式在广州开办了云贵蔬行，主要负责蔬菜销售。我的规划很清晰，目标也很明确。当时，我意识到要保证稳定的蔬菜供应，最好是有自己的基地，饭碗还是要掌握在自己的手里。因此，我将云南红河和玉溪作为公司的蔬菜供应基地：四季如春的云南可以保障蔬菜全年的供应，而且我们也在和固定的供货商合作，订单有保障。万事开头难，生意刚开始做的时候还是出现了很多问题，主要还是有三方面的困难，即品控难把握、销路难拓展、经营模式不成熟。

到了云南之后我发现由于缺乏冷藏保鲜的储存条件，农民辛辛苦苦种出来的蔬菜很多都腐烂了，尤其是夏季，蔬菜运到广州之后几乎只有一半能卖，损失很大。为了保证蔬菜的品质，我决定在云南建立自己的冷库，把农民种出来的蔬菜集中放在冷库当中进行保鲜，延长蔬菜的保鲜期。云南省建水县曲江前进冷库有限公司就是这样建立起来的。当时这个公司注册资本大概有 20 万，我向身边的朋友借了 8 万，并且跟他们讲了我想做产供销一体化的蔬菜产业，他们都愿意支持我。为了配合冷库的建立，我们公司设立了一整套从蔬菜生产、分拣、打包、储藏到销售的流程，极大地拓展了公司的业务范围，也为红河州当地创造了大量的劳动岗位，吸引了很多外出务工人员回流，提升了当地经济水平。

当时的蔬菜种植技术还在不断地摸索中，怎样种出来的蔬菜品质最好，什么时候收获，这都是我们当时需要攻坚克难的重点，而且还要解决蔬菜基地的工人招聘、为产品找销路等问题，我们每一步都走得异常艰难。为了拓展公司的市场，我们逐个超市、逐个酒店地推广农产品。我们给每一个潜在客户都提供了一些免费的蔬菜产品，先摆在货架上去卖，看

看市场的反馈如何。结果证明，我们的品质是经得起市场检验的。在我们的不懈努力下，云南基地的蔬菜逐渐打开销路，农产品进入各大商超、酒店，我们有自己的蔬菜基地，货源稳定，因此也获得了更多长期的合作伙伴。为了避免货物积压的情况，我采取了以销定产的方式，先签订收货合同，然后按照合同要求确定基地的蔬菜产量，有效避免了蔬菜滞销的情况。我记得产业刚开展还不成熟的那几年，特别的忙，一切问题都要自己解决，有时候急得白头发一夜之间就冒出来了，但一想到农业发展能为当地人民群众谋出路，再辛苦也值得。那段时间我考虑更多的是以何种方式和当地的农民进行合作的问题。

“三农”问题是党和政府高度重视的问题，农民增收是“三农”问题的重中之重。云南这个地方降雨的年际变化和季节变化都非常大，因此蔬菜产量波动极大，并且，云贵高原交通不便，信息比较闭塞，先进的种植技术难以第一时间得到运用。多种因素交织导致云南地区农业单位产值低、农民收入低，有很多集中连片的贫困区。为了提高云南农民的收入，为他们提供最基本的生活保障，我们采取了“农民＋合作社＋公司”的三方合作运营模式。我们与农户协商了最低收购价，当市场价格低于最低收购价时，我们以最低收购价收购蔬菜；当市场价格高于最低收购价时，我们以市场价格收购。在与农民签订合同之后，我们会提供从种子、化肥、农药到机械的一条龙服务，统一育种、统一指导、统一收购，切实提高了当地的农产品种植水平，增加了蔬菜产量和农民收入。同时，收购的经营方式也减轻了我们的工作量，降低了公司的运行成本。除此之外，为了分摊种植风险，让农民放心，我们还为蔬菜基地购买了商业保险，来应对气候灾害的问题。

除了公司的经营方式之外，我们也格外重视公司产品的品控问题。对于蔬菜的质量我们的底线非常明确，就是要讲诚信，我们提供的所有产品必须是符合绿色食品安全要求的产品，任何不符合要求的蔬菜都会被毫不犹豫地放弃。在确保所有产品符合食品安全要求之后，我们会按照不同收货商的品质要求对产品进行分类，确保为客户提供满足质量要求和高性价比的蔬菜产品。比如，酒店要求的蔬菜质量最高，我们会对收到的蔬菜进行分拣，将其中质量最好的产品供应给酒店；工厂的食堂相比酒店更加追求性价比，我们把分类之后质量优良的蔬菜中符合食品安全要求的产品供应给食堂，实现高端精准销售。有了成熟的经营方式和高标准的品控，公司的规模也不断扩大，公司由最开始时只有20多人，到现在已经发展到了几百人的规模。云南的供应基地面积从只有几千亩，现在已经发展到了三万亩。

由于我们一直很注重对蔬菜品质的把控，云南生产基地的产品得到了市场的青睐，越来越多的生鲜蔬菜被端上了广州的餐桌，销路一打开就好做多了。为了保障供应链的稳定，我们也想过再去开发一个生产基地，奈何蔬菜产业对当地的气候环境和交通条件有很严苛的要求，加上地租、厂房建设等，算下来成本太高了，所以这个想法就一直被搁置。2015年5月，我作为贵州商会的成员参加了毕节市的招商引资推介会，听了他们的介绍之后，我发现这不就和我的想法不谋而合了吗？首先是政府为了引进企业，出台了很多优惠政策，企业落地的成本和风险大大降低；二是作为贵州本地人，我很了解这边的气候、土壤和地形条件，青山绿水种出来的蔬菜品质也高，非常有投资价值；三是我从这个地方走出去，也很感谢家乡的培养，现在能有一个机会把这些技术和理念带回来，推动家乡的发展，这是我义不容辞的责任。再加上这些年毕节的交通有了很大改善，基础设施也相对完善，我认为回毕节发展是不可多得的机遇。

有了这个意向，我们马上就投入行动。2015年7月中旬，我带领公司一行人去毕节考察了近两个月，和毕节市招商组的成员商讨了基地和工厂的选址以及公司的发展规划，最后在市招商局的牵头下，贵州云贵农业发展有限公司在2015年10月9日正式挂牌成立。我们在毕节大方县的办公楼、厂房、车间都是由政府统一协调，我们出资修建，准备把毕节作为长足发展的驻地。在当时，用地是特别难审批的，但是我们使用的那块地不到一个月就审批下来了，效率非常高。知道我回毕节发展之后，我的父母特别高兴，尤其是我的母亲，她之前就跟我说：“你在哪儿都可以做这个基地，为什么不回来做呢？不仅能带动家乡的建设，还能顺便回家看看。”家人对我的工作是很支持的，我也决心要让云贵农业在毕节扎根。

在贵州，我做的第一件事就是建立生产示范基地，当时政府把大方县518亩地给我们作为示范基地。这个基地主要是做技术培训和品种推广，凡是在基地试种成功的农产品，第二年才能大面积推广种植，形成一种以点带面的模式。同时我们也发动周围的农户一起种，第一年总种植面积有一万多亩。在不断选种、淘汰、育种和实验后，我们形成了一批特色农产品，有近10个品种，包括马铃薯、茄瓜、辣椒、西兰花等，其中马铃薯的产量和品质尤其喜人。示范点马铃薯亩产6000多斤，毕节市组织我们开了一个马铃薯产品推广会，名气一下提升不少。我当时觉得信心倍增，做起事来都更有干劲了。

图2　张天荣（中）向贵州省委书记孙志刚（右二）、广东省省长（马兴瑞）介绍云贵农业特色农产品

接下来是要做到规模化，这是我们的宗旨，即把周围乡镇农户的积极性调动起来，大面积发展特色农产品种植。我们沿用了在云南生产基地总结出来的经验，采取“公司+合作社+农户”三方合作的模式。比如某个乡镇的合作社要来跟我们合作，那首先要来中心示范点培训，我们提供专门的运营团队和技术团队，种子、种苗、化肥、农药一条龙服务，中途还有跟踪指导，再统一回收、统一销售。无论有没有技术或者销售渠道，我们都可以进行合作。由于门槛比较低，合作对象也从农户、合作社扩大到小型公司。这种对接机制的优势在于能够很快把产量提上去，因为如果没有持续供应，没有规模化产业，在销售市场上是非常被动的。我们公司的专业化管理也比较到位，技术有专业部门，管理有专门团队，采购也有专人负责，分工都是很明确的。

三　无处说理反遭围，将心比心共致富

为了扩大种植规模、提高产量，我们陆陆续续地和周围的乡镇展开合作，由我们公司提供种子和种植技术，在种植前进行培训，包括怎样播种、施肥等。种出来的农产品只要是质量达标的，我们统一按照不低于市场价的价格收购。有了产品统销的兜底保障，老百姓也都很愿意和我们合作。但是，可能是每个地方的民情不一样，在合作过程中也出现了这样那样的问题。

2016 年，我们和贵州一个镇的农户合作种辣椒和花菜，那个地方位置偏僻，基本上都没什么人去，没有协调的组织，沟通起来也比较困难。比如，当时我们把打包分拣用的泡沫纸箱、塑料筐运到协调收货的场地，第二天，这些包装材料就不见了——都被当地的农民偷完了。当时我们也报了警想要追回来，毕竟不是小数目，但一家一户各拿一点，警察也没有办法，后来只能协商处理。我想我们是外来企业，即使是贵州本地人，但出去久了大家都不认识，没办法追究。我们也只能暗暗吃下哑巴亏，材料被偷了就算了，那就好好收货吧。但可能是受当地的风气影响，交货的时候，农民也不管质量过不过关，只要是东西就卖给你，所以几吨货拉到广州各个超市和酒店的时候，我们才发现箱子里有不少石头和泥巴乱七八糟地藏在菜下面。经此一事，商场认为我们不守诚信，对我们进行了几万元的罚款。这件事严重损害了我们公司的信誉，很多客户知道后都和我们解除了合作，造成的影响是极其恶劣的。我们把掺了石头的蔬菜全部拉回来给当地的镇长和书记看，请他们出面协调。但民众思想比较守旧，这个问题后来也还是没有解决好。我们也觉得很委屈，既然质量不过关，按照合作协议，那就不收当地的农产品，取消第二年的合作。

原以为事态就此平息，以后合作要找准对象，和意愿强烈、有协调能力和思想教育比较成熟的乡镇合作，这也算是我们得到的一条宝贵经验。但后来，当地的农民以我们“不收农产品，违反协议”为由，一纸诉状将我们公司告上了法庭，我彻底傻眼了。协议写得很清楚，只要产品质量过关，遵守诚信，我们肯定会收购的，但是质量出现这么大的问题，我们属于正常解约。如果走司法程序，我们公司也不会败诉，但毕

竟都是老百姓，我们还是选择私下调解。后来，我再次去到了那个镇，一去到山上，当地的农民就围上来要我们给个说法。我们几个人心里当时也是发慌，解释也没有谁听，后来是我打电话叫了警察上来，警察说他们这是非法扣留，要承担法律责任的，人群才渐渐散去。被扣在山上几个小时，我现在回想起来还无比心酸，没想到和农户合作这么困难……之后，我向商务组反映了情况，其成员县市场监管局的沈涛局长帮了我很大的忙，他主动出面说服农户，私下调解撤回上诉，并帮助我们取消和当地的合作。

因为这件事闹得很大，我们公司这一年亏了200多万，我当时也很灰心，打起了退堂鼓，心想要不还是回广州吧。商务组的领导耐心地劝我说："困难肯定是有的，我们要想办法克服，大部分的乡镇合作都是有正面影响的，总的来说还是利大于弊。而且有困难的话，政府会出面解决，不管是对公司还是对当地的老百姓都是好事。"

我想了想，我一开始做蔬菜生产、销售的目标就是把最绿色、最安全的食品送到人们的餐桌上去，现在不光是消费者受益，种植生产农产品的农民也有了销路，不愁生计，我认为还是要坚持下去的。就这样，我们还是留在了毕节，招商组的干部知道我们损失很大，在政策优惠的基础上还给了我们很多补偿方案，一方面是可以特事特办，比如我们要争取农业用地，经过市国土资源局商讨后就可以调配给我们使用；另一方面，在冷库建设上，一些基础的工厂设备可以给我们优先使用，硬件设施有了进一步改善。后来，我们一致认为，公司直接对接农民的这种模式有弊端，除了要提供培训，负责从育种到收货打包的全部流程外，更难的是费时费力地组织协调。所以我们慢慢转变了合作的方式，通过合作社跟乡镇对接，把资源统筹起来，协调问题和思想动员问题由乡镇干部负责，后面的很多问题才陆续解决。

思前想后，我们还是决定先从本地的乡镇入手，以公司所在的大方镇为中心向外部乡镇扩散出去。之所以如此，一是因为公司厂房和办公楼就在该地，还有我们自己投资的加工厂和烘干场，这都是真金白银建设起来的。有了看得见摸得着的实体，老百姓才安心，才不会担心你是骗子、会半路"逃跑"。每年收货的时候，我们会在现场开采摘会，相当于是免费给公司做宣传。二是我们对本地的民情比较熟悉，也容易动员。虽说我们不和农民直接对接了，但公司就驻扎在狮子村，和乡民接触非常多。比如我们这里的打包工人，工资一般都是日结，但他们都说等过一个月或者两个月再结吧，一天的工资也干不了什么，先存在我们这里。只要跟老百姓说是品种好的，我们说种什么，他们也会跟着种。这说明在他们心里，我们是可靠的，有了信任度，工作就好推进多了。三是我们一直坚持兜底保障，产品种下去怎么施肥、怎么打药、怎样才能保证品质，这都不需要他们操心。尤其是我们统一收购，他们种的东西卖得出去，有市场有底气，就很放心大胆地做这个事情。狮子村周边的兴隆村、青杠村、果木村等也都被带动起来了，大概有1000多户在种植我们的特色农产品。

我们云贵农业成立时就确立的宗旨是“示范引领生产绿色环保蔬菜，立足三农帮助群众脱贫致富”。绿色环保蔬菜是一个方面，带动群众致富也是很重要的一个方面，这二者其实是相辅相成的。我们带动农户种植农产品，给他们提供相应的技术，然后统一收购分销，只要勤劳肯干，他们的收入都会有基本的保障。我们刚开始是在狮子村结对帮扶了20多户，很多劳动力外出打工了，家里都是留守儿童和留守老人。我们一方面是劳动扶贫，提供一些长期务工的合同岗位，把田地租给我们种的农户家里每年年底有分红。另一方面是经济补助，我们会给丧失劳动力的家庭每个月发补偿金，其子女上学我们也会全力支持。我们狮子村有家贫困户叫李修平，她家是比较困难的，丈夫身体残疾，丧失了劳动力，她需要照顾两个孩子上学，家里还有公婆要赡养，我们就聘请她作为基地的长期用工，每个月有固定收入，家里的生计问题解决了大半。目前，我们已经发展了5个返乡农民工成为公司的股东，外出务工的劳动力也渐渐回来了。我们也感到很欣慰，这种支持和信任是相互的，将心比心，我们得到了当地村民很大的支持，也要回馈给他们。

2016年，我成为狮子村的荣誉村主任，我很感谢乡亲们的信任，这是对我们工作的认可，但信任越大，担子越重，我们还有很长的路要走。每到过年过节，附近的村民总会把家里的鸡鸭给我们送过来，我们不要，他们甚至还做好了送过来，非常热情。这种感觉是很微妙的，有些事做着做着就成了一种责任，本来只是我们公司的义务，后来变成了一群人志同道合的道路。假如自己放弃了或者出现一点纰漏，这些老百姓怎么办？我们被很多双眼睛盯着的，不敢懈怠，所以无论如何都要做好。我们云贵农业要成为一个有担当的企业，承担社会责任是不可或缺的，有温度有良知才能走得更长远。

四　同心搭建黔粤桥，疫情携手渡难关

2020年1月，新冠肺炎病毒肆虐，全国都笼罩在浓密的阴影之下。年关正当时，本应该与亲人团聚、共享天伦之乐的喜庆春节却变得异常冷清惨淡。大年初四起，我们云贵农业就正式停工共同抗击疫情。然而，停工对于其他行业来说是防控疫情的最有效、最必要的举措，但对于蔬菜行业而言，却是不可行的。疫情当下生活物资的供应更是市民最关心的问题，更何况我们公司是粤港澳大湾区“菜篮子”[①] 的供应方之一。我很着急，虽然公司有一定的存货，但是在这个特殊的节点，蔬菜的安全与质量问题尤为重要。各地都积极落实“只进不出”[②] 的政策，公司的存货没有通行证无法运出去，这会对蔬菜的市场供应产生一定的影响。我心急如焚，但当下首先要先做好蔬菜的安全保证。我们公司积极响应上级组织要求，对产品进行质量安全检查，对运输过程进行严格的把控，及时消毒、清理。几经周转，终于毕节市政府为我们办理了通行证，蔬菜才能及时地运出去，为重疫情地区捐赠物资，形成毕节市长期、稳定的蔬菜供应体系，给民众吃下“定心丸”。

打赢这场新冠肺炎疫情阻击战，充足的物资供应尤为重要。企业的复工复产是防疫作战的另一个战场，后方的有序生产与坚决抗疫的紧密配合，才能凝聚起疫情防控的强大力量。面对当前依然严峻的疫情形势，我们公司认真按照中央和省委的部署要求，在全面抓好疫情防控的前提下，综合实际统筹抓好脱贫攻坚工作，推进农村产业革命和复工复产，做到疫情防控和组织生产两手都要抓、两手都要硬，确保能够按时高质量地打赢

---

① 2019年，《粤港澳大湾区“菜篮子”建设实施方案》出台，提出用三年时间构建以广州为枢纽的粤港澳大湾区“菜篮子”生产及流通服务体系，提供更多更优的食用农产品。文中指该公司是为广州市提供蔬菜的供应商。

② 新冠肺炎疫情防控常态化时期，为控制人员流动，切断疫情传播链条，多省份实行“只进不出”的政策，除保证生活物资外，禁止本地人员或车辆向其他地区流动，对中小企业产生重大影响。

脱贫攻坚战。除了全力保障人民群众的基本生活需求之外，我们还采取了一系列的“不见面”线上服务，通过网上预约、咨询等服务，从源头上杜绝人员聚集，减少交叉感染的风险。我们提供蔬菜送菜上门的精准服务，有力地保障生活生产的稳定，为市民在新冠肺炎疫情防控常态化时期的生活和生产提供力所能及的帮助。

黔粤同心，广州为我们贵州的发展做出了极大的贡献，我想，这是我们回馈的最佳机会。待贵州毕节市供应稳定后，我们即刻向广州伸出援助之手。2 月 16 日下午，在粤港澳大湾区“菜篮子”毕节配送中心，冷链物流车队整装待发，我们将 125 吨的生活物资运往广州和深圳。本次爱心车队共计 6 辆冷链物流运输车，2 月 17 日分别抵达广州和深圳。运输工人轮流倒班，很多服务区没有食品供应，只能靠泡面解决。运输货车司机说道：“我们尽量休息少一点，运送物资才能快一点，虽然我们相隔千里、素未谋面，但此时，干起来却也浑身有劲。”我也甚为感动，这是毕节市第一批援粤物资，包含了各个县区的爱心力量。大方大白菜 34 吨、威宁莲花白 40 吨、七星关白萝卜 17 吨、金沙莴笋蔬菜 27 吨、14.4 万枚毕节鸡蛋及核桃乳等生活物资共计 125 吨，市场价值 50.76 万元。

图 3　张天荣指挥调配运往广州的抗疫物资

2021 年 5 月，广州疫情突发，疫情防控一级戒备再次拉响。我在广州 20 多年，可以说广州是我的第二个家，也是我事业起步的摇篮，很多要好的朋友都在这边。听到这个消息，我第一时间就给他们打了电话，问问他们家里的情况，看能不能提供一些力所能及的帮助。但广州市民大多都没有囤货的习惯，平时大家都是吃多少买多少，疫情突发，食物短缺成为首要难题。有了上次的经验，我们迅速开启救助模式，寻找第三方组织与广州市物资中心对接，再请示毕节市商务局。为回馈广州、深圳长期以来的帮扶情谊，毕节市商务局广泛发动市内重点保供企业，毕节企业家们积极响应，纷纷加入支援广州、深圳的保供队伍中来。一番协调过后，我们终于成功运输了100多吨物资，为广州伸出援助之手。

交通的便利也加深了黔粤两地的合作，我万分欣喜，贵州绿色原生态的蔬菜得到了粤港澳市民由衷的赞赏。早上出发，晚上就可摆上大湾区市民餐桌的“黔货入粤”的速度为人称道，贵州特色高质量的产品丰富了粤港澳大湾区的“菜篮子”……山与海的握手、贵州蔬菜与粤港澳大湾区“菜篮子”的碰撞让我看到了新的希望。我一直在思考如何才能让贵州的名片更加响亮呢？一个念头闪过脑海——精准高端直销策略，其实就是把家乡优质蔬菜直接“端”上广州的餐桌。但它的意义不止于此，这不仅能够推动我们家乡优质的产品的输出，还能延长基地产业链，带动家乡、粤地更多的人就业，并且更是契合了时代的需求，助力粤港澳大湾区的发展。每每想到这里，我都难以按捺内心的喜悦。当下公司的五年规划即将实现，未来可期！

农业与农民同呼吸，农民与农村共命运，脱贫致富不再是南柯一梦，而是真真切切的存在，相信在黔粤两地的共同努力下，贵州蔬菜的名片会愈来愈亮，粤港澳大湾区将会激发出更强的活力！

只为打造第二个“老干妈”*

受访人：黄　杰

访谈人：莫金沙　谢紫茵　李　钰

访谈时间：2021 年 7 月 26 日

访谈形式：线上访谈

访谈整理：莫金沙　谢紫茵　李　钰

访谈校对：莫金沙　谢紫茵　李　钰

故事写作：莫金沙　谢紫茵　李　钰

受访人简介：黄杰，男，汉族，1974 年生，贵州黔西人，中专文化，现任贵州蓝太食品有限公司、贵州诚信科技有限公司、黔西村村有货电商运营服务有限公司执行董事，曾从事 IT 行业、创办车行。2017 年返乡创业，利用无盐发酵技术研发酸菜。2018 年 3 月创办贵州蓝太食品有限公司，以“公司 + 农户”模式打造农特产品产业链，推出“唐姨妈”系列产品，建设示范基地 100 亩，打造生产线两条，日产达 10 吨，2020 年获得新实用型专利等认证。利用淘宝等电商平台将品牌推广至全国，带动当地电商产业发展。其公司将产业引入农村，形成完整的特产供应链，广泛吸收当地贫困户，提供众多就业岗位，带动合作社 15 个，农户 5000 多户，促使更多农户实现增收，带动了当地经济发展，获得了百姓的信任和支持。

---

* 本故事参照以下材料：《贵州“无盐酸菜”的前世今生——贵州酸菜的起源及传承》，“万蕊酸菜”公众号，https://mp.weixin.qq.com/s/3sPJpslHM-DQyHxC6DKwEw；《唐姨妈酸菜在广州被抢了》，“唐姨妈酸菜”公众号，https://mp.weixin.qq.com/s/Ub5wrxsjwZdjLV79NfZF7w。

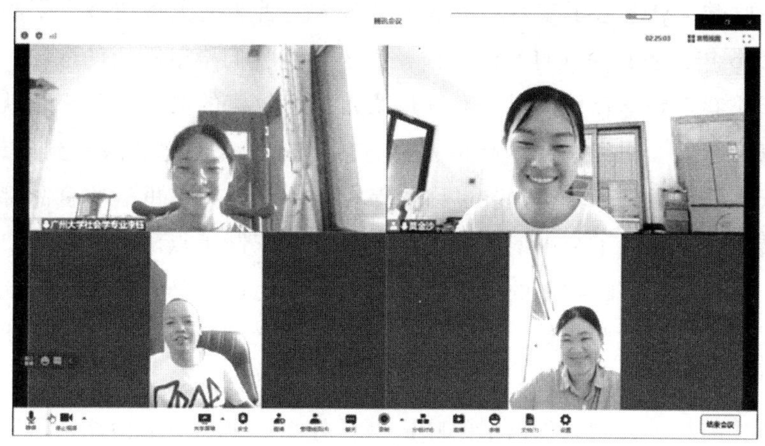

图1 2021年7月黄杰（左下）接受李钰（左上）、莫金沙（右上）、谢紫茵（右下）线上访谈

一 酸菜是我割不断的乡愁

我是土生土长的贵州省毕节市黔西县人，无论走到哪里，家乡酸菜的清香永远是我忘怀不了的乡愁。

1974年，那时候我刚出生，家乡的村子里没有路，出入很不方便，盐在我们这里极为稀缺珍贵，很多穷人家根本吃不起，大家都过着清苦的日子。吃饭的时候，舌头上没有一点味道，那时各家各户还是像过去一样，自家种点青菜或油菜，煮后腌制成酸菜。这样做出来的酸菜不含盐，但这清香滋味总能让我食欲大振，尤其是酸菜配辣椒，能让我吃好几碗饭。俗语说，“三天不吃酸，走路打蹿蹿”。而且，我们家乡的酸菜可是一等的好吃，我奶奶做的酸菜更是我口味的基调。每每回想，她做的酸菜味道最好，又酸又脆，而且酸香味很纯，吃了特别开胃，肚皮放开，心情也能跟着好起来。无盐酸菜也是我们当地的一道特色菜，无论你去哪家宾馆，或是恰逢哪户人家办酒席，餐桌上必有这么一道菜——“酸菜小豆汤”。这道菜是最后才上的，也称“赶路汤”。不管等多久，一席人吃完正菜，一定都等着“赶路汤”，每人都喝上一碗，这桌席才算散。

后来，我中专毕业，走出贵州，独自打拼的时候最是渴望回到故乡。

三天没吃酸，就念起了家乡。我这个毕节人，舌头上大概被打上了酸的烙印。2006年，我在深圳打工的时候，为了寻到我们毕节黔西的酸味，我走遍大街小巷。好不容易找到一家贵州菜馆，但他家的酸菜吃起来，就不是那种家乡味道。回到家乡，心里就一直琢磨着怎么能把这酸带到外地去。有一天，我突然想到真空包装也许能保存久一点，超市里一些食品都是这么包装的。于是买了个小型的真空机，自己在家制了点酸菜，捣鼓出了百来包。冰箱塞不下，剩下的就放在角落里。干完这一阵，遇上点事，忙起来后，竟然忘了这些酸菜。七八个月以后，偶然翻到角落，发现上次弄的这个酸菜竟然还在。颜色、包装都是原样，开袋试吃了一下，脆性、酸味还和原来一样，和刚制作出来的味道一样好。后来我拿去检测，所有检测下来的结果全部都达到食品安全标准。当时我就想，现在市场上哪有这样的东西，按这种方式去生产，路子肯定行得通。只是一问政府，办理许可证并没那么容易，口袋里也没有这么多资金创办企业，所以只能搁置，这颗种子也只能默默地埋在心底。

兜兜转转几十年，干过IT行业，自己也开了家车行。2017年，我回到了黔西，还是延续着车行的工作。一天和朋友聊天时，朋友突然提起有人把我们当地的酸菜、糟辣椒、腊肉这些食品一桶桶、一包包地运送到香港那边去，酸菜在香港能卖25元一斤。成本不高，但利润颇丰，只是这些食品的运输仓储不是易事。朋友提起我之前自己捣鼓的真空包装，也许能解决运送储存的各种难题。那次，我们聊了很久，也畅想了很多。那时正是国家大力推动脱贫攻坚的关键时期，我们家乡毕节黔西也名列其中，村子里的毛路、土路变成了平整的水泥路、沥青路，与外界的往来也频繁了许多。地方政府也鼓励我们在本地发展实业，给予扶持，办证也容易了，加上朋友的鼓励和帮助，多年来的那股创业冲动刺激着我——我想创业，让我们家乡味道一绝的酸菜也能走向其他城市，即便在外地，也能吃到正宗的毕节酸菜，圆我埋藏了11年的梦想；我想创业，乘着家乡脱贫的东风，村子的样貌焕然一新，我也加入建设，一起把乡村越建越好。创业需要启动资金，我便将积蓄多年的一点资金投入进去。紧接着，我就马不停蹄地寻找厂房，在网上查资料，找厂家预定生产设备，着手做创办公司的各项准备。终于，在2018年3月，我成立了贵州蓝太食品有限公司。只是，那时候什么也不懂，什么也不会，要发展一个企业，远不是我想象的那么简单。

二　创业就是摸着石头过河

开启无盐酸菜创业之旅，意味着走上了一条不同于以前工作的路，摸着石头过河，做不同于村里其他同龄人所做的事。过去我从事过 IT 行业，返乡后还运营着一家车行，这给我们家带来了可观的收入。工作多年，家中也小有积蓄，车行的工作也是维持家庭生计的支撑。可如今要再创业，需要的投入无法估量，但我做好了心理建设。如果我做的事情是好的，是能为自己、为家庭、为社会获得收益和回报的，那我就义无反顾地去做好它。从下定决心那天起，我就全身心投入创办这家主打无盐酸菜生产加工的企业中。把车行的工作拱手让人，无盐酸菜成了我孤注一掷的赌注。酸菜是我从小吃到大的美味，它的源流、制法、味道、益处我最清楚不过。如今，市面上还没有能开袋即食、长期保存的无盐酸菜，只要我能把这样好的产品推向市场，解决储藏难题，何愁销量？更何况，在我们贵州毕节，家家户户都懂得腌制酸菜，这里的气候、水土和手艺，都是绝佳的资源！有朝一日能尽自己的力量，帮助我们黔西百姓富起来，也一直是我的心愿。创业至今，事实也反复证明我最初的想法和方向是正确的。

只是，像我这样放弃旧业，从头开始，资金问题一直是最大的拦路虎。最初，我投入了自己的积蓄租借厂房、购买设备、招募员工。但是，投入的资金很快就见底了，而用于制作酸菜的原材料却无法保持稳定的供给，酸菜生产和储藏工艺也还不够完备……若要解决这些问题，不仅需要时间投入，更需要足够的资金支持。创业三年，我贷了近 100 万元，给工厂的投资总共不下 300 万元。即便资金压力再大，自己也得扛住。但作为农村的孩子，我手里本就没有太多闲钱。况且父母已逝，兄弟姐妹们见我投入了这么多，收效却尚不足论，我找他们借钱时，他们只摇头劝说我：“你砸了这么多的钱下去，现在还没有多大成效……”话说到这，我也不好找他们借钱筹资，只能自己想办法。资金实在紧张的时候，就以个人的名义向银行贷款。独自创业，还没干出成效，而每走一步都需要资金投入，稳当当地盈利要等到什么时候？谁也不知道。我只知道，既然我选择了这条路，就要坚定地走下去。

要发展，就要摸索。单是我们探索试验各类工艺，导致做坏了、不得不丢弃的酸菜，成本将近50万元，这都是用钱去买的经历和经验。我之所以会坚定不断注入研发资金，也缘于过去成功制作出真空包装酸菜的经历，但也正是这次经历，让我以为打造无盐酸菜产业不会有过高难度，但现实中一次又一次的失败给了我沉重打击。因为我们做的是开袋即食的产品，要保证顾客吃到安全的食品，所有做坏了的、不达标的菜都必须丢掉，绝不能送到顾客嘴边。除了生产工艺的摸索，工厂管理和运转我也一步步在摸索前进。回到家乡发展，我总想着能为乡亲们做点什么。于是，请的员工都是当地不愿农耕、愿意进厂的农民，让他们也可以谋生计。因农民没有专业技术，他们在工厂工作时我也亲自指导；只要工厂有设备出故障了，我便亲自去修理。对于公司的每件事，我基本都是亲力亲为。虽然现在很辛苦，但是我知道只要流水线打造出来了，成本也就微不足道了，公司就会有收入，农民的生活也就能改善了。我日复一日地奔忙，公司运转也逐步迈入正轨，逐渐能自我造血。到如今，公司每年的营收有150万元，但我认为如今工厂的规模还远远不够，离成为能做大贡献的龙头企业还有很长的路要走，后续只要有闲钱，我还是会继续投到工厂去。

日夜奔忙在无盐酸菜的事情之间，我也少了很多陪伴家人的时间。创业后，我一般回家都比较晚。回到家后，孩子们都睡着了，而白天孩子要出门上学，我很难陪伴他们。事业上的不如意和家庭上陪伴的减少困扰着我，如果现在放弃，工厂怎么办？地方政府给了我们这么多福利办实业。工人怎么办？他们都是当地没有依靠的贫困户，因为信任我才跟我一起干。和我合作的农民怎么办？一年到头，全仰仗着地里的菜能有人收。我知道农村生活的不易。想到这里，我重新给自己鼓劲：“贵州重重大山我都能走出去，逆境中我更该激流勇进。”我不断思考着让公司进一步发展的方法，思考着如何将我们的无盐酸菜推广出去，只有这样才能不辜负前期所有的付出，不辜负大家的期望。

我所创办的这家公司如今还是小型企业，要缓解资金压力，要想可持续发展，关键是要做出产品，打造生产线。巧妇难为无米之炊，生产线依赖原材料供应，而原材料稳定的供应全得依仗我们这片地区的老百姓。这里的老百姓，土生土长、朴实本分的农民占多数。跟他们介绍完我要做的事情后，他们愿意按照我们提出的要求去种菜，也愿意信赖我，并不断为

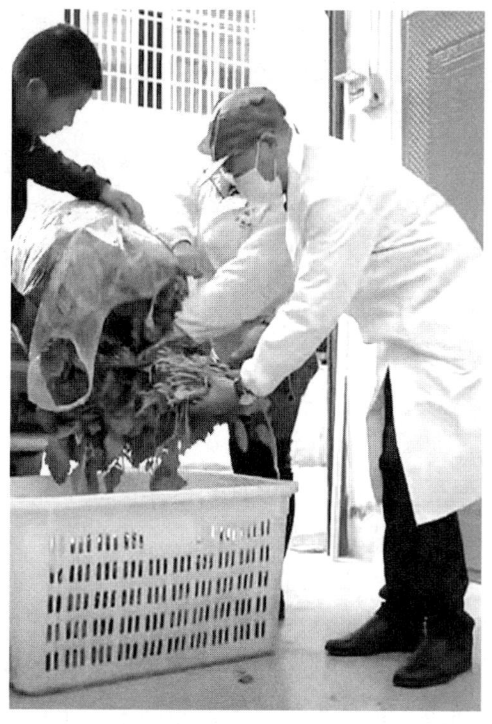

图 2　2020 年 11 月黄杰（右）收购产品原料

我提供蔬菜原料。我也是农民的儿子，既然和农民们达成一致，就必须踏踏实实，诚信做人，不能亏了他们。

之前我去到一个村里收购，村里农民愿意将种植的油菜卖给我。他们种出来的油菜色泽好，也很嫩，想来腌制成酸菜必然脆爽，我们也达成了合作协议。但是拿回厂里加工时就出了大问题，腌制后的酸菜竟然不酸，没有一点味道。一一检查完所有的加工生产环节，没有发现任何问题，而其他生产线的酸菜按照原加工工艺制作，产品仍然是优质达标的。于是，我们再一次加工了从该地收购的菜，重新制作一批酸菜，结果食之无味，依然不酸。这样的产品是无法销售的，于是这批次的生产只能终止，所有加工出来的“无味酸菜”也只能全部扔掉。但是，既然农民们愿意和我合作，将辛辛苦苦种出来的蔬菜卖给我，我也承诺他们要收购这些蔬菜，我怎么能失信呢？一咬牙，这批酸菜，就当实验试产吧。第二回，我仍旧和当地农民约定时间前去收购，即便做出来的酸菜依旧不酸。这些损失已经无法挽回了，但如果仍然不反思，找到问题的根源，那下一次呢？下下次呢？这些损失难道要与我合作的农户来承担吗？我知道这样并不是长久之计，必须从根源上解决这个问题，在技术上面想办法，揪出酸菜不酸的“元凶”，让我们与这片地区农民的合作更牢固。

于是，我们带着专家一同前往村子里实地考察，一起研究酸菜不酸的原因。原来是这里的土壤肥沃，且水分充足，导致蔬菜吸水过多，在制作酸菜的时候稀释了酸味，这才变成了“无味酸菜”。我请教过专家后，带领着当地的村民一同学习新的蔬菜种植方式，希望种出酸味适宜的酸菜原料。选地要朝阳，这样水分就不会过多，同时不施化肥，种出来的才是绿色食品。一步步指导村民们采用新的种植方法，下一次再去收蔬菜，制作出来的酸菜才终于摆脱了“无味酸菜”的称号。

如今，我们已经有了稳定合作的优质酸菜原料供应农户，我们公司也在绿化乡中开辟出了一块蔬菜基地，打造了一整条自主生产线。这也是我们公司三年来的主要投入。除此之外，我手中握着的所有资金，除了投入公司基本的运作外，大部分还是用于产品研发和工艺改善。要让传统的配方与流水线式的加工生产实现有效结合，设备和工艺改进是至关重要的解决方法，因此，这便成为我们公司成立初期的中心工作。对于这三年，我可以毫不迟疑地说，我们所有的原料配方、工艺、技术，全部都是用钱“配”出来的。

我后悔吗？我不后悔。能在一步步摸索中壮大公司，让这些农民员工有保障、放心，让供给原料的乡亲们没有后顾之忧，让怀念家乡滋味的游子吃到放心的酸菜，是我一直以来的愿望。

三　向打造第二个“老干妈”进发

原料齐备，生产线马不停蹄地加工，但生产出的产品也得有销路才行，将产品销售出去，也是一家创业公司解决资金问题的关键。如今，我们已不愁销路，等待我们的是更广阔的亿级市场，只怕我们的生产供不应求。但在最初，无盐酸菜要让其他城市的人们购买，面临着推广难题。

经过反复地跑展销和市场，我发现无盐酸菜是贵州特有的食品，之所以一直推广不出去既有历史原因，也有现实原因。从历史层面来说，北魏时期《齐民要术》就已经介绍了四种制作酸菜的方法，分别是“咸菹法、淡菹法、汤菹法、作卒菹法”。经过长时间的检验，发现用盐腌制效果较好，咸菹法得以广泛流传。“淡菹法”仅在贵州和陕西等部分地方使用，渐渐的无盐酸菜就成了贵州的特产了。

虽然无盐酸菜深受贵州人民的喜爱，几乎家家户户都有酸菜坛子，但却始终没有发展起来，没有形成一个大规模的产业。个体经营者由于技术的局限，夏季制作出来的酸菜品质不如冬季的，而等到立冬时，酸菜的消费热度就已经大幅下降。尽管家家都能自制酸菜，但主要还是自家做自家吃，基本不外售，没有形成量产化，因此，贵州无盐酸菜没有被推广出去。

为了打破这一现状，我一直在思考突破口。我自己有100亩地可以种植酸菜原料，同时还可以通过各个村的村集体来收菜，这样我们就有了一定数量和规模的原料供应。此外，蔬菜的种植也有淡旺季之分，为了在淡季也能有一定的供给，我会在旺季的时候大量种菜、收菜，回来制成半成品，然后将其冷藏起来，这样既能减少成本，也方便顾客加工，等到淡季的时候，我们就将囤货卖出去，这样百姓一年四季都能吃到我们的酸菜了。

想法虽好，但过程也是艰难的。半成品十分考究食品的储藏和保鲜技术，因此这也成为我们在初期需要解决的一个关键难题。刚开始的时候，由于技术不完善，很多菜在寄出去的时候就坏了，损失比较多。后来我们不断改进，做了很多试验才确定了较为合适的温度，到如今，酸菜已经能保持较小的损耗率了。这也就为我和电商合作打下了基础，我与40多个电商携手外售到各地，在拼多多、淘宝上也能搜到唐姨妈酸菜。同时，我有一些亲朋好友看到我做出来的成果，愿意帮我推广出去，帮我带货到香港、澳门销售。不仅如此，通过在外地各处参展，我们终于把“无盐酸菜”的名号打出去了。有些大爷、大妈不认识我们的酸菜，认为没有盐的酸菜不可能好吃，我就给他们讲解，无盐酸菜虽然不含盐，但是味道却不比市面上其他酸菜差，酸味纯正，且几乎不产生对人体有害的亚硝酸盐，相比于含盐酸菜，它不容易引发高血压等疾病，更适合老年人食用。现在我们用无盐酸菜已经可以制成100来道菜品了，菜品的制作步骤我也会讲解给他们。渐渐地，有些大爷、大妈爱上了我们制作的酸菜，会专门打电话来找我买，唐姨妈酸菜也就这样被推广了出去。

为了让更多人了解我们唐姨妈酸菜的来源和食用方法，2019年4月27日，我开设了“唐姨妈酸菜”微信公众号，我们的公众号定期发布无盐酸菜菜谱，方便购买者制作。随后，2019 年 11 月 15 日，我参加了广州市第二工人文化宫承办的“你我同心·协助扶贫”2019 年对口帮扶农特产品展销推介会，这次推介会是唐姨妈酸菜首次亮相广州，我们得到了广州市民的认可，开卖 10 分钟就被抢购一空，百姓喜欢我的酸菜就是对我最好的鼓励，曾经的耕耘和付出如今总算到了收成的时候！有了销路，我一直忧心的资金问题也就不愁了，给车间所有的员工按时发工资，让种菜的农民高高兴兴地数钱，一切都在好转！

在规模化的流水线成型之前，我也另创出路，不仅发展了唐姨妈酸菜系列，还开发了唐姨妈辣椒系列，接下来还会有更多系列陆续推出。因为前期菜谱带给我的灵感，我也在筹备开展线下菜馆，将 100 来道无盐酸菜菜品制作出来售卖。同时，我的销售路线也计划扩大至美国，由我在美国的好友帮忙销售。

但意外总是来得猝不及防，突如其来的新冠肺炎疫情让我损失惨重。2020 年初，由于新冠肺炎疫情，这年种菜旺季，农民也都不种菜了，原料断供，生产停产，偌大的工厂无人运作。与此同时，我们村里的路也被封住了，酸菜根本无法出去，更别说销往美国。我们公司有将近 5 个月没有生产，也没有收入，但在这 5 个月中，房租水电费要每月交，员工的工资也都是照发不误，没有钱我就自己去想办法筹钱，这份工资可是他们的生计。这样的情况一直到 2020 年 12 月才开始有好转，12 月我们再次开始生产，菜不够我们就到别的地方去收，虽然成本会相对高些，但是我们总是要有一定产量才行。因为这段时间停产了这么久，前一段时间的许多努力几乎白费了，但沮丧也无法改变现状，只有重整旗鼓，才能继续前进。在这一次经验教训中学到了很多，也更坚定了我的想法，打造更大的生产线，将唐姨妈酸菜推广至全球，一步一个脚印地打造贵州第二个“老干妈”。

四　做“头雁”要乐分享、讲诚信

我常说，自己成功还不够，要让老百姓也愿意跟着自己一起干。我有带领老百姓一起干的本钱，那就是我凡事不藏着掖着，在老百姓中有些信誉度，他们认为，我这个人信得过，愿意推我当“头雁”，跟着我一起找出路、谋发展，一起加入乡村振兴的大潮。

所谓三人行，必有我师。唐姨妈酸菜这个招牌里的一招一式都是我和身边的人反复试验出来的，中间经历了诸多辛苦，但我心里一直秉持着一个信念：在这个社会，一个人是做不了事的，藏着掖着毕竟还是不妥的，不和别人交流，技术、方法就无法创新和推广。所以，我总愿意和农户、亲朋好友甚至是同行业的人共同交流，谈谈这个技术，说说那个流程。起初，无盐酸菜还没有专家来专门研究，没有固定的标准，没有其他较好的资料以供查阅，只能靠我们自己慢慢摸索。但我心里生出了什么点子，总要把朋友都召集到一起，喝喝茶，聊聊天，分享一下我心里的想法。因为这些想法不一定是对的，我把它说出来，和别人交流一下，互相讨论，也许别人还能指出一些不足，完善或者修正我的想法。我可以放心大胆地和好友分享无盐酸菜的秘密，一同共商公司未来的发展。同时，别人如果想来看看我的基地、生产车间，我也非常欢迎他们过来看。因为只有与别人共享，才有可能将自己一些成功的经验告诉他们，让大家一起走在无盐酸菜致富的道路上，把这样一流的制作工艺，一流的酸菜推向更广阔的市场。

一个带头人不仅要懂得分享的妙处，更要有诚信，和老百姓同心，这样才能获得老百姓的支持，让自己闯出一条路子的同时，惠及更多的人。所以为人处事总要讲个诚信，这是我一贯想传递的思想，也是我创业过程中始终坚守的。我公司的主打产品是无盐酸菜，销售体量大，是入口的食品，因此，就要谈到食品安全了。老百姓在这方面总是要求个安心的，虽说他们从前吃饱穿暖就足够了，但现在生活水平高了，大家对入口的东西就看得重，国家也管得严。所以我坚持做质量达标的、老百姓放心的无盐酸菜，把它销售到各地的酒店、餐馆和学校。特别是在学校这一块，他们对我的产品很放心。原本学校是不允许学生吃腌制食品的，担心腌制食品里面的亚硝酸盐会影响学生的身体健康，而且原来没有正规的厂家来生产，所以在此之前学校不敢进购酸菜来做学生餐。但他们后来找到了我，表示愿意采购我的无盐酸菜，因为当时我的酸菜已经获得了许多人的认可。首先，它富含乳酸菌，开胃健脾，对人体健康有好处。其次，我一直坚持标准化生产，质量过硬。因为每一批次的酸菜都经过我们员工重重的检验，所以每份酸菜都达到采购标准，并且这个酸菜还通过技术去除对人体有害的亚硝酸盐成分。如今，部分企业为了节省成本，很难顾及老百姓真正的需求，弄虚作假，在人们面前失了信用。但我不怕自己吃亏，就怕老百姓吃亏。所以，从种植到加工、销售，其中的每个环节我都会去看，对无盐酸菜的质量严格把控，将整个生产流程摆在明面上，让老百姓吃得放心，我也安心。

五　致富重要，带头更重要

带头致富，免不了要先有个清晰的自我定位，在市场上站稳脚跟，做出表率，让老百姓看到一些成效，带动他们闯出一条致富之路，不然老百姓可不愿意稀里糊涂地跟着我干。从 2018 年 3 月创办公司至今，我想的是如何将“唐姨妈”这个品牌打造成贵州的第二个“老干妈”。首先，我准备打造更大规模的生产线。在已有 100 亩示范基地日产 10 吨的基础上，筹集资金建一条全自动的生产线，每天量产 20 吨。其次，提高示范基地的产量。目前已有示范基地 100 亩，主要自主种植青菜、油菜、萝卜菜等酸菜原料。估算现今的市场规模，示范基地规模至少要扩大到 2000 ~ 3000 亩。当然，不管是规模还是产量，不断发展就能提供更多就业岗位，也为村里其他企业积累了经验。我想的是，先为老百姓打个头阵，摸清楚怎么走才是好的，然后再带着老百姓一起，这样，他们才放心跟着我干。

刚开始创业那会，我的家乡还比较落后，想着总要做些什么实际的事情，才好对得起老百姓的信任。于是，我告诉老百姓自己正在做“无盐酸菜”，他们种的菜可以卖给我，我来负责加工销售。另外，在“生产—加工—出售”的各个环节，广泛吸纳招收本地有困难有需要的乡亲。这些人中有低保户，也有建档立卡贫困户，无论是谁，只要有需要就可以到我这里来工作。通过这样的方式，广泛吸收当地的贫困户，带动当地 15 个合作社，5000 多户农户，促使更多农户实现增收，能够养家糊口，真正改变生活。

同时，我也做产业下沉，把生产线撤分，撤分到村一级、乡镇一级，帮助老百姓自力更生，解决生活问题。我们这里之前一个村基本有 200 到 300 户，村里的年轻人都外出打工了，留在家里面的大部分都是老年人。村里每家都有几亩地，他们种植出的农产品找不到买家，自己又吃不下，只能背到城里去试着卖。但实际上每次背过去的量不多，往返车费又贵，每次卖完以后往往没剩多少钱，加上老年人年龄又大，身体不方便，渐渐地，售卖问题就成为老百姓心中的一根刺，找不到办法解决。而我做生产线撤分下沉，就让村里更多的人可以种蔬菜，在家门口就可以卖给我们的村级生产线，老百姓种出来的产品有地儿出售，就不需要长途跋涉了。这一方面带动农村的劳动力就业，促进农村的经济发展，解决老百姓最烦恼的事情，也更好地带动农村的种植的发展，形成“公司 + 合作社 + 农户”的产业链，同时解决原材料问题，让更多想做酸菜产业的人一起做。我认为，生产线撤分的效果好，带动作用更大，符合农村产业兴旺要求，对乡村振兴也有很大的帮助。

“唐姨妈”无盐酸菜后期进行连锁经营，在唐姨妈酸汤馆内推出酸菜系列，100 多款菜品、酸汤饮料、解暑解酒酸汤，全系列经营，为老百姓提供多元化的产品和多样化的服务。同时，我也紧跟潮流，在淘宝、拼多多等电商平台上拥有自己的品牌专卖店，拓展线上营销业务，通过电商将产品推广至全国，带动了当地电商产业的发展。在一些交流会上，我也把这样的品牌策略分享给大家听，大家都铆足劲加油干，村子肯定能慢慢发展起来。

当然，公司要壮大，产业要发展，乡村要振兴，永远离不开年轻一代的接力奋斗。能够返乡创业的大学生群体是我们家乡能焕发新生的动力引擎，我非常希望能和他们一起合作、创业，或者在我能力范围之内为他们提供更多帮助，一起把家乡建设好。他们有想法、有热情、有干劲，缺少的只是资金支持和实战经验。未来，当我们的企业能够达到上百亿的时候，我们会重点吸纳返乡创业的大学生群体，引导他们不断积累经验，慢慢干实业。如果可以，我也希望他们能走上推广无盐酸菜的路，我自己亲身经历验证了这个行业是可行的。我也非常愿意带动他们一起发展，让他们用最少的钱，走一条通向成功的捷径。有了年轻的力量，我们的村子即便大山环绕，也一定能走出去，走得远！

这一路走来，有甜有苦，我挑起担子，尽心投入，踏踏实实，一步一个脚印地蹚过泥洼。自己虽被溅了一身泥，倒也高兴，高兴的是通过我的带头让老百姓在家门口有生计了。致富带头人最重要的是“带头”两个字，而不在于致富。所谓带头就是遇到困难，要带头克服；有了好处，要共同分享。并且带头与致富本身也是相辅相成的，你若能带头，那肯定就能够致富。单打独斗的时代早已过去，在共享时代，只有互利双赢才能真正走得更宽、更远。这个道理同样适于用制作“无盐酸菜”，如果没有人给你种菜，没有人给你生产，你就挣不到钱。作为乡村致富带头人，首先就要让老百姓挣到钱，让老百姓先富，才会有你个人的富。老百姓都挣到钱了，你自己自然可以挣到钱。最重要的就是带好老百姓，让老百姓少走弯路，能够在这个产业发展，让他们能够挣到钱。要时刻记住，在这个社会，一个人是做不了事情的。

贵州是生我养我的地方，“无盐酸菜”是我们共同的美味，我希望能与这里的乡亲们一起，共同打造贵州第二个“老干妈”，一同将贵州发展起来！

果香溢清远，冀子致富路

受访人：张友东

访谈人：邱盛茂　廖梓彤　胡　政

访谈时间：2021 年 7 月 19 日

访谈形式：线上访谈

访谈整理：胡　政

访谈校对：邱盛茂　廖梓彤　胡　政

故事写作：廖梓彤　邱盛茂　胡　政

受访人简介：张友东，男，汉族，1984 年生，河北大城人，大学本科，广东省清远市丹尼公关策划有限责任公司执行董事。他创业经历丰富，开过电脑店、科技工作室、美容院，2015 年，南下到清远从事农业种植，特别是种植砂糖橘、台湾番石榴（西瓜芭乐）等水果。同时，他响应国家号召，参加了创业培训 SYB 课程师资培训班①、“一村一品”② 带头人培训等，成为当地致富带头人，全心全力投身到乡村振兴工作中，带领多家贫困户脱贫致富。他还热心公益，积极参加清远同心社会服务中心、志愿者协会机构等组织的活动，希望帮助有困难的人过上好日子。

① 由联合国国际劳工组织开发，为有愿望开办自己中小企业的朋友量身定制的培训项目。

② “一村一品”是指在一定区域范围内，以村为基本单位，按照国内外市场需求，充分发挥本地资源优势，通过大力推进规模化、标准化、品牌化和市场化建设，使一个村（或几个村）拥有一个（或几个）市场潜力大、区域特色明显、附加值高的主导产品和产业。

图1　2021年7月张友东（右下）接受邱盛茂（左下）、廖梓彤（右上）、胡政（左上）线上访谈

一　热血闯荡，不甘平凡

我叫张友东，字丹尼。上大学时，我的英语老师根据我的中文名给我取了一个英文名“Don”，后来相处久了，老师觉得我的性格开朗乐观，叫“Don”不够亲切，于是加了个“y”，也就是现在的“Dony”，翻译成中文就是丹尼。到了现在，身边人不管年龄大小，都喜欢叫我丹尼哥，我习惯了，也很喜欢。

从江西科技大学毕业以后，我开始了我的“南漂”之旅。2009年9月，像大多数毕业生一样，我刚毕业就投身到专业对口的岗位就职，进入上海阿里巴巴诚信通实习，得到领导的重视，实习期结束也顺利转正，一切貌似已经步入正轨。但是，我发现自己并不适合这种过于舒适的环境，这样的生活对我而言太过平凡，或者说这种生活对我来说没有太大意义。当然我也可以选择很安逸地过完剩下的日子，但是我实在不想安于现状。我想是时候做出一些改变了，于是，我于2010年2月辞职，开启了我的创业生涯。

离开舒适圈之后，我一直没能找到属于自己的发展空间，也受到了不少质疑，当然，不可能那么容易，我早有心理准备。同年5月，我和两位大学同学在西安大学城附近开了一家电脑店，开始了人生的第一次创业。创业前期很苦，但我们很团结，说得好听点是三个老板，其实更像是三个业务员戴着帽子、顶着烈日到处跑市场，皮肤被晒得黝黑发亮，人也瘦了一圈。后来赚到了人生的第一桶金，却经不起很多矛盾的考验，最后散伙了。2011年7月，我开始第二次创业，在深圳和同学成立了深圳恒远科技工作室，组建了软件开发团队，获得了人生第二桶金。2012年4月，工作室向着文化传媒方向转型，除了软件开发，还涉及动画制作和广告业务等。

将近三年的时间里，我积累了一些人脉，当时有个姐姐在长治市开瑜伽馆，她店里有很多女性在美容方面一年花费十几万甚至是几十万，于是我萌生了从事美容行业的想法。正巧在那里有很多在相关组织工作的朋友，像旗袍协会、酒行业协会，还有一些高级俱乐部，在做了市场调查和分析以后，2014年初，我在山西长治市开了一家花信时光美容院。刚开始比较顺利，也积累了很多老顾客，后面遇到瓶颈，一直很难突破。因为我本身对美容行业了解不深，所以专门聘请了店长，刚开始确实生意不错，办卡的也很多，但还是没有自己经营来得顺手，后来在管理运营和客户维护方面出了问题，于是朋友介绍我去参加台湾美容研讨会，学习店招、管理、拓客和后期维护。经过一系列培训和学习，我改变了店里的管理模式，其后有所盈利，但利润不高，很多业内的朋友都指出是产品的问题，他们建议我跟他们一样用市面上没有的品牌，价格非常低廉的产品，但是我了解了那些产品后，认为不应该给我的顾客使用，我还是坚持使用成本高一些但质量比较好的产品，这样一来，利润就低很多。最终，这家美容院还是开不下去了。

作为软件开发与设计专业毕业的学生，我涉足过许多行业，有专业对口的，也有与专业毫不相关的，但尝试了这么多工作后，我依然觉得，这些工作并不是最适合我的，也不是我想要的。那个时期的我就像是一颗蒲公英的种子，漫无目的地飘荡，没有根基；也像一个漂泊在外的游子，找不到归属感，日子就这样一天天平平淡淡地过着。

二 广阔农村，大有可为

2015年，我了解到国家开始脱贫攻坚，出台了很多农业方面的扶持政策，这让我觉得乡村是一个可以大有作为的广阔天地，有党的领导的政治优势，有配套的扶持政策，我感觉往农业方向努力，应该会有不错的成果。有了这个想法之后，具体该怎么实施、怎么运作呢？可以做农业的哪一个板块呢？我无从下手。

正巧这时，我看到身边一些做农业合作社的朋友在清远种植砂糖橘和鹰嘴桃，收益十分可观，我向他们了解了很多农业发展方面的情况，他们告诉我这个行业的状况以及未来的发展前景。虽然从事农业很辛苦，但是看到国家对脱贫攻坚的期望以及农业未来的发展前景，我更加坚定了往这个方向发展的决心。我表达了想投身在这个行业的想法，他们给了我一些十分有用的建议。农业研究院的钟教授告诉我，如果确定要投身农业就一定要去一些做农业比较成功的地方深入了解和学习。在好朋友小燕（化名）的热心帮助下，我们一起去了台湾参观西瓜芭乐种植基地，同时在后来从事农业过程中也成功引进了台湾西瓜芭乐这个新品种，当然这是后话。之后我跟随好朋友小燕来到了清远的几个农场，我做了些调研和评估，发现清远的气候十分适合种植蔬果、茶之类的产品，出口量也很大。并且经过市场调查发现水果市场缺口很大，就目前来说，还没有达到饱和的状态，这似乎是一个契机。

一切准备工作做完后，我不再犹豫，心中必胜的信念如同火焰一般熊熊燃烧。那一刻像是受到了什么召唤，我并没有过多纠结，收拾东西，坐上高铁，前往那个召唤着我的地方——清远。坐上高铁的那一刻，我似乎冷静了一些，但这并不代表着我投身农业的决心有所动摇。我依然对未来十分憧憬，在路上，我设想了很多种从事农业路上可能出现的状况，未来的生活可能会又苦又累、枯燥乏味，但是走这一条路，我早就想到了很多很多的可能性，可能开头是孤独的，或者是艰难的；过程是枯燥的，或者是曲折的；拐点是难盼的，或者是遥遥无期的。但是，不走一走这一条路，我一定会很遗憾。我需要做出一些改变，需要一些突破，需要走出一条不一样的路，我南下正是为此，“不撞南墙不回头”用来形容我可能十分确切。

于是我来了，我想让果香在清远这个美丽的地方飘荡，想做出一些贡献，实现一些价值。清远是一片广阔天地，农业拥有着广阔前景，这难道不是最适合胸怀大志的创业者的地方吗？这不正是我所想要的平台吗？想到这里，我已经迫不及待地想要大展宏图了。怀着一颗激动的心，我终于踏上了清远的土地。我一到清远，就去拜访从新加坡留学回来的好友小燕，我们都有共同的农业梦，两个人一拍即合，说干就干。很快我们就选择了一块风水宝地，在朋友的帮助下，将这座山承包下来，准备将我们的农场开在这个地方。

在镇上租下的房子里放好行李、安顿完毕之后，我向朋友借了辆摩托车，准备骑车到山上去看看。那时候，山上都是泥路，汽车开不上去，只能骑摩托车上山，很不方便。到了山上，入目之处皆是杂草杂树，只有一条上山的路，也是被人们一脚一脚踩出来的，这让我想起了鲁迅说过的那句话："世上本没有路，走的人多了，也便成了路。"我现在是不是也在做前人没做过的事呢？我这样想着。这时，我看到半山腰有一间破旧的房子，刚走进去，那种因为长时间没住人而积下的灰尘呛得人直咳嗽，看了一圈，发现里面空荡荡的什么都没有，后来还发现，因为朝向，夏天天气热时，屋子里比室外还热，烈日当头，在里面待一会儿人就受不了；但是，到了冬天，寒风把窗户吹得吱呀作响，冷得人直打寒战，这样的房子完全没办法住人，只能当临时休息和放置农具的场所。但即使是在这样恶劣的环境下，我还是充满了干劲，因为我早就做好了心理建设，"来这儿就是来吃苦，来建设自己的一番事业的"。站在山上，我看着这片尚未开垦的土地，闻着山间带着露水的空气，心里止不住的激动，幻想着以后这里硕果累累的场景，这里，将会成为我的另一个家园。

三　道路曲折，合作破局

最早我们选择种植砂糖橘，因为之前这里就种植过砂糖橘，这也是朋友给我的建议。我们调查发现，这里气候比较适宜，种植出来的砂糖橘果质好、味道甜美，价格也可观，很多种植户都获得了较好的收益，因此我们也选择种植砂糖橘。始料不及的是，当我们开始种植砂糖橘时，砂糖橘的市场价格已经开始下跌了。因为不只是我们在做这样的事业，其他人看到了商机后也开始种植，这种跟风的行为导致市场竞争加剧，引起价格波动。我们还发现，许多种植出来的果实上有斑点，有腐烂的迹象，这明显是得了病虫害。因此，第一年水果的市场价格很低，我种的砂糖橘因为长势不好卖不出去，导致亏损严重。这在种植业其实不是什么新鲜事，但对于第一次尝试即宣告失败的我来说，这样的打击还是很大。

后来我的朋友了解到情况，为我引荐了广东农科院的专家。他们给了我们种苗和技术支持，为了不影响橘子品质，专家帮我们引荐了做有机肥的商户，不仅解决了病虫防治问题，还不会影响果子的品质。农业研究院的同学也来帮忙，教我们如何种植出更好吃的砂糖橘。第二年，经过技术改良和精心照料，种出来的果实确实很好吃，味道很甜，还很大个，但是价格卖不上去，还是亏损。我开始有些动摇了，这两年太苦太累了，我付出了很多很多，可以说是全心全意投入，废寝忘食地工作。那时农场没钱请那么多帮手，基本上所有事都是我亲力亲为，一整天都要待在农场，我每天早晨七点起床，开着摩托车走三公里路到山上，看看果树长得如何，干些杂活，除草、剪枝，每隔一段时间带技术专家们查看果树的生长状况，晚上将近十点才回到家，累得倒头就睡。那段时间真的非常苦，但我干劲十足，每天都很充实。

但是努力了却没有回报，我看着别人做得很轻松还赚钱，而自己做起来那么难，完全不是一开始想象中的那样。创业从来都不是容易的事情，很多时候付出和收获不成正比。亏损了那么多钱，不知道还有没有翻身的机会，曾经熊熊燃烧的必胜信念之火，慢慢地也变成了一簇小火苗，似乎风再吹一下就要熄灭，我看不到希望，快要坚持不下去了……

除了没有盈利，如何处理与村民的关系也是一个大问题。农场刚建起来的时候，隔三岔五就有村民来闹事。这也可以理解，“排外”或许是他们保护自己或者说封闭自己的方法吧。他们用石头把上山的路堵住，故意弄坏围栏。在农场边界上与村民有些争议，他们也拒绝与我们商量，完全不配合。这样的情况持续了几个月，后来通过村委会干部帮忙沟通，我才知道原来是因为他们觉得种植砂糖橘比较赚钱，如果能够加入我们的话，会有一份稳定收入，能给家里减轻一些负担，而我们农场里请的员工都不是当地村民。经过再三思量后，我决定雇佣当地村民成为我们农场的员工。

其实，雇佣当地村民有很多的好处，一是他们对这里很熟悉，二是他们住得比较近，工作也比较方便。因此我请来村主任协调，把农场的员工全部改雇当地的村民，农忙时还会聘请一些兼职工。请当地人来帮我们施肥、采摘果子、给果园除草等，这给当地的村民制造了许多就业机会，他们也没有让我失望，再苦再累的活做得也很起劲。我觉得当地人只是缺乏技术和机会，他们并非不够勤奋。我想既然是在清远这个地方创业，也应该给当地村民分一杯羹，带动他们一起发展，这才是互利共赢的方式。

这样一来，村民们也渐渐开始接受我，开始亲切地叫我丹尼哥。这里留驻的村民都是年纪稍大的老人家，青壮年都出去打工了，村里的条件也不好。通过这件事，我也明白了村里的这些老人是很希望能有一份工作的，一是不想成为孩子们的负担，二是想让自己的家乡改变面貌，越来越富裕。村里的老人们同样是每个家庭中的一分子，他们也希望给家庭做出一些贡献，不想拖累自己的孩子。了解到这些情况后，我因为连续几年没有盈利而想要放弃的念头瞬间被打消，我下定决心一定要帮助他们摆脱贫困。

慢慢地，出现了转机，除了种植砂糖橘，我们开始承包一些地来种番石榴，广东话叫作“即食果”。我们种植的这种番石榴是一种来自台湾的新品种，叫“西瓜芭乐”，这个品种在清远本地没有什么人在种。经农业研究院的朋友建议，我和小燕便跑去台湾种植基地考察了解和学习。说实话，我们也是抱着试一试的心态，因为我们这里的土质很接近台湾西瓜芭乐的种植地区的土质，虽然也不知道种植出来的果质好不好，能不能挣钱，反正就放手一搏了！最终的结果并没有让我们失望，种植出来的番石榴投入市场后，反响十分不错，这一次总算没有亏损，这给了我们很大的信心。终于开始盈利，与村民们也渐渐熟络，日子越来越有盼头了。

四　吾心系处是第二故乡

几年下来，我已经完全适应了村里的生活，村民们也很喜欢我。他们认为，是我带领了他们，让他们的生活变得更加富裕。然而，我的力量也是有限的。在他们中，不乏有一些极度贫困的村民，我尽自己最大力量给他们提供一些工作岗位，但收入也只是能够维持他们家庭的正常生活，对于他们无法彻底改变生活，我心里是有些愧疚的，感觉到自己力量之薄弱。从这时候起，我发现自己已经融入这里了，心在这里了，变成他们的家人，会牵挂他们的家事。

有一位村民让我印象十分深刻，那个村民没有什么经济来源，他的父母和妻子都有一点精神障碍，两个孩子也有一些智力方面的问题，一家所有的经济来源都要靠他。令人遗憾的是，他自己也是一个残疾人，干不了什么重活，全靠政府的救济勉强维持生活。但他作为一家之主，很希望撑起这个家。我们了解到情况后，考虑到他不能干重活，特意安排他到农场去除草，虽然这也帮不了他多少，但就是让他有一份工资，而不是单纯地给予他物资方面的救助。我们很乐意去帮助当地的农民，同时希望能够维护他们的尊严。这样的做法也能避免农民们产生靠吃国家扶贫资金赖着生活的想法，真正意义上做到精神和物质上的扶贫。

这样的例子在村里屡见不鲜。于是，在农场渐渐稳定发展后，我开始着手和清远的公益组织和协会联系，合作较多且深入的是同心社会服务中心和志愿者协会，因为志愿者协会的会长、同心社会服务中心的理事长是我的老乡，俗话说，“老乡见老乡，两眼泪汪汪”，能够在远在千里的异地见到老乡实在难得。因此，我在做公益的道路上走得不算曲折。后来，我们坚持长期去帮扶贫困儿童和残疾人士，并且经常组织义工去探望，希望能够帮助那些有困难的人过上好生活。

我在做生意的同时，也参与一些公益事业，我感觉挺有意义的。当然，我知道一个人的力量是很薄弱的，所以希望能把这样的绵薄之力聚集起来，去做一个人做不成的事情。每当看着孩子们的笑容，我都会感慨，幸好自己当初坚持下来了，如今才能做着这么有意义的事情，这样的满足感也成为我再接再厉的动力。

除了参与公益活动，空闲时间我还会参加各种培训和比赛。2016 年 4 月，我拿到了清大根系教育颁发的领袖型 IN49 毕业证书和领袖型 TOP 69 毕业证书；2019 年，我参加了广东省职业训练局主办的创业培训 SYB 课程师资培训班，并通过考核。2020 年，广东为了帮助贫困地区脱贫，助力脱贫攻坚，提出了“一村一品”方案，即在一定区域范围内，以村为基本单位，按照国内外市场需求，充分发挥本地资源优势、传统优势和区位优势，通过大力推进规模化、标准化、品牌化和市场化建设，使一个村（或几个村）拥有一个（或几个）市场潜力大、区域特色明显、附加值高的主导产品和产业，从而大幅度提升农村经济整体实力和综合竞争力。为了落

图 2　2019 年 11 月 19 日张友东（着红衣服）为当地学校捐献篮球等体育器材

实该方案，国家举办了“一村一品”带头人培训，我有幸参加并通过了考核；同年，我还参加了团省委组织的领头雁培训；等等。

其中，让我印象最为深刻的就是农村电商“一村一品”带头人培训。因为参加培训的都是清远“两市、两区、四县”从事农业的精英，非常有幸能够认识这些为乡村振兴默默付出的“新农人”。在和各个地方从事不同种养殖业的同学一起学习共同成长的过程中，我收获满满，除了加强农业“种、产、销”一体化的合作，更收获了友情，丰富了人脉资源。

这些培训对我的事业非常有帮助，除了经营实体店，我也开始摸索电商和直播这方面的门路，虽然很辛苦，但我更享受时刻都在学习的状态，累了就去农场看看，和村民们喝喝茶、聊聊天，再去看看敬老院的老人，以及即使条件不好但依然热爱学习和生活的贫困儿童们，忽然又充满了干劲，一天的疲惫烟消云散。

清远，这个离我的家乡将近 2000 公里的地方，让我这颗一直漂泊的心安定下来，让我找到了适合自己的工作，也找到了归属感。

五　致富清远，毅者行远

现在回想起来，我的事业能有所起色，有诸多原因。首先，跟国家政策支持是息息相关的。因为做农业如果有政策方面的扶持，对农户来说帮助是非常大的。据我了解，有些乡镇的蔬菜农户分配到了政府出钱盖的大棚，并联系第三方给他们供应优质种苗，聘请专家住在镇上给他们讲解有关种植的注意事项，种植过程中有问题也能随时提出。如果没有政策的支持，这些农户一定是享受不到这样的福利的。其次，村委会起到非常大的作用。外来人口下乡创业一定会遇到很多阻碍，通过村委会干部们调节，慢慢地使得这些关系变得融洽，不仅消除了阻力，还能得到村民们的帮助。做农业的人一定要知道，有了村民的配合就等于成功了一半。这样无形之中，也给了我们许多信心与支持。最后，就是技术方面，如果没有农业研究院的技术支持，我是不可能成功的。

有很多人来问我关于创业方面的经验，我十分乐意分享给他们。我觉得在自己创业过程中能够带动村民致富，是一件很有意义的事情。我会告诉他们在决定进入这个行业之前，一定要多去了解，多听听来自各方面的声音，政府领导的、同行的、农民的，切忌只是一时兴起、脑子一热就蛮干。因为市场的变数很多，你不比别人了解得多、深入得多，就会走很多的弯路。现在回过头来想，当时所做的一些前期工作是必要的，只是干这行真的没有自己想象的那么简单。最重要的是，做农业需要提前做好心理准备，这是一个非常漫长的过程。就我现在的经验而言，做农业，前两年不盈利甚至亏损都是很正常的。

即使这条路很辛苦，我依然很支持年轻人去农村创业。现在在农村做农业的这些人，很多是文化程度不高、没有大局观念、只能干些杂活的农民，除了种植，其他方面他们是不懂的。而做农业除了要把农产品做好，还要推广和销售，种得再好，没能销售出去的话，也是不行的。所以这个行业是很缺乏人才的，我也希望更多有知识、有抱负的青年能够投身到乡村振兴的事业当中去。

现如今，国家的经济水平不断提高，人民生活越来越富裕，不仅城市发展得越来越好，农村的经济水平也提高了，曾经的贫困村变成了现在的富裕村。这些，都离不开近些年来国家乡村振兴政策的落实，乡村振兴带来了经济发展，乡村致富带来了美好生活，“乡村致富带头人”在这个过程中有着举足轻重的作用。我认为乡村致富带头人最主要的作用应该是示范作用，可能很多村民自己也在做，但是没有形成规模，也没有形成统一的体系，很多政策他们不知道，更不用说享受到。而我们作为致富带头人，可以把他们凝聚在一起，帮助他们创造价值，并且能够形成一个有秩序的系统，有了系统，成了规模，才能做大做强。

乡村创业致富并不容易，但也绝不是什么难办的事，我希望能够尽我所能，把我所知道的、所经历的、所总结的都传授出去，让更多的人能够加入我们的队伍，共同走好中国特色社会主义乡村振兴道路。

芒果凝聚希望，团结诞生力量*

受访人：石　英

访谈人：陈冠豪　张　碧　刘　畅

访谈时间：2021 年 7 月 25 日

访谈形式：线上访谈

访谈整理：张　碧

访谈校对：陈冠豪　张　碧

故事写作：刘　畅　陈冠豪

受访人简介：石英，男，壮族，1981 年生，广西田阳人，大学文化，广西田阳区青年创业联盟秘书长、广西田阳青创农业开发有限公司总经理、田阳区电子商务协会常务副会长。依托电商发展和田阳区得天独厚的气候与便利的交通，于 2019 年 4 月 24 日成立广西田阳青创农业开发有限公司，开发了小程序电商平台——青创果园。公司通过资源整合、工作融合、力量聚合，开展扶贫助农活动，打造联系紧密的青年创业人才社群和共青团服务青年创业的枢纽组织，成效显著，带动贫困户 613 户，带动贫困人口 2521 人。

一　走得再远也要记着回家的路

1981 年，我出生在一个普普通通的广西农民家庭里，父母亲靠着自己

* 本故事参照《百色市田阳区又一农产品获评"圳品"》，人民网，http://gx.people.com.cn/n2/2020/1010/c390645 - 34340380.html，最后访问日期：2022 年 5 月 2 日。

图 1　2021 年 7 月 25 日石英（右下）接受刘畅（左上）、陈冠豪（右上）、张碧（左下）访谈

的双手勤勤恳恳半辈子，在田阳县城（当时还是叫田阳县，在 2019 年底的时候田阳才撤县设区）开了一个小厂子，自此之后家里情况好转了很多。到了 2000 年的时候，从小就有一个律师梦的我如愿以偿考入天津大学的法律专业，之后深耕四年顺利完成了学业。可是，人生不如意者十之八九，2004 年我毕业，正赶上经济危机，经济萧条、企业倒闭、货币贬值、物价高涨，我并没找到合适、满意的工作。我在自己的人生路口徘徊不前，最终辗转进入了一家天津的食品厂工作，这跟我大学所学的专业并不相符，但是也可能是机缘巧合，恰巧为我之后的人生道路打了好基础。"北有天津卫，南有上海滩"，天津，这座毫不张扬却不失优雅的沿海城市也并没能让我留下。又过了些日子，我母亲的身体出了一些小状况，得知消息的我也是心里万分愧疚，"江水三千里，家书十五行。行行无别语，只道早还乡"。"父母在，不远游"，之后我便回了家乡，大城市再繁华再好，走得再远也依然要记得回家的路。再后来，家里的工厂并没有太大的起色，我便开始帮着父亲照顾着家里的生意，日复一日，仿佛一辈子也就这样一眼望得到头了，自己的梦也仿佛越来越远。

2018 年 8 月 1 日，田阳团区委组织区里的创业青年召开"南山—田阳”[①] 对口帮扶协作座谈会。2018 年 9 月，田阳团区委和田阳区扶贫开发办公室一起组织田阳区的青年致富带头人赴深圳学习考察，这个由 20 多人组成的考察团中的 6 个人，成为我们之后青年创业联盟[②]的创始团队成员，现在同时也是青创联盟的骨干分子。就是这样一次非常偶然的机会，让我参加了团区委这样一个创业培训活动，也正是这次活动，彻底颠覆了我的认知，甚至在这么多年之后，我依然认为这是我人生最重要的转折点，给我的人生增色万分。这里还是要特别感谢国家制定了大学生创业的扶持政策，让刚刚步入社会的大学生们出去开阔视野见世面，学习新的知识，这对于扎根农村想创业却处处碰壁的青年们，无异于漫漫长夜里举灯燃明了道路，寒冷冬夜里送来了篝火。

当时，我们去的是大都市深圳市南山区，我也是第一次过去，所以对于很多新事物、新东西都抱着很好奇的心态，特别是参观了腾讯公司、大丰收公司等一些做得很成功的公司。大丰收公司是做农产品、产业链的公司，我们听取并学习了他们企业的发展历程、发展现状、运营模式和未来展望等。一个公司应该怎样成长，它所走的道路是如何选择的，又是如何在大浪淘沙里的万千创业公司中保证自己的青春活力，从而独树一帜活下来，背后原因都值得我们深入思考。

让我感触很深的就是互联网大数据的运用和互联网生态圈的构建，这些令我深感震撼，也彻底颠覆了我的认知。因为我那时从来没有这么近距离地接触过深层次的互联网，而且在此之前我对互联网也没有什么具体概念，大概印象只停留在日常的使用上，比如上百度查资料，去淘宝买东西，还有就是我们日常用的聊天工具 QQ 和微信，以及一些网络游戏之类的。当时确实感觉自己就像一只井底之蛙，是这次培训学习让我们充分感受到互联网所蕴含的强大能量。我从来没有想过网络居然可以做成一个产业，并且能促成一些产业的结合，把产业带上高速行驶的轨道，还可以把复杂的流程进行精减，省去大量中间环节，更没有想到这些应用对我们小

① 深圳南山区自 2016 年开始对口帮扶田阳区。

② 青年创业联盟，简称青创联盟，田阳区青年创业联盟是按照团中央“创青春·中国青年创业行动”，扶助 10 万有志气青年扎根深度贫困地区创业的工作要求，在田阳区委、区人民政府的支持下，由共青团百色市田阳区委员会统筹搭建的青年创业服务平台，于 2019 年 4 月组织成立。

县城竟然能起到这么大的作用，不说翻天覆地，那对于我们也是日新月异的大变化。从那时候开始，我就有意识地关注互联网上更多有用的东西。在当时我想，我们田阳这个地方地处云贵高原南部，北回归线横贯县域东西，高海拔、低纬度所带来的得天独厚的亚热带季风气候，土地足够肥沃，水利设施也很完善，具有冬无严寒、夏无酷暑、温和湿润、光照充足、昼夜温差大等特点，这种适宜的水土条件和生态自然环境，十分有利于水果的生长种植。百色市最有名的就是芒果，而我们田阳又是百色市芒果种得最好的地方之一，地方政府为了发展我们本地的产业也确实给了很多优惠政策。所以我就在思考，既然互联网具有这么强大的能量，那么为什么不能让我们自己的农产品也搭乘互联网这趟顺风车呢？我们又该如何利用互联网来进行家乡的产业结构优化呢？所以我想，如果把我们的芒果放到网上去销售，应该是能有很好的销量，天时地利都在，差的就是人和了。

当时的培训①，是组成了一个培训班，同学们都是来自各个地方、接受新事物比较快的青年，然后我就把自己的思路和想法说了出来，跟同班的同学进行了交流沟通。我一提出来这个想法，大家都觉得挺不错，大家说“你们家乡盛产芒果，而芒果又是比较受欢迎的水果，甜度高很好吃，大众认可度也很高，种植芒果应该有不错的发展前景”。当时我就突然觉得我自己好像摸到了一些会闪光的东西，但我还没形成具体的思路。回到田阳，我就坚定了要走这条路，想要带着辛辛苦苦种地卖果的乡亲们做出点什么改变。之后，我开始为这个事情奔波宣传，当然一开始也遇到了很大的阻力和困难，不同的人对于新事物的接受程度大不相同，有些老一辈的人，即使穷了一辈子，也不肯做些改变，甚至会觉得你是在骗他们的钱，固化的思维模式让我们在最开始的阶段很难去进行下一步工作。后来我个人的思路是，就应该把专业的事情交给专业的人来完成，所以我们就很需要富有互联网销售经验或者网络营销经验的人才的加入，这样不仅可以更好地去做宣传，吸引乡亲们加入，也能提高销售业绩，同时提升大家在互联网上卖水果的信心。我们还需要具备专业的农业知识，对芒果的品

① 培训是指2018年9月份，田阳团区委、田阳区扶贫开发办公室一起组织田阳区的青年致富带头人赴深圳学习考察。

种、习性、品质等了解透彻的技术性人才来帮助我们。

后来，也是很偶然的一次机会，我跟我们田阳区团委书记张星聊天，把自己不成熟的想法跟张书记沟通了一下。巧的是，当时根据团中央“创青春·中国青年创业行动”的相关工作部署，国家要扶助10万有志青年扎根深度贫困地区创业，在田阳区委、区人民政府支持下，由田阳团区委统筹各方资源，筹划搭建青年创业服务平台。张星书记当时也正在发愁青年创业联盟的相关政策如何在田阳落地生根，所以我的提议与区里不谋而合，碰撞出了火花。在这之前，我们几经奔走，挨家挨户跑农户做宣传，的确吃了很多苦头，碰了很多壁，结果也不怎么理想。然而，苦尽甘来终有日，2019年2月21日，田阳区开展“青年创业联盟”助力脱贫工作推进会，为田阳青年创业联盟的成立奠定基础。2019年4月28日，团区委组织召开“青春心向党，建功新时代”青年创业联盟成立大会，自此，田阳区青年创业联盟诞生了，它以“诚信、互助、共享”的宗旨为指导，通过资源整合、工作融合、力量聚合，开展扶贫助农活动、组织参加学习培训、对接合作项目等，为服务田阳青年就业创业、助力脱贫攻坚贡献青年力量。一个以田阳区芒果产业的互联网销售为依托，以“互联网销售方面的导师型人才+芒果种植户+本地成功企业家”为基础架构的青年创业联盟成立了，也是从这天起，我们的创业致富之路开启了。

我们青年创业联盟初创的时候只有8个人，其中有6个都是当初一起去深圳南山参加培训的同班同学。我们最开始只是围绕着田阳区的芒果产业做互联网的线上销售，后来随着越来越多伙伴的加入，到现在已经发展成了一个拥有150多人的颇具规模的大团队，其中，有四五十户的贫困户，然后会由其中做得比较好的一些人为青年创业联盟开拓市场和提供资金，把自己的资源、渠道共享出来，帮助相对滞后或者贫困的农户进行销售，这也就相当于先富带动后富。青创联盟以抱团发展的模式积极开展消费扶贫、助农增收，依托田阳得天独厚的气候、丰富的农产品资源以及便利的交通环境，通过整合会员企业资源，充分发挥互联网在助推脱贫攻坚中的作用，我们开设了自己的淘宝店铺，好评率达99.42%，我们还自主开发了小程序电商平台——青创果园进行多渠道线上销售，也收到了很好的反馈。

2019年青创联盟成立以来，我们借助深圳市南山区与田阳区对口扶贫

图 2　石英（右）展示自主开发的微信小程序——青创果园

协作的优势，进一步拓宽扶贫农产品的销售渠道，共有 12 家我们联盟的企业、农场与南山区酒店餐饮同业协会、源兴果品、点筹网、宝能系零售、百果园、本来生活网、盒马鲜生、金晋集团、顺丰丰农、鑫辉餐饮、怡之意农业、江茂源粮油等企业签署意向采购协议，总额近 1.5 亿元。同时，通过“扶贫大礼包”、消费助农公益直播、推荐深圳各企事业工会组织和食堂采购我区的扶贫农产品等方式助推消费扶贫，为我们田阳农产品打开销路。我们青创联盟的产品，也已经由原来的单品芒果，逐步拓展到脐橙、猕猴桃、砂糖橘、大青枣、火龙果、柑橘、蜜柚、圣女果等；农特产品包括八渡笋①、凌云白毫大石山岩茶和旱藕等，还涉及猪、羊、鸡、鸭、鱼以及蛇等，以及芒果和圣女果的果脯果干、旱藕粉丝、瓜蒌子②、山茶油、手工红糖以及土蜂蜜等产品。每一个产品都有一个比较专业的小团队

① 八渡笋，是田林著名的土特产品，清代曾列为贡品。八渡笋以脆嫩无渣、美味可口、营养丰富而深受人们青睐。

② 瓜蒌子，即栝楼子，是葫芦科栝楼属植物栝楼的种子。

在运营，一个小团队有 5 ~ 10 人，十几个小团队组成这个大家庭，充分发挥了每一个人的协作能力，达到了抱团发展的效果。广西田阳青创农业开发有限公司作为田阳区青年创业联盟的会长企业，2019 年度总销量为 32062 件，共计金额为 1619699 元，帮助贫困户 54 户，带动贫困人数 192 人。2020 年田阳区青年创业联盟利用互联网开展销售，总体农产品的销售额达 2000 万元，线上商城累计销售超 3 万件，带动贫困户 613 户，带动贫困人数 2521 人。对于这个成绩，我们还是挺满意的。

二　千淘万漉虽辛苦，吹尽狂沙始到金

创业初期，我逐渐清晰地意识到肩头的“三座大山”。

第一座大山是资金面临困难。创业启动的时候，资金问题是一个最令我头疼的问题，花了很多的精力和时间去做这个事情。因为我们产业需要的资金量大，而我自己远没有足够的资金基础，怎么办呢？我只能试图去游说我们本地成功企业家来加入我们的青年创业联盟，并且注入资金，他们可以起到保障联盟资金的基础性作用，也可以共享自己的资源和渠道。这个任务极为艰巨，但是我深知这是实现创业愿景的非常关键的一步，尤为重要，所以我必须拿出能吸引到对方的东西。起初，他们对我们的项目总是抱有半信半疑和观望的态度，这也是正常的，毕竟谁的钱也不是大风刮来的，社会上骗局层出不穷，谁也不知道自己踏错一步会进入哪一个坑中，所以我早已做好打持久战的准备。“关山初度尘未洗，策马扬鞭再奋蹄。”我会每周规划好游说对象、游说内容和游说时间，最开始的游说对象大都是通过一些朋友和合作伙伴介绍认识的，我把我们创业联盟的理念反复地跟这些当地的成功企业家介绍，介绍完之后再总结，总结之后再不停地丰富我们能够吸引大家的内容，从而向大家继续反复地阐述我们这个项目的市场机会、独特优势和财务前景。我们会告诉他们，随着精准扶贫的大力推进，国家正在积极拓宽农产品销售的渠道，通过电商扶贫，可以摸清当地产品资源品类，盘活资源优势，让一些不知名、不起眼的农作物变成商品；另外，电商扶贫还可以解决农户，尤其是贫困户销售的“最后一公里”问题，提升农户对种植养殖产品的议价能力。比如说我这个产业预期能够达到什么样的效果，有多大的利润空间，拿一些具体的财务数据

来说服大家。反复游说几轮下来，终于“守得云开见月明”，开始有当地成功企业家愿意带着资金和资源加入我们的队伍，同时也通过“朋友拉朋友、生意伙伴带生意伙伴”这种滚雪球的方式，我们的队伍逐步壮大。

第二座大山是乡里乡亲的“小农意识”[①] 顽固。在我们这样的小县城，种养殖户的小农意识是非常明显的，因为他们不懂变通，一般只按照往年惯例去养鸡、猪、鸭等，也就是我祖上养猪种地，我现在就还是继续养猪种地，并不会也不敢去想着根据市场情况调节自己的产品。这些农户们也不会随着市场价格波动，选一些比较赚钱的品类去种植、养殖，每年都是同样的产品，传统的思维固化让他们并不会根据市场行情进行变通。比如今年的芒果很好卖，原来是种植沃柑的种植户也不会改种芒果，因为他们觉得祖祖辈辈就靠种沃柑过来的，自己当然就应该种植沃柑。之所以出现这种情况，一是因为技术不到位，没有人教他们，也是真的不会种别的，怕养不好种不好；二就是养了种了怕没人收，害怕卖不出去，辛苦一年到头来都砸手里；三是未能远谋，只顾眼前。比如我卖一只鸡给你，你能立马给我钱，我们一手交钱一手交货，就是很简单的我就把这个钱给挣了这样一个很现实的情况，他们只关心能亲眼看到、亲手拿到的在眼前的利益，不敢接受虚拟化形式的交易，当然更不敢创新。还有一个情况是，在本地卖农产品，收购的商贩经常会打压价格；如果送到远一点的地方卖，虽然价格高一点，但路上运输又不方便，运输成本还高。但是在我看来，互联网不就恰恰解决了这个问题吗？网上销售既可以方便农户，在家就能把东西高价卖出去，还省了中间商、运输等一大堆费用，所以我就坚定地认为自己选择的路一定是正确的。

最初，我在给大家讲解互联网销售的时候，年轻人还是很容易被说动的，但是老一辈的村民基本都是表现出不相信的态度，包括我的父母、我的亲戚，他们对此也并不看好。因为他们对互联网这种新兴技术并不了解，觉得就应该踏踏实实、本本分分地做生意，用勤劳的双手、辛勤的汗水来挣辛苦钱，这样才挣得心里踏实，所以他们认为互联网销售这种看得

---

① 小农意识，指为满足个人温饱，在一小块地上自耕自作，无约束、无协作、无交换而长期形成的一种思想观念。在价值观念上，自然经济使得人们形成以自足、患得患失、平均主义为特点的观念体系。

见但摸不着的虚拟化新鲜事物“不靠谱”。毕竟在老一辈的认知里面，我们这一代总在互联网上看电影玩游戏，他们会觉得我们这些小辈是借着互联网的幌子不干正事，所以根本不相信也不考虑我们口中所说的互联网营销方式，仿佛我说的这些都具有欺骗性，这使我难以动员村民，难以推广我们联盟的互联网营销策略，这成为我的创业征程中又一大困难。

我想，单凭我自己的力量怎么可能说服村民呢？还是得借助我们田阳区青年创业联盟的力量，众人拾柴火焰才高！仅凭我一个人的努力很难具有十足的说服力，还是得先让村民们看到实际性成果，用事实说话。我们创业联盟的成员最初是 8 个人，我们 8 个人积极研究和总结互联网的销售知识，并尽可能地给村民们科普互联网销售模式，用他们能听懂、能接受的语言，尽可能避免因为不了解而产生抗拒心理。渐渐地，我们联盟里最初加入的都在村里面率先实现了富裕，挣到了比以前在传统模式下更多的钱，大家都看见我们联盟真的能够在互联网模式中赚到了第一桶金，一传十、十传百，乡亲们先是羡慕，而后就开始好奇互联网销售模式是怎样操作的，柴多火旺，水涨船高，大家陆续地都开始积极接受互联网销售模式，积极学习互联网销售的知识，把这当作一种“时尚”，村民们的意识逐渐有了向好的转变，我们联盟也逐渐扩展到现在 150 多人的规模。

第三座大山是我们地方人才匮乏。我们除了面临着种植、养殖、加工的标准化程度低，物流配送体系不完善等问题，还面临着无法集中化、规模化、标准化的困境，这就导致一些农副产品在品控方面没有很好地保证；在养殖方面，贫困户大多是缺技术、缺资金，即便提供养殖种苗给他们，但他们没有经过系统的培训或者跟踪指导，种苗成活率、出栏时间等方面也是无法保证。老话说，巧妇难为无米之炊。但我们的情况恰恰相反，我们有适宜芒果产业发展的肥沃土壤，有气候适宜的环境，只要独具慧眼，农村的广阔天地到处都有可利用的资源，到处都是可走的路子，唯独缺了“巧妇”在这里煎炸烹煮、匠心炊之。所以以人才为本，我们小地方最头疼的是缺乏相关技术人才，因为拥有更多技能的人，往往也选择走出去，绝大多数年轻人都倾向于去大城市发展，在他们看来大城市有更多的发展机遇，十几年的寒窗苦读只为跳出那种面朝黄土背朝天的生活模式。所以到现在我们还存在人才引进问题，我们的运营团队基本没有外聘人才，全部是靠本地返乡创业青年和本地创业者撑起来的。我们想找一些在互联网销售方面富有经验的专家或者人才是很困难的，我们也曾设想过高薪聘请，但是由于农业利润并不是很高，高薪引进方案难以真正实行，所以人才储备一直处于半自给自足的状态。我们返乡创业青年本身，文凭也不是特别高，专业技能、相关知识、相关经验也不是特别丰富，所以团队优秀人才引进也是个头疼的问题。

三　前事不忘，后事之师

在我多年的奋斗历程中，身边不乏创业失败的青年朋友，这很令人心痛。因为我本身也是毕业一些年后才返乡创业，我也看到过很多的返乡创业青年失败的例子，所以我想把自己总结出来的经验与之前经历的教训讲出来供大家参考。在我看来，返乡创业青年们缺的并不是比较现实的东西，因为现在国家政策的确很完善，对返乡青年和创业者来说都非常有利，在此之前国家没有制定过像现在这样优厚的福利激励政策，所以我个人认为现在是返乡的有志青年进行创业的最佳时机。另外，地方政府这些年对于返乡创业者也极其重视，会开展各种知识培训，提供免费的学习机会，还帮助我们申请补贴福利，这些其实都是在鼓励我们，也为我们返乡创业打造了良好的创业环境。

但是为什么还是有返乡创业青年会在创业的过程中失败？如何做才能成功？

第一，就是要摒弃个人单打独斗的思维，懂得抱团发展，懂得合理利用集体的力量，懂得凝聚力量。在最早的时候，我都是自己做自己的东西，每天也都是只想着个人的问题，比如我今天的产品要比昨天多卖出多少，或者说我今年的业绩要比我前一年高多少，但是现在我想的问题却是怎么样把一个行业的同行们聚拢在一起，我们一起抱团发展，这个是我们田阳区能够创业成功，并且能够组建一个很棒团队的重要原因。这样做，一是可以解决资金缺乏问题，二是可以解决销路不畅问题，三是还有团队成员给你参考意见。比如大家在谈到产业的时候可以坐下来一起商量，汇集 150 个人的力量，各个方面的人才都可以提出针对性建议，为你的产品和销售模式指出存在的问题，或者为你指出你创业初期要懂得避开的那些坑等，如果单打独斗，很多情况、很多问题是没有办法靠个人能力去解决的。所以我并不建议返乡创业青年一股脑儿地单打独斗，返乡创业就意味一切都要从零开始，没有团队的帮助就很容易失败。在一个团体中，特别是像我们这种农业相关的产业，而且大家又是在同行业的大团体大联盟中，丰富的种植经验、娴熟的销售技巧以及广阔的资源渠道都可以互利共享，这样就极大地提高了我们的容错率，大家有钱出钱、有力出力，都有钱赚，三个臭皮匠还顶个诸葛亮呢，大家的出谋划策往往能避免很多的问题，少走很多的弯路。现在的很多青年创业者创业失败，其实我也看在眼里，我感觉他们总是觉得自己返乡创业好像跟其他人没多大关系，“各扫门前雪”，自己做自己的就好。但是实际并不是这样，人都是社会性动物，做生意的又都是相互往来打交道，在这个社会不抱团发展、不团结，仅靠单打独斗，失败的风险是很高的。像我们现在做的，先富带动后富，大家都有钱赚，这才是长久之道。

第二，切勿好高骛远、眼高手低。返乡创业青年所选择的创业类别也很重要，我个人认为，我们既然是返乡创业，就得针对我们家乡的特点，选择合适的产业去创业，这样既能带动家乡的产业，又能赚钱，何乐而不为呢？所以并不是看见哪个产业好做，就从大流去做哪个产业，或者看市场上这个东西好卖，那个东西价格高、利润高，就什么也不懂地盲目跟风往这个产业上走。如果没有自己的东西、没有技术、没有实力、没有自己能拿出手的特色，往往干不了多久就会被市场所淘汰。所以要从实际着手，看清自己有什么，又能做什么。我们返乡还是得立足我们家乡的产品或者家乡的特色。我个人觉得没有做到这一点也是一些返乡创业青年失败的原因，所以必须要扎实、实干，不能做虚的东西，就是该怎么做就怎么做，要实实在在地把事情做好。

第三，就是要懂得不断学习，要紧跟时代潮流、了解前沿市场信息，不能故步自封。自己要不断学习进步，首先是自己得到能力的提升，之后我们才懂得带领大家往哪个方向走。不管你从事什么行业，首先你得适应这个时代的发展，知道外面发生什么事情，新闻得多看、专业知识得多学，那些可以提升自己能力的东西要多学多看，不断壮大充实自己，然后我们才有说服力、领导力，带领大家一起致富。在没有用互联网之前，农民生活水平、农民收入并不是很高，但是现在我们通过互联网形式，一方面可以给果农或者贫困户一个很可观的价格，另一方面我们可以快速把水果销售出去。大家也知道，水果如果在短期内销售不出去，它会有可能烂掉，掉在地里烂掉，周期比较短。这也是收购商能把水果价格打压得很低的原因，比如收购商在果实成熟初期处于消极的收购状态，又在果实成熟末期时去积极收购，这时可以将价格打压得很低，如果果农选择不卖了，最终水果还是会烂掉，也没有别的保存办法，所以我们选择在网络上销售本地的水果以及养殖、深加工产品等，已经可以带动很多贫困户了。但是，我们不仅仅需要带动他们，还希望他们能够有自力更生的能力，所以我们的做法很简单，就是果农种水果后，我们联盟通过联盟协会，把果农的水果通过网上销售渠道卖出去，能够给果农一个好价格。因为我们这边是农业大县，全部都是以农业为生存基础，农民或者贫困户种的水果都是卖给外面的商贩，但有些不良商贩会把价格打压得很低。我们现在利用互联网把水果种植和销售结合起来，产生巨大的能量，价格透明度高，所以就不会出现以前那种商户欺骗果农的现象。依托我们的联盟平台，水果都明码标价，信息公开，公平公正，极大地维护了果农的切身利益。2020 年田阳区青创联盟 4 家会员基地经专家评审符合供深标准，荣获首批广西优质农产品“圳品”认证，进一步推进田阳特色农产品品牌化建设。这就是一个最好的例子。

再一个就是抓住机遇。机会一定是留给有准备的人，不打无准备之仗方能立于不败之地，所以我们要不断充实自己，做好充足准备迎接机会的到来，而不是什么都不做，等着机会来了眼睁睁地看着它溜走。所以机会来了，我们就能把它抓住，这就很顺风顺水了。创业其实是一件并不容易的事情，它也往往没有想的那么简单。我们前期走得顺，很大一部分原因在于有国家政策的支持，我们搭上了车，抓住了机遇。当时田阳团区委根据国家下的文件来组建青年创业联盟，给了我们宝贵的培训机会，就像我之前有机会能够去深圳参加培训，之所以能够有机会到腾讯和大丰收这种大型公司参观学习，也是因为国家的政策好，我们才有机会走出去，吸收外界的有利因素，促使自身的思想发生根本性转变，达到质的提升，最终我们才能带动更多的人一起致富。在成立青创联盟的过程中，我也深刻地感受到国家对农业板块是非常用心、下足了功夫的，包括现在的乡村振兴，都是国家给予我们很大的政策支持。国家的政策是我们青年进行创业的一个基本指引，没有国家的政策我们是走不到今天的。

在我看来，这么多年做下来，作为致富带头人，首先要有自己的格局，只有带领大家一起去奋斗，大家才愿意跟随着你去致富。很多事情我们不能只嘴上说，只是喊喊口号，还得身体力行，要舍得付出，想方设法把大家聚拢在一起，真正实现抱团发展。只有农户、贫困户的生活水平提高了，他们才会更加积极主动地种植不同种类的水果，还会更加注重水果的品质，因为品质优、口感好的水果能够获得更高的成交价格，同时他们对于品质的重视也更利于我们网络销售量、单量和价格的提升。当这些单量增加，价格提升，反过来又回馈到我们农户的身上，他们的收益更高，自然而然他们也会更努力地去提升品质，拓展新产品，这是一个积极的正向循环系统。成立青年创业联盟让我产生了强烈的成就感，因为可以带着这么多家乡的村民致富，自己实现创收的同时也为家乡作出一点贡献。田阳区青年创业联盟成立后，我始终觉得有一根有力的鞭子在背后鞭策着我，促使我不断学习成长，这在增强我个人能力的同时，也让我的责任更重，能力越大、责任越大，这就意味着我要凭借自己的能力，依托我们的青创联盟平台，带动更多乡亲共同致富，带领团队向前冲。

非遗瑶鼓领奏乡村致富乐*

受访人：唐买社吊

访谈人：郑　敏

访谈时间：2021 年 5 月 27 日

访谈形式：线上访谈

访谈整理：郑　敏

访谈校对：郑　敏

故事写作：郑　敏

受访人简介：唐买社吊，男，瑶族，1977 年生，广东连南瑶族自治县人，大专文化，其家乡是有名的民间艺术之乡，其家人多从事文艺工作，父亲唐买社公是第一批国家级非物质文化遗产代表性项目“瑶族耍歌堂”代表性传承人。唐买社吊从小热爱瑶族传统文化，曾师从国家级非物质文化遗产代表性项目“瑶族长鼓舞”代表性传承人——唐桥辛二公学习制作瑶族传统长鼓（下文称作“传统瑶鼓”，是瑶鼓产业中的重要产品，也可泛称为“瑶鼓”），熟练掌握瑶鼓制作工序。2006 年，他从珠三角返乡创业，专门从事传统瑶鼓制作与销售，此后多年积极创新，并推出专利产品——手鼓（排瑶）和一系列文创瑶鼓，形成种类齐全的瑶鼓产业。2016 年创办连南瑶族自治县名瑶工艺坊（以下简称“名瑶工艺坊”），不断扩大瑶鼓产业规模。2018 年、2020 年，分别被评为市级、省级非物质文化遗产项目“瑶族长鼓制作

* 本故事参与以下材料：广东广播电视台触电新闻微纪录片系列《唐买社吊：创新瑶族长鼓，传播“瑶”远乡音》；《瑶族长鼓》，百度百科，https://baike.baidu.com/item/%E7%91%B6%E6%97%8F%E9%95%BF%E9%BC%93/468271?fr=aladdin，最后访问日期：2021 年 5 月 28 日。

技艺”代表性传承人。在创业过程中，唐买社吊披荆斩棘，迎难而上；积极承担社会责任，带动乡亲一起致富；坚定传承瑶族传统文化初心，除瑶鼓外，积极开发其他文化项目，为促进当地民族工艺产业百花齐放作出巨大贡献。

图1　2021年5月唐买社吊（右）接受郑敏（左）线上访谈

一　传统文化艺术浸润，促成瑶鼓不解之缘

青山连绵，碧水悠悠。风景优美的连南是我的家乡，也是有名的民间艺术之乡。瑶歌、瑶舞、瑶绣、瑶鼓等，记录了瑶族人的族群历史和社群发展。从小浸润在瑶族传统文化中，使得“瑶族人会走路就能跳舞，会说话就会唱歌”。在瑶族，最重要、最具有仪式感的文化活动得数一年一度的盘王节①。每当那时，寨子里老老少少都穿着鲜艳的瑶族服饰，聚到一起，举行盛大的庆祝仪式，奏鼓欢歌跃舞，十分快活。打小起，我就经常盼望盘王节的到来，希望看到那些欢乐的歌舞，听到那些带有节奏感的鼓声。每年庆祝仪式结束，我都意犹未尽，回到家里还反复回味。我的父亲是我们当地公认的“歌王”，平常素有从生活中汲取灵感，为歌曲创作填词的爱好，到了盘王节，他更会登场表演耍歌堂②。父亲有意把我培养为“耍歌堂”接班人，但我在唱歌方面没有什么天赋，最终泡汤了。但我因

① 盘王节：农历十月十六日，瑶族人民纪念祖先盘王的重要传统节日，2006年被列入第一批国家非物质文化遗产名录。

② 耍歌堂：连南排瑶的重要庆祝仪式，常以歌相庆，2006年被列入第一批国家非物质文化遗产名录。

为亲密接触瑶歌、瑶舞，萌发、坚定了对瑶鼓这门乐器的喜爱。

说到瑶族文化，很多人第一反应就是以瑶族舞曲《长鼓歌舞》为素材的管弦乐《瑶族舞曲》，而说到瑶鼓，可能很多人都不了解。其实它的艺术价值一点也不亚于瑶歌瑶舞。我们当地素来有“瑶不离鼓”的说法，瑶鼓既是一种民间乐器，也是瑶族文化的重要代表。首先，瑶鼓的外形本身就具有很强的观赏性。传统的瑶族长鼓有一米多高，上下喇叭状，中部纤细，内部镂空，以羊皮或兔皮封口，通体彩绘自然鸟兽、日月山川等图案，很有民族特色。其次，瑶鼓音色清脆，是瑶族歌舞表演的主要道具。舞者在表演时，一手握鼓腰，一手击打鼓面，将其上下翻转，生动活泼地展示瑶族祖先狩猎的矫健身姿。歌者在表演时，清脆优美的瑶鼓音效，更显得锦上添花。更重要的是，瑶鼓寄托了瑶族人民的虔诚信仰，是瑶族家庭一件神圣的宝物。我们连南瑶族家庭都会收藏瑶鼓，平时细心呵护，等重大节日才拿出来使用。我们还相信保护好瑶鼓可以驱散厄运，带来好运，瑶鼓承载着一个家庭的美好心愿。

总之，那时的我对瑶鼓着迷得不得了，迫切地想去了解更多关于瑶鼓的知识，梦想着亲自动手做一个瑶鼓。但瑶鼓制作工序繁多复杂，选料、制模、镂空、修整、刷漆……每个环节都是对体力和耐力的重大挑战，而我年龄小，经验不足，只能做些粗糙的鼓。我的家人看到我对瑶鼓这么喜爱，给予了我很大的支持，经常鼓励我不要放弃自己的爱好。后来，我拜我们当地的“鼓王”唐桥辛二公为师，学习制鼓。我师父从六岁开始制鼓，手艺精湛，对我也很有耐心。在他的口传身授下，我熟练掌握了制作瑶鼓的技术，做了不少鼓，从此结下与瑶鼓的缘分。

二　在外难忘瑶鼓之音，返乡再续瑶鼓之缘

1995 年，我被姐姐带到广州，在广州美术学院系统学习国画。在绘画时，我时常把瑶族传统文化对我的浸润，投射到自己的画作中，融入瑶族特色元素，这段时间的学习为我之后创新设计瑶鼓外观图案打下了良好基础。

两年后，因为经济问题，我没有继续在广州美术学院深造，回到家乡的一所职业学校学习，最后一学期在县里一个小学担任班主任。家乡经济

落后，工作很辛苦，我姐姐看我这么辛苦，就鼓励我到大城市打拼。我那时还没有明晰的职业规划，也觉得可以到大城市看看，于是一毕业就到广州了。当时，连南经济还很落后，我的实习也不顺利，心里很想去外面的世界打拼，所以实习一结束就去广州投奔她了。

到了广州后，我先后经历了公务员考试落榜，入职广州电视台的节目业务员岗位，最后又到羊城晚报做督导员。经过几年的辗转努力，我的工作渐渐稳定，但生活总是少了一些滋味，奔波在都市的繁华喧嚣中，我总会想起家乡那质朴的瑶鼓之音。

那时我父亲年龄很大了，还在坚持做耍歌堂，他一直呼吁我回乡和他一起传承传统文化。为了跟随内心对瑶鼓的喜爱和执着，2006 年，我回到家乡开始创业，专门从事瑶鼓的制造和销售。返乡的最初期，创业的想法还是不太清晰的。当时只是考虑以能照顾我父亲为主。后来在家乡的所见所闻，让我明确了创业的职业规划。返乡后，我很快就感受到了寨子里的明显变化——人口少了，文化淡了。随着越来越多年轻人走出寨子，寨子不复以往那么热闹，人少了，文化也跟着变淡了。我去拜访我的师父，还见了其他的老艺人，他们都告诉我，现在年轻人不愿意学习传统工艺或是只学个皮毛，只能做些简化的、寡淡的工艺次品，而他们慢慢老了，那些宝贵的传统工艺很快就要失传了！

一想到有可能再也体验不了瑶族灿烂的传统文化，我的心里很不是滋味。因为我是在浓厚的文化氛围中成长起来的，接触过原汁原味的瑶族传统艺术，懂得它的魅力和感染力。这些艺术都是瑶族文化的重要结晶，一旦消散了，瑶族人的精神根基也就垮掉了。那时，我突然理解了父亲坚持做“耍歌堂”文化传承人的心愿，我也和他一样，生发出一个愿望，那就是行动起来去传承瑶族的传统艺术，向更多人展示瑶族传统文化的魅力，为延续瑶族的文化血脉献出自己的微薄之力。

三　创业征途曾历风雨，致富之梦终见彩虹

带着传承发展瑶族文化的心愿，我踏上了以瑶鼓为产业核心的创业之路。选择以瑶鼓作为产业核心元素，除了之前提到的，个人对瑶鼓文化的热爱之情外，还有其他考虑：一是自己具有制作瑶鼓这门乐器的技术，系

统学过制鼓技术，对于制作过程中的各环节都比较熟悉，指导技能培训的难度不大；二是看到了瑶鼓的市场潜力，随着瑶族歌舞不断走向全国舞台，瑶鼓作为主要道具，市场需求量肯定会增加；三是考虑到连南当地大力发展旅游业，瑶鼓也可以作为旅游纪念品。

但实际的创业路与设想的顺利情形不同，我很快就遭遇到第一个障碍——交通运输的难题。传统瑶鼓体积很大，全鼓一米多长，制作所需用到的原材料也多。为了供应生产，我每天都得到山上去采购二十多根新鲜的木头回来。那时村里还没通公路，上山下山基本靠走山路，来回一趟很辛苦。也因为交通不便，外面的商家进山一趟成本高，往往就不来了。这么一来，辛苦制作出来的产品，难以外销，瑶鼓一度“藏在深山人不识”，知名度难以打响。

为了解决产品交通运输问题，我把制鼓地点搬到县城，但瑶鼓的销售量却没有明显提高。我又开始分析原因：第一，虽然传统瑶鼓制作的具体工艺难度不大，但涉及的工序复杂、耗时，往往好几天才能做完一个，产量低，价格高；第二，传统瑶鼓在瑶族地区市场的需求量小，基本每户瑶族人家都有，也不需要再去买新的鼓；第三，市面上售卖的传统瑶鼓大同小异，我的鼓没有特别明显的核心竞争力；第四，客源还不稳定，缺少固定顾客。

眼看着投入了大量精力，销量却没有起色，我心里也慢慢打起了退堂鼓。父亲察觉到我的心理变化，给予了我很大的鼓励。他特意跑到县城来找我，叮嘱我要做好传统技艺，不仅需要足够的耐心和精力，而且要与时俱进，抓住大众的爱好，推陈出新。父亲的话启发了我，我需要去了解市场上流行的文化产品是什么样的。那段时间，我经常去逛景区里面的商店，发现商店里售卖的旅游纪念品几乎是批发来的小商品，没怎么见到有当地特色的产品，偶尔有几个小商贩摆出了瑶绣，产品质量也不符合我的理想标准，我觉得可能也不能吸引客人。接连跑了几个景区居然没发现卖瑶鼓纪念品的，吃惊之余，我更加坚定了信念：瑶鼓的机会来了！

很快，我就摸索出了一个瑶鼓转型的新方向，那就是对传统大瑶鼓进行创新，把它做成受游客喜爱的、具有瑶族特色的旅游纪念品，成为外地游客到访连南的手信或纪念品。有了大方向，就需要有具体产品。有一天晚上，我睡得迷迷糊糊，脑子里突然闪过一个念头：“用 PVC 管做一个小瑶鼓怎么样？”我一下子抓住了这个想法，起床行动。刚好家里搞装修剩了一些 PVC 管，我拿起一段，剪成 20 厘米的长度，然后烧红一根木棍，利用热气把管子两端烧软，再把管子向外扩拉成喇叭状，慢慢地，一个瑶鼓成形了。完成之后，我叫父亲过来，告诉他自己做了一个小瑶鼓，父亲很惊讶，笑了笑，说：“确实很像瑶鼓，要是加上颜色就更像了。”我又继续问他：“能不能把它作为一个工艺品呢？”那时市场上没有人卖这么小的瑶鼓，而且这个鼓很简陋，虽然父亲对这个试验品没有多大把握，但还是肯定了我，并勉励我不断改进。我当即决定先做 1000 个瑶鼓投入市场，看看反映。第二天，我早早起床，按照昨晚的步骤，接连做了几十个鼓身，还缝了鼓面。在这期间，也有不同的声音，觉得这个新产品不太行。但这些否定没有打击到我，我拿着制作好的瑶鼓样品走遍了连南县城的旅游景点，说服商家把这些塑料小瑶鼓摆出来，作为旅游纪念品售卖。被摆放出来的新型瑶鼓，吸引来了不少外地游客的目光，在了解到瑶鼓的内涵和意义后，游客们大多都愿意购买一个作为纪念。大概是在三个月后，1000 个小瑶鼓全部销售出去，总共卖了 5000 元。

都说实践是检验真理的唯一标准，热烈的市场反响告诉我：制作创新小瑶鼓，把它做成旅游纪念品这条路径是行得通的！在那之后，我继续开发小瑶鼓，并根据实际需求不断调整。比如说为了保证质量，提高档次，我把原料换成传统瑶鼓用的燕脂木；为了提高效率，还自己设计出一套制作工具，加上购买的机器，基本能完成 40% 的步骤。为了增加人力，照顾家乡青年就业，我在 2014 年开办瑶鼓制艺培训班，在村里招了 8 名有兴趣有基础的学徒，向他们系统教授瑶鼓制作技术，联合他们成立了一个工作队。通过几年的努力，瑶鼓产业获得了比较好的发展：不仅提高了产品质量和生产效率，而且不断推陈出新，设计出以专利产品——手鼓（排瑶）为主的一系列产品，增加了产品种类。渐渐地，我制作的瑶鼓在连南县城打响了知名度。

四　产业迎来新阶段，文化传承显活力

2016 年，得益于媒体宣传和文化交流活动，瑶鼓产业发展迎来重要转折。那一年年初，北京师范大学一个师生团队得知我在从事瑶鼓创新产业

后，对我进行了采访。在他们的宣传下，同年 8 月份，我被邀请到北京参加“美丽中国·和谐家园——四川德阳三星堆民族文化创意设计展”，在展览上，我带过去的原创排瑶手鼓成为焦点，获得了“最佳设计奖”，活动方对我的手鼓（排瑶）很感兴趣，还把我和手鼓（排瑶）的照片放在官网进行展示。活动结束后，我就把手鼓（排瑶）赠给展馆作为藏品了。通过这次展览，瑶鼓所代表的瑶族文化被更多的人所了解、所关注。我至今还记得，展览期间，国家民委领导鼓励我：“回去以后一定要把瑶鼓发展好，下次活动时再来。”简单的一句话，给了我很大的信心。

也是得益于那次展览的宣传，瑶鼓的知名度一下子提升了，瑶鼓作为一个文化产品，越来越多地出现在不同的文化交流活动场合中，如在深圳开幕的第十三届中国（深圳）国际文化产业博览交易会、2017 年中国（广东）民间工艺博览会暨第十届广东省民间工艺精品展等等。我预感到这将成为瑶鼓产业发展，乃至瑶族文化传播传承的重要契机。2016 年，我申请注册了连南瑶族自治县名瑶工艺坊，希望能扩大产业规模，提升瑶族传统文化的影响力。此外，我还参加了很多创业比赛，一方面是为了解决推广期的资金筹措问题，另一方面也是希望借这些比赛平台，让更多投资人以及关心连南发展、关心瑶族文化传承的人看到瑶鼓。为了扩大宣传，我也经常带着瑶鼓产品参加文化交流活动或者是走进学校；有时也会将瑶鼓捐赠给机构进行展出；不拒绝电视节目或自媒体的采访，尽可能详细地与他们分享自己的创业历程，讲述瑶鼓的文化内涵。除此之外，政府和社会媒体也帮了我很多。比如说政府在连南当地投放了很多瑶鼓标志物，而自媒体也经常写文章对瑶鼓进行宣传。

在政府政策、社会力量和团队工作等合力作用下，瑶鼓产业发展情况良好。2016 年注册成立名瑶工艺坊至今，我和团队着眼于瑶鼓创新开发，推出多个品类，已制作销售出 23 万多个瑶族长鼓、3 万多个排瑶手鼓、两万多个瑶族花鼓，打造出连南最重要的瑶鼓生产、宣传基地。随着瑶鼓订单的增加，名瑶工艺坊一年能获得 20 万左右的收益，在连南当地算是比较高的水平。我个人也从一名普通的瑶鼓制作艺人转变为非遗项目传承人、乡村致富带头人，身上有了更多的责任，也有了更强的干劲。在政府的帮助指导下，我获得了清远市第六批市级非物质文化遗产项目“瑶族长鼓制作技艺”代表性传承人称号和广东省级非物质文化遗产代表性项目“瑶族长

图2　唐买社吊在故乡山间演奏瑶鼓

鼓制作技艺”代表性传承人称号。这对推动瑶鼓发展和文化传承工作有所帮助。

五　心系乡亲，共奏致富之乐

有时候，我觉得自己的创业之路和园丁栽培花卉的过程是很相似的。瑶鼓产业就是一颗种子，在我不断地向其倾注热爱、时间、金钱、精力等养料之后，这颗种子发了芽、长了叶、结了蕾，从无到有，从有到优，最终绽放出美丽的花朵。这朵花既是瑶鼓魅力之花，又是致富之花。而我这个园丁，在被花香打动的同时，也要把它的美丽分享给更多人，最终带动百花齐放。

在瑶鼓产业欣欣向荣时，我也希望能够带动家乡村民加入瑶鼓传承队伍，一起致富。对于那些有瑶鼓制作基础，有兴趣深入学习瑶鼓制作技艺的村民，我专门开办培训班，带着他们一起开发新产品，往专业水平发展，将他们培养为瑶鼓制作技艺传承人。对于生活比较困难，有就业需求的村民，我免费向他们教授制鼓技术，并提供工作岗位。过去，制作一个完整的鼓是很复杂的；现在，设备升级了，可以用机器完成40%的步骤，只剩下60%的工作是需要手工完成的。我把这些工作细分为打磨、缝制、绘画等步骤，按照难度定了从两块多到三块多不等的工钱，并把这些技术教给有意愿参加的村民，他们学会之后就可以到瑶鼓生产线工作。

目前瑶鼓的生产线有20多人，基本都是40~60岁的中老年人。刚开始村民不熟练，做坏了很多鼓皮，我也没有责备他们，而是自己承担了亏损。慢慢地，他们做熟练了，一天下来能赚几百块。一些老人家速度比较慢，每天也能收入100块左右。虽然比不上大城市的工资（收入）水平，但工作内容比较简单，工资也比较稳定，环境也很安全，很多村民都愿意来我的生产线工作。

随着珍藏版、旅游版瑶鼓的陆续开发，连南旅游纪念品市场的空白被切实填补，瑶鼓已然成为连南旅游宣传的一张文化名片，在一定程度上推动了连南当地旅游业的发展。除了瑶鼓产业之外，我还积极助力五月萧、瑶舞、瑶歌等其他瑶族传统艺术项目的发展。我曾协助星海音乐学院的老师联系在连南当地有经验的五月萧吹奏者到学校开设相关课程，鼓励声乐专业的学生去学习和传承五月萧。我还和合伙人成立了连南瑶族自治县古寨歌堂文化传媒有限公司，开展歌舞培训、对外展演等业务。

接下来，我希望自己能够做好两件事：第一是继续把瑶鼓产业做大做强，带动更多村民致富，拉动家乡经济发展；第二是继续挖掘瑶族其他濒临失传的艺术，守护住瑶族的文化之根。

创业之路，苦尽甘来，原因无他，初心如磐，多方相助。我很幸运，能够在孩童时期感受到原汁原味的瑶族传统文化，这段美好的回忆是我在贫困的家乡保持内心丰盈的秘诀，也是我面临困难还热情依旧的推动剂。

虽然世事变迁，传统文艺的传承面临困境，但我坚信，在不远的未来，在政府和社会的支持下，一定会有越来越多的人感受到传统文化的魅力，也一定会有越来越多的人愿意采取行动，去守护民族的文化瑰宝！

让科技兴农敲开乡村致富之窗

受访人：黄子欣
访谈人：陈伟彬　伍泳昕
访谈时间：2021 年 7 月 20 日
访谈形式：线上访谈
访谈整理：伍泳昕
访谈校对：陈伟彬
故事写作：陈伟彬　伍泳昕

受访人简介：黄子欣，女，汉族，1989 年生，广东惠州人，中专文化，现为梅州市天平农业科技有限公司（以下简称“天平农业科技公司”）执行总经理。2009～2020 年定居深圳市，主要从事教育事业与自主创业，后来为发展天平农业科技公司而定居梅州市①。为了改变家乡落后的农耕方式以及支持家乡农业的发展，黄子欣与合作伙伴于 2021 年 1 月 21 日共同创办天平农业科技公司，秉承科技赋农的理念，依托兴农人才驿站，因地制宜建立小型数字农业服务中心，旨在促进家乡农业智能化、数字化的发展，以助力乡村振兴。该公司是一家集技术研发、生产、销售、服务于一体的综合性科技创新企业，兼具为农民量身制定兴农发展方案职能，致力于带动周围农户实现增产增收，以帮助贫困户脱贫致富。

一　科技兴农孕育创新创业

截至 2020 年，我居住在深圳长达 11 年，主要从事教育事业与自主创业，

① 梅州市为黄子欣母亲的故乡，后文“家乡”代指梅州市。

图1　2021年7月黄子欣（左下）接受伍泳昕（右上）与陈伟彬（左上）线上访谈

在深圳创业前是一名幼教老师，后来创立了汽车服务公司。然而，面对汽车市场的不断“洗牌”，我的工作压力越来越大，每一次的资本投入，就要花200%的精力去运营。当我停下来让自己缓冲的时候，突然发觉在这份事业里，我的工作成就感并不高，除了交易往来的客户，我在这个行业里甚至连一个知心的朋友都没有，更别说在这个行业实现理想抱负。渐渐地，我觉得这种生活和工作的状态都不是我想要的。

令我开心的是，2021年年初一次偶然的机会，让我重新思考并找到了事业发展的方向，这个机会也来源于我的真实生活经历。2020年初，我和先生回婆家探亲的时候，新冠肺炎疫情突袭而至。为配合国家疫情防控的要求，我们不得不一直待在农村，前后足足有四个月的时间。我们村里面有一个合作社，它一共拥有100多亩田地，由于面积太大，所以通常都需要请一些村民帮忙耕种。当时刚好碰上春耕，合作社正在招人干农活，由于长时间待在家里确实有点无聊，所以我就索性跟着村里的叔叔阿姨们一起务农了。

说起来也觉得很奇妙，以前小时候去田里做农活，真的只是当作跟着爸爸妈妈去玩的，并没有干农活的想法；但长大之后，反而有兴趣主动参与到农活里。可能在城市生活的时间太长，这也算是有机会脱离浮华漂离的生活，再次感受一下农村的泥土气息，重温一下童年的美好时光。

因为我先生家乡的邻居都不大认识我，所以我刚到田里干活的时候，他们对我还是很好奇的。我去的时候，那些叔叔阿姨都看着我说，“哇，这个人这么年轻，还是个女娃，她可能只搞一会儿或者一上午，来玩一下她就不来了”，“哎呀，现在的年轻人都不会到田里来工作的”之类的话。因为我是个喜欢暗自较劲的人，听完之后，心里就有一股不服输的劲儿，有种想证明“当代年轻人是不一样的”想法。有了这股不服输的心劲，我坚持了下来。经过一个星期左右，那些叔叔阿姨对我的看法就改变了。他们评价我说：“这个年轻人啊，还是有点不一样的。确实不像现在的一些女生搞得像个娇贵的公主一样。”听完这些话，心里还是有点美滋滋的，这也算是我成就感初步的来源。

最重要的是，我在农耕的时候发现，我们村的村民现在还是在用锄头、背篼、镰刀这些传统农具，还是沿用着比较原始的农耕方法。一整天农活干下来，付出的人力成本太高，甚至会事倍功半。有时候干完农活回家，我的手都会累得发抖。因为我先生是科技工作人员，他所研究的技术是服务于“三农”的，我也多多少少了解一些现代农业机械的使用方法，所以我们都觉得村里的农具和耕种方式跟其他地方相比还是很落后的，我们村的农业发展其实可以现代化一点，农民也可以不用那么辛苦，这也促发了我真心地想要为家乡做些什么的意愿。

机缘巧合，2021年元旦假期的时候，我收到了一个同学聚会的邀请，一个常年从事农业的同学也参加了这次聚会。他从事农业有十年之久，我一直都有关注他的事业动态。趁此次机会，在聚会上我就和他进行了交流，他正巧也有实践科技兴农的打算，于是我们就一起成立了科技公司。

如今大数据、自媒体等技术日新月异，现在很多农耕都非常智能化、机械化了。之前我在网络上看过其他农业基地运用技术、机械设备进行劳作的视频。受之前自主创业的启发，我马上联想到了我先生所研究的领域，最开始的想法是我们公司独立开辟种植场地，运用现代科学技术种植当地的特色水果，进而流转村里的田地。但是因为我们没有种植经验，又考虑到成本太高、风险太大，所以就没有实行。后来我们也考虑圈养土猪、山羊等，但也是由于缺乏养殖经验，不了了之。经过调研与反复思考，我们最终决定采取“科技+农民+土地”的发展模式。农民有着几十年种植养殖的丰富经验，阅历等都比我们丰富很多，而我们拥有技术与方法，或许可以进行合作。

我的第一个灵感来自过年的时候。当时我发现某些小有名气的养殖基地卖的生禽价格非常贵，固然质量好是他们的优势，但他们的价格往往比市场价高出很多。经过对比之后发现，我们村里的生禽质量并不比他们的差，但就是缺乏宣传与销售渠道。因此，我们便尝试着制定农家鸡帮养的兴农方案。这个方案是，我们为农民引进现代高科技种养技术以及开拓宣传销售渠道，而农民专注养殖家禽以提升质量和产量，由此双方形成合力。通过实践发现，这不但提高了劳动力的利用率和家禽养殖的质量，而且让很多留守在村里的中青年农民找到了工作。这个方案实施带来的效益进一步提升了我对这个行业的信心，也提醒了我要注重将农业技术与现实情况相结合。

其实，我之前没有深入了解我先生研究的技术，但是他能够通过很简单的讲述，把看起来很高大上的技术讲解清楚。比如说，他之前和我介绍过关于鸡脚环的科学养鸡技术。顾名思义，这个鸡脚环就是在小鸡的脚上戴一个能够记录数据的职能环，这个小环云记录的数据包括这只小鸡每天跑的步数、小鸡的体温等，通过这些数据来查看它有没有生病以及其他成长状况。除此以外，它还可以把小鸡的进食状况都记录到里面去。等到消费者购买鸡的时候，我们就可以通过数据让消费者很清楚地了解到这只鸡的具体生长情况。这也意味着农户和消费者之间的信息隔阂会减少，让更多消费者能够放心地选择我们培养的生禽。这个技术也极大地激发了我对兴农科技的兴趣，也增强了我对科技兴农发展的信心。

总体而言，各种机缘巧合与科技农业乐趣的叠加，使我有了成立公司的动力。创业初期，我和大多数创业者一样，都曾怀疑自身能否坚持下来和是否具备开拓市场的能力，因未来发展的未知太多而忐忑不安。刚刚返乡创业的我们，对当地农业发展情况和相关的农业扶持政策都不太了解。但庆幸的是，我们找到了梅州市新农人人才驿站[①]，并依托驿站平台建立

① 梅州市新农人人才驿站是在梅州市人才工作领导小组办公室、梅州市农业农村局指导下，由梅州市顺天乡创管理有限公司搭建的非营利性的引才引智公共服务平台。

了数字农业展厅，也成为新农人人才驿站数字农业服务“三农”的 IP[①]。在驿站建立数字农业服务中心，我们希望能进一步推动当地数字农业的发展进程，将科技兴农发展得更好。

二　科技兴农共同致富

在下定决心成立科技公司之后，我对村里的实际情况进行了多次实地调查与研究。我和合作伙伴一直坚持“授人以鱼不如授人以渔”的原则，希望能够让农民实际掌握农业技术，踏踏实实地将技术应用在农活里。提升干农活的效率和农民的效益才是我们最终的目标。但由于使用这些现代科技有一定的难度，村民的学历与知识水平总体上偏低，这在初期给我们带来了很大的难题。

另外，虽然现在中国的老龄化较严重，但是我认为，我们村里当前的剩余劳动力仍挺多的。很多 60 岁左右的老人家并不像我们刻板印象里那样老态龙钟，他们的体力和精力仍然很好，所以其实他们也算是一种好的劳动力资源。如果不进行正确的引导，这实际上是一种资源浪费；如果协作得好，不仅能够创造财富价值，还能够丰富老人家们的养老生活。让我印象非常深刻的一件事是，有些年龄比较大的农民对于新技术的运用并不熟悉，但是他们会让家里的年轻人私下加我的微信来问我。也有年轻人会把我拉到一个微信沟通群里，让我直接在群里和他们进行沟通。我觉得这让我非常感动，这说明村民们看到了我们的努力，也在努力地配合我们，想要尽自己最大的努力真正地把这个技术掌握。虽然他们的思想比较传统，但正是他们对我们的信任、对科技的好奇与热情，点燃了我们渴望扎根在这片土壤的创新创业之火，这也在某种程度上减小了我们推广技术的阻力。

为了更好地和村民进行交流，我们依托新农人人才驿站成立了数字农业服务中心，面向所有农业企业开放，同时也面向所有村民开放。在宣传与传授科学技术的时候，我们致力于打造一个双向沟通与交流的渠道。我们会高效利用现如今有关农业技术人员的培训资源，会将一些专业的知识与课件链接到一些农业的培训活动里面，通过理论和实践相结合的方式，

---

① IP 指服务公司。驿站是一个服务三农的平台，该平台会引进各种服务农业发展的机构。

让村民们真正了解到这个技术，这样的方式也有助于让农民拥有实践的机会与记忆操作方法的时间，让他们有充足的时间进行思考。除此以外，我们也会和村民们普及现在科技的发展趋势与特点，让他们对这个社会的发展了解得更多一些。

我们这代“新农人”的想法并不那么传统，现在有些人觉得“农民”这个词代表社会地位比较低，其实并不是这样的。农民对于我们个人、集体甚至社会而言，都是“勤劳”的代名词，他们在生活中扮演的角色、在社会中的地位真的太重要了。但是由于发展资源与环境比不上城镇，农村很多东西如生产技术都相对落后，但这并不代表我们可以戴着有色眼镜去看待农民。作为青年人，我们创办这个科技公司的另一个目的就是想要把“农民穷”“农民半文盲”的现象消除，让农民以“新农人”的身份进入农村、进入农业，更好地推进“三农”的高质量发展。

除了和村民们进行沟通，我们对村里的种植和养殖环境进行了充分的实地调查与分析。我们发现，因为村周围山地比较多，水资源比较紧缺，所以这种环境并不适合发展以种植业为主的农业，更适合发展养殖业。我们的想法之一就是依据现有的地形优势，去养殖一些散养鸡。我们先是选取一个具有环境代表性的小范围，在小范围里进行散养鸡养殖，慢慢观察鸡的成长情况，如果出现了较差的效果，我们再结合条件分析原因，进一步改善养殖条件，慢慢提升鸡的质量。这就相当于一个实验，如果小范围的养殖情况良好，我们再进一步扩大养殖规模，慢慢形成我们村的品牌，这是一个循序渐进的过程。

但是现在很多村民都担忧这样的问题：如果养鸡的数量过多，即使质量再好，也会面临卖不出去的困境。针对这个问题，我们结合了物联网农业和大数据、智能设备等，在养殖场内安装直播摄像头，通过云计算的方式，把我们村的养鸡情况进行直播，把实时的情况分享给我们的消费者，消除他们对质量安全的担忧。另外，为了能够实现高效的市场营销，我们还计划从一线城市里专门引进一些 VIP 客户，实行一对一的“养殖 + 购买”服务。这种方式就相当于一线城市的每一位 VIP 消费者都能够拥有让自身完全信任的散养鸡养殖农户。一对一的营销方式既能够让农户了解消费者的具体需求，也能够满足消费者的质量需求。这样一来，农户既不会担忧高质量的鸡卖不出去，消费者也不用担心质量问题，两者都能最大化获得收益。

此外，我们公司的职能板块都是围绕农活的具体需求而设置的。“智能设施、大数据平台、供热设备”这三大模块，是我们公司推进智慧农业与数字乡村农业发展最为重要的部分。具体来说，首先，我们的智能设施板块，包括自动灌溉、施肥、农业环境监测、虫情监测、可视化监测、苗情监测等等。这些都依靠我们做的智能硬件，也就是物联网的相关设备，以及软件设备。其次，我们会构建一个大数据平台，来记录一整年的农业状况以及市场的营销状况，通过数据分析，得出生产的方向以及销售方案。最后，供热设备涉及的范围比较广泛，比如说烘干、农产品深加工、高温消杀等都会用到这些智能的设备来保证质量。

当然，我们除了研究技术，也有将技术成功应用于实践的案例。之前我们利用公司的物联网技术，帮助农户打造了一个智慧茶园，实现了茶园24小时无人管理和茶园数据的实时采集，包括茶园360度全覆盖智能视频监控、智能气象监测、智能土壤墒情监测、智能病虫害预警与防治和无线灌溉。通过环境数据采集再进行转录分析，实现绿色防控，用物联网和大数据打造智慧生态茶园。这样一来，既节省了人工成本，又降低了肥料、农药的使用量，也提升了茶叶品质，成功打造了智慧生态茶园的良好形象。最终“智慧茶园”的良好形象与茶园的特色认种模式①相结合，让茶

图2　2021年9月30日黄子欣（中）与村民一同秋茶采摘

---

① 认种模式，指由农场主承包种植地的销售与管理，而消费者可以自主进行茶叶采摘与包装设计。

叶的质量、销量以及品牌形象都得到了质的提升，这也给村民的生活带来了很大的改善，以此带动茶叶农户致富。

三　在科技兴农的田野上越走越宽阔

在农业科技产业中，转型升级几乎是所有同行都会遇到的大难题。为了让公司能够更全面、更高效率地实现转型，我们去了不同的基地进行调研和学习，和同行交流想法与意见。比如在2021年5月下旬，我以天平农业科技公司创始人的身份下乡入企，开展联合调研与座谈会，汲取了梅江区富硒农业关于引进服务、培育与发展的经验。我们和富硒农业一样，都意在结合梅州特色农业资源优势，形成特色鲜明的功能农业体系和区域品牌，更好地助力梅州农产品提升附加值，帮助企业增效、农民增收，助力乡村振兴，打造一支助力梅州乡村振兴事业的“黄金产业”。①

如今在这个行业，其实更多的是与其他同类型的企业进行合作，我们的共同初心都是为了帮助农民，凭借这份初心与信仰共同去做一些事情与分享资源，这是一个互帮互助的友好模式。比如我们公司主要是做软件和提供物联网技术，其他企业是负责搭建农业大棚，那我们之间就会形成一条良好的合作链条，即他们把棚建牢固，我们把棚智能化、自动化。同时，我们也会经常交流经验与想法，定期去一些高科技、高质量的农业基地调研学习。

除了期望在未来能够实现与同行的深度合作，我们也计划与村委就村民联合协作的问题进行交流。比如，在对农民进行技术培训的时候，村委可以和我们实现人力资源对接，分配一些干部帮助我们与农民进行沟通，减轻我们教育工作的压力；在宣传方面，我们也离不开村委的力量，我们需要一个权威的平台为我们的技术提供更多传播的渠道，让更多农民了解并支持科技农业的发展。我个人的力量是有限的，但是我希望能够通过团结协作，结合大家的共同利益，一起在共同致富这条路上越走越远。

当然，我认为“富裕”不仅指物质富裕，也包含了精神富裕。在如今

① 参照了2021年6月29日发表于天平数字农讯的推文《开展富硒农业调研，探索富硒品牌，助力乡村振兴》。

的社会氛围里，我认为“敢想、学习、胆子大”是致富带头人精神的三大精髓。作为一名致富带头人，承担着先富带动后富、和村民一同致富的使命和责任。带头人首先一定要敢想。即使有很多创新的想法也没关系，万一哪一个真的符合现实需求呢？其次就是学习，我们现在都需要向很多优秀的同行学习知识，相互促进成长。最后就是胆子要大一点，同时号召力要强，应该做到以下几点。

一是应该积极参加村或者镇里面组织的一些活动。在活动里充分发挥自身的积极性，同时也应当有目的地培养自身的领导能力。俗话说，“不想当将军的士兵不是好士兵”，在发挥领导意识的同时，其实也会相应地提升自身的自信心，这也是很好的提升号召力的方法。

二是应该尝试着去组织活动。能够在村里组织带领的活动下培养自身的主动性与领导力固然很重要，但是能够通过自身的能力组织一场活动更加能够证明自身实力。我会在组织活动的过程中有意识地接触不同的人或事，无论是好是坏，这都能够带给我相应的经验与成长。

三是要带点具有实际效用的东西回来。比如说我自己吧，我原本是居住在深圳的，但是通过深思熟虑之后，我依旧回到了家乡进行创业，我也和我家先生把在深圳获得的资源、人脉、技术都带了回来。技术的实操性非常强，给村民带来具有实用性的方法与技术，也让他们看见了运用技术带来的好处，那自然而然，村民也会给予我们支持与信任。

四是要有一定的知识量。“知识就是力量”这句话永远都不会过时，没有知识，只有满腔的热血，最终只会换来闭门羹。这里并不是强调学历必须得多高，而是强调自身学识积累的重要性。在与别人交流或者提出自身想法时，是最能够体现一个人学识量的时候。提出的想法不能够天马行空，不能够遥不可及。在提出想法之前，自身就应当有一个大概的方案，这样不仅能够增强你的底气，而且也能够提升你的权威。

五是尽自己最大的能力做一些公益。这和企业文化的塑造是一样的，但前提必须是发自内心的诚恳与真诚。如果说只为了提升号召力而刻意去做一些表面功夫，不久之后就会被拆穿的。只有用真诚的心对待村民，切实地帮助到了他们，才会赢得对方的支持与信任，渐渐地，才会有效地提升号召力。

当然我也清楚，现在社会上也有不少的人认为女性很难在农业发展中发光发亮。作为一名女性创业者，我对这种说法表示不认同。可能有些村民会认为性别限制了我的工作，成为我创业的障碍，但我可以非常自信地说，我的工作能力丝毫不比男同事逊色，虽然“重男轻女”“女子不如男”的观念仍然存在，但是我也可以自豪地说，现代女性真的很厉害，能力很强。我除了是一名创业者，也是一名母亲，我家有一个两岁的宝宝，但是这并不是阻碍我创业与工作的因素，我能够在照顾好宝宝的同时，不落下任何手里的工作。很多时候，我身边的男同事都会说这听起来不可思议，但这就是现代独立女性的强大。在一些重要场合中，我都会勇敢把握上台发言和参加一些重要活动的机会，因为这是我展现自信的平台，成为女性代表是我的荣幸。而且我的同事大部分都是女性。我非常支持更多女同胞们加入我们的行业，一起为“三农”事业的发展提供女性的独特力量！

说到底，我们都致力于将创意型、科技型的技术运用到我们的农业里面，希望吸引更多的年轻人从事农业甚至回乡进行创业，助力我们的乡村振兴，这也是我们公司的服务宗旨。作为青年一代，我们应该把重心聚焦于乡村，通过一些项目与计划，为当地农村培养一批扎根农业、懂新型技术、积极学习创新的新农人，发挥榜样作用，持续推动当地产业兴旺，最终助力乡村振兴。“服务农民”是我们一直坚守的信念，和农民一起成长所带来的获得感、成就感更是无法衡量的。我希望，中国农民不要成为“半文盲”，我们要让更多新鲜的血液注入进来，在未来每一个人走出去都可以昂首挺胸地说“我是新农人”！

我的养牛致富记

受访人：蒙建祥

访谈人：何舜朗　张逸媛

访谈时间：2021 年 7 月 18 日

访谈形式：线上访谈

访谈整理：何舜朗　张逸媛　廖勉钰

访谈校对：何舜朗　张逸媛　廖勉钰

故事写作：何舜朗　张逸媛　廖勉钰

受访人简介：蒙建祥，男，瑶族，1975 年生，广西雅龙乡人。2018 年 11 月，在政府的扶持下，胜利村发展肉牛养殖产业，蒙建祥担起了弄代屯养牛产业带头人的责任，开始带领贫困群众一起养牛，饲养优质的西门塔尔牛。养殖规模从原先的 80 头，扩大到现在的 200 多头，蒙建祥和村民们的生活都发生了可喜的变化。

一　修路建房，打下产业发展基础

我叫蒙建祥，46 岁，瑶族，是大化瑶族自治县雅龙乡大石山区人。以前家乡路不通，父母也没钱送我出去读书，所以我只有小学学历。现在家里有 4 口人，两个小孩在雅龙中学（高中）读书，一个 18 岁，一个 16 岁。他们挺乖的，平常也有帮家里做工，放假的时候会来帮我做割草或喂牛之类的工作。妻子就在牛场工作。

我小时候和家人住过茅草棚，在陡峭的山崖上放过羊。那个时候，我经常饿着肚子爬山去上学。家里情况很不好，我上完小学就去打工了。以

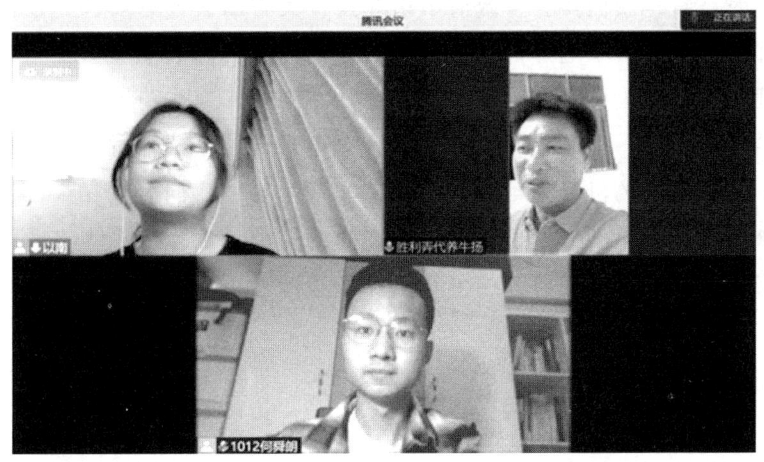

图 1　2021 年 7 月 18 日蒙建祥（右上）接受张逸媛（左上）、何舜朗（下）线上访谈

前我们去外地打工，做过伐木、砍甘蔗等工作。当时我们这里很多人都不知道去哪里打工，1996 年我带了四五十个人去外面打工，去南宁做建路、建桥的工人。那时候我们相当困难，一天工作八个小时只赚 3.5 元，还要凌晨四点走路到雅龙乡的大街上搭班车去上班。我没怎么读书，也不懂技术，只能带一些人去外面打工，赚一些钱维持生活。到 2005 年我就返乡了。当时我们胜利村路也不通，也没有水泥房，我在外面打工时看到一些用水泥做成的房子，所以想着回来修路，同时也建些房子，改善一下生活，也是对家乡好。

村里路不通，做什么都不方便，建房子也不方便。弄代屯离胜利村有一公里多的路程，我们去胜利村都是走山路。当时没有资金和资助，我们就自己出钱修路。我们这里的人在外面打工赚到一点钱，就回来帮忙修路，钱不够了又出去继续打工，赚够一定数额的钱就再回来帮忙修路。因为我们修路都是要自己投钱，不出去打工是不行的。

那时候我做工头，请求修路修桥公司的帮助，然后带着村民们一起修路修桥。当时修路，我们没有电，只能用煤油灯照明，晚上六七点我们就要开始烧煤油灯。每一户购买煤油是有限制的，是要用票去换的，不让多买。我们拿着票去供销店那里换，一个人能拿四五两，煤油不够的话我们就用梧桐树的果子榨油来烧。后来我们就去都安县买电线，自己到胜利村的村部把电引过来，用来照明。

当时修路，我们要去乡政府申请炸药，大石山区没有炸药是修不了路的。如果乡里申请来的炸药不够用的话，我们会自己投点钱去买。当时我们弄代屯每一户大概投了 1000 块钱进去。后来因为炸药不够，停了一年多，恰巧认识了一个老板，我就跟他打交道，请他帮我们继续修。他带来了我们都没见过的机器来帮我们修路，非常厉害。我们胜利村大部分人都继续来修，最后胜利村村部到弄代屯之间的公路就通了。“路路通”政策开始实施的时候，我们村里的公路已经修了四五公里，都是我们自己动手修的。

路通了之后我们开始建平房。我和一个兄弟一起在胜利村建了第一个平房。我们背水泥到胜利村，在家里用柴油机打石头。我们懂得怎么建平房，是因为我们在外面打工时见过别人怎么建房子。我们建平房是要用木梁的，建的第一个房子是帮老人建的。当时，老人看到那么多木梁在房子里，觉得房子是不能住人的，他们也不懂。我就跟他们说：“我们做完你就知道了。”等建好了，他们看了之后说：“你们这个技术好。”后来，我们继续在胜利村建了些小平房，面积大概有四五十平方米。

二　从“普通学生”到“学习委员”

胜利村以前主要种玉米，村民收入不多。我们身处大石山区，土地少，但天气不热，牛比较少生病，比较好养。2019 年，王晖在我们胜利村当驻村书记，他召开会议，决定在我们弄代屯建一个牛场。村里人以前没见过也没做过什么产业，更没有搞过价值上万的产业，怕有风险，担心到时候搞亏了，所以一开始没人敢做。后来王晖书记找到我，问我：“你要不要做带头的？”第一次听到养牛能致富，我问了王晖书记好多个问题：“为什么牛要集中饲养却不放养？那么多头牛怎么放得过来？集中饲养饲料怎么解决？土牛三年才能养到三四百斤，怎么能赚钱？”他说：“我带你去学习，学习后有经验了，你做这个就没什么问题。”我说可以。然后我们开始建牛棚，把牛调进牛场。

王晖书记帮我找了资金来源，万科公司给了我资金方面的帮助。具体数额我不清楚，但投资养牛场的数额是很大的。碧桂园集团帮牛场建了大水柜，满足了我们肉牛场的产业用水需求。书记告诉我们，这个产业是经过深入调研的，政府会帮助解决协调场地、技术以及销售等方面的问题。牛场建好之后，2019 年年初第一批 50 头牛犊进场。我们从村支部赶过来，村里很多人没见过这么多牛，大部分人都一愣：“怎么搞这么多牛过来？怎么养？哪里有这么多草给它们吃？肯定不行的!”当时胜利村的农民几乎都不知道怎么养牛。后来乡里的书记，还有几个领导拿了很多草苗给我们种，那些草苗可以适应我们大石山区的自然条件，这就解决了我们牛场的饲料问题；缺技术，乡里就组织了专业培训；缺资金，村民买牛犊的时候可以“先养后付”。

我们这里没有那么多的平地，一开始大部分村民都不让地，我就跟他们讲那些地种玉米一年也得不了多少，可以种草来养牛。然后他们（村民们）慢慢地开始去种甜象草。王晖书记调了五六吨甜象草来胜利村，我们可以有草拿去喂牛。以前我们胜利村养牛没有机器，我们只能把绿草直接割下来，一捆一捆地放在地里给牛吃。开始的时候，我们也不懂牛可以吃干草，认为牛只能吃绿绿的嫩草。开始养第一批牛，我们只能把山上很少有的青青绿绿的草喂它们吃，但是把周围地里面的草全部割完了都不够喂。

我和几个兄弟合作搞了两个月，牛群生长的情况还不错。再经过了几个月的催肥育肥，牛长得越来越好，越来越多村民相信这个产业可以做起来。我和几个兄弟马上挨家挨户鼓动村民加入肉牛的养殖队伍。我和他们说：“干活都是为家里的人，为老婆、为小孩。小孩都在家，你又不能出去打工，留在家里只种一点玉米是不行的。”我们把养殖方法告诉村民，鼓励他们加种牧草，保留玉米秆。很多人都知道我很老实，所以越来越多村民加入了我们的肉牛养殖产业。和亲戚朋友聊天的时候，他们说都安那边养牛产业搞得比较好，所以我就去那边学习养牛技术了。我去都安县学习的时候才知道了玉米秆也能喂牛。后来王晖书记从大化调了打草机过来，可以把一捆捆的玉米秆处理后给牛吃，把它们打包后放四五个月拿来给牛吃都没问题。我刚开始养牛的时候也不懂，也不知道用机器来打草，以前我们养猪是用小机器来把红薯藤打碎，这种大机器我也没见过。王晖书记调了机器给我们打草，做这个产业就方便了很多，现在我们养 100 多头牛都没问题了。越来越多村民来参观、来学习，来问我怎么养，我就把技术全部讲给他们听。我跟他们说，如果一户没有那么多资金，第一年可以只养四五头，第二年有点钱养五六头也可以。

喂牛的玉米秆，以前全部被拿去烧火，现在可以全部加工成饲料。农民收完玉米之后，我们到各个通了路的村收集玉米秆，用来做饲料。玉米秆按斤付款，农民也可以赚点钱。牧草一斤是 0.15 元，割一吨可以赚 300 块。村民加入我们肉牛养殖产业的话，都采用“先养后付”的方式，与企业签订供销协议，先领牛犊饲养，保价回收之后再进行成本核算。运行费用和日常喂养上，按每户收取 2000 元作为初始期饲料费，由合作社统一管理使用。每户拿出 1 亩地来统一种植牧草，聘请 1 人作为固定管理员，再由每户派出 1 人轮流值日协助喂养。效益分配按户分红，每户的纯收入大约 8000 元。增加了牧草和玉米秆的收入之后，每亩地的收入从五六百块钱增加到了 1700 块。十个多月后，50 来头牛全部顺利出栏，扣除牛犊成本和养殖成本，最先参与养殖的 25 户建档立卡贫困户第一批获得分红，每户获得了 1000 元至 2000 元的现金。

到 2019 年 12 月，我们终于养成了第一批牛。那一年我们养了 120 头左右，有小牛有母牛。我们牛场每头牛犊的购入成本为八九千元，比较贵的要一万元。政府给我们补贴 4500 元，碧桂园集团帮我们补贴 2000 元，加起来补贴有 6500 元，剩余的成本我们自己给。一头牛卖出去大概能赚一两千元，有的赚得多，有的赚得少。如果牛骨架好，就赚得多。另一个要看下游产品好不好，如果能把牛肉做成好的料理，肯定能赚得多一点，做得不好的话自然会亏本。“西门塔尔牛”是比较优质的品种，我们广西大部分地方是没有这种牛犊的，要去广东东莞那边才能拿到。我们牛场主要养土牛和黄牛，赚不了多少，一头牛能赚一两千元，在我们农村也算可观了。截至 2019 年年底，养殖场共引进肉牛 120 头，发动村民种植牧草 100 亩。参与养殖的贫困户增加到 99 户，第一批出栏肉牛，扣除成本和下一步发展资金，每户获得首次分红 1000 元。对我们来说，是很不错的一个成果了。

打算扩大产业规模的时候，我们出现了项目资金不够的情况。当县里的金融专员得知情况后，为了解决这个困难，他来到我们这里调查，还向我们介绍了扶贫贷款的优惠政策及办理流程。他说：“你可以去银行那里借，一个贫困户可以借五万块钱。你拿钱去吃、去喝的话它不会借给你，但如果你拿来做产业，肯定会借给你。你跟你兄弟合作，几户一起来借。”不过两天，我和弄代屯符合贷款条件的乡亲们到信用社办理了 6 笔共 30 万元的养牛扶贫贷款，解决了资金困难，产业规模扩大可以顺利进行。现在我们的二期项目建设已完成了，养殖场可以多养肉牛 220 头，收入可以翻倍。

我在牛场的日常工作是割草、弄饲料、喂牛，还有回收玉米秆并打包加工成饲料。王晖书记也经常来帮我，告诉我怎么种草、怎么操作机械等等。家人和朋友都很支持我搞这个产业，有的朋友说："你在大石山区里搞这个产业是非常好的，山区里没有几个人能做得到。"我的两个儿子放假的时候也会帮我清理牛粪、割草、喂牛，有些亲戚也会在我们忙不过来的时候帮我们割草。村里人过来跟我们学了养殖技术，现在村里每一户都建个小棚，养四五头牛。

三　生活迎新貌，百姓笑开颜

以前，我们胜利村路也不通，村民住的是茅草房，做什么产业都不方便，生活相当困难。那时候，大石山区大部分农民只能种一点玉米来维持生活，没有其他的产业。没想到，几年的乡村扶贫工作让这里发生了很大变化。没有路，政府就帮我们修路；没有电，政府就帮我们通电。以前，我们用柴火来烧饭，现在都是用电、用煤气来烧；以前每个月都没有两三餐肉吃，更没有大米吃，只能吃玉米，现在的贫困户可以买得起大米，餐餐都有肉。现在发生了很大的变化，茅草房变成瓦房，瓦房变成平房。我们的生活困难解决了，产业也进到了大石山区。

以前这里没有什么产业，我们也不知道什么叫作产业。后来我们大化县做了肉牛养殖扶贫车间，现在也在不断发展。胜利村有三个牛场，我负责的是最大的那个，还有两个小的。我们这个牛场带动了 147 户贫困户就业，三个牛场一共带动了两三百户。我负责的牛场也给弄代屯提供了 16 个工作岗位，每天需要 4 个人来牛场上班。一天不用很多人来做，不然 100 多头牛的收入都不够给工资的。我们是一头牛带一个贫困户，这里的贫困户大部分都依靠帮我们做工来解决生活问题。我们是按一天 60 元给他工资，工作就是割草、喂牛、种牧草等等。来牛场工作的贫困户一个月有 1800 到 2000 元的收入，早上做 3 个小时，下午做 3 个小时，中午休息。

对于我个人来说，开牛场也给我带来了很大的变化。我以前一年都没有好饭吃，现在每顿都有肉吃。路通了什么都方便，小孩大都去上学了，以前的老人不懂读书的重要性，现在比以前好得多，小孩大部分都有上初中、高中。以前我是帮村里的人建房子、建水柜，还带人去外面打工。现在四五十岁了，回来做这个产业，这些收入供家里花销来说没问题。2020年，我们村的贫困户全部摘帽了，每户有两三层的房子，水的问题、路的问题、房子的问题都解决了。我和兄弟们把产业搞过来、做起来，对我们也好，对他们也好，我们的生活好了，他们的生活也好了，大家一起变好。现在的生活不像以前那么差了，村里人全部都有吃有喝。

这个产业带动弄代屯的贫困户脱贫成功，让每一户走上新的路线。不懂做产业的帮忙做起来，没房子的帮忙申请，这些对我们的贫困户有很大的帮助。如果没信心是不行的，养牛的成本不是小数目，而是大数目。一头牛是一万以上，那十头是十几万，一百头是一百多万，你没有信心肯定做不了。我把我的经验一点一点告诉来学习怎么养牛的贫困户，比如告诉他们，一头牛吃多少，从小到大要养多久……拿来养的牛犊是400天大，一头牛至少要养12个月，得到1200～1300元收入。一头牛赚得一两千块钱，一个厂有一百头牛，一年可以得一二十万元。9月18日都安县新的牛交易市场开张，拿了100多万元补贴我们卖牛的，我叫很多人去那边参观。有交易市场之后，牛养了一年左右，我们自己可以拿小车拉去那里卖，方便多了。

如果其他村也想发展这个产业，他们可以过来这边看，学习一下就知道了。比如牛是反刍动物，有四个胃，不给它吃饱它不会长大，得让牛把草吃够，一天要喂两餐，早上喂一餐，晚上喂一餐。把草晒干，冬天没草的时候就可以给它们吃。

这个养牛产业是脱贫攻坚中非常大的一个项目，对乡村振兴也是非常好的，对我们农民来说是一个非常好的机会。我个人是非常喜欢这个产业，现在我可以在家乡做产业，这非常感谢习总书记。如果没有党的好政策，就没有村庄的新面貌，也没有大家的好生活。

四　以实干经历助创业振兴

我很支持农民工返乡创业。今年三四月份，我把返乡创业的经历讲给青年们听，现在他们也有四五个人自己创业建小牛棚，建自己的羊圈。我跟他们说，这跟去打工是一样的，家里有小孩要照顾家的也可以在家乡干一点事业。我看今年这里大部分村民都是自己做产业，所以我把我的经历告诉他们。以前我去广州参加培训，回来之后就把学到的告诉他们。我是一个党员，每次开会我都会把经验讲给其他生产队队长、亲戚、朋友们听，然后让他们懂得返乡创业是怎样的、要怎么做，不然我们这里的人都不懂。

我们这边的农民是经验少，很多人都不去外面打工。留在家这边不出去打工，也是为家里的人，为老婆、为小孩。我们这边每家的小孩比较多，没办法去外面打工，只能在家种点玉米而已。我就跟他们说，“家里小孩多，又不能出去打工，不养牛、养鸭的话，在家有什么用，只种一点玉米是不行的。以前老祖宗说，有力气的出力，要做起来，不然一家之主不做工，天天喝酒，子孙后代都不懂得怎么做产业，这样当老爸也当得不行”。以前村民都不相信科学，村里也没有产业，我们也不知道怎么做。现在有产业了，村民的技术和知识不跟上是不行的。

刚开始大家都不愿意拿地来种牧草，因为地很少，每一户耕两三亩，那些地九分石头一分土。大部分村民都不肯把地让出来（种牧草），但不种牧草的话，我们怎么养殖？搞什么产业？而且还要懂得养牛的方法，要懂配料的方法，玉米配多少，新饲料配多少。以前我们养牛，全部用猪饲料来喂。后来我跟他们说猪饲料不能喂牛，牛是反刍动物，不像猪吃完了就拉，牛吃饱了，到晚上它会反刍，我们应该懂得这个知识。我把经验都告诉他们，好几个村的人都来参观我的牛场，领导都带他们来我这里参观。我把方法告诉我们的群众之后，他们也开始创业，养牛的也有，养羊的也有，养猪的也有。现在我们大部分都自己搞小牛场，养两三头，有多少钱就养多少。如果一户养一两头牛，拿五分地、六分地种牧草也可以，拿山地种也可以，够那一两头牛吃了。养牛种的草也可以给猪吃，而且还能拿出来卖。我们这里除了开牛场外，养猪创业的也有几户，大部分家庭是养猪，一户养了十几头。我们这里是这样，资金多就养十几二十头，资金少就养几头，大部分都是这样，还有一些会养山羊。如果没有资金，就去银行贷些资金，我把全部心里话都说出来给他们听。不做这个，去外面打工什么也不会，那你白白地在这里也没有什么用。

对于大学生返乡创业，虽然我们胜利村没有人读过大学，但我们会支持大学生回来创业。反正我们会教他怎么做，带他去参观，看哪里做得好，哪里做不好，告诉他们应该选什么样的品种，用什么方法来把它们养好。我们刚开始的时候拿了 100 头牛，怎么喂都不长肉，所以如果没把经验告诉他们，拿不好的牛给他们养，他们也会养不好，先要让他们了解大部分的经验。

总之，他们愿意回乡创业，我就会支持，传授他们经验。如果传授他们经验，他们也不听，那种人也做不了产业。我们去培训的时候，有很多大学生想回乡创业，但问题是资金怎么解决？还有如果搞养殖，没有土地要怎么解决？我就跟他们说，你们有信心做的话，就和群众一起讨论，一块地多少钱，一年能有多少收入，他们种的玉米值多少就给多少给，拿那个地来做什么都可以。然后，我是把经历告诉我们自己的学生（孩子），自己的（孩子）是高中生，还要兼顾培训。人生就是这样的，有些喜欢做产业，有些喜欢去外面，看他们有没有信心，总之我会把经验全部告诉他们，他们能做就做。大学生的文化水平肯定比我们高，但他们要真正去做了，才会有能力做下去，才能说参与乡村振兴。

返乡圈养乌金猪，探寻三河致富路

受访人：郑吃合

访谈人：孙钰瑶　赵欣旖　杨　妹

访谈时间：2021 年 7 月 18 日

访谈形式：线上访谈

访谈整理：杨　妹

访谈校对：杨　妹

故事写作：孙钰瑶　赵欣旖

受访人简介：郑吃合，男，彝族，1994 年生，四川昭觉人，高中文化，昭觉县郑家种养殖农民专业合作社（以下简称“合作社”）负责人，17 岁外出打工后习得养猪技术，怀揣创业初心于 2017 年返乡养猪，在国家政策以及碧桂园的帮扶下扩大了养猪规模，将猪、猪肉与腊肠以内销与外销相结合。当前，乌金猪养殖场已初具规模，年出栏量 1000 头，提供了 3 个长期性岗位和 15 个临时性务工岗位，帮助了约 100 户家庭实现稳定增收。通过发展养猪事业，郑吃合不仅自己实现了脱贫，还强力拉动了当地养猪产业的发展，带动了当地村民增加收入，成为三河村的致富带头人。

一　为家为己打拼去

三河村[①]是个偏远落后又贫穷的小村子，出生在这里的人，似乎注定

① 三河村：四川省凉山彝族自治州昭觉县三岔河乡的下辖村，也曾是大凉山腹地的深度贫困村，过去贫困发生率达 46.47%。脱贫攻坚以来，三河村通过大力发展种养和文旅产业实现脱贫致富。

图 1　2021 年 7 月郑吃合（右下）接受孙钰瑶（左上）、赵欣旖（左下）、杨妹（右上）线上访谈

要穷困一辈子，可我想改变自己的命运。我选择离开家乡，走出大山，到外面的世界打拼去。

1994 年，我出生在三河村。在一片朦胧的记忆中，有些许苦味让我至今难忘：儿时的日子十分艰苦，连吃一顿荤素齐全的饱饭都是奢望。困窘艰辛的生活就像一个巨大的茧房，笼罩着我、束缚着我，但也不断地磨砺着我。在黑暗中，我暗自发誓，要努力赚钱，要让兄弟姐妹吃上好饭，要让父母不再为几百元钱奔波劳碌。我决心忍耐，相机而动，期待着未来有一天能够破茧而出，成为独一无二、绽放光芒的蝴蝶。

17 岁那年夏天，我离开学校，选择到外面的世界去谋生，渴望找到赚钱的良好途径。一颗焦急期待的创业心在胸中燃烧，一汪刚刚冒头、灼热炽烈的泉水在心中沸腾，不停地在催促我：快点行动起来！为了父母不再如此辛苦地操劳家庭，为了姐姐和弟弟可以安心、无所顾虑地选择他们感兴趣的职业，选择自己的人生，快快行动起来，出去赚钱！

然而，离开学校的决定也像一颗惴惴不安的种子，悄然埋在我心里，让我感到焦虑。当时，我还没有读完高二，这样的文化水平，能在社会上立足吗？

事实证明，高中肄业的确成了我的绊脚石。离开家乡，我先后到达江西、山东、广东等地打工，探寻脱贫致富的道路。这期间我遇到许多心仪的工作，但都因为知识水平不够而没被录用。

今天的我回望过去，尽管并不后悔辍学打工的决定，但我还是会为没有进一步读书学习、获取知识而感到惋惜、遗憾。在社会上闯荡多年，通过和更多的人打交道，我越来越能够明白，在信息技术快速发展的现代社会，知识始终能为我们保驾护航，带来更广阔的视野，打造更优秀的我们。

在外漂泊的这些日子里，我吃过大大小小的、数不清的苦头。第一次离开家乡，独自出远门，到一个完全陌生的省份，一座完全未知的城市，我感到自己是如此渺小和无助。我一路靠自己，不停地询问摸索。当然，只有这样，我才能成长。

我学会了怎么买车票、学会了怎么跟别人合租、学会了怎么投简历；我学会了一次又一次在老板对我说“不”之后，依然报以微笑，礼貌答谢；我学会了怎么在乡愁牵绊、无依无靠的夜晚偷偷地落泪而不被人发现。长路漫漫且颠簸，最初的梦想和希望一度在残酷的现实面前不见曙光，沉睡于黑暗之中。

但我始终知道，身为一个男子汉、家里的顶梁柱，我不能轻易倒下。生活的血泪洗礼了我的灵魂、磨砺了我的心性、塑造了我的人格。我更加深刻地认识到，比知识更重要的，是脚踏实地的上进心。

我到了江西、广东等地，在多次碰壁无果后，终于找到了一份工作。刚开始，我只是帮场主喂猪，从最基本的，也是最烦琐的工作做起，天还没亮就起来煮猪潲，定期铺上干草、清理猪圈等，一开始我难以接受猪圈浓烈的臭味，甚至在喂猪过程中一度干呕。但愈干到后面也愈得心应手，直到后来，我才慢慢跟着人家学起了养猪技术。人家看我愿意吃苦，为人老实，懂得踏实学习，积极表现，也就乐意多指点指点我。这时的我，不再是当初那个莽撞少年，也懂得了些人情世故。这不是说我变得处世圆滑或阿谀奉承，而是说在步入社会之后，我们一定要学会与他人相处往来，学会更好地和他人沟通，学会合理地表达自己的需求和向别人寻求帮助。其实，在这个社会上，大多数人都是好人，都是善良的人，只要你懂得表达需求，他们便会在自己力所能及的范围内向你伸出援助之手。

有句话说得好：越努力越幸运。在外拼搏奋斗的那几年，虽然没能像在学校那样获取广泛且丰富的知识，但在社会中摸爬滚打的我也学到了重要的道理，即“一日学习，终身学习”。人一定要走出舒适圈，到外面的世界去看看，去拓宽视野。只有看过那些前沿的、最好的东西，我们才能够知道自己的最高点在哪里，才能去触碰和突破极限。

就这样，在外打拼的日子里，我的心灵变得更加强大，思想变得更加成熟理智，脱贫致富的梦想，也更加坚定。

图 2　2020 年郑吃合（左）在养猪场工作

二　孤立无援当自强

我踏踏实实地学习了三年的技术，深思熟虑下，认为已经有足够的能力开展自己的事业了。于是，2017 年，我兴致勃勃地回到家乡，迫不及待地将这一想法告诉周围的人。

但令我大失所望的是，他们纷纷表示反对，质疑我的想法和计划，没有一个人选择支持我，更没有一个人愿意与我合作。我来回奔波，问遍了村里的每一个人，毫无例外，所有人的回答都是拒绝。

在家乡受到的打击，远比在外遭受的无数艰难更加刺痛人心。看着眼前的旷野——我魂牵梦绕的故乡美景，我的内心五味杂陈。

三河村，村如其名，三河环绕，既有广阔的平地，也有空旷的山野。作为当地的特色农畜，乌金猪具有能够适应当地自然环境的良好体质，要是实现大规模养殖，前途无量！

可问题就出在这里。

按照三河村养乌金猪的传统，每家每户从来都只是养一两头，其中一个原因是养猪场地有限，但更重要的另一个原因是饲养乌金猪的成本太高，一户人家连两三头都养不起，更别说上百头、上千头了，所以在我提出要开大规模养殖场的想法时，所有人都觉得不可思议。

但我相信自己是正确的。

在外务工时，我见识到了外面标准化、规模化的养殖场。我意识到：三河村的养殖方法一直都存在缺陷，已经跟不上当今养殖业的发展，不适用于当今社会的养殖业。当时的我就暗自思索，人家能够实现标准化、规模化的养殖，我们怎么不能呢？我们家乡的乌金猪是凉山州的特色农畜，生存能力强，甚至比其他猪种的抵抗力还要好，而且肉质优良，经济价值较高，只是凉山州尚未实现规模化生产，没有方便快捷的物流和知名品牌加持。如果能实现规模化、标准化饲养，拥有方便快捷的运输途径，再加上信誉良好品牌的打造，一个广阔的市场必将等候着我们，三河村村民们的富裕日子也很快就会到来。

只可惜，当时没有人愿意相信我。

在迷茫了许久后，我终于放下纠结，转念一想，外出打工时我就是独自一人，那时的艰苦和困难我自己都扛下来了，现在只是暂时没有伙伴合作，又畏惧什么？千里之行，始于足下。我在外面学到的最重要的一课，就是要独立、要自强、要相信自己。要想成为第一个吃螃蟹、戴上开拓者桂冠的人，必须勇于尝试、敢于挑战，也必须和孤独做斗争。在外打工锻炼的经历，让我更加坚信自己的选择是正确的。除了凭借过去在养猪场务工的经验，我又请教了村子里具有多年养猪经验的老伯伯们，在他们的帮助下，我实地考察了养殖场的环境，更加坚定了我的决心：一定要在三河村实现乌金猪的大规模养殖。

哪怕没有人支持，哪怕没有人认可，我也要在一片不看好的目光中做好养殖场的大小事务，坚持做自己认为正确的事。

万事开头难。要开养殖场，当务之急是买到能繁母猪。为了凑够买猪的钱，我想尽了所有能够想到的办法：取出仅有的存款、向银行贷款、向亲戚朋友借钱。有的亲戚朋友听说我要开办养殖场，实现规模化养猪，都不愿意把钱借给我，觉得我不过就是在做赔钱的傻事儿。但自始至终，我的父母和爱人都愿意支持我，无条件地帮助我。为了支持我和我的事业，他们甚至把自己多年来的储蓄拿出来帮我买猪苗，不仅如此，还把家里承包的土地拿出来作为我的养殖场地。我的家人们清楚地知道我在冒险，也明白创业的风险与危机，但看到我如此坚持又是这样热爱着这份事业，他们更加愿意相信我，无论我最终成功还是失败，他们都会无条件地选择站到我这边，和我一起面对困难，迎接风雨。

人生是一趟几十年的旅程，在这条道路上，我们会遇到形形色色的人，没有任何人有义务支持我们、相信我们，特别是在我们尚未成功、一点成绩也拿不出来的时候。正因如此，我们一定要更加珍惜这些最亲的人，在我们迎接生活猛击的时候，他们自愿成为我们最坚强的后盾。最初，我也是为了让他们幸福才出去闯荡，后来有了他们的支持，我便更加强大，更加无畏风雨。

经过一番曲折且艰辛的努力，我终于借到资金，购进了十头能繁殖母猪，开启了艰难的创业之路。

三　受帮扶不忘初心

为了实现养殖的规模化，我做的第一件事就是改良饲料，用更加经济实惠的玉米、土豆等食品加工的副产品作为原料，不仅健康，而且巧妙地解决了厨余垃圾的回收问题，既绿色又环保。

一年之后，我的乌金猪养殖逐渐有了起色。在创业的第一年，我就赚到了我的第一桶金，虽然只有几万块，但毕竟是自己创立事业的见证，我备受鼓舞，心中奋斗的火焰愈加旺盛。经过这一年时间的努力和拼搏，我不仅还清了最初的贷款，还获得了不少的收益。于是，我又进一步扩大了养猪场的规模。后来，受到全球猪肉价格变动的影响，国内猪肉的行情大为可观，一斤猪肉就能卖到八十元到九十元，在那两年里，我们的收益有二三十万。

更让人惊喜的是，此时的合作社，正逢一个好时节——国家脱贫攻坚的大潮。2018 年，脱贫攻坚的浪潮来到了三河村，政府给了我们很多帮助。2020 年，碧桂园集团“乡村帮扶计划”也来到了三河村。

最初，我心里也只想着一件事，那就是把猪给养好。后来在养殖场的发展中，我才慢慢意识到，集资、宣传、寻找销路、树立品牌、满足市场需求等问题也都堆积在一起，要想进一步扩大养殖场的规模，必须尽快解决这些问题。幸好，脱贫攻坚深入了我们三河村，国家帮扶一来，给予我们许多指导意见，帮我们省了不少力气，乌金猪的养殖更上一层楼。

恰逢此时，碧桂园来到我们村，在做了许多研究调查后，最终肯定了我们的昭觉县郑家种养殖农民专业合作社的发展计划，同意为我们提供 36 万元无息贷款。除此之外，碧桂园集团还在村子里大规模展开养殖乌金猪的培训，提升村民的工作技能，建设规范化、市场化、规模化、品牌化的乌金猪养殖示范基地，开拓网络销售渠道，帮助合作社解决一直以来难以解决的销路问题。这项举措对我来说无疑是如有神助，使我在家乡发展乌金猪养殖、带动贫困户致富的信心更足了。在碧桂园尽心尽力的帮助下，合作社得到了改扩建的资金帮扶。从原先的 10 头能繁殖母猪起步，直到最近，年出栏量 1000 头的乌金猪养殖场已具雏形。从独自一人的奋力拼搏，到现在的养殖基地提供了 3 个长期性岗位和 15 个临时性务工岗位，合作社已经帮助了约 100 户人家实现稳定增收。

除此之外，在促进合作社的基建发展、努力拓宽网络销售渠道的同时，“线上出圈”① 也成为促进乌金猪养殖发展的强力推手：养殖场养出的乌金猪还可以通过碧桂园的“碧优选”App、“碧乡”微信公众号进行线上销售，将乌金猪肉制品推向全国。而目前，品牌命名、VI 设计②等已全部完成，待产品上市推动使用；另外是推动产业规模化，占据市场主导地

① 指某种产品通过网络营销的手段大卖，在网络平台赢得了一定的知名度。

② VI 是 Visual Identity 的缩写，VI 设计的目的是通过改变公司和产品的外在形象，打造品牌、塑造企业形象，给用户留下深刻印象。

位，实现帮扶对象全面覆盖。未来，合作社将依托集团全国分布的区位优势、多业态经营优势、乌金猪产品独特性优势，推动各市场主体与贫困村建立长期稳定的产销关系，将需求转换为订单。在不久的将来会继续扩大规模经营，建设现代化养殖场，达到2000头年出栏量的规模，还将带动村民共同生产经营，助推乌金猪养殖成为县里脱贫攻坚的主力产业。

看到合作社的养殖业现今如此蓬勃兴旺，原本诧异摇头、持反对意见的乡亲们终于动摇，认可了我当初的选择，他们纷纷前来向我请教养猪方法，表达了希望同我合作的意愿。我没有把过去的不快放在心上，也能够理解他们当初不支持我的原因。正是因为有了之前的经历我才明白：只有踏踏实实地干好自己的事，做出成绩给人看到，才能使人信服，别人才会选择支持我。我精心挑选了优质的小猪崽，挨家挨户地派发给他们，和他们一起饲养。我们拧成一股绳，横下一条心，共同有着一个简单的愿望：努力让三河村摘下贫困的帽子，和外面的现代化乡村一样富裕、先进。至此，乌金猪养殖的希望之火燃烧到村里的每个角落，规模进一步扩大了，合作社经营得红红火火。

四　脚踏实地光明来

我虽然没有受到很多的学校教育，但深知学习的重要性。我经常告诉正在上大学的弟弟：不要在意别人正在享受的东西，不要理会别人的闲言碎语，你只管自己向前走，埋头干你自己的事，并且记住，永远不要停止学习、不要虚度人生。这是我对弟弟的真诚建议，也是对我个人经历的总结。

当初，奋斗除了是为了摆脱自身的贫困，更重要的一个目的是让弟弟不必有太大压力。我希望他可以不用像我那样为了家庭的经济状况焦虑担忧，希望他能放手一搏，去从事自己梦想中的行业。看到弟弟在大学努力上进，我很欣慰，哪一个做哥哥的不想自己成为弟弟的榜样，不想为弟弟的幸福做些什么呢？

现在，合作社可谓是经营得红红火火。从17岁到27岁，十年磨一剑，今朝放光芒。在精准扶贫下，我终于摘掉了贫困户的帽子，过上幸福生活的梦想终于实现了。以前的生活艰苦得连锅都揭不开，现在吃穿不愁，偶尔可以去游山玩水，甚至都有属于自己的零花钱了！这无疑是质的飞跃。

“长风破浪会有时，直挂云帆济沧海。”幸福都是奋斗出来的，我能走到今天，很大一部分原因就是有一颗不甘于现状的心，不愿停止前进的步伐。一个崭新的目标在我心中不知不觉，悄然萌芽。

经过多年的努力与积淀，我们家已经过上了相对富足的生活。回望过去的种种，胸中从未停止燃烧的那团火焰变得不再那么烫人，不再那么令人焦虑。现在，它持续地、坚定地散发着温暖的光，照亮并指引着未知的前方的道路。曾经贫困黑暗中那个孤独的少年终于跌跌撞撞学以成人，现在，我真诚地希望这团火能照亮每一个贫困的角落，照亮和曾经的他一样在黑暗中困顿摸索的人。

百尺竿头，更进一步。我知道自己还不够好，合作社的规模还不够大，为他人提供的岗位还不够多，三河村还有不少的人家过着并不富裕的生活，还有很多孩子为了学费而发愁。我还需要更加努力，继续扩大我们合作社的规模，回馈国家脱贫攻坚时给予我的扶持帮助，创造更多的工作岗位，我也要尽我所能地帮助乡亲们，鼓励他们参加村里的技能培训，学习更多的知识，和大家一起创造财富，实现共同富裕。

在我接受采访之时，前来采访的青年学生向我提出了他们长久以来的困惑：青年梦想与时代担当之间究竟有什么联系？他们要如何做才能像我一样，在实现个人梦想的同时，又创造时代价值，如何才能够为社会的进步和国家的发展做贡献呢？

在经历了十年的奋斗后，我认为答案其实很简单明了，那就是：脚踏实地，光明自来。

有时，我们困顿于眼前关于目标的选择，将太多的精力错误地投入在树立宏大的、有时代价值的目标上，却忘记了做好现在的事才是最重要的。

拿我自己来说，最开始我也只是为了让自己摆脱贫困，为了让自己和家人们过上好的生活才下定决心奋斗创业。直到后来，我得到了国家的精准帮扶，才有更强的能力向上眺望，看到了更多的风景，这才树立了更高的梦想，下定决心为三河村的富裕而努力。像你我这样的普通青年，为自己的小梦想奋斗，就是为国家的大梦想努力，就是顺应时代的潮流。

中国梦是每一个中国人的梦，也就是说，国家繁荣和个人富裕的目标其实是一致的。一个人，只要遵纪守法，不做损人利己、危害社会的事，便可以尽情施展自己的才华去追梦，发展个人的爱好、特长。实现个人梦想的努力，就是实现国家梦想的努力。或许在一开始，我们看不清楚未来，找不到那个终极的目标，感到迷茫和手足无措；但是与其在原地徘徊不定、迷茫无措，不如选择鼓起勇气，勇敢地迈出脚下这一小步，努力做好当前的事，即使是现在让全村人过上好日子的我，最初不也只有一个小小的目标吗？只有我们拥有了更强的能力，才能获得更宽阔的视野，才能拥有帮助他人的余力和主动权，才能看清自己在社会上的位置，才能明确自己要在哪个方面为社会作贡献，才能真正实现属于我们的社会价值。

与此同时，我们还要有敢于吃苦、不怕困难、持之以恒的良好品质。困难和痛苦是奋斗之路和成功之路上必不可少的关卡，咬牙坚持到底便是唯一的出路。我这样说无异于纸上谈兵，旁人其实是无法真实地感受到的，除非亲身经历，否则永远也不会知道苦日子能有多苦。我已经熬过了最艰苦的十年，现在，我能够抬着头，面带微笑，自信地说，熬出头的感觉真的非常好，几乎可以说是凤凰涅槃的感觉。但接下来还有更多的困难等着我去战胜，还有更多的挑战等着我去迎接。只有经过热火的洗礼，生命的回馈才会更加甘甜。

除此之外，实现梦想还需要不甘于现状的勇敢精神。以我为例，不甘于贫困，外出务工，寻求出路；不甘于以打工为生，回到乡村，创业致富；不甘于已有的成绩，继续努力，为家乡的富裕而奋斗。现在我们的国家越来越富强，人民的生活水平也逐步提高，我衷心希望每一个青年人都能具备这种不甘于现状的精神，向着自己的目标，勇敢地前进下去。

现在，让我们再次看向和风吹拂的合作社。上千头猪儿健康地生长着，山间的公路又一次翻修，大货车顺畅无阻地行驶在山间，将满车的腊肠载往城市，由飞机、高铁运往全国市场。路边的花草树木，见证的不仅是我的努力，还见证着每一个贫困山村稳步发展的未来。

我始终相信，合作社会获得更多的收益，创造更多的岗位，让我们三河村更加富裕繁荣，生机勃勃。

三河村外，还有许许多多这样风景秀丽的村庄，那里也有许多年轻人，有许多年轻的梦想，还有许多炽热的心，为了生活的幸福，为了家乡的振兴，为了国家的富强，本分踏实地努力着、琢磨着，向着更光明的未来，悄然生长。

中医药开出的致富方*

受访人：方　遒

访谈人：曾　粤

访谈时间：2021 年 7 月 27 日

访谈形式：线上访谈

访谈整理：曾　粤　杨　岳

访谈校对：曾　粤　杨　岳

故事写作：曾　粤

受访人简介： 方遒，男，汉族，1970 年生，湖南平江人，大学文化，先后毕业于中南矿冶学院、北京中医药大学，现任湖南天岳黄精生态产业有限公司董事长，平江县第十一届政协常务委员。1995 ~ 2000 年就职于广州军区东风企业局办公室，2000 ~ 2005 年在广州自主创业，2005 年从广州回到长沙，2006 年 12 月成立长沙顺泽矿冶机械制造有限公司，2017 年 3 月成立湖南天岳黄精生态产业有限公司。公司秉承“绿色生态，创新惠民”的经营理念，积极利用平江县及周边优越适宜的自然地理优势，针对现代社会人群的亚健康问题，进行仿野生黄精系列化开发等大健康产品开发。目前，公司与平江县 632 户贫困户签订到户帮扶协议，直接帮扶贫困人口 1710 人，为超过 200 余人次的农民工提供就业岗位，累计发放农民工工资 260 余万元。公司发展带动了周边多个乡镇的经济发展，黄精产业成为湖南省重点扶贫产业。

* 本故事参照了 2018 年 9 月 22 日发表于“红网岳阳站”的文章《“天岳黄精”变“黄金”湘鄂赣联手扶贫攻坚》。

图 1　2021 年 7 月方遒（中）接受曾粤（右上）线上访谈

一　机缘巧合，发现黄精新产业

20 世纪 90 年代初，我从家乡岳阳去广州创业，获益于改革开放的春潮，我经历了从无到有，几经尝试，终于拼搏出自己的一片天地，不但获得人生第一桶金，实现了个人财富上的富足，更在个人认知、视野扩展、朋友交际方面获得了更为全面的提升。2005 年，我从广州回到长沙，创立长沙顺泽矿冶机械制造有限公司，与包括中南大学、江西理工大学、北京科技大学在内的一些高校取得合作，致力于研发冶炼矿产资源前期设备以及优化改造后期工艺，这份工作为我返乡创业在技术认知层面打下了坚实的基础。2017 年我带着满腔的热血，怀揣着 2000 多万元的资金，带着技术回到了我的家乡——湖南岳阳市平江县，正式创立了湖南天岳黄精生态产业有限公司。

为何会选择种植黄精①为公司的核心产业，还要从 2013 年说起。当时

① 黄精首记载于《名医别录》，而因其外形相与女萎、葳蕤相似，古籍记载中常常混淆。《名医别录》曾记载："黄精，味甘，平，无毒。主补中益气，除风湿，安五脏。久服轻身、延年、不饥。长久服用身体轻盈、多年不饥饿。"

中国中医科学院中药研究所正在进行关于白血病药的一项研发，在研发过程中需要一味矿物药。为让研发工作推进得更深入，2013 年 3 月，他们找到我，希望能开展合作，5 月双方签订合资协议，我也就因为这次契机，参与到中国中医科学院中药研究所这个矿物药研究的子项目研发中。在合作期内，有幸认识了该所的教授专家，他们对我家乡的中草药了如指掌，并专门提到了黄精在天岳的道地属性知识。专家们的科普、加上对家乡浓浓的乡情，使我对黄精产生了强烈的好奇，开始走上深入探究之路，自此一发不可收拾。作为平江人，我时常想：宁夏有枸杞，云南有田七，为什么我不能通过自己和后代人的努力，让更多人认识黄精，让黄精成为平江的代名词之一呢？也是机缘巧合，此时老家将种植黄精这个项目给我，在实验研发的过程中，在和同事们交流分享的过程中，可以把种植黄精做成一个产业的想法越来越清晰，也越来越被肯定。我当时就觉得，如果能把种植黄精发展成为家乡的一项产业，不仅能带动家乡老百姓的就业与发展，更是利及子孙后代的事情。

2016 年我开始正式筹备黄精项目。首先是开始市场调研，包括考察黄精在市场上的需求、预测黄精作为一个新产业的发展趋势、寻找销售渠道以及分析市场竞争产品；其次，检测黄精是否能在平江的土壤上种植出来，我们做了土壤检测和 DNA 分子鉴定，专家们通过对天岳幕阜山呈送的 4 份待检样本进行 DNA 测序并与“中药材 DNA 条形码鉴定系统”数据库比对，确认送检样本与多花黄精 DNA 条形码序列 100% 符合，通俗说就是构建了天岳黄精的“分子身份证”，确认天岳黄精属于《中华人民共和国药典》收载的黄精品种，并且和药店在售的黄精 DNA 一样。有了这两点支持，我的内心更加坚定了，加上对国家脱贫攻坚政策和家乡资源的理解，得到国家及省级专家的坚定支持，目睹天岳幕阜山的旅游开发与平江旅游的繁荣发展，再加上老父亲思乡心切、老家中的亲友再三邀请等原因，于是我毅然决然返乡投身到这个领域中发展，并且希望实现两个传承——文化传承和责任传承。黄精作为一种药食同源的中药材，具有悠久的使用历史，发展黄精种植产业也是对中华传统养生文化的传承。我的父亲是一名光荣的在党 50 年的老党员，曾经用锄头刨出了天岳幕阜山国家级黄精育种基地。让黄精产业项目落地、生产闭环在本村，让黄精项目切实解决父老乡亲的致富问题，既是对父亲耕耘家乡情怀的一种传承，也是对国家共同富裕和乡村振兴的责任传承。湖南天岳黄精生态产业有限公司在 2017 年 3 月份正式成立，把黄精打造为家乡的特色产品成为我职业生涯的新目标。

二　精心布局，打造黄精产业链

要把黄精这个中草药变成一个产业，变成带领村民致富的良方，首先需做好整个产业布局。产业布局的第一步是黄精种植园的合理选址、种苗培育和园区保护。所幸家乡具有天然的自然地理优势，它拥有国家 4A 级景区——幕阜山①。我们在天岳幕阜山海拔 1 千米的地方，建立了一个繁育基地，建设黄精种植保护繁育基地、林下示范种植基地。“工欲善其事，必先利其器”，想做好一家专业种植、加工、开发销售黄精系列产品的企业，就必须从产品源头保障黄精品质和产量。后续，通过实地调查，我们又陆续发现天岳幕阜山地区马尾松林、杉木林、毛竹林等林下适合天岳黄精仿野生栽培。于是，公司在 2018 年再次选址天岳幕阜山景区内，建设 15 亩黄精种植保护研究基地，于 2020 年在平江县南江镇长潭村建 1100 亩黄精示范种植基地。通过种植园基地的建设，带领和引导平江县内农户开展黄精种植，实现了整个产业的原料供给充足。

确保原料供给之后，黄精的炮制问题是另一个需要解决的问题。黄精药食同源，它跟红枣、枸杞一样可以直接作为食品，不用入药就可以食用。但是红枣和枸杞能出现在每家每户，黄精却不能那样普遍，这与黄精炮制工序有关。中医讲究炮制，黄精炮制讲究七蒸七晒、九蒸九晒。这就跟中国的食谱有相似之处，就如食谱里会提到“盐少许”，但少许到底是多少呢？在黄精的炮制工序中也面临相同的问题，蒸多久、晒多久，什么情况下蒸、什么情况下晒，这都是没有现成的统一标准的。为了使炮制效果和口感达到最佳，2017 年到 2019 年，我们在炮制工艺研究方面投资了 400 多万，委托中国中医科学院中药研究所对黄精炮制及其工艺进行全方位的研发，就蒸和晒两方面技术申请了两个专利。用基础研究科学改善制

① 古称天岳山，主峰位于湖南省岳阳市平江县，系罗霄山脉，海拔 1596 米，为湘鄂赣三省边界最高峰，东接江西修水，北临湖北通城，西南皆踞湖南。幕阜山以山雄、崖险、林奇、谷幽、水秀著称。

作工艺，科学制定工艺标准，是我们提升炮制工艺的重要手段。目前，我们公司已经申请了6项发明专利和11项实用新型专利。

在周边产业布局方面，同样需要下功夫。我们和一些工厂合作，研发了一系列的黄精周边产品，从黄精茶（即食黄精），到黄精酒、黄精面、黄精饮料、黄精口服液等，实现周边系列产品的多样化，也实现了黄精用途覆盖的全面化。对于在黄精加工过程中剩余的一些药渣，我们利用起来做成中医药，将产业拓展至养殖业，用中医药药渣喂猪，发展出我们特色的黄精猪。除进行原材料的种植供给外，还把它打造成类似百草园一样的农业生态观光旅游地，将农业与旅游业结合起来，实现第一产业和第三产业的完美结合。公司还与湖南天岳幕阜山旅游开发股份有限公司签订了共建天岳大健康产业园的框架协议，将“天岳黄精”品牌建设列入天岳幕阜山旅游开发股份有限公司产业扶贫清单，结合旅游营销全力支持将“天岳黄精”打造成全国性品牌，打造“一村一品”① 的典范。协议的签约，除

图2　2018年9月方道（右）陪同专家进行基地考察

了引入资金投入外，还给当地带来了创业机会和活力，对乡村文化发掘和新兴产业也起到了引领作用。经过一系列有步骤的多渠道谋划，周边产业

① “一村一品”是指在一定区域范围内，以村为基本单位，按照国内外市场需求，充分发挥本地资源优势，通过大力推进规模化、标准化、品牌化和市场化建设，使一个村（或几个村）拥有一个（或几个）市场潜力大、区域特色明显、附加值高的主导产品和产业。

布局基本形成了闭环生态，一个集黄精生产、加工、休闲观光旅游和市场流通于一体的现代特色综合性企业初步成型。为进一步巩固脱贫效果，增强乡村振兴工作后劲，目前投资2000万元建设的3000吨黄精加工生产线正在进行紧张的设备安装，待该项目建成使用后，将为平江建成中国黄精道地药材基地和中国黄精饮品市场的亮丽品牌及为湖南天岳黄精生态产业有限公司的长远发展打下更为坚实的基础。

三　打破瓶颈，终有一日见彩虹

致富路需要抢滩涉险，让产业布局上的每一个环节充分发挥作用，实现顺利运转、科学产出同样不是一件容易的事。首先说技术，基础研究是一项特别花费时间和资金的事情，而它的前期产出又是非常有限的，必须熬过投入期才有可能迎来后面产出的爆发期。其次，沟通协调工作，如土地流转工作时常需要花费大量时间，才能与土地户主达成一致。父老乡亲们的想法各不相同，更加需要耐心地逐一沟通，坦诚交流，有时候还需要让他们看到其他成功案例，才能取得最终的共识，让他们放下顾虑，理解支持土地流转工作。最后，营销环节，产品如何销售、销售渠道的开发等，也是目前整个发展中最薄弱的一环，也是今后发力的一个点。黄精饮料、黄精糯米酒、黄精茶、即食黄精等是我们最早推向市场的产品，那时以小量试销的方式进行市场反馈测试。测试的目的是收集各方面市场布局信息，以及分析产品优劣、顾客使用感受等。试销情况较好，获得了第一批的长期客户。从今年下半年开始，我的工厂将正式投产，公司系列产品也即将全面上市。对于我们的营销团队来说，继续做好市场运营，依然任重道远。

如果要说返乡创业的经验，我认为，一是需要对自己从事的产业有足够的热爱。只有爱得足够深沉，只有充满无限的动力，才能推动自己在行业探索的路上走得更远。返乡创业必然会遇到很多困难和压力，背后支撑的信念就是对产业的热爱。当压力大的时候，创业者要适时地自我调节、自我开导、自我放松，如我自己压力大的时候，喜欢到公司后山的黄精种植基地边走边看，看看自己热爱的事业，让整个身心放松下来，让情绪调整平衡，然后再继续投身到工作中。

二是要多思考，从规划布局的角度考虑问题。返乡创业不能仅凭一腔孤勇，更要讲求实事求是，接地气，能落地。对创业过程中的各个环节需要有充分的准备，提前谋划，包括团队的建设、人才的储备、技术的支撑、产业的布局都是需要时间和心血去搭建、筹备的，不能有走一步算一步的心态。就以人才储备为例，产业发展离不开人才，而合适的、优秀的人才不是从天而降的，尤其对于返乡创业者而言，优秀的团队和合适的岗位伙伴更是需要时间去内培外寻，更需要对不同发展阶段的人才需求有一个全局的把握。

三是耐得住寂寞和经受得住挫折。乡村的外部市场经济环境不能与成熟的城镇市场相提并论，注定需要更多的时间来磨合，要用慢工的心态干细活儿，农村的生活节奏慢、农业的回报周期长，注定一些产业是需要一个时间段才能见分晓的。

四是必须保持好学的心态，主动及时了解当地的政策。跟着指挥棒走，有了政策的支持，农业发展才能走得更快更远。不同的乡村所保留的民风民俗各有不同，要到当地干产业，就必须因地适宜，与当地的文化传统相融合、相适应，这样才能让创业致富更符合当地特点。市场往往瞬息万变，越是在外部环境相对单薄的地方创业，越要时刻关注外部环境变化、市场变化、竞品变化，保持敏锐的市场嗅觉。因此，一个合格的返乡创业者既需要有年轻人的满腔热血，又需要中年人的稳重严谨；既要耐得住寂寞，又要随时能灵活变通。

学习是克服返乡创业路上的困难，增加创业底气，提振创业心态的最好途径。在面对自己不懂的领域，通过不断学习，知识输入，最终达到厚积薄发，后来居上。而我就是持续不断学习的受益者。多年来，我通过实践学习、理论学习、碧桂园集团负责的国务院扶贫办全国致富带头人实训基地培训等渠道，不断进修，为我做大黄精产业、走好致富路打下基础。创业仍正在征途，我也在期待早日见到彩虹。

四 团结村民，促使黄精变“黄金”

作为平江县的特色中草药，黄精在平江县老百姓的认知中还是有基础的。因此，如何让一种老百姓熟悉的中草药变成一帖带领他们致富的好药方，也是我思考最多的问题之一。多年来，我们公司为农民工提供就业机会，创造就业岗位，培训就业技能，提供发展平台。从公司建立到2020年，共计发放农民工工资260多万元，人员覆盖4个乡镇。去年黄精产业成为湖南省重点扶贫产业，直接帮扶贫困户632户，达1710人。且带动当地父老乡亲自己种植黄精，从2017年至今，农民自发种植黄精面积达2000多亩，按照每亩产值8000元来讲，也就是1600万元的产值，黄精种植的产业带动作用初见成效。

不光农户种植黄精，县里还将黄精纳入受政策支持的两茶一药中，使得黄精产业获得更多的关注。看着这个产业实现从0到1，我深知，这离不开政府的大力支持、家人的理解、团队人员的奉献。而最令我自豪的是，我当初回来的初心。文化传承、责任传承已经慢慢在实现的路上了，让子孙后代实现致富梦也慢慢在实现的路上了。我坚信，我们平江县也会越来越好，黄精也会让更多的人知晓。

湖南天岳黄精生态产业有限公司让我骄傲远不只体现在这些数字上，我更想让其发展为有情怀的公司，《正正的世界》电影在天岳幕阜山正式开机时，我邀请乡亲们观看，该片获得中国致公党湖南省委、省妇联、省慈善总会、岳阳市委宣传部的大力支持，主要讲述了家境贫寒且患有先天性肌肉型斜颈的留守儿童正正，被抛弃之后，想尽一切办法要治好自己的歪脖子，最终成长为一个充满爱的正能量的少年的故事。该制片人文祥是希望社会各界更多地关注留守儿童，让这些孩子能够健康茁壮成长，让全社会将爱共同传递。在平江县也有一批这样的留守儿童，我也希望自己能为家乡做点什么，回馈生我养我的家乡，把天岳黄精打造成“造血式”脱贫产业，做成“家里事屋里业”，让爱不再远行。

核桃乡里的小康致富梦

受访人：成家驹

访谈人：袁思蕖　余飞洋

访谈时间：2021 年 7 月 17 日

访谈形式：线上访谈

访谈整理：余飞洋

访谈校对：袁思蕖

故事写作：袁思蕖　余飞洋

受访人简介：成家驹，男，汉族，1990 年生，陕西宁陕人，中共党员，现为宁陕陕西烨林现代生态农业发展有限公司法人、董事长，宁陕县核桃产业协会首任会长，2020 年获宁陕县十大杰出创业青年，在碧桂园与人民日报、新浪微博联合举办的全国百县千红新农人选拔赛中被评为前“十强”人物。在外务工的成家驹面对政府号召，毅然决然地回乡创业。他发现家乡盛产核桃的商机，决定发展以核桃为主的一系列农副产品，历经各种困难，最后不仅将公司经营得蒸蒸日上，还带动了当地的乡亲们一起致富，为国家脱贫攻坚与乡村振兴事业贡献出自己的力量。

一　返乡创新创业

我生于 1990 年，中共党员，陕西省安康市宁陕县人，拥有一个幸福的五口之家。父母年事已高，家庭的经济负担都压在了我一个人的肩上。我原本在西安有一份不错的管理工作，但天有不测风云，一次车祸，让我不

图 1　2021 年 7 月成家驹（下）接受袁思蕖（左上）、余飞洋（右上）访谈

得不重新审视自己的工作和生活。父母的赡养、孩子的抚养，以及车祸产生的后续经济负担让我十分迫切地想找到一个缓解经济压力的有效方法。于是，转机在 2017 年出现了。

我的家乡宁陕县，位于秦岭中段南麓，陕西省安康市的西北部。宁陕县年温差小，广袤千里，拥有较为丰富的渔业、农作物、林木、矿产等自然资源。但出人意料的是，这么一个资源颇丰的美丽的地方在 2020 年前却戴着贫困县的帽子。我认为，宁陕县虽然土地广袤，但较大的地势落差形成的是山岭纵横、沟壑交错的复杂地形，同时山地阻隔导致光热资源不足，这都影响了各类经济作物的大面积种植。水资源充沛，但旱涝灾害时有发生，沟壑纵横导致河流流量不大。而交通不畅导致宁陕县形成实际意义上的地广人稀。所以，尽管宁陕县的人们十分勤劳，也只能过着靠老天爷赏饭的日子。

2017 年，宁陕县县政府号召乡亲们积极返乡创业，于是在外务工多年的我便产生了返乡创业的念头。空想改变不了现实，我开始对自己的家乡进行必要的调查研究，在四处走访了解情况后，我发现了一个值得创业的切入点——宁陕县的核桃种植量很大，但是所带来的经济效益很低。宁陕县人民靠山吃山，基本上家家户户都会种植核桃这种经济农作物，相比于4.46万亩的粮食种植面积，全县核桃的种植面积达到了惊人的15.5万亩。当地群众形容自己家乡的核桃都会说：“漫山遍野核桃树，核桃累累碰人头。”但是核桃多却没法让父老乡亲们富裕起来。由于缺乏销售渠道，没有统一的行业标准、包装，乡亲们辛苦种植的核桃往往只能以较低的价格出售给前来收购的核桃贩子。我了解到这个情况后，经过反复思考，确定宁陕核桃大有前景，于是毅然放弃了先前的工作，回到家乡，一心想要创新创业，书写核桃深加工产业的好文章。

二　众人拾柴火焰高

在了解到宁陕县可发展核桃深加工这一优势产业后，经过仔细琢磨，我与宁陕县县政府签订了核桃深加工的合作项目协议，成立了陕西烨林现代生态农业发展有限公司（以下简称“公司”），主打农副产品的收购和加工。我一期直接投资300万元，引入国内先进设备，建立核桃油的加工生产线，于是独具宁陕特色的“秦智”绿色核桃油便开始初步生产。

创业初期遇到的困难很多，尤其是资金问题，初期我只有自己在外打拼多年存下的积蓄和父母亲朋的支持，孤注一掷投资宁陕的核桃油产业。公司成立一段时间后，仍需要向银行贷款才能初步解决资金流动困难的问题。

对于产品的供给，公司与当地的贫困户、农户签订合作协议，让乡亲们负责种植，公司将根据当年行情，用高于市场价的价格收购乡亲们所种的核桃，让乡亲们有了更好的收益。公司收购核桃后，将对不同品质的核桃进行分类加工，品相好、个头大的核桃会加工为干果，个头较小的则用于榨油。

解决了资金匮乏和产品原材料的问题后，新的问题接踵而来。生产出来的产品怎么销售出去呢？一方面，在原有的市场里，宁陕核桃产业供给端向需求端的传播路途并没有打通，公司也没有较好盈利，使得核桃种植缺乏积极性和管护力度，影响了核桃的质量。另一方面，核桃产业附加值不高，产业链仍有待完善，推出的仅有核桃油一种产品，而且品牌和市场知名度又比较低，没有很好的销售渠道，投资回报率较低。总的来说，宁陕县的核桃虽有庞大的种植规模，却没有与之相匹配的效益市场；空有前景无限的产业，却难以将其产业化。在这个时候，急需一个有实力的外部名企助力宁陕核桃产业打破困境、走向全国。

2018 年，碧桂园集团来到了宁陕县开展帮扶工作，碧桂园集团详细了解宁陕县的具体情况后，认为宁陕县丰富的自然资源是解决脱贫问题的一大抓手。在与当地政府和群众充分沟通的情况下，决定对区位优势大、连接贫困户多、帮扶效果好的核桃产业进行重点扶贫。而早已成立公司并投身于核桃产业的我便成为碧桂园认定在宁陕重点产业扶持的对接人和致富带头人。

碧桂园通过扶持核桃加工产业、技术培训、核桃收购等方式，对相关企业和贫困户开展持续的帮扶。对待生产端产品品质参差不齐的问题，碧桂园配合宁陕县委、县政府，成立核桃协会，从源头解决核桃原料质量的问题。碧桂园在生产加工阶段也发挥了自己的资本优势，向宁陕县捐赠加工生产线和无尘生产车间，解决了生产线匮乏及环境较差的问题。碧桂园集团更是利用自己的产业和平台优势，帮助公司销售核桃相关产品，通过线上、线下和内部采购等渠道，助力销售超过 250 万元，联农带农 2000 多户，有效地激活了宁陕县的核桃产业，通过产品开发和各类宣传推广等方式打造宁陕核桃品牌。

在龙头企业的带动、政府的重点扶持、企业的爱心助力等多方力量的汇聚之下，整个宁陕县的核桃产业飞速发展。我的公司也因此和宁陕县 11 个核桃合作社成立了核桃协会，和四个村屯签约共建了“金川镇秦智万亩有机核桃示范园”。对园区内建设实行统一管理，免费提供技术设备物资等支持，统一以“秦智”的品牌对外推广和销售。当前宁陕县共建成核桃园区 13 个、核桃合作社 21 个，拥有干果大户 100 户。

回顾当年放弃西安的工作毅然决然返回家乡创新创业核桃产业的历程，以及创业初期的百般艰难，虽然深感辛苦，但却是乐在其中。自己富裕起来后，还不忘曾经大力帮助过自己的政府和碧桂园集团，用我自己的能力，带动身边一个又一个的乡亲一起走上富裕的道路。

三　带领村民走上共同富裕之路

谈到自己带来的致富效应，我认为自己还是没有做得很好，没有做到覆盖整个宁陕县，我只是带动了一个镇的核桃农户。通过公司的统一收购，核桃农户能以高于市场价的价格出售产品，这种做法让本地核桃种植的经济效益都远远高于从前数倍，原本依赖商贩收购才能卖出核桃的现象逐步消失。除在核桃收购上给予优惠外，我对宁陕县的贫困户还有着其他特殊帮扶，招聘他们到核桃加工工厂务工，实现就近就业，在挣钱养家的同时还能照顾到家庭，避免留守儿童和空巢老人等现象的出现。钟小勇就是一个很好的例子，他母亲常年卧病在床，又有一双儿女需要照顾，在此困境下，他被政府列为建档立卡贫困户。在被招聘到公司务工之前，钟小勇一直都是以打零工维持生计，收入十分不稳定。通过我的帮扶，钟小勇在核桃油加工工厂里工作，每个月有着比较稳定的收入，同时还能照顾到自己的母亲和小孩。终于，在自己的努力和各方的帮扶下，钟小勇一家在2020年正式脱贫！

我认为，一个人的富裕并不是真正的富裕，真正的富裕应该是带动乡亲们一起富裕。一家优秀、有良心的地方企业，不但要自己发展得好，更要回报社会，带动家乡一起前进。我认为，企业能在当地发展得好，获得民心这一优势不容忽视。企业发展得好，对当地的老百姓来说，他们获得的经济效益就高。企业能有更高的经济效益，企业收购他们的原材料的价格也会水涨船高，所需要的人力会更多，更多的乡亲们能够来到加工厂里务工，在带动乡亲富裕的同时，更加促进企业的发展，起到一个相辅相成的作用，这才是一个地方企业真正的发展之路。只有带动所在地的村民一同发展，地方企业才会有更加广阔的发展前景。

四　核桃产业发展致富需要多方支持

尽管我认为自己目前还不能被称为成功的企业家，但对如何致富这一难题，我在多年的实践中，善于总结，有自己的一些见解。我认为，企业能够做到现在这样，重要的一大助力源于政府和村委会等机构，一方面，政府在企业成立之初，提供了一定的项目启动资金，这对刚起步的企业来说是非常重要的，并且政府能在条件允许的情况下，提供了一些便捷的绿色通道，能够更方便地办事。企业和当地老百姓的合作产生小分歧的时候，政府领导干部能够及时帮忙协商解决。另一方面，就是靠乡亲们的大力支持，只有把乡亲们带动起来，一个乡镇的乡亲们一起奋斗，力往一处使，一起富裕起来，企业才能越做越大、越做越好。

核桃种植是一个因地制宜的产业，宁陕县靠近山区，就是所谓的“靠山吃山”，这一产业相对来说也是比较符合当地的资源分布情况和民众想要富裕起来的需求，是个民心所向的民生产业。此外，我所在乡镇也有过其他的创业者，失败的也有不少，我所做的确实是一次创新创业。我认为，国家政策在乡村振兴、在产业高质量发展方面起着很大的作用。因为精准脱贫与乡村振兴事业，鼓励碧桂园等成功企业对口帮扶乡镇企业，利用大企业成熟的资源整合各方力量，特别是打通销售渠道，碧桂园为乡镇企业搭建起销售平台，利用碧桂园的影响力去解决产品销售无路的难题，让产品能够有销路，同时宣传出去，由此构建乡镇企业良好的产品口碑和影响力。再者，碧桂园会利用自身的资源和优势，对帮扶企业和个人进行一定的技能培训，让初创企业管理者自身充电，变得优秀，从而让企业也随之壮大起来。比如碧桂园提供了非常好的学习机会，选派我去清华大学等院校学习、锻炼，提升我的个人能力、扩宽我的眼界，使我能够更好地认识自己、乡亲、企业、社会间的关系，更好地经营企业。

在如今的时代，仅靠企业自身是很难做大做强的。尽管企业可能有个不错的团队，团结合作很好，但是这并不意味着企业就可以成功。就拿我们熟悉的名著《三国演义》中的刘备来说，开始的时候就算他有了数位挺厉害的武将（如关羽、张飞等）跟随，也有了闻名于世的诸葛亮的帮助，但是他仍不可能直接称帝，因为虽然有了一定的队伍规模，却仍然缺少士兵、钱财，缺乏外界的资金支持和民众的追随。所以说，一个企业想要成功，不仅需要赢得民众的支持，国家政策和大企业的帮助和支持也是一大成功的因素，总的来说，只有民心所向的企业才有发展的机会，这样的企业才算是真正有发展的前景，再配合国家政策和大企业的指引与帮助就能做大、做强、做优。一个民心所向的企业，拥有多方扶持，才会有更广阔的前景去发展，去腾飞！

五　经历风雨见彩虹

我认为想要致富成功，对个人而言，学习是第一位的，应该要不断提高自身的能力，不断去学习进步，才能有更进一步的可能，不要被自身认知的局限性所束缚住，要多去参加各种活动开阔自己的视野，这样才会对自身有更加正确的认知。对于当下比较热点的话题——农民工和大学生回乡创新创业，我有自己独到的看法。我认为，大学生的理论知识比较扎实和牢固，能更科学地去安排、去利用所拥有的资源，但是他们欠缺的是实践的经验和能力，空有一身本领、见识却无法完全施展出来。毕竟实践出真知，农民工在这一方面就比较有优势，他们大部分从小生活在农村，经验和干活的能力是在日常中慢慢获得的，常年与土地打交道的他们所具备的这种能力是许多大学生没有的。大学生和农民工各有所长，都是有能力的人，当他们结合在一起，取长补短平衡一下，就会产生“1+1”大于2的效果！

我作为过来人，也有一些自己的经验可以分享给后来人。我认为想要创业的话，首先，个人需要有较强的心理素质和一定的市场抗风险能力，尽量不要孤注一掷去创业，如果失败的话，结果也许无法承受。其次，作为年轻人还得有自己独到的想法，有好点子才能创新，才会得到投资者的青睐，那么运作起来也会更加顺利。最后，不能忘记的是要跟着国家的政策前进，不能把路给走偏了，跟着国家政策走，才能更好满足国家的需要，才能够将企业做大、做强、做优。还有很重要的一点就是要脚踏实地地干，踏踏实实地走好每一步，这是一个企业的强大根基。

说到致富过程中有哪些困难，我回想起当初所经历的重重困难，其中最困难的就是筹集资金，启动资金、流动资金等，公司运转的一切都需要资金去填补，仿佛是个无底洞，怎么样都填不满，用完了自己多年在西安务工的积蓄，用完了向父母借的钱，用完了从亲戚朋友手里借的钱，虽然勉强支撑公司起步开展基本的经营活动，但依然有资金缺口。通过东挪西借、省吃俭用、开源节流，最终解决了资金短缺的问题。资金问题解决后，运作就比较轻松了，把公司经营好，银行看到公司的效益不错后，也会愿意支持，银行贷款就比较容易了，国家的帮扶政策也能缓解一点压力。凡事都不是一帆风顺的，现在公司面临的最大问题就是产品销路的问题，公司现在主要有两种产品，核桃油和核桃干果，品质都是很好的，都有保障，但是市场上的经销商和消费者都不知道“秦智”这个品牌，品牌效应较弱，产品销售不理想，很多产品堆积在仓库里，时间一长，产品滞销就会产生很多其他的问题。核桃本就是拥有非常高营养价值的坚果，从中提取出来的核桃油营养价值更高，富含多种微量元素，脂肪酸成分与母乳相近，容易被吸收。这就是“秦智”核桃油的特点，天然有机且健康，所用核桃出自秦岭，秦岭的气候、生态等地理环境都有利于核桃的生长，对于核桃种植和核桃油的压榨都是十分有利的。

我当初遇到困难的时候也曾想过放弃，不是对这个产业的前景没有信心，而是认为发展过程比较艰难。然而，经过反复思想斗争，觉得这毕竟是自己选择的道路，不应该轻言放弃，再苦再累再艰难也要挺胸前进，必须要坚持下来，尽管万事开头难，但是后来慢慢地做起来了，走出了困境，走上了共同致富的光明大道。在创业过程中，最大的收获还是积累了许多人脉，认识到了很多人，见识到了自己原先不了解的事物，对自己的人生成长和综合提升帮助很大。毕竟接触到的人层次不同，所见识到的也不一样，站在山顶才能真正领略到更美的风景。作为致富带头人，需要有勇往直前的品质，敢干敢拼，坚持到底，才能成功致富。我认为，作为乡村致富带头人要团结和凝聚乡亲们，加快发展现代农业，助力乡村振兴，为国家实现“两个一百年”的奋斗目标、实现中华民族伟大复兴的中国梦贡献智慧和力量。我成为乡村致富带头人，就能带领当地乡亲们一起来做核桃产业共同致富，一起努力去发展现代农业，不仅自己的生活能够变得更好，还能为国家发展贡献一份力量。

我下一步的发展计划是：联合碧桂园集团下属的国强公益基金会从宁

图 2　成家驹在办公室的工作照

陕县当地的核桃生产、加工、销售方面入手，全面发展核桃加工产业链。以返乡扎根创业的青年致富带头人为抓手，配合宁陕县委、县政府安排，公司分别在宁陕县11个核桃合作社成立核桃协会并成立党组织，进而从源头保障核桃原料的质量，带领宁陕县更多的乡亲们一起走上致富道路，为国家的乡村振兴贡献出宁陕智慧和力量！

一方热土在心间，返乡带头育番茄*

受访人：李　龙

访谈人：陈凯茵　梁芷欣

访谈时间：2021年7月18日

访谈形式：线上访谈

访谈整理：陈凯茵　梁芷欣

访谈校对：陈凯茵　梁芷欣

故事写作：陈凯茵　梁芷欣

受访人简介：李龙，男，汉族，1971年生，河北张家口市人，中专文化，中共党员，河北省张家口市崇礼区红旗营乡海流图村的村支书，红旗营商会会长，崇礼区工商联总商会副会长，崇礼区凯丰蔬菜种植专业合作社理事长。2012年至今担任海流图村支书，深入田间地头，走村串户，鼓励村民转变思想，并通过流转土地、安排就近务工，辐射带动红旗营乡、石窑子乡1300余户农民种植口感西红柿、彩椒、长白菜、架豆等1500亩，辐射带动周边农户1200余户，人均纯收入增收2500多元，带动原有57户贫困户共101人实现脱贫。结合当地特有的气候条件和地理优势，携手村民共同奋斗，使海流图村走上了蔬菜种植产业致富的特色发展道路。

一　留恋乡土把乡还　遇难解难不气馁

中专财会专业毕业后，从1993年开始，我在天津大港油田公安处经济

* 本文参考了微信公众号“雪国崇礼”文章《【乡村建设】走进红旗营乡：番茄种出儿时味，映红家乡致富路》。

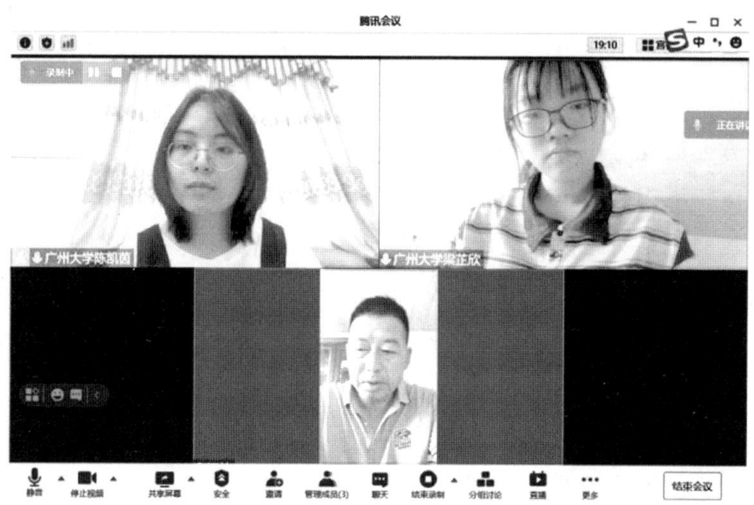

图1　2021年7月李龙（下）接受陈凯茵（左上）和梁芷欣（右上）线上访谈

警察大队工作了四五年，在那里做带班班长，也在那个企业入了党。后来，我离开天津大港油田公安处，就在表哥的农业公司里边当经理。在表哥农业公司工作，对我接触农业有很大的启发与帮助。在外干活打拼，还是与待在村里不一样，感觉自己的思路转变比较快，接触的人也不太一样。到2011年年底，我决定回到农村，一开始表哥不愿意，不支持我离开他的公司去创业，因为那时我在他公司各方面干得都不错。但那时正赶上村里选举村干部，又感觉在公司里赚的工资比较少，而且看身边有人开了公司，年收入还可以。感觉自己也有这个能力，就有了创业的想法，想干出一番自己的事业。又出于对乡土的留恋，内心里始终割舍不下家乡，总想回去再折腾点事出来，如果不做的话，总感觉到有点遗憾。于是，以这些理由说服了表哥，2012年我从表哥公司离职，同年5月决定回到农村搞农业，搞特种蔬菜种植。

一开始创业的时候，家里四口人，除了我，他们（媳妇、儿子、闺女）都不太同意。媳妇在我们当地市区开了照相馆，儿子刚毕业，闺女在念高中。开始成立合作社的时候，一般早上四五点都起来下地了，在表哥公司也是这个作息，所以创业的时候生物钟就定在那儿了，到那个点就睡不着了，最迟五点半就起来了。起来就跟各小组的工作人员一起下地、安排工作，就开始忙田间地头里的事，有时忙碌起来连饭都来不及吃，当地工人都是吃两顿饭，早上都不吃饭，有时候自己饿了也就吃方便面填填肚子。原来在表哥公司里干，到下班时间就下班了。现在在自己合作社里面干，比原来辛苦很多，因为操心的事比原来多。毕竟作为一个企业的理事长，各方面都要考虑，不像原来在表哥公司里，把自己的事情做好就行，其他的事情不用管。节假日通常是我忙的时候，孩子总说：“爸，你也不回来跟我们玩几天，人家放假都去玩了，你也不回来。”[①] 其他小孩都是爸爸妈妈带他们出去玩，但我干农业之后几乎每年的“五一”假期都没有带孩子出去玩过，所以老婆、孩子刚开始对我干农业有点不乐意。村里的人很多也是半信半疑的，“你能回村里吗？你能在村里待得住吗？”都是这种口气问我。但是，我说我要是当了村干部，上面有国家政策，再加上我有自己的基地和多年的经验，我肯定会长久在村里待着，干一番事业出来。他们听到我的承诺，觉得我肯定能长久在村里待着了，特别是上了岁数的村民，经常聚在一起说“李龙回村里挺好，对咱们都挺好的”。大伙就开始力推我去当村干部，于是2012年我就开始当村干部。当然，还是有人对我持怀疑态度。

我们干农业的，年收入确实不是很稳定，一年盈收一年亏损。因为农业种植这一块儿很容易受影响，一是天灾，每年刚开始是灾害受冻，管理不到位还会出现病虫害，本身种植业的利润就少，出现天灾人祸了，对农业种植的打击是最大的。“我们崇礼北依内蒙古草原，海拔高、气温低，又由于地形原因容易爆发冰雹自然灾害。2019年，我们的大棚接连遭受了冻灾和风灾。冷空气来了，冻死了一大批新栽种的苗。风来了，轻的就刮烂大棚塑料布，严重的把大棚都刮倒了。一些大棚来不及抢修，又有一批新苗被冻死了。为了多救修一些苗，我和种植户们冒着大风抢修大棚，不敢停下来，饭都顾不上吃。”[②] 为了减少天灾虫害带来的损失，我主动聘请了当地一些优秀的搞农业的人才，像政府部门农业技术员、有多年种植经验的老百姓，请他们到田间地头看。还有就是我们利用先进的网络媒体，寻求网上专家的帮助，解决了很大的问题。“现在我还在大棚里引入了环

① 引自乐居财经文章《李龙：我为大棚狂丨中国老村长㊾》。
② 引自乐居财经文章《李龙：我为大棚狂丨中国老村长㊾》。

境自动监测设备，通过手机随时随地查看大棚内的温度湿度。”[①] 二是资金周转对我来说困难很大。贷款的话，我没有能够向银行抵押的东西，很难贷到钱。拿不下周转资金，只有民间借贷，而民间借贷利息又高，但只能想办法（解决），不然下一年我就没法开展种植了，这都是当时出现的一些问题。但所幸的是，亲戚朋友想尽各种办法帮助我解决资金周转问题，国家也出台了政策，帮助我们解决借贷难的问题。

渐渐地，媳妇、儿女对我的工作比较认可了，我也得到了多数村民的信任与支持。老百姓不断地把我往上推，我也就给自己下了任务，必须得干出点成绩来。有时候领导也会找我谈话，像去年、前年的时候，农村里面事很多，牵扯了自己企业发展，中途想要退出，但区领导、乡干部一直做我的思想工作，告诉我怎么也不能放弃，怎么也要带动一方老百姓一起工作。在这个过程中，政府部门、各种企业包括碧桂园[②]对我们进行各种培训，以及相关的政策帮扶。当了老村长[③]后，像是去广州实地考察，去接触外面的新生事物，对我启发很大。尤其是这几年，种植规模有所扩大、种植模式有所改变，了解每年年底回收收入、菜价、农业订单这方面的知识对我都有很大的帮助。政府对我们的重视以及自己对乡土的热爱，这两股力量让我一直围绕着农业来干。

二　致富效应倍儿棒　紧跟政策变思想

我们村原先有57户贫困户，一共101人，现在村里全部实现脱贫。因为政策兜底，把一些岁数大的、一些享受低保的、享受五保的村民收入搞上来。再加上一些企业和地区有想法，例如建大棚、给农资，对贫困户、建档立卡贫困户学生赞助，教授大棚种植和滴灌技术知识等，都能帮助我们做好自己的产业。如果国家没有出台这些扶农政策，很多人到基层去搞一些创新、引进，都很费劲。因为政策好，致富带头人才敢于去闯。如果没有好的企业带头引领我们去改变思路、去改变种植模式，我们就不一定

---

① 引自乐居财经文章《李龙：我为大棚狂丨中国老村长㊾》。

② 碧桂园启动8省13县的结对帮扶工作，张家口崇礼区是13个帮扶点之一。

③ 碧桂园启动“老村长”帮扶项目，作为当地政府扶贫工作的有益补充，以扶思想、扶观念、扶思路为目标帮助贫困群众树立起摆脱贫困的斗志和勇气。

知道这些政策，就不能落实到田间地头，后边干农业肯定会费劲。有些时候花一年时间，这个收入就应该增加，但是走了弯路，最后十年八年才能跟上脚步。所以乡村振兴等政策对帮助我们脱贫致富起到了很大作用，再加上当地政府还有碧桂园过来给我们这些老村长开展培训和座谈会，确确实实对我们有很大的启发。现在，老百姓在村里开会都是先转变思想。如果思想转变不了，还是按原来那个思路去干工作，肯定会走很多弯路，甚至会吃很多亏的。

最早做大棚种植的时候，就是因为没有转变思想吃了大亏，盲目追求产量，没有经过种植培训也没有类似于碧桂园这样的企业来引导。当时一个大棚能产 5000 斤到 8000 斤，但我们希望能提升到 10000 斤，甚至 15000 斤，最初也确确实实能引到一些高产量品种，但最后产量是上去了，收入却没有增加。在市场上，人们购买产品的时候不是看产量，而是看质量。在品质上，产品的口感上去了，才能有市场。经过这些教训和培训，尤其在这几年，我们合作社就不断打压高产低质的东西，不断追求精品。哪怕一亩地产 5000 斤，但是我卖的价钱不低于产 15000 斤的品种。这几年我们种植的口感番茄就是这样，原来一个大棚产 15000 斤，现在一个大棚产原来的 1/3，但是收益超过那 15000 斤的收益。之前，西红柿最高只能卖一块钱，现在订单保底价三块到四块。我们的思路就是搞自己独特的东西，出来的东西要精致、特别，卖的价位能比之前要高，收入也就明显提高了。

不过，搞农业的收入还是不稳定，不能说每年都高产量、高收入，因为每年出来的东西卖的价钱不一定按自己想象的那样，会有一个圆满的结果。很庆幸的是自始至终都没有放弃，还是选择去不断学习与实践。尤其是这几年，当地组织致富带头人，包括乡镇、区县一些致富带头人参加培训，比如我们这些老村长去年去广州学习人家的管理模式，这对我们现在企业发展的思路转变也有启发。我们了解了他们的“4 + X”模式，将学习到的东西结合我们各自村里的情况，又联系村里现在的优势。比如说我们海流图村里年老体弱的人比较多，劳动力比较少，（要）把村庄招商引资搞好，（就要）让有能力的人去流转土地，搞一些企业，利用务工、土地流转带动当地收入增加，最后再汇总各自村里的情况，一起分析。

但把思想转变为行动不是易事，不步入田间地头肯定不知道老百姓的艰辛。比如我正儿八经地步入田间地头或者跟老百姓谈话，做一些思想工作，肯定不是那么简单的，也要花费精力。像是政策这一块，（如果）宣传不到位，老百姓（就）啥也不知道。这需要做政策宣传。每次领导都会把中央的一些好的政策宣传到位，还有碧桂园崇礼扶贫小组与我们村委会共同开展座谈会，向建档立卡贫困户解读国家扶贫政策及碧桂园扶贫模式。再有一个问题是部分老百姓的思想比较落后。我们几个老村长，注重思想转变这一块，但老百姓，尤其是上了年纪的，今天让他把那个衣服洗一遍，他也懒得洗，认为家里有点米、有点面，够吃就行了，这样的想法就是有些滞后。作为一名村干部，我一年一般不下十次入户问村民情况。因为村民白天要干活，我一般在中午、晚上，或者是直接到田间地头，去找他们谈话，了解他们的需求，询问他们家庭有没有出现什么情况，或者是有什么想法。刚开始会给他们提出种植建议，因为我也是搞种植这一块儿的，总与农作物打交道，就提了一些建议，村民当时也看我刚上任村干部，觉得想法挺多的，就答应我这个会这样弄，那个会那样弄。但等了一周以后，人家又自己干自己的了，我的建议也就被搁在一边了。刚开始他们都不把我说的话放在心上，让我印象最深刻的一次是，我走访了一家人，问他一天吃几顿、吃什么，他就说早上不做，中午也不做，有时候就晚上糊弄着吃一口。我一听这哪行呢，这身体哪能受得了，就和他说你必须每天至少吃两顿饭，他就说“懒得做，糊弄吃一口不饿就算了”。这对我触动很大。还有就是一些村民得了病以后，不去医院看，就找当地小诊所的土医生，开点药，花很多钱也不管用。我就说现在病了住院都有报销，你在小诊所花的钱也许比医院花的多，何必呢，直接去医院检查，或者是住院，或者是输液。但他们还是那老一套，没有别的想法，怎么方便怎么省事怎么来，最后经过我几次说明政策，直接跟医院院长联系，然后让他们通话，告诉他们医保报销后也花不了多少钱，这样他们才愿意主动去住院。通过这些方式不断触动他们，督促他们改变自己，这就是我们这些老村长通过多入户、多宣传政策、多引导等措施，想把他们落后的思想先改变。

（像）今年有个别低保户，就是不愿意出去打工，只是种一两亩地。但是我们当地一亩地莜麦产量才两三百斤，一斤按两三块钱算，才有五六百块钱。我就跟他们说，你种一年地，你（也）怕没得吃，你打十天工，一天一百多，十天一千多，用打工挣的钱买米买面。少种一点也不耽误，干活挣工钱也不耽误。所以现在好多人包括一些五保户，他们的思想也转变了，不仅种植大农田，还去务工，通过各种方式把自己的收入增加起来，他们自己也在琢磨，比原来有进步。

而且我们都有自己的企业，企业流转我们周边的土地就是其中一个增收途径。因为好多地都荒废了，经过我们这些致富带头人引领，把这些荒废的土地全部流转，按我们当地一亩地最低三百块钱的价格把土地流转，百姓通过土地流转增加了收入。在用工方面，我们的企业也在为老百姓提供工作机会。这些工作机会面对所有村里的建档立卡贫困户，只要他们有劳动能力、有想法，我们合作社都尽可能用他们。现在他们在我们这里工作，一个月都有3000多元的收入。在我们这里干六个月，一年每个人平均都能有两万元以上。现在像我们村里的人，人均年收入都不低于8000元，大都是一万元左右。

又比如我们从网上学到一些东西，前段时间从老师那里学习了病虫害防治、向产量转变、引进新品种，怎么种、怎么卖、怎么能保证一亩地卖多少钱等，对于我们老百姓来说，都是问题。因为老百姓一开始没种过新品种，要说服他们一起种植肯定有困难，（他们）是不大可能大胆跟着我们种植的。所以前期都先是自己付出，做担保给百姓兜底，像种植口感番茄，我就跟老百姓签了利益链接订单合同保底，就是我保底多少钱收你的东西，多出来的东西，让大伙都跟着去增加这个经费。比如说卖五块钱，一下卖成了十块钱，这十块钱我们经纪人还有代办人提一部分，剩下的老百姓跟着提。我们不是说定三块钱，永远就是这个价钱，而是要跟着市场价走，只要明天跑销路，价格高了，老百姓的卖出价格也跟着提高。于是就吸引了不少村民跟着我种植番茄。后来和百姓在田间地头讲从碧桂园授课老师那里学到的东西，有的村民能理解，但有时候也就是我讲我的，下面各干各的。不过经过几次讲解，大多数人还是听得进去。比如想让西红柿红得快，就要把下边的枝叶打掉来加快转色的速度，刚开始很多人都是不愿意打的，觉得打枝叶就容易使番茄得病、拉伤。但经过我几次给他们做示范，个别村民就开始按照我的要求来，他们打了下边的叶片。在打了之后第二天、第三天或是一周之内，很明显西红柿转色速度就比不打叶的番茄转色快。村民看了都说的确是不一样了，还是得跟着村支书学习，老的办法不好使了。村民们见到了成效，就接受我给他讲授的那些方法，渐渐地一传十、十传百，周边的种植大户都跟着学习这些技术。经过这一年半年的摸索和坚持，我在田间地头和他们讲学的那些技术，他们也都愿意去学，都听得非常认真，好多人都跟（着我们）种，改变了原来的模式。

图 2　2020 年 6 月李龙（右一）给村民讲解大棚种植技术

三　打铁还需自身硬　坚定信念干劲足

我自己得先富起来，自己没有能力、没有富，就不能带动村民。打铁还需自身硬，必须先干出一些实效的东西，才能有带动的能力。企业干这些东西失败了，并不意味着就是失败者。以我的“原味 1 号”西红柿为例，这几年打造这个品牌，也有失败的时候，虽然失败了，但无形中带动一方老百姓的种植规模扩大或者是收入增加了，那我作为一个致富带头人就觉得不落亏，即使自己亏损了，我觉得也干出了对于自己这一生来说比较完美的事情。

我身边个别的合作社已经倒闭了，都已经搞别的了，把土地闲置荒废了。这几个人在当时，自己有点钱，但总归还是管理这一块没有跟上去。我记得每次组织考察、组织学习农业技术，他们都是不当一回事，还是各自按各自的思路、按原来的老一套生产。又不认真经营，每次一赚点钱就干些其他的。他们可能民间借贷比较多一点，尤其是原来民间借贷利息高，干农业不精打细算，一年又一年，就被民间借贷的利息拖垮了。我现在周边几个人都是被这种模式拖垮了。还有就是不够坚定，想法经常变，没有坚定的信念，肯定也不行。

不论是谁，在农村创业都必须要坚定信念，在内心里面对农业要有兴趣。困难打击你一次，就是在考验你有没有坚定的理念、坚定的想法，有没有长远的规划。干农业干十多年了，总结的经验是：一个就是自己对农业是有兴趣的，它是我的爱好。没有兴趣，肯定干不长。再一个就是干农业，必须要有一股韧劲儿，要有坚定的信念。既然干起来了，酸甜苦辣肯定都有，不是说每年都会在这个行业获得多大的利润，也许今年赚钱，也许明年亏钱，但都必须有信念，有坚定的信心，要永远地干下去。这样慢慢地才能把农业摸透。也唯有坚定信念，投身其中，才会充满干劲。不入行，就不知道里边的酸甜苦辣。只有投入这个行业，才知道它里边真正有什么东西，兴趣爱好就慢慢地培养出来了。通过种植一个品种，经过努力培养出一些独特的东西，而且从中受益了，这就是对我的最大鼓励。再加上现在的政策，政府的引导，都对我有帮助。比如说现在哪一块儿正需要设施或者需要资助，政府拿出一些东西，给敢闯敢干的人一些奖励，一些物质的援助，这些都能触动我，给了我永远干下去的动力。

四　回首过往收获丰　坚守“德”字展未来

我觉得致富带头人最应该具备的素质是“德”。“德”要是过不了关，后续是很难发展的。像一些人只考虑自己的利益，而不考虑周边帮扶等，或许这一年（他们）是挣钱了，但是后续老百姓的评价出来了，自己企业的口碑也就砸了。所以从“德”这个方面来看，要以德为重，要是品德不好，干得再好，某些东西将来也不行。品德是最基本的，就拿我对子女的教育来说，孩子的分数高低是次要的，主要是要教给孩子做人的道理。孩子将来走上社会，能对人民起多大作用、能对这一方热土起到多大作用、能对这个社会起多大作用都取决于“德”。

企业要有德才能获得人们的信赖与支持，要是企业发展走偏了，搞欺诈之类的东西，这个企业肯定就走不长了。这是我们致富带头人这几年总结出来的。现在的企业老板都是比较注重品德这一块。举个简单的例子，有一天这个企业走到低谷的时候，拿不出周转资金，亲戚朋友就敢于资助，人家就敢拿出三四万元去赞助。人家宁愿把钱借给这个老板，也不会借给品德不好的亲戚。敢于拿钱给这个企业，这就说明人家信得过这个老板的人品。又例如我们种植一些新品种，其他老百姓为什么也敢于“跟风”呢？就是因为我们获得了老百姓的信赖。老百姓觉得这个企业靠得住，所以很多新的尝试他们都愿意参与进来。

老百姓对我们的这份信赖都是我们实实在在地挣得的。无论干什么都必须要实实在在，去振兴去发展，定长远的目标，有想法地去干这个工作才有可能成功。我们结合现在党的政策，例如一些振兴乡村的政策，抓住这个机遇，利用好自己的能力，自己的优势在哪一块就去哪一块发展。种植东西过程中必须是实实在在、真真切切、实打实地去干。我们紧跟着现在的政策，永远跟党走，这是我们最大的信念。再一个就是我们从书本上学习到的东西必须联系实际，天天到田间地头去实践来提高自己，从而帮助一方百姓。作为致富带头人，能够尽自己的一份力去带动百姓，自己也有个心理安慰。在这个过程中，无论成还是败，我们都该走这一步，坚定自己的信念，坚定自己的做法。

现在回头看看过往的一切，感觉迈出这一步后，我接触的人不一样了，在与他们接触的过程中，我不断进步，也了解了更多的致富思路。比如说我们每次去培训，几个村干部都在一个大巴车里说话，这是不一样的体验。平时我们这伙人聚不到一块儿，这家有喜事大家碰了面，说两句话也就都走了，但培训的时候不一样，大家住在一个房间，谈的都是关于农业的，都是在农村搞工作的，我的难处在哪，他的难处在哪，互相交流，这对于互相学习企业管理、农村管理的方法等，都有很大作用。当然我在培训中，有时候也会接触一些专业人士，他们给我们讲课，我们也能学到好多东西。他们干工作比较认真，干工作的认真劲很值得我们学习。他们下农田也不怕苦不怕累，顶着风雨也带领我们去农田里面。一些高科技的东西或者新品种，我们有时候不了解，他们的专业知识确实就能指引我们，而且可以将专业知识跟我们的一些实例结合，这就是一个互补。

还有就是通过实打实的努力，我们的致富成功也能够引起大家对农业致富的关注，这是令人感动欣慰的。原先我们是承包别人的地，也没有搞合作社，后来搞起的合作社规模也不大，也没有多少收入，老百姓的评价也不是那么高。但是最近这几年，我们种植了别人没有的东西，哪怕别人有但我这边产品比别人要优。像我们的番茄，别人一吃我们的东西，就感觉到跟菜市场里普通的蔬果不一样。最近这两年，当地政府对我们味怡然原味口感番茄种植的重视，是我最大的幸运。我不管自己能走多远，但最起码我这步走对了，我这个新品种引进成功了，得到了大家的关注和支持。像是北京郊区的人，他们买到我们这个产品就说好，好几次评价都说好，连续两三年都是这样，所以这是我觉得比较幸运的，还有人说“崇礼区李龙、李会长带领我们种了这么好的东西”，听到这些，我感觉到特别欣慰。

对于未来，我们还是会沿着现在的路继续踏踏实实地走下去，把计划落实得更到位。综合这几年的计划，尤其是我们崇礼区是2022年冬奥会部分项目举办地，首先是环境卫生，包括个人家里卫生，必须有一个大的改变。就算是收入上不去，也必须把卫生先搞好，家里乱七八糟的，自己家里都搞不好，其他事情再搞也没有多大意义。其次就是坚持去转变大家的思想，前面提到的一些低保户、五保户没有多少想法，也不愿意打工，都要给他们做思想工作。只有转变了他们的思想、改变了他们原有的懒惰想法，再根据他的需求、能力给予适当的帮助，才能提高他们将来的收入，让他们每年能有稳定的收入。剩下的就是我们作为致富带头人把自己的企业先干好，自己的企业搞垮了怎么去带别人呢？怎么去带动村民呢？说什么别人也不相信，还是那句话，“打铁还需自身硬”。

最后，我作为一个老村长，作为一个致富带头人，感谢碧桂园这几年的帮助，像是网上培训、实地考察这些活动，对于我们来说都有很大的启发，这些帮助和启发转变了我们的思想，感谢碧桂园给我们提供的机会，谢谢！

编草变出致富路*

受访人：黄月情

访谈人：黄美仪

访谈时间：2021 年 7 月 25 日、2021 年 9 月 23 日

访谈形式：线上访谈

访谈整理：黄美仪

访谈校对：黄美仪

故事写作：黄美仪

受访人简介：黄月情，女，壮族，1966 年生，广西田东人，小学文化，田东县祥周镇模范村妇联执行委员会委员以及文艺队队长。黄月情原在碧桂园苗木产业精准扶贫基地工作，如今靠着草编粽子的手艺逐渐脱贫致富。2020 年，她作为广西壮族自治区代表参加“2020 感动深圳——深圳经济特区建立 40 周年关爱盛典”，与中央广播电视总台主持人白岩松一同为田东芒果和草编粽子宣传推介。互联网的传播与各相关部门的大力扶持使得黄月情的草编粽子产业大力发展。在脱贫后，她帮助村里 12 户贫困户及低保户过上了稳定的生活，同时也帮助解决了留守妇女闲置劳动力在家门口就业的问题，带动周边妇女姐妹增收致富。如今，黄月情专职编粽子，建立起小作坊，决心用小粽子，做大产业。

---

* 本故事参照了 2021 年 3 月 31 日发表于“智慧祥周模范”公众号的文章《全国文化科技卫生“三下乡”妇联小分队深入田东县祥周镇模范村开展“桂姐姐”大宣讲、走访调研和关爱慰问活动》；参照了 2021 年 6 月 15 日发表于“广东省国强公益基金会”公众号的文章《55980 只助农爱心粽子助力抗疫、救灾!》。

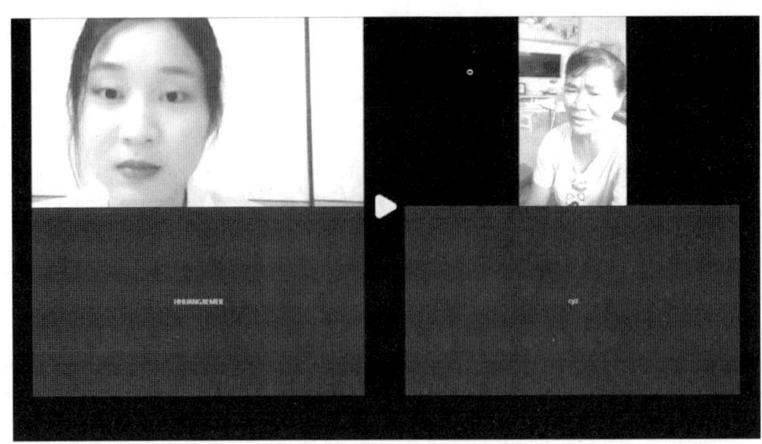

图1　2021年7月黄月情（右）接受黄美仪（左）线上访谈

一　草编粽子给我打开另一扇窗

1966年，我出生在广西壮族自治区百色市田东县祥周镇的模范村，村子离县城很远，每次外出都要花很多时间在路上，穿过布满黄泥和杂草的田间小路，一到下雨天更是让人烦恼。住的房子也不好，当时我们家7口人全部挤在小瓦房里，一到下雨天房顶就会漏水。家里的经济情况并不好。在我小学四年级的时候，村里仍然是实行工分制①的，就是要积攒够工分才能够换口粮吃，才能交得起学费。当时我妈妈生病了，我们三兄妹读书和吃饭的钱都靠爸爸一个人的工分，为了减轻爸爸身上的负担，哥哥只读到高中就辍学出去工作了。后来我觉得家人工作那么辛苦，也想为家里出一份力，所以也辍学了，把妹妹供到初中毕业。回想起来，我真的觉得很遗憾，我也很想把书念完。从决定辍学开始，我就知道必须很努力去拼搏，提高自己的能力才能有饭吃，才能有机会把日子过好一些。

我记得最清楚的是家里的鹅蛋被我吃了的事。我家以前养鹅，自从妹

① 工分制是以劳动工分作为计量劳动和分配个人消费品的尺度的一种劳动报酬制度。它源于苏联集体农庄，后来为我国农村集体经济组织广泛采用。在农村集体经济组织实行统一核算和统一分配的条件下，劳动者劳动报酬总额决定于他本人参加集体生产所得的工分和工分值的高低。

妹去上学后，我就在家帮忙做家务活和干农活。那天我刚刚从山上背了一筐猪草回来，爷爷就给我煎了一个鹅蛋，我想那么大的鹅蛋就等妹妹回来一起分享吧。爷爷跟我说妹妹放学回来已经吃完出去玩了，你那么辛苦就吃吧。当时我的确又累又饿，没有想那么多就直接吃了鹅蛋还有两碗玉米粥，吃完才发现妹妹躲在门口的角落里哭得很伤心。别人家经常有米饭吃，而我们家只能吃玉米粥。哪怕是玉米粥，我有时候也不舍得吃，把粥留给妹妹或者留给在外面干苦活回来的哥哥吃。从那以后，我就想着以后一定要好好赚钱，让家里人过得好一点。

虽然家庭经济不好，我们没有办法接受系统的教育，但是我的爷爷是一位非常有学识的人。他总是怕我因读书少而吃亏，就一直竭尽所能地教我，给我讲传统文化、生活常识等等。可以说爷爷奶奶是我童年的引路人，他们一直用正确的价值观、人生观、世界观引导着我，我记得最深刻的是他们对于壮族文化的认同与自豪。他们说我们是壮族人，身上流着壮族的血液，绝不能忘记自己的传统。最重要的是他们还教会了我一门可以谋生的手艺——编粽子。虽然只有在逢年过节时才能吃上一个粽子，但我却一直能记住粽子的味道。爷爷奶奶看我这么喜欢粽子，就带我到山上采山葵叶，教我编粽子的方法。编粽子的时候，他们会给我讲这样一个故事。

> 模范村有一汪清爽的湖水，山脚下有个母娘洞，群山中有座仙女山，由七大将军山围着，仙女山上有一潭水，叫作仙女泉。在很久很久以前，每年都会有一群仙女飞来龙树群山的九连瑶池游玩。她们手持花篮，飘逸而行，一路欢声笑语，一路撒花嬉戏，都被这天堂般的美景深深地迷住了。这里山清水秀、人杰地灵、物产丰富、四季如春，在这青山绿水间，周围的人们个个勤劳勇敢、纯朴善良、热情好客。山区里种有玉米、黄豆、桃树等等。一天，有位小伙子在山里种黄豆，那群仙女姐姐都去赏花游玩了，最小的仙女独自一人玩耍，见到小伙子就问："您是这山的主人吗？"小伙子回答说："是的。"小仙女又羞羞答答问："你为什么把金子撒满一地了？不如给我一颗吧。"边说边把一颗黄豆放进自己口袋中。小伙子热情地回答说："这不是金子，是黄豆。"他俩一边干活一边聊天，正当中午要吃午饭的时候，

> 小伙子把自己带来的两个草编粽子分了一个给了小仙女。小仙女吃完了还想吃，问小伙子还有吗。小伙子不好意思红着脸说：“我每天就带两个草编粽子来，如你喜欢吃就留下来和我一起，我每天编野生草编粽子给你吃吧。”话还没说完就害羞地跑到一块大石头角落去，小仙女也紧跟着。小伙子不敢回头，就问小仙女：“你愿留下来吗?”小仙女红着脸点了点头。从那以后两人在碧玉环上互诉衷情，演绎了一场惊天地泣鬼神的爱情故事。但终因人神不可联姻，他们相爱的事情被玉皇大帝发现了，便派来七大天将守住小仙女，活生生地将他们拆散。仙女被困山中，只能站在望夫亭上遥望丈夫和孩子而不能相聚，但又舍不得放下他们重返天界，日久天长而抑郁成疾，最后流干的泪水化作一汪泉水，身体化成一座山，山上长满了山葵草。这山就是今天我们看到的仙翔山，也就是他们相知相恋的地方，寓意着小仙女永远永远和家人住在一起，而那七个天将也化成了今天的七连山来驻守仙女。

直到现在我还记得这个故事。我经常会一边包粽子，一边跟从各地来的游客讲述这个故事，让他们对我的粽子有更深刻的印象。后来，大家加我微信的时候，都会让我把这个故事再发给他们。我其实也很想教我的儿女们做草编粽子，但是我儿子没有学会，女儿刚刚大学毕业在百色市的医院当护士，工作非常忙。所以我就一直有个心愿，希望将来的儿媳妇能够愿意学草编粽子，帮我把这门手艺传承下去，同时年轻人也可以帮我处理一下微信的订单。

自从我学会做草编粽子之后，草编粽子就没有离开过我的生活了，也可以说这门手艺给我的生活打开了另一扇窗。做草编粽子是我最开心和最放松的时候。之前县委来考察的时候，说我们村离景区比较近，可以利用地理位置的优势和国家政策的扶持，在村里建立民宿供游客居住。我想这是一个很好的机会，我可以改造现有的房子，第一层建立草编粽子小作坊，第二层做民宿，让游客有更好的体验，把草编粽子文化发扬光大，把爷爷奶奶留给我最宝贵的财富继续传承下去，第一层的草编粽子小作坊在2021年国庆前后就可以投入使用了。以后我会继续做草编粽子，将此作为我的终身职业。

二　草编粽子致富路需要不断探索

其实，我花了很多时间去试、去调整，寻找更好地推广草编粽子的方式。很多人听到“草编粽子”的时候都会有这样的疑问，即“什么是草编粽子”？“草编粽子与市面上售卖的粽子有什么不同？”草编粽子与市面上的粽子最大的区别在于编织的方法与所使用的叶片不同。市面上的粽子一般用的是箬竹叶、芦苇叶、荷叶、菰叶等简单编织而成，叶片呈宽形或长圆状。爷爷教我做的草编粽子用的是呈针形的山葵叶编织而成的，由于叶片是细条形的特殊形状，草编粽子需要用巧妙的编织方法才能确保在烹饪过程中不漏馅。譬如 2017 年之前，我们是在水坝上面卖粽子的，但当时村里的路还没有修好，都是一些田间小路，一到下雨天就非常难走，不利于运货。如果生意好的话，我们需要挑 200～300 个粽子过去卖，货一多就更难运。而且水坝上没有电，也没有阴凉的地方，在那里摆摊除了要一直忍受曝晒，还要担心粽子变质，条件非常艰苦。2017 年之后，龙潭湖景区建成了，到水坝上的游客少了，销量就下来了。当时有一位老板提出，让我们去景区里面摆摊，给我们拉电，还可以卖一些汽水、绿豆沙等饮料。比起以前在水坝上摆摊的条件改善了，但我还是想在家门口摆摊。在家编粽子不仅能让经过的游客看见我们的制作过程，消除对食品安全的顾虑，还可以激发他们学习编织粽子的兴趣，我也能兼顾家里的事务。当时我的销售渠道比较单一，都是靠朋友圈和抖音进行销售，生意一般，我一直通过各种方式增加粽子的销量，但也没有很大的反响。

为了增加收入，我也尝试过在景区的火龙果和香蕉种植基地干活，每天也有 200～300 元的收入，非常可观，但后来还是放弃了。同一年，村里面说可以给村民提供工作的机会，就是去碧桂园精准扶贫工作基地干活，我也去了。在基地工作可以学到很多技术，比如枝条修剪、嫁接等，我现在家门口种的很多花，就用上了在基地学到的这些技术。我很喜欢这份工作。白天在基地干活，我就利用晚上的时间编粽子，让我老公拿出去卖。慢慢地，喜欢我粽子的人越来越多，我需要赶工，时间上调整不过来，想来想去，我就从基地辞职了。在基地工作时，每天卖草编粽子也有 100～130 元的收入，对于我们来说已经很好了。后来，随着我的草编粽子的订单越来越多，我的收入也逐渐多起来，辞职后我们夫妻俩一起做，一天的收入能有 600 多元。

图 2　草编粽子及其原材料（山葵叶）

我还会不断想办法让自己的粽子更能吸引客人。村里原来也有很多户人家摆摊卖草编粽子，为了跟别人有差别，我坚持用品质取胜。一方面，我坚持挑选最好的原料，用最合时节的材料作馅，提升粽子的口感。像这个季节板栗最好吃，我就会做很多板栗馅的。之前白天在碧桂园打工，晚上就自己在家研究新品种，对比看看哪种口味比较好吃就包哪种，给客人多一些选择。另一方面，我坚持对编法进行改进，让粽子的外观更好看。因为山葵叶是一根根的比较细的叶片，很容易出现包裹不好而露馅的情况。通过不断的尝试与研究，把粽子包成有 5 个角的形状，还可以把两个粽子编在一起，这样一来，我的粽子又结实又有趣，在编法上有自己的独到之处。

粽子包得好，还要卖得出去。我小时候有卖菜、卖玉米和稻谷的经验，积累了一点销售的说话技巧，比较容易打动客人。曾经有一位北京过来的老板，经过我的介绍，认可了我的粽子，帮我扩展了销路，还给我带来了很多的订单。随着互联网发展，还有镇里每年都会举办岭南商旅福神文化节[①]和芒果文化节[②]活动，越来越多游客到我们村来旅游，村委觉得这是一个很好的推广草编粽子的契机，特别派了村干部来帮我，他们帮我跟游客讲述草编粽子的故事，我就负责展示怎么样包，大家分工合作。在岭南商旅福神文化节活动中，我的草编粽子还被作为一种当地的文化特色进行宣传。每年的这个时候，镇里都会向我订购500个粽子作为特色纪念品，并把我的草编粽子跟田东县其他的特色食品像芒果、圣女果等一起放在展示的桌子上让游客们品尝。通过现场试吃等方式，不少游客认可了我的草编粽子，甚至让我教他们做草编粽子，学到晚上了也不肯回去。在这些活动上，客人们加了我微信，向我订购更多的粽子，用来送同事、朋友还有亲戚。坚持一段时间后，我的客源稳定下来，生意渐渐地就做起来了。

三　致富路上一直得到各方的帮助

能够有今天的成绩绝不是我一个人就能取得的。国家乡村振兴的政策给了我们很大的支持，也为我们村里送来了很多出色的扶贫干部，带领我们村走向更好的未来。

2017 年，县委知道我有自己在做草编粽子，计划派我去广西大学参加为期 15 天的关于种植养殖技术、电商销售的学习。本来我有些顾虑，县委就来给我做思想工作，帮我分析学习的好处，协助我处理好外出的事情，让我能够无后顾之忧。这次学习让我受益匪浅，我不仅学习到了互联网的销售技巧、顾客心理、电商销售这些方面的知识，还能把这些知识运用到野生草编粽子的销售中。

---

① 农历三月廿七至廿八，祥周镇举办一年一度的“岭南商旅福神文化节”活动，吸引了上万游客到场观看和参与。活动中，祭祀仪式、舞龙舞狮巡游、篮球比赛、拔河比赛、文艺晚会、美食展等节目依次开展，祥周特色文化、美食文化得到尽情展现。

② 作为我国重要芒果生产基地的广西百色市正式迎来芒果开采上市。百色芒果总面积达 133 万亩，面积和产量都占全国的近三成。在规模和产量不断扩大的同时，百色借助中国—东盟现代农业展示交易会、百色芒果推介会、芒果文化节、展销商贸会以及农业信息网络等平台，加大百色芒果品牌推介力度。2016 年以来，连续举办五届“互联网 + 百色芒果节”，每年有近万家网店通过主流热门电商平台宣传推介、销售百色芒果。2020 年“百色芒果”快递单量超过 7000 万件，电商率超过 50%。

2020年8月，田东县受邀参加“2020感动深圳——深圳经济特区建立40周年关爱盛典”[①]。县里的孟强[②]常委和我作为田东县代表，去深圳参加活动，这期间还接受了白岩松的采访。除了在盛典现场的舞台上，帮着孟常委介绍田东芒果外，在舞台下还有很多人同时对我展示的草编粽子很感兴趣。我穿着自己的民族服装，向人们一一介绍草编粽子的材料、编法、故事等等。通过这次活动，草编粽子走得更远了，很多深圳、南宁、北京、上海等城市的客人发来订单，希望购买草编粽子。我也很感谢县委给草编粽子的这次宣传机会。

图3　田东县委常委、副县长孟强（右）与祥周镇模范村致富带头人黄月情（左）参加“2020感动深圳——深圳经济特区建立40周年关爱盛典”活动

其实，县里也经常在资金上给予我们补助，为我们提供小额贷款进行

① 2020年8月27日晚，“2020感动深圳——深圳经济特区建立40周年关爱盛典”在深圳广电集团演播厅举行，回顾深圳关爱行动的发展历程，展望“关爱之城”的美好未来。田东县委常委、副县长孟强，祥周镇模范村致富带头人黄月情作为两地扶贫协作的代表受邀参加此次活动。

② 孟强：深圳市坪山区龙田街道党工委副书记，挂任广西壮族自治区百色市田东县委常委、县人民政府副县长。

创业。一开始我们借了5万元，就想在百色市卖野生草编粽子和烧烤，我儿子在百色的夜市做烧烤，我在家里做粽子，做好了就寄过去给他们卖。本来销量也很好，但后面开始不太稳定，慢慢地5万元就没有了。为了继续创业致富，我又贷了5万元，拿两万块买了牛，拿3万块投资做厂房，这样就可以继续做新尝试了。但是，因为食品行业对场地的硬件设施有要求，我的小作坊只能暂缓投入使用。作为帮扶我的扶贫干部，县委副书记李更生[①]，给了我很大的鼓励。他积极帮我想办法，并安慰我不要灰心，先做好微信上的订单，小作坊的事情再慢慢想办法。后来碧桂园集团下属的广东国强公益基金会得知了我的故事，了解到我因为订单增多需要扩建成立小作坊，却缺一大笔建设费用的情况，他们决定为我捐赠水泥、砖等实用物料，帮助我建造作坊，助力乡村产业发展，巩固脱贫成果。

草编粽子的主要原料之一是山葵叶子。订单量的不断增多，使得山葵叶子的需求量也大增。但是山葵叶子只有山顶上有，采摘困难。通过县里的介绍，我认识了小孙，他是在福建的一个研究机构工作的技术人员。他来村里考察的时候我就跟他反映，我们之前也想在山下种山葵叶子，把树根挖下来种了，但一直不成功。小孙挖了一个树根回去，研究了两个月后，终于成功了。他把树根给我们寄过来，教我们应该备多少的养料、放多少土。山葵叶真的在山下长起来了。就在前几天，小孙还特意过来看，树都长得好好的。接下来，我们准备扩大山下的种植规模到3亩，这样以后我们什么时候想编，就可以直接摘原材料了。小孙是一个特别好的人，对我们所有的帮助都是无偿的。还有村里帮我们改造危房、修路、养鹅、养牛这些，所以我真的非常感恩这一路上遇到的所有人。

四　用草编出致富路是我一生的追求

在我自己的生活稳定之后，我更多的是想要带动我们村里更多的人过上更好的生活。以前村里帮我们找工作，帮我们出主意，做很多能够增加我们收入的事情，村干部们全心全意地为我们能够过上安稳的生活而努力奋斗。在去深圳回来之后，我看见了深圳那么多的高楼大厦以及繁华的景

① 李更生，广西壮族自治区百色市田东县委常委、县委副书记。

象，我就非常想让我的家乡也变得那么好。我也非常有信心，以前我们田东县很穷，大家都过得很苦，但是现在我们都把土地流转出去了，每年每亩都有 1200 ~ 1300 元的租金，土地不用我们打理，我们就有时间去务工，也有收入了。做生意的家庭也可以在景区里面摆摊，不做生意的人也可以去打工，加上政府帮我们修路，村里的经济情况就慢慢好起来了。我也想像村干部那样为自己家乡的发展贡献一份力量。

因为我以前是贫困户，能够脱贫成功得益于国家的脱贫攻坚战略以及干部们的帮助。现在大家信任我，我也有能力了，我就选择做一名“带头人”。在“致富”后“带头”，带动我们村、我们区里的贫困户走上脱贫致富的道路后，这也是我以后一直想坚持做的事。我想告诉他们，只要不断地努力，总会过上安稳的日子。所以我在朋友圈里写道：我们生长在这红土山沟里，只要有一双勤快的双手，一片片“野生草”也可以变成你意想不到的财富。我们想吃啥就自己种啥，都是非常新鲜、非常特别、非常“土”的。我也想教会他们：要努力去拼搏，多苦多累都不放弃。因为我就是一个无论生活有多苦，从来都没有想过要放弃的人。如今，我已经带动了村里 12 户低保户贫困户走上了脱贫的道路，就是依靠草编粽子这门手艺。虽然不算特别富裕，但是我们也非常知足，以后也会一直努力工作来改善自己的生活，相信会越来越好的。

同时，作为田东县祥周镇模范村妇联执行委员会委员，我也很关注我们村留守妇女就业问题，希望通过草编粽子带她们走出贫困。其中印象很深的是，我们村里有位比我小几年的妹妹生病了，没有买保险，报销不了。家里还有孩子要读书，老公也没有什么赚钱的能力，一家子重担都在她身上。我看她带病工作很辛苦，就让他一起来跟我做草编粽子，增加家庭收入，也没有那么辛苦。后来有一天她跟我说：“阿姐我真的很感动，感谢你拉我一起做草编粽子让我们家经济情况好起来了，没有你的帮助，我真的不知道该怎么办。”说着她就开始哭，我说高兴就要笑，不要哭。通过自己的努力帮到她们，我想这就是意义所在。不光如此，我还建立了姐妹团，让一些妇女到我家来做工，现在已经有 12 个人，大家一起摘叶子，一起编粽子，一起合作，还有工钱。

随着现在越来越多的人加入草编粽子工作，我也有更多时间可以去做其他的事情，如在村里参加志愿活动等。像新冠肺炎疫情防控常态化时期，我会主动去村口帮忙，检查进入人员的健康码。这都是受到村干部们影响，看到他们为乡村建设和发展作出的贡献，我作为乡村的一分子，也应该有所行动。这种精神还影响了村里的其他人，今年端午的时候，我们村做了 55980 只助农爱心粽子助力抗疫、救灾。

目前我打算把小作坊做好，等订单稳定到足够多，就搬去更大的场地扩大规模，也希望可以通过扩大规模，为我们村增加更多的就业岗位，用“小作坊”撑起“大事业”，带动更多的人走上脱贫致富的道路，让田东县发展得越来越好。

退役军人带领乡亲“触电”致富[*]

受访人：王健午

访谈人：何晓宇　林婧雯

访谈时间：2021 年 7 月 18 日

访谈形式：线上访谈

访谈整理：何晓宇　林婧雯

访谈校对：何晓宇　林婧雯

故事写作：何晓宇　林婧雯

受访人简介：王健午，男，汉族，1979 年生，广东梅州兴宁人，大专文化，中共党员，现任兴宁市宁中镇鸭桥村党总支副书记兼村委会副主任。曾服役于湖北广水某空降兵部队，参加过 1998 年抗洪抢险，2017 年应聘为鸭桥村村委会电脑员，新冠肺炎疫情防控常态化时期担任疫情防控党员突击队队长，获 2020 年兴宁市“最美退役军人”等多项荣誉称号。2017 年至今，以微商形式帮助当地贫困户销售红薯、土鸡等农家传统土特产，2018 年 3 月创立“闲想食”品牌店和退役军人电商服务站，与宁中镇星民村电子商务服务点开展合作，以“电商＋合作社＋农户”的产销一条链模式，带动鸭桥村 12 户贫困户脱贫致富，并与周边村 143 户脱贫户签订购销协议，带动每户每年增收 1300 余元。

一　军旅生涯铸底色

我年少当兵，1995 至 1998 年服役于湖北广水某空降兵部队。三载军

* 本故事参照《梅州市闲想食农业发展有限公司基本情况汇报》《鸭桥村王健午竞岗演讲》。

图 1　2021 年 7 月王健午（右上）接受何晓宇（左上）和林婧雯（左下）线上访谈

旅不短，让我在艰苦训练中不断成长；三载军旅不长，却让那抹迷彩永远印入我的人生。当兵不是我年少做出的仓促决定，而是从小扎根在我心里的梦想。我的爷爷、爸爸还有大伯都是当兵出身，整个家族大部分都曾是军人。年少懵懂时，我常常听他们讲起军旅故事，而且那个年代看的都是战争片，所以从小就立志当兵。

1995 年，我第一次独自一人出远门，之前连县城都很少去的我居然一下子来到千里之外的湖北。我是 11 月离开家乡的，到了那儿 10 天以后便下起了大雪，身为广东人的我真的是有点受不。其后很长一段时间里，我还是很不适应那里的生活，顿顿只能吃面条，就连喝的都不是自来水，是从河里面抽水喝，没水的时候只好跑去老百姓家打井水喝。而且，住的也并不如想象中那么好，当时新营房还没建好，我们住的还是老营房，一间房子挤满了一个排的人。更让我难受的是洗澡，那时训练天天出汗，但我们整整一个月才洗一次，那滋味真不好受。当时的条件还是比较艰苦的，不过这些苦都不算什么，毕竟要当兵就要不怕苦、不怕累！初当士兵，基本什么事情都经历了一番，清理营房、建操场、挖鱼塘、铺草地……条件再怎么困难，训练再怎么辛苦，也能够忍受下来，流血流汗也不怕，只是想起家人还是忍不住流泪。在那儿过第一个农历新年时，我几乎每天都会哭鼻子，因为这是从读书起第一次离家这么远。那时候通信也困难，电话也没有，只能写信寄托思念之情。

经过三年军旅生涯的锻炼，我从爱哭鼻子的毛头小子变身为顶天立地的男子汉。俗话说“不想当将军的士兵不是好士兵”，梦想激励着我忍受并战胜艰难困苦，不断前行。再加上部队竞争氛围浓厚，年轻气盛的小伙子什么都喜欢比一比，班长也经常鼓励我们要敢于竞争，我又要强，在各方面用高标准要求自己，争当先进、经过努力，我连续两年被评为“优秀士兵”。1998 年，我参加了湖北洪湖的抗洪抢险，荣立集体三等功一次。那时候我们在洪湖待了整整一个月，作为卫生员的我主要给战士们提供医疗保障，他们有什么不舒服我们就帮忙解决。战士们在前线冲锋陷阵，我们在后方做好保障，最后我们都被颁发了“献给新时期最可爱的人”奖章。这些“苦”让我在三年之内蜕变，也极大地影响了我以后的人生。当时的我没有想到，曾经流的汗、淌的泪后来竟然都会变成宝贵的人生财富，让我的人生有了更多光彩。

部队条件艰苦，无论哪方面，要求都十分严格。哪怕是洗衣服这点儿小事都不能随着我们的意愿来，只有周末才可以洗衣服，而且只能一周洗一次。我们伞兵部队比一般部队的要求更严格，一般的新兵只需要训练三个月，而我们最少要训练一年。部队标准统一，绝不会特殊照顾，不管你是年纪大还是年纪小，全都一视同仁。从那时候起，我便养成了严格要求自己的习惯，一切事务无论大小，都认真负责。这种认真负责的态度也贯穿了我整个创业时期，无论是质量还是服务，我都追求完美。质量不好的产品我宁愿不卖，也绝不会滥竽充数来忽悠顾客。例如为了保证口感，每只鸡我都是现杀现做，每只鸡还配有一张小卡片，介绍了鸡的吃法以及养鸡的过程，让顾客清楚地了解产品。顾客反馈鸡有什么问题，我都会刨根问底、改进不足。服务方面，我更是追求完美，即使是产品的外包装我也认真对待，连我老婆都会觉得别人的快递随便包装一下就好了，为什么我们的包装要那么复杂，不仅耗费时间，而且成本也变高了。但是，我仍然坚持高品质、高要求，因为我追求的是回头客，做生意要想长久，不能只看眼前的利益，眼光要放长远。一直以来，客户回头率以及好评率让我坚信我所做的都是有意义的。我也会通过学习、培训和交流，不断提高质量与服务水平。我在建设网上销售平台上深下功夫，不断学习各类经营策略，注重与省内外电商同行交流学习，与兴宁本地多家电商实现店店联动，互相促进，持续完善营销策略和小程序平台来做好销售业务。

守时守信是我在部队养成的习惯，也让我受益终身。我一直认为做任何事情都要诚信，只有互相信任才能长久。发快递是让电商比较头疼的事情，但是我发的快递都要求准时准点，如果快递那边拖延的话，我宁愿先不发也不愿意货物滞留途中。创业早期，我也是凭借着良好的信誉度，才能够解决资金问题。日久见人心，时间长了，我们互相建立信任后，老板们都对我挺放心的，很愿意先供货给我，哪怕是很值钱的货物，也说可以等我卖了以后再结款，像兴宁的一家高山茶油企业，动不动就放好几万元的货在我这里。顾客和老板们的信任让我更加坚持诚信为本。

自己的事情自己做，也是部队给我上的宝贵一课。公司大大小小的事情我基本都会亲力亲为。在我看来，一个领头人不管做什么事情，首先自己要会，即使不会也要有基本的了解，才能去引领团队做事。身为村里的“带头人”，如果对事情一窍不通，就很难做出精准的决策。我公司的包装还有标签等都是我自己亲自设计的。我们公司也有客家传统盐焗鸡，我会亲自选鸡，虽然鸡都是同一批，也都是养五个月，但是这不能保证每只鸡的口感都是一样好，所以我一定要亲自去抓，看看每只鸡的样子，摸摸每只鸡的羽毛，仔细挑选。

开阔的视野，也是三年军旅生涯对我的厚赠。来自五湖四海的人齐聚在小小兵营，什么人都有，什么风俗都有，可谓是“十里不同风，百里不同俗”。在与战友们的朝夕相处中，我的阅历不断丰富，视野逐渐开阔，适应能力也增强不少。退伍至今，我的身份不断变换，但是我都能很好适应新的身份，这在很大程度上得益于那三年的当兵经历。无论是在公司里做项目，或是在村委里工作，又或者是当老板做投资，我都抱着学习的心态去接受和适应。因此，一路走来我都能较好地解决创业和生活中的难题。当身边的人抱怨的时候，我也会让身边的人抱着学习的心态去做工作。举办农展会时，很多员工不适应既要开店又要参加农展会，他们不理解为什么销售员要搬东西去广场摆摊，还要和顾客介绍产品，让顾客品尝食品，我就跟他们说：“你们不要这样想，所有的阅历都是你的收获。”做事情的时候，我们眼光不能只聚焦于眼前小小的一方天地，而是要放远一些，只有这样，才能打破条件的禁锢，看到更为广阔的天地。

部队对政治作风要求较高，使我形成了过硬的政治作风。每天晚上看新闻、上政治课，日日的政治学习，激励着我要真正把“全心全意为人民服务”的根本宗旨贯穿到祖国的建设当中去。平日训练里，班长也会教育我们要积极表现、争取入党、跟着共产党走，从那时起我更加坚定了入党信念。而且因为我们家族从我爷爷，到我大伯、爸爸等大部分亲人都是中共党员，从小他们就和我讲优秀党员的事迹，讲家国情怀，所以当兵没多久我就主动递交了入党申请书。经过两年时间，我成为一名光荣的共产党员。至今，我仍然保持着在部队养成的政治作风，多年来我坚持收听收看新闻联播，努力提高自己分析解决问题的能力，保持自己讲政治、爱学习、作风严谨、锐意进取、敢于担当的军人底色。

现如今，我退伍已经二十多年了，我时常回忆起部队生活，也常常梦回军营。血是军人血，魂是军人魂。虽然军旅生涯很短，但是那抹迷彩却已经成为我人生的底色。我常常穿着迷彩服、挎着迷彩包，公司里所有的东西基本都是围绕部队文化去创作的，店里装修也是迷彩风格，标签、货筐、收银台都是鲜亮的迷彩绿，就连货物也按队列式摆放得整整齐齐。很多客人和朋友来到我的店里都会有这么一个共同的评价——舒服，因为整齐而感觉舒服。

二　致富惠民添亮色

2017 年是我人生一个重要的转折点。这一年，恰好村委会需要年轻的血液。于是我抓住难得的机会，应聘为兴宁市宁中镇鸭桥村的电脑员。也是从那时起，我知道一双手在集体中能做的事比想象中的多。

退伍后，我曾就职于一家文化公司，平时都是骑着摩托车去上班。每到赶集日，穿过闹市的时候，我总能看到有老人在卖菜，在晚上出来散步的时候，他们依然在。他们大都头发花白，不少还是七八十岁的老人。其实他们卖的蔬菜并不多，哪怕一箩筐全部卖掉也只能赚三四十块钱。有时候遇到下大雨，他们依然披着雨衣站在街边坚持卖菜。能赚到的钱那么少，他们为什么不顾风雨、不顾年迈都要坚持？其实我十分清楚答案，因为我的家庭也不富裕，我很理解他们种的菜舍不得吃掉，希望卖掉来补贴家用的心情。要是家里光景好，他们哪里需要遭这份罪呢？每次看到他们刮风下雨还在坚持卖菜，我的心里都很不好受，也就更想为他们做些什么。

当兵的时候，我就深知集体的重要性，所以要想真正帮助他们还需要靠集体的力量，这也是我进入村委会工作最主要的原因。如果说在进入村委会工作之前，这只是一个称得上美好的念想，那么在了解村委会工作与农村致富带头人工作之后，成为致富带头人就变成我的目标。

当时，最需解决的是销售问题。恰好2016年流行微商，身边也有不少在做微商的朋友，我一点一滴地收集情况、分析市场环境。除此之外，我怀着满腔热情去请教身边的人，收获了不少经验，也被泼了不少“冷水”，而在一次次的肯定和否定之中，我的想法也不断完善。我拉着退役的战友走家串户去收购，然后以微商形式销售农产品。在不断地摸索中，我们的规模一步步扩大。2018年，在梅州市人社局、市退役军人事务局等政府部门的帮助下，我获得了一笔创业补贴，成功在兴宁市城区开起一家农产品销售店。

万事开头难，白手起家更是如此。哪怕现在一切都步入正轨，但回想起以前，我还是会忍不住苦笑。统一的市场化标准、顾客的信誉度、完备的销售模式，哪样能一蹴而就呢？这都是汗水浇筑起来的啊！

一穷二白的时候，我每天都早早地骑着摩托车出发，走家串户去收购村里留守老人自家产的鸡、鸡蛋和大米。刚开始，我的经验不足，经常做亏本买卖。摩托车是我唯一的交通工具，平日里倒是也能忍受那份颠簸，冬天和下雨天才是最辛苦的。记得有一次客户订了30个土鸡蛋，当时正好又在下雨，在农户家收完鸡蛋后，我连人带车在路上摔了一跤，把大部分鸡蛋打破了。本来几十个鸡蛋才挣几元，还摔破了那么多，后来更是被一些原本就不太支持我做微商的朋友“嘲笑”。那时真的很想放弃，但想着街上很多老人还在卖菜，想着很多朋友不管产品好不好都支持我，回想当兵吃过的苦，还想到部分战友、朋友对我的“嘲笑”，咬一咬牙，倒也慢慢坚持下来、成长起来了。创业以来，有正能量，也有负能量，这些都对我有很大的帮助。我很感谢那些“嘲笑”，正是这样，我内心才憋着一股劲，最终坚持下来。

很多时候，我都感觉自己是一个很幸运的人，有一群给我正能量的朋友，也生在了一个好时代。由于身兼村委会干部和致富带头人双重身份，我对党和政府如何改善乡村生活有着更直观、更深刻的认知。得益于大小配套政策的落实，我们的生活工作环境变得更为舒适，沟通交流变得方便快捷，我们有更多的机会创造更美好的生活。道路更宽敞更通畅，泥路铺上了水泥沥青，种地劳动之余，村民的生活也不再是单调地打麻将和玩扑克牌，闲暇时喝茶、跳舞已成为常态。

2018 年，我成功注册商标，并且充分利用村干部和电商的双重身份，实现了“电商 + 合作社 + 农户”的产销一条链模式。正式创业不过一两年，若是没有党和政府提供的平台，单凭粗浅了解微商的我，绝不可能在短时间内把电商做得有声有色。虽然有一些做微商的经验，但是在做电商方面我还存在着很多短板，所以我认真记下政府培训的要点，积极向身边的前辈们请教，努力接触和融入销售和技术的圈子。平日里，我经常与圈子里的朋友们交流经验、互通信息，他们教会了我应对不同问题的方法，更是给了我解决难题的勇气和底气。

我想，我们村里的人至今都忘不了那一次红薯遭灾。那次虫灾来得突然，在经过无数次努力后，我们也还是看不见希望。原本每个人都在乐呵呵地等待一个月后的收成，但一夜之间二十多亩地的红薯叶子全部长了虫子，更加可怕的是，农业专家给的建议、用的药全都无效，前前后后砸的钱、花费的功夫全都落得一场空。那一个多星期，每个人都愁眉苦脸，还有一些老人天天在田里盼着望着，不断抹眼泪。看着这一切，我的心沉甸甸的。沉重的气氛激起了我的干劲，越是困难我越要跟这些虫子斗到底。村委会通过不同的途经试图解决问题，最后通过圈子里一个朋友请到农业集团来帮忙才化解了这场“危机”。经过研究，农业专家们分析出虫子的活动习性，村里立马加班加点杀虫，这场好像看不到头的虫灾才终于结束。现在回想起来还是后怕不已，那是我们合作社种植四年多来第一次遇到这种情况，当时我们真的觉得没有希望了。若是以前遇到这样的情况，对于请什么专家恐怕也是抓瞎，所以我打心眼里感激那些专家，感激圈子里的朋友，感谢畅通的信息平台，更是感谢党和政府营造的好环境。

受惠于政府提供的优渥环境，我希望村民们与更多的人能够享受到政策红利，因此，我把自己进一步创业和帮助村民们脱贫致富结合起来，注册了“闲想食”[1] 商标，带动更多老百姓致富。以前，我帮助的只是部分留守老人，而且帮他们卖东西终究只能解燃眉之急，而与贫困户签订合作协议和销售协议能让更多人受惠，也能给他们带来更多的收益：一方面他们销售的难题解决了，另一方面在统一的标准下，他们的种植也规范了。

一次次的政策宣讲、一次次的技术培训会、一次次的工作安排会，让以前品质参差不齐的农产品达到一个统一的标准。虽然地道本真的农产品好，但是农特产品卖得出去的前提是良好的新鲜度、口感以及一定的“颜值”。虽然地道的农产品是纯天然的，但是土方法很难保证产品的品质和卖相。“骗人的”“祖宗留下的才是最好的”这类话当时几乎每天都能听到，质疑的眼神我也习以为常了，甚至也会有脾气急的人直接把我往外推。我原本也是个急性子，但是我在和农户们反反复复的解释中却很少发脾气，因为我是农民的儿子，我小时候也打着赤脚在农田里奔跑，所以我很理解他们，我也十分清楚多卖一点钱和老祖宗留下的方法对于他们来说意味着什么。站在农民的立场考虑，我的棱角也被逐渐磨平。但如果他们不改进技术、不顺应市场需求的话，我的心软也只会害了他们，所以很多时候我也只能硬起心肠。因为合作社的协议，所以哪怕他们心底有些不认可，也只能按照我们说的去统一选种、统一施肥、统一除草、统一杀虫。在政策的宣传和政府的培训下，他们逐渐尝到了收益增加的甜头，心底的那些不乐意也随之消失了，现在他们还会乐呵呵地来问我们下一步的安排。

经过不断的探索和努力，公司慢慢地步入正轨，产品从最开始的红薯、土鸡蛋发展到十几种产品。公司也走出了村子，与全镇 143 户贫困户签订了销售协议，带动了不少乡亲增收。看着他们脸上灿烂的笑容，我觉得所做的一切都是有价值的。也终于克服了种种困难，走出了一条致富带头的宽敞大道。看到自己真的能给家乡带来变化，我的心里热烘烘的。同时，也热切期盼能有更多志同道合的“战友”一起为人民的美好生活奋斗。于是，我的门店前挂上了一块“退役军人电商服务站”的牌子，店里也多了很多新来的客人。当村里年轻人想要请教我做电商的经验时，我都

① “闲想食”为王健午所注册的商标名称。

会在店里沏上一壶好茶，慢慢地跟他们分析利弊，分享自己的经验与方法，也会介绍一些圈子里的朋友给他们。我不害怕“教会徒弟饿死师傅”，也不害怕他们会把我的客人抢走，因为每个人从事的都是不同的领域。而且如果我们之间互通有无了，这不是能培养更多的电商人才去带动更多的人致富吗？哪怕“小我”吃亏了，但是“大我”还是受益的。

图 2　王建午在电商服务站

三　扎根基层显本色

2020 年，是打赢脱贫攻坚战的关键之年，越是收官时刻，越要冷静谨慎，我意识到村干部肩上的责任更重了。在这几年的村委会工作中，我成长了不少，也更了解村干部的责任和担当，因此我主动报名并竞选为村委会副书记兼副主任。身份的转换让我倍感责任重大，更是铆足劲打好最后一仗。而突如其来的新冠肺炎疫情给我们的脱贫工作带来更为严峻的考验，最后一“战”的形势变得更为紧张。

2020 年大年初二，鸭桥村党群服务中心外面一片宁静，里面却一派凝重，连平时最稳重的村党总支黄书记和驻村第一书记李大哥都紧紧拧着眉头。作为一名有 22 年党龄的退役军人，我十分清楚这一场抗疫战争我们要战的是什么、要守卫的是什么，所以，在选疫情防控党员突击队队长的时候，我毫不犹豫地站了出来。若有战，召必回！国家有难，作为人民子弟兵，我应该勇于担当、逆行战斗。疫情防控协调组、宣传组、站点监测组、进户摸排组、困难群众临时救助组都迅速建立起来了，我和队员们反复商量，终于制定出比较完善的疫情防控应急预案。村支部全体党员、5名退役军人都在不同的岗位战“疫”，他们都是我值得托付后背的亲密战友。这一场抗疫战争，我们面对的不是滚滚洪水，而是可怕的新冠肺炎病毒，但不变的是我们的身后永远都是人民。

刚开始战“疫”时，人手、物资、宣传手段样样缺乏。捐献物资、联系广告公司连夜制作宣传画、街巷宣传，我一直在盘算自己还能做些什么。村路口24小时监测值守的工作比较艰苦，常常要加班至深夜，而我是退伍军人，哪怕困了累了，也应该以挺拔的姿态伫立在岗位上。周围的人眼里都是红血丝，但他们却拒绝回去休息。我没有再劝什么，我的心里暖烘烘的，我相信有大家守土尽责，定能早日还村民一个健康安全的环境。

疫情防控还没取得最终胜利，但是土地和老百姓都等不得。为了筑牢人民脱贫防疫的战线，我们村委会积极响应上级关于疫情防控和复工春耕两不误的号召，主动配合参与村党总支做好复产春耕工作。当时还处于疫情防控的关键时期，但是村里的扶贫项目——20亩红薯种植基地的8万株红薯苗到了育种的关键时期。看着驻村第一书记李大哥焦虑不已，我立即联系我的战友，几番辗转之下终于找到兴宁十大知名种养企业——兴宁市四季美农业科技有限公司的刘老板，并谈妥了合作。2月初，20亩地终于种上了8万株红薯苗。望着那一片绿汪汪的红薯苗，我们才终于放下悬着的心。

脱贫攻坚胜利号角终于吹响，我们终于攻克了脱贫难关。回望历程，我们在脱贫这条路上留下了不少的脚印和汗水。我时常感慨这些年翻天覆地的变化，最让我感慨的还是乡亲们的变化。

相比2018年，乡亲们的收入、精气神都呈现出向上的面貌。真正的向上并不单指乡亲的收入有所增加，而是他们掌握了创造美好生活的本领。这种可喜的变化也体现在乡亲们和我签订销售协议数量的减少上，我不因此沮丧，反倒是很高兴。我提供的只是一个销售的途径和规范化种植的办法，乡亲们不和我合作不是恰恰证明了他们已经能独当一面了吗？俗话说“授人以鱼不如授人以渔”，我们并不只是为了帮助他们解决一时的难题，我们更多是要帮助他们提高直面困难的能力和信心，而我们较好地做到了这点，所以我打心眼儿里高兴。

说起变化，就不能不提汉荣那个家伙了。因为我们村是省定贫困村，而且附近是机场和军队，所以不好发展观光旅游业，更多是以种水稻、种红薯为生计，村里留守老人和小孩比较多。汉荣是留在村里为数不多的年轻人之一，但是他的老婆不能去劳动，家里又有两个小孩要上学，住的房子也挺糟糕。我们的心里也一直念着他，想着要多帮他一些。后来政府要开培训会，我们马上去联系他，他认真地考虑了家里的情况后答应了。他积极参加各种培训会，学习先进的养羊技术，听取其他养羊专业户的经验，耐心照顾小羊崽，要是他养的羊生病了，我也会联系圈子里的朋友找兽医去帮助他。在政府和大家的帮助下，通过他自己的努力，变成了养羊专业户。现在，他家的羊奶产量一直较高。他原本只有一间普普通通的房子，现在已经是一幢楼（两间店铺）的拥有者，总算是苦尽甘来。看到他的改变，我很欣慰，我做的并不多，但能帮一点是一点。看到大家在政策的引领和政府的帮助下，日子越来越红火，我心里真的非常满足。

脱贫攻坚的胜利并不是结束，还有乡村振兴的高地等着我们去占领，我们已经在路上。乡村振兴像是一场班级长跑，若是要取得集体的胜利，必定要拉一把落后的人，而且要让所有的人冲向终点，一个都不能少。因此在这场“集体长跑”中，我们不仅要制定更多的措施防止返贫，而且要把我们的视野从帮助贫困户脱贫，拓展到提高全村村民的生活质量上来。

自 2017 年进入村委会任职以来，我连续三年被评为“优秀共产党员”，今年更是被乡镇推选为兴宁市党代表。村里的百姓和干部都很激动，因为我是村委会成立以来的第一个市党代表。看到大家认可我的工作和我这个人，我的心情也非常激动。我将会带着这份信任和期待，继续在这片土地上辛勤耕耘。

花大娘的返乡致富路

受访人：林小花

访谈人：曹菲婷

访谈时间：2021 年 7 月 22 日、2021 年 9 月 24 日、2021 年 10 月 29 日

访谈形式：线上访谈

访谈整理：曹菲婷

访谈校对：曹菲婷

故事写作：曹菲婷

受访人简介：林小花，女，汉族，1981 年生，广东龙川人，大专文化，龙川县丰聚种养农民专业合作社负责人。在创业致富路途中，带领村民发展特色产业，为村民提供就业岗位。同时关心关爱妇女儿童，参与募捐、做义工活动，主动参与洪灾救援与灾后重建工作，被评为河源市道德模范，被授予“河源好人”等荣誉称号，其事迹被龙川民生、河源晚报等多家媒体采访报道。积极参加国务院扶贫办授予的创业致富带头人（碧桂园连樟村）实训基地的培训班，被评为“优秀学员”。曾在青创杯河源创新创业大赛中斩获优秀项目奖，2018 年参加首届巾帼创业创新大赛，进入前 40 强。其主持的“木通果”项目曾在 2019 年河源市“双创杯”创业创新大赛中荣获企业组三等奖。

一　怀改变家乡之心，敢于试错不放弃

2003 年，我到广州天河从事保险营销的工作，在太平洋保险公司工作

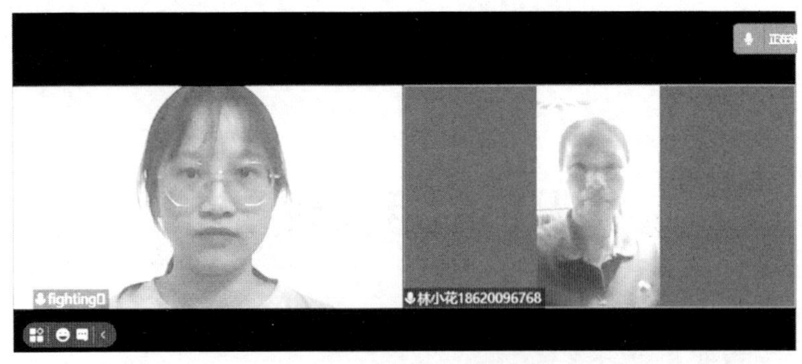

图1　2021年7月22日林小花（右）接受曹菲婷（左）线上访谈

了14年，我觉得自己的工作也还可以，一个白领，打扮得时尚漂亮，坐在空调下，雨淋不着太阳晒不着。但是，困难的时候也有，我印象最深刻的是，有一次因为迟到被客户骂哭，现在回想起来，其实他也教会我很多。外面工作的经历带给了我很多东西，耐力、毅力、坚韧以及乐观的心态，这是我返乡创业最坚实的精神基础，让我能够更加从容地面对各种各样的问题。但总的来说，在外面工作比起在家乡种田来说，要更为轻松舒适，比如在待遇上，在外面工作时，一个月工资最高的拿过五六万，少的时候也能拿到几千元。回到村里时，他们都夸我漂亮。那时候我的头发很长，有着全公司最漂亮的黑头发，同事们都很羡慕我的长发，可不像现在大娘①的模样。

虽然在城市里更舒适，但想尝到家乡的味道很难，有钱也未必能买得到。家乡有这么多好吃又健康的东西，添加剂也少，而城里就比较少这样的天然食品，即便是有也比较贵。我之前也做过市场调研，发现我们这里卖三四元一斤的菜，到了城里就要十几到二十元一斤，比如我曾经见过一种有机蔬菜，种植时没有放化肥，可以卖到12元一斤。所以我就想着如果自己在家乡发展的话，或许能够把这些农产品带到外面去，让其他地区的人也能享用这么好的产品。

返乡创业最主要的一个原因是上有老下有小，家里的老人都已经七八十岁了，他们也不会选择离开家乡，所以我选择回去，这样就可以陪伴在老人身边。一开始我和爱人选择返乡创业，是没有人支持的，所有人都反

① 林小花自称为花大娘——编者注

对，让我们不要回去做农业。我的父母对我说："我们是农民，干了一辈子农业，供你们读书，就是希望你们去大城市里赚钱。"连村主任都说，在这里，种植和养殖都很难盈利，让我们不要尝试，因为这个地方不适合种植。所以，我们做出返乡的决定后，有无数反对的声音，加上当时父母也没有多少钱，无法支持我们创业，可以说走出第一步是十分艰难的。但我们还是觉得应该尝试一下，父母也没办法阻拦。后来我向父母借了几万元，他们也借给了我，现在想想他们当时的反对就是关心吧。

我和爱人是重组家庭，之前一直在广州工作，现在有五个孩子。2017年年底我回来过年，2018 年就没有出去打工了，选择待在家乡。以前我老公在广州是跑滴滴的司机，但是那年滴滴行业也做不下去了，我们身上也没有什么钱，给孩子们发完红包，就只剩 1000 多元了，虽然同村的很多人都出去打工了，但我和我丈夫就计划待在家乡创业。我想着，既然自己也很关注农业这一块，我们村又是省贫困村，国家也很重视农业产业发展，有政策支持，而且当时深圳陆桥集团还在我们村寻找产业带头人，我想未来会有很多发展机会，还是可以去试一试的，也就这样开始了创业之路。

图 2　林小花背着孩子采摘金针花

刚开始创业，就经历了失败。2017 年年底，临近过年，我提前了一两个月回来，刚好也是冬季，其他农作物都收割了，地都空着，我就尝试种了从隔壁镇得来的种苗——增城迟菜心①，因为这个品种的蔬菜卖得蛮贵的，当时是12元一斤。但那时天气很冷，虽然水分充足，但它就是不长。原本那年2月份就应该开始销售，但最后却一棵都没有卖出去，一毛钱都没赚到。因为我们这里气候季节性较强，不太适合种植增城迟菜心。后来我了解到在隔壁镇的大哥是贫困户，有额度领取种苗，就又尝试了种植台湾大青枣树，但这种枣树第一年是不结果的，到了第二年又发生意外，实际上也是以失败告终。然而我们没有放弃，迟菜心卖不出去就拿去喂兔子，我明白所有事情都要靠自己，我们就努力再努力，一点点慢慢累积经验。

二　吸取教训再尝试，摸索创出独特性

经历过前面的失败，我认为要先从投入成本低且风险小的项目入手。2018年1月，我注册了龙川县丰聚种养农民专业合作社，打算先从最基本的耕地开始，租来一些亲戚的农田。因为这里到处有野生的金针花，菜地旁边、家门口都有这种花，甚至在石壁都能看到它的身影，说明这里非常适合种植金针花。如果我选择种水果，就要面临水果的季节性问题，要在一二十天之内销售完，但金针花可以晒干再卖，不用为采摘和销售时间的紧迫性而发愁，投入与管理成本也小，一次性种下去后，就不用每年都重新种。于是，我就选择从种金针花开始创业，自己育苗，种了一大片，苗多了就卖苗，第一次卖了估计有两万元，是一个不错的开始。

金针花易种植且产出比较稳定，到现在我们已经培育达300万株。同年，我们开始种植木通果②。米贝村是一个扶贫村，由深圳对口帮扶，建立了一个对口扶持我们村的贫困群③，我就在扶贫群里申请了一个项目帮扶发展——种植木通果。我们当地山上有一种野果——九月黄，也叫拿藤里，是木通果的不同品种，山上非常多，我原本以为容易种植，但也是一波三折的。为什么这么说呢？首先因为村里面的干部不是非常懂关于木通

① 迟菜心又名高脚菜心，是广州市增城区知名的特产蔬菜品种，素有蔬菜之王、菜心之冠美誉。冬季的南粤地区，菜心、小白菜是叶菜首选，而此时叶菜最为上品的是增城迟菜心。

② 木通果是生长在山区里的一种野果，果实八月成熟，所以又名“八月瓜”，成熟的果实呈红紫色的不规则形状，可以直接食用。

③ 深圳坚决贯彻中央和省的决策部署，倾情倾力全面对口帮扶河源市。

果种养的事情，他们年纪也比较大，没有走出过这片土地，不了解外面的市场。而且他们担忧这个项目有风险，担心我的投资会失败。另外，深圳的对口帮扶人员对木通果也不了解，我们只能自己不断尝试。那时我和我先生花了一天一夜，走了很远才从别处引回来木通果苗，再尝试在基地种植。虽然一开始比较困难，但是我也慢慢摸索到一点门路。

只要有机会，我就会去探访、学习其他基地的做法，找老师傅讨教，和同行交流技术与经验，相互学习。同时，我开始考察其他的一些产业项目，比如2018年5月，我引进了鹰嘴桃树。我想着，别人不种的就让我来种，要具有别人所不具有的产品才有竞争力。全村人都养鸡，那我就不选择养鸡，我养兔子。养兔子的成本是很低的，只要给它们吃草就好。全村就只有我养兔子，供不应求。一只鸡是卖不到两百元的，卖一只五斤的兔子，却可以卖到两百元。

2018年冬天，我们开始接手黑山羊养殖产业，这是我丈夫的同学转让给我们的。我种植需要羊粪，给田地里面的水果、花、菜施羊粪，就不需要放化肥，这样种出来的花果、蔬菜，好吃又健康。那时，我们听说我丈夫的同学养羊同时不需要羊粪，直接拿走也不用花钱，后面又了解到他同学在黑山羊养殖项目上投资了很多资金，却只是交给一个老人管理。可是，管理不好，一是因为老人没技术，没有专业的知识；二是因为他喜欢上午打麻将，下午才放羊，这样管理不够科学，不给羊打疫苗，导致羊的死亡率和发病率都比较高。他也和我表明：既然你都在家里发展农业这一块，那不如把黑山羊给你来养着吧。其实我们也不懂养羊的技术，但是有需求，就去找老师傅学习怎么管理、打疫苗，有很多方面需要学习，慢慢累积经验。从前我们村这边养羊的只有一家人（现在我们这里又多起来了），转让给我们的同学以前就做好了羊棚，设施齐全，我们接手比较简单省事。就这样，我把种和养两个方面结合了。

三　天灾来临不畏缩，病情面前不放弃

2019年是我们受损很严重的一年①。6月12日，暴雨越下越大，没有

① 2019年6月，河源龙川县连续遭到“6·10”“6·12”特大暴雨袭击，多个镇村不同程度受灾，其中受灾最严重的是贝岭镇米贝村，即致富带头人林小花所在村落。

停的迹象。那天凌晨，我带着我两岁的孩子还未睡，突然间听到几声巨响，对面的山坡就滑下来了，我第一时间叫醒我的家人。这样可怕的灾情来临，全村的通信、供电、交通都被中断，村民被困，好几处房子塌了，还有泥石流的迹象。当时我们的一位干部，也就是现在的黄镇长，特别担心我们的安危，他第一时间来到我们这里，让我们尽快撤离。于是，我们一家老小就摸黑打手电筒，连夜撤离。这里周围都是山，路上我们走的坡很陡峭，四周没火没电，还下着大雨，水已经齐大腿深了，在水里一脚深一脚浅，根本走不稳，我背着两岁多的孩子走，最害怕走着走着就摔跤。到了早上5时左右，天蒙蒙亮，我发现米贝村十多处山体塌方，道路被掩埋，两边山上泥石流不断，田地全部被水淹没，我好几亩木通果被毁，一大片的金针花被埋，鹰嘴桃树也都被冲走了。我的感觉，怎么说呢？像是“一夜回到解放前”，很伤心。干农业靠天吃饭，风险很大。

在撤离到安全地带的路上，我遇到了来救援的领导和部队，我想都没想，就把孩子交给家人照顾，申请跟随队伍回到现场，参与救援工作。因为我知道米贝村受灾严重，留在村里的大都是老弱病残，面对洪水暴雨，他们很难自救。转移、救援工作也需要熟悉情况的人指引，群众需要我，需要更多的年轻力量。而我的孩子已经有家人照顾，即使我再遇到危险，我还有后一代。幸运的是，全村人都撤离到安全地带。紧接着，我就参与到灾后重建工作中，做了有两个月①，我的工作主要是一些后勤辅助工作，像是伤亡统计、联系救援物资、群众的心理辅导等②，能帮就帮。参与救援工作，就只能把产业先放在一边，因为没有精力，也没有资金去买水泥搭架子重新修整，所以那年七八月份，我们没有收入。

那时我们的产业刚起步，还没有什么收成，是投入时间和精力最多的时候，遭受这样的打击，我觉得是老天对我的一种考验，给我上了一堂课，让我又坚强了一点。

我想到了我的家公，虽然他嘴上反对我们，但是他的实际行动其实是在支持我们创业。他每天都帮我割草喂兔子，兔宝宝生出来需要保温，他

① 林小花因参与“6·10”“6·12”洪灾救援，被评为河源市道德模范。

② 以上救援信息来源于龙川民生采访报道。

也尽心尽力。我的家公今年 77 岁，那年他 74 岁。但今年[①]五月份他被查出患膀胱癌，现在躺在医院里，治疗需要很多钱。一开始他是在江西那边（我们这里靠近江西）接受检查，医生说是血栓。他脚肿却消不下来，一直在用药，但是一直不见好。到了今年我们觉得肯定还有问题，不可能一直消不了肿，又带他去医院做了检查，结果出来还是血栓。但医生说要马上住院治疗，并且要求我家公静养，不能乱动，因为这个病也是可大可小。后来再检查，就发现是膀胱里有个瘤，回想起来，也有很多相关的症状，包括抵抗能力下降、经常睡不着，虽然有的老人也睡不着，但他是经常性的，有点反常。得到确诊膀胱癌消息的那一刻，我还在开车回家的路上（因为家里面还有一个小宝宝要照顾），我一听到这个消息，就将车停在路边，眼泪哗啦哗啦地流，我们都不愿意相信，说这是误诊。但去到广州南方医院检查后，再次确诊。

我很感谢家公，每次遇到难以决定的事情时，我总是先和家公商量。从确诊到现在，他做了很长一段时间的治疗，一直在住院。前天我去看他，想着要是有需要的话，我也可以帮一下忙。医生说他剩下的时间不多了，就完全靠打吊针维持生命，喝一点水就吐，喝粥也喝不到半碗，这种情况持续了很久。在他还能吃东西的时候，我会经常煲汤给他喝，送饭给他吃，但是现在他已经什么都吃不下了。我丈夫和他哥哥二十四小时守着他、照顾他，我则负责照顾我们的产业。得知这个噩耗，我们的心情很糟糕，虽然悲伤，但还是要做该做的事，该照顾就照顾。饭要吃，生活也还是要过。

四　坚持带头初心，合作迎来变化

在不断地尝试不同项目的过程中，我也为当地带来了一些改变。2018 年底，当地村民种了很多番薯，我负责收购。那时我已经开始做电商运营，通过电商，替村民解决“最后一公里”销售难的问题。因为这里的村民种了东西却没有办法向外销售，只是带到附近的街上销售，（运输）距离近但售价低，辛辛苦苦种植出来的农作物，无法全部售出时只能带回

① 指 2021 年。

来，再加上搭车来回奔波，很不划算。我以前在广州从事保险行业十几年，也积累了一些人脉，打通了一些销售渠道，开始电商运营是顺利的。除此之外，我认为需要解决的销售问题，主要是针对大种植户，也就是种植数量多的农户，帮助他们解决销售难的问题。如果针对各散户的话，则过于操劳且达不到量。比如我帮忙销售的水果有上坪镇的鹰嘴桃，还有即将上市的猕猴桃，量都是非常大的（之前是几个基地整个村一起种，产量大约有 10 万斤）。现在面对如此大的种植量，真正让我们头痛的是时间问题，水果供人采摘的时间短，采摘后又不易保存。因此，今年我们打算八月五号就开园[①]采猕猴桃，除了猕猴桃，我们这里还有许多其他水果，因为后期果子非常熟的时候，是难以运输和不易保存的。过去我们采摘一般需要 20 天左右，但是实际最好是缩短到 15 天。我们的订单中有些是外省的，从这里发到他们那里，需要多花一到两天，遇到这种情况，如果是前期，我们还能发货，到了中期，就不敢再接单了。采摘得慢，后期果熟了我们就只能自己吃，即使是运输到深圳或其他邻近城市都做不到，因为担心最后送达的产品品质不够好，影响信誉，这样不利于我们产业的长期发展。即便是我的同学和朋友们找我买鹰嘴桃，我都只能说没有了，有剩下的后期桃子，也都在树上吊着，后面可能我们都不会去摘。对我来说，产业种植方面已经不是最困难的，技术也不是最困难的，包括黑山羊养殖也已经步入正轨，最初我们是从几十头开始养的，现在养殖基地有几百头黑山羊，发展了几个基地帮养，我现在最重视的是销售的快慢问题，把这个问题解决了才可以走下去。

今年，与以往不同，我和娘家人商量，尝试在 15 天内采摘、销售完毕。谈到这个季节性的水果，不得不说我们这个地方就是有点偏远，所以产品的物流费用就会比较贵。我留意到现在有一个软件叫拼多多，在上面买水果蔬菜十分便宜，只要几元就可以买很多，这样的市场现状其实让我们很难继续做下去。后来我了解到，其他地区发快递都有补贴的，我们却没有。我就去和物流公司谈价格，最终谈到了 10 元钱以内，所以现在这个价格比以前要便宜一点。五公斤水果发物流到外省运费需要 25 元以上，发北京就需要 30 元，但我们一箱水果才售 30 元，这样一算压根不赚钱，我

① 开园即园中瓜果成熟，开始采摘。

就不敢接或者只能让客户出运费。销售鹰嘴桃时，有一个客户非常理解我，我没有要求他付运费，但发现他却多发了30元给我。

我们这里有一个困难户，他近60岁了，但小孩和我的第三个孩子同龄，才十几岁，最小的才刚上小学。一家三口人，他有两个女儿，但第二个女儿和正常人不太一样。我想着或许能帮帮他，请他来我这工作，一年可以获得几万元的收入，从开始的每月3000元工资，升到了现在的3200元。他对我们也很好，知道我们也不容易，有时我们甚至是入不敷出。所以，他会和我们一起渡过难关，我们第一年养黑山羊的时候，损失很重，因为我先生没有经验，有时我们发不出工资，我就会直接问他“这个月资金不够，迟一点再发好不好”？他都愿意接受，也愿意等，只要我们把最起码的生活保障给到他就行。

他每天骑摩托车上下班，路上要花半个多小时的时间，勤勤恳恳、兢兢业业，我们夫妻俩在外时，产业都是交给他管理的，如果有什么事情他就会电话联系我们。他在去年也脱贫了，现在在自己家附近种了田，有时会和我们请假插秧种田，我担心他过于劳累，再生病就不好了，所以今年他就稍微少一点在我们这边做事。我的产业除了为他提供了岗位，为他的家庭增加了一些收入，也给一些临时的散工提供了岗位，有时需要除草的工人，还有羊场一些临时性的事务要请人做，总共为十几个人提供了就业岗位。

我始终坚持一开始的初衷，就是我只做示范点，带起头来。我可以把种苗配给当地村民，但村民们也要自己努力尝试。我一直都在做这样的示范带头工作，到现在我都没有放弃。我想着由我先来，带动更多人一起做，但是一直到现在，我们村都没有人选择种植金针花，我认为在这一块我是比较失败的。从前没能动员我们本村的人，我能带动别村的人，像种木通果和金针花，别村的人都愿意参与进来，但我们村的人大多为了养鸡而只种植番薯和玉米。根本原因就是那时我们的产业还没多大起色，村民不敢相信我们。销售也难，村民担心他们种了卖不出去，自己吃又吃不完，其次还是个别村民，思想不够开放，需要转变观念。我和我先生引回来木通果种苗，尝试在基地种植，也成功了。我让他们也试试，否则到时要买我的果还贵呢，每斤30元，不如自己种来试试。但是，我们村的人基本上都选择不种，最后木通果项目在我们村也没有被带动起来。反而在其他基地，比如我娘家的镇上发展了起来。我说你只管种，我管销售，他们就敢种，种了有20多亩，产业也有了一定规模。可能也是因为年轻人好带动，要像我们这样年轻的、志同道合的才行。

在我们贝岭镇，真正做产业的公司没有多少个，我们村里的这几个公司，没有做得很好的，都是一些小企业，大家都挺难的。所以如果想要创业，要三思而后行。我也有同学说，想回来和我一起做农业，我回复他要想好再去做，不要头脑一热。最起码要准备有一年的基本生活保障，最好不要夫妻俩都辞职回去，因为做农业需要长久的投入，种和养两方面要结合起来，两个并行。还有可以把长期和短期的项目结合起来，像我现在养羊是长期的，种的花果就是短期的。

我认为，我能成功有很多原因，主要的一点是合作。作为一个企业，我们养羊三年，在这期间经常会和其他几个基地进行技术交流、合作，我们也会给别人引种，像帮助我的同学去养羊。我种植木通果，同时引种苗、提供技术给村民们，带动周边发展，这样周边做大，我的销售量也能变大。虽然我种和养两方面都有涉及，但是产量不够，我就用合作的形式帮他们解决销售的问题，增大销售量，包括收购一些干货，像豆角干、花生、香菇、灵芝；一些季节性的蔬果，还有鸡蛋，因为现在人们喜欢吃农家鸡蛋，所以农家鸡蛋也是很好售出的。我会和其他一些姐妹和大户合作，因为我们是志同道合的伙伴，大家都想致富，也都想把自己这么好的农产品运到外面去。还有一个就是及时调整，现如今我们的金针花产量只有几千斤，产量不大，这个可以解决，不需要担心销售的问题，基本上只要内销。我们也不选择走大批量批发的道路，而是瞄准精装，做成类似单位的礼品等商品。针对农产品的季节性问题，我们很快发现做成干货就可以很好地解决这个问题。

我很高兴政府能重视我们这些敢想敢做的人。政府的关注对我们的帮助会很大，特别是对于我们村。不久前我和几个姐妹同县妇联主席一起吃饭，就和她讨论到这个话题，虽然她以后不担任我们县的妇联主席了，但她表示她不会退出我们的群聊，平日里我们遇到问题都会相互交流。她非常关心我们，我们遇到难题，也都会找她。我们现在能做到共同合作，也因为我们上一届书记非常关心农业产业这一块，我们挂个牌他都非常重视。现在换了一位新的书记，我们希望这种传统能延续下去。我们这一帮年轻中坚力量，都是实实在在的，哪里有培训，我们都一起参加，可以说我们是一股上进又有好奇心、积极又有能量的年轻力量。政府向我们伸出的任何援手，对我们的作用都非常大，哪怕只是在口头或精神上给予一点鼓励与支持。我记得，有一次我去广州的一个职业学院参加职业经理培训活动的时候，碰到一个在政府部门工作的老乡，他的每一句话都是鼓励我们的：回去好好干，农务有发展！我们听了心里暖暖的。

我一直认为，我们这一批创业人要关心儿童、妇女和当地的养老事业。我们受灾的那一年，村里有一个家里贫困的小孩，衣服都不够穿，我就给了他几件衣服。其实这样的事我是挺想做的，但是只有我一个人的力量是不够的。在我看来，我们做企业的人、村里带头人、村干部等，很有必要联合起来，一起去做与这方面相关的事。有的小孩没有父母，就跟着爷爷奶奶成长，长久以往会缺少母爱和父爱，我们可以多帮助他们，给他们多一点关爱。我想这个社会上，还是有一部分人需要我们去关爱。在我们的“河源道德模范群”，我们有进行募捐与不定期的义工活动。我想我们应该带头去做，因为我们现在开始去做，以后就会有更多的人去做，社会就会越来越好。

其实在创业的路上，我最大的收获是心态的转变，特别是经历了灾情后，我不想追求大富大贵，只求平平安安。未来暂时不考虑继续扩大产业规模，还是希望先把自己的品牌建立起来，把目前的产业先做稳、做好。我的座右铭就是家和万事兴、天道酬勤，我也时常和我的孩子们讲，你们要勤劳，要善良和懂得感恩。做生意就一定讲究诚信和换位思考，我不认为我的产品只是为了卖给别人，我会告诉自己，我就是生产来给自己吃的，所以一定要保证产品质量。

我们一步步努力走到现在，依然坚信靠山山倒、靠人人倒，每一个人还是要靠自己，自己强大未来才有保证！

发展“黄花菜产业”奔小康

受访人：杨存博

访谈者：苏楚滢

访谈时间：2021 年 7 月 17 日

访谈形式：线上访谈

访谈整理：苏楚滢

访谈校对：苏楚滢

故事写作：苏楚滢

受访人简介：杨存博，男，1990 年生，高中文化，山西广灵人，广灵县第十七届人大代表，广灵县兴顺源村资农业发展有限公司法人兼总经理。曾从事运输行业，2018 年返乡从事种植、采摘黄花菜①产业，是广灵县返乡青年、致富带头人。自种黄花菜 10 亩，培训当地村民种植、采摘、加工黄花菜 1555 亩，在非农忙季节同时从事货运副业。截至 2020 年年底，成功带领村里 96 名建档立卡贫困户脱贫致富。

一　黄花菜产业绽放致富之花

我是山西省大同市广灵县作疃镇平城村村民，2009 年 7 月高中毕业后，开始学习驾驶装载车。2010 年至 2015 年，在中铁十七局第四工程有限公司②担任装载机司机。在此期间，我学习了货车驾驶技术，取得了货

① 黄花菜，又称忘忧草、金针菜。——编者注

② 中铁十七局第四工程有限公司，在重庆市沙坪坝区。——编者注

图1　2021年7月杨存博（中）接受苏楚滢（左上）访谈

车驾驶证书。2016年至2017年，我到天津市安达物流股份有限公司做货车司机。

2018年，我看到家乡发生了翻天覆地的变化，很多村屯的面貌焕然一新，便开始萌生回家乡创业的想法。于是，我以一名农民工返乡青年的身份积极回乡创业，发展特色黄花菜产业，为全村脱贫攻坚奉献自己的微薄之力。以前，我们广灵县种植的农作物是以玉米等杂粮为主，只有很少一部分人是种植黄花菜的。村民们种植玉米的收入很低，一年下来，平均一亩地只能赚600块钱左右。以前的种植模式也比较单一、原始，机械化水平较低，村民们自己手工采摘完之后进行小加工。后来，我偶然知道我们大同市里，有的县大规模种植黄花菜，黄花菜产业发展得如火如荼，就上网查了一下黄花菜的价格和生长习性。由于它是药食两用的，营养价值高，市场价格比我家乡这边种的传统农作物的价格高得多，再加上我们这边土壤和气候条件也适合种植黄花菜，我就想试试。此外，黄花菜这种作物，在一开始种下就可以了，后几年都是田间管理和采摘，产出最旺盛的时候就是第五、第六年的时候，就种一次，越繁殖越多，不用每年都重新播种，这一点让我觉得很方便，非常省事儿。而且我们北方冬天温度很低，零下二十多度，什么都种不成，土地冻到一米多深，但是黄花菜耐寒，能够在土壤里安全过冬，这也是我选择种植黄花菜的一个重要原因。

黄花菜栽种后第三年才开花，到第四年才能有不错的收获。2016年春天，我先在家里种下黄花菜，我家里人还能套种一点其他作物，以地养地，种完后我又去（天津）开车挣钱了。一开始并没有种很多，试着种了一亩，我的想法是先实践一下，试试看。2018 年，种下黄花菜的第三年了，黄花菜要开花了，春天的时候我就回老家收拾收拾地，除草、施有机肥、打除虫药、浇地。当时，我正赶上全乡扶贫发展种植黄花菜产业，在市、县级政府部门的号召和补贴资金的大力扶持下，我主动报名参加了广灵县农民科技培训黄花菜种植的培训班。我在培训班里系统地学习并掌握了黄花菜种植、加工与病虫害防治技术。就这样，我又以农民的身份，开启了我的职业务农生涯。

2020 年 5 月，习近平总书记去了大同市云州区，考察黄花菜产业，他希望把黄花产业保护好、发展好，做成大产业，做成全国知名品牌。虽然习总书记没有来到广灵县考察，但毕竟都是大同市的，考察的又是同一种作物的产业，所谓“小黄花、大产业”，村民致富好途径，我们县、乡、村屯大受鼓励，我自己对这个黄花菜产业也越来越有信心。

二　“一意孤行”到“失败乃成功之母”的苦尽甘来

我返乡创业刚开始并不是一帆风顺的。

创业的时候，我跟家里人说要回家乡种植黄花菜，当作事业来发展，他们不太支持我的决定，因为现在的人都是往外边跑，从农村去大城市里打拼，很少有人回乡种地的，种地的都是中老年人，没有年轻人种地。家里人认为，我还是在城市里工作比较好，一来，做农民非常辛苦，二来，他们对黄花菜的种植前景心存疑虑。所以，初期的时候，可以说我是“一意孤行”。我琢磨着，“三百六十行，行行出状元”，我不一定做不好。但是我也理解他们的担忧，我只能跟他们说：“我还年轻，我就回来试几年吧。”而且，一年里务农也就那几个月的时间（通常是 2 月到 8 月），行就行，实在不行的话，剩下几个月我再出去打工挣钱，挣的钱也能养家糊口。其实，我当时的决定也并不算是“孤注一掷”，农闲的时候我就可以出去做货车司机，收入还是能保证基本生活的。就这样我坚持着，2 月到 8 月忙农活，9 月到春节前去当货车司机，试了几年后，我对黄花菜的采摘、病虫害防治、蒸熟和烘干越来越有经验了，而且在村支书的带领下，成立了广灵县兴顺源村资农业发展有限公司（以下简称“公司”），除了自己种 10 亩黄花菜外，我还是公司的技术总监，主要给员工做技术培训。我在公司里的工资一个月有7000多块钱。后来被推选为公司法人和总经理，黄花菜事业到蓬勃发展的时期，这是后话。

刚开始除了没有得到家人的支持以外，我在采摘的第一年，资金上遇到了困难。因为开花后的黄花菜品质会变差，营养价值会降低，开了花的黄花菜卖不了，所以黄花菜要在开花之前采摘。每年6月到8月，气温高，黄花菜长得特别快，成熟的黄花菜特别容易开花，因此采摘的时间非常集中，需要大量的采摘人手。由于是第一年进行采摘，我的经验比较少，雇人采摘的时候，不懂一个人能干多少活儿，也不懂怎么样采摘才能节约时间，还赶上阴雨天多，好不容易蒸掉部分水汽，又很难晾晒干，有一部分黄花菜都发霉了。原本就把握不好雇人的成本，因此收入基本上和支出持平，最后没有赚到多少钱。从做生意的角度而言，收支持平就是亏了，因为自己付出的这几个月的时间就浪费了，等于第一年务农是白忙活了。

当时，我选择发展黄花菜产业的信心一下子差不多被击垮，但我从来没有想过要放弃，我内心里默默地为自己打气：一定要坚持下来，坚持坚持再坚持，累积经验，从失败中成长。第二年[①]采摘的量比第一年的要多，我也有了经验知道用什么方法采得快，知道应该雇多少人，知道从哪些方面减少支出，加上自己不断地学习加工技术，第二年的天气条件也特别好，收益比第一年高得多了，第二年赚了三四万块钱。从这次遭遇困难到翻转成功的实践中，我深刻明白了“失败是成功之母”的道理。

虽然每天在地里干活很辛苦，但是磨灭不了我的创业热情。

花黄菜的采摘在每天的清晨进行。我凌晨两点钟就要起床，去地里采摘，采摘到中午十一二点，过了十二点，黄花菜就会开花，就不能卖了，所以必须得赶在开花之前采摘完成。摘的时候特别累、特别辛苦，但是黄花菜市场价格比较高，能卖得好价钱，再辛苦也值得。我记得黄花菜价格最高的时候是26块钱一斤，天气好的时候一亩地能产500斤，能有13000元左右的经济效益。采摘黄花菜真的比较辛苦，从最初采摘到结束总共要40天，这40天基本上是每天凌晨两点多出去，中午12点结束采摘，坚持一天两天没什么，坚持40天可真不容易。我采摘的方法是在实践中总结出来的，比较科学，省力又省时，效益又高。每一次的做法是：在农田旁边

① 采摘的第二年，即栽种的第四年。——编者注

图2 采摘黄花菜

放置几个大的编织袋，背着箩筐进到农田里采摘，剪了花儿后两手往筐里边一塞，基本上塞满后就走出农田，倒入一个大的编织袋里边儿，然后再进去农田继续采摘，直到摘完为止。一满筐黄花菜大约30斤，全部弄完了就开拖拉机搬运，拉到公司空旷地晾晒，公司和那些农田的距离不远，就在农田的周围。虽然说有了公司之后，务农的很多流程都可以机械化了，但是采摘还是得人工来做，因为机器是采摘不了的，黄花菜是一株一株的，像一根秆，上面长满黄花，特别多，有小的有大的，一根秆上的黄花成长速度不一样，所以成熟度也不一致，我们采摘得挑大的摘，今天小的黄花明天长大了再去采摘。这就是采摘没有办法机械化的原因，黄花菜不能一次摘完，一根秆上的花有大有小，只能够人工去识别再采摘。在这段时间黄花是天天都有的，每一天都在成长，在采摘期得天天去采。

下雨越多，黄花菜长得越快，所以下雨天我们也得冒着雨去采摘，穿雨衣雨鞋，戴雨帽。而且下雨的时候有一个难题，就是特别难烘干。刚开始的时候由于我是自己种的，规模比较小，采摘回来后，就放自家的锅里边儿，用水蒸一下，蒸六成熟，再拿去在院子里晾晒干。但遇到下雨天就没办法弄，如果是连着下几天雨，就铁定烂坏了，就没法救了。刚开始时，蒸熟黄花菜这个步骤对于我来说也不容易，一般的话蒸到六成熟是最好的，有的时候我把它蒸太久，它就太干瘪，重量减轻，收益也少了。有的时候蒸得不够，也不行。我自己的经验就是大约蒸20分钟，在蒸的时候抽时间吃午饭，吃完赶紧小憩一会儿，下午把蒸好的黄花菜铺到院子的水泥地上晒。晾晒也不是一天就能完成的，要晒几天才能干。第一天晾的时候，就铺得散开一点，面积大一点，薄一点，容易干，第二天就把这些干得差不多的黄花菜铺密集一点，减少占用的地面空间，给第二天采摘的黄花菜腾出地方晾晒。一般太阳好的情况下，三天就可以了。

现在有了公司之后，蒸和晾晒都方便很多。我们公司有冷库、大锅炉和晾晒大棚，能够减少天气因素对黄花菜后期处理的影响。公司的运作有规模效应，能够降低平均成本。我们会提前留意天气预报，比如说，如果预报接连几天要下雨，我们采摘后直接就把黄花菜给放冷库里了，这就能保持新鲜状态，不会坏掉，但是最多也只能保持一个星期到10天。之后用大锅炉规模化地蒸好，蒸的时间、温度也比较可控，然后把黄花菜放在晾晒大棚里进行晾晒。在大棚里面，下雨的时候水就淋不着了。为什么要晾晒呢？因为新鲜的黄花菜放的时间一长，就会发霉，把它蒸熟、晒干，黄花菜就不会坏。以前我们是没有晾晒大棚的，我在网上看到别人是用大棚晒的，在别的地区考察的时候也见到过，于是公司斥资搭建了晾晒大棚，解决了重要的核心问题。

三　是他们帮我浇灌了“致富花”

能有今天的收获、村民能过上好日子，离不开国家政策、政府、村支书以及公司的帮助。

对我帮助较大的是国家的惠农政策[①]，也就是补贴政策。黄花菜栽种后要第三年才开花，第四年才能达到正常的产量，种植的前三年几乎没有收益，所以国家就设置了补贴，三年一亩地可以补贴1900元，我有十亩地，所以我三年共有19000元的补贴。种植的第四年，黄花菜有相当的产量，就没有补贴了，我们则开始搞组队经营。

改种黄花菜，是我跟村里的书记提议的，郭书记看到了我的黄花菜种得挺不错的，也看到了大同市别的县发展黄花菜产业的情况，便采纳了我的意见。他把我的种植情况和建议写到文件里，然后交给上级政府，市和

① 惠农政策指政府为了支持农业的发展、提高农民的经济收入和生活水平、推动农村的可持续发展而对农业、农民和农村给予的政策倾斜和优惠。——编者注

县里边就批下来文件，成立了广灵县兴顺源村资农业发展有限公司，我们公司是村社一体合作社性质的。一开始，公司的法人是我们村的郭书记，是他注册成立公司的。郭书记对我的帮助特别大，2020 年，我积极地参加了村里组织的新冠肺炎疫情防控志愿先锋队，我有所付出，所以书记也特别地支持我创业，他慢慢地培养我，给我机会去参观成功的黄花菜基地，参加大同云州区黄花基地培训并实地考察，不断提升我对黄花菜产业的认知和专业技术水平，为我以后发展黄花菜产业奠定了坚实的基础。郭书记同时把我列为平城村后备干部人员，渐渐地，我被郭书记的人格魅力所影响，逐步向党组织靠拢，要求进步，递交了入党申请，成为入党积极分子。之后我从公司一名技术总监上升到总经理，这为我创造了发挥才干的宽广空间。我真的非常感谢郭书记对我的信任和栽培。

公司成立的目的主要就是帮村民脱贫致富，通过流转土地、田间管理、季节性务工等途径帮助村民们实现增收。公司租用村民的土地，一亩地给租金 500 元，公司还聘用我们的村民在公司务工、干农活，然后给他们发工资，这样村民们的收入比原来各自种玉米杂粮的收入高得多。要是放在以前，种一年的玉米，一亩也只能赚 500 到 600 块钱，没有别的收入了，现在农民既能收租金又有务工的工资，相当于有两份收入了。因为是由公司支付租金和工资，农民只是把地租出去，在转变农作物这方面也没有很大的负担，就算收成不好，公司也会给租金和工资，某种程度上，等于是帮助农民转移了风险。而且工资会水涨船高，如果某一年收成特别好，黄花菜的价格涨上去，公司赚得多，农民就会多点分红，这样一来，就能提高农民的积极性，自己的收入跟公司的收入有直接联系时，大家会更勤奋。

大部分村民的农田基本上都全部租给公司了，但是也有一些村民会保留一些土地来种点儿粮食和蔬菜自己吃。因为我在公司成立之前就种了 10 亩黄花菜，公司在租别人地的时候我已经种上了，所以我就保留了土地，没租给公司。我们公司有很多资源，比如运输的农机车、规模化的烘干车间、蒸熟用的锅炉子以及锄地机器，这些东西可以使工作效率提高很多，这些资源不仅仅用在公司租的土地上，在公司务工的村民，包括我，只要把公司的活干完了，机器空闲了，都可以利用公司的机器去干自己的农活，只要大家保护好公司的资源、爱护机器，把它当成是自己的东西在使用就可以了。

2020 年新冠肺炎疫情突袭而至，我们的黄花菜卖不出去，滞销，多亏政府渠道多，想办法帮我们找买家，最后都成功销售出去了，也没有耽误整个村的脱贫攻坚进度。在政府的帮助下，疫情对我们的影响并没有持续多久，况且今年人人都能打上疫苗，大家干起农活儿来也都更放心。

四　比起致富，带头更重要

致富和带头相比，我还是觉得带领大家一起致富更重要。我认为做事情不能光想着自己的利益，“带领大家一起致富、共同过上美好的生活”是我多年的夙愿。所谓“独乐乐不如众乐乐”，怎么好意思自己一个人富了，别人还在贫困穷苦之中呢？

公司的发展很迅猛。2018 年的时候，公司租地种植黄花菜才 255 亩，2019 年的时候新增种植黄花菜 1300 多亩，租地规模有了飞跃式增长，增长了五倍，现在一共租地 1555 亩。长期在公司务工的人员有 200 多人，其中建档立卡贫困户[①] 96 人，之前在我们公司工作的贫困户（建档立卡贫困户），现在全部都已成功脱贫。在我们公司工作的村民平均每人年收入 13000 元左右，大家基本上一年在我们公司工作六个月就可以了，剩下的六个月，村民们还可以出去干点别的工作。

以前大多数村民觉得自己种地赚不了钱，才去城里面打工。自从我们村里面搞了黄花菜项目后，很多已经去城里务工的村民回到家乡种菜，有的是我们召集回来，有的是他们自己了解到这个事情之后，主动回来的。人家回不回来主要还是看收入，赚的钱跟在城里打工收入差不多，他们就愿意回家，因为回家还能照顾孩子、父母。但是目前还没有大学生回来，如果有大学生回来的话，对公司的发展应该更有帮助，毕竟他们观念新、知识面广、学习能力强，有的还有专业知识。

未来，我将会更加用心，努力发挥更大的带头作用，把这个黄花菜产

---

① 建档立卡贫困户，是各省（自治区、直辖市）在已有工作基础上，坚持扶贫开发和农村最低生活保障制度有效衔接，按照县为单位、规模控制、分级负责、精准识别、动态管理的原则，对每个贫困户建档立卡，建设全国扶贫信息网络系统。——编者注

业做稳、做强、做大，真正地去实现“小黄花、大产业”。下一步，我们公司会往精加工方面发展。公司的黄花菜一般是销售到南方的，会有专门的公司来收购，收购之后他们再拿回去精加工，就是弄成独立的小包装。一直以来，我们都是散装的、大批量的卖给他们，2021 年，我们开始准备上马精加工生产线，把黄花菜做成一个个小包装，能够在超市里边直接销售，一小包的那种零售价格可以比散装批发的卖得高一点。我们自己加工，村民又多一份收入，还能卖得比原来更高的价格。发展精加工可以延长产业链，增加收入。因为精加工都是 8 月份以后，前几个月采摘的黄花菜在库房里都弄好了，我们就再精挑细选一下，按照国家标准可以划分成几个等级，比如这个是一等货、二等货，那个是三等货。精加工要继续聘请工人，聘请的工人还是以我们的村民为主，又能安置一批农民就业。

我认同致富带头人在乡村振兴中发挥着十分重要的作用，但是现在的乡村致富带头人还是少，我觉得致富带头人是越多越好，毕竟我自己一个人的力量是单薄的，能力也有限。多点致富带头人，带领大家一起干，把黄花菜产业发展壮大，巩固脱贫攻坚的胜利成果，助力乡村振兴战略顺利实施。今年是 2021 年，也是“十四五”规划的开局之年，更是建党一百周年，是咱们乡村振兴的大好时刻，大家真得努把力、好好干。

五　寄语创新创业共同致富之路

我总结了自己这几年来一些成功的和少走弯路的经验，有几点感悟特别重要，也算是我在创新创业打拼路上总结的心得。

首先，年轻人应该敢想敢干。我认为，面对创新创业的机会，年轻人应该试一试，必须大胆地往前走。年轻人有精力，就得闯一闯，失败了再慢慢想办法。做啥东西都有赔有赚，年轻人嘛，赔就赔了，赔了就再通过其他渠道挣回来。但是，不试一下怎么知道自己能不能成功呢。趁我们年轻，把握住机会，走一走自己想尝试的路，未来才不会有遗憾，不要怕失败，走一步算一步，随机应变。抱着试一试的心态，也不会给自己带来太多压力，放平心境，行就行，不行再寻别的出路。

其次，要勤奋和坚持，要多多总结经验。在这几年中，我认为自己能成功的一大原因就是勤奋。我很勤奋又能吃苦，采摘黄花菜的季节，连续

40 多天都是凌晨两点去农地采摘，日晒雨淋都坚持着，所以村里的书记也挺看好我，才把我当作优秀返乡青年重点培养，最终把我推举到公司总经理的重要岗位上。

再次，吃得苦中苦，方为人上人。勤奋地劳动、勤奋地工作，才能创造美好生活，一年的时间里，我既干农活儿，又做公司的技术培训，剩余的时间还出去当货车司机，工作安排得满满当当的。钱不是大风刮来的，付出才有收获。

创业可能会有失败的情况，我觉得能否成功，关键就是“坚持”两个字，坚持下来了，即使失败也有机会扭转局面。种植黄花菜失败的人我也见过，主要是不坚持寻找解决方案，所以失败了。我也曾经失败过，有过低迷和茫然，但是失败也不完全是坏事，我也能在失败中成长，失败是成功之母，没有失败哪有成功。之前我在蒸黄花菜的时候，也经历过挫折。蒸的时候把握得不够好，蒸太熟，黄花菜的颜色就变红了，但我并没有因为一两次的挫败就失去了信心，反而是从失败中慢慢成长，这次蒸太熟了，下次就不要蒸那么久，或是先把上面那些取出来，取完了再蒸下面的，因为蒸汽是往上走的，下面的熟得没有那么快。只要我们能够坚持自己的选择，在坚持的过程中反思和总结，经验多了，做事熟练了，就不容易碰壁了。勤奋、坚持不一定能成功，但是不勤奋、不坚持的话就一定不能成功。致富要有坚定的信念，必须为这个信念努力、奋斗！

最后，不断学习和借鉴。人就是要不断地提升自己。现在的技术真的非常发达，社会发展速度比以前快得多，可以说社会发展日新月异，大家就得不断地学习。学如逆水行舟，不进则退。新时代，所有事物都在不断变化，稍有懈怠，我们就会落后于时代，更不用说不学习了，不学习很容易被社会淘汰。我要持续地学习，才能持续地改进、提升自我。

我就是在不断的学习中成长起来的：学了驾驶装载车之后，我在工作的间隙又抽空去学习货车驾驶技术，并成功获取了货车驾驶证，多学一种技能就多一条路，多一份收入的保障。另外，我在大规模种植黄花菜的时候，参加了县里组织的黄花菜产业培训班，也获得了不少种植方面的知识，为我自己的田间管理和从事公司的技术培训工作打下了坚实的基础。借鉴也很重要，必须得参考别人的成功之路，才能少走弯路。主动看看别人，感觉人家哪点做得好，就学习人家的长处，感觉人家这个做得好，那就学学这个优点。比如，我学习别人租用无人机来喷洒农药，充分利用无人机速度快、效率高的优势，减少人工费用，增加了收益。郭书记派我去参观各种实践经验丰富的黄花菜基地，实地考察人家的种植情况，借鉴别人的新经验，无论是成功的经验还是失败的教训，都值得分享和学习。学习和借鉴了别人的经验后，公司的管理体系得到了完善，公司的黄花菜种植、病虫害防治技术得到了提升，实现了经济效益与社会效益双提升。

“高山冷凉蔬菜”带来的希望之路

受访人：陈昌鑫

访谈人：陈沛瑶　姜函希

访谈时间：2021 年 7 月 26 日

访谈形式：线上访谈

访谈整理：陈沛瑶

访谈校对：陈沛瑶　姜函希

故事写作：姜函希

受访人简介：陈昌鑫，男，汉族，1985 年生，贵州大方县人，大学文化。2016 年 12 月成立百里杜鹃金鑫起源中药材农民专业合作社，采取“合作社 + 基地 + 农户”的模式，以中药材种植为主体进行产业发展，种植面积 200 多亩。通过以下四种利益联结机制带动乡村产业致富：一是吸纳贫困户加入合作社共同发展，参与盈利分红；二是整合农户土地资源，给予土地入股分红；三是提供就业，优先解决贫困户劳动力入股参与分红问题；四是采取阶梯式交替种植法种植高山冷凉蔬菜，提高时限效益，保持全年都有菜出土。截至 2021 年，累计吸纳贫困户 60 户 186 人参与合作社，总计解决 289 户 831 人的就业问题。

一　“假当归事件”激发创业冲动

我是 2016 年决定投身种植业的。当时，我还是普底乡负责农业指导的专职干部。这段经历使我积累了足够的农业知识，也为出来创业奠定了牢

图 1　2021 年 7 月陈昌鑫（右上）接受姜函希（下）、陈沛瑶（左上）线上访谈

固的基础。

其实，我最初并没有十分强烈的创业想法，直到后来乡里发生了一起“假当归事件”，对我触动很大，让我萌生了自己闯一闯的念头。大家都知道，贵州山区受自然环境的限制，没有足够的空间开展工业生产，如果想致富，只能把思考方向转换到农业方面。所以，县里的一位乡亲就想到通过引进外面的投资商种植中药材的方式来赚钱。引进的投资商说要种当归，因为中药材价值高、需求大，而且不愁销路，还带来了许多当归种子让大家买，并承诺种出来的当归他们会收购。他们搞了个展览，给大家展示当归的种植状况，老百姓一看这个种子种出的苗长势很好，就开始琢磨要不要去跟着一起种当归。只要有一家买种子，他周边别的群众也会试着买一点。于是那段时间，农户们家家户户都种植了当归。

后来我才知道，原来这是投资商设置的一个骗局，他们给农户的当归种子全是假的，而且卖了种子就跑，后面老百姓种的东西都没人要了。我非常气愤，因为他们骗走了种植户很多钱，给县里造成了不好的影响。我接触当归这种药材已有 11 个年头，对它还是有一定的了解，所以我想，与其看着别人种假的，不如自己把它的生长习性搞懂搞清楚，到时候种出来给大家看看什么叫真正的当归。带着这种不服气的劲头，我开始从书上和网络上学习当归种植的相关知识。

没过多久，县里就出台了政策，说干部也可以带职出来创业带动群众致富，工资照样发，但是生产自负盈亏。有这个“假当归事件”做引子，再考虑到庞大的当归需求市场，正如传统古语说的“十药九当归”，于是，我选择出来开展山地高效农业项目，投身于中药材种植。我本身具备一些专业知识，因为大学学的是农学，再加上家里做的也是药材生意，对这一行或多或少有些了解。但为了发展当归产业，我还是四次自驾去甘肃岷县调研采种。岷县有我国最大的当归生产基地，当地当归产业的链条都非常成熟，他们那里的药材市场招牌上都写着“当归城”。因此，我去那边走访了从业人员，向他们了解入行需要做哪些准备工作，也观察了他们的种植方式与硬件设备。当然，最重要的还是了解销售市场和销售渠道。岷县周边基本都是做当归生产的，我实地走访了几个种当归的村庄，为了便于跟老百姓打交道、学习交流，还在那边住了一段时间。我觉得只有和他们多交流，才能得知当归具体的发展前景、市场流向和种植技术。只有到当归生产的地方，到老百姓真正做出成果的地方，得到的经验才最真实、最可靠。调研是一个很辛苦的过程，既要顶着现实的压力去找机会，也要关注着市场动向，更别提风餐露宿、长途跋涉给身体带来的艰辛与疲惫。最令人沮丧的是，虽然我的调研取得了一些成果，但是当真正在贵州实践的时候，还是遭遇了巨大的挫折。因为气候的问题，我们县的湿度和日照等因素没办法满足当归生长的需要，再加上当归的种植周期比较长，要两到三年才有成品，我们要一直管护、一直投资，然后到第三年采收的时候还不知道市场价格稳不稳得住，稳不住的话会损失惨重，所以在深入了解了当归在本地的种植难度与市场价格比较难以掌控的情况下，我放弃了走种植中药材这条路。

二 选定“高山冷凉蔬菜”，产业发展有奔头

汲取了第一次失败的经验教训，经过几轮慎重筛选，结合本地的气候和土壤状况，粗略估算了人工成本和市场需求，我最终选择了包菜作为项目的新作物。贵州这边是高海拔地区，高山气候使种出来的蔬菜口感，包括耐热程度都比较好，关键是采收期还能和平原地区产生一个时间差，在夏天平原地区蔬菜较少的时候刚好可以供应。所以我们种的蔬菜还有一个特殊的名字，叫“高山冷凉蔬菜”。

一开始我只种了两百亩包菜，没想到种植效果还不错，而且通过不断想办法，遇到的困难也基本上能够解决。比如在防虫环节控制不太到位时，可以通过勤喷农药抑制虫害。比较严重的问题是，在每年四月份到五月份可能会下冰雹，这种极端天气对包菜伤害很大，因为它可能会把菜给砸坏，而且很难进行事前防御。毕竟建大棚也不现实，一搭就是几百亩，成本太高了，我们作为个体是没办法承受的。因此，一般情况下我们只能进行事后管理，像那些砸伤严重的包菜就只能移除并重新种植，如果砸伤比较轻，包菜能够自己恢复，那后续打理的时候精细一点照顾就可以了。当然，如果监测到有很大的冰雹，政府可能会帮忙用炮弹把冰雹的云雾打散，所以一般来说不会有特别大的损失。

关于交通问题，在选址的时候就要考虑好。我们选地不是说哪个地方比较平坦、哪个地方土壤适合种植就选在哪里，最重要的还是交通必须方便，所以我们会优先选择道路两旁的地块。但也不是说地选好了就没有后顾之忧，因为除了大部分已经硬化的道路，还是有一部分狭窄的泥土路，运输不方便。如果运输的车陷到泥里出不来，这时候就必须找另外一辆车把它拖出去。这种情况每年难免要遇见几次，处理起来很麻烦。毕竟，装上货的车辆非常重，陷下去就出不来，而且还要尽量快一些拉起来才能不影响后面的车辆。我们又担心塌陷，又担心影响后面的车辆，一着急，人的心理压力就会很大。所以，下雨天的时候我们都尽量避免在容易发生特殊情况的地块，特别是经过泥土路的地方装货。

除了上面这些问题，销售也是个大麻烦。我在拓展销售渠道这方面下了很大的功夫，市场的客户都是我一个一个跑出来的。最累的是 2020 年 5

月，我走了13个城市，自驾跑了6000多公里，主要是去两广地区，比如广州、东莞、南宁等地销售，每到一个大城市，就去那边较大的批发市场谈业务。我向批发市场的客户们一条一条地说明我们的优势，比如我这边是直接销售给他们，不通过中间商，减掉中间商这个环节以后，直接给他们的基地出货，价格就会很有竞争力。品质上的话，我们这边的蔬菜比低海拔地区的要耐热一点，腐烂得少，可以说是物美价廉了。

我刚刚去的时候，市场的经销商对我不了解，且有时候感觉我的产量比较小，就不太理睬我，因为和平原地区面积上千亩上万亩那种大基地比，我的出货量肯定少一些。但为了争取更多的客户，我什么方法都得试一试，比如找到他们的电话与他们沟通，加上微信，然后发一些日常种植的照片给他们看，还有拍一些发车、种菜之类的短视频，他们也能看得到我朋友圈里的动态，这些动态大多是与经营业务相关的信息。这个时候经销商就知道我具体做了什么事情，觉得我这个人是可靠的。当他们看到我的诚意，自然而然就答应了和我合作。

最开始开拓客源的时候是我最忙碌的一段时间，有时候为了急着见下一个客户，晚上开车赶路到很晚，疲惫了就把车停在市场里面，和着衣服躺在车上就睡着了。吃饭也很简单，经常买点包子、饼就能对付一顿，特别是跑夜路，找到吃饭的地方时已经晚上两三点了，有时候甚至压根没找到店，用风餐露宿来形容一点都不为过。

虽然那个时候过得很苦，但是好在打通销售渠道后就不愁包菜销路了，基本可以做到当天采摘当天就能运走。流程非常简单，我们和客户之间通过网络渠道联系好后，直接从网上预约货车送货，发过去之后他们那边就接单，一笔生意就完成。为了提高包菜质量，像我们平时会装冷藏车或者搞通风孔，用这些措施来降低温度，减少腐坏。

三　一心一意带动群众发家致富

我搞包菜产业安置了就业人员，延长了产业链，帮助乡亲们改善了生活。2018年调到百纳乡之后，发现农户的土地80%都是闲置的，因为年轻人要么是出门务工，要么是出去读书，在家的都是老人和孩子，种地就比较困难，于是我想到了如何挖掘农户的土地价值，等到土地流转过来之后，我又让有劳动能力的留守人员参与种植劳动。他们看着做蔬菜的利润还可以，于是在跟着我们做了一年之后，有的农户就自己也试着种一点，收入也慢慢增长了。

我们贵州大方县，每年的 12 月份到下一年的 2 月份是育苗期，3 月份、4 月份移栽种植，6 月、7 月、8 月份是采收的最好时节。包菜在大方县是一年两茬的作物，再过几个月，下一茬的包菜又要长好了。从 7 月到 8 月，这段时间就要准备移苗了，移苗就是把菜苗移栽到土地里面去。到了 11 月，第二茬的包菜就逐渐成熟、可以采收了。在采收的过程当中，我们还要挤出时间来赶紧育苗，育苗就是撒种子，让种子从地里面生出小苗。但我们一般撒种的时候撒得很密，所以等它们长大以后，就要移出来按行距、颗距栽种。我们的生活就是这样，在一轮一轮的循环中，孕育生生不息的希望。

种植说起来容易，但在实践的过程中，我们也栽了很多跟头。比如在向农户租用土地的时候，有一些人在思想上比较顽固，不是那么好说话，有时候故意不拿土地出来。一般遇见这种情况，我就会找他身边的人或者村委会和他沟通，因为种菜的话就是要连片的土地，中间有一小块拿不下来也挺难办。“精诚所至，金石为开”，只要你用心做工作了，大多数人到最后都是能被说通的。毕竟没有白用他们的地，我们不仅给他们流转费，还让群众用他们自己的土地参与入股，给他们提供务工的平台，只要参与进来务工就能拿到多一份收入。农户一开始不愿意把土地流转出来，最大的原因不是自己也想要种地，而是他担心给不了流转费。只要摸清楚农户的心理，用行动打消他们的疑虑，一切问题就能迎刃而解了。

另外是劳动力明显不足的问题。我们这边有一个词，叫作“996138 部队”。“99”指的是老人，“61”说的是儿童，“38”就是指妇女了。这句话的意思是，现在还留在农村里的人，大多是老弱妇孺，而且土地闲置比较多，荒废也多，因为劳动力都外出挣钱去了。于是，我们雇用对象的劳动效益就很有限，也就是说给到 100 块工资，但是干不出 100 块的效益。不过，我们作为干部出来创业，不就是为了安置更多农民就业、增加农民收入、给群众营造更好的生活环境吗？这就是创业的真正意义所在。

参加“高山冷凉蔬菜”劳动务工的人，有一部分是家庭比较贫困的人。我印象最深的是，有一位女同志，她的丈夫酗酒，家里老人也老了，而且小孩多，所以她只能一个人挣钱养一大家人。这种遭遇很让人心酸，所以遇到这种情况的时候，都会适当倾斜照顾一点，比如给她多安排两个班，提高她的工作频率，让她多挣一点钱。我们有的工种用不了那么多人，但在必须挑选人来务工的时候，就尽量关照家庭困难的群众，让他们进来多做一点，多一点收入。

像有一些农户，他们一开始没有收入渠道和收入来源，能拿到手的钱很有限，他进来参与我的“高山冷凉蔬菜”种植发展，自己领到工资以后，就有了更多的可支配收入，生活也会宽裕许多。看到工人们的孩子买了新书包、穿着新衣服去上学的时候，我总是很欣慰。在我们合作社，一向是多劳多得，比如移苗是按每亩地150块发工资，收菜是按每吨100块来发工资。有的工人比较勤劳，赚了更多的钱，甚至能翻修房子、买上电动车。有了电动车以后，他们去合作社就更方便，不仅节省了时间，还能去更远的田地帮忙生产，拿更多酬劳。像这样形成一个良性循环，慢慢地让整个生活都变得更加美好。

我们更重要的任务是让他们学会专业知识，并且在这个过程中和他们建立亲近的关系，让他们愿意跟着我们一起进步。在干活的时候，每一种活要怎么干，我要细致地教给他们，同时也要表扬他们哪个地方做得对，纠正做得不对的。比如在给包菜移苗的时候，一般都是先挖一个小土坑，再放肥料，最后把从别处挖来的苗放进去。在栽苗的过程中，我们要求用手栽而不是借助锄头，以防伤害幼苗的根系，但是很多工人不习惯这种方式，总是会想用锄头去栽，这样不仅速度很慢，而且栽的质量也不好。于是，我得细致地和工人们交流，亲自指导他们种植，在这个过程中，我也基本了解到了每一个农户的家庭情况，比如他为什么愿意来干活、家庭收入怎么样，大家在共同工作一段时间后，必然都会对这些问题有所交流。

经过一段时间的实践，很多群众可以独立发展起来了，他们自己也开始种菜，我们种什么，他们也跟着种，这样下来，等他们的菜成熟到可以卖的时候，我就帮他们寻找一下外面的销路，只要买卖双方能协商妥当，就可以直接装车运走。当然，包菜买卖市场非常敏感，任何一个相关因素的变动都会造成出货价格的波动，有时一天能有几个价格，这与每一地区的种植量大小、包菜运输损耗量、是否为节假日等都有关系。比如假期的时候我们的销量就会受到很大影响，因为销售主要是走大型的批发市场，市场有学校的营养餐的那种订单，在假期，很多学校食堂都会关闭，对菜的需求会小很多，甚至没有。

面对这种情况，我们不仅要培养自身对市场动向的观察意识，还要帮助农户们增强抗风险能力。实话实说，干农活真的很累，每个时期都有不同的工作。生产期的时候要栽种，弯着腰把苗栽到地里面，后期要施肥，还要人工反复除草。平时还好一点，每天八点上班，晚上到八点下班，卖货装车的时候更辛苦，早上六点半装车的工人就要下地了，然后最晚的时候要到晚上十一点半左右才能装完。至于我自己，操的心更多。要操心产业怎么做下去，要知道市场行情怎么样、能不能卖到一个好的价钱、会不会亏本，这些都是需要花时间研究的事情。有时候我看到别人市场不好，出货价格被压得很低，如果他自己没钱再继续投资的话，就只有退出生产了。所以我也会想，如果有一天我自己的钱亏完了，还不是就被打回原形了吗？我还记得刚刚投资时心里的忐忑，我一直挺怕亏本，所以下了很大的决心才做出创业决定。

但随着包菜种植状况越来越好，心态慢慢就稳定了。今年上半年生意不好，算下来亏损了近30万，可我对未来仍然充满希望。包菜属于生长销售短平快的作物，这一季亏掉了，下一季有可能就赚回来了。庆幸的是2020年新冠肺炎疫情对产业的影响不是很大，因为我们这边是大山区，难进难出，所以去干活还是安全的。更巧的是那段时间刚好是我们生产的季节，错开了销售的时间，因此没造成什么损失。

在市场不断变化的时候，我最大的底气还是拥有扎实的农业知识。我是农村的孩子，在种植方面有一定的经验，而且会经常去找卖农药的专家和有种植经验的那些种植户虚心学习，因此能够很好地适应现在的种植事业。况且我是在乡政府的农业服务中心工作，本来就是管农业的，现在出来做与农业相关的事情自然是得心应手。

四　投身乡村创业践初心

对我来说，能够走到现在离不开家人的支持。我出来创业，一般周末才回家一趟，有时候忙得都不能保证每周能回家，家里的大小事都要靠妻子来处理。我的小孩上小学二年级，因我回家少，对我的思念与日俱增，

图 2　陈昌鑫和团队讨论种植事宜

但是没办法，只能做到有时间就尽量回家团聚。特别是在销售旺季，我周末也要上山帮着去装车而无法顾及家里。

有时候我会给孩子讲一些工作上的事情，说你现在不好好学习、不好好读书，将来长大了比我更加辛苦。你吃不了学习的苦，你就要吃生活的苦。孩子似懂非懂地听进了我的教育灌输。

开始创业的时候，最大的愿望是尽可能安置更多人就业，让乡亲们增加收入、改善生活。事业发展到稳定期后，想得最多的是，在我的合作社里参与务工的群众，有一天可以选择自立门户，这才是我梦寐以求的带动效应、带动成果。因为他们之前不会种菜，或者不知道种什么菜，不知道卖到哪里，现在他们在我的合作社里面参与种植之后，自己学习到了种植技术，有了销售渠道，就有信心去经营管理他们自己的生产。帮助群众自己去种植、去发展，不正是我初心不改的体现吗？

在后续的发展过程中，我仍然会帮助他们，他们菜种出来之后卖不掉，我会给他们找销路。无论市场价格如何起伏波动，我都会尽力去帮助他们，这就是我的工作，也是我的职责与社会责任。

我一直建议有条件的人投身于乡村创业，特别是农业种植这一块。因为这个领域的生产周期比较短，风险相对小一些。这一次不行，下一次重新来，从头再来的机会要比其他行业多得多。

虽然在这过程中会面临很多困难，但我一直认为，做乡村创业，就像做饭一样，你做了自己吃和做来卖给别人吃，收入是不一样的。我们开始种的都是粮食作物，相比之下，种蔬菜的经济效益会高很多，需求也比较大，收入会比种粮食作物要来得快一点、多一点。

在种菜过程中会遇见许多困难，而且不断出现新问题。市场波动很大时，销售量上不去，经销商就卖得很慢，导致我这边也只能很慢地出货。这就造成包菜烂在地里，损失不小。有时候遇到市场价格特别低，包菜才一毛钱一斤，卖掉之后我们装车的工人每斤得 5 分钱，我自己得 5 分钱，亏本就比较严重。我知道市场具有很大的不确定性，所以我总是和同行业的人保持长期的频繁的交流，特别是在技术问题和生产经营问题上，借鉴别人的经验，来完善自己的思路。

其实这也是致富带头人的一个作用，就是把别人可能犯的错误先犯一遍，摸索出来正确的方法以后，再用行动告诉别人怎么做才是对的。因为致富带头是一个连贯的过程，首先你要会做，就像教做饭一样能够一步一步带着别人实践，要是自己都不会做饭，那你怎么教别人？这肯定是不行的。你要把自己想推广的东西做出成果，做出示范效应来，然后别人才会跟着你学习，你才能够带领大家发家致富奔小康。

总而言之，自己先做大做强，致富之后，才能起到带头的作用，带动周边的群众投入包菜种植。贵州山区多，市场较小，思想处于比较落后的状态。如果让群众自己去创业，他们最开始是不知道做什么、不知道怎么样去做的。先富起来的致富带头人就非常有说服力，就能够带着他们一起做，当群众看到有效益之后，积极性就全部调动起来了。等他们自己学会之后，就会自己放开手脚去施展一番。说白了，大多数群众就是需要有一个模板、有个成功的示范者，他们才会有发展方向、有创业的自信心。我出来创业的宗旨和目的就是致富带头，我要走在前面他们才会跟着我走。

但当致富带头人并不轻松，这是十分考验人的一项工作。因为你一定要做到无私，就是凡是你自己懂得的、你自己有的，都要无私地交出去，都要无私地传授给那些想跟着你走的人。像做基地、做蔬菜这种情况、这种产业，它比传统的农业来钱快一点、多一点，只有钱来得快，有生钱的事业，老百姓才会去跟随，要不然他会一直种粮食作物，种玉米、种土豆，自给自足，赚不了钱，依然处在贫穷的状态，代代传递。我要做的就是给他们看到经济效益，看到种植蔬菜有甜头。

我刚开始在流转的土地上种蔬菜的时候，很多老百姓质疑我，种这么多菜种给谁吃？这么多菜能卖得动吗？群众都带着很多疑问在看着我怎么样把这个蔬菜基地运营成功。后来蔬菜种出来了，也卖出去挣钱了，那些质疑我的人很快转变了思想。

最主要的是，流转费、劳务费我都能够按时给他们发下去，有很多农户看到我种出来的蔬菜在市场上卖出好价格，能挣不少钱，就全力地支持我，并很快加入了合作社，成为股东。有很多人想自己创业，“另立山头”。这就是我想要的结果，想要达成的目的，就是要让老百姓跟着我干，最后他自己能够去做，他自己做出来的，他挣多少钱是他自己的。

我最有成就感的，不一定是赚了多少钱，而是看到我的推广卓有成效，让大家愿意去相信种植经济作物的可行性，然后去改变以往传统的生活方式。给群众打开了一个全新的发家致富的窗口，走共同富裕的希望之路，这种强烈的愿望的实现会比赚了钱更有成就感。

风雨之后，扬“莓”启航

受访人：王建新

访谈人：李淑玲

访谈时间：2021 年 7 月 22 日

访谈形式：电话访谈

访谈整理：李淑玲　綦奕璇

访谈校对：李淑玲　易振非　王建新

故事写作：李淑玲　綦奕璇　易振非

受访人简介： 王建新，男，汉族，1974 年生，广东东源人，河源市润龙农业发展有限公司项目经理。公司于 2021 年注册，占地面积 2500 亩，主要经营生态甲鱼、土猪、板栗、蓝莓等产品。工作之余，常为村里策划活动，开展心理辅导，帮扶留守妇女和贫困户，积极推动乡村建设。曾多次尝试在生态甲鱼、黑山羊、土猪、罗氏沼虾、白鳝和刺鳅鱼等领域创业，大都受市场、疾病、环境等因素影响而失败，总亏损额上百万元。后转产种植 600 亩蓝莓，吸纳村里 50 多名妇女与老年人就业，开启新的征程。

一　踌躇满志赴农业，养殖行业初碰壁

1991 年初中毕业，我从河源去到东莞虎门打工。在 22 岁的时候开了一间塑胶厂，一直做到 2007 年。那时候由于次贷危机[①]的影响，在 2007

① 次贷危机，2007 年发生于美国，美国次贷危机引起华尔街金融风暴，后来演变为全球性的金融风暴，这是二战后最严重的一次金融危机。　——编者注

年我将工厂生意转交给朋友，回到家乡租了几百亩山地种桉树[1]。种完以后，我就又回到东莞，重新跟人家合伙开了一个塑胶模具厂[2]。小小的工厂，开始时设备是四五台机器，十多个人，24 小时无间断生产，这期间自己也不知道熬了多少个通宵，经过几年的发展一直做到两三百个人的规模。

2012 年，投资的工厂生意不景气，母亲的病情也到了要做透析的程度，需要有人照顾她。于是我就回到家乡，从塑料业跨行到农业，成为我们村最早做农业的人。那时候我一边照顾母亲，每周从船塘[3]陪她坐车去河源市做透析，来回六七十公里，每次透析需要四个小时；一边跟别人租了一些田和鱼塘来养殖生态甲鱼，把之前开厂赚的 80 万投资进去，开始着手租地，搞基础建设。一边照顾母亲一边创业真的很辛苦，母亲一共病了六年，有三年时间眼睛是失明的。工作上我又跨行去做农业，工厂管理和养殖管理是不搭边的，养殖很多东西需要亲力亲为。

生态甲鱼是我与堂哥王新强合资养殖的，当时养甲鱼的宗旨是“无抗养殖”[4]，全程是按照甲鱼的生长规律进行饲养，不喂任何抗生素，几年里基本都是用东莞虎门渔船打来的冰鲜海鱼进行喂养，一年都要 20 多万的饲养钱。因为甲鱼是会冬眠的动物，我们每一年只喂四五个月，喂到十一月份，养殖五年才能上市。这五年养殖期间，投放了 3 万个鱼种，包括投喂的鲜鱼、中草药等以及调节鱼塘水质的药物成本支出很大，所以第一个五年甲鱼上市时我们没有赢利。

第一个养殖甲鱼的五年期间，我没有什么收入，同时还要支付母亲每个月上万的透析费用。好朋友郭永安看到我这样的情况，同时也考虑到他父母年纪大了，就将他爸妈在镇上养的 100 多只羊牵到我这边让我来养，并表示是否赢利不重要，希望可以帮到我。

2014 年，我开始养羊。由于缺乏经验，我经常通过手机搜集一些资

---

① 桉树原产地澳大利亚，喜光，喜湿，耐旱，对低温很敏感，适酸性土壤。木材红色，纹理扭曲，耐腐性较高。叶供药用，有祛风镇痛等功效。——编者注

② 塑料模具，即塑料加工工业中和塑料成型机配套，赋予塑料制品以完整构型和精确尺寸的工具。——编者注

③ 船塘镇地处广东省河源市东源县北部山区，2018 年入选全国农业产业强镇示范建设名单。——编者注

④ 无抗养殖指畜禽水产饲养过程中完全不添加任何抗生素等药物，并用中草药代替抗生素进行预防和治疗，实现动物的肉质中无抗生素残留。——编者注

料，并慢慢加入养殖山羊行业群聊，在同行群聊里请教养殖经验、购买养殖产品等。在2000多亩的山地上放羊，需要买一些兽药，打扫羊舍和时刻注意观察羊群动态，看看它们有没有生病。尽管我悉心照料，两个月后羊还是没了一大半，从事养殖行业非常不易。

2015年，在我的悉心照料下，那些羊生了小羊羔，几十只母羊同期怀孕，虽然中间有被狗咬死的，但那年也卖出100多只。销售方式主要是零售，主要通过朋友圈进行宣传推广。那会儿甲鱼还没到时间上市，我母亲的病情也有点严重，赚来的钱都花在推广和看病上了。2016年与2015年差不多，山羊一年产出100多只，但成羊的量比去年稍多一些，收入上也差不多。推广有了效果，基本附近需要羊的人都会来找我，那两年每年都有十多万的收入，因此我与好友郭永安再次投资50万元养殖黑山羊，两人一起出资，由我全程负责和经营管理。同年，我和王新强合作投资30万元养殖放养山猪，这是我人生第一次养殖放养山猪，同样由我负责经营管理，众多的工作任务让我那年忙碌起来。

到了2017年，我们跟我国台湾的一家公司合作，用四五十口鱼塘来养殖罗氏沼虾①，前后共投资80多万元。年初开始准备工作，但上半年气候干旱，眼见鱼塘的水不够，也不敢下苗，到了五月份下了点雨我们才开始下苗，可惜因为气候和地理环境，第二年老板就撤资了，我们亏了前期购买养殖设备的十几万元。

二　身体力行做实事，尽己所能帮扶人

2018年，农场发展得比较平稳顺利。投资的放养山猪和黑山羊在我精心管理下，基本收入也可以维持农场的运作，甲鱼陆续上市卖出，并得到不错的反响。但2018年令我非常伤心的一件事是我母亲的病逝。9月，我在工作中不小心伤了右脚后住院，在医院做完手术还没来得及出院，我母亲就病逝了，我只能被迫坐轮椅出院料理母亲的后事。树欲静而风不止，

① 罗氏沼虾为长臂虾科、沼虾属动物。体大，体色呈淡青蓝色并间有棕黄色斑纹，养殖一年通常可达到150毫米至200毫米，其活动的强弱与外界环境的变化有直接关系，对环境极其敏感。——编者注

子欲养而亲不待，这是非常令人难过的。

即使在自身处境不明朗的时候，我仍心存“扶人一把”的善意。回乡以来，我一直有在村里开展一些青年心理辅导和协调家庭矛盾的活动，这主要是因为我东莞厚街的一个朋友，在东莞那会儿我就经常跟他一起做一些心理辅导工作。因此，这个习惯也一直保留到现在。2018 年底，我与好友谢初成投资 6 万元给一名“小青年”养殖山猪。“小青年”当过兵，但因为小时候教育得也不是很好，当兵期间犯事被部队解雇，连退伍证都没有。回来后经常找人借钱也不还，好吃懒做还老是酗酒，和别人打架，手臂都被人家砍伤了，导致左手无力，打官司对方也赔了他几十万元。他爸妈就很担心他，也知道我一直有做这样的工作，希望我可以帮到他们儿子。经过差不多一年的交流，“小青年”接受了我的建议，就在李田村开始了他的山猪养殖事业。

其实帮助“小年青”我也是想做一个案例出来，然后带动一些赚到钱的乡贤去帮扶一些贫困户或者有志在农村发展的一些村民，这是我帮助“小青年”的初衷。我也和大家说过，如果他们想创业的话可以在我原有的基础上去做，只要是能够帮到他们的，我都会去帮助，提供猪苗、饲料还有养殖经验都是可以的。

2019 年，我前期投资养殖的所有山猪和黑山羊都因感染病毒死掉，“小青年”见状便把我之前投资他的土猪和养殖基地都返还给我，去河源打工了，到现在为止干了两年，从最初的不去工厂到现在工作了两年，看到“小青年”态度的改变，我很是欣慰。

三　创业历程心酸满，艰难困苦不足畏

2019 年，为了不让鱼塘闲置，我和朋友在 4 月初便投资 20 万养殖白鳝和刺鳅鱼[①]，但是那个鱼走水[②]很厉害，下雨后或鱼塘水溢出时鱼容易跳出游走。后来也因为我在 7 月份生病住院时下过大雨，在没有人管理的情

① 白鳝，是鳗鱼的一种，又称河鳗，是一种降河性洄游鱼类。刺鳅养殖要求环境安静、背风向阳，噪声大、风口处等不适宜建池养殖大刺鳅。——编者注

② 走水，即鱼会随着水的流动而移动，往往鱼类喜欢聚集在氧气含量比较足的活水区。——编者注

况下那些鱼苗就跑完了，三四个月亏损20多万元，养鱼事业以失败告终。

2019年7月1日，我可能因被虫子咬伤或其他原因，开始出现头痛症状，高烧42度，难受了一天。2日我感觉不对劲就马上前往广州医院，在中山大学附属二院孙逸仙纪念医院住院，做了一系列检查，好在没有特别严重。但后来几天病情并没有好转，到了6日下午三点，我感到呼吸困难，医生马上推我去抢救。我到现在还记得，抢救的时候我拉着医生说道“救我救我”，随后就失去了知觉。从6日昏迷，直到17日晚上才醒过来，昏迷了11天，在ICU住了17天。我真的非常感激这段时间妻子对我无微不至的照顾，从没想过要放弃我，一直在背后默默支持我，包括对我创业的支持。在感染病毒后，每天需要注射抗生素，在医院一天就需要花费两三万元的开销，医药费总共花了六七十万元。让我特别感动的是，亲戚、朋友、同学和乡亲们知道我住院后在三天时间内捐款40多万元，乡里的人都知道我为家乡做了很多事情，所以他们才能在三天时间内捐给我40多万元，我真的很感激他们。

8月12日出院后才发现，这些年我苦心经营的养殖事业在我生病住院期间仿佛“一夜回到解放前”。总价值50万元的黑山羊，因为没人管理，被狗咬死了很多。我被布鲁氏菌[①]感染了，同时它也在羊群中传播，以至于后来黑山羊所剩无几，养殖山羊以失败告终。养殖山羊是我和朋友郭永安合资的，当我出院后告诉他羊没了的时候，他也没有说话，过了一会儿他开始埋怨我生病也不告诉他，他还宽慰我羊没了就没了，不要放在心上，让我有能力还时再还一些，没有的话就算了。

祸不单行，在我生病住院的7月，我们船塘镇80%以上的猪场感染非洲猪瘟[②]，当然也包括我的，就这样，出院后的我回到东源还得被迫接受我在2016年投资30万的山猪养殖事业在这次猪瘟混乱中以失败告终。甚至于，在4月初投放的价值20万元的白鳝和刺鳅鱼苗也因无人管理在一场大雨后消失得无影无踪。2019年的冲击对我来说还是比较大的，前期的投

---

① 布鲁氏菌，又称为波状热、地中海热，是一种人畜共患的传染性疾病，所有的人都有可能会被感染，没有年龄、性别的差异，可以通过直接或者是间接接触传播。——编者注

② 非洲猪瘟是由非洲猪瘟病毒感染家猪和各种野猪而引起的一种急性、出血性、烈性传染病。其特征是发病过程短，最急性和急性感染死亡率高达100%，该病是我国重点防范的一类动物疾病。——编者注

入血本无归，羊生病死了，猪感染瘟疫死掉了，鱼苗也跑了。虽然对我来说冲击很大，但总归病过一场才深知健康更重要，“留得青山在，不怕没柴烧”，钱没有了可以再去挣。虽然有太多辛酸苦楚，但生活总要继续，收拾好心情继续努力才是奋进者应该有的姿态。

一切从头再来，从 2019 年到 2021 年 4 月，我都在认真照料甲鱼和山猪，这期间也为另一个有意义的项目在做准备。从“小青年”手里接来的山猪在 2020 年总共卖了 100 多头，赚了几十万元。那批养出来的猪留了一些做母猪，年底又生了小猪。甲鱼也依旧比较有市场，正当我以为事业可以慢慢步入正轨时，生活还是会给人以痛击。2021 年 5 月，由于同村的猪场隔得很近，且都是散养，附近有个猪场的老板因贪图便宜从外面抓回一些病猪，导致整个山坑里的猪都感染非洲猪瘟，四五家大型猪场及一些散户总共 1000 多头猪全部死掉，而我的损失最为惨重，直接亏损 100 多万元，总计 400 多头猪，其中成年猪 200 多头，刚出生到几十斤的那些有 200 多头。

创业真的很不容易，从我过往的失败经历总结出以下几点建议，希望能帮助到有需要的人。虽然养猪在农村是不错的创业方式，但是养殖之前一定做好市场调查。肉猪养殖大概 3～4 年为一个养殖周期，首先，看清行情抓好周期，否则再好的猪也卖不了好价钱；其次，选址和环保也很重要，你需要在开始前考虑未来扩大规模的场地，因为小规模养殖经不住市场考验；最后，要有后续资金，特别像今年生猪的市场价格从去年 20 多元掉到现在 6 元多，在一头猪都要亏几千块的情况下，如果没有一定的经济实力是难以承受的。对于投资养殖鱼虾等水产行业，没有考察当地环境气候和销售渠道时，不要盲目去做，投下去的都是血汗钱。而投资山羊养殖的话成功率普遍不高，因为广东雨水比较多，对于山羊来说生长条件是比较糟糕的。还要考虑销售渠道，没有较广的人脉和销售渠道也比较难发展，另外，地理位置和养殖损耗也需要考虑。我身边的朋友大多养羊失败，最多的时候有十多家养羊，到现在只有两三家，因此，投资养殖山羊需要注意以上几点建议。

四　“一村一品”新业态，致富带头进行时

2016 年，我与堂哥投资 200 万元收购东源县亚洲创建木业有限公司桉

树林1400亩，年底投入130万元收购本村桉树林600亩，收购桉树林为河源市润龙农业发展有限公司的成立奠定了基础。

2021年1月，河源市润龙农业发展有限公司正式注册成立。该公司由我与堂哥合资创立，我既是股东之一，现也是公司主要项目负责人。公司现主要经营生态甲鱼、土猪、板栗、蓝莓等产品。公司占地面积2500亩，其中鱼塘200亩，土猪场200亩，板栗园100亩，已改种好蓝莓600亩，还有1400亩山地由于资金短缺暂未耕种。公司现有员工60多人，其中十多人为贫困户，其余员工为流石、李田[①]两村留守妇女，她们的年龄均超过55岁。

2020年10月，河源市开始倡导“灭桉行动”，当时我和王新强的桉树林连着总共2000多亩。当时船塘镇的镇委书记找到我们说，要积极响应号召改造桉树林，同时开展“一村一品”蓝莓基地项目，船塘镇现在想做一个蓝莓加工基地，可以把这片桉树林改造成蓝莓基地。当时砍桉树我俩共获得400多万元，预计改造蓝莓基地600多亩。

申请到“一村一品”蓝莓基地项目[②]后，我们满怀期待地对这片热爱的土地开始改造。除了蓝莓种苗由政府提供外，一切工作由我们全权负责。年底开荒，请挖掘机开山带、装浇灌水管、组织人工等，我们把获得的400多万元全都投资到蓝莓基地中。请挖掘机开山带，最多的时候一下子请了9台挖掘机来挖，员工是附近几个村的人，多的时候一天有七八十个五六十岁的留守妇女和贫困户来栽种、放肥料等。2021年，清明前我们种下了第一批蓝莓种苗，一直种到5月，一共种了600亩，不过现在还没到收成时候。预计不久的将来还有1000多亩山地需要继续种植蓝莓。我们预留了场地，可以修建一些停车场等基础设施，也会尝试种一个百果园，里面种植一些热带的水果以及其他一些适合种植的水果。总的来说，“一村一品”项目还是让人充满希望的。

---

① 流石村是广东省河源市东源县船塘镇下辖的行政村；李田村是广东省河源市东源县新港镇下辖的行政村。——编者注

② 一村一品，即在一定区域范围内，以村为基本单位，按照市场需求，充分发挥本地资源优势，通过大力推进规模化、标准化、品牌化和市场化建设，使一个（或几个）村拥有一个（或几个）市场潜力大、区域特色明显、附加值高的主导产品和产业。文中指河源市润龙农业发展有限公司拿到蓝莓基地项目。——编者注

关于项目的工作，我主要是请本地人来做，特别是当地贫困户和留守妇女，也希望帮助到她们。早在2007年我从东莞回乡种树时，请的就是村附近的留守妇女，多的时候七八十个人，每年对树的施肥和管理一直由她们负责。而前期山羊和山猪养殖的基础设施建设，我都会请当地水泥师傅修建。在蓝莓基地开荒和种植的时候，一天有几十个人同时工作，在种植后的照料工作由十多个村镇的七八十个留守妇女和贫困户负责，他们会得到每天150元的工资收入。

请当地人做事也是需要用心管理的，要经常找他们沟通和谈心，沟通才能让其中参与的留守妇女和贫困户更加尽责。他们在努力工作之后拿到的收入会买东西孝敬父母，也常常会从家里拿很多东西给我们吃，学会了分享；在对待辛苦程度不同的工作岗位时，他们会相互调换岗位，做到换位思考。其中，我另一个50多岁的堂哥，已经做了爷爷，之前干房屋装修，年纪大了在房屋装修这个越来越年轻化的行业做得很辛苦，就没干了。我请他负责蓝莓基地管理，工资每月5000元，工作是把鱼塘的水抽到山顶上，他每天凌晨四点就起来了，常常凌晨要跑去关水，现在一天到晚往山头上跑。他在这里工作非常勤快。有一次，我们说要比比谁更早起来，后来发现我们都没有他那么早，人家五点多就上山了，我每天总是第一个看到他。他也感动了很多人，后来在工作中很多员工都很早过来工作，原定八点上班，很多员工七点就过来了，或者下午两点多下班，很多员工自愿上到六点，她们大多表示做多做少无所谓，主要是希望我们做好“一村一品”的蓝莓项目，大家都想把这个产业做起来，有一些员工就会想怎么去做才能做得更好，大部分员工都希望为这个项目出点力，把产业做起来带动家乡发展。

我一直没有机会出去学习，四月份有个朋友帮我报名参加碧桂园培训班。如果对返乡创业有什么建议的话，我认为相互交流一下失败经历是很有必要的。我的感受是：首先，好项目需要市场调查。如果好的项目没有进行一定的调查，在自己还不够清楚的情况下就盲目去种植或者养殖的话，就会遇到很多困难。一定要找对项目，不要盲目投资，这个是很重要的。其次，需要一定的资金和销售渠道。返乡创业或者小农创业就怕资金链断裂，没有资金去支撑，那你想做也做不起来的，就肯定会放弃，其实很多人会放弃，是因为后续资金不到位真的完全没办法，做得很辛苦。再

图1　2021年4月王建新（左五）与公司部分员工于农场办公室前合影

者，了解相关政策补贴。我们还要知道国家对农业的补贴政策，因为能领到一些补贴也会对创业有所帮助。最后，经验对于种养殖业很重要。这需要我们不断去总结和摸索，同时种养殖业还会受气候影响，也可以说要有“运气”。

现在我们的蓝莓基地有600亩，在附近算比较大的一个了。东源县今年开种了5000多亩，县政府也比较重视这个项目。我们的理想也很远大，计划带着一帮人做好示范，种下去，管理好，卖得出去，赚到钱，维持下去。因为蓝莓是今年才种下去的，现在还没出成果，但对于未来该项目和产业的发展我们是充满了期待，希望能够在我们的努力下打造一个特色蓝莓小镇或者蓝莓村，打造特色乡村文旅，发展乡村民俗去配合甲鱼养殖，养殖猪和羊，种树钓鱼，发展一些休闲农业项目，发动一些农妇养殖土鸡、土鸭等去带动创业，把一个个小项目慢慢去发展壮大等，这是我们目前的大概思路。打造蓝莓小镇或者蓝莓村的同时去带动民宿和观光发展，因为我们小乡村这边的环境还是不错的，农业要与旅游业相结合才可以更好地发展起来。要是有知名企业共同促进发展，提供一些福利，也会更好地促进农村发展。

现在国家提倡全面乡村振兴，要走出一条具有特色的乡村振兴之路。政府需要大力宣传我们的成果，这是很重要的。广东有几个地方的产品是做得比较好的，例如信宜的三华李、河源的鹰嘴桃，当地政府和果农宣传起着重要作用。但像我们船塘镇的板栗，作为河源市船塘镇本地特色，比较可惜的是宣传力度不够，对种植板栗人员的培训也不够。虽说船塘镇有种板栗的专家，但是缺乏有力宣传和对种植人员的培训，开了几届板栗节也没有达到很好的效果。我是希望好的产品都能得到有力宣传，毕竟想在农村走出一条路不容易。

在之前的养殖期间，我们也一直没有主动寻求政府的有关支持，但政府仍在这期间帮过我们。最开始山里都是泥路，交通不便。2017 年，政府将我们的泥路改造成水泥路，再到后来电不够我们就去供电局申请，在设备上花了几十万元，后期有关部门也给予了我一定的支持。

2021 年 7 月，一位中山大学的教授朋友到了我们家乡，我就带他去看了蓝莓基地，并跟他商讨未来该项目的发展。我一直想着可以在我们基地上建立一个学生实创研究基地，我们提供资源给教授和学生搞科研，这就

图 2　2021 年 4 月“一村一品”600 亩蓝莓基地部分开荒与种植

是支持国家科研。我非常希望能有这样一些学校来做这些事，不论对于学校还是企业这都是一个很好的学习过程。

我的创业项目，大多以失败告终，但我从来没有想过放弃，不成功便成仁，这是我一贯的思想。虽然我过往的创业项目并没有让我的乡邻收入增加很多，但我一直在创业路上，也希望做好做大“一村一品”蓝莓基地项目，未来能够做出一个好示范，去带动更多乡贤和返乡创业人员振兴我

们乡村。在我看来，致富带头人就得“撸起袖子加油干”，没有其他特别的秘诀，干就完了。致富带头人发挥的作用应该就是要让人家看到你的致富成果，有成果就有话语权和说服力，能在乡村里干出来人家就信任你，农民伯伯就是这个样子。然后我们就要想着怎么帮扶别人，一个人干难以成事，连片经营才有产业活力，例如一个产业，一个人无论再努力成果都是有限的，连片经营带动一些人去发展才能提供更多的产品，所以，我们一定要抱团取暖，发动和带动一些人去做农业。有能力的情况下，当然会尽量去帮助一些有困难的人，或者外面那些需要帮助的人，我也很乐意去帮助他，我也想帮助别人成为一个成功的人，一直都在做这些工作。但我想，在我能够最大限度帮扶他人之前，要先带头做好“一村一品”蓝莓基地项目。开弓已无回头箭，撸起袖子加油干。

打好民情牌，领好致富路

受访人：尹智杰

访谈人：严子涵　温洁莹

访谈时间：2021 年 7 月 22 日

访谈形式：线上访谈

访谈整理：严子涵　曾丹威　温洁莹

访谈校对：曾丹威　严子涵　温洁莹

故事写作：温洁莹　曾丹威　严子涵

受访人简介：尹智杰，女，满族，1977 年生，河北滦平人，大专文化，中共党员，2021 年被授予“河北省脱贫攻坚先进个人”称号。尹智杰响应国家“先富带后富”的号召，先后尝试摩托车修理、销售、餐饮及农村电商等多种创业类型。2015 年受邀回村工作，任村会计；2018 年任村支书，带领村民种植中药材。与此同时，为更好地关注儿童成长，建立了童心港湾活动室①。目前正筹备发展乡村旅游产业，继续带领村民走幸福致富道路。

一　曲折发展攒经验

我曾经在河北旅游职业学院上了两年学，学的是实用园艺，理论课只占 30%，其余 70% 全是实践课，比如种植花卉、种植蔬菜、种植水果，都

① 童心港湾活动室，为留守儿童建设的活动室，也可以说是活动室、图书馆、教室和休息室的结合体。

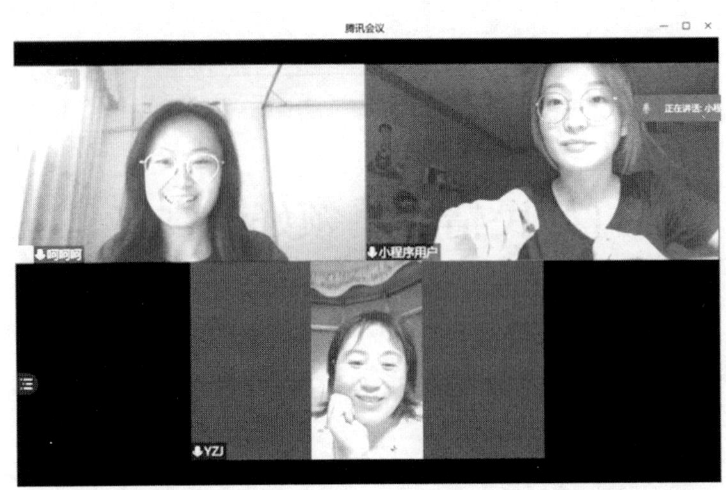

图1　2021年7月尹智杰（下）接受严子涵（右上）、温洁莹（左上）线上采访

是需要实际去操作的。因为从一开始我就希望能够学以致用，所以毕业之后我就回到村里去发展了。

2006年到2008年，这三年没有什么可观的发展。因为当时那几年对于农村来说，（乡村）管理上比较松弛，不是特别严格，一直以来也没什么大的改观。因此后来我选择放弃村里的工作，自主创业，做个体户①，获得了一点收入。

在2015年之前，我尝试过很多行业：跟着丈夫做过机器修理，也做过销售、开餐馆等尝试。回村工作后，那会儿政府特别推崇农村电商，于是就开始尝试做电商。我们村有一个大槐树电商②，主要是销售一些农产品，可以提供线上线下的一些服务。当时我自己做了一个线上加盟店，主要是针对农村老百姓这个群体售卖米、面、粮、油，同时我还是滦平区域和双联区域的总代理。

做电商平台，创业前期只能往里不断地投钱。前三年政府会给予很多资金支持，投了有几千万元，但是由于电商的管理没有做好，资金链断了，大槐树电商也就宣布倒闭了，我在电商行业的尝试也失败了，但也学

① 按照国家有关规定，领取营业执照，单独从事生产、饮食、修理、销售等行业的个体劳动者。

② 大槐树电商，集电子商务服务中心、数据信息中心、培训中心、产品交易中心、仓储和物流中心等于一体的综合性自主平台。

到很多东西，比如城市农产品上行[①]、高端产品下行[②]等；在电商平台方面，得到了大家的认可。在北京我们有社区店，在县城里也有社区店。为了摸索市场，我基本上已经把滦平和双联所有的地方都跑了个遍，这使我对线上、线下销售这两种模式特别清楚，为我后来做种植业提供了新的销售思路。做抖音、快手直播，要把我们的农产品，把我们的乡土文化，都通过电子商务给推广出去。总的来说，做电商的这几年给我打下了坚实的创业基础。

我所在的村曾是一个国家级贫困村[③]，是备受关注的脱贫地区。2015年，我受邀回到村里担任村会计，刚回村工作的时候，村里的人我基本上都不认识。于是我在回来之后的十天里，就把村里人的信息都背了下来，虽然说这个人我认不得，但是只要有人跟我提这个名字，我就知道他家在哪里，家里有几口人，分别是谁。了解完这些之后，我再慢慢地去接触人，一户一户地入户，一步一步地了解民情。我根据户籍资料去了解人口情况，然后给他们的家庭情况做好备注，标明他们有哪方面的困难，需要哪方面的帮助，并画上星号，再有针对性地一个一个去解决。每家每户的事情只要是我能给解决的，我全都不用他们亲自去做，我都帮他们解决了。比如说，我们村比较偏，从村里到镇里有一段八公里的路，很多村民没有车，每次办事只能走路或者骑自行车过去，很不方便，我就帮村民们把证明拿到镇里盖章、上医院挂号等。虽然都是小事儿，但是我会尽我所能帮他们把事情办好，慢慢地这些村民们都跟我成为好朋友了，相处下来，大家都觉得我是乐观向上、大大咧咧的人，比较有亲和力。等到2018年换届的时候，以前的村支书放弃竞选了，我就被推选为村支书。

二　中草药种植蓬勃发展实现脱贫致富

种植业是继我在尝试发展农村电商之后的又一个产业。跟随着国家政策做脱贫工作，响应“先富带后富”的号召，我成立了自己的合作社[④]，

① 上行，是指产品被售出，完成整个销售确认和评价的过程。

② 下行，是指商品从网上被购买，通过配送链到达农村消费者手中的过程。

③ 国家级贫困县，又称国家扶贫工作重点县，是国家为帮助贫困地区设立的一种标准，共有832个。

④ 合作社，是劳动群众自愿联合起来进行合作生产、合作经营的一种合作组织形式。

做种植产业，租了将近 100 亩地。部分村民以股份形式加入我们的产业，从不相信，到后来有了部分收入，慢慢地大家都一起投入生产工作。

正式开始前，我选择去丰富自己的知识，参加了清华大学的培训、其他各地的培训还有政府方面的知识培训，培训结束后又开始选择种植农产品的种类，通过向科技局①、农科院②，还有一些专门搞种植的大户取经，同时根据我们当地的土地环境因地制宜，多方研究，也请了好多专家来给我们做实验，最后决定是用一个多元化的间作套种模式生产。这边种了中草药，旁边我会种点大豆，在大豆旁边我会再种其他的中草药，其他一大片的，会种一些蔬菜。采用这样的模式是考虑到中草药是没有一年生的，都是需要种植两年以上，如果单是种植中草药，就不能每年都有收益，所以我们就间作种植一些当年生的蔬菜，这样的种植模式会使得每年都会有收益。不仅可以解决工人的工资问题，而且可以解决一些种子、化肥投入的问题，达到收支平衡，最起码能让劳动工人每年都有一定的收入。但是因为起步不是太早，所以收益也不是特别好。但是，农科院的专家都说了：种植是怎么算怎么挣钱，怎么干怎么赔钱。我们能做到头两年就能够有收益，也是非常不简单了。

不仅有政府的支持，而且很多企业也会主动来到这里帮扶。2016 年，北京一个上市公司想租用我们的土地，进行光伏发电③。当时这个公司选我们的原因是我们的民情比较好，这个是关键。土地流转，还有各项工作都涉及千家万户，所有的老百姓都要一条心参加到工作里去才能顺利开展，民情好的话在开展工作上来说相对简单一点。有将近 1000 亩地，20 兆瓦，入华北电网④。农光互补⑤产业，一方面可以发电，另一方面可以在

① 科学技术局，原称科委，属政府职能部门，为行政编制，最高级别机构为中华人民共和国科学技术部，省级单位为科技厅，市县级为科技局。

② 农业科学院，简称农科院，包含直属于农业部的国家级中国农科院和地方的各省级农业科学院，是综合性农业科学研究机构。

③ 光伏发电，是利用半导体界面的光生伏特效应而将光能直接转变为电能的一种技术。

④ 华北电网有限公司，是国家电网公司依据《中华人民共和国公司法》于 2003 年 11 月 8 日在北京投资设立的国有独资有限责任公司。公司是在原中国华北电力集团公司和山东电力集团公司基础上组建的，注册资本金 600 亿元。

⑤ 农光互补，是棚顶太阳能发电，棚内发展农业生产的新型发展模式。

光伏底下搞种植。我把土地流转[①]给企业，这样既可以种植，同时也可以挣得一部分土地流转金，增加村内收入。

我们现在主业是种植中草药，而我们滦平道地药材的药效会比其他地方的药效好、药性高，尤其是黄芩[②]、柴胡[③]。在中草药这块，我们的市场需求比较大。现在种植了800多亩中草药，可以吸纳很多农村剩余劳动力在这里务工，既解决了剩余劳动力的问题，又给贫困户带来了收入，所以这个产业对我们致富也有一定的帮助。正是通过这个产业，带动其他产业的发展，实现共同致富。现在大家生活都变好了，基本上人均收入都在7000元以上。

三　种植业结合旅游业

但是光靠种植收益太少，有尝试和旅游联系起来。首先在旅游环境这方面有一个最大的优势，就是我们离周台子村近，它现在是全国的农村干部培训基地，来这里参观的人很多。往旅游业发展是2017年受到北京的一个培训机构的启发，他们机构里全都是北京、天津、上海各地的孩子，还有留学生，他们每年都会到咱们村里来做一些农活体验，他们在这边的吃、住、购物都会带动消费。因此我将农耕文化跟民俗文化相结合起来，打造出一个基地，用30亩地专门开发成稻田以供开展亲子活动，例如稻田种稻、稻田摸鱼，专门让孩子还有家长参加稻田亲子活动。再在稻田里安上观光小火车，做成托马斯小火车那样的，让孩子和家长能在稻田里观光。

想要发展旅游业，首先村容村貌要有所改变。最开始我回来的时候，我们这里真是“晴天一身土，雨天一身泥”。修路涉及占用咱们村民的土地，这是我在带领大家致富过程中遇到的最大的困难。当时，村里有一个

---

① 土地流转，是指土地使用权流转。

② 黄芩，中药名。别名山茶根、土金茶根，是唇形科黄芩属多年生草本植物；肉质根茎肥厚，叶坚纸质，披针形至线状披针形，总状花序在茎及枝上顶生，花冠紫、紫红至蓝色，花丝扁平，花柱细长，花盘环状，子房褐色，小坚果卵球形，花果期7～9月。

③ 柴胡，中药名。为《中华人民共和国药典》收录的草药，药用部位为伞形科植物柴胡或狭叶柴胡的干燥根。春、秋二季采挖，除去茎叶及泥沙，干燥。柴胡是常用解表药。

人喝完酒之后对我的抵触情绪特别大，拿着刀来我们家里，扬言要把我们家里人都杀了。报警之后，解决了一部分问题，但是每次他看到我还是那样骂我，之后有一段时间我老公都经常跟着我，怕他对我进行人身攻击。直到我帮助他解决了他孩子的求学问题后，他的态度有所改变。从这件事以后，村里的其他人也对我有所改观，在工作上也非常愿意给予支持。现在我们村都是宽阔的柏油路，旅游业的发展也越来越好了。

从规划到实施，民宿已经建成，餐饮问题也能解决；有一些果园也已经建成，可以进行采摘；还建了两座木板吊桥，增加村内的基础设施。现在已经有三个当地特大的旅行社与我们联系，计划和我们一起联手打造，还引入了二十一世纪英语培训中心，他们的学员也一直有过来我们这边做农活体验，而且机构还会时常给我们捐一些图书。

将来我们会到民宿里、到田里、到果园里进行抖音直播，宣传我们村。

图 2　2021 年 8 月尹智杰参加中共承德市第十五次代表大会

四　把孩子关照好，整个家庭就和我们一条心了

村子发展关键就是抓住民心。作为村干部，照顾好村里的老人、孩子是首要任务，让在外务工的人工作得安心。对于孩子，我们首先是在学习上给予帮助，在生活上给予温暖。对于农村孩子而言，学习是唯一的出路。我把关爱孩子作为首要的任务来抓，这一点得到了广大村民的赞同，开展其他工作时，村民们也特别给力支持。对于老年人，我们也是特别重

视，只要是有困难的老人，我们都定期地去他家里送温暖、打扫卫生、做饭……我还把在家里的一部分妇女和一部分的青年，组织成志愿者，带领他们去参加各项志愿服务，让他们把能力都发挥出来，从而让他们在生活中有自信、有存在感、得到他人的重视。通过这些工作把所有人都凝聚在一起，各项工作都开展得特别顺利。民情好了，之后政府的各项工作，还有各个项目，自然而然地就被我们吸引过来，所以好的民情也是我们村致富的重要助力。这是我们自己努力的结果，政府也是看在眼里的。

一个让我特别有感触的事情，就是做童心港湾项目。我特别关注、关爱留守儿童，所以在 2019 年 11 月之前，和团委还有一些社会爱心人士，一起做公益事业，但是这些力量，是微不足道的，后来有光华基金会[①]和国强基金会[②]，还有团中央的大力支持，到 2019 年 11 月，童心港湾项目成立了，我觉得太及时了，这个项目在我们这落地，给孩子带来了帮助和温暖。从 2019 年开始到 2021 年，开展童心港湾项目已经有一年半的时间。一年半里，我们改变了很多孩子，最少有 12 个辍学的孩子现在已经重返校园，这些受益的孩子和受益的家庭都非常感恩童心港湾项目，希望这个项目一直进行下去，我也立志把这个项目做得越来越好，让更多的农村留守儿童，得到关怀关爱，让他们走向人生更大的舞台，将来都做对社会有用的人。

最开始做童心港湾项目的时候，我们没有场地，他们（孩子们）没有归属感，没有一个真正的港湾。于是我跟村委申请一个将近 40 平方米的屋子，接着我又跑县城去，到各个幼儿园去问，说：“你们有没有淘汰的桌椅，如果有的话，你们不要了，也别当废品扔了，你给我。”后来，滦平三幼给了我们将近 10 张桌子，40 把椅子，解决了我们的燃眉之急。除此之外，还有很多爱心人士给我们捐图书。开始的时候，就是一点一点将设施凑齐，实在找不到资源的情况下，我把我近一年的个人工资都捐里面了，家里人那会儿也比较不认可，后来，有了童心港湾之后，看到孩子们的改变，也都认可了。现在咱们配置越来越好了，给配的新桌椅、空调都

① 光华基金会，指光华教育基金会。光华教育基金会创立于 1989 年，由著名国学大师南怀瑾先生发起，并由台湾润泰集团（Ruentex Group）出资设立。

② 广东省国强公益基金会，是碧桂园控股有限公司董事会主席杨国强及联席主席杨惠妍于 2013 年创立的非公募基金会。

安上了，钢琴也有，电子琴也有……设备齐全了，越来越好。

部分家长不信任，认为我们就是在瞎胡闹，把孩子都聚在一起，孩子会不会起冲突打架？家长们不太愿意把孩子送到我们这里来，所以第一个月只有 8 个孩子，第二个月的时候，家长主动送过来 10 个，一共 18 个。后来，我每个月定期把孩子带出去看看外面的世界，让他们登上更大的舞台，激励他们学习，引导他们向上。我领他们参观县里的博物馆、金山岭长城，还有我们这能游玩的地方；带着他们去看中草药，让他们在玩中学、学中玩。对于一些受家庭影响而性格内向的孩子，我们会定期做家访，联合其他孩子一起跟他做游戏，将他从自闭的环境中带出来，让孩子变得乐观一些。重大节日的时候，我们会找一些社会爱心企业来跟孩子一起互动，做一些团建活动，让孩子受益良多，孩子们的视野变得更开阔了，这样的活动我们每个月至少开展两次。像碧桂园集团、中冶集团、北苑商城、承德法院和承德检察院都有来我们这里，跟我们一起开展活动。

开始的时候，有些孩子胆怯不敢表达，现在敢于表达了；有些孩子不敢在外人面前唱歌跳舞，现在也敢于展现了。孩子家长看到了童心港湾项目确实有效果，所以慢慢地都把孩子送到我们这里来，孩子变得多了起来，到现在咱们已经有 86 个孩子了。我们还是需要动态调整，孩子 16 周岁以上就不再是留守儿童了，他们的档案会被清理。但是这些孩子每逢节假日回来的时候，会到童心港湾帮我一起管理孩子，他们说我在这里有接班人了。

五　带头比致富更重要

一路走来，离不开家人的支持。我老公是修机器的，他把家里的工作都承担了，而且还默默支持着我，让我全身心地投入工作中，所以我就有了巨大的动力。还离不开村民们的支持，我们村里的村民都能一呼百应，能一起向前冲。

其实在农村创业是一件非常困难的事情。第一，要打好民情牌，村民的帮助和配合能让种植业少走很多弯路。第二就是利用土地，得因地制宜。第三就是做好调研、做好规划，这也是很关键的。在这三点里头，其实最难的就是跟村民打交道，做好这一点，项目落实发展就会顺畅。

致富带头，致富和带头都挺重要的。我觉得带头会比致富更重要一些。因为致富，可能是每个人的梦想，谁都不想贫困，谁都想发财，都想过上好日子。谁都有这个想法，就是缺少一个带头的人。虽然说（我是）致富带头人，但是我觉得这个带头要比致富稍重要一点。因为有带头人，大家都是跟着走的，所以带头人不能给大家领偏。也就是自己可以赔钱，自己可以失败，但带头人不能让别人亏。带头人得有这种觉悟、得有这种精力，才能去把大家带起来，所以我觉着这个带头其实是特别特别不容易的。不管是我，还是其他各方面的带头人，都是挺难的。因为我考虑的不能仅仅是自己，既然是带头人，后边就会有一个团队，有一个庞大的队伍，什么都会跟着你走。你走左，他们就会走左；你走右，他们就会走右，所以真的不能给领偏了。如果真要是让所有人都走偏了，这辈子心里都会愧疚。

我觉着致富带头人的精神就是一种身先士卒的精神。因为想当带头人，我要经过无数的实验，我觉得这个项目成熟了，这个项目能给大家带来利益了，让大家跟着一起干的时候，谁都不亏、谁都能挣钱、谁都能过上好日子的情况下，我才能让大家一起去跟进项目。而且，作为村干部，我们也有这样一个目标——能带大家走上一条幸福路、都能致富的道路，让大家都能过上好日子。

“猪芋”璧合助振兴

受访人：文付贵

访谈人：刘彩鸣　黄何恩　黄思佳

访谈时间：2021 年 7 月 22 日～2021 年 7 月 23 日、2021 年 8 月 11 日

访谈形式：线上访谈

访谈整理：黄思佳

访谈校对：黄何恩　刘彩鸣

故事写作：刘彩鸣　黄何恩　黄思佳

受访人简介：文付贵，男，彝族，1983 年生，贵州赫章人，高中文化，中共党员，贵州省毕节市赫章县安乐溪乡平顶村村委会副主任。2017 年返乡创业，自学考取中级畜牧师资格证，帮助村民解决猪患病问题；通过赊账和借猪种的方式支持贫困户养猪。之后又成立赫章县富盈种养殖农民专业合作社，带动平顶村发展养殖业，带领村民走出迈向富裕的第一步。在种植领域，文付贵向专家学习后，了解到魔芋产业具有高收益，经多方考量，在 2020 年试种 40 亩魔芋并获得丰收。2021 年初，文付贵领头成立贵州领亿生态农业科技有限公司，带领村民大规模种植魔芋，许多外出务工人员受此影响也纷纷回乡创业，为平顶村的发展带来了活力、注入了新鲜血液。

一　十年打工路：积累经验与资金

2006 年以前，我的家乡在农业上还处在比较落后的状态，家乡所种植

图1　2021年7月文付贵（右上）接受刘彩鸣（左上）、黄何恩（左下）、黄思佳（右下）线上访谈

的多为土豆、玉米这样的传统低效农作物，经济价值不高而且产量低，农民只能靠天吃饭。看到这样的情况，我在心里就埋下了一颗种子——要帮助家乡改变这样的现状。要改变家乡的现状先得从改善自家的经济情况开始，当时我们家经济条件很差，连交学费都很困难，因此，2006年高中毕业后，我选择了外出务工来减轻家庭经济负担。

广东是我务工的第一个地方。我的第一份职业是木工，日复一日地制作相框。工厂的环境非常恶劣，即使每天戴着很厚的口罩，鼻子里还是堆满了木屑，再加上一天14个小时的巨大工作量、无限度地加班加点，无奈之下，我选择了另一份工作，在玩具厂打磨塑料做成的相框、玩具等，工作量依然是很大，第一天上班就加班到凌晨两点半。高负荷的劳动让我很压抑。待了两个月左右就离开了。

走投无路之际，我带着仅有两段工作经历的手写简历，去应聘了海星制衣厂的组长。我清楚地记得面试我的是一个又高又壮名叫 Allen 的部门经理，当时他问我是否从事过这个行业，我很真实地回答他没有，当问及我的学历时，我同样诚实地告诉他是高中学历。面对他的质疑和不信任，我请求他给我一周的时间去了解这份工作，我也真实地坦白我如果再找不到工作就得饿着流浪街头了。或许是出于同情，又或许是被我的自信所感动，最终他录用了我。从 2007 到 2010 年，从基层组长到中层主管，这一待就是三年。

2010 年，我应聘了华硕电脑的科长主管。我清楚地记得当时有八个人去应聘这个职位，而我的学历是最低的。我进去面试的时候，办公室的门是半开着的，但我依然有礼貌地敲了门，并且我看到那个垃圾篓中有一半垃圾洒出来了，我就先把那个垃圾捡起来，然后才去面试。大概面试了一个小时，结束后我就顺手把门拉上。结果第二天一早，该公司的人事部就打电话通知说我明天可以来上班了。我很高兴，也更加懂得注重细节和修养的重要性。

2017 年，在日兴工业设备有限公司做仓库主管是我回乡创业前的最后一份工作。刚到公司不久就发现公司一直存在亏损的情况，公司的管理方面也不够规范，老板基本都在外面跑业务，公司里面大部分事宜都交给生产经理全权负责。因此在老板出差回来后，我就跟他掏心窝子地面谈了此事，并协助老板把亏损的根源找了出来，公司很快扭转了局势，改变了亏损的情况，老板更注重公司的规范管理，公司慢慢地发展得越来越好，现在这个公司已经开了三个分公司。

二　回家反哺：照顾母亲，回报家乡

2016 年，母亲被查出得了癌症，脚上长了一个恶性肿瘤。心急的我立马往家里赶，我的老板不仅买了 2000 多块钱的礼物送给我母亲，同时帮我报销了来回的车费，并且告知我假期无期限，什么时候回去都行。陪母亲做完手术并好转之后，我立马回到了公司工作。

但是不久之后，家里面又传来了母亲病情复发的消息，这时我跟老板说：“我可能不能在你这里工作了。”尽管老板跟我说停薪留职，我还是选择回到家乡。一是母亲、老婆、孩子需要我的陪伴和照顾，二是2016年国家正推行脱贫攻坚政策，我清楚家乡落后的现状，想回去为村里多做些事，多年前埋下的种子是时候要发芽了。

2017年，本着改变家乡的初心参加了村干部换届选举，但是很遗憾，最终我以少于竞争对手20多票落选。同年的农历十一二月，那时候下着大雪，路面很滑，乡党委书记依然亲自来到我家传递他的想法，希望我能参与村里面的工作，但是由于我第一次参加选举落选了，心里很失望，所以就拒绝了他的邀请。可他说：“你又不外出务工，为什么不参加村里的工作呢？我们村现在就需要你这种有思想、有能力的人来带动，你回来的目的和你的初心不也是想要带动乡村发展吗？”他的这一番话打动了我，唤醒了我心中埋下的种子：促进当地经济的发展，为家乡的发展出份力！

2018年3月，我便开始参加村里面的工作。

三　初始养殖：求索漫漫养猪之路

在我正式参加村委会工作之前，我尝试在家里开展养殖业，想起示范的作用，带动村民们一起养殖，给家乡的养殖业带来一些突破。

2017年，我开始建猪圈，从十多头母猪养起，由于不懂疫病防控知识，也不懂照顾产仔的母猪，喂养的十多头母猪一下子死了五头。因此我就去买相关的养殖书籍自学，几年下来，最后掌握了养猪的相关技术，并且在养猪这方面拿到了中级畜牧师资格证，成为村里面的“养殖专家”。村民们的猪生病了，都来找我医治，慢慢地就降低了死亡率，村民的收入也更多了，我开始带领村民们迈出了致富的一小步。

为了带动村民养猪，我组织会议讲述我的养猪的赢利情况以及卖猪市场的规律，清晰地告诉他们养猪的致富之道。并且告诉他们我愿意赊账把猪崽卖给他们，甚至可以分文不取，等村民把猪养大获利之后再还钱，于是很多村民纷纷找我要猪崽，开始扩大养猪规模。平时村里人在养猪上遇到了困难都过来请我帮忙，我也会经常给他们培训怎么专业养猪，怎么才能让我们养出来的猪更健康和质量更高。

2020年，猪价达到高峰，涨了整整一倍多。我们村里大多数养猪的村民能赚到大约50万元，个别的村民能够赚到100多万元。到现在我们平顶村已经发展成为规模化养猪的村庄，养猪量占全乡总量的一半以上。

尽管今年生猪的价格下降了，村民们依然正常地养猪。因为生猪价格的上涨与下降都是有规律的，只要在养殖中注意瘟疫的防控就好。农村发展肯定少不得养殖业的发展，村里养的猪，它只要不低于七块钱一斤，村民们就有得赚，只是赚多赚少而已，所以乡村养猪致富是可行的！

四　种植致富：魔芋的魔力

即使猪价的上涨下跌有规律，但不能保证让村民获得较高的收益，所以我就想着去发展其他产业，从种植业开始。

目前，从村里的农作物种植情况来看，村民们都是种植玉米和土豆等低效作物，高效经济作物的种植经验相对缺乏。如果能让村民们改变原来的种植思维，改种高效经济作物，就能获得更多的收益，从而带动村民们脱贫致富。

一次偶然的机会，我认识了一位科技局的朋友，他跟我说：“你现在回家乡创业、发展产业，魔芋产业是个不错的选择，是一个朝阳产业，一亩的产值纯利润在一万以上。”在村里我也看到有些人家会在家门前种有几棵，但是长势不太好，由此看来这里的气候还是适合种魔芋的，只是技术还是存在问题。另外，我也去请教了这方面的专家，发现贵州毕节海拔高，气温温和，热量充足，气候和地理条件①都很适合种魔芋。

我心想一般的经济作物去掉人工的成本，都不能产生500块钱的利润，种魔芋一亩地居然会有一万块钱的利润，这个利润在我们这地方是真的没有啊！听了他的这一番话，我很是心动。但同时科技局的朋友也告诉我，它是一项“三高”产业，技术要求非常高，不是每个人都能把它种好的。这“三高”指的是高投入、高技术、高回报。虽然种植魔芋的经济效益非常高，投资一亩地的纯利润在一万以上，但是也需要高投入，一亩地的投

① 贵州省位于副热带东亚大陆的季风区内，气候类型属中国亚热带高原季风湿润气候，主要气候特征为气候温和，冬无严寒，夏无酷暑，四季分明。毕节市的高原山地气候温和、雨量充沛，土壤疏松肥沃、有机质含量丰富等，有利于魔芋种植。

资是 8000 元左右。高技术也意味着高风险，魔芋容易得软腐病[①]，如果得了这个病就表示收成无望了。

在前期准备阶段，我非常谨慎，一年多里不断地去学习，到处打听哪里有人种魔芋，到他们基地去取经；哪里有培训会我就会去哪里，政府有举行农业相关的培训，我也会主动争取。只要是关于魔芋、搞产业的培训，就算是要自己掏钱我都会去。在此期间，我走遍了云南、贵州和四川大大小小的基地，开销全部自费。在掌握了相关的知识和总结了相关的成功与失败的经验后，第一年虽然没有非常好的产量，但种植的魔芋没有得软腐病，也获得了不错的收成。

同时，由于对种魔芋仍不够了解，我会认真地阅读关于怎么提高产量的书籍，也坚持继续去参加各种大大小小的培训会。在广东佛山举办的乡村致富带头人培训班中，获得优秀学员荣誉证书，并代表我们县发表了演讲。同年，还有幸参加了全国乡村振兴带头人会议，获得了清华大学颁发的荣誉证书。

于是，我在 2020 年就正式种植了 40 亩魔芋，每亩的投入在 8000 元左右，全部资金都是我和合伙人各自到银行贷款贷了 20 万元集齐的。

这 40 亩魔芋种得非常成功，刚到可以收成的时候，就被别人带着大卡车高价收购了！魔芋其实是一个很难种植的作物，种植技术要求相当高。正是因为做这个行业之前就花了两年的时间去学习专业的知识和技术，把这个行业内各方面需要注意的事情全都掌握了，才能有现在的收获。

成熟的魔芋种植技术是掌握了，可遇到像除草这类的问题，即使学习了书上的理论方法，没有实践还是无济于事。于是去年我开始做药物和肥料方面的试验，分地块做试验；今年进行了除草试验，由于除草剂对人体

---

① 魔芋软腐病属于细菌性病害，主要是危害叶片、叶柄和球茎。病菌随着病残体、病块茎在土壤中贮藏芋种中越冬。感染病菌的魔芋，出苗期苗尖弯曲，叶不能完全展开，下部叶柄和种芋腐烂；魔芋展叶后发病有的向叶柄弯曲，株型蘑菇状，叶片稍发黄，叶片难展开，地下种芋腐烂；生长期发病，植株半边或整株发黄，有的叶片萎蔫，可导致整株枯死，半边发黄则地下块茎半边腐烂，整株发黄则整个块茎腐烂。腐烂部位散发恶臭，植株基部染病后软腐倒伏，叶片仍为绿色，后变褐干枯。一般是 6 月下旬开始发病，7 月至 8 月为发病的高峰期，9 月下旬发病率开始降低。夏季降雨较多，高温高湿利于软腐病的发生蔓延，特别是连作地、低洼、排水不畅或是地下水位高的地块，在播种前未对种芋进行消毒的地块发病早、发病重。

有害，再加上人工除草的成本太大，所以就试验了三种控草模式：一种是松针覆盖，覆盖在垄面上来控草；一种是高海拔破黑膜控草技术；一种是高海拔覆膜自动穿透控草技术。要不断地改进、试验、总结，突破产业方面的一些技术难关，攻破难题、节省成本，以获取最大的利润。

在一次同行交流培训会中，我们一同参观了毕节市七星关区撒拉溪镇基地，学习了林下种植模式。那个地方的环境跟我们家乡差不多，都是山高坡陡的，但有所不同的是，那个地方是一片桃林，而他们在桃林下种魔芋，因为是“晚桃”，一般在十月份成熟，和魔芋的成熟时间是错开的，一地两用，实现了双丰收，它一亩地的收益就可以突破两万元。习近平总书记也对贵州的工作作出指示，强调“绿水青山就是金山银山”，贵州未来的发展就是要守住绿水青山，绿水青山就是贵州的金山银山。我们的工业比不上沿海地区，但是我们的绿水青山就是我们的优势，贵州就是天然的空调。所以我们的省委书记也很重视习近平总书记的指示，大量增加森林面积，有森林的地方就种树，没有就种精果林。我们要实现双丰收，增加附加值，就在精果林下种魔芋，因为魔芋是半喜阴作物，树林为它遮去了一部分阳光，它就可以生长得更好。接下来我们赫章县就是大力推动林下经济，发展魔芋产业和天麻产业，这两种作物都适应于林下生长。

交流学习后，我也回乡大力发展魔芋和天麻产业，邻县27个乡镇中有21个乡镇都到我的基地来参观学习，多的时候一天会接待六七批人。此外，2020年种植魔芋的成功也引起了当地党委政府的重视，开始举办魔芋种植的培训会，邀请我参加培训会给大家分享经验；政府宣传部门也会邀请我进行相关的演讲，以此带动更多的人通过种植魔芋走向脱贫致富之路，一年中我参加了五六十次关于这个产业的培训和讲解。我非常乐意给大家讲解和做培训。我认为这个产业是真正能够帮助村民实现脱贫的产业，希望村里更多的人发展这个产业来脱贫致富。在掌握了更成熟的种植技术后，2021年，我准备扩大种植规模，打造高标准的魔芋示范基地。

我始终认为一个人富不是真正的富，大家富才是真正的富。在带动村民致富方面，通过我的示范引领，加上媒体的宣传，渐渐地让村民们加入魔芋种植的队伍中来。从去年到今年，多家媒体对我的事迹或者产业进行了报道，例如央视、贵州电视台财经频道、贵州日报，总共有三四十篇报道，这给魔芋种植做了极好的宣传，村民们对如此高的收益都感到很心动，于是40%的村民都希望种植魔芋。

而在资金这个问题上，有些村民因为资金缺乏无法展开种植，我就先免费提供魔芋种子给他们，让他们种植，等做起来了，再慢慢还钱给我。关于销售，我也给足了村民们信心。从一开始去云贵川魔芋基地调研时，我就开始掌握每个地方每个市场销售的渠道。魔芋广泛用于食品、护肤、军工航天等方面，市场供不应求。去年，全国魔芋协会会长作了一个报告，谈到全国魔芋的供求只达到48%，缺口还有52%，呈现市场供不应求的态势。此外，村附近的贵州威宁鼎城魔芋科技有限公司，是这个领域的龙头企业，也是我们的一个合作伙伴。我们签订了合作协议，比如该公司提供种芋给我们，我们种出来之后，公司将其收购，这就保证了市场销售的问题，村民们也就放心了。

通过大大小小的培训，村民们也积累了一定的种植经验，逐渐扩大了生产规模。虽然曾经一个村100多人中还是有2/3是贫困户，但在就业脱贫问题上，加入魔芋种植行列的家庭数量也在逐步增加，去年初步种植二三十亩的有几家，四五亩的有几十家，仅这一年带动的就业人数有100多

图2　2019年文付贵在地里巡视

人，并且我们基地用人都是贫困户优先，就业脱贫的情况在一步步好转，我相信在未来的乡村振兴中，村民会拥有更多的财富，生活会有更大的保障。

五　奋斗不止，方可攫成功之香

在创业的时候，我也遇到了不少的困难。比如，在选择合伙人、管理者和进行股权分配上，由于管理经验不足，决定过于草率，公司前期出现了问题。

在人才方面，我吸取了教训，决定聘请专业人才来进行管理，虽然公司目前的工资待遇不高，但只要优秀的大学生愿意回来，公司都会有很多机会给他们锻炼，同时也会重点培养他们。考虑到大学生们在学校里面学习的大多是理论知识，可能会存在经验欠缺或者资历不够的情况，我会把我自己所掌握的关于公司运营管理方面的知识和经验教授给他，带着他一起做，让他接触到公司内部的运营，把他作为重点对象来培养，所以也有不少的大学毕业生愿意放弃高薪到我们公司工作。

关于乡村振兴，我个人认为，人才振兴是首位，只有人才充足才能做好产业，没有人才，这个产业是做不起来的。一个地方的发展离不开人才，离不开返乡创业的人士。我们公司的产品更多的是农产品，例如我们安乐溪的天麻很出名，其不仅是滋补佳品，而且还是绿色有机食品，我们下一步就想通过电商平台来销售。但是我自己对电商网络销售这块确实不怎么专业，所以这次我们就邀请了一个大学生回来和我们一起发展产业，并且计划由他来负责这一方面的业务。往后我们会采取股份激励制来激励人才，鼓励更多在外务工的人回家乡创业，但我觉得这个也需要政策鼓励。乡村振兴少不得有思想、有文化、能创新、敢做敢想敢为的人才。

在我做产业期间，我都会尽自己的能力为自己的乡村做贡献。我始终认为，一个地方不重视教育，它的经济是搞不起来的。在我创业初始阶段，我不仅以企业的名义捐赠一些钱给考上大学的学生，还以村委会的名义奖励他们，以此激励村民要更加重视教育。尽管对我们来说这个钱不多，但可能对学生来说是很大的帮助。我始终认为要支持学生的学业发展，对待村里的困难学生能帮就帮，为他们带去一些温暖，这不仅温暖人心，而且会促进乡村的长远发展。

“教育兴，则国家兴”，如果我们国家的教育搞不起来，我们要怎么实现发展呢？因此，在做企业的同时不能忘了社会责任，我们要怀着一颗感恩的心对待这个社会。同样的道理，在乡村的发展中，作为一个朝阳企业也需要发挥自己的能力带动乡村的发展，我们只有把村集体做起来，才能带动更多的村民脱贫致富、实现乡村振兴。

为什么我能取得成功呢？很大原因是我喜欢学习，不管多忙我都会抽时间来看书，我也购买了很多的书籍，家里面的书有几类，一是关于国家政策的，二是关于种魔芋的，三是关于养殖的，还有一些是法律方面的。大大小小的书籍加起来就有两三千册，我觉得只有不断地学习才能了解到更多的东西，而且我回来家里创业，发展一个新产业，我肯定要学习，要比别人懂得更多知识、比别人专业，才能更好地带动别人。

作为乡村振兴的带头人之一，我认为致富带头人首先得自己树立一个明确的目标，然后发挥自己的引领、示范、带动作用，让更多的人学习，真真正正地实现思想与行为的转变。

在未来，我会告诉我的孩子，首先，要堂堂正正做人，要靠自己的努力，去获取自己想要的东西。其次，我们要有社会责任感，树立为社会服务的意识。革命先辈为我们付出了很多，我们不能一味地想着索取，要做一些有利于社会的事情。消除贫困除了要改变村里人的思想，也得注意对下一代人的思想教育，这就得从娃娃抓起，不能让我们这代人好不容易富了起来，下一辈却再次陷入贫困。

在这几年间，在脱贫攻坚、乡村振兴方面，自认为还是产生了比较大的影响。我怀着带动家乡发展的初心，带动村民们走上养殖与种植高效经济作物之路，促使我们的家乡由一穷二白的状况到现在逐渐富裕起来，同时带领我们村由“刁民村”变为文明村，获得了全省文明村、贵州省脱贫攻坚先进村集体、贵州省民族团结先进示范村三个省级荣誉。平顶村从“刁民村”变为现在的文明村，除了产业带动之外，全村的社会环境、文化素质、领头人的精神对我们村的发展变化也起了很大的作用。我担任村干部时，强调一个原则：村里面的事情，就在村委会办，不要到我家里面来找我办事，村委会的公章就锁在村委会里面。我向大家强调了这个原则，谁来我家找我办事，我都会拒绝。

2018年至2020年，我通过养殖和种植带动了地方的就业，让村民们脱贫致富，助力国家脱贫攻坚。今年是实施乡村振兴战略的第一年，我也在做一些力所能及的事情，带领村民们走上乡村振兴之路。我认为成功的产业不能光靠政府的扶持，同时需要我们敢想敢闯、不懈坚持，但是产业的发展离开了政府的支持却是做不大、做不强的。因此，我也希望政府能给予返乡的大学生和创业人才、退役军人更多的政策支持，比如，对返乡农民工提供创业贷款、补贴。

我想，在任何时候，你都不用去抱怨，你只需要努力，做你该做的事情，实现自己的价值，让更多的人因你而实现更多的价值。我们村曾是安乐溪乡的深度贫困村之一，贫困发生率最高的时候超过36%。我怀着改变家乡面貌、促进家乡经济发展的初心回到家乡，勇闯困难，不断探索，找到了一条带领村民脱贫致富、振兴乡村的道路，经过全村村民的不懈奋斗，贫困人数现在全部清零。

我始终认为，从脱贫攻坚到乡村振兴，再到共同富裕，都离不开共产党的领导，离不开社会的发展和国家的繁荣富强。同时，作为社会的一员，我们要承担社会责任感，为自己的家乡、为社会、为国家做出力所能及的贡献。

黑马王子重返白马山*

受访人：刘　超
访谈人：吕凌炜
访谈时间：2021 年 7 月 28 日
访谈地点：湖南乾坤生物科技有限公司办公室
访谈形式：线下访谈
访谈整理：吕凌炜
访谈校对：吕凌炜
故事写作：吕凌炜

受访人简介：刘超，男，土家族，1982 年生，湖南永定人，大学文化，中国农村青年致富带头人协会副会长，湖南乾坤生物科技有限公司董事长，曾获 2014 年全国第九届农村青年致富带头人等 8 项省级及以上荣誉称号。大学毕业至今，曾做过药店营业员，尝试过自己开药店，后在不断努力和摸索中成立了湖南乾坤生物科技有限公司。产业发展过程中，为更好带动乡亲致富，采用“公司 + 合作社 + 合作联社 + 基地 + 农户”的模式，帮助乡亲解决销售渠道问题，通过创新渠道、提高莓茶附加值，更大程度地让利于乡亲。截至目前，通过发展莓茶产业，累计带动家乡 4 个村 902 户 2575 人脱贫增收。

一　80 个银行账户撑起山里孩子的创业梦

1998 年，我作为山里为数不多的大学生走出了大山，来到湖北荆门。

* 本故事参照 CCTV《大山里的春天》《遍地英雄》，http：//tv. cctv. com/v/v1/vIDEJJM：28klaLRNVewQITDYN200527. html。

图 1　2021 年 7 月 28 日刘超（左）接受吕凌炜（右）线下访谈

因对于小时候被镰刀割伤却没钱看病的经历记忆犹新，所以最终我选择了学医。

2002 年大学毕业，由于家中经济情况不好，我难以继续读书深造，从医梦戛然而止，我决定先找一份工作养活自己，减轻家里的负担。我选择了到药店从一名普通的营业员做起，每天站在药店柜台后面，时常还帮忙搬货、点货、清货、入库、上架等。凭借努力，一年后我从一名营业员成为年轻的药店经理，但我深知年轻人必须要有自己的梦想，因为之前学医的经历和当时工作的关系，我梦想着开一家属于自己的药店。所以那个时候我不管去哪里，第一件事就是逛药店，去观察别人的药店是怎么经营的，他们采用的什么模式，慢慢地为自己的创业做准备。

我们深知创业最大的困难不是没有想法、没有动力，而是你没有启动资金。虽然前期依靠工作薪资攒了一些积蓄，但对于开药店来说只是杯水车薪，无奈的我只能厚着脸皮跑回家跟自己的父母述说自己创业开药店的想法。然而，父母不是很支持我，他们觉得创业有风险，万一失败钱就打水漂了，现在的我在药店上班，每个月都能拿着固定的工资，这样安稳的日子在父母眼中是很难得的。可我还是不想安于现状，想去外面闯一闯。在我不断地劝说下，父母虽然内心对我依然不放心，但最终还是选择支持我的梦想，我知道在支持我的背后父母是顶着多大的经济压力。

我的家乡是一个贫困村，小时候上学要花费一个半小时，遇到下雨天，山路上到处都积有泥水，连鞋都不敢穿，就一双鞋，弄湿了就得冻一天，所以我们都是赤脚提着鞋去上学，到学校之后才穿上。就是在这样的条件下，母亲拿出了家里仅有的积蓄来支持我的梦想，那是一包被裹得严严实实的钱，当打开的那一刻，我看到里面十元的、五元的都有，甚至还有几十张角票[①]在里面，当时我就暗下决心，一定要闯出一片天地。除了父母，乡亲们也给予了我很大帮助，虽然当时整个村里的家庭都不富裕，但乡亲们知道我要创业却缺乏资金后，还是竭尽全力帮助我。当时有一个政策，用一个人的户口可以去农村信用社借5000元，当时我找乡亲们借到了80个户口，贷了40万元，开了自己的第一家药店。如果没有乡亲们的支持，没有这80个户口，我可能连创业的第一步都迈不出去。其实，那个时候乡亲们借我钱都冒着风险，谁也不知道未来我创业是成功还是失败，但他们愿意借给我，这份恩情不管过多久我都不会忘记。

2004年，毕业两年后的我开了属于自己的第一家药房——张家界济民堂大药房。我深刻记得开业第一天销售额只有几百元，店里有四五十个员工，看见这种情况，我急得茶饭不思、夜不能寐，甚至对前途感到迷茫，但是一想到父母倾其所有，想到乡亲们对我的支持，我又燃起斗志。那时我经常一个人在闷热的药房仓库做销售方案，没有空调，每天工作16个小时以上。最后，我决定采用药店加门诊的模式，模式确定了就要宣传，为

图2　2021年8月刘超与村民一同锄地

① 角票：人民币的一种，面额以角为单位，人民币的角票有一角、两角、五角三种。

了节约成本，我每天骑着摩托车穿梭于张家界的街头小巷，到处派传单、跑业务，什么累活重活我都愿意干。记得姐姐有一次去照相馆帮我取照片，老板听说是二十几岁的小伙子，硬是没找着照片，因为照片上的我看起来已经三十几岁了，现在回想起来那时候真的挺不容易的。功夫不负有心人，从刚开始的亏损，到第二年慢慢盈利，难关总算熬过。后来我又陆陆续续开了四家药店，事业渐渐红火起来。因为开的是药店，那时我经常要去湖北和四川进药材，于是我又萌生了一个想法，为什么不能在自己的家乡种药材呢？

二　心怀感恩，重返大山

我的家乡绿水青山，地理位置优越，气候适宜，但仅靠乡亲的技术和能力很难将当地优渥的自然条件利用起来去改变村里贫困的状况，所以我就思考怎么能让乡亲们因为这绿水青山而变得富起来，怎样能让绿水青山真正成为造福一方的金山银山。因为自己开药店，我想到了种植中药材，刚开始我先承包了50亩地种药材，但那时老家没有公路，只有一条在下雨后满是泥泞的山路，车辆根本无法通行，100多斤的种子、全部肥料都是我和家人靠着肩膀一担担挑进山里。开荒机械进不来，我们就自己用铁锹干，现在想想这简直就像现代版的“愚公移山”。令人开心的是，凭着这份“愚公精神”，凭着乡亲们的共同努力，2005年我的中药材基地终于成型了。通过发展中药种植、生态养殖、农业休闲，中药材产业一步步发展起来了，但渐渐地我也发现，有些中药材是不适合在这片土地上生长的。就拿白术来说，其实一开始的时候我们种的白术长得很好，成活率很高，大概达到了80%，可是到了后来很多白术就慢慢死掉了。做农业这一行，作物死就是一大片接着一大片，看到这样的场景我的心在流血，就像是自己的孩子大病，做父母的是万分牵挂和担心。除了成活率问题，我发现中药材的成长期很长，市场波动大，等到药材三年成长期满，市场价格也回落了，因为这个因素，我当时亏损了不少。中药材种植基本上是属于靠天吃饭，干旱和洪涝都是我们的天敌，所以说农业和其他行业不太一样，你把人力、财力这些生产资料投入进去，如果遇到天灾，你的努力就全付诸东流了。我常说，房地产这行，如果房子最后变成了烂尾楼，那还是有栋房子在那里，你看得见曾经付出的东西；而如果你开餐馆亏了，你还有桌椅板凳，餐具在那里；但是做农业亏了，你所付出的就全部回报给了大地、回报给了大自然。我还记得那个时候因为投资失败，没有钱给大家发工资，给员工的红包里面就只有一张欠条，但是大家都还愿意跟着我干，这也是对我的一种激励。虽然当时很困难，但因为有大家的支持，那段艰难的日子我们也熬过去了，如今回想起来，也算是柳暗花明。在现在这种时代，扛着锄头的农民是无法致富的，想致富必须要靠先进的技术，通过专业的技术指导才能更好地发展农业。我记得有个农业局的领导对我说，他认识一个人在农业尤其是中药材种植这方面很厉害，让我可以去找他帮帮忙，于是我就通过他的介绍找到了这位王老师。在这之后我和王老师就经常一起去考察，思考下一步怎么走、怎么转型，在不断地思考研讨后，我们发现所种植的产品很多、很杂，没有做到因地制宜。对于刚开始发展中药材种植的我们来说，着重种植一种中药材也许效果会更佳，更有利于我们产业的发展，所以后来我们就一直在探索怎么样才能让我们的产业良性发展。

面对家乡这把贫困大锁，这些年来我一直在寻找一把能够打开它的钥匙，经过不断尝试，我发现这把钥匙就是莓茶。莓茶虽然名字中带有“茶”字，但其实并不是茶，它是一种药食同源的藤本植物，不仅不含茶碱，还拥有高含量的植物黄酮，这种黄酮对人体大有益处，比如说能护肝、降三高、润喉。可能很多人刚开始喝莓茶的时候会感觉到有一点点苦，但是喝下去之后回甘马上充满整个口腔，这也算是它的独特之处。除此之外，莓茶的泡法也很独特，一般来说喝茶前要先洗茶，但因为莓茶含酮量高，往往不需要洗茶这一步骤，且第一泡的茶中含酮量往往是最高的，所以说第一泡才是精华。莓茶虽好，但它并没有被普遍种植，原因之一就是它对环境的要求极高，需要在富硒的土壤中才能成活，除此之外还要求空气中的负氧离子高达 98%，所以很少有地区能满足莓茶生长的条件。但我可以很骄傲地说，我的老家张家界凭着绝佳的气候环境，已经有了几千年的莓茶种植历史，可以说，莓茶是这片土地上的“原住民”。为了更好地带动大家一起致富，同时也为了更多地让利于乡亲们，我们采用了“公司 + 合作社 + 合作联社 + 基地 + 农户”的模式进行莓茶产业发展。我本身就是农民家庭出生，我知道如果让乡亲们自己发展产业，销路是个难题，乡亲们会担心自己生产的东西卖不出去，不知道怎么提高莓茶的产量和质量，而我们带领乡亲们致富的思路就是通过产业、技术、互助这三种理念对农户进行帮扶。一是产业帮扶，我们公司成立了农民专业合作社和供销惠农合作联社，为入社农户提供种苗、肥料、农膜等农资进行对口扶持，同时签订购销合同“农商互联”确保农户的销路，这样农户一不用担心原料采买，二不用担心卖不出去，这样的方式在帮助乡亲们把风险降到最低的同时也提高了乡亲们发展产业的积极性。二是技术扶持，我们公司依托湖南农业大学、湖南中医药大学的技术支撑，为农户提供技术培训，通过专家指导，让他们学到专业的技术，通过自己的努力来换取报酬。三是互助扶贫，我们采用“股份制”“责任制”“托管制”等多种模式，由农户自己选择与合作社的合作方式。这几种制度，对于乡亲们来说，不同之处在于风险和收益。比如说股份制，选择这种制度的乡亲需要提供土地甚至是资金，从某种意义上来说，他承担的风险更大，但同时也将得到更多的收益。而托管制，相对来说就更受乡亲们欢迎，因为乡亲们基本上不需要承担任何风险，前期我们会将乡亲们的土地收购，之后由我们去投入绿色资产，例如肥料等，在前期工作完成好后再把它交给乡亲去管理和护理，到采茶时乡亲采的越多，收入也就越多，也不用担心销路，只需要把茶交给我们，由我们去进行后期的加工，这样的话在这一整个过程中，乡亲们不仅可以得到土地的固定管理费，还可以得到采茶后的绩效奖金，最终算下来，每亩地的收入可以从原来的 1000 元增加到现在的 5000 元，这对于他们来说，无疑是一件让人开心的事情。总的来说，虽然几种模式各有不同，但乡亲们要做的事基本是一致的，主要包括：一是学习，学习如何种茶采茶；二是对莓茶的管护，包括除草之类的；三是采茶，采的茶叶越多，他的绩效工资就会越高。乡亲们要做的工作相对来说较为简单，承担的风险总体来说也相对较小。

我们以金融产业扶贫试点为契机，先后承担与完成了张家界市永定区桥头、教子垭、王家坪、合作桥等乡镇 1200 多“兜底户”产业合作经营扶贫任务。我们希望通过标准化的方式，把种子、技术传递给他们，让他们根据要求去生产高质量的莓茶，我们要做的就是让老百姓把他该挣的、能挣到的钱都挣到，而我们公司就通过后期加工提高附加值的方式来增加企业竞争力。前期产业发展的时候，虽说老百姓是富裕了，但是我们公司其实是处于亏损的状态，所以说只有打通后期深加工这一环节，提高莓茶的附加值，赚取后期利润，这样才可以既保证让乡亲们受益，也可以让企业得到良性发展。为了确保莓茶的质量，我们一直向乡亲们强调标准的重要性。我曾到基地专门给乡亲们讲述莓茶采摘过程中严格把控标准的重要性，传递要把最好的莓茶献给全中国、献给全世界的信息。因此我们会给乡亲们开培训会，培训的过程中，第一是让他们知道采摘生产过程中怎么做才是规范的操作；第二是我们在培训后还会安排专门的监管人员，我们的监管人员会按照我们的标准去检查乡亲们管护的土地，以及采摘的莓茶是否达到了我们的标准；第三是我们会安排评比环节，在评比的过程中让大家互相交流和学习，以评促进。我们之前就举办过莓茶采摘大赛，根据质量和数量等多重标准选取了排名靠前的几位乡亲，对他们进行了一定的奖励，我们就是希望能通过这样的方式给乡亲们树立一种“标准”的观念，让他们真正知道什么是标准，以此来提高莓茶的质量。不光是给乡亲们强调标准，我们还从源头上抓莓茶的质量，因此我们一直在大力发展有机种子这一块。

关于有机种子，我们正在做两件事情，第一是我们对种苗进行了标准化和规范化的管理，我们的理念是“安全从种子开始”，用有机的模式种茶，用非物质文化来产茶，用制药的标准来制茶。第二是我们的“太空育种”计划，在去年的5月30日借助神舟五号把莓茶种子送上了太空，利用太空特殊的失重和强辐射环境诱变种子，培育新品种。我是大山里走出来的地地道道的农民，而这一粒种子也是我的一颗初心。我们的产业发展到现在已经将一二三产业融合在了一起，一二产业主要由乡亲们来负责，我们企业通过大力发展第三产业去提高产品的附加值。在提高附加值这一方面，我们主要是先后与湖南中医药研究院、湖南省药品安全评价中心、广东农科院等科研单位开展产学研技术合作，开发出药食两用的显齿蛇葡萄黄酮茶饮料、黄酮口服液、黄酮儿童营养面条、莓茶标准提取物4个产品。同时我们现在在北京、上海、深圳、广州、长沙都有直营分公司，就是为了能把最好的莓茶带给全中国，让大家都知道我们的莓茶。另外，考虑到当下人们对网购的热爱，我们也采用了线上和线下相结合的方式进行销售，在天猫和京东这两个平台上，我们的莓茶销量在整个行业位列第一。同时，为了给消费者更好的体验，我们设立了很多线下实体店，来为消费者提供更好的服务。

三　助力脱贫，村民展笑颜

在整个致富带头过程中，我们先后帮扶了张家界桥头乡熊家逻村、桥头村、拖船峪村、马头溪村，共实施产业扶贫与科技兴农项目8个，项目区共涉及3个合作社8个村，1203个农户3385人，其中建档立卡贫困户902户，贫困人口2575人，占总人口73.4%，通过产业带动，帮扶村已全部脱贫。

在这些人里面，我印象深刻的有刘纪存和吴进有。刘纪存上有老下有小，妻子又患了癌症，本来在外面打工的他不得已只能回到老家，但这就意味着他失去了原本支撑家里的工作。响应国家产业扶贫政策，我们基地对他进行了一对一帮扶，最后他拿出了自己的积蓄在基地承包了一个200亩的种植区，他是一个很勤劳的人，靠着自己的努力只用了一年就收回了成本，家里的负担也没有那么重了，现在过得很幸福。另外一个是吴进有，他也是上有80岁的老母亲，下有两个上学的孩子，和妻子两人只能跑到外地打工，勉强维持家用。但他家里的老人病情总是反反复复，每天都需要翻身按摩，小孩子也处在升学的关键期，没有人照顾。其实，这种现象在我们农村很正常，很多年轻人都是上有老下有小，为了赚钱养家只能外出打工，这样就导致村里全是留守儿童和老人。那我们就通过产业帮扶，让和吴进有等有着相似境遇的年轻人能够不外出打工，在家就能通过发展产业赚钱，这样不仅方便了他们照顾家里的老人和小孩，也能够帮助自己村，为自己的家乡发展做贡献。我认为，每个人都有故乡情怀，就像我当初选址，选在这一开始算是荒地的地方，很多人其实是不理解的，他们不晓得为什么那么多地方我不选，要选在这里，但其实他们不明白我的这种情怀，我选在这里的原因很简单，就是因为我是这里的人，是这里的土地养育了我，这里的一草一木对我来说都有不同寻常的意义，在我的心里这里就是最好的。

我们老家有个山叫白马山，我本人长的又挺黑的，所以他们都说我是白马山里走出来的黑马王子。我这匹马是从这里的山中走出来的，当初如果没有村里人的帮助，没有他们借给我的80个户口，我也不会有今天的成绩。一个人的梦想和他埋下的种子是息息相关的，埋下什么样的种子他的梦想就会长成什么样。那个时候每次回来，看见家乡那么穷，我着急，这么美的一个地方怎么就富不起来呢？习近平总书记说过“绿水青山就是金山银山”，我们这里全是金山银山，我想让自己的家乡富起来，变得更美更好。我认为在如今这个时代，大山不应该再是贫困的代名词，相反在张家界它更是纯净、资源、财富的象征。绿水青山就是金山银山，从前无人问津的穷乡僻壤，现在看起来其实到处都是宝！作为大山的儿子，无论走多远，都会听到大山的呼唤，呼唤着自己去尽一份责任，不是有句老话叫再穷不能穷乡亲，要富大家一起富吗？所以我们产业在发展过程中也是尽量让利给农户，帮助他们富起来。通过带领大家发展莓茶产业，我明显感受到了乡亲们发生的变化。第一是一家团聚了，过去在外面打工的青壮年可以回家赚钱了，也算是给了空巢老人和留守儿童一个完整的家；第二是大家的笑容变多了，能够在自己的家乡工作，我想大家还是很幸福很满足的；第三是家乡变得更美更好了，大家也更加开心了，家乡得到发展我想是每一个乡亲都希望见到的情景。

关于后续的乡村振兴计划，目前我们是有三个方面的打算。第一是想打造一个样板的莓茶主题文化公园，让想来研学的人，包括其他的消费者能在我们这里体验我们的莓茶文化。关于莓茶主题文化公园，我们是想打造四个文化，一是康养文化，二是莓茶文化，三是农耕文化，四是红色文化，因为我们这里曾经也是红二方面军长征的第一站，贺龙在我们这里还有一个指挥部，所以我们就想把莓茶文化和红色文化融合在一起，一起助力我们的乡村振兴产业。我们也将继续把基地按种养结合的模式发展，同时利用科学技术做到精细化养殖，我们希望产业的发展不仅仅是要求“量”，还要要求“质”。第二是想要对乡亲们进行关于土家族摆手舞、山歌这方面的培训，丰富大家的精神生活，让乡亲们的生活能更加丰富多彩。第三是我们希望老百姓的屋前屋后环境能够得到美化，让更多北上广深城市的人都愿意来到我们这里进行休闲旅游，为乡村振兴贡献一份力量。

四　给青年的寄语

我们遇到了一个好时代，国家给予乡村振兴很多的政策支持，也有很多政策向返乡创业的青年们倾斜，青年们应该好好把握住机遇，带领更多的乡亲们一起走向富裕。我一直认为，农村的青年致富带头人应该是乡村振兴的主力军、主抓手、实现者和建设者，因此现在返乡创业的年轻人大多都有这样的两个特性：一是他们都有文化，有一定知识水平；二是他们都有担当，都有把乡村建设得更好的初心。在脱贫攻坚取得伟大胜利的时刻，青年更应要巩固脱贫攻坚成果，并接好乡村振兴这一历史性接力棒。

能够回乡带领大家一起致富，能够回报我的乡亲们，对我自己来说是很有意义的事情。在这个过程中，我不断地磨炼自己，让自己变得更加成熟，并通过发展莓茶产业，我给我的乡亲们，以及政府交了一份满意的答卷。

因此，关于返乡创业，我对青年人有几句话要说：第一，返乡创业一定要量力而行，不能说自己理想很大就不结合实际去做，一定要充分考虑自己的实际情况来进行产业发展，一步一步慢慢来。第二，要因地制宜，在进行产业开发前，一定要做好充分的前期准备，调研当地到底适不适合发展产业，如果不适合就要学会换方向，能做什么就做什么。第三，要有好的定位，产业发展的前期、中期、后期的定位都很重要。目前我们的莓茶产业是将一二三产业融合发展，但这个背后也付出了很多心血，对于刚返乡创业的年轻人来说，其实只要做好自己领域的一个阶段就已经很不错了，要循序渐进，量力而行。第四，要不断学习，而且还要能够走出去学习，只有通过学习去打开眼界才能有新思路，才会少走弯路。作为返乡创业的青年，一定要让自己变得足够强大，只有自己强大了，才能带领乡亲们一起干事业，先富带后富。

一片茶叶带富一方百姓

受访人：曾大庆

访谈人：吴辉前　谭卜文　廖俪莹

访谈时间：2021 年 7 月 13 日

访谈形式：线上访谈

访谈整理：吴辉前　谭卜文　廖俪莹

访谈校对：吴辉前

故事写作：吴辉前　谭卜文　廖俪莹

受访人简介：曾大庆，男，汉族，1974 年生，广东饶平人，高中文化，潮州市青年发展现代农业促进会会员，饶平县建饶镇扶贫促进会执行理事，现为饶平县枕头岽高山茶种植有限公司总经理。曾大庆生于茶农世家，曾任职于可口可乐公司等世界五百强企业，扎根珠三角，高薪无忧，却时刻牵挂家乡发展。2014 年，从深圳返回潮州创业，筹办了“枕头岽高山茶园项目”。随着产业的不断扩大，现已将茶园发展至 400 多亩，年产值在 1000 万元左右，2017 年至今已直接吸纳贫困户 10 人、带动贫困户 107 人，2020 年高山茶园被认定为潮州市生态茶园。

一　兜兜转转也绕不开的高山茶缘

1995 年，我读完了高中。因为自己什么技术都不擅长，没办法谋生，所以一心想着学门技术，看能不能找个出路。于是，我学开大货车，拿到了驾驶证。当时社会上掀起了一股到珠三角打工的热潮，所以在两年之

图 1　2021 年 7 月 16 日曾大庆（左下）接受吴辉前（右下）、谭卜文（左上）、廖俪莹（右上）线上访谈

后，我决定跟随这股热潮，去珠三角发展。很快，我就在广州找到了正式的工作，公司派遣我去了可口可乐咸阳公司办事处。我没让公司失望，把市场打造得相当好，并且积累了一定的管理经验，但因为文化程度偏低，我只能从事销售，没法向上晋升。跑了两年市场后，终归觉得没有前途，仔细一想，觉得帮人开车的工资还高些，俗话说，“广东三件宝，司机、医生、猪肉佬”，去深圳当个司机也是不错的路子。转眼来到 2003 年，沿海地区发展很快，深圳居民的收入普遍提升，都比较富裕。但由于当时驾驶证比较难考，会开车的人比较少，司机需求量大，我一开又是好几年。那时的市场氛围比较轻松，管制没那么严格，一边拉客的我同时还经营着茶叶生意。因为茶叶生意前景好，所以我后来干脆转行做起了茶叶生意。在外这些年，虽说东奔西跑，但好在有了些积蓄，生活还算凑合。本来当初离开家乡就是为了不在茶叶的约束下干出一番事业，但兜兜转转，最终还是回到了茶叶上。

我是饶中村土生土长的人，家乡一直以种茶为主。在深圳开茶叶店时，货源虽来自潮汕，但并不在我们镇上。能种出好茶但是制不出好茶的感觉实在令人难受。于是我开始学习制茶技艺，进行自产自销的想法在我脑海中油然而生。

一开始，我与从深圳一起回来的朋友们计划种 100 多亩的茶叶。我从小就看着爷爷种茶、制茶，所以耳濡目染学习了一整套种茶、制茶的技术。爷爷的制茶技术虽然传统质朴，但现在看来却有些繁杂累赘。我们村在茶叶的制作、销售和运输等方面都相当落后，导致我们这一代人，基本上都选择外出打工，前往深圳、广州等地谋生去了，而留下来的年轻人对茶叶制作更是一无所知，整个村子的人流量很少，在镇上晚上九点过后，大街上基本看不到行人。前段时间广东的记者过来帮我们做宣传，他们觉得饶中村的环境好，清净宁致。但对做茶叶生意来说，清净并不是好事，这会导致我们当地的市场变得狭小，只能依靠外面的市场生存。

返乡摸索了一段时间后，我大致了解了家乡茶叶产业的发展现状。在种茶之前，必须要解决的就是土地问题。在“桉改茶”之前，饶中村是遍地种植桉树，桉树不仅没有经济价值，而且会破坏当地的水质，所以把桉树林改造成茶园成了我的首要任务。刚开始，村民们是拒绝的，他们觉得饶中村山路不通，缺乏先进的制茶技术，大面积种茶并不是明智的选择。可我深知桉树林给当地水土带来的危害，在细致调查之后，我认为发展茶叶产业是饶中村走向致富之路的不二选择。我下定决心要把茶树种起来，对村民苦口婆心地劝导，“桉树会破坏我们的土质和水质，种茶才是最有发展空间和价值的”，最后甚至向村民们担保，“如果在桉树林改造成茶园的过程中有什么损失，全部由我承担”。经过我多次的劝说并给出强有力的保证后，村民们终于同意把桉树林改造成茶园。慢慢地，桉树一棵棵倒了下去，茶树渐渐布满山野，最初的桉树林变成了郁郁葱葱的茶园。

二　破釜沉舟的返乡创业路

返乡创业并非一帆风顺，我也遇到了大大小小的困难无数。茶叶虽然种了下去，但茶叶生长周期长，我只能一边在深圳谋生，一边抽空返回村里打理茶园。其实，我曾经听说过种茶很快就有产出，但等到自己种下去，迎来的却是漫长的等待。种茶的过程不仅漫长，在茶叶生长的过程中，需要花费大量的时间对茶树进行细致入微的打理，如除草。如果处理不及时，草就会肆意蔓延，不久之后茶树就会被草覆盖，慢慢地茶树就长不起来，最后会停止生长甚至死亡。但因为我在深圳忙于生计，很难抽空打理茶园，所以茶树周围很快就长满了杂草，看到这样的情况，当时还有人笑我说：“你看别人家种的都是茶叶，而你家种的全都是杂草。”我也只能偶尔抽出时间来开展除草工作。一般的茶农会采取喷洒农药的方式进行除草，这样既能提高除草效率也能降低除草成本，但是除草剂会严重影响茶叶的品质，有违背我开创茶叶生态产业的初心。所以我只好另寻法子——花费大量金钱雇用当地的农民进行割草和施肥，这钱无疑是花对了，茶叶的长势变得特别好，茶树长得非常漂亮。

虽然草被除了，但建设茶叶加工厂却成了眼前的一大难题，枕头崇的海拔有七八百米，山路很不好走，采茶工作多半在春季，而春季雨水较多，上下山的路险峻湿滑，以前还发生过严重的交通事故。山上的茶叶拉不下来，山下的人也不能上去，大家只能干着急，甚至有一些人说：“大庆你没事找事，你看现在有茶叶也摘不了，更没办法制作，那不是白忙活了吗?”话糙理不糙，可如果没有茶叶加工厂，茶叶即使被拉下了山，也只能以茶青的形式进行低价销售，茶叶的价格起不来，就意味着前面的工作白做，所以筹建厂房迫在眉睫。此时问题又来了，茶叶加工厂的筹建耗资巨大，我手里的钱根本不够，就算是向亲戚朋友借也是杯水车薪。无奈之下，我只好向妻子提出了把深圳的房子卖掉的想法，妻子起初是不同意的，因为承担的风险实在太大。经过我多次劝说，妻子最终同意了我的想法，卖掉深圳的房子。房子卖掉之后，我们两人都回到了饶中村，这才真正踏上了种植高山茶①的创业致富之路。

为了保证茶叶新鲜，我把茶叶加工厂的地点选在了山顶。有了足够的资金投入，厂房很快就建了起来。虽然只有一层楼，但作为一个茶叶加工的小作坊，完全足够了。令我没想到的是，茶叶加工厂建起来之后，加工机器又成了一个难题，无奈之下，我只好又找亲戚朋友借款，所幸之前积累了一些人脉，筹备到了一定的资金，才得以购置一些基本的加工机器，进行小规模经营。直到产业稳定下来，公司有了一定的盈利后，才逐渐扩大制茶的规模。

---

① 高山茶，是产自海拔较高的山区的茶的通称。

后来，我注册了一个属于自己的茶叶公司，准备创立属于自己的茶叶品牌。目前茶叶产业的发展前途虽然不错，但也像脚下这条山路一样，充满了陡坡和曲折。而对于公司的运营管理、商品的策划营销以及品牌文化的打造等，我都是一无所知，现在只能摸着石头过河，一步一个脚印脚踏实地地向前走。

三　一品好茶拓宽一面市场

建饶镇虽为全市三大茶叶产地之一，但总体上茶叶品种差、种植规模小而零散，农民靠售卖茶青来脱贫难度很大。起初我在深圳开茶叶店时，卖的虽是高山茶，却是在凤凰茶叶公司拿的货，因为自己村里制作工艺比较差，做出来的成品茶“苦涩味”非常重，基本下不了口。制茶技术的落后严重阻碍了村中茶叶产业的发展，当地茶农只好把茶青卖给其他市的凤凰茶叶公司，茶商们又以高价从凤凰茶叶公司买回加工好的成品，这导致成品茶的成本大幅度增加。这样兜兜转转，茶青自然不会有很高的价钱，很多村民自然也就不愿意从事种茶的工作。一些四五米高的老茶树，一个人一天摘的茶就只能做一斤左右的干茶，即使不算茶叶制作的技术成本，单单人工费用也 100 多元，而其他茶叶公司过来收购时，也只能给到 100 多元的价格，很多茶农就想：那这样还不如留着自己喝呢！但不卖的话就没有收入，以至于后来很多农户宁愿把老茶树都砍了，也不愿继续种茶。

想要改变饶中村的状况，先进的制茶设备和优良的制茶技术缺一不可，机器问题的解决并非难事，但制茶技术却是用钱也买不来的。祖上传授的制茶技术基本全靠人工，而且茶叶加工需要工人熬夜，当地很多人都不愿意从事茶叶加工的工作，导致制茶技术陷入止步不前的困境。脱离了机器制茶，效率得不到提高，制茶的人工成本也大幅增加，茶叶的品质更是得不到保障，茶叶自然也就卖不了好价钱。但茶叶加工技术属于商业机密，很难获取，这件事令我苦恼了很长一段时间。看到这样的情况，我非常难过，“好的土地却产不出好的干茶”，实在令人痛心。带着一心想要改变状况的决心，我来到福建、梅州和凤凰镇等单丛茶主产区开展调研学习，组织种茶大户到宋凰生态茶业有限公司参观培训，了解产业化、规模化、品牌化茶企的经营运作方式，并与宋凰生态茶业有限公司达成茶叶购销的合作意向，解决农户茶叶滞销难题。我先带头做好茶园发展规划，按照生态茶园标准长远谋划茶叶产业发展，还先试先行引进宋种①、东方红②、凹富后③、玉兰香④、鸭屎香⑤等各种附加值较高的优良品种，取得实践成果后，再进行推广交流，让建饶镇当地也能产出高品质的茶叶。

图 2　2020 年 10 月曾大庆修缮茶园

随后，我引进了优良的茶叶加工技术，从前只能卖 100 多元一斤的老茶树茶叶变成了现在即使采摘之后不经过擦毛边、烤火等制作工序也可以卖到 500 元以上的价格。而且随着时间的流逝，茶树越老品质则会更好，价格也会更高，当地茶叶产业的前途也因此变得一片光明。茶叶加工设备的更新与茶叶加工技术的优化使饶中村茶叶的品质得到了质的飞跃。如今

① 宋种，是凤凰茶区现存最古老的茶树，因种奇、香异、树老而闻名。它是从乌岽山凤凰水仙群体品种的自然杂交后代中单株筛选而成。

② 东方红，宋种“东方红”即为宋种茶树，现凤凰山区百年以上的老枞宋种有多棵。无性系。小乔木型，中叶类，晚生种。二倍体。为凤凰单枞花蜜香型珍贵名枞之一，也是宋代 4 株老名枞之一。1958 年成品茶曾送给毛泽东主席品尝，故取名“宋种东方红”。

③ 凹富后，凹富后是潮州方言的谐音，原字应该是“凹堀后”（也有称“塌堀后”），它生长在凤凰镇海拔 700 多米的凤西丹湖村。

④ 玉兰香，山茶科山茶属植物，为凤凰单枞花蜜香型珍贵名枞之一。

⑤ 鸭屎香，广东凤凰单丛茶中的一种。与多数单丛以香气命名不同，“鸭屎香”的母树生长在海拔 900 米的凤溪管区下坪坑头村，树龄 78 年。它的香型其实属于自然的杏仁香味，香气浓郁持久，汤色橙黄明亮，韵味好。

饶中村成了远近闻名的茶叶生产地，大家争相购买饶中村生产的成品茶，即使是在生产过程中本来是要当成垃圾扔掉的茶沫，仍然有很多客户过来抢购，他们一致认为饶中村的茶叶品质是上乘的，所以心甘情愿花重金收购茶沫，以此作为提炼香料油的原料。以前被认为是毫无价值而要被砍掉的老茶树也摇身一变，成了当地村民名副其实的摇钱树。老茶树浑身上下都是宝呀！

为了让顾客更全面地了解饶中村茶叶的品质，我还常常邀请他们来自家的茶园参观。在茶园中，客户可以亲自观看茶叶的生长环境和加工流程，他们甚至可以直接指定要哪一片茶园的茶叶，我们按要求加工成干茶销售给他们。这样不仅保障了茶叶的质量，而且满足了客户的个性化需求。制茶技术的提升还有效降低了茶叶生产的成本，使得顾客能够在饶中村以在外面店里买中等茶的价格买到一等茶。高品质的茶叶受到了广泛的好评，顾客越来越多，茶叶的销量稳步提升，客户与很多当地的茶农有了长期的合作，使得村民不再担心茶叶的加工和销路。

四　一条好路盘活一方经济

饶中村的枕头岽至石壁岩一带海拔高 820 米，有茶叶地 1000 余亩，由 65 户茶农种植，为当地茶叶主产区。但上山的路，又陡又险，遥远而崎岖，路况极差，导致茶叶采摘后不能及时运下山进行晾晒制作，还不时有茶农在路上摔伤，存在着极大的安全隐患。我也在这条路上栽过跟头，亲身经历过一起严重的事故。那时候，大概是傍晚 5 点钟，刚刚收工，我载着四个工人，刚好走到半坡，突然间刹车就失灵了，路特别的陡峭，正值下坡，车根本不受控制，我只能勉强地控制车辆的方向，后来到转弯的时候，因为道路湿滑，车翻在了山沟沟里面，四个工人都被压在车底下，摔倒的我爬了起来，但是我一个人又翻不动三轮车，只好打电话叫人救援，但最无奈的是深山里又没什么信号，那时候简直欲哭无泪，车里的工人也疼得哇哇叫，我当时特别心痛，真正体会到了“叫天天不应，叫地地不灵”的滋味。

那一次事故我老婆伤得比较重，断了七根骨头，在医院治疗了很久才康复，直到现在，她有一根骨头的钢板都没取掉。这次的教训让我痛定思痛，不拿下这个“拦路虎”，发展就始终停滞不前，“路通才能财通”，就算修路不为致富，也要为安全出行提供保障。为解决道路问题，我左思右想，夜不能寐，最终想到了一个村民易于接受的办法——“众筹修路”。我将该想法与村内长者和村干部进行交流探讨，考虑到村民的收入水平普遍较低，如果平摊费用，村民可能难以承受。于是，我主动表态，让村民们量力而行，自愿捐资，不足的部分，再由我自己出资补足。最终，65户村民筹得资金8700元，再由我先后投入资金6万元。在我的积极带动和村民们的支持配合下，大家有钱出钱，有力出力，把原先杂草丛生、狭小崎岖的2.8公里上山路拓宽到可供货车通行，有效解决了困扰多年的“行路难”问题。如今，这一片山地的茶园已经增至2400多亩，村民上山下山骑行交通工具，茶商还可以上山收购茶青，方便快捷，他们一致赞赏我的积极决策，这条路算得上是我们整个镇上最早修建的乡村水泥路。

后来赶上了国家的乡村振兴战略。中山市大涌镇党委、政府高度重视扶贫开发工作，在精准产业帮扶方面，因地制宜，帮我们制定了符合饶中村实际的扶贫开发项目，帮我们解决致富道路上遇到的各种困难。我问领导：“你们过来最主要是帮我哪一方面？”他们说：“是帮扶产业和帮扶贫困户。”我就跟领导们说，对我们的产业进行帮扶，首先最好帮助我们把这边的道路进一步修缮，因为我们这边的茶园、茶农最多。中山扶贫办非常重视我们茶园的发展，把原来修好的路列为重点，然后从已修建的公路的两公里半的地方继续修建，把这条公路彻底地打通了。现在平整的水泥路基本上直接通到了我们茶厂的门口。

如今，因为村里道路发展得越来越好，原来最早修建的、最漂亮的水泥路在对比之下反而变得逊色许多。在修路方面，政府给了非常大的帮助，我们村现在也成为县里的示范村。除此之外，碧桂园公司也在我们村开展乡村振兴项目，现在我们村茶叶的品质是整个镇上最好的。这一次回乡创业虽然碰上了许许多多的困难和麻烦，但也正赶上了国家的好政策和乡村振兴的好机遇。我们现在也是心怀希望，虽然未来的路充满不确定性，但是我们有信心可以继续走下去，带领当地的村民过上更加美好的生活。

未来，借着这么好的机遇，我们会进一步扩大自己的产业规模。与更多的商会进行合作，不断优化完善茶叶的深加工、粗加工技术，在致富的道路上不断地去摸索前进。我们也很希望能招揽更多的大学生加入我们的团队为我们出谋划策，壮大我们的创业队伍，让我们的产业能够长期、稳定地发展下去。

五　一腔热血继续迎难而上

与刚回乡那会儿相比，如今生意经营确实稳定了很多，但仍有很多问题亟待解决。

首先，财务失控是我们比较担忧的一个问题，因为我们不仅做茶叶加工，还附带茶叶种植，而种植业的主要特点之一就是资金回笼慢。虽说我们是村里土生土长的人，携带 100 万元回乡，凭借家乡优渥的资源甚至可以完成别人要 300 万元才能完成的项目，但在企业的发展过程中，一旦资金的投入没有跟上，茶叶加工就不能够顺利进行下去，往后就会造成一连串的影响。像刚开始的时候，几百万投到了茶园里面去，后期的收入全都得靠茶叶，所以那时是没有收益的，公司是负债的。但我心里想着致富之路不能断，带动贫困户致富的工作还是要继续开展下去。当时公司一年给贫困户的分红就多达十几万，尤其一到年末，头都大了。创业致富带头人的压力还是挺大的，长路漫漫，现在回想起来，我和我老婆都觉得很心酸！上次我去仲恺农业学院学习的时候，培训的老师重点强调了创业过程中的财务管理问题。其实返乡创业，最怕的就是财务失控问题，财务一失控，人们就容易产生往外发展的念头，一往外去了，谁都不愿再回来了。所以现在公司的经营，我最担心的还是财务失控的问题，如果财务失控了，不仅没法向茶农们交代，而且对不起国家的帮助和期待。创业失败相当于间接把年轻人往外赶，更不利于当地经济的发展和村民收入的提高。回乡创业时我带着一桶金回来，又赶上了乡村精准扶贫和政府政策的帮扶，如果在这样的情况下都支撑不下去，或许之后就不会有人再敢尝试了吧！

其次，缺乏年轻力量也是眼前较为突出的问题。企业做大后，我发现自身的能力是极其有限的，本来就是茶农出身，只会种茶和做茶，关于企业的建设与发展的很多方面还是不太懂。所幸的是，碧桂园公司前段时间组织了乡村振兴培训活动，乡村振兴对我们来说是天大的好事，毕竟公司缺乏精通策划和运营的人，尤其是年轻人。而如果少了这些力量，在完成很多项目的时候，会显得力不从心，难免会造成一定程度上的资源浪费。特别是关于电商平台，之前政府的工作人员来过，他们说我们这里有足够大的场地，想在我们这里做抖音[①]直播带货，但我们目前还没这个能力，这很大程度上限制了公司的发展速度。我们正在想办法，争取把出门在外的年轻人带回来，为公司注入新鲜的血液，带来更多的活力，因为年轻人对电子产品的运用较为熟练，也更加了解当代青年人的心理，利用抖音直播带货可以吸引更多年轻买家。希望我将来能和乡里的年轻人们融为一体，实现共同发展，这也是目前最大的愿望。如今，虽然企业的规模不大，但我们拥有乡里的优质资源，这是别人花多少钱都买不到的。正所谓人穷志不穷，能带领大家走向致富的道路，实现自己的理想，这是让我最开心的。

曾经有人向我开玩笑说：“你是曾‘道人’呀！会谋会算，这么早就回来租地、包山种茶。”我说：“其实不是，是机遇，也是凑巧，刚好抓住了良好的机遇，我们才做到了别人做不到的事情。”我们住得比较远，路又不通，以前我们去镇上买东西都是拿着大包买很多东西回来，别人看见就会说：“你看呀！山精[②]出来买东西了！”现在这些年，他们的态度有了很大的变化。现在村民去镇上采购的时候，那些商户都开心死了，看见我们就会说：“哎呀！那个大客户来了，大客户来了！”因为我们平时很少往市区跑，一出去都是买很多东西，而且我们这边每家每户就像一个小作坊，一个农民家庭，一般的都有十多个人，去采购的时候，那些商家就都把我们看成大客户。这还是挺让我骄傲的，回乡创业实实在在地给乡里带来了巨大的变化。

以前，饶中村的农户各自为营，独立开展茶叶的生产、加工和销售，彼此间存在一定的竞争关系，扎堆问题突出，因此农户为了争夺客源而大打出手的情况时有发生，村内关系十分微妙。为化解矛盾、团结乡里，我与村内的种茶大户一起到民政局申请成立了饶平县建饶镇饶中村茶叶协会，并在组织部门的指导下成立了党支部。通过党建带动、骨干引领、平

---

① 抖音，是由字节跳动孵化的一款音乐创意短视频社交软件。该软件于2016年9月20日上线，是一个面向全年龄段的短视频社区平台。

② 山精，潮州方言，指山沟沟里出来的人。

台搭建、茶户抱团、培育管理、深度加工、延伸产业链、提高附加值，实现了增产、提质、扩效的目标。

实践证明，推进饶中村茶叶协会成立的选择是正确的。协会通过多种方式搭建合作共赢平台，联合镇政府邀请上级农科专家到村指导，经常组织茶农到产业化、规模化、品牌化的大型茶叶企业进行参观、学习、交流，研究探讨种茶制茶难题。通过深入沟通交流，相互学习借鉴，攻克各项技术难关，有效整合茶叶专家、行业协会、行业龙头、专业合作社，以及种茶、制茶、售茶能手等资源，解决茶叶种植管理、生产加工和包装销售等各种专业难题。农户种茶、制茶水平显著提高，参与培植无公害高山茶叶品牌的干劲日渐高涨。市场竞争力和经济效益进一步提升，销售模式由以前的售卖茶青向销售成品茶良性转变，甚至出现供不应求的局面，茶叶的产量和销售价格也不断攀升。2020 年饶中村仅春茶产量就高达 350 吨，同比增长 15%，平均售价增长 28%，仅此一项，就为饶中村带来近 500 万元的增收，人均增收达 2500 多元。

功夫不负有心人，在大家的努力下，我们终于有了一定的收获。2018 年 6 月，公司与贫困户合作共建的“枕头崠高山茶园项目”成为全省 8 个入选中国农村青年致富带头人协会、中国青年电商联盟等联合实施的“精准扶贫·助力农产品上行”的项目之一；同年 7 月，饶平县枕头崠高山茶种植有限公司荣获广东省人社厅、农业厅、团省委等 13 家省厅级单位授予的 2018 年广东“众创杯”创业创新大赛、邮储银行大众创业创富赛“精准扶贫贡献奖”；2020 年 6 月，在首届潮州市茶农单丛茶[①]质量评比大赛中，我们更是以优异成绩斩获“岭头单丛组”特等奖，打响了独具建饶村风韵的无公害单丛茶品牌的“第一枪”。这些都给了我很大的安慰。

我之所以能有今天的收获，离不开家人的大力支持，这一路上我特别感谢我的妻子，当初第一次回乡的时候，我没敢跟老婆提起种茶创业这件事，因为当时手里的资金不多，就二三十万元，她也没详细地过问。等到真正要修建茶厂，扩大产业规模的时候，资金缺乏的问题就迫在眉睫。除此之外，还要修建厂房，以前路不通，运输费用高，完全建起来要花费上百万元。在深圳的收入根本没法平衡创业的支出。当时撑不住了，我就跟

① 单丛茶，一种传统名茶，产自广东，具有形美、色翠、味甘、香郁的特点。

老婆说：“不行了，我们撑不住了。”老婆问我怎么办，我说：“只有卖房子回老家发展了。”还好最后得到了老婆的支持，把深圳的房子卖掉，全家人都迁回了家乡发展，于是有了现在的成果。在最艰难的时候我曾想过放弃，因为我们本来的生活虽算不上富裕，但也还算比较宽裕，在深圳和老家都有自己的房子，回头想想能够让孩子读上高中、读完大学就很满足了！没说一定要干出一番大事业，只需存一点积蓄，过着平淡的生活就足够了。特别是在山上翻车的那次，到了人命关天的地步，心理压力特别大，但后来随着妻子的慢慢康复以及大家的慰问，我受到了极大的鼓舞，这才又鼓起勇气继续干。因此，我最感谢的人还是我老婆，很多事情有老婆的同意才安心。未来肯定还会面临很多困难，但我还是会带着一颗热心勇往直前，战斗不止。

已识天地大，犹爱禾苗青

受访人：张广运

访谈人：王兆慧　李雨石

访谈时间：2021 年 7 月 18 日

访谈形式：线上访谈

访谈整理：王兆慧　李雨石

访谈校对：王兆慧　李雨石

故事写作：王兆慧　李雨石

受访人简介：张广运，男，汉族，1977 年生，安徽舒城人，初中文化，2019 年之前在浙江省经营服装厂，之后他在国家乡村振兴战略支持下回乡转行农业并自主开办家庭农场，以草莓种植为主，兼及西瓜、蔬菜等作物，致力于打造精品蔬果。2018 年曾赴中山大学进修学习，并在乡村振兴提升班参加培训，系统学习了解相关理论知识。2020 年 4 月，打造的齐心家庭农场正式成为由碧桂园集团援建的 30 余亩新型现代化蔬果大棚经营主体，自 2020 年交付运营以来，直接带动当地 30 多位村民实现“家门口就业”。

一　英雄不问出处

1977 年，我出生在安徽舒城的一个农民家庭，我的祖辈一生面朝黄土背朝天，以禾苗为友，与青草为伴。他们和广大劳动人民一样，每年从初春忙到暮冬，凭借辛勤劳动来换取温饱生活。

那时，整个村子的光景都不好，家家户户几乎都为生活发过愁。我还

图 1　2021 年 7 月张广运（下）接受王兆慧（右上）、李雨石（左上）线上访谈

记得村中的小泥路窄窄的，坑坑洼洼的，乡亲们需要紧挨着、相互搀扶着走，那副窘迫的模样至今印刻在我心中。

虽然基础设施不够好，日子过得清贫，但是我从来没有嫌弃过我的家乡，我深爱着脚下的这片土地，在这里度过了最无忧无虑的快乐时光。小时候，我的父母是靠田间劳作养育着我们，他们种很多粮食蔬菜，一小部分我们自己吃，其余的会卖出去。在他们耕地、播种、收获的时候，我总是在旁边看着，听他们讲四时气候、科目属种。我觉得这种农业经验是劳动者们的智慧，在耳濡目染中，我逐渐对农业产生了亲切感。每当闻到家乡泥土的味道，我都感到非常欣喜，从乡亲们身上我也学到了很多简单却实用的农业知识。他们在灌溉土地的同时，在我心中也种下了一颗农业的种子。

不过，在我选择第一份工作的时候，没想过和父母一样做农民。因为在我高中快毕业的时候，村子里和我差不多大的孩子很多都外出找工作了，我也动了同样的心思。当时日子过得拮据，经济紧张，很多父母都希望孩子能尽快赚钱补贴家用，对学业远不如现在重视。一次机缘巧合，我遇上了一家深圳的公司到我们这里招工，我当时就跟着他们，来到位于浙江嘉兴的分工厂做操作工人，主要工作是生产海绵、拉链等服装辅料。

自此我和浙江结下了不解之缘，作为一名小小的“打工仔”，最初我怎么也想不到有一天能在这里闯出一片天地。我在浙江的服装厂从最基本的工作开始，一路摸爬滚打，一步一个脚印。值得庆幸的是我遇到了很好的领导，他们会根据我们的工龄和表现进行提拔，我成为生产线的组长。当时作为操作工人的我们每个月要写工作报告，在开会时汇报自己在技术创新等方面的新颖想法。领导会根据能力来判断我们是不是他们想找的人才，是否能提拔为业务员或者是公司的部门经理。领导也会根据我们的实力、能力和工作表现来评选优秀员工。优秀员工最基本的标准是考勤必须满勤，在生产线上的表现则由全体员工实名制进行投票。这是从深圳借鉴来的管理模式，总体上效果不错。

我肯吃苦又爱钻研，到工厂大概一个多月就被领导选中，和另外两个人一起协助组长工作，这是我的第一次升职。在工作三四个月后，总经理觉得我做得比较好，报告写得也不错，就让我每个周末去业务部的值班室值班。后来我就慢慢地升到组长，然后做车间主任，一路晋升。

在嘉兴分公司工作的过程中，我学到了很多。首先是关于公司管理制度：要每月进行总结汇报、引进评优制度。我以前在家乡的时候根本就不知道合同制和工厂的管理方式是什么，来到这里才接触到这些先进的理念。其次是要有情商和沟通技巧。当时领导经常给我们开会，面对面地进行指导，教我们怎为人处世、与同事和客户更好地交谈。我从中学到了很多东西，这些让我至今都受益匪浅。

与此同时，我还在业务上积累了很多人脉。在跑业务的过程中，我一边把纽扣、拉链等辅料交付到客户手中，一边细心留意他们的行事策略和商业头脑，从他们的言行中我渐渐了解到，服装行业的盈利能力较强，因此我对未来继续从事该行业有了信心。

那时候在公司打工，我记得第一个月工资是 193 元，当时非常高兴。第二个月是 280 元，后来挣了 400 多元，这个工资是当时在公司做三年以上的人才能拿到的。欣喜之余，这也让我懂得了在外面工作就必须靠我们自己去努力，发挥所长。在总结汇报的时候我们也会发言，把一些想法反馈给老板。

在公司工作中，我通过不断的努力渐渐升职。关于升职的原因，我觉得可能是我的脑子比较简单，看到别人做好一件事的时候会觉得这个我也能做，所以会不断努力向上。如果是一直打工的话，我就只会想着每天上班，不会去思考如何发展得更好。我看到车间主任每天早上拎包出去谈业务，每天也都有货发给上海、无锡的客户，觉得他们很神气。当时我就觉得自己也能干，于是我就下决心自己出去干。

自从萌生了要独自创业的想法后，我做的第一件事就是把技术学到手。我利用一切可以学习的机会，比如外出跟客户谈生意的时候，会细心留意产品的制作方法、如何提高产品质量，以及高效完美地与客户沟通的策略。有的时候客户会问我很多专业的问题，如果答不上来，他们肯定会觉得我不够专业，这就会有损公司的形象，于是我便在下班后主动学习，目的就是提高自己的综合能力。在第一家公司我学到了很多东西，虽然我只有高中学历，但是在不断地观察学习后，我从做生产到做管理都有较大的成长。大概四五年后，我离开了工厂，到杭州开了自己的服装公司。

二　弃商从农，另创天地

2004 年，我从原公司辞职后成立了自己的公司，到 2019 年，我已经做了十几年的外贸产业。我们当时没有自己的品牌，就帮助两个国外知名服装品牌做代工[①]。2019 年经济不景气，国外公司为降低成本，纷纷将订单发到越南等地生产，外贸产业越来越不景气了。当时我的公司雇用了很多工人，感到继续做下去会入不敷出。

2016 年左右，我的小女儿到了上学的年龄，我面临着选择。孩子如果选择在浙江读书，因为户口的原因，考试需要返回安徽，而且两个省份的教学内容不一样，因此，我选择去哪里工作直接与孩子的教育相关。人到中年，我不敢轻易做出决定，家里还有老人需要赡养、关心和陪伴。回到安徽，似乎是家庭的殷切呼唤。

最终，我决定返乡，而且是考虑周全才返乡。我从事服装外贸行业已经多年，第一想法肯定是把工厂转移，连带着稳定客源和基础模式一起返乡。在浙江，我原来的服装厂房租是每年 8 万元，两年后涨到 10 万元，后来甚至涨到了 30 万元，场地的租金给了我很大的压力。如果我将服装厂搬回老家这边，一年的房租可以节省 20 万元。我和家人一致认为这个想法是可行的，客户得知后也比较支持我们，认为这对业务没有太大的影响，所

① 代工，即代为生产，也就是由初始设备制造商来生产，而再贴上其他公司的品牌来销售。

以我在2016年的时候退租，回家后，办了服装厂。

但是，2019年由于精力不足，两边工厂无法兼顾。其中一个原因是服装厂最初的产值为每年1000万~1500万元，利润比较高，但是经济不景气，工人工资上涨、材料价格上涨、客户压价等一系列困难，对我的服装厂打击非常大。于是我就考虑把工厂转给别人，自己再做一个新产业。

随着国家对农业扶持的力度越来越大，农业的发展也越来越迅速。我意识到农业本身就是国家的第一产业，未来国家将会展开全面部署，这也将有力促进农业发展。同时，受到乡村振兴战略①的号召，我看到舒城老家的很多村子在政策扶持下慢慢变好，农业发展给了我巨大的信心，所以我决定选择农业这条路。由于缺乏资金和技术，所以一开始我们想成立家庭农场，专注于经营果蔬大棚。正巧我的爱人来自浙江省建德市，当地的草莓产业做得非常好，我们也去实地了解过，他们的种植技术、营销手段都比较成熟。考虑到可以借鉴他们的经验，再结合我自己多年经营外贸生意积累的销售心得，草莓就成为我们大棚里的第一波“客人”。

正式做决定之前，我们就已经解决了技术方面的问题。我跟爱人一起商量农场后续发展事宜，一开始用开服装厂积累的资金大量投入，投资了130多万建大棚。与此同时，我不敢盲目投资，因为农业投入是有风险的，有时候看别人种得很好，却很容易忽略天灾虫害、行情不好、销售难等变数。

尽管非常谨慎，但第一年我还是碰到了很多问题，亏损了十几万元。由于刚开始经验不足和心急，身边的农户还没有开始种，我们就把草莓苗种下去了，实际上那时候并不是最适宜草莓栽种的季节。随后我们吸取经验，第二年改变了思路，等到合适的时机再种，拓宽销路、更细致地把握种植季节和方向。于是那一年我们赚了十几万元，之后几年内盈利不断增加。

开始从事农业之后，我的生活和心态相比之前有了一些变化。之前的我经常跑销售，需要维持工厂老板的形象，西装革履、一本正经，但做农

---

① 乡村振兴战略是习近平同志2017年10月18日在党的十九大报告中提出的战略。十九大报告指出，农业农村农民问题是关系国计民生的根本性问题，必须始终把解决好“三农”问题作为全党工作的重中之重，实施乡村振兴战略。

业要下地干活，打赤脚不怕脏，不怕累。我当时转行的时候，身边有一部分朋友难以置信，因为我做了这么多年服装厂，客源这么稳定，竟然说放弃就放弃。所以我也算是顶着很多人质疑的目光向前走的，那时风险与信心并存。

在我看来，这是我认清生活后的抉择，因为当时服装市场已经饱和，我的工厂没有绝对的优势来维持销售额，继续做下去的风险远大于做农业的风险。农业虽说收效慢，不是一本万利的生意，但是与服装行业相比，投资小、风险小。事实证明我的选择没有错，2016 年至今，我的农场一步一个脚印地向前走，达到了我的预期目标。与此同时，我的家庭美满和睦，生活富足。虽然比之前忙碌了很多，但是也是幸福的。我想，无论从事哪一种职业都是辛苦的，钱多事少离家近的理想生活太难实现了，所以我觉得自己还是比较成功的。目前我们已经做到轻车熟路了，前两年没有很好地掌握技术和销售策略，会遇到些困难，但那都是过去式了。

三　我家大棚初长成

2016 年，我的“齐心家庭农场”正式注册，开始营业。从商业到农业，转变不算小，但是时势造英雄，既然在周密考虑下选择了这条路，我肯定抱着要做得尽善尽美的决心，坚持到底。

回到村里建大棚，首先要解决的就是土地问题。现在建大棚的 30 多亩地来自十几家，是我一家一家走访去说服乡亲们的。他们最开始很不理解为什么要把他们的地贡献出去，还有一些村民是很执拗的，有时会拒绝沟通，让我吃了好几次闭门羹。虽然做思想工作不是我的强项，但是为了大棚的发展，也要尽力去说服大家。几经周折，我越来越体会到“得民心”的重要性和艰巨性，因为以后和我同甘苦共患难的就是他们，我要竭力争取每一位乡亲的支持。

在资金投入方面，我曾经吃过比较大的亏。2019 年，我的服装厂还在营业，有一次接到一个价值 700 万的订单，总共要生产 40 多种款式 30 多万件产品。我将面料发给工厂生产，自以为稳操胜券了，却忽视了这么大的订单量已经超过工厂的生产负荷，工人们只好把我这个订单延后处理。在我反应过来的时候，已经临近交货的时间，可是我的工厂已经两个月没有面料，我无法按时交货了。为了弥补，我把手头上绝大部分资金都用来堵漏洞，支付了推迟金、工人工资和一系列增加的成本。虽然客户同意了我延迟交货的请求，但是新交付期正赶上春节，原本五块钱的加工费和海运费，变成了七块钱的加工费和航空运输费。我损失惨重，当时把准备用于农场的资金也挪用了，这次对我打击太大了。本来获得一个大订单是一件喜事，但是搞砸了，我感到非常难受。所幸的是客户因为我的信誉好，没有选择走法律途径解决问题，而是自己到银行贷款，给了我加工的时间。这件事情花费了我很多的时间和精力，现在想起来仍然心有余悸。

资金上的困难不仅来自我日渐入不敷出的服装厂，还有在大棚里的高投入。我的农场在刚起步的时候需要的投入很大，至少要经营大半年才能慢慢回本。比如，四月开始育苗，九月份移栽，十月底才能收获成熟草莓，在这段时间要找工人下地干活，他们的工资不能拖欠，这样一来我常常需要先垫付他们的工资，所以我们在不断摸索降低开支的方法。后来我们想到一个方案是专款专用，比如说大棚今年的草莓产值是150万，我拿其中的50万放在银行里，到明年种草莓的时候再把这个钱拿出来给工人发工资，这样做效果很好，也让我对未来的农业经营充满信心。

刚开始的农业之路并不平坦，但是家庭永远是我最坚实的后盾。我的爱人对我帮助很大，她很支持我的想法，家庭方面，她也比较辛苦，平时我在外面跑业务，她在家里做家务、管理大棚，甚至还要下地干活，所以不管我在外面遇到多大困难，晚上回来见到家人，也不会透露半点，自己心里也总会想着怎么样把这个钱赚回来，要更努力才行。

我是急性子，事情确定下来就一定要做好，答应过的事情，就算以亏损为代价也要做好。我的产品绝对是精品，所以定价会比别人高一些。我们讲究的是品质，不好的果子全部打下来。我也很有自信，有些人觉得我的产品价格高就去别人那里买，但是拿到的货几天以后卖不出去又会想到我。这让我觉得不管做什么事情，品质很重要。当我把产品做好，果子又大又甜又好吃，大家都会为我竖大拇指。因此一定要学习种植方式和技术，要去创新。人家做不到的，我可以做到。别人只种几亩地，我们种了几十亩、几百亩，我付出了更多，加上不断地去创新，这样才能把事情做好。

从事农业的过程中，我也会有迷茫的时刻，也会有遇到风险的时候。在风险来临时就会想，这条路到底适不适合继续走下去，能不能坚持下去，能不能一直往前走。虽然有很多政策扶持，但也不是谁都能享受的，需要看我们是不是有资格能享受。所以我们要坚持，不坚持怎么去把自己的想法实现呢？半途而废是肯定不行的，就是要坚持，坚持到底才行。

四　入一行就要精一行

信息时代下的种植方式发生了很大的变化，我们是家庭农场，管理和生产要采用更先进的技术。我们的经验就是要不断摸索、学习和考察。我们会经常关注成功的人、企业、农场以及合作社，考察、学习他们的思路和想法。我们的技术主要是通过学习别人好的经验和方法得来的。在和他们沟通的同时，我自己也不断摸索。干我们这一行，人家的优点我们就牢牢记在心里，但有时候他们说的也不一定适合我们的实际情况。这个时候，我的解决方法是把别人的经验与自己的技术相结合，实践证明效果果然不错。我们自己不是没有技术，只是有些细节方面做得不到位，所以说细节是比较重要的。比如草莓、西瓜、蔬菜，必须在不同季节预防不同种类的虫害，而且要熟悉每一种农药的化学名称和成分。我们的目标是生产无公害产品，任何微小的、可能有害的化学物质都不能进入农场。

在技术学习方面，我们一边在网上学习技术、查资料，看一些技术方面的书，一边广泛地咨询做得好的同行和朋友，我们会随时用微信、电话进行沟通。有很多专家会录制网课为我们支着儿，大部分方法都特别有效。此外，我还参加公司的产品展销会、企业的技能培训等等。每一次学习机会我都不会错过，因为不学习就会落后，不断学习才能走在前面。

2021 年 4 月，我报名参加了中山大学乡村振兴提升班，我像大学生一样坐在教室里听教授讲课，受益匪浅。让我印象深刻的是，第一节课老师就讲授了关于品牌建设①的内容，这是我一直想要学习的知识。那一天，碧桂园的黎总来讲课，他以英德红茶为例，介绍了整个产业链的运作情况和原叶的品牌价值。在品牌建设后，英德红茶从原来 200 块钱一斤，上涨到 500 块钱一斤，最贵的卖到 3 万多块钱一斤，品牌建设的重要性可见一

---

① 品牌建设，指品牌拥有者对品牌进行的规划、设计、宣传、管理的行为和努力。品牌建设的利益表达者和主要组织者是品牌拥有者（品牌母体）。

图 2　2021 年 4 月张广运参加乡村振兴提升班时在碧桂园集团门口合影

斑。虽然茶叶与果蔬在生产技术和价格上不尽相同，但是提升品牌价值的方法是可以借鉴的。我们舒城有自己的特色产业，比如种植小兰花。会议结束后，我决定要将一直以来的想法付诸实践，尽快注册品牌。

在课堂中还提及了一个乡村振兴的突出案例——连樟村，习总书记曾到那里参观指导。它的成功来自产业振兴，它的产业也是碧桂园援建的扶贫产业。连樟村与我们的农场发展的思路有些相似，但也有所不同。总的来说，他们更偏向整体的观光农业，而我们现在只是家庭农场，在一个村子里面独立发展，没有将整体的资源联动起来。那时我意识到了差距，想学习借鉴他们的经营方式，比如每天用大巴载游客到农场参观、游玩，不知不觉间就把产品推销出去了。游客的消费能力是比较强的，每个人买一斤，我们也可以获得一笔很可观的收入。这点让我很受启发，在广州的时候我就决定要借鉴，于是我将农场选在靠近马路边的、交通便利的地方，容易吸引游客。我记得在培训班最晚的一次开会开到了九点，那天我听教授将中外农业发展情况做了对比，也指出了当下我们存在的问题以及帮我们普及了现在国家的惠农政策，这使我开阔了眼界、武装了头脑，我深感不虚此行。

全国各地都在种草莓，而有些地方的自然条件不适合种草莓。土壤是农业的生命本源，全国各地的土壤不同，有沙土、红土、白沙土等等。沙土种植草莓是最好的。现在舒城有不少于十种土，而沙土主要分布在远离街道的地方，这又不利于我们销售。迫于现实情况，我决定进行土壤改良。这里面有很多秘方，大多数人不得而知。

五　搭上时代与团结的顺风车

从最开始只有一块地，到后来发展到 30 多亩，我的农场遇上了好政策、好机会。

2020 年，碧桂园在青墩村的扶贫项目准备落地，在某天午后，他们的扶贫队来到我的"齐心家庭农场"，开启了我与碧桂园的合作之旅，为青墩村致富开启了新篇章。那天我正在培育我们主打的高难度产品——草莓苗，他们到农场四处参观，对我的经营模式和方法非常感兴趣，特地留了我的电话。

让我感到暖心的是，扶贫队回到青墩村后，派到这里的李书记在几天后专门到农场找我们，说要建大棚，需要我的农场来当经营主体，为我们提供技术指导和管理支持，给出了一些农场设施的布局建议。我当时非常犹豫，感觉大棚在当地市场已经趋于饱和，又考虑了一段时间。在我举棋不定期间，李书记多次拨通我的电话，来到我的农场，极富耐心地说明他们想通过产业扶贫①带动地区发展的想法，同时解答我的疑问、与我积极沟通，我深深动容，与青墩村签订租赁协议，我的农场成为青墩村产业扶贫基地的经营主体。

签订合同以后，我们收获颇丰，他们的产品生产过程非常透明，又给我们提供了很多机会学习，我很感动，觉得非常暖心。碧桂园的领导对农业非常关心，我更加感受到国家在农村政策方面的支持非常到位。如果国家不支持农业发展，我们肯定干不起来，也没多大信心，可能只有解决温饱问题的欲望而不会做成一个产业。通过碧桂园提供的这个平台，我们拥

① 产业扶贫，指以市场为导向，以经济效益为中心，以产业发展为杠杆的扶贫开发过程，是促进贫困地区发展、增加贫困农户收入的有效途径，是扶贫开发的战略重点和主要任务。

有了很多机遇，包括获得资金支持。如果单靠一个老百姓投入 300 万建大棚，要多少年才能回本？等钱收回来，人都老了，所以我发自内心感谢碧桂园和李书记。

在我眼中，李书记是一位谦和有礼的人。他文采斐然、才华横溢，是良师益友。在村里创办的“大美青墩”微信公众号里，由青墩村委发布了 100 多篇原创作品。“大美青墩”讲述了青墩的发展故事，记录了党员干部的工作心得以及村民对青墩变化的感慨，里面融汇着青墩人的智慧和风采。我非常感谢李书记对我的信任。

现在，我经营新大棚已经一年了，这期间农场的变化非常大。我把农场布置得很漂亮，李书记和全国政协主席都到我的大棚参观，给出了较高的评价。与此同时，这也给我带来了一些压力，既然作为经营主体，就要带动当地产业发展，提供更多的就业岗位。我的农场现在发展比较稳定，各方面都步入了正轨，而且每个月都会接待很多参观者，他们会问我一些技术和管理方面的问题，我渐渐感觉自己也成为榜样，农场的名气越来越大。

更让我感到欣喜的是，农场带动了不少贫困户致富。他们以前在家里没有收入，但是现在我们为他们提供了一份可以养家糊口的工作，他们都愿意跟我们一起干。比如，有一个贫困户住在离中心区比较远的地方，他又不会骑车、开车，所以没有找到适合他的工作。我们种的都是水稻田，到这里工作对他来讲比较近也比较轻松，他更愿意来我们这里上班。很多的贫困家庭有了工资，就可以去购买必要的生活用品。虽然工作肯定比赋闲辛苦，但是花自己赚的钱就觉得值了。

2020 年 9 月大棚交付运营以来，带动了 30 多位当地农民在家门口实现就业，为我们青墩村的发展尽了绵薄之力。对我来说，印象最深的是一位姓李的贫困户。他的家中没有老人，妻子瘫痪在床，还要照顾年幼的小孩，无法出远门干活，日子过得非常艰难。大棚运营后，他成为我们大棚的第一批务工人员。他也非常珍惜这个机会，每天早早地把家里安顿好后，就第一时间赶到大棚干活，很不容易。现在他们家的日子也慢慢好起来了。他肯干肯学，是一个做大棚运营的好苗子，我非常欣赏他不怕苦不怕累的精神。我也想着通过三年左右的时间，把他培养成为我们农场的骨干，帮助我把采摘园做得更大，为青墩村的产业发展和乡村振兴添砖加瓦。

2020 年 7 月 21 日，习近平总书记在企业家座谈会上曾指出："社会是企业家施展才华的舞台。只有真诚回报社会、切实履行社会责任的企业家，才能真正得到社会认可，才是符合时代要求的企业家。"① 虽然我只是一名普通的农业经营户，离成为企业家还有很长的路要走，但我一直心怀梦想，我计划着未来要把大棚扩大至 100 亩，发展更丰富的瓜果蔬菜种植品种，帮助更多的乡亲实现富裕，同时也致力于成为一名勇于担当、敢于创新、致富思源、热心公益事业的新一代青年企业家。

我对大棚未来发展的设想是人工用得越少越好，因为人工成本太高。我希望农业全自动化的那一天早日到来，让机器人帮我们干活，帮我们摘西瓜、摘草莓。我们国家的农业技术在不断创新，变化日新月异。以前人工挖地的年代一去不复返了，现在是要用更高效的手段来促进农业发展，比如坐在家里用电脑控制整个农场的运作。据我了解，现在很多高校和大企业在抓紧研究这方面，我之前去碧桂园农场参观考察的时候，就发现有很多机器人在工地上干活，温室大棚的控温、喷灌技术运用得特别好。越来越多的高新科技研发出来运用到农业上，能够减少人工劳动力的使用，从而降低种植成本，老百姓的菜篮子价格也会因此变得非常稳定。当然，做到无尘农场也很重要，进入大棚前每个人都要进行全身消毒，灰尘不能带进农场。这样的技术运用促使我们的产品品质提升，老百姓吃得放心，产品价格也能提高。我对农业技术发展的未来非常乐观。

未来，我会将重心放在产品品牌建设和绿色认证这两方面。现在农场规模和产品已经做得不错了，接下来就要在推广营销方面下功夫了。我们的品牌名字叫"迈先果"，2020 年就注册了，现在商标已经申请下来了，可以使用。未来还将会进行线上销售，包括线上直播销售，以及通过抖音、拼多多、淘宝等这些电商平台进行线上销售。当然，高端鲜果也纳入了未来发展蓝图，比如说桃子、火龙果、猕猴桃等。主要还是要向世界水准看齐，了解他们的生产方法，紧跟时代发展。

回顾我的返乡创业经历，我总结了一些经验。很多人创业失败的原因有三：不够坚持、调查不足和人心不齐。我的建议是，如果想创业，首先要考虑自己的实力，也就是资金是否充足。其次，要考察产品适不适合销

① 习近平：《在企业家座谈会上的讲话》，《人民日报》2020 年 7 月 22 日。

售、适不适合这个市场，不要盲目投资，否则必定失败。最后要打通销路，进行广泛的市场调查。这些问题都考虑清楚后，我觉得肯定能成功。有句老话叫“开店容易守店难”，说的就是把企业开起来很容易，但要把它守好并且传承发展下去是非常难的。

我认为致富带头人的精神就是学习和坚持。不管干什么事，态度很重要，尤其是我们需要与客户常沟通，要讲信誉、不断奋斗。我觉得把这些理解透了才能做好一件事，另外，要想做得很成功的话还需要有更坚定的信念，目前我也在进一步探索。

现在，青墩的变化不仅仅体现在物质方面，也体现在精神方面。青墩村注重提高村民的文化素质，开办各类文化活动丰富村民生活。村里不仅成立了平均年纪为 65 岁的老年歌舞团——青莲朵朵舞团，而且设立了“妇女儿童之家”，为村民们提供大量书籍进行阅读，让村民们畅游在知识的海洋里，与书香为伴。此外，村里的流动党员和大学生都积极投身于家乡建设。在基础设施不断改善和精神文化生活日益丰富的过程中，村民们的自豪感、幸福感不断增强，乡亲们展现出饱满而自信的精神风貌。未来我也会继续坚持，以饱满昂扬的精神继续承担起致富带头人的责任。

一位有志青年的十八年致富路

受访人：吴海丰

访谈人：黎秋红　陈艾珊　李　洁

访谈时间：2021 年 7 月 8 日

访谈地点：梅州市平远县东石镇锡水村村委会办公室

访谈形式：线下访谈

访谈整理：陈艾珊　李　洁

访谈校对：黎秋红　陈艾珊　李　洁

故事写作：黎秋红　陈艾珊　李　洁

受访人简介： 吴海丰，男，汉族，1982 年生，中共党员，广东平远人，中专文化。平远科协四大代表之一，锡水村支部委员副主任，平远县绿宝地种养专业合作社负责人。2003 年返乡创业，2017 年 6 月，带领村民成立平远县绿宝地种养专业合作社，大力推广香米、香芋和花生，建有种植基地 50 多亩，并注册“龙颈峰”品牌，其中花生在 2019 年申报全国名特优新农品广东省“一村一品、一镇一业”项目，并于 2020 年进入第三批广东省扶贫产品名录。同年 11 月，被评为“广东省农业经理人优秀干部”，2021 年 1 月被评为“广东省农村乡土专家”，合作帮扶建档立卡贫困户 43 户，推广各种农业技术知识，帮助销售农产品，带领东石镇农民走向共同致富的道路。

一　逆流而上，生猪养殖

2003 年，在村里年轻人都进城务工的年代，我却毅然决然回到了家

图1　2021年7月吴海丰（右二）接受黎秋红（左二）、陈艾珊（右一）、李洁（左一）访谈

乡。对于我的返乡，很多人都表示不理解，可我依然坚持初心，并坚信在家乡也一定会有一番作为。2009年，广东温氏食品集团有限公司（以下简称“温氏集团”）在平远提倡“公司+农户”的养猪产业模式①，我意识到这是致富的好机会。生猪是大众消费品，温氏集团既能提供资金支持，又能提供技术支持，于是我便与其合作养猪。一开始，我父母、亲戚朋友都不理解也不支持，因为当时我就二十来岁，他们觉得年纪轻轻就和又脏又臭的猪打交道，是不会有前途、有出路的，可一旦决定我便不想放弃。于是，我将自身想法和父母详谈，告诉他们我会努力做到最好，不论结果如何，我都会欣然接受。在我的坚持下，父母最终同意了我的想法，并与我一起开启“家庭养猪”模式。

头两年，虽然有温氏集团提供技术，也可仿照其管理模式，但因自身缺乏经验，养猪事业困难重重。建猪场、买猪苗，甚至猪生病时喂药、打针等，都得靠自己一步步摸索。在劳累时，无数次想过放弃，但想到这是

① 广东温氏食品集团有限公司的“公司+农户（家庭农场）”的产业化运作模式，即温氏公司与养殖户签订协议，利用原养殖大户的达标猪舍和人力开展代养业务。养殖户向公司交纳一定的合作保证金，公司负责提供仔猪、饲料、技术指导，同时负责肉猪的回收销售。通过优势互补，打造产、供、销一条龙的经营模式。

自己选择的道路，想到当初说服父母，便不忍就此放弃。功夫不负有心人，随着养猪经验渐多，我从温氏集团中分离出来，带着积累的资金和技术，选择了自己单干。在此期间我赚到了在养猪道路上的第一桶金，这更加坚定了我在农业上发展的决心。同时，我开始鼓励和带动一部分村民参与到“家庭养猪”模式中来，特别是年龄较大的返乡务农人员，养猪产业也给他们带来了一定的经济收入，从而减轻生活负担。但因养猪面临的市场风险、疾病风险（如 2018 年非洲猪瘟的到来，我们面临着经济上的损失，还好在政府的帮助下，损失得以减少）以及环境污染等问题，村民在养猪事业上的积极性受挫。我开始不断思索，希望能在农业发展上另辟蹊径，于是便有了后续的种植项目。虽然养猪规模没有再扩大，但在这一过程中养成的吃苦耐劳、细心耐心、坚持不懈等精神却让我终身受用。至今我都记得养猪的老前辈跟我说过的一句话：“你付出的全部勤劳都有所收获，倘若偷懒是养不好猪的。”我牢牢记住这句话并将自己的养猪经验毫无保留地分享给村民，更好地带动大家，与大家共致富。

二　精进不休，改良花生种植模式

2015 年，我看到村里田地荒废渐多，机械化程度较低，缺乏大规模种植的基础，在感到可惜之际，萌生创新农业种植的想法。

一次外出学习培训期间，一个朋友告诉我，他们的花生能卖到 11 块钱一斤且供不应求。在梅州，花生种植是祖辈延续下来的传统农业，东石花生作为其中的佼佼者，有自己的品牌，政府也进行大力推广，但相比之下，一斤也只能卖到八九块钱。原先引以为傲的东石特产逐落下风，这让我感到非常难过。详细询问后发现，政府的支持力度、品牌建设、产品标准都影响着花生的价格。于是我就想从锡水村传统和特色的花生种植入手，探索一个产量高、质量好、销售广的新模式。这个想法坚定了我改良花生的决心。

果不其然，一开始我遇到了许多困难，毕竟理论知识和实践探索还是有很大差别的。首先是农户的思想观念。他们坚持自己的种植经验，不愿放弃传统的花生种植模式，导致花生产量极低。在他们固化的思想观念中，认为自己已经种了一辈子的花生，对时节的掌握、农药的选择、质量的把控，远远要比我这个年轻人强得多。因此他们的抗拒心很强，不愿意跟我一起进行花生改良。其次是土壤条件。花生对土壤和肥料的要求较高，为了保持土壤肥沃，需在一块地上将花生与水稻或其他农作物轮流耕种。在肥料使用上，农户采用的是固定的几种肥料，根本不考虑适合什么样的土壤条件。再者是花生种子。以往是农户将前一年的花生采摘下来晒干后用于种植，这同样也使得花生的疾病延续下来，导致种子的病变率较高。此外是农药选择。农户依然选择呋喃丹①，而客户觉得喷洒农药对健康不利，不愿意购买我们的产品，间接影响了花生的销路。最后是销售方式。农户采用的是本地市场小面积的销售模式，以斤为单位售卖，销售价格低，且劳动力消耗大。

面对这些困难我并没有选择放弃，而是逐一攻克。首先是改变农户守旧的种植思想，在劝说无果后我以两块农田为实验，农户种一块，我种一块，在收获季节比拼谁的产量更高。实践证明，经过数月的精心耕种，我改良种植的花生产量更高，味道更甜美。我趁此机会向他们说明花生种子的优劣、土壤的条件、农药的选择以及销售的模式都影响着花生产量，如果还沿袭以往的耕种方式将不利于花生产量的提高，推陈出新才是解决之道。经过我的不懈劝说，农户们最终被我的真心所打动，表示愿意和我一起改良花生种植模式、提高产量。

传统的花生采收需要耗费大量人力，为减少对劳动力的依赖，我们引进了农科院提倡的小型机械来采收花生。我开始联系当地的扶贫分管领导和人大主席，在他们的帮助下，我获得了农科院无菌的、健康的优质花生品种，并在全村范围内进行推广。随后在专业人士的帮助下我们对土壤进行了改良，评测出适合花生种植的土壤条件，再据此对土地缺少的营养元素进行补充，以达到花生需要的土壤条件，而非盲目采用肥料。与政府部门的这些合作，也使得农户更加相信我们确实是在为他们做实事、谋发展，从而更加坚定地一起为我们美好的未来努力拼搏。

与此同时，农户开始顾虑，自己投入了大量的时间和精力，花生的质量和产量有了提升，市场是否会愿意买单？为了提高花生的销量，我对花

① 呋喃丹别名克百威，是一种氨基甲酸酯类广谱性内吸杀虫、杀线虫剂，可有效防治棉花、水稻、花生、玉米、甜菜等作物上的多种地下害虫及线虫。

生的包装进行了改良：将散装花生包装成礼盒的形式，一盒内有两至三斤，定价 68 元，也就是说一斤花生可以卖到 20 元左右，并通过邮寄方式销往各地。另外，在相关部门帮助下我注册成立了一个平远县绿宝地种养专业合作社，创立了“龙颈峰”品牌①。久而久之，农户发现我天天往返快递站，也就明白了花生的销售情况，之后农户也开始学习线上销售模式，但苦于没有好的包装，销售情况也并不乐观。于是我跟他们说：“只要采用我教授的种植技术，保证花生的品质，我们的品牌和包装都可以共享。”有些农户为了增加重量，花生不晒干，导致客户如果短时间内吃不完，会直接影响花生口感，甚至是腐烂变质，影响客户对我们产品的好感。因此，我们建立合作社的目的，一是保证花生质量，防止部分农户破坏品牌价值，以次充好；二是为农户树立榜样，告诉他们目光要长远，质量不能参差不齐。目前全村有 200 多户农户与我们合作社合作，约占全村农户的一半。

花生品质方面，我们通过展览、农业基地配套检验报告等形式，提升花生品质的可信度。销售渠道方面，现代发达的网络技术，在我们扶贫工作中起到非常重要的作用。合作社作为微商供货的后盾，农户不用积库存，可以减少储存空间和降低成本，我们双方都能实现销售环节的共赢。同时，我们也与其他平台合作，通过“你负责销，我负责发”的形式来扩展销售市场。此外，我们又建立了自己的公众号和商城，从而进一步提高销售量。在国家提倡消费扶贫的政策下，我们的花生于 2019 年成功申报了广东省政府打造的特色小镇“一村一品、一镇一业”项目②。2020 年，我们的花生已经进入了广东省消费扶贫产品名录中。比如广州的很多单位、工会，逢年过节都会来订我们的花生作为福利发给员工，这也大大提升了我们花生的销售量。

现在花生的销售市场已打开，种植规模也逐渐扩大。为了不让农户过

---

① “龙颈峰”为注册商标，取名来源于东石镇锡水村一座山名，因受访者对家乡浓厚的情怀，故以此作为花生商标名。

② “一村一品”是指在一定区域范围内，以村为基本单位，按照国内外市场需求，充分发挥本地资源优势，通过大力推进规模化、标准化、品牌化和市场化建设，使一个村（或几个村）拥有一个（或几个）市场潜力大、区域特色明显、附加值高的主导产品和产业。“一镇一业”就是指一个乡镇，打造出一个适合当地的产业。

度依赖合作社，我鼓励大家充分发挥网络和口碑的双重优势自行销售。目前，农户基本上可以从合作社独立出来，实现自产自销。

花生品种的改良为我们村打赢脱贫攻坚提供了有利条件。以前，农户认为花生 10 块一斤已是高价，改良后，我们向农户收购的价格可达 12 或 13 块一斤且供不应求，这极大提升了农户种植花生的积极性。

在政府、村委和农户的共同努力下，2020 年我们实现了全面脱贫，并大幅度提高了农户收入。现在，每到花生收获的季节，外县的人都愿意到我们锡水村购买，甚至会出现客户与客户抢购的情况。

三　开拓创新，引进香芋

2017 年春节，在跟珠海某农业公司老板聊天时，他表示现在不敢买外面的芋头、番薯等农产品，因为担心市场上农产品中的农药超标，所以更倾向于自家种植的菜品。恰好韶关乐昌的炮弹香芋①很出名，受此启发，我认为可以以此为方向，种植健康又生态的香芋，让外面打工以及做生意的人，不仅能品尝到家乡的味道，更能放心地吃。我们找到当地一个种植能手并向他虚心请教，将种子和技术引进来，这一举措也得到了政府和村里的大力支持。

于是，我们便按计划实施。我向 16 户农户共租赁了 30 亩土地，每户一年租赁费为 700 元，若农户来我这帮忙，每天会有 100 元的收入。幸运的是，第一年②香芋得到了珠三角地区部分客户的认可，他们觉得我们的芋头特别香、特别粉、特别甜。但这时我们也遇到了一些困难。

首先是香芋种植③。据客户反馈，因个头大，一个芋头需要好几天才能吃完，随着时间的延长，芋头开始腐烂或变质，进而降低了他们再次购买香芋的需求，这种情况直接导致我们的客流量减少。为解决此问题，我

① 炮弹香芋原名张溪香芋，产于乐昌市，以张溪村所种植的香芋最具有代表性，因此而得名，张溪已有 400 多年香芋种植历史。张溪香芋个头大、体形长、皮薄、纤维少，熟后全身粉细松软、香味浓、肉质粉、口感好，因此被当地人称为“炮弹香芋”。

② 第一年，此处“第一年”指 2018 年。

③ 香芋一个大概有五六斤，最大的能达到七至八斤。种植时间长，香芋种植时间为十多个月，从春节后开始种到农历十一、十二月才获得收成，这也就意味着成本更大。

们对客户进行了回访，发现重量为三四斤的香芋，销路会更广，也比较适合一个 3～4 人小家庭的实际需求。于是我们便改变种植模式，没有照搬乐昌的种植经验，而是在此基础上根据实际情况进行改良，但一直未变的是我们的初衷和原则——追求高品质，让每位客户吃出家乡的味道，让每位客户吃得安心、吃得放心、吃得开心。

其次是市场开拓。单靠珠三角地区的客户是远远不够的，我们得让炮弹香芋走向更大的市场。一开始，我们想让炮弹香芋占领附近的市场，但事与愿违，售出情况并不乐观。寻思之后，我想出了一个虽笨但却真诚的法子，无论去哪我都在车上放着芋头，遇到人就推广，和朋友聚餐时我也带上并送给餐馆老板，不仅让餐馆老板自己做菜吃，而且让他做给餐馆内其他顾客品尝，大家吃完都直夸芋头好吃。功夫不负有心人，香芋渐渐得到了更多人认可。在县城，饭店成了我们最大的购买商，他们特别喜欢在水煮鱼的汤汁里加入芋头，因为汤汁会更加鲜美，最重要的是顾客也特别喜欢。我们的对外销路主要是通过珠海厨师协会来开拓的，因他们会在制作糖水或扣肉时放些香芋，于是我便赞助芋头给他们。一来通过该协会可以寻找更广阔的客源，二是让他们来督促我们，及时改进香芋的品质，从而种植出更好的香芋。

最后是香芋包装。为了让香芋有更广的销路，我们想到了订单农业①，主要是将芋头进行精美包装，这样就可以将其作为礼品或作为公司发放给员工的福利。一开始，农户很不理解，他们觉得两个芋头卖到 40 多块钱，没有谁会要。为了打消农户的疑虑，我们在商城和公众号等平台进行了宣传，随着芋头市场被打开，订单农业也渐渐增多，现在一到收芋头时节，我们都是一车一车往外拉着去卖。为了让芋头品质更契合大家需求，我们对芋头进行了等级划分，美观又达标（主要是芋头的大小）的主要以礼盒形式销售；个头参差不齐的我们就销往本地市场、饭店、食堂等，所以农户跟我们合作，他们也不愁销路。不过，在销售过程中也遇到退订的情况。前年冬天一直下雨，我们担心香芋收成受到影响，加上客户一直催着

① 订单农业又称合同农业、契约农业，是近年来出现的一种新型农业生产经营模式，农户根据其本身或其所在的乡村组织同农产品的购买者之间签订订单，组织安排农产品生产的一种农业产销模式。订单农业很好地适应了市场需要，避免了盲目生产。

要，于是我们冒雨采收后便给客户寄过去，客户收到货后发现坏掉一部分，因此要求退单。面对这种情况，我直接和客户说："坏掉的香芋不用退回来，我直接给你们重新补发。"于是我又重新给客户补发了一份并向他们表示抱歉，同时从客户反馈中也发现了腐烂原因——香芋表层的水分过多。通过此事我们更加注重与客户之间的联系，因为他们作为消费者，比我们更清楚想要的品质和服务。此外，香芋种植基地的建立，也提高了村民的经济收入，农户谢阿姨表示，在芋头收购时节，去年（2018 年）的年收入已有 7000 元。[①]

图 2　吴海丰在香芋地里

四　坚定不移，脱贫致富

以前，我们村是贫困村，种田辛苦且经济效益低，因此村内的年轻人大多外出务工，只留下老人或是小孩，大多留在村内的年轻人比较懒惰、不思进取，甚至形成了贪图享受的风气。所以，我便想通过自身努力去改变年轻人现有的状态。恰好扶贫干部、镇分管领导看到了我的致富经历，

① 参见 2019 年 12 月 26 日发表于"平远发布"微信公众号的报道《东石：香芋采收正当时，农民致富有盼头》。

鼓励我带动村里贫困户脱贫，带动整个农村生产经济的发展，让更多的人愿意留在家乡，为家乡建设贡献一份力量。

2017年6月外出学习回来后，我牵头成立了平远县绿宝地种养专业合作社，发动农户去种花生、种水稻，这个过程中不仅村民经济收入得到了增加，我也学习到了很多管理经验。目前，我们的大米可以卖到四块钱一斤，虽说与其他地方的大米价格仅有几毛钱之差，但恰恰是多这几毛钱，农户的收益会大大提升，积极性也随之提高。

我们村原是广东省定的贫困村，在广州市南沙区珠江街道办的帮助下，我们以“帮扶单位出资金、合作社出技术”的方式共同帮助村里43户贫困户。对于有劳动能力的40户，我们免费发放花生种子和肥料并负责回收，让他们参与到脱贫致富的过程当中来。对于没有劳动能力的3户，采取土地托管的形式，即让专业人员代耕种，对于土地产生的收益，会按照30%的比例与该农户分红，以保障农户的基本物质生活需求。

同时，我也鼓励贫困户养鸡，因为养鸡投入小、收益大。一是贫困户有养鸡的能力，可尽自己所能；二是由我们发放鸡苗和饲料，可信度高；三是农户有散养鸡的条件，比如土地广阔，剩饭剩菜也能充分利用；四是农户自养的鸡无公害，销售需求较大；另外，我们有体系化、专业化的销售路径，可大大减少农户的销售压力。

在养鸡计划推行过程中，有件事令我印象深刻。在一个下雨天，一位贫困户没打开鸡舍，任由鸡苗在鸡舍外被雨琳，导致几只直接被冻死。事后他开始质疑我发给他的鸡苗有问题，将责任推到我们身上，让我们赔偿。面对他激动的情绪，我并没有直接和他起冲突，而是安抚完他的情绪，然后耐心倾听他的叙述，在了解整件事的来龙去脉之后，我们发现是他在下雨天没将鸡苗关起来而导致鸡苗死亡。经过这件事，我们开始反思，并告诉农户：脱贫不能单依靠他人的帮助，自己才是自身能够脱贫的关键，我们只有在思想上脱贫了，才能达到真正的脱贫。后来，我们帮助他改良了简陋的鸡舍，避免了此类情况的发生，他也把养鸡这件事做得越来越好。

2020年，经过大家多年的共同努力和政府的大力支持，村里43户贫困户终于实现了脱贫的目标。每次想到这里，我都很自豪，这也让我更加“坚定初心”，只要坚持不懈，不放弃不抛弃，定会有美好未来。

五　不忘初心，致富感悟

创业过程中，我明白了很多的道理，也改变了我以往毛躁的性格。当一个人专注地做一件自己觉得有意义的事情时，可以学到很多东西，尤其是在创业初期，不分昼夜，亲力亲为，尽管如此艰难，我也一直坚持着。我不在意以量谋利或是个人经济收入的高低，我更在意的是客户的认可，哪怕只是口头赞扬或是几斤农产品的回购，已使我心满意足、信心倍增。当然，在与农户的合作过程中也会遇到很多问题，我们秉持不回避的态度，与农户一起协商、探讨、改进。我们国家是一个农业大国，也是一个消费大国，因此农业的发展很有前景。

我的父辈扎根农村，我出生、成长、创业都在农村，对于这片土地的热爱已悄无声息地转化为深深的情怀，对这种情怀的坚持，让我在创业中取得了成功。反观在农村创业失败，我认为有如下三大原因：一是半途而废，想要在农业的发展上一蹴而就，在遇到困难时就打退堂鼓，甚至想在短时间内获得高回报，这都是不可取的。二是盲目跟风，缺乏长远的眼光。农民注重短期利益，关注当下收益的高低，缺乏对于实际情况的考察。比如说农民看到其他地区种植的西红柿又多又好，不顾自身土地条件而盲目种植，这样种出来的西红柿产量、品质都不能达标，也浪费了资源。三是求利心急。一些农户在看到种植出来的产品获得良好的反响后，立马扩大规模，而创业团队缺乏管理能力，最后导致种十亩地的收益还不如种一亩地的效益高，有时还产生了亏损。身边创业的朋友很多都出现了这种情况，赤裸裸的现实也给了我一个警醒，要量力而行、品质优先。

光我一个人意识到这样的道理是远远不够的，必须提高农户的思想觉悟。所以我广泛向农户宣传：根据实际能力，能种多少种多少，要以坚持品质为主。因此我们与农户的合作方法十分有效，也收获了一批忠实的客户。

当下有很多的返乡青年，我非常支持他们回乡发展，为自己的家乡贡献一份力量。在此，我以自身经历和经验给返乡发展青年一些建议。首先，我们需要明确回乡目的和初衷，唯有明确自身回乡发展的目的才不会迷茫，不会虚度光阴。其次是不断提升个人能力。我相信大家都有这个能力，只要我们肯学，不怕苦、不怕累，亦会发挥更多的潜能。最后，明确发展目标。我建议回乡青年厘清目标，再选择能做的事情，发挥家乡优势，挖掘潜在资源。比如，我有一个朋友返乡后询问我，农村是否有适合他的工作，因为他之前是农业机械工人，于是我便建议他买一台水稻收割机，一年只需收割两季，共一个月左右。其他的空闲时间，可发挥他以往的工作优势——当司机送货。这样既可协调工作时间，也可增加经济收入。此外，对于返乡青年，除非具备一定的经济实力和综合能力，否则返乡后让他们马上全身心投入农业中，把产业做大做强，是有一定的难度的。

这些年，看到无数人士回乡，也让我想起了最初的自己。从生猪养殖到改良花生种植模式再到引进炮弹香芋，过程中遇到困难，甚至我也想过放弃，但一想到放弃意味着之前的努力都白费了，故我选择坚持，正是这份坚持使自己更强大。此后每当遇到困难，我都会想起自己的初衷和对家乡的热爱，这是支撑我一直往前走的信念。我始终知道我是农民的儿子，我想用微薄之力改善村民生活，带领大家奔向更美好的未来，经过我的不懈坚持和大家的共同努力，产业规模越来越大，我们村最终实现全面脱贫。我们团队过五关斩六将，胆大心细，本着品质优先的根本原则，发展到了今天。在未来的发展道路上，我明白仍会遇到许多困难，但我会一直坚定自己的初心，为家乡建设贡献更多力量。

十二载筚路蓝缕，为百姓种下“黄金果”

受访人：武硕磊

访谈人：贺　淼

访谈时间：2021 年 7 月 16 日

访谈形式：线上访谈

访谈整理：贺　淼

访谈校对：叶　希　贺　淼

故事写作：叶　希

受访人简介：武硕磊，男，汉族，1979 年生，河北抚宁人，高中文化，2009～2017 年担任河北省秦皇岛市抚宁区大新寨镇牛栏甸村支部书记，2018～2020 年担任村支部书记兼村委会主任。在村里带领着村民一起种植黄桃树，帮助引进黄油桃、黄油蟠桃等优良品种 30 多种，还培育了品质更佳的新品种。带领村民种植的黄桃品种曾在全国农产品展览赛中多次获奖，其中著名的“中油蟠七”荣获河北省保定市果艺展览赛一等奖。

一　致富之经，为百姓种下“黄金果”

我叫武硕磊，来自河北省秦皇岛市的一个小乡村——牛栏甸村。牛栏甸村位于河北省秦皇岛市抚宁区北部山区的大新寨镇，燕山脚下，长城以南，层峦叠嶂，峡谷纵横。然而，这个风光秀丽的小乡村却非常贫困。

2005 年，这个村的人均收入仅有 851 元，是省级贫困乡镇。2009 年，我刚刚退役。当时，家里人希望我能够像其他人一样，去外省打工，多赚

图 1　2021 年 7 月 16 日武硕磊（左）接受贺淼（右）的线上采访

点钱，补贴家用。可是，看着村里贫苦的景象，我的心底总有个声音，催促着我要为生我、养我的这片土地做些什么。我是在牛栏甸村长大的，这片土地对我意义非凡。我也是从苦日子中过来的，我知道贫穷是什么滋味。村里的老百姓每天起早贪黑干得腰酸背痛都赚不了几个钱，为了多挣钱，大多数年轻人都选择到外地打工，剩下老人和小孩留在村里。小孩一年到头都见不了父母几次，逢年过节也只能在电话里团圆，这样的日子该有多惨。于是，我决定留在村里，参与村里的扶贫工作。当选为村干部后，我更是暗暗下定决心：千万不能辜负党和百姓对我的期望，我一定要把村子建设得有声有色，一定要带领老百姓走上致富的道路！

牛栏甸村是大新寨里数一数二的大村，面积大、人口多。当时我就在想，这么丰富的土地资源和巨大人口优势绝不能白白浪费。土地资源丰富，种植果树是绝佳选择，没有比发展林果业更能带动经济发展了。那时候，我看到山东、安徽等地的黄桃产业发展得挺好。所以，2010 年我引进了郑州的蟠桃芽，花了两万块钱引进果苗。前两年都没有什么收获，到了第三年的时候结果了。那一年，我们的黄桃能够卖到十块钱一斤，远比花生、玉米价格高。老百姓一看这桃子收益高、发展好，也就跟着一起做。现在我们村几百亩地种的都是黄桃。黄桃卖十块钱一斤，一亩地的收成一年下来能够卖到四五万元，而种花生、玉米，一亩地一年下来也就只有几百块钱的收入。几万块和几百块相比真的是天差地别啊！

看到黄桃的发展前景后，我开始准备更好地发展我们村的黄桃产业。那些年，我几乎都没怎么着过家，每天在外面都有很多事情要做，比如修水利、修道路、选品种。现在村里黄桃品种量多质优，真正达到了“人无我有，人有我优”！

经过这十几年的苦心经营，我终于实现了把“黄金果”种在牛栏甸村的梦想。但我知道，这仅仅是第一步，接下来还有更长远的计划等着我去完成。

在种植黄桃的道路上，我从来不是孤军奋战，多亏了肖力、张崇明、张成龙等朋友的帮助，我才能越做越好。当时我们合伙承包田地，肖力负责跑市场、找资源，联系华联、物美等北京的大超市，张成龙负责组织老百姓采摘、收集，我就负责研究新品种和引进先进的种植模式。刚开始，我们也不懂怎么种，怕把苗都种死，我就跑去请那些享受国务院津贴的林果业专家过来讲课，每年我都会邀请他们来讲四五次，每次讲课，我就叫上负责种植的老百姓一起听，认真做好笔记。

为了能够更好地种桃育桃，我还专门考了农艺师资格证。这个证不好考，对多年没有碰过书本的我来说还是存在较大难度的。但是，为了能更好地了解黄桃，我愿意竭尽全力。关关难过关关过，我考了三次才考过。现在再看那些生病的黄桃，我基本上一眼就能看出是哪种病害，知道该如何整治了。在备考农艺师资格证的时候，我认识了不少农林业的专家和朋友，他们看我这村里黄桃的长势越来越好，也纷纷给我介绍收购商。当时我和肖力就一起联系这些收购商。刚开始卖的时候，为了让他们知道我们的黄桃品质，我们都是免费供应，二十箱、三十箱、五十箱甚至一百箱的黄桃我们全都是免费给，不要钱，就是为了打出名气。后来，我们供应的黄桃在超市几乎一抢而空。现在，每年北京很多家超市都会和我们签订订购合同，一订购就是五六万斤。除了北京，广东、四川这些地方的客户也来找我们订，每次订都是几万斤，而且我们还和他们形成了长期合作的关系。现在，我们牛栏甸村的黄桃真正开始走出河北省，走向全国了。吃过我们黄桃的人，没有一个不竖起大拇指说甜的。因此，我们的黄桃也被拿到全国各地去参展、评奖。最近几年我们种的“中油蟠七”就拿到了河北省保定市果艺展览比赛的一等奖。

然而，没有什么是轻而易举的，在摸索种植黄桃的路上，我曾经也犯过许多“低级错误”。我记得刚开始的时候，我们在一些小苗贩那里进了一批果苗，可是之后才发现，不是我们要的那个品种。我们赶忙又重新进了一批果苗。当时那个慌张的情景，我仍然记忆犹新。但这些失败经验，日后都成为我的宝贵财富。尽管这条路很艰难，但是我从没有想过放弃。因为我身旁有一帮同甘共苦的朋友、一群慈祥的老师和知识实践经验丰富的学者，他们都是我面临困境时的指路人，鼓舞着我继续走下去。最重要的是，我还有一帮信任我的老百姓。他们的信任是我坚持、不放弃的最大动力，我绝不能辜负他们的宝贵信任，我将带着感恩的心继续走在扶贫攻坚的道路上，永不言弃。

二　筚路蓝缕，创业的艰难历程

对我们村而言，发展经济首先面临的一个问题就是水资源匮乏。我们村正好处于大陆性季风气候区，降水量特别不稳定，年平均降水量只有744.7毫米，除了洋河、大石河、戴河和汤河这些常年性的河流，其他绝大多数河流基本上都是季节性河流。到了秋冬雨水少的时候，村附近的河流基本都断流了，绝大部分农作物靠地下水灌溉。当时，村里的水利基础设施不完善，老百姓浇水一小时就要花上七十多块钱。因此村里大多是种一些耐干旱、耐贫瘠的农作物，像是花生、玉米。只有在水源充足一点的地方，才能种点果树。一年下来，老百姓都没有多少收入。

种植黄桃最重要的就是解决水资源匮乏的问题。这个难题困扰了我很久。于是我来到山东、河南、陕西等地实地考察，学习他们的浇灌技术。我去学习了大概有一个多月，回来后便立马投入我们村的水利设施建设活动中。首先是打井，把丰富的地下水资源给挖掘出来，每几亩地就打个小井，每几十亩地就打个大井。打好井后，利用机器把水从井里抽出来，这需要大量的电带动机器运作。所以紧接着，我又开始放线、架线，老百姓们看到这样的架势很不理解：明明村里面有电，为什么还要在田里面架电线呢？也不知道靠不靠谱。面对他们的质疑，我一时半会儿也很难把原理清楚地解释给他们听，等到电线架好，利用机器快速地把水从井里抽出来，浇灌的费用从原先一小时七十多块钱减少到现在的一天二十块钱，老百姓看到水费便宜了，都明白了架电线的用处，连连拍手称赞并说道："再也不用担心没有钱浇水咯！"看着百姓们高兴的样子，我心里也乐开了花，再多的辛酸与劳累一下子也就烟消云散了。

这些看似简单的水利设施，修建起来却是万分困难的。我现在还记得修塘坝大井的经历，因为这个工程施工难度大，又关系到整个村的饮水系统，我非常重视这口井修建的每一个步骤。头两个月，每天天还没亮，我就起床跑去田里监工，不仅要严格监督修建进度，而且还要充当工人，哪里缺人手我就得赶紧过去补充，挑水泥、铲沙子、运砖头……什么都得干。修大井时修了一个来月，基本上 20 来天都是早出晚归的，真的可以说是顶着星星走，踏着月光归！

紧接着，解决完浇水的问题，就要解决交通的问题了。刚开始的时候，我们真的是困难重重。村子里山多，进出县城都特别不方便，去县城要好几天。就算是黄桃长出来了，怎么运出去也是一个难题。当时村里的那些路，全都是凹凸不平的沙路、泥路，中型货车想要进来运货都要耗费一个小时，更别说大型货车了。而且黄桃和苹果、雪梨这些硬皮果不同，它的果肉比较嫩，运输需要更加小心，经不起一点的磕磕碰碰。于是我又马不停蹄地和同伴们找交通部门，修了 12000 米的水泥路。当时为了早点把黄桃种植提上日程，这些基础设施的修建都是同步进行的。

当时家里人看着我每天忙得累死累活，非常不理解，埋怨我整天在外头不顾家，家里有什么事也不能第一时间回去。说起来挺惭愧的，当时孩子还小，正是需要爸爸陪伴的时候，但我却每天在外头东奔西跑，甚至出差路过家门口都没有时间进去看一眼，没日没夜地在田里搞设施建设。但是没办法，为了修好水利、让老百姓能够用上便宜的水，我必须要把所有井都打好，把所有电线都架好；为了修好道路，让黄桃能够妥善运出去，我必须把所有水泥路都铺好，所有的路标都建好。只有这样，老百姓才能真正实现种下“黄金果”的梦想，我的心才能稍微安定下来。

如今，水利修好了，路也铺好了，百姓都种上了黄桃，生活也开始走上正轨。就在昨夜两点，田里刚收的黄桃已经开始装箱，装了有三四万斤，装好箱后早上十点就要发往北京，如果不出意外，这批上等黄桃又可以卖一个好价钱。

好在一切都朝着更好的方向发展了。孩子也长大了，开始理解当初爸爸整日不在家的原因，也明白爸爸并不是故意缺席他们的成长。因为爸爸肩负着更大的责任和使命——要让村里的老百姓过上富裕的好日子。现在我也经常会带着孩子去村里面走走，感受一下村里的变化。当他们看到别的村的百姓还住着破烂的房子，牛栏甸村的百姓都已经住上新建的平房时；当他们听着村里的百姓亲切地叫爸爸武书记时，他就会觉得爸爸原来还算是个厉害的人。我的小女儿就对我说过：“我的爸爸是个英雄，我要以爸爸为榜样！”直到现在，这句话还萦绕在我的脑海里，让我久久不能忘怀，当时听到这句话的时候，我的眼泪差点就流了出来，内心久久不能平静，那一刻，我觉得我做的一切都值了！

三　展望蓝图，致富永远在路上

在我的带领和众人的努力之下，我们村的几百亩地基本都种上黄桃了，老百姓的生活质量也大大提升，一些外出打工的年轻人也回到了村里工作，孩子们也得以在爸爸妈妈的陪伴下成长。看着村民们一家老小其乐融融的样子，我心里别提有多欣慰了！但是我知道，这仅仅是致富的第一步，村里种的几百亩黄桃还远远未能满足全国各地的市场需求。现在村里黄桃的最高产值在400万斤左右，但是市场需求却是达到了800万斤，甚至更多，大家对新品种的需求也越来越强烈，每年前来订购的超市、收购商络绎不绝，新品种黄桃可谓是供不应求，这也将成为我种植黄桃的又一个巨大挑战。

面对新的巨大挑战，我更加不能掉以轻心！致富永远在路上，在新的浪潮中，我要以更加坚定的信心和更加清醒的头脑去应对挑战。为此，我规划了近几年黄桃产业发展的新蓝图并提出以下几个目标。第一个目标是建设温室大棚。黄桃一般在十一月至次年三月进行播种，共有三次生理性落果，属于季节性水果。为了扩大产量，我计划在明年的建设中空出五十亩地建造温室大棚，生产反季节黄桃，让村里一年四季都能销售黄桃。建造大棚看似简单，实际上却是个庞大又复杂的工程，不仅要把供暖、灌溉、光照等设施调试精准，在选种方面也要加倍小心。我们种的黄桃不仅要讲求数量，更要讲究质量，质量是我们立于不败之地的根本。而对于黄桃来说，甜度是衡量质量的一个重要指标。现在我们村种植的黄桃品种甜度能够达到二十度左右，但这还远远不够。在建设大棚的同时，我会用果树研究所研究出来的新品种进行试栽。明年我们计划先试栽七个新品种，看看能不能培育出甜度超过二十度的黄桃，这是我近期的一个小目标，希望能够培育出更加优质优产的黄桃。

第二个目标是把黄桃向绿色、有机方向发展。随着生产的不断转型、升级，经济发展、人民生活水平的不断提高，人们在“吃”上有着更高的要求，不仅要吃饱，还要吃得健康。所以我觉得把村里的黄桃产业转向绿色、有机的方向发展，不仅符合当今市场消费需求，而且具有可持续发展的远大前景。现在村里喷的农药全都采用的生物制药，在农药残留测试上都是完全达标的。但是说到底，喷洒农药还不能完全达到绿色有机水果的标准。在新计划中我将会研究如何停止农药的使用，采用一些物理除虫或者是生物除虫的方法，如使用杀虫灯、防蝇虫网，在土地质量、水源质量上更进一步地严格把控，使村里的黄桃达到绿色有机的高标准。

第三个目标是产业化、品牌化发展。进行产业转型升级是城市经济保持发展活力的重要因素，这个道理在农村经济中也同样适用。现在村里的主要经济来源仍然是种黄桃和卖黄桃，属于第一产业，而要想获得更加持久的发展动力就必须进行产业升级，向第二产业发起进攻。由于黄桃肉体鲜嫩、不耐储存，有时老百姓会把吃不完的黄桃晒成黄桃干、做成黄桃罐头或者进行冷冻储藏。我也尝过，味道鲜美极了！黄桃果肉蒸发完水分后，甜蜜的味道被牢牢锁在果干中，滑溜溜的黄桃罐头不仅成功保存了黄桃的水分，还把黄桃独有的香气和甜味完好无损地保留下来，这又将是个巨大的发展空间。因此，在未来的计划里，除了加速发展第一产业，我还会开辟黄桃罐头加工、黄桃干加工等第二产业，把种植、加工、销售打造成一条完整的产业链，这又将是个巨大的挑战。为了实现这一系列的目标，我还注册了个叫“福寿康宁”的黄桃品牌，希望在接下来的日子里，我能够把这个品牌一步一步地推向更高更大的舞台。

第四个目标是实现机械化管理。前些年我在外地考察时，发现很多村都用上了机械，辽宁更是基本实现机械化，田里除了几部机器在运作外没有其他人，老百姓要不就在屋里待着，要不就去找别的活干了。机械化运作不仅省时省力，而且效率高、成效好，这一下子触动了我的心。牛栏甸村是大新寨镇里数一数二的大村，每年种植采摘的时候都要耗费巨大的人力物力，而且效率低、成效也不够好。当时我就想如何能够快速提高效率，答案就是机械化。现在我们村的设备大都是半自动化设备，比如说浇灌设备，全都采用了滴灌，当时我一年内就埋了两万米的管道，但是这些还不够。我希望在接下来的五年内，把村里的设备都基本换成全自动，比如说浇灌、种植、采摘，都能依靠机器进行。这样解放了双手的老百姓们可以投入经济附加值更高的工作当中，去获得更高的经济效益。

第五个目标是注入新生活力。青年是祖国的未来，民族的希望，他们所蕴含的无限可能和潜力是国家崛起的重要力量。牛栏甸村在实现黄桃大面积种植后就有了相当一部分人选择回来，一起为这份事业奋斗。可是到目前为止，大多数回村的村民年龄都集中在30～35岁，十几岁至二十几岁的年轻人屈指可数，大学生就更是无从谈起。前些天我还和合作社的同伴聊起这件事，为什么没有大学生愿意来村里干活。我们给出的工资也不低呀，就没有想要来一起从事林果业的吗？合作社的人说，他们了解到现在很多大学生对家乡创业、林果业种植这方面不是很感兴趣，再加上农村的生活质量、收入水平没有城市高，发展机会始终不如城市来得多，大学生还是觉得留在大城市会更好。说实话，我心里还是蛮失落的。我们村现在还是以第一产业为主，说白了就是当农夫种田，这肯定没有在办公室吹着空调舒服，说到底还是村里的产业发展水平不够高，不足以吸引大学生。大学生是有文化有素养的高级知识分子，如果有了他们的加入，村里的黄桃产业一定会更上一层楼。而且牛栏甸村的主要决策团队的平均年龄在四五十岁，是时候要寻找一些新的力量加入，让我们的黄桃产业再添活力。因此，在努力打造黄桃产业化、规模化的同时，我也积极在全国各地招揽青年人才，政府那边也积极安排相应媒体进行宣传，希望不久的将来能够在村里见到崭新的青年面孔。

四　坚守十二载，热爱与踏实是力量

从2009年到现在，我参与黄桃产业工作已经有12年了。牛栏甸村从最初的一穷二白到现在每片土地都种上“黄金果”，离不开我年复一年地坚守，离不开我一步一个脚印踏踏实实地干事。尽管现在村里已经跟上了致富的脚步，但脱贫永远在路上，42岁的我依旧会坚守在牛栏甸村的致富道路上永不放弃。

俗话说得好，“不积跬步，无以至千里；不积小流，无以成江海”。近几年牛栏甸村的发展蒸蒸日上，不少媒体记者和全国各地的致富带头人都来找我取经，其中都问到这样一个问题：作为一名成功的致富带头人应该具有怎样的品质？问到这个问题的时候，我都会摆摆手说自己还不算是很成功的致富带头人，很多东西都还是在摸索和探寻的过程中，很多想法都仅仅迈出了第一步，真的算不上成功。在我从事黄桃产业12年的过程中，要说我自己有什么一直支撑着我坚持到了现在，我觉得是热爱和踏实。

在为黄桃“奔波”的这些年中，我发现黄桃成了我生命中很重要的一部分，我就像是把黄桃当成自己的一个孩子去培养。当它健健康康地生长，我就心里舒坦；当它因虫害、水土问题而长势不好，我就心里难受。

这也许就是热爱吧，黄桃对我而言，已经不仅仅是一个致富的工具，更是我漫漫人生路上忠实的伙伴，是我无言的依靠。多少个披星戴月的夜晚、多少个艰苦难熬的日子，我的身边都有那么一棵静默的黄桃树陪伴着我。每当我遇到一些问题难以解决时，我都会到果园里走走，去和它们“说说话”。它们那随风飘动的果叶和饱满的果实好似在鼓励我：“你一定能找到解决问题的办法的，我们相信你！”顿时我就又充满无限的信心和勇气，去面对挑战和困难。

除了热爱，更重要的，或许还有踏实吧。“宝剑锋从磨砺出，梅花香自苦寒来。”世界上没有任何东西是轻而易举可以得到的，更没有从天而降的馅饼。乡村振兴更是如此，这场长久的战斗更是要求我们要有坚强的意志力和吃苦耐劳的品质。在过去脱贫攻坚的12年里，我一步一个脚印地为村里种上黄金果，克服艰难险阻为百姓架起电线、打下水井，我三过家门而不入却为寻找更多的收购商而跑遍全国，我起早贪黑监工为百姓修好水泥路，我头悬梁锥刺股般地学习为考取农艺师资格证来更好地管理黄桃……牛栏甸村能有现在的一点成就，离不开我和我身边的人12年来一点一滴的努力和奋斗，离不开我们踏踏实实地走路、本本分分地干事。这场战役永远不会结束，我将以坚定的信心和勇气，带领牛栏甸村的老百姓继续走在致富的道路上，继续在黄桃产业上再创辉煌！

富硒小米粒掀起产业融合致富大浪潮*

受访人：樊浪生

访谈人：钟禧儿　黄珏洪

访谈时间：2021 年 7 月 28 日

访谈形式：线上访谈

访谈整理：钟禧儿　黄珏洪

访谈校对：钟禧儿　黄珏洪

故事写作：钟禧儿　黄珏洪

受访人简介： 樊浪生，男，汉族，1984 年生，安徽舒城人，大学文化，中共党员，安徽过湾农业科技有限公司总经理，2017 年被推选为六安市第五届人大代表，先后获得"全省农村青年致富带头人""六安市优秀农村产业发展带头人"等多项荣誉称号。2014 年 6 月回到家乡流转贫困户土地 2000 余亩，开启富硒农业种植之路。带动农户种植，面积达 11 万亩，实现销售额达 1.87 亿元。创新"互联网 + 现代农业"模式，通过组织引导群众以土地经营权流转"获租金"、扶贫资金入基地"变股金"、贫困群众就地务工"挣薪金"、盘活土地等资源入股"分现金"模式，将"输血式扶贫"变"造血式扶贫"，贫困户人均年收入可达 3.6 万元。2017 年开始推动当地一二三产业融合发展，每年累计吸引游客 7 万人次，为 270 余名下岗职工、贫困户、返乡人员提供就业岗位。

---

* 本故事参照以下材料：樊浪生安徽省优秀共产党员推荐材料；《安徽留乡湾旅游度假有限公司隆重开业暨第三届富硒生态农业旅游文化节开幕》，http：//3g. youjiximi. com/display. asp？ id =588。

图 1　2021 年 7 月樊浪生（下）接受钟禧儿（右上）与黄珏洪（左上）线上访谈

一　勇担责任，毅然踏上回乡创业之路

我的第一份工作是在安徽古井集团有限责任公司，我的专业偏向于微生物和生物工程这一方面。微生物行业做了很久，想出去走一走、看一看，也想挑战自己，于是就去做营销类的工作。我的一个同事从事的是植物保护这一行，他的工作是了解植物病虫害以及进行治疗，偏技术类。我经常和他打交道，所以对农业了解一点，但是对于真正从事农业生产、加工、销售，则完全是陌生的，技术指导是别人去做，我也是边看边学，一干将近 18 年。虽然也经常跟农业打交道，但真正从事农业种植还是第一次。

其实，最开始的时候，是我父亲承包了 200 亩地。传统种田很辛苦，后来父亲生病了，2012 年检查的时候已经是肺癌晚期，不能再继续劳动。我还有一个哥哥、一个姐姐，哥哥在城市从事建筑行业。不久，父亲去世了，我母亲深受打击，繁重的耕田劳动让她的身体雪上加霜。于是，哥哥就辞去了城市的工作回来帮衬母亲。由于他在外打工时间比较长，很久没有种过地了，对农业这方面的知识不太了解，走了很多冤枉路，粮食产量也受到影响。哥哥比较着急，有时在田间地头偷偷哭。当地村民发现了，个个都来帮忙。让我触动最大的，是“五一”放假的时候，乡亲们说，

“你哥哥一个人在这边做农活太辛苦了，做不了就在田间地头哭”，我听了特别心酸。想想我自己主要从事农业方面的工作，懂一些农业技术，于是决定辞职回来创业做农业。

在返乡创业之前，我在单位属中高管理层，年收入二三十万元，这在村子里算高收入，决定辞去工作返乡创业时，家里人基本都不同意，村里人也都不太理解，都认为从农村到城市后有一份稳定的工作很不容易，应该继续留在城里。毕竟，相对而言，农业是一个收入薄弱的产业，农村是落后于城市的。而从当时的情况来看，农村与城市的收入很难相比，况且农业还会遇到自然灾害。记得采访时我讲了一句话：“农业这行需要的经验是较多的，或者说别看你第一年挣钱了，说不定到第十年的时候就碰到自然灾害，你又回到了从前，又要从头开始，这些都是人力不可抗拒的，比如说干旱、水灾，不确定因素太多了。”我回乡创业还有一个原因，就是家里借钱供我读大学，可以说是倾家荡产了，上完大学后，家人希望我能够在城市里发展，所以在那样的背景下，我回乡创业的原因更多是一种家族责任。

回乡创业，跟哥哥一起承担家里的担子，这是我应担的责任；带动家乡经济发展，这是我的奋斗目标；作为共产党员，敢为人先，不忘初心，返乡发展现代农业，这也是我的初心与使命。

二　稳扎稳打，精准定位市场进行产品深加工

2014 年，基于上述原因，我回到了家乡，我觉得农业不是一个单纯的种植业，像稻谷，看着简单但实际种植起来很辛苦的。于是我就想着怎么深加工，怎么创品牌，怎么创造更有效的销售途径，怎么迅速把产品卖出去，慢慢就悟到了这些方式方法。以前的农业是传统农业，现在应该围绕科学技术去发展现代农业。毕竟，科技农业附加值高，溢价空间也大，价值更高。于是，我把种植大米作为突破口，产品定位是中高端群体，从源头上控制大米的品质。为什么要从源头上控制呢？因为现在人们的生活水平越来越高，对粮食的要求也随之提高，现在市场上的农产品有很多，质量参差不齐，在这种情况下要占据市场，只有走差异化、品质化发展道路。

大家都知道，现在正在实施“健康中国2030”规划[①]，健康是非常重要的，不过人们似乎有个误区，往往追求更好吃而不是更有营养。一些消费者认为米似乎更大更亮更白才好，这样的米往往经过了多次抛光、碾磨，营养没有了。我意识到营养安全是非常重要和关键的，所以在开发产品的过程中，特别强调配谷物，就是提前混搭好。比如说糙米，其实很多的大米都是粳米，糙米我们以前吃得比较少，所以我们将糙米、胚芽米和一些杂粮进行混搭做成谷物粉，以粮食为主导做出谷物衍生即食产品，也就是我们说的代餐粉，比较受市场欢迎。这种粉是根据营养专家的配方搭配的，带有功效性。我们的核心定位和目标方向不仅是让大家吃得更安全，还要吃得更营养，要根据不同的群体需求做出不同的营养产品。

为保证安全，我们是怎么种植的呢？我的想法是产品要生态、绿色、有机、高质量，同时要满足人们的不同需求。于是我们通过查找生态绿色有机机构的相关资料，围绕机构提出的标准来做，从源头上控制产品质量。我们在2014年就进行了生态有机种植，后面我们按照有机大米的种植标准、有机大米的认证条件来种植，具体的种植要求是：一方面是种植时间有要求，有机的标准要求是种植三年，通过三年种植，我们在2017年就获得了有机大米认证，这样的认证让我们农产品的价格上升空间更大；另一方面是认证面积有限制，有机大米它不是大面积而是小面积种植的，土壤、水质、空气等要素都要符合相关要求。正因为有这样的要求，所以并非所有的土地都是适合的，只有小部分土地适合种植有机大米，无法实现规模化种植，如此一来，这个产业就不能做大做强。

围绕这个部分，我发现无论做什么行业，核心竞争力一定是科技。因此我想到和安徽本地科研院校合作。通过对这些机构研究内容和研究方向的了解，综合分析，最后觉得富硒农业这块比较有前景。刚好中国科学技术大学有土壤修复专业的专家团队，还有研究土壤微量元素的团队，当初他们在研究中发现了硒元素。硒元素也是人体比较缺乏的元素，在全国其他地区的土壤中是比较少的。他们研究的是怎样把硒元素运用到不含硒的土壤里面去，种出富含硒的作物，这样可以满足人民差异化的饮食需求。

---

① 《“健康中国2030”规划纲要》是为推进健康中国建设，提高人民健康水平，根据党的十八届五中全会战略部署制定。由中共中央、国务院于2016年10月25日印发并实施。

当时我们对土壤进行了改良，让不含有硒的土壤含有硒元素。让原来有机质含量低的土壤，增加有机质的含量。我们也检测了种出来的农作物，达到了高硒的标准。这样一来，我们农产品的溢价空间也就随之提高了，从最初的几块钱一斤到几十块一斤。

同时，我们也跟高校建立了长期稳定的合作关系，促进产学研深度结合，促进我们产品深加工做得更好更强。我们为安徽农业大学研究生院和一些其他高校提供实习基地；我认为农产品加工一定要走深加工这条路子，与科研院所进行产学研合作十分有必要。如中科院合肥创新研究院，他们在农业方面挺强的，还有中国科学技术大学苏州研究院、安徽农业科学院、中国农业科学院农产品加工研究所等，也在农业技术方面有深耕。我们与这些机构合作的科研成果和技术发明都在市场上产生了强烈反响。当然，知识产权也很重要，我们申报了 60 多项专利，包括 20 多项知识产权专利，还有 300 多个商标。目前，我们联合合肥工业大学食品专业报了一个重大专项课题，已经立项，计划三年实施完成。我们也跟安徽农科院合作了一个项目，也是计划三年完成。两个项目研究内容不同：与合肥工业大学合作的项目主要是关于食品加工方面的，与安徽农科院合作的项目主要是关于种植新品种方面的。现在农作物品种众多，但未来不一定有竞争力，所以首先要确保你的种子从源头品质就要好。

我们公司是 2014 年 7 月成立的，以家乡地名“过湾”命名为“安徽

图 2　樊浪生（左）在农田里工作

过湾农业科技有限公司”（以下简称“过湾农业”）。公司成立后，慢慢开始建设产品加工中心，购买生产设备，成立销售公司，逐步完善种植、生产、销售体系。其实，公司刚成立时，我算个“光杆司令”，销售员、生产工人、搬运工都是自己，慢慢地有志同道合的人加入进来，组建了团队，如今这个团队壮大到200多人，并且还在不断壮大的过程中。目前，公司自营种植基地规模也从最开始的500亩增加到如今的3.7万亩，订单农业发展至11万亩。

三　艰苦奋斗，稳抓电商发展时代机遇

创业初期，互联网行业也在逐步发展，我意识到互联网发展对农业企业发展来说是个机遇，所以一开始，就利用“互联网+智慧农业”探索出过湾农业“线上+线下”相结合的发展模式，通过互联网引流获客，从而销售产品。2014年是电商蓬勃发展的一年，处于电商风口，对企业发展有诸多益处，所以，我们当时尝试从电商这个入口去做。在这之前我自己没做过电商，不知道怎么操作，也没人教，全靠自己摸索，自己学习剪辑视频、开店。刚开始的时候，加上我只有三个人，我们租了间办公室，开始尝试在网络上销售，然后一步步扩大队伍。我们采用订单生产模式，根据订单的多少去生产，这对发展电商也是有利的。但是刚起步的时候，不是我一个人不懂，而是所有人都不懂怎么运营、怎么发货、怎么处理售后、怎么获得流量。当时企业还没发展到现在的规模，也没有请专业的电商运营团队，所以在这期间遇到过很多实际困难，做得也不尽如人意，后来还是请专业的人组成电商运营团队才得以解决。

作为一种新型的交易方式，电子商务将生产企业、流通企业以及消费者带入了一个网络经济、数字化生存的新天地。在电子商务环境中，企业不再受地域的限制，客户也能以非常简捷的方式完成过去较为繁杂的商业活动。作为企业，发展电商不仅是为了扩大业务范围，同时也是跟随发展趋势，可以说是顺势而为。另外，相对于传统商业模式，电商成本低、风险低、回报率较高，对于企业来说是一种非常好的商业模式。我们企业一开始尝试的是传统电商，后来慢慢发展成“互联网+”，到现在也创建了直播电商。现在，我们公司已陆续入驻了各大电商平台，包括淘宝、天

猫、京东、拼多多、抖音、微商城、新零售小程序和跨境电商等，取得了较好的成绩。过湾农业会员总数已突破200万，2017年荣获“安徽省电子商务示范企业”，2018年公司完成合肥、北京、上海、天津、广州、成都、武汉、郑州等地的物流分仓建设，缩短了电商流通领域中的商品流通周期，减少了成本，提高了电商交易时效性。如今，过湾农业已有专业电商运营团队80余人，目前正在重点拓展新零售业务，同时也带动家乡南港镇更多从业者发展电商。2019年南港镇被评为省级电商示范镇，过湾村被评为省级休闲农业与旅游示范村。这些成绩的取得有我们的功劳。目前，我们企业也正在积极争创国家级电商示范企业。

在电商发展过程中，我们也遇到了许多难题，多方人员对我们伸出了援助之手。比如当初发展电商的时候，村里的道路条件很差，阻碍了物流运输。村里知道这个情况后，积极争取项目和组织人员修路，现在无论是将货物运出，还是将游客接入，都非常方便，道路又宽阔又通畅。还有村民及亲朋好友也给我们提供了帮助。印象最深的是我们的第一笔电商订单，当时一个江苏盐城的客户，从我们店铺下单了2000袋大米。一方面，这个订单对于企业来说意义非常大，它甚至给我们吃了发展电商的定心丸；另一方面这个订单也给我们带来非常大的压力，当时我们团队还没有这么多人，为了完成这笔订单，我把家人和亲戚都叫来了，可以说是全家总动员，大家日夜赶工，才在规定的时间将货顺利发出，这批货后来产生了非常好的社会反响。

不仅如此，公司发展中的人才招聘也遇到过难题。农村相对来说是落后的，在我看来，大家还是会优先选择在城市就业，因为城市的配套设施更齐全。对于自己的个人职业生涯规划而言，选择城市发展可能会更好，所以到农村创业，人才方面也会遇到难题。想要请到专业人才，你必须要体现出优势，就是你薪资可能要高一点、配套要好一点，比如提供吃住以及车辆接送等，而我们公司的具体做法是改变公司场地布局，我们在省会合肥建立了营销团队和电商团队，把营销中心放在城市中心，把基地和加工放在农村，这样驻扎在农村的人才需求量小一些。公司发展遇到的另一个问题是市场瓶颈，我们主要采取精细化措施，围绕大家的实际需求，找准产品定位，精准化对接、精细化管理。以前讲要吃饱、要吃好，现在我们追求的不仅是吃得饱、吃得好，还要吃得更有营养、更科学。围绕这些市场需求，我们实施订单农业、精细化加工、功能化生产等举措，找到了合适的市场。

印象最深的是2020年7月19日，我们遭遇了水灾，我们的园区、工厂全部都被水淹没了。事情发生得很突然，我们园区中的一些道路、基础设施被冲垮、冲毁，我们工厂里的粮食被淹没，导致发霉和变质不能食用，这对我们打击很大，也证实了我前面说的，农业产业有好多人力不可抗拒的因素，最大的因素是自然灾害。这次事件虽然给我们带来了经济损失，但也让我看到了人性中闪光的一面，灾情发生后乡村亲邻们主动帮忙，24小时投身到抢险救灾之中，将我们的损失降到最低，让我非常感动。这件事也让我反思，农业干得再好，我们的抗风险能力还是比较差，也让我认识到，只要真心实意带动村民致富，终会得到认可和回报。

针对自己做电商的经历，我总结了一下经验，那就是：如果做电商的话，首先要科学统筹规划，构建服务系统，要对网站有准确的定位，要做好线上产品的布局、线下产品的定价、电子商务系统与传统渠道的融合以及物流和第三方支付平台的保障等。其次是不同的企业要根据自身属性构建合理的电商平台，以自有品牌为基础，打造满足不同客户消费需求的丰富的产品线。更重要的是，要寻求一些关联企业合作，实现资源优化配置。

四　开拓创新，促进一二三产业融合发展

现在，大家都知道农村的空气好，田园生活是大部分人比较向往的生活，许多人在假期会找一些较近的乡村旅游。为了更好地建设我的家乡，促进家乡经济发展，深化乡村产业，建设美丽乡村，我们打造了“产业+村集体+农户+基地旅游”的发展模式，制定了一个目标，那就是让乡村变得更美丽，甚至成为城里人向往的度假胜地。

2017年10月，我们以过湾农业为依托，结合本地民俗文化成立安徽留乡湾旅游度假有限公司，建设留乡湾度假村，开展休闲旅游。我们致力于推动当地农村、土地从单一的农事生产功能逐步向休闲观光、农事体验、生态保护、文化传承等多方功能拓展，满足城乡居民走进自然、认识农业、体验农趣、休闲娱乐的需要，借助其较高的经济效益，充分调动村民加大投入，完善农业基础设施、转变经营方式、运用高新技术保护生态

环境。现在的物质条件比较好，人们的生活水平也提高了，然后追求什么呢？追求的是走一走、逛一逛、看一看，领略不一样的风土人情，在游玩中放松心情，消除工作和生活中产生的疲惫。于是，我们在田间地头建立了度假村，融合休闲度假、农事体验、农耕文化传播。我们一期工程完成后，能够容纳 110 人居住，保证他们的餐饮，建立了乡村大舞台等一些休闲娱乐设施，还开设了骑马等娱乐项目。此外，还种了瓜果蔬菜，让游客品尝到绿色食品，还可以骑马在田间地头转转，欣赏农村风景，体验农家生活。一期项目成效较好，影响较大，让我们下决心开发二期项目。

二期项目投入了 7000 多万元，建设一个五星级的民宿酒店，进一步提升我们的服务档次，同时我们还建了一个占地 1000 平方米的农耕文化科普馆，让游客们能在这里体验到农耕的乐趣，意在提升农产品深加工产能和促进民宿发展，建成 400 人同时入住的规模，建成后预计带动村集体收入 96 万元。二期项目我们把工厂升级，重新扩大规模，建立游客参观通道，让游客参观我们的产品从田间地头到成品的加工过程，这样既科普了食品加工知识，又可以宣传产品。总的来说，就是让游客看得开心、吃得放心、买得安心。我们还在度假村增设地方农特产品生活馆，把六安当地具有地方特色的优质农产品集中推广展销，推动农业发展上的“接二连三”，提高特色产品的收入。借着农旅融合的流量基础，我们在留乡湾门口搭建了 8 个公益摊位，无偿为失地农民、家庭经济困难和就业困难的村民提供公益摊位，免费让贫困农户带着自家生产的农副产品在公益摊位进行售卖。除此之外，我们在留乡湾度假村以及神农学园分别组建了特色农产品展销馆，统一收集贫困户零散的农副产品，如土鸡、土鸭、茶油、菜籽油、黑木耳、干笋、香菇、干蕨菜等，统一进行包装，提升产品质量，进行统一销售，帮助他们增加脱贫的信心。

旅游使我们的农业生产实现物化产品和精神产品双重增值，有效增加农业经营性收入，延长农业生产链条，扩大就业容量。我们为村民创造了劳动岗位，许多村民在度假村等地就近就业。像我们度假村有果树园区，有一些除草等方面的工作岗位，还有度假村服务员的岗位等，能有效地解决村民的就业问题。他们就近工作，有一定的稳定收入，同时又能照顾家庭，即便不出村，收入也有保障，使家里更和谐、更稳定。我们把闲置的农村资产变成市民休闲的农家乐园，把农业产区变成居民亲近自然、享受田园风光的景区，有效实现了村民增产增收。旅游需要良好的环境，完善的基础设施，为了更好打造乡村旅游，我们致力于美化村貌、绿化道路、净化环境，积极增强乡村发展的软实力——耕读文明。2016 年以来，我们用于降低生产设备噪声、治理粉尘污染的资金有 100 多万元，目前噪声和粉尘已能做到零排放，生产中的废弃物均交由专业机构进行无公害化处理，保护乡村环境。

去年获得“2020 年省级休闲农业和乡村旅游示范园”这个省级荣誉称号，2019 年过湾农业还获得了全国休闲农业与乡村旅游星级企业（园区）评审委员会评定的“全国休闲与乡村旅游四星级企业”称号。通过发展乡村旅游业，家乡发生了翻天覆地的变化，从无到有，从有到优，现在每天几个大巴车的人到村里来旅游，好多外地人来留宿，家乡变得越来越好了。根据最新数据，来基地观光体验的游客一年有 7 万人次，给当地农民带来近 1000 万元的收入，增加村集体经济收入 9 万元。

我们企业从一开始专注生态种植，到如今一二三产业融合发展，企业在发展中不断开拓、不断创新，寻求各种发展的可能性。“创业有起点，事业无终点”，随着产业链的延长和产业面的拓宽，我们也正着手建设集“徽派民宿酒店、现代农业科技展览馆、农旅接待中心”于一体的三产融合发展示范园，立志在现代农业的舞台上大显身手。回望过去，在“让农业成为有奔头的产业，让农民成为有吸引力的职业，让农村成为安居乐业的美丽家园”① 的号召下，我毅然踏上回乡创业之路。畅想未来，“穷则独善其身，达则兼济天下”，创业成功给我带来的最大成就，就是让我看到了自己的价值，那就是能够做些对社会有益的事，能扛起一部分社会责任，这对我个人来说不仅是鼓励，更是鞭策。

---

① 《中共中央国务院关于实施乡村振兴战略的意见》，http：//www. gov. cn/zhengce/2018 - 02/04/content_ 5263807. htm。

养殖路上披荆斩棘扬起致富风帆

受访人：刘云祥

访谈人：陈慧姣

访谈时间：2021 年 7 月 27 日、2021 年 8 月 4 日、2021 年 9 月 21 日、2021 年 10 月 29 日

访谈形式：线上访谈

访谈整理：陈慧姣

访谈校对：陈慧姣

故事写作：陈慧姣

受访人简介：刘云祥，男，汉族，1984 年生，甘肃渭源县会川镇人，大专文化，中共党员。2003 年 6 月毕业于甘肃省畜牧兽医学校，修习畜牧兽医专业，现任渭源县会源种植养殖专业合作社理事长。2003 年 7 月起于酒钢集团的宏丰公司从事养殖工作，2004 年 3 月辞职返乡创业，先进行个体养殖经营，后开办私人诊所。2013 年 3 月，成立养羊专业合作社，引进优质羔羊“杜泊”，采用“农户分散养殖 + 农户交饲草合作社代养殖”的“合作社 + 农户 + 基地”的复合式产业化经营模式。2019 年合作社被评为 2019 年（第五批）甘肃省省级农民专业合作社示范社。目前合作社共吸纳贫困农户社员 332 户，2019 年至今分红资金 40 万元，持续带动贫困户增收。

一　追忆儿时，贫困少年立志推到“贫困墙”

我出生在一个不起眼的小镇——会川镇，地处甘肃渭源南部的高寒阴

图 1　2021 年 7 月刘云祥（中）接受陈慧姣（右上）采访

冷区。雨下得少，雪下得多。小时候的家乡，到处是苍茫的黄土塬，古旧的村子，荒废的院落，疯长的杂草。直到 2002 年，我的家乡依旧贫穷，荒凉得狗都懒得叫一声，除非是谁家的驴闲得慌了，才会冒出几声叫喊。

我们家是地地道道的农民家庭，祖祖辈辈都靠种地为生。我们就是吃着这片土地产出的粮食长大的，对这片土地有着很深厚的感情。父母学历不高，母亲读到小学，父亲读到初中。他们都是从贫困地方出来、苦水里泡大的，胆子小、性格也很保守。我有一个姐姐，她的性格就反着来了，是外向型的，这样也使得我们家的氛围稳重又不失活泼。我作为家里唯一的男孩子，力气大，经常和父母去田里干活，姐姐就在家里烧饭做家务。我们清早出门，扛着锄头，带着一些玉米种子和肥料，走几公里路才到地头。种地是不挑时间的，顶着大太阳，或者淋着小雨，脖子上挂着条毛巾就干活。日复一日的辛勤劳作使我养成了坚韧的品质。家里除了耕地的牛，还养了几只鸡。小时候，喂鸡放牛的活也多是我在做，每天放学回家，第一件事就是喂鸡。家里储放饲料的大缸太高，我就踩着木凳，但还是不够高，眼睛看不见缸里的东西，只能是瞎摸索，凭感觉舀两大勺饲料。所以，我很小就掌握了最基本简单的养殖技能。

这里大部分人和我们一样，就靠着种地的收入，勉强养活一家人，紧巴巴地过了大半生。贫困似乎成了家乡挥之不去的标签，固化成一面“土墙”。因为常年立在那儿，大家对它都习以为常了，也默认这是一堵推不倒的“墙”。就连村里德高望重的老人都说：“这个村就这样了，还能变到哪儿去?”但我不这样认为，从小我就笃定会川镇有致富的出路。这方养育了世世代代村民的水土，怎么会永远富足不起来？我相信，这“墙”绝不是密不透风、坚不可摧的。总有一天，我会推倒这堵“贫困墙”，开辟出一条康庄大道!

二　学成归乡，迈出推倒“贫困墙”的第一步

我的父母虽然文化程度不高，但明白读书的重要性，他们鼓励我努力学习。我自己也算争气，从小学开始就是班干部，学习生活上都帮着大家，在班里人缘也一直挺好的。同学们觉得我长得敦厚，个头也壮些，就喊我哥。“哥，我家今天炒肉，你来吃点。”“哥，昨儿个的作业教下呗。”2000 年，我考上了甘肃省畜牧兽医学校，但是家里很穷，拿不出学费，我的父母就到处向亲戚借钱，最后是借了三千块钱，我才能顺利入学。2000 年的三千块钱，那绝对是一笔巨款了。我学的是畜牧兽医专业，中专三年，2003 年毕业。[①] 毕业后，和身边大部分同学一样，我进入了企业从事养殖工作。给别人养了近一年鸡，日子就这么平淡地流淌消逝。我本该满足于这样的生活，但心里总是放不下家乡，忘不了那片养育我的土地，忘不了那里的贫困和村民们的清澈双眼，始终牵挂着家乡的山和群山脚下的人。虽然自己的工作安稳，但除自己之外，还有那么多人过着紧巴巴的日子呢！往昔的一幕幕在脑海里挥之不去，我辗转反侧睡不着觉，抑制不住回乡的念头。最终，我怀揣着改变家乡的决心和热情，带着多年所学所见所想，毅然决然辞掉了工作，走上了一条和同学们不一样的路。

2004 年 3 月 17 日，我冒着大雪回到了生我养我的家乡。这一天下了

① 2004～2005 年通过自学获得大专函授文凭。

一整天的雪，大雪封住了村路，家家户户的窗户上起了厚厚的霜花。眼看着积雪一天比一天厚，村民们一边盼望着来年的丰收，一边担心着雪再大点就该冻坏作物了。他们紧蹙着眉头，拿块小板凳在家门口一坐就是几个小时，抽着旱烟怔怔地看着白茫茫的大地。我被这种无奈深深触动了，村民来年的收成只能看天意，很多事都心有余而力不足。作为一名土生土长的本地农村人，我更能感同身受，也就更迫切地想要带着大家一起改变这一状况。

白手起家的创业路并没那么顺利。最开始我搞过个体养殖，也开过一段时间的兽医诊所。我想用自己所学的专业知识和技术发展致富。创业中技术不是问题，但资金真的让人头疼。那个年头，在那样一个村子里，哪来的钱啊！我尝试过去银行贷款，因为没有什么资产可以做担保抵押，银行也不给贷，反复询问十几家银行皆无果。四处碰壁后，我只好硬着头皮去找亲戚朋友们借钱。大家确实没什么钱，东拼西凑，资金还是严重紧缺，心理压力极大。每晚睡前都在苦恼这个业还能不能创下去。身边人本来就不富足，还愿意把钱借给自己，万一失败了怎么办？这可都是大家的血汗钱啊。我不断地问自己，不断地设想各种最坏的结果。在苦苦熬了几年后，创业还是没见什么起色，一年忙活到头收入并没有比之前提高多少，有时候入不敷出，负债累累，我经常陷入自我怀疑。平日里我是不怎么吸烟的，吸一点就会咳嗽，但那段日子经常躲在外面的某个角落一根接一根地抽烟，抽完还要在外面晃荡会儿，让风把身上的烟味吹散了，来回踱步确认自己神情正常才敢回家。这种日日夜夜的精神折磨太消耗人了，看着晦暗不明的前路，几次都起了放弃的念头，但内心里总有一个声音不断跟我说“坚持、坚持、再坚持”。

三　披荆斩棘，团队作战共推“贫困墙”

2013 年 3 月，这堵名为贫穷的墙开始有了裂缝——我转变思路，不再单打独斗，而是创办合作社进行“团队作战”。最初，我向父母提出创办合作社的想法时，实际上是抱着被数落不切实际的忐忑心情去征求他们意见的。但让我意外的是，父母没有泼我冷水，只是淡淡地说了句“想做就去做吧，有什么我们能帮上忙的就开口”。在他们的支持下，我作为理事长，成立了渭源县会源种植养殖专业合作社。从此，帮助父老乡亲们摆脱贫困的朴素愿望，逐渐变成了会川大地上的实践，一路披荆斩棘。

创办合作社就是一个不断遭遇困难、不断克服困难的奋斗过程。我没有任何的办社经验，也没有合伙人，所有都是从零开始一步步摸索学习，大小事务全都是我一个人亲力亲为，例如流转土地、做环评报告、办理各种证件等。

办社的第一个困难就是建厂选址。国家对养殖场的选址要求比较高，要综合考虑地势、环保、防疫、合法性等要素。最初，我自己找的几块地都因为没达到相关要求被迫放弃了。几经波折后在相关专家的帮助指导下才确定选址，流转荒地建厂。办社的第二个困难也是最大的困难，是缺资金。合作社成立时只有十几户人家入社，入社资金远远不够。我又只能去找亲戚朋友借钱。亲友们虽然也没什么钱，但都多多少少拿出来一些钱来支持我、鼓励我，这给了我莫大的精神鼓舞。同时，驻村干部和包村领导也一直鼓励我、支持我，让我一直做下去。我的家人也一直默默地支持我。记得有一次我在为贷款的事情烦恼，回家吃饭的时候，父母亲看出我心情不好，什么也没说，只是默默给我夹菜。见我还是一句话不说，他们有一搭没一搭地聊起来。当他们说桌上的卤大肠是合作社林大婶送来的，我瞬间感觉手里端着的碗变沉了，暗下决心要更努力以不辜负这些信任。

坚持终会迎来曙光，转机也随之而至——我碰上了世行六期的扶持项目①。2018 年春，村子里来了一群陌生人，在村里普及宣传这个项目。当时项目负责人说："你们只管养殖，我们来收购，并且给你们提供资金贷款的支持。"很多人因为从来没听说过、接触过类似的项目，都说这是骗人的贷款项目，"天底下哪有这种好事"？不敢去参加。我非常理解农户们的想法和行为。两千、三千都是大家左抠右省、翻烂裤袋兜儿才掏出来的，都像护命根子似的守着呢，谁会轻易拿出来啊。报名那天，大家都在观望，没有一个人真报名。鉴于此，我就主动去找相关工作人员了解项目的详细情况，得知不仅要签具有法律效力的协议，而且这个项目是一次帮扶，长期合作。我们合作社当时最大的困难就是想入社的农户手上没多余的钱，而这个世行项目扶持资金可达 292 万。我看着可靠，就挨家挨户做

① 2018 年世行贷款贫困片区产业扶贫试点示范项目第六期。

思想工作，给大家详细介绍这个项目的可行性和可观的发展前景。最后，在我的努力下，不少农户被我说服了，自愿拿钱入股合作社，同时政府也提供了诸多支持，资金的燃眉之急算是解决了。

世行项目的推行，不但解决了合作社的资金问题，而且解决了产品的销路问题，这让我大大地松了一口气。我们村原来也有人搞养殖，最后就是因为产品销路出了问题，以破产告终。有了销路保障，我就放心养殖了。第一轮投资合作社从养鸡开始。鸡种养殖顺利，积累了一些经验，也挣了一部分钱。随后一鼓作气，转向养羊、养牛，这也是我们目前主要的养殖方向。有了之前学习的专业知识和磨砻砥砺的实践后，工作起来也更加得心应手了。比如羊吃多了，有点拉稀的症状，外行人看就以为是吃坏东西或者受凉了，但这其实不是拉肚子，只是瘤胃积食引起的，可以使用健胃剂治疗，促进瘤胃的蠕动，增加反刍的次数，便可以很快地治愈。诸如此类的经验都是一个养殖人需要不断学习、不断总结的，要学的总比学会的多。

我们的队伍慢慢壮大起来。加入合作社的有村干部、贫困户、普通农户。经过两三年时间，从一开始 12 户发展到后来 332 户。为了适应规模的扩大，合作社需要有一套科学有效的组织管理模式。在理论学习和实践学习中，我们合作社逐渐探索出一条“合作社 + 农户 + 基地”的产业经营模式，具体实行统一圈舍设计、统一供应饲料、统一防疫、统一技术培训、统一加工销售的“六统一”管理模式。为了尽量让每家每户都受益，合作社把实际养殖又分为农户分散养殖和合作社代养殖两种情况。农户有养殖能力的，合作社把羊投给他们自己养。农户没有养殖能力的，例如年岁高了，行动没那么方便，那他就可以给合作社交一些饲草，由合作社代养。总结起来就是农户分散养殖带动和上交饲草带动双带动模式，用这个模式带动的农户有 332 户，这个数字目前还在继续上升。老话都说授人以鱼不如授人以渔，这套模式不是传统的“输血式”扶贫，而是给每个人分配力所能及的工作，积极为“造血式”扶贫做出自己的贡献。①

养殖是个很需要耐心和细心的活，每天我都重复着相似的、烦琐的工作。近十年来，我几乎天天奔波于圈舍、青贮池、饲料库、防疫室、积污

① 本段多引自合作社简章。

池、堆肥场之间，和羊群、牛群朝夕相处，在养殖场里摸爬滚打。正常的饲养管理观察、疾病预防控制治疗、销售、产品的加工等，我都会亲自参与。每天定时清理羊粪，避免产生有害细菌和有害气体。我们这里冬天温度很低，下雪是常态，所以羊群的防寒保暖工作也马虎不得。每年快进入冬季的时候，我就和其他同事给羊圈铺上干草，还要经常更换，就怕形成潮湿的环境。合作社创立快十年了，我们始终坚持将山涧泉水作为养殖水源，通过从山里到厂里埋的两公里多的水管运输，保证水质的干净优良；羊种所食草料为合作社收购的山间青草，保证草料的新鲜天然。为了进一步提高饲草的品质，我和专家们研究发现，当归、黄芪秸秆如果混入草料喂养羊群，有助于增强羊的抵抗力、改善肉质，而且还能降低饲养成本，恰恰我们村大量种植了当归、黄芪。我们就规定喂养羊群时统一在草料中加入适量的当归、黄芪秸秆，这也成为我们的一个特色。

合作社的发展，离不开国家和政府的大力支持。一方面政府时常委派专家对我们进行悉心培训指导，例如在去年（2020）和今年（2021）的新冠肺炎疫情防控常态化时期，合作社多次与专家讨论，最终确认防疫方案，加紧改善防疫室，加强基础设施建设，对每一只新引进的羊都严格把控，做到防疫不漏一只。另一方面，专家们还给合作社、农户们带来先进的养殖知识和技术，激发了大家不断努力的信心和决心。

图 2　刘云祥给羊群喂食草料

平时，我也十分注重合作社内部成员的凝聚力建设。一方面我有空就招呼大家开展交流分享会。大家聚在合作社的空地上，我问谁先来，没人吭声，我只好先发言打个样，然后引导鼓励社员们也谈谈自己积累的经验技巧。开了几次后，大家彼此之间也都放得开了，这种互相学习的氛围已经逐渐形成了。

另一方面，时常到社员家里进行走访。不论严寒酷暑，我至少保证一个月两次定期走访下放羊种的农户。大家一起唠唠嗑，既给农户们科普养羊专业知识，又跟他们拉拉家常。有时候一聊就是一下午，都忘记时间了。

随着合作社的发展壮大，我凭借着勤奋、努力、踏实苦干、“愚公移山”的决心和毅力，赢得了社员们对我的信任。大家都愿意跟着我、跟着合作社一起做，我们就不信凭借大家的共同努力，还推不倒村里的“贫困墙”，过不上好日子了。

四　创业致富，时刻不忘带领村民共同富裕

在大家的共同努力下，合作社的经济效益有了显著的提高。这两年合作社收益不错，2019 年至今分红资金达 40 万元，每户年均分红 600 元左右，持续带动贫困户增收。2018 年 12 月，合作社被评为市级农民合作社示范社，2019 年，被评为第五批省级农民合作社示范社。面对这些荣誉，大伙都很开心。去年年底合作社举办了分红大会，我发言的时候，放眼台下，村民们脸上都洋溢着笑容。虽然大家不善言辞，只是坐在那儿笑着，但看着大家的笑容，觉得这么多年的辛劳和付出都是值得的。

分红会结束一周后，我照常去探访社员。那次看望的是一位住在村尾的贫困户小刘，他家里两个老人身体不好，常年卧病在床，需要人贴身照顾。作为家里唯一的青壮年，他没办法出去打工，只能在家种地赡养着老人。吃饱饭还勉强凑合，但就怕老人家身体出了什么问题，医药费的开支是难以负担的。好在小刘有点养殖经验，所以我就找到他，给他投了四只母羊，一只公羊，这样他就可以一边种地一边养羊，多了一份收入，也不耽误照顾老人。他现在每年多出来的收入也有两三万，一家的生活渐渐好起来了。每次去他们家，他都要留我吃饭。合作社刚办的时候很多贫困户家里常备腌制的小菜，煮一次饭管一天饱，冷饭拌着咸菜或者萝卜干，每

餐都不见什么新花样。但那次我走访小刘家时，看见餐桌上多出了一道羊肉，心里无比欣慰。衣食住行构成了生活的大部分，其中“食为民天”，这不就是生活质量提升最直接的体现吗？还有很多和小刘一样的贫困户，在加入合作社后生活有了真切的改善。这些好的转变让我备受鼓舞，在办合作社带大家一起致富的工作上也更加毫无保留。

这几年，合作社逐渐红火起来，我也开始琢磨为家乡做点什么。都说扶贫要志智双扶，只有让孩子们接受教育，有知识、有文化，贫困才不会代际传递。老一辈的人大多没走出过村子，既有迫于偏远、贫瘠、封闭自然环境的无奈，也存在“住久的山坡不嫌陡”的惯性，没啥知识，视野受限，守着家门口的一亩三分地过活了大半生，收入自然少。于是，我首先想到的是孩子们的教育，穷什么也不能穷了孩子的教育。2019 年，我们当地的君安希望小学[①]正好在搞绿化建设，我就捐了 50 棵松柏。松枝傲骨峥嵘，柏树庄严肃穆，而且四季常青，即使在严寒的冬天也坚强不屈，传递出一种顽强、坚忍的气节。

村里还有不少老人，年龄大了腿脚行动不便，有些路坑坑洼洼的，走起来十分费劲，看着都揪心。以前村里有座桥，年久失修，一次发大水把桥给冲走了，这不仅给村民们的出行造成很大的困扰，而且还造成了环境污染。原本是桥的地方形成了几个大小不一的浅水坑，长满杂草。路过的村民随手把垃圾丢那里，时间长了导致卫生很差，味道也不好闻，夏天更是苍蝇蚊虫漫天窜。于是我索性又在村里修了一座便民桥。好多次我都看见老人们在桥上寒暄、晒太阳，那场景真是暖心窝子啊！朋友问我辛苦攒下来的钱怎么不在自己身上多花点，我笑着说自己没什么地方需要花钱的。然后他又建议我把自己的名字刻在桥上，这样大家经过都能知道桥是我建的。但我没那么做，因为我的成功依靠父老乡亲们的支持，所以为村民办实事、回馈家乡是理所当然的事情，这些钱其实就是大家的钱，自己花自己赚的钱不是天经地义的吗？

这些年村里的物质生活渐渐好起来，村民们的感情也越来越好，整个村庄的文明程度也大大提升。村委会主任经常说我有一副古道热肠，我可担不起这种高度的称颂，说白了只是以心换心、真情相待，谁不是打心里

① 学校名字取“国泰君安”之意。

想让自己的家乡富起来啊，当然是能帮一点是一点嘛！

五　无怨无悔，甘做共同致富路上的“领头雁”

以前受过良好教育的大学生都想去往大城市发展，觉得那里才有更多成功的机会和可能性。但从2015年年底起，中国打响脱贫攻坚战，越来越多的年轻人逐渐发觉农村的广阔天地大有可为，所以这些年不少大学生返乡创业。这当然是好事，我们都双手赞成、大力鼓励，但是光有一腔热血肯定也是不够的，理想和现实之间还是有一定差距的。

习近平总书记曾语重心长地说过：“每一代青年都有自己的际遇和机缘，都要在自己所处的时代条件下谋划人生、创造历史。”[①] 我觉得总书记说得太对了，一个时代有一个时代的主题，一代青年有一代青年的使命。机遇都是留给有准备的人的，我希望年轻人结合实际，讲求科学方法，夯实自身基础，多做些调查。对家乡实际多点了解，对想要发展的领域多点了解。想要在哪个领域深耕，就要提前把这个领域的风险评估、盈利关系和资源比对分析琢磨清楚后再踏进去。我十分愿意向年轻人传授我的经验，讲述我的致富经历。

2019年是个丰收年，我荣幸地被评为渭源县扶贫致富带头人。当谈到致富带头人所需要的素质时，我觉得能力和智慧是次要的，最首要的还是要心系人民，格局大些，应该走出狭隘的小我，铸造广阔的大我。还有一点是我的父母教给我的，他们不会说什么漂亮话，但朴素的言行一直影响着我，言传身教让我学会了：做人要敦厚温良，做事要踏实勤恳，诚实守信是底线，不能丢。这都是一些耳熟能详的道理，也是我为人处世的信条。乡亲们信咱们，愿意支持咱们，我们就不能辜负这份质朴的人间真情。在日常工作中，我答应了别人的事情就肯定会办好，说一不二，而且要及时地高质地完成。村民们看着我长大，本来就有一定感情，一部分的信任感也是比较自然产生的，但如果我因为工作疏忽让自己失信了，想要再次建立起信任就是一件很难的事情了。

如今，再回想起多年前辞掉工作返乡创业，当初为什么自己会那样义

① 《习近平谈治国理政》，外文出版社，2014，第167页。

无反顾？思来想去，说到底还是因为我对家乡的那份情怀还在。这是一份我想回家、我想把家乡变得更好的情怀，没什么高大上的，就是单纯的对故土的眷念。返乡创业不是单单让自己一家富起来，而是为了帮助还停留在原地的乡亲们富起来，自己一个人富起来还不算富，要带动身边更多的人一起富才算是真富。我们说，众人拾柴火焰高，水涨船高，就是这个简单的道理。我不会忘记自己入党时铿锵有力的誓言，不断践行自己的入党初心和使命担当。我坚信每个人都可以发出属于自己的光和热，正是无数这样的小小光热，汇聚在一起，在中国原本贫穷的农村披荆斩棘，创造了一个又一个奇迹。

“脱贫摘帽不是终点，而是新生活、新奋斗的起点”，“胜非其难也，持之者其难也”，“征途漫漫，惟有奋斗”。[①] 我对自己的选择无怨无悔，相信前路一片光明，相信我们正在朝着一个正确的方向走着，相信村民们共同致富的梦想终会实现，我愿成为大家共同致富路上的“领头雁”，带领大家一同向前，永不懈怠。

① 习近平：《在全国脱贫攻坚总结表彰大会上的讲话》，人民出版社，第 20、22 页。

为致富梦想插上翅膀的“益肾子”

受访人：罗继海

访谈人：成小燕　陈晓敏　郑深月

访谈时间：2021 年 7 月 19 日、2021 年 7 月 26 日

访谈形式：线上访谈

访谈整理：成小燕　陈晓敏　郑深月

访谈校对：成小燕　陈晓敏　郑深月

故事写作：成小燕　陈晓敏　郑深月

受访人简介：罗继海，男，汉族，1983 年出生，广东佛冈人，大学文化，广东省农业职业经理人，广东省佛冈县恒臻农业发展有限公司总经理，佛冈县高岗镇师家家庭农场主。2011 年从国营事业单位辞职回乡种植益肾子①，经过十年的不断探索和奋斗，现培育出益肾子优质母源树种，建立了益肾子种苗繁育基地和种植示范基地。作为一名新型职业农民，其致力于益肾子的科学发展与深度加工，打造出南方特色坚果品牌，并带来了一系列的经济、社会及生态效益。

一　小小益肾子承载致富梦

我叫罗继海，1983 年出生于广东省清远市佛冈县。佛冈县处于偏僻山区，交通落后，农业种植条件先天不足，发展水平整体偏低。1992 年，我

① 益肾子：属壳斗科植物，含有丰富的维生素 A、维生素 B、维生素 C、钙、铁、钾等微量元素。产于印度巴卜那都，因其状如龟头故有龟头子（天竺粒）之称。

图 1　2021 年 7 月罗继海（左下）接受成小燕（左上）、郑深月（右上）和陈晓敏（右下）线上访谈

的父母迫于生计离乡打工，9 岁的我和姐姐也跟随父母来到广州，随后一直在广州生活和念书。2003 年，我从广东轻工职业技术学院的机械自动化专业毕业，进入广州机床厂①工作。

2008 年，机缘巧合下，我对种植益肾子产生了浓厚的兴趣。现在想想，我和益肾子的不解之缘早在 30 多年前就已经结下了。在我的家乡，随处可见大量的野生益肾子果树，果子壳厚肉少，可食用率比较低。在我小的时候，爷爷就会到山上挑选一些比较好的野生益肾子树种在自家的地

① 广州机床厂有限公司是广州电气装备集团直属企业，始建于 1958 年，是华南地区最大的数控机床制造厂家。

里，主要是用来解决吃饭的问题。我的父亲在家里也种植益肾子树。

平时，在与父亲的交谈中，我对益肾子的功效和种植状况有了初步的了解。在同学聚会上，我们也经常谈论有关农业种植的话题。2008年，我就萌生了返乡种植益肾子的想法。于是我开始进行一系列的准备，一方面是在市场上对益肾子的产销等进行调研；另一方面我到仲恺农业工程学院夜校①修读，结识了很多老师和同学。在夜校里，我和专业老师们陆陆续续开展了一系列关于益肾子功效的科研活动。经过长时间的调查发现，益肾子犹如被禾秆掩盖的珍珠，野生的益肾子品种具备多方面营养功效。如果利用好科技手段成功培育出益肾子的优良品种，小小的益肾子果子将会产生更大的药理价值和食用价值，这中间蕴藏着巨大的商机，潜藏着巨大的市场价值。小小益肾子完全可以为我的致富创业梦的实现插上一对强健的翅膀。25岁的我内心燃起了农业致富的梦想，开始思考关乎人生方向的转型之路。

二　想成功先"发疯"

一路走来真可谓是披荆斩棘、乘风破浪啊！首先遭遇的困难就是家人对我返乡种益肾子、依靠农业致富的想法的强烈反对。在他们看来，一是认为我好不容易通过读书成功摆脱了农民的身份、跳出了农村，在大城市里有一份让很多人羡慕的稳定工作，当一个体面的城里人不好吗？为什么还要自己跟自己过不去回到农村去搞农业？二是他们对农业能致富存在严重质疑。我的爷爷、父母都在农村里干了几十年的农业，没有发现农业生产让我们家变得富裕了。

无论怎样，信念的种子已经在内心萌芽，我就要坚持到底。我是一个不愿服输的人，从小受到父亲的教育是"你要做好一件事情，只要不是违法的事情，你就大胆往前走，但前提是要评估过事情是否能够做得下去"。同时，我自己也坚定地相信：成功来源于坚持，要想成功必先"发疯"。或许在外人看来，从广州回家乡当农民是一种"疯子行为"，但我想尽全力拼搏一番，在这个行业闯出属于自己的一片天地，颇有"不撞南墙不回

① 成人高考接专升本教育。

头”的架势。这份信念使我不顾家人、朋友、村里人等的反对与劝阻，也是我回乡艰苦创业的精神力量源泉。经过几年的充分准备，2011 年，我从国营事业单位辞职，带着多年工作的积蓄回到家乡清远市佛冈县高岗镇高岗村①的田间山头开始种植益肾子果树，成为一名回乡创业的青年农民。

2011 年到 2015 年这段时间，是我回乡创业最困难的时期。第一个困难在于这段时间几乎是我一个人单打独斗，没有朋友的精神鼓励，更没有家人的温暖陪伴，只有一辆摩托车成了我最坚实的战友。村民们几乎每天都能看见我骑着摩托车在田间地头、乡间小路上穿梭的身影。我不是在了解不同地区益肾子种植的具体情况的调研路上，比如益肾子的种植面积有多大，益肾子一年的产量有多少，这一地区的人们对这一农产品的了解情况、认可程度和种植的积极性等，就是在翻山越岭寻找不同品种的益肾子、观察它们的生长习性，学习嫁接、移植杂交培育优质品种的路上。我经常一个人到山上去种树，左砍右砍，左嫁接右嫁接，左摘叶子右摘叶子，一弄就是几个月。第二个困难是培育新品种的过程并没有想象中的那样顺利，更别说迅速地产生市场效益。这期间我承受着巨大的物质和精神双重压力，尤其是缺少充足的资金所带来的压力。培育新品种需要花费较多的钱财，但我当时积蓄并不多，甚至还略显拮据，我时常都在想办法怎么去筹集资金。为了节约资金，有段时间我几乎天天吃泡面，吃得自己一看见泡面就想吐。第三个困难就是村民们对我的“反常”行为的不理解。一方面是大家看到我一个人整天骑着摩托车在山里晃荡，衣服上时常沾着泥土，每天吃着泡面，私底下纷纷议论说我的家庭出现了重大变故，甚至还有人以为我是神经病。另一方面是我不走寻常的发财致富路。2011 年回乡时，像我这种年纪回来创业的人很少，而且当时砂糖橘在 2008 年后卖的价钱很好，很多人都是靠种植砂糖橘发家致富，家家户户基本上都在讨论关于砂糖橘种植事宜，而我一心只想搞好益肾子果树的种植培育，大家都认为我的想法不切实际，认为种益肾子见效慢、风险大。所以在这种环境

① 高岗村位于高岗镇中部，东北部与宝山村、墩下村交界，南部与新联村交界。全村 39 个村民小组，总面积 26.11 平方公里，其中耕地 2380 亩，山地 3.5 万亩。总人口 5853 人，均为农业人口。

下，我显得格格不入，甚至还有一些人总是对我冷嘲热讽，觉得我不可能成功。

在这段艰难的时间里，我感觉自己处在人生的边缘地带，一眼望去即是悬崖，不知道什么时候才是尽头。但是看起来好像没有尽头的路上，我也看到了光。有一些人十分支持鼓励我创业，比如在仲恺农业工程学院夜校读书期间认识的老师们，给了我很多益肾子培育技术上的指导，也鼓励我在党呼吁“绿水青山就是金山银山”“青年回乡创业”的大政策背景下回乡发展益肾子种植事业，认为这是大有可为的事情，要坚持下去，不要放弃。尽管前路漫漫，但初心不改。

三　信心满满迎接益肾子事业的高光时刻

经过五年的艰辛探索以及在政府的大力支持下，益肾子种植产业发展势头迅猛。我拥有益肾子优质种源母树，建立了益肾子种苗繁育基地和种植示范基地，创建了广东省佛冈县恒臻农业发展有限公司。2015 年投资 32 万元，租下了高岗镇三联刘屋村种植区里的 300 亩地，连片种植益肾子。这是我第一次大规模种植益肾子的新品种，我有信心这次的付出会得到一个好的回报。

2016 年是我发展益肾子种植事业的转折点。皇天不负有心人，经过坚持不懈的研发以及不断加大科技投入，我培育出一个早产丰产的益肾子优良新品种。与其他野生益肾子相比，具有皮薄肉厚、可食用率在 50% 以上的优点。这些幼小嫩绿的益肾子苗代表了我多年从事益肾子种植的成果，我终于看到成功的希望了，梦想的种子破土而出，长出了嫩绿的尖儿。

2017 年，我与朋友在发展绿色无公害农产品的想法上一拍即合，开始通过立体农业的特色创建起现代生态农业体系，搭建畜牧业和农业之间的桥梁，做到种养循环，提升粪污资源化利用的能力。2017 年至 2018 年期间，我们陆续建立了红薯种植基地、蚯蚓养殖基地。红薯作物生产周期短，资金回笼较快，而蚯蚓产生的粪便可以作为天然肥料，这为益肾子的发展提供了资金和肥料支持。但经过一年多的实践，我们发现这些农业基地种植的品种过于繁杂、收益不高，总体上并不利于益肾子的发展。经过慎重考虑，我决定不再保留绝大部分的农业基地，仅保留了益肾子种植基地，打算专注发展益肾子产业。在益肾子事业大规模开展前，我意识到一个问题，即当地的农户认为种植益肾子的经济效益不高因而不愿意去种植，那该如何调动农户种植益肾子的积极性呢？为农户种植益肾子提供一定的经济保障会调动农户种植益肾子的积极性吗？

经过艰辛的探索与尝试，我逐渐摸索出一套“公司 + 基地 + 农户”的农业产业化模式①，统一种苗、统一标准和技术服务，统一进行收购和销售。简单来说，就是我将所学到的益肾子种植经验教给农户，为他们提供新品种苗木，免费进行技术指导，并对农户种植的优质益肾子实行统一收购、贮藏、销售的一条龙经营体系。

受传统观念的影响，绝大多数农户认为益肾子皮厚肉少，很难食用，经济效益不高，起初只是很少一部分人愿意去种植益肾子，即使种植了，种植规模也很小。经过我们锲而不舍的宣讲推广，村民们慢慢地知道了优质益肾子品种的功效以及种植效益。第一，益肾子对土地的要求不高，房前屋后均可种植，易种易管，采收简单，成熟后自然落果，不需人工采摘。只要将树苗种活了，在除草等方面的人工投入可以比较少，闲暇时间里农户可以去打临时工或者进厂工作。第二，益肾子可存放时间长，可以全年供应市场，零售价格高。经过与他们耐心的沟通，愿意种植益肾子的农户数量也在逐年增加。此外，我还将积累了多年的益肾子种植经验和病虫防害技术经验总结成一套生产技术标准，无偿传授给种植的农户，为他们提供技术保障。除了参加省市县举办的各项农业技术培训课程外，我还积极向农业种植专家请教技术指导，并邀请他们对种植的农户进行定期技术培训，组织种植能手到外地参观学习，对益肾子整个种植、生产过程进行田间技术指导，为农户种植益肾子提供技术指导，给他们吃上一颗“定心丸”。

① “公司 + 基地 + 农户”的农业产业化模式的主要特点是：企业与农产品市场基地和农户通过合同契约结成紧密的贸工农一体化生产体系。企业提供基地孵化成功的种植模式以及进行优质农作物种苗的研制，大大降低了农户种植的风险系数。公司为生产基地、农户，提供全过程服务，保证统购统销，农户按照合同规定定时定量向企业交售优质产品，将生产、加工、销售有机结合，实施一体化经营的组织类型。这对于农村经济的发展有着巨大的推动作用，提高了农户的积极性，拓宽了农民致富的途径，弥补了农户分散不集中的缺陷。

经过一段时间的种植，益肾子的产量提高，大家的收入也在成倍地增加。2019年，我种植益肾子的效益创新高。2019年试挂果，2020年收果1.8万斤，销售价平均每斤28元，总收入50多万元。在创业过程中，我获得了一种满足感和成就感，也深深地体会到帮助和带动百姓共同致富的喜悦。在清远市佛冈县高岗镇高岗村，我已经带动了200多户种植益肾子，覆盖率达到60%。益肾子的种植也辐射到了其他村庄，现有的种植面积累计达两万亩。如今在清远佛冈及周边县镇已掀起了种植益肾子的热潮，几乎家家户户都在种植益肾子，益肾子已经成为佛冈县特有农产品和保健品。2019年，清远市英德市连江口镇连樟村了解到益肾子这一优良品种，主动与我们取得联系。我们与当地镇政府多次沟通，作为脱贫攻坚的一个项目，我们给英德市连江口镇连樟村的贫困户提供了一大批的益肾子苗，还把种植技术提供给他们，希望通过种植益肾子帮助贫困户增加收入，帮助他们早日实现脱贫这一美好愿景。截至2020年，这些贫困户种植益肾子的经济效益每户在5万元以上。在整个广东省我们也带动了30多个合作社进行益肾子的种植。

四　科学技术助力致富梦想腾飞

经过这些年的艰苦奋斗，我明白了一个道理：科学技术是第一生产力。实际上，我之所以能够在益肾子的种植事业上取得成功和得到认可，主要依靠培育优质益肾子品种以及加大在益肾子深加工技术方面的投入，这使得它在市场上具有强大的竞争力。传统农业的最大弊端就是缺乏创新和技术优化的思维，农民们没有考虑到野生品种的问题是可以通过科学技术去解决的。家乡人都知道益肾子对人体有好处，但具体是什么功效很少有人可以详细说明，更重要的是缺乏科学研究的佐证。因此，在萌生种植益肾子致富的想法时，我就十分清楚一定要充分利用科学技术的强大力量，未来无论哪一个行业的发展，都不能离开科技。从一开始我就注重科学研究，用现代科学方法致力于对益肾子功效的研究，加大对益肾子的科研投入力度，这就为以后的益肾子深加工和产品细分打下基础。没有科技做支撑，仅仅种植传统益肾子果树的发展道路是行不通的。目前我在益肾子产业上的投资大于收益，就是说至今为止我都是用自有资金在运作益肾子种植事业。我认为，创新思维和科学技术在现代农业发展中起着越来越重要的作用，所以在科研这一块的投入占比较大，虽然目前带来的经济效益不是很明显，但慢慢就会显示出来它的好处，在今后我也会继续加大这方面的科研投入。

目前，我们与中国科学院①和广东省农业科学院②等研究院以及高校进行合作，在益肾子的科研上一路攻坚克难，我们将与中国科学院合作在广东省河源市建立占地十几万亩的科研合作基地。

五　流年笑掷未来可期

近年来，国家提倡“绿水青山就是金山银山”的绿色发展理念。全省种植桉树林对生态多样性破坏十分严重，退桉还林呼声日隆，广东省已经出台了桉改试点政策，在惠州市、河源市等全省十个市区进行退桉还林。因此，广东地区大面积桉树经济林将面临被砍伐，而寻找替代桉树经济林的高效益生态树种成为各地政府和种植大户的重要任务。益肾子作为长绿乔木，对土壤水分要求低，从而解决了桉树吸水多所造成的土壤板结沙化等生态难题，可作为桉改替代的林产经济作物。在全省推广种植益肾子，不仅是一条生态之路，还是一条致富之路——形成“北有核桃果，南有益肾子”的局面，将南方坚果益肾子产业做大做强。

在益肾子的未来发展上，我们的目标就是将其做大做强，振兴益肾子产业。益肾子是广东省目前唯一能满足全周年持续销售的坚果产品，而且具有补肾壮阳药用价值。我们将“产业先行”作为切入点，植根于清远市佛冈县高岗镇，在全省推广种植并加工益肾子，逐渐辐射到广东周边的省份，将它打造成能与北方的核桃相媲美的南方特有品种。我们现在与其他省份也在洽谈相关的合作项目，争取将项目落地。

---

① 中国科学院（Chinese Academy of Sciences），创建于位于1949年11月，位于北京市三里河路，是中国自然科学最高学术机构、科学技术最高咨询机构、自然科学与高技术综合研究发展中心。

② 广东省农业科学院是广东省人民政府直属正厅级事业单位，成立于1960年1月，前身是1930年由著名农学家丁颖教授创办的中山大学稻作试验场及1956年成立的华南农业科学研究所，以应用研究和开发研究为主。

我们的近景目标是加大科研投入力度，对益肾子进行深加工，不仅仅将益肾子以鲜果类产品出售，还将它做成有特色的多种形式的益肾子产品进行销售，计划明年要达到1.5亿元的销售额，公司准备三年后上市。我对益肾子产业的发展充满信心，最快三年，最慢十年，就可以实现现在的设想。

回顾自己十年的创业历程，我感慨万千。一方面，我实现了我的梦想，获得了自信，获得了财富，也收获了一群志同道合的好朋友。另一方面，创业过程中始终伴随着强烈的孤独感与寂寞感。发展益肾子产业的过程就像是攀登高山，我在山的这一面，山的另一面是梦想，行走在荒山中是需要很大的决心的，因为其中会伴随着许多质疑的声音，也会遇到各种各样的陷阱。在这个过程中，我虽然遍体鳞伤，但学会了自我治愈，学会了要咬牙拾起行囊继续往前走。这也说明了创业对于锻炼一个人的意志、信念是非常有帮助的。创业不易，但且难且行，想创业就必须要做好独自启程、面对挫折与困难的准备。在人的成长过程中，会遇到很多想象不到的意外和挫折，但每克服一次挫折，我们就会得到一次成长。

支撑创业最根本的东西是“信念”，一个人的信念有多强，就能做到多少事情。现在很多人都有“一夜暴富”的想法，抱着吹糠见米，或者说“早上种树，下午成材”的幻想。如果不脚踏实地做事，这些都是不太现实的。如果能秉持着一种坚强的信念，经受住这些寂寞、空虚、煎熬、冷眼，目标才有可能实现。我这个人不服输，只要我下定决心去做一件事，谁都拦不了我，就一定要把它做好。我可以跟任何人去解释，你接不接受是一回事，我做不做是一回事，我想做的事情我一定会从头做到尾。所以在一般人眼里，我就是个“疯子”，所以“想成功，必须先‘发疯’”！

我认为致富带头人的精神是“奉献”和“舍得”。奉献自我，才会有机会帮助他人。记得小时候读书的时候，老师讲过这样一句话：“当你想做事情时，就要考虑怎么舍己为人。”舍己为人，就是在取舍之间发扬奉献精神。在如今这个社会，真诚是很重要的一种品质，人与人之间需要以真诚换真诚。在我的创业过程中，我深刻地感受到要通过沟通或是其他的方式建立起人与人之间的信任，才能做到“奉献”与“舍得”。做事前先做人，做人的原则就是不骗人，不吹不骗。如何得到别人的信任？我们需要脚踏实地地做好自己的事情，才会得到他人的信任，之后一起做想要做的事情就会变得比较容易。一个人是不可能十全十美的，要“舍”一些东西，才能“得”到想要的。没有信任作为基础，什么事情都做不了。真诚和信任是所有东西的基石，做任何事情必须人品先行，而不是看个人的才华或者影响力。脚踏实地干活是人发展的根本，是把事业做大、做好、做强的关键。

我的人生与益肾子产业的发展紧密相连，如果说我的人生是一张白纸，那么种植益肾子的创业经历就是上面浓墨重彩的一笔。发展益肾子产业的过程是我一步一步实现梦想的过程，也是我重拾自信、得到肯定的过程。

十年时间，梦想之花终绽放，我也将益肾子这一梦想之花的种子洒遍家乡的土地，希望在未来，益肾子的梦想之花漫山遍野，姹紫嫣红。

三十年佛手传承路

受访人：王绵生

访谈人：周丹纯

访谈时间：2021 年 7 月 16 日、2021 年 7 月 31 日

访谈形式：线上访谈

访谈整理：周丹纯　罗浩奇

访谈校对：黄卓勇　罗浩奇

故事写作：黄卓勇　周丹纯

受访人简介：王绵生，男，汉族，1962 年生，广东金平人，初中文化，宋福手（广东）农业有限公司总经理，于 2020 年荣获首批广东省农村乡土专家、市级乡土人才称号，2021 年 4 月被评为汕头市市级非物质文化遗产“佛手果制作技艺”的代表性传承人。王绵生于 2012 年成立汕头市万安中药材种植专业合作社，合作社采取“合作社 + 基地 + 农户”“深加工厂 + 直销店 + 互联网 + 大健康”双线并行的运营模式，2014 年被评为全国农民合作社加工示范单位，2016 年荣获广东众创杯创业创新大赛精准扶贫贡献奖，2018 年荣获全国农民合作社示范单位及广东佛手产业联盟会长单位，2019 年被认定为汕头市非物质文化遗产保护单位，2021 年获批成立汕头市潮汕传统佛手产业研究院，CCTV -4、CCTV -7 专题报道产品深加工单位。自成立以来，合作社不断完善各项管理制度。采取“统一供应生产资料、统一收购、统一加工、统一销售”的“产销一体化”服务模式，促进当地 50 人家门口就业，促进农民增收。

图 1　2021 年 7 月王绵生（中）接受周丹纯（右上）线上访谈

一　三十年如一日传承父业

我是汕头人，今年 60 岁，从事佛手行业已经 30 年，基本上从 20 世纪 90 年代开始接触佛手，一直坚持到现在。在接触佛手行业之前，我也做过其他工作，比如在我父亲的单位帮忙、下海发展（打鱼）等。当时无法维持生计，我父亲就回到澄海拼搏，拼搏之后开了一间厂子，这间厂子当时也不是制作佛手的，是经营注塑的。等到 20 世纪 50 年代公私合营，厂子被政府收并后，我的父亲就没经营什么了。

改革开放后，经过父亲的传授，我传承了家族的技艺，并开始在佛手行业摸索，一直到现在。佛手是一种中药，是药食同源的芸香科类植物。佛手有上千年的历史，可以追溯到南北朝时期，那时候皇家就在用佛手治疗疾病，而腌制佛手的旺盛时期是在明朝。现在市场上出现的佛手瓜，也叫香橼瓜。香橼瓜属葫芦瓜类，有微毒，因此佛手必须加工制作后才可以食用。佛手腌制后，在潮汕地区被叫老香橼[①]。佛手种植开始于 2010 年，汕头市药监局、残联在潮南第一批扶贫，叫了我过去帮忙扶贫，我买了一些幼苗给村民们种植，之后长出的鲜果在保价基础上由我收购并进行加工。从这时开始，佛手产业步入“种植—加工—销售”阶段。以前没有种植的时候，我们是去外面收购鲜果回来加工，现在我们有自己的一片天地——种植园。自从有了种植园，我就开始自己研发制作产品，现在公司的产品都是我本人研发的。我们的佛手产业也一步步发展，由潮南区发展到龙湖区，又从龙湖区发展到濠江区。

东陇佛手项目[②]是由汕头市农业局推荐我来濠江区东陇社区开展的。2020 年，我选择来濠江区发展，因为濠江区是新发展的地方（新区）。汕头有一海两岸，金平区、龙湖区属于北区，濠江区属于汕头南区，如今政府在发展濠江区，土地较为充裕，能供种植的土地面积较大，而金平区、龙湖区事实上是没有多少土地的，没有多大的种植场地。因此，我选择将新项目落户在濠江区。现在汕头市种植、制作佛手的只有我一家。我的祖先原先是在潮州归湖的一个山区生活，那里是传统的养殖基地。在山区，果实需要腌制才能存放长久，这样一来，祖先的技艺就传承了下来。后来，祖先迁移到澄海区，随着公私合营，我的父亲到汕头市发展，在父亲的口述下，我也传承了这门技艺。自此以后，佛手种植和制作等技艺从汕头市开始向外传播。

当时，腌制佛手是抱着继承父业的初心。从 30 年前开始投入到现在，困难是肯定有的。第一困难是创业初期比较艰难。父亲把相关技艺传承给

---

① 老香橼，是以佛手果为主要原料，经清洗、晾晒和蒸煮、软化、糖腌等多道加工工序制成的一种保健食品，老香橼能化痰止咳，也能滋阴润燥，更能增强人体抗病能力。老香橼是用佛手制作出来的一种产品，是佛手在潮汕地区的一种别称。

② 东陇佛手项目的实施主体是汕头市万安中药材种植专业合作社，其创始人是王绵生。2021 年 4 月，佛手非遗产业园项目在东陇落地启动，园区规划建设面积 1500 亩，总投资额约 5000 万元，将以佛手规模化种植为核心，建设佛手文化科普基地，配套佛手文化博物馆、佛手主题民宿等设施，打造融合非遗传播、特色民宿、观光旅游、休闲养生等于一体的文旅产业。除了产业园项目，王绵生还表示，该合作社负责提供一整套种植技术给村民，带动近 50 户农户联产承包种植，并通过保底回收，提高了农户种植的积极性。

我，有的仅仅是口头上的技艺传承，当时别人有的我没有，从零开始，从口述中得到的内容要开始一步步试验，碰壁是正常的。创业过程都是让人心酸的。如果没有家人支持，是很难走到现在的。佛手产品的制作和研发等，都是我在亲力亲为。我 20 世纪 80 年代出来创业的时候，父亲是不同意的。跟随当时个体户的潮流，我敢出来闯荡，靠的都是胆量。今天这些成绩都是自己打拼来的，背后都是辛酸。佛手的功效很多，比如可以治疗小孩厌食什么的。有一个比较典型的例子，现在的孩子什么都吃，吃到最后吃撑了，就什么都不吃了，厌食了。中心医院医生曾指定患者家属到我们大华路的店铺买佛手，和老菜脯一起煮给孩子吃。由此可以看出，我们的佛手是真的好。

第二个困难是资金垫付问题。单就佛手制作来说，从制作到出售，要花费将近 10 年的时间，前期投入的成本比较大，承担的风险也很大。如果没有家人的支持，想要支撑到现在是不可能的。现在在潮汕地区，很多老板虽说从事佛手行业，但并不将其作为主业在经营，制作凉果的人会兼顾制作佛手。腌制其他的凉果，就有多余的产品用来赚钱、维持生计，而不是像我一样，只做佛手这一产业。在这样巨大的成本投入下，幸亏有我的家人支持。单独就创业这个事情来说，如果没有家人支持，是很难坚持下去的。现在部分年轻人要创业，父母会给“初始资金”支持，发展得好就继续发展，发展不好就回家，这也可以看出家庭支持的重要性。

二　非遗技艺在现代焕发生机

从我爷爷奶奶那一辈开始，佛手就是家家户户必备的东西，潮汕地区也将它称为老药母，不管是肠胃出了问题还是有其他问题，都会吃佛手。佛手的香味可以调整内分泌，放一颗佛手在家里床头的话，整个家里都是舒服的香气。佛手因为形状像我们的手而得名，但在古代并非被称为佛手，名字是由“福寿果”慢慢演变为“佛手果”的。我国有三大类佛手：“金佛手”、“川佛手”和“广佛手”。“广佛手”在《中华人民共和国药典》记载中，是十大南药之一。在中药方面，是金佛丸的成分之一，有调理肠胃和治疗痛经的作用。同时，整肠丸和喇叭丸都是以佛手为原料制作的，消食片也是。现有的很多东西都是以佛手为主要原料，只是没有呈现出来而已。跟陈皮相比，佛手的价值会更好，古代会说新会陈皮是“一两陈皮一两黄金”，而佛手是“一两佛手四两黄金”。佛手和树一样是有根的，但是它的根不像树的一样深入地底，是浮在土壤表层的，容易折断，所以需要保护它的根。佛手对环境的要求较低，荒地、山坡都可以种，土地不可以太湿，太湿佛手就不结果。

佛手制作技艺是一种古传的技术。佛手制作技艺入选汕头市第六批非物质文化遗产名录是 2018 年审批的，2019 年市政府发牌。今年我也上报申请了省级非遗，如果成功申报到省级非遗的话，还要再过两年才能继续上报国家级。非遗是一级一级申报的，相当于申报合作社，也是从区到市到省，一步一步申报。所以申报省级非遗项目不容易。我现在创办的企业有几个，分别为汕头市万安药物研究所、汕头市万安中药材种植专业合作社、宋福手（广东）农业有限公司和宋晶米（广东）农业有限公司。我们制作佛手，最先成立的企业是一九八几年成立的万安物资供应有限公司，之后，我在 1999 年创立了汕头市万安药物研究所，到 2002 年创立了生奥保健食品有限公司，2012 和 2014 年先后成立了农业合作社和汕头市万安中药材种植合作社，宋福手（广东）农业有限公司是 2018 年才成立的。2021 年，经汕头市民政局批准，我也成立了汕头市潮汕传统佛手产业研究院。汕头市潮汕传统佛手产业研究院致力于研发领域，在民政局注册，属于社会组织。

汕头市万安中药材种植专业合作社是 2012 年成立的，原先成立的时候，名为汕头市潮南区双新种植专业合作社。因为参与扶贫，政府要求每个村都必须成立合作社，所以我就成立了这个合作社。当时的政策要求有 5 名以上村民才能成立合作社，城镇居民是不能参与合作社的。到了 2014 年，国家政策修改，才允许城镇居民参与合作社经营，这时候合作社的经营权才移交给我，之后我把它改名为汕头市万安中药材种植专业合作社。这个合作社有生产许可证，也是拥有两个国家级头衔的生产示范社，2014 年该合作社被评为国家级首批深加工示范社，在当时是汕头唯一一家，全省 19 家、全国 304 家国家级首批深加工示范社，我们就是其中之一。2018 年合作社又被评为国家级示范社[①]。我们示范社有 100 多人，其中城镇居

① 示范社和深加工示范社是不一样的概念。

民只有2人，其余都为农村居民。2016年迁移到汕头市龙湖区，工商局要求100人中选10人作为代表，然后参加决策。为什么要这样做呢？因为如果有100多人注册在合作社里面，审核会很麻烦。同一个村里人，姓都一样，100多个名字会看到眼花，看错的概率大。所以工商局来商量，可不可以10人为一组选代表出来。经过村委开会同意，最后合作社注册名单就只有9个农村居民，加上我们2个城镇居民，总共11人，但实际上我们合作社有100多人，上报各种项目我们的名单里也是有100多人。2018年成立的宋福手（广东）农业有限公司发展也慢慢走上正轨。

如今，我们在濠江区东陇社区种植有将近100亩佛手。我们是种植、加工和销售一体的。如果有人想种植，签合同之后我们可以提供佛手苗，以农带农。一般来说，我们给村民提供佛手苗，种植产出鲜果之后，我们再去收购，购苗的钱是用收购的钱来抵扣。现在是按照市场价来收购的，市面上收购价是多少就按照多少收购。以前扶贫时期，是有定价的，必须以不低于定价收购，比如说，政府规定以两元的价格收购，即使市场收购价低于两元，我们也以两元来收购，目的是扶贫，以保证农民每年种植收入比较稳定。在这种形式下，种植越多收入越多。以前都是需要到外地采购佛手鲜果，但是有些人种植佛手会打农药，有农药残留在鲜果里，果品的质量就无法保证。不过，按照我们目前的能力，能够自种自供，不需要采购。我们现在自己种植，不会用农药，以保证佛手鲜果的质量，从而保证制作出好的食品。

佛手产业参与扶贫项目给村民带来的改变还是显著的，有一个例子可以印证。之前我们在潮南区种植佛手，有一对六七十岁的老夫妻，参与种植了几亩佛手，丈夫在离世前和妻子说，“这几亩佛手得好好种植下去”。2010年，他们的佛手亩产达到4000斤，按当时的收购定价每斤两元计算，相当于一亩可以赚8000元，而这户村民共收获了两吨以上。后来村民载着佛手到收购点的时候，都非常高兴。现在可以说，种植佛手是村民们的寄托和希望，因为可以有更加稳定的收入。

三　佛手产业的融合与推广之路

我在30年前接触佛手的时候，制作工艺还比较传统，没有办法支撑一个企业，这就是我父亲之前转行去打拼的原因。我继承之后，就不只是制作佛手了，而是根据社会整体需求去研发新的产品。研发推陈出新才能支撑企业发展下去，不然很难维持生存。

关于研发，目前我们研究院也有和外界合作。起初，在最开始的时候是靠自己在构思，有了新的想法之后再转化为新的生产力，最后制作成品批量上市。从构思到批量生产的过程中，现实和理想总会有偏差。比如说，批量生产的产品和研发时的产品，口味难免会有不同。因为研发时量小好操作，批量生产量大难调，这就考验我们如何在批量生产过程中保证产品味道不变。因为佛手是一种传统的东西，而且制作时会用到中药，成品会带有一股药味，所以目前消费人群是中老年人以及有养生需求的人。我们企业发展到现在，佛手加工工艺已经比较成熟，制作的产品很多，有酒、茶、调味粉，还有我们研发的盐巴。为了吸引年轻人，我们特地研发了新的盐巴系列，目前已经有七八个成果了，一两个月后将会在汕头市非遗体验馆展示。前年我们研发出来的快消品，也比较适合年轻人。两种产品受众是不同的。

每一个种植行业，都有深加工部门。经过加工，种植成果的价值就更好地显现出来。如果没有加工，光靠种植是赚不了多少钱的，加工之后，种植成果的价值往往可以翻几倍。我们这边加工出来的产品也有很多，比如说佛手酒、佛手米茶、佛手玫瑰花茶、佛手陈皮花生、卤味十六香等，当然还包括饮料，都是我们自主研发的。目前，我们还在研发大健康产品、致力于防范未来疾病的产品，这是目前的研发思路。

为了向大众科普佛手文化，我们创立了东陇佛手文化科普基地①项目（以下简称“东陇佛手项目”）来推广佛手的功效、药用和食用价值，增加大众对佛手的了解。通过参观，人们可以了解佛手是什么、功效是什么、佛手可以制作成什么等等。佛手文化科普基地可以让年轻人、社会人士参观，并了解佛手的文化和好处等。实际上，这个基地除了科普还有其他不同的功能。在这个基地上，我们实现了三大产业的融合。在农业种植基础

① 东陇佛手文化科普基地项目将打造集佛手种植、佛手产业服务平台、特色餐饮、旅游观光、休闲养生、粗精加工等于一体的现代农业园区。基地将通过盘活社区土地资源、吸收村民剩余劳动力、与村民合作进行经营管理等方式，最大限度地帮助贫困户增收致富，预计社区年增加集体收入 36 万元。

上，我们也建有物流运输链，并大力发展文化旅游。现在国家在提倡美丽乡村建设，顺着这一趋势，我们在科普基地补充了饮食、住宿板块，在供给游客参观旅游的基础上，形成文化旅游产业。旅游观光、文化旅游是接下来的一个趋势，可以带动村民进一步增收。我们现在计划建设吊脚楼，已经上报给政府征求同意，得到批准后我们会建设可供住宿的地方，实现“参观旅游＋食＋住”一体化的第三产业发展。

2018 年，我们在长沙农交会参展，当时广东省领导表示佛手产业发展无可限量，一定要把这个产业扶持起来，所以省厅非常重视、支持佛手产业。后来就成立了广东佛手产业联盟，由我来担任会长。联盟的队伍现在一步步扩大，包括肇庆、清远等地种植佛手的人都被拉进了联盟。佛手联盟里面，大家会在种植、加工技术等方面开展交流，同时我也无偿将经验分享给大家。这个联盟把所有种植佛手的人联合起来，互相交流分享。现在联盟的人不多，但都是对佛手有爱好、了解佛手文化的精干人士。当然，不是会种植就可以加入联盟的，必须是有一定产业规模并且有致富初心的人才能加入。加入联盟之后，大家相互交流心得经验，然后带到当地，造福更多的人，慢慢让联盟成为文化产业支撑点。作为联盟会长，我需要维护好联盟合作的姿态，也无条件提供场地和其他资源给大家，不会要求大家一年要交会费什么的。仲恺农业工程学院也加入了佛手联盟，目前联盟里面有该学院的两个教授。联盟刚成立的时候，有 8 个主体单位，仲恺就占了两个。广东省农业厅成立了 7 个联盟，加上广东佛手产业联盟有 8 个。今年 4 月份，广东省农业厅的陈厅长来参观也说了，这个联盟的牌子在省厅是有备案的。所以这并不是我自己写了牌子就可以挂上去的，我们是得到认可的，佛手产业是得到重视的。这个联盟可以说是佛手产业的支撑点，也是文化的交流点。遇到困难的人可以在联盟交流，并得到解答。

在“十四五”规划中，国家政策倾向于打造非遗村、非遗镇、非遗产业，东陇佛手项目也是响应政府号召，先走这条路。目前，广东应该还没有一个村打造成非遗村，即使有这个口号可能也还没实现。佛手制作技艺入选非遗并不容易，我们项目去到东陇社区，实际上想的是怎么发扬传承，让农民能受益。

目前，东陇佛手项目建有佛手文化展示厅和直播室，直播室是 2020 年

6月打造的，作为接待、参观用。接下来为了解决佛手文化非遗传承问题，我们会把技艺传授给农户，让他们以后可以运用。佛手产业在东陇社区的推进，得看东陇社区当地的情况，如果当地项目推进得好，我们也想在当地继续发展文旅产业等等。当然，我们想提前实现非遗村建设，也存在一些问题：一是有部分村民不理解；二是灌溉设施投入比较大；三是土地开发前期投入大。对于这些，除了当地政府街道的支持，也需要村民的理解。如果村民都没办法给予支持，作为一个企业要在当地发展，是很难发展好的。企业带着项目去乡村，也得结合政策，结合乡村当地实际。农民有自己的思维，需要慢慢来调整。

四　不忘初心成就蜜饯人生

如果要说这三十年来辛不辛苦，肯定是辛苦的，还好有家人的支持，才能撑到现在。广东省委、汕头市委都很重视佛手项目，2021 年年初佛手项目落户在濠江区东陇社区，2021 年 1 月 8 日，省委李希书记还亲自到我们体验馆参观我们的佛手和佛手酒，对此评价很高，可以说佛手发展空间是很大的。现在在汕头，只有我们一家专业组织在种植和加工，其他要到揭阳、潮州才有。

图 2　2018 年 8 月王绵生在佛手果种植园查看佛手果生长情况

佛手制作技艺能进非遗名录是政府重视的结果，政府是为了不让技艺遗失。想进非遗名录并不简单，需要市委市政府请专家评审，符合标准才有机会进入。所以，我们的工艺流程是得到保护的。这样的情况下，我可以把我的技艺传给徒弟，不一定非要传承给自己的子女。非遗，重在传承，所有人都可以来学习。有人想来学佛手制作技艺我就可以收徒，徒弟学完可以出去发展，这样有利于佛手事业的长期发展。就像潮菜收徒，不怕徒弟学会做菜，也不怕徒弟出去独立。我现在就有徒弟，而且还通过进校园、进社区来传播佛手文化和佛手果制作技艺，让大家了解佛手的好处。非物质文化遗产保护，就是为了让有价值的东西更好地传承。我十年前就有著书的想法，最近几年也有和报社、出版社探讨著书问题，想将佛手腌制流程等写入书中，以后我比较空闲了，会着手这方面。但是得会写书的人来写，我负责口述。

国家为什么重视非遗，号召建设非遗村、非遗镇？就是想把技艺传承给农民，让农民能够受益。产业不是一个人的，几年后，会有更多的人参与佛手的腌制、制作、研发，这就可以让大家一起致富。我作为非遗传承人，我有责任把技艺传承给众人。古时候，我们说，拜师学习手艺，是需要拿钱给师傅的。现在是，我们拿钱雇人来学习制作。有志之人想来学习，我都是真心真意地教导，帮助他发展、形成产业，我不会说这个产业是我的。作为传承人，我有责任传承技艺和技术，使佛手制作技艺不至于失传，让今后众人能在这个行业谋生。我们这一辈人小时候，有很多人从事木工行业，现在木工已经被机械取代，比如木雕电脑化。在机械化的现在，我还能传承手工技艺给别人，能够保留祖先留下来的技艺，我感到蛮自豪的。

而作为致富带头人，我需要将佛手种植与制作发展为产业，引导村民参与其中，让村民能够从中受益致富。乡村振兴，实际上就是乡村需要有产业，才能实现振兴。国家投资建设美丽乡村，帮村里铺路、建设贫困房和垃圾站，这些不算是完全的乡村振兴，乡村振兴必须得有产业。致富带头人是乡村振兴的骨干，需要带动村民共同致富，并无条件传授自己的技术、经验给村民。要实现共同致富，关键是年轻人、中年人、老年人这些各个年龄阶段的村民愿意参与到产业发展中来。如果他们不愿意，项目再好、传授得再用心也没用。反之，如果村民非常喜爱佛手产业，就能更好地共同致富。

佛手产业也比较完善，比如腌制、制茶，分为很多小的产业，佛手产业只是一个总称。就像大学专业一样，有很多大类，佛手产业是总称，别人想学什么、从事什么产业都可以。我的企业也有招揽食品专家、教授等这些专业人才，但是现在腌制佛手的人才基本没有了，面临着技艺失传，所以从省到市都非常重视这个产业。为什么有很多技艺会失传？就是在战乱年代，老一辈漂洋过海创业，无法保护技艺，技艺才会失传。两只手制作出来的东西，与机械制作出来的是不同的，比如佛手制作，能够保留祖先时的味道，传承古时的文化，这是机械制作的标准化生产做不到的。

我能够坚持下来是靠一种信念，坚持发展佛手产业，我有初心在，就是传承祖先技艺和中华文化。此外，也得益于家人、政府、金融机构的支持才能坚持到现在。农业前期投资比较大，农业能看到发展苗头，一般都需要投入很多。国家一号文件一直在支持扶持“三农”，也是因为农业很难发展起来。佛手制作成产品，能够治疗疾病，这能使我有成就感。而且30 年来，佛手产品都没有添加任何添加剂，我的信念坚持了下来。在时代发展潮流中，我没有为了产品口感、外观，没有为了要赚钱，在产品中添加不可以添加的东西，我的初心坚持了下来，这也是我的收获。

“蜜饯人生”可以概括我之前走过的路。腌制佛手非常辛苦，我们以前腌制的时候没有好条件，每天都要在日光下晒着，在池子里面捞佛手出来洗，然后再腌制，经常汗流浃背，是没有人能理解的辛苦。现在条件更好了，有些流程可以机械操作，但是也有机械无法完成的流程。我在 2012 年创作有《中国/潮汕蜜饯文化超越水果的本身》这一文字作品。水果没有经过腌制，吃苹果就只有苹果味道，但是经过腌制之后，又有新的味道，水果价值和蜜饯价值是不一样的。水果经过运用蜂蜜、中药腌制之后形成蜜饯，这种制作技艺是一种文化，所以蜜饯包含着文化。从蜜饯文化的内涵上来看，它是一种行为文化和心态文化，属于精神文明的范畴，上升至哲理的高度，由此有感“蜜饯是人生”。比如佛手经过腌制，拥有了药用价值，得到了又一重价值。我的人生也是如此，经过 30 年的付出和辛苦，有了新的价值，也由此达到了“更高的境界”。

图书在版编目(CIP)数据

从“扎根”到“引领”：新农人致富记忆与带头密码. 上卷 / 谢治菊，郭明编著. -- 北京：社会科学文献出版社，2022.8

ISBN 978-7-5228-0232-9

Ⅰ.①从… Ⅱ.①谢… ②郭… Ⅲ.①农村-致富-中国-文集 Ⅳ.①F324-53

中国版本图书馆 CIP 数据核字(2022)第 099297 号

从“扎根”到“引领”（上卷）

——新农人致富记忆与带头密码

编　　著 / 谢治菊　郭　明

出 版 人 / 王利民
责任编辑 / 张建中
文稿编辑 / 周浩杰
责任印制 / 王京美

出　　版 / 社会科学文献出版社·政法传媒分社（010）59367156
地址：北京市北三环中路甲 29 号院华龙大厦　邮编：100029
网址：www.ssap.com.cn
发　　行 / 社会科学文献出版社（010）59367028
印　　装 / 三河市尚艺印装有限公司

规　　格 / 开　本：787mm × 1092mm　1/16
印　张：20.5　字　数：332 千字
版　　次 / 2022 年 8 月第 1 版　2022 年 8 月第 1 次印刷
书　　号 / ISBN 978-7-5228-0232-9
定　　价 / 258.00 元（上、下卷）

读者服务电话：4008918866

“口述乡村”丛书　主编　谢治菊

从“扎根”到“引领”

FROM STATIONED ASSISTOR TO DEVELOPMENT BELLWETHER

新农人致富记忆与带头密码

SECRETS AND COLLECTIVE MEMORIES OF THE NEW FARMERS IN RURAL REVITALIZATION

谢治菊　李利文　编著

社会科学文献出版社
SOCIAL SCIENCES ACADEMIC PRESS (CHINA)

“口述乡村”丛书总序

寻找乡村振兴的集体记忆

2021 年 2 月 25 日，习总书记在全国脱贫攻坚总结表彰大会上的庄严宣告标志着我国脱贫攻坚战的全面胜利。8 年来，为了取得这场胜利，中央、省、市、县财政专项扶贫资金累计投入近 1.6 万亿元，最终现行标准下 9899 万农村贫困人口全部脱贫，832 个贫困县全部“摘帽”，12.8 万个贫困村全部出列，完成解决区域性整体贫困和绝对贫困的艰巨任务。[①] 中国脱贫攻坚战之所以能取得伟大成就、创造伟大奇迹，离不开坚强的领导核心、科学的顶层设计、有效的制度安排、精准的脱贫策略、深厚的人民情谊，更与数百万默默坚守在一线的扶贫干部以及长期扎根在农村的致富带头人、乡村教师、乡村医生等骨干力量分不开，他们艰苦奋斗、无私奉献、开拓创新，彰显出“责任、担当、奉献、探索、吃苦、实干”等感人精神，谱写了许多不为人知的感人故事，这些精神与故事对巩固拓展脱贫攻坚成果、全面推进乡村振兴、实现农业农村现代化、迈向共同富裕有重要的价值，理应在凝练总结的基础上结合新时代的新要求来发扬与传承。为了让这些精神与故事能够流传下来，被更多的人所珍藏和记忆，为后续研究者提供素材，为中华人民共和国波澜壮阔的历史书写新的篇章，自 2020 年 5 月以来，在广州市委宣传部、广州市社会科学界联合会等单位的指导和支持下，我们已（正在）采写一线扶贫干部、乡村致富带头人（新农人）、社会帮扶群体等三个群体的口述故事并出版，接下来将采写大学

① 习近平：《在全国脱贫攻坚总结表彰大会上的讲话》，《人民日报》2021 年 2 月 26 日，第 2 版。

生村官、乡村医生、乡村教师、乡村振兴专干等群体的口述故事。那么，我们为何要采写这些群体的口述故事？我们如何采写这些群体的口述故事？我们如何开发并运用这些群体的口述故事？下面一一分析。

一　缘起：调研中的感动与初心

我们为什么要出版这样一套丛书呢？这与我们团队的研究经历有关。我们知道，“逐步消灭贫困，达到共同富裕”是中国共产党始终秉持和为之奋斗的崇高目标。自成立以来，中国共产党就一直关注着人民群众的贫困问题，并将取得政权让人民当家做主作为解决此问题的根本途径，率领全国各族人民开展各种形式的反贫困斗争，先后经历“计划经济体制下的救济式扶贫、开发式与综合性扶贫、整村推进与两轮驱动扶贫、脱贫攻坚”四个阶段，解决了数以亿计贫困人口的生存问题，实现了几千年的民族梦想，创造了人类减贫史上的奇迹。自党的十八大以来，以习近平同志为核心的党中央坚持把解决好“三农”问题作为全党工作的重中之重，把脱贫攻坚作为全面建成小康社会的标志性工程，组织推进人类历史上规模空前、力度最大、惠及人口最多的脱贫攻坚战，启动实施乡村振兴战略，推动农业农村取得历史性成就、发生历史性变化。如期完成新时代脱贫攻坚目标任务后，“三农”工作就将进入全面推进乡村振兴的新阶段，这是“三农”工作重心的历史性转移。

在此过程中，我们团队牢牢抓住时代赋予的契机，围绕脱贫攻坚与乡村振兴理论、实践与案例开展研究。事实上，脱贫攻坚与乡村振兴研究是团队自创建以来所开展的乡村治理理论与实践研究的延伸，其所蕴含的时代精神、问题意识和责任情怀，一直都是团队研究的生命线。为此，自“十三五”以来，团队一直以国家脱贫攻坚与乡村振兴战略为指引，聚焦脱贫攻坚与乡村振兴的重点、难点与痛点，立足广东、辐射西部、面向全国，围绕“理论研究、实践探索、政策咨询、人才培养”四大模块，构建“认知、体验、践行”三阶合一的乡村实践体系，探索“高校—政府—企业—社会组织”四元互动的乡村研究模式，深化“政产学研创”五位一体的乡村育人平台。近年来，团队在脱贫攻坚与乡村振兴领域的学术思想与实践活动被《人民日报》、学习强国、今日头条、《中国青年报》、《中国教育报》、《中国社会科学报》、《学习时报》等主流媒体报道100多次。

而“口述乡村”系列故事的采集初心，来自扶贫干部在脱贫攻坚中的伟大精神，这种精神深深地打动了我们。脱贫攻坚战，是一场没有硝烟的战斗，更是一场旷日持久的战斗。在这场史无前例的战斗中，广大基层干部无论是身体还是精神方面都经历了前所未有的考验，做出了不可磨灭的贡献。据统计，在这场彪炳史册的脱贫攻坚战中，中国累计选派25.5万个驻村工作队、300万名第一书记和驻村干部，同近200万名乡镇干部和数百万村干部共同奋斗在脱贫攻坚战场上。[①] 确实，自脱贫攻坚以来，广大一线扶贫干部坚决贯彻中央政策与群众路线，与贫困群众生活在一起、工作在一起、战斗在一起，以解决贫困群众“一达标两不愁三保障”为使命，以帮助贫困群众彻底摆脱贫困为目标，齐心协力、顽强奋战、呕心沥血，更有1800多名扶贫干部牺牲在了脱贫攻坚征程中。

促使我们团队萌发采集口述故事点子的是2018年、2019年在贵州大山深处调研中的感动。当时许多驻村干部家住县城，前往驻村点往往要花1~2小时，为了打赢脱贫攻坚战，大部分干部经常两三个月才回家一次，无暇顾及家庭。每每听到这样的故事，我们都被他们的那股精神深深地感动，忍着眼泪，真正体会到“过家门而不入”的高尚情怀。而后，我原单位贵州民族大学毕业生余金政的离开给了我更大的触动。他是一位2019年3月倒在扶贫一线的战士，牺牲时才39岁，未婚，工作11年，存款只有4万多元。在连续工作近40小时后，他突然倒在了帮扶对象家中，再也没有醒来。这让我们深切地感受到，开展脱贫攻坚的这些年扶贫干部为此付出的汗水、热血甚至生命，理应被后人、被历史、被所有的中华儿女记住。由此，我们团队有个心愿，一定要为扶贫干部这个群体做些什么。而采集口述故事正好以原汁原味的方式将扶贫干部的所见、所闻、所感、所历和所获记录下来，由此我们团队萌生了开展“口述乡村”系列活动的想法。后来发现，这样的想法比较有价值与意义，因为无论是脱贫攻坚还是乡村振兴，无论是农业农村现代化还是共同富裕，都离不开外在的帮扶与内生的动力，而扶贫干部、社会帮扶群体、大学生村官、乡村振兴专干代表外

---

① 习近平：《在全国脱贫攻坚总结表彰大会上的讲话》，《人民日报》2021年2月26日，第2版。

力帮扶，乡村致富带头人、乡村医生、乡村教师代表内生动力。通过口述史的方法将这些群体的故事采写回来，挖掘他们的共同记忆与集体画像，可以了解乡村命运共同体在脱贫攻坚与乡村振兴背景下的个体体验与心路历程，分析个体记忆对集体记忆的建构和集体记忆对个体记忆的再生产，为将口述故事转化为研究素材、有声读物、思政案例、育人实践提供“面粉”与“养料”。

二　画像：乡村命运共同体的集体记忆

恰如一块极具创造力的园地，口述史吸引了国内外不同研究者的目光。口述史是基于特定的研究目的，利用文字、录音、录像等手段收集、整理和保存受访者口头叙述历史记忆的研究方法，近年来被广泛用于社会学、传媒学、心理学、医学、档案学等学科领域。其中，社会学与口述史的关系最为密切，两者通过社会性、功能性与历史性的逻辑互构，从而在个体既视感的群体幻象、个体生命历程的社会痕迹和个体记忆的集体表征中有着共同的研究旨趣。口述史素材往往来自口述者对其过往生活经历的理解性叙事，其中包含着口述者对社会事件的理解及其自身的生命体验，从这些理解和体验中能够折射出集体的群像和社会发展的轨迹，从而遵循着“个体—群体/集体—社会”的建构逻辑，形成了个体、集体与社会互构的理论旨趣。所以，以口述史方法来寻找的，是乡村命运共同体的集体记忆。

随着传统权威的肢解与乡土意识的弱化，农村“原子化”问题越来越凸显。“原子化”强化个体意识与自我，是农村传统社会结构、整合关系、伦理道德和交往样式消解的产物。在此背景下，乡村命运共同体有何特征？滕尼斯认为，共同体包括三种类型，从最初的血缘共同体发展为地缘共同体，最后是精神共同体。从具体表现来看，其典型的形态是亲属、邻里与友谊，这些共同体具有亲情性、集体性与安全性特征。从中国农村社会结构变迁史可知，农村共同体经历了三种逐步更替的形态，分别是农村自然共同体、农村伦理共同体、农村命运共同体，后者是对前者的依次扬弃。其中，于新时代新要求下的新群体，农村命运共同体既有伦理共同体的传统风俗，又是超越伦理共同体血缘、地缘和伦理界限的，建立在政治、经济和文化共建共享基础上的联结网络，是受现代农村社会转型影响的被分化出的特殊群体。① 这些群体包括乡村干部、乡村医生、乡村教师、乡村致富带头人等，虽然家庭背景、成长历程、文化水平、经济收入、社会地位不一，但他们都在农村从事相同领域的工作，具有相似的工作场域、工作经历与工作感受，因此可以称为"乡村命运共同体"。

近年来，由于城市化和工业化的快速推进，各地大量撤村并居，由此引发了村落"空心化"、乡村文化"荒漠化"、乡村集体"失忆"乃至"断根"等现象。② 为了记得住乡愁，政府不仅出台了政策来规范、组织活动来引领（如乡村记忆工程、印迹乡村创意设计大赛等），学界也进行了一些探讨和研究，主要还是聚焦在乡村文化振兴的角度，尤其强调依托乡村社会原有的文化背景和社会基础，充分挖掘以农耕文明为代表的传统乡村文化的历史价值，传承和重构传统村落的集体记忆。③ 有关集体记忆的研究最早可以追溯到法国社会学家涂尔干提出的"集体意识"和节日仪式中的"集体欢腾"。而哈布瓦赫则认为，集体记忆受社会支配性的意识形态和文化规范、社会禁忌的影响，也是与他人、社会、环境紧密相关的个体记忆促动的结果。站在这个角度，乡村文化建设固然能够唤起乡村集体记忆，却难以准确描绘乡村命运共同体的集体记忆，因此需要运用口述史方法来采集。可以说，以口述史方法来呈现乡村命运共同体的集体记忆，可以像写实画家一样，忠于每个个体、忠于他们的表达、忠于他们的叙述，原汁原味地呈现群体的真实"画像"，对记忆的主体、客体、载体、内容与过程进行详细而系统的描绘。

三　传承：记忆里的情怀与价值

"育人"是我们开展"口述乡村"系列活动的主要目的之一。正因为如此，"口述乡村"系列故事的采写主体，往往是来自全国各地的青年大学生，且以本科生为主。例如，已经出版的扶贫干部口述故事，吸引了全

① 刘海军、王平：《共享发展理念下的农村命运共同体建构》，《西北农林科技大学学报》（社会科学版）2017 年第 3 期。

② 鲁可荣：《乡村集体记忆重构与价值传承》，《民俗研究》2021 年第 3 期。

③ 鲁可荣：《乡村集体记忆重构与价值传承》，《民俗研究》2021 年第 3 期。

国10多所高校130多名大学生参与；正在出版的新农人口述故事，有全国10多所高校181名学生参与；正在征集的企业扶贫口述史，也有全国10多所高校100多名学生报名参与。

之所以将“口述乡村”系列故事采写及采写中所挖掘的系列精神作为培育青年大学生的重要资源与核心素材，是因为这样的传承至少有三方面的意义：一是可以解决脱贫攻坚与乡村振兴精神转化为立德树人的资源问题，丰富高校立德树人的方式与途径。脱贫攻坚与乡村振兴精神蕴含着时代价值、文化精神、教育意蕴，对于明确立德树人内容导向、构建立德树人课程体系、健全立德树人评价机制，具有重要的推动与促进作用。通过开发以“责任、担当、奉献、探索、吃苦、实干”为核心要义的脱贫攻坚与乡村振兴精神，将这些精神转化为带有普遍特征的立德树人资源，能够丰富高校立德树人的路径与方式。二是可以解决脱贫攻坚与乡村振兴资源融入课程思政的过程问题，提升“大思政”体系的育人效能。面对“大思政”育人格局，脱贫攻坚与乡村振兴所蕴含的“科研育人、实践育人、课程育人、活动育人、精神育人”要素，是破解乡村资源融入课程思政的密码，能够提升“大思政”体系的育人效能。三是可以解决脱贫攻坚与乡村振兴过程对接创业就业的实践问题，增强脱贫攻坚与乡村振兴资源育人的示范效应。参与“口述乡村”系列活动，一方面可以培养学生吃苦耐劳的精神，让学生正确地认识自己，选择适合自己的方式去就业创业，另一方面可以让更多的学生认识基层与农村，鼓励他们到基层到农村去就业创业，支持乡村振兴。

正因为脱贫攻坚与乡村振兴精神具有如此重要的教育价值与育人功能，所以团队主要从以下四个方面来传承该精神：一是让学生面对面采访口述群体，滴灌式感受口述群体精神、系统化撰写口述群体故事、全方位传播口述群体情怀；二是无论是故事征集活动的策划、征集方案的制定、征集活动的开展、口述故事的采写还是采写成果的传播，都是青年学生在老师指导下参与完成的，此种参与可以让大学生全方位全过程感受并挖掘口述群体精神与集体记忆；三是在全校开设公共选修课“中国扶贫密码”“乡村振兴概论”“乡村创新创业实践”等，并将挖掘的口述群体精神与故事作为课程的教学案例、思政素材与育人资源；四是将采写出版的口述群体故事变成有声故事让大学生倾情演绎与宣讲传播，在市委宣传部的指导下进社区、进学校（中小学和大学）、进农村、进政府。

进一步，可以这样理解，我们一方面积极发动全国的本科学生参与“口述乡村”系列故事的采写，通过让学生深入一线采访、身临其境感受、扎扎实实撰写、实实在在体验，来培育其责任担当意识、净化其心灵、锻炼其能力。另一方面，将收集而来的素材用于课程思政建设与育人活动中，先后开展“乡村精神进校园”“乡村资源进课程”“乡村干部进课堂”等活动，构建“科研育人、实践育人、课程育人、活动育人、精神育人”五大乡村资源育人体系，为锻炼学生的“脚力、眼力、脑力、笔力”，建设“走基层、懂国情、长本领”的人才培养体系，培养“脚踏大地、志存高远、心怀家国”的卓越应用型人才做出应有的贡献。

“新时代催生新思想，新思想呼唤新作为”，“治国犹如栽树，本根不摇则枝叶茂荣”。“农业兴、农村稳、农民富”是“三农”发展的根本目的，“产业振兴、人才振兴、文化振兴、生态振兴、组织振兴”是乡村振兴的五大目标。未来，我们团队会更加及时传播乡村振兴的经验、案例与声音，竭力贡献乡村振兴的智慧、力量与情怀，认真履行高校学者的责任、使命与担当。

谢治菊

2021 年 6 月 12 日于羊城

自序：寻找新农人的致富记忆与带头密码

习近平总书记多次强调，从中华民族伟大复兴战略全局看，民族要复兴，乡村必振兴。[①] 乡村振兴包括产业振兴、组织振兴、文化振兴、生态振兴与人才振兴五个维度，所有维度都需要人才来引领，这里的人才既包括乡村已有的在地人才，又包括愿意扎根乡土的外来人才，前者可通过培训、学习、教育来造就，后者则需要通过引导、鼓励与培育，让其有向乡村流动的意愿、平台与契机。其中，基层组织人才、乡村经营人才与管理人才尤为重要，也十分短缺，此种短缺对巩固拓展脱贫攻坚成果、全面开展乡村振兴、稳步迈向共同富裕极其不利。为此，2021 年 3 ~ 12 月，团队通过“乡村致富带头人口述故事征集与教学案例编写”活动，一方面，努力寻找乡村振兴中新农人的致富记忆与带头密码；另一方面，试图将新农人的致富记忆与带头密码开发成课程思政素材进校园、进课堂、进书本，鼓励城市有为青年和大学生到农村到基层去创业就业。

一　缘起：新农人致富带头的历史使命

“乡村要振兴，关键在人才。”但是，整体而言，我国“三农”人才数量不足、质量不高、结构不优的现象比较普遍。乡村人才之所以不足，一方面与“三农问题”在中国现代化进程中的劣势地位有关，另一方面应归结为高校人才培养取向的“阻滞”。一如 2018 年中央一号文件所指出的：实施乡村振兴战略，必须破解人才瓶颈制约，把人力资本开发放在首要位

① 《坚持把解决好“三农”问题作为全党工作重中之重　促进农业高质高效乡村宜居宜业农民富裕富足》，《人民日报》2020 年 12 月 30 日，第 1 版。

置，培养更多的乡村人才。①

进一步讲，人才是乡村的第一资源，创新是乡村发展的主要动力。这说明，乡村的发展需要一批创新型人才。《农村实用人才和农业科技人才队伍建设中长期规划（2010—2020年）》指出，截至2008年年底，我国拥有农村实用人才820万人、农业科技人才62.6万人、农技推广人才56.3万人，约占全国人才资源总量的8%。其中，农村实用人才占农村劳动力的比重仅为1.6%，而农村实用人才中受过中等以上职业教育的比例不足4%，农业科技人才中大专以上学历的比例不足50%，再次印证我国乡村人才比较缺乏，也说明乡村振兴需要的是一批示范性、带动性强的创新创业型人才。然而，这样的人才更是短缺，因为，一方面乡村人才不仅存量不足，现有人才的质量、结构与文化程度也不甚合理，难以通过培训与教育来有效提升其水平；另一方面，现在的大学生普遍存在就业难、就业质量不高等问题，部分学生思维僵化、取向单一，不愿意到基层和乡村去创业就业，以致乡村人才的增加难以实现。故而，与更加重视实践的国外教育相比，学生的指向性实践远远不够。所以，乡村需要的带动性强的实用型人才，最好通过榜样示范、品牌打造来培养。

可以说，在推进全面乡村振兴的过程中，作为乡村振兴战略成功实施的重要主体和关键力量，新农人因具备深厚的群众基础、过硬的本领作风与丰富的资源优势，往往能够在农民群众中起到良好的示范带动作用，有效破解乡村振兴的人才短板。对此，《中共中央　国务院关于实施乡村振兴战略的意见》指出，要实施农村带头人队伍整体优化提升行动；《中共中央　国务院关于抓好“三农”领域重点工作确保如期实现全面小康的意见》也指出，要深入实施农村创新创业带头人培育行动，打造一支“不走的工作队”；习近平总书记在其重要文章《扎实推动共同富裕》中也强调，要重点鼓励辛勤劳动、合法经营、敢于创业的致富带头人。

以乡村致富带头人为主体的新农人，是一批具有知识、眼光、技能、追求和情怀的人，他们中有海归人士、高校大学生、城市返乡青年、企业高管，也有进城务工、在外参军转业回乡的草根青年农民，还有大字不识

① 中共中央党史和文献研究院编《十九大以来重要文献选编》（上），中央文献出版社，2019，第175页。

几个的家庭妇女与长期扎根农村的在地干部。这些人，无论从出身、能力、阅历、经历、水平还是理想、追求来看，都具有较大的差异，但他们愿意回归乡土的情怀、乐于奉献家乡的精神、敢于打破传统的勇气、能够承担责任的胸怀、善于带动一方的能力、广于联农带农的使命，深深地打动了我们。他们是一个个具有独立价值追求的个体，他们有的人会因资金、韧劲、知识、经验、兴趣、技术、市场而改行转业、另谋出路，但他们的探索，会鼓励更多有知识、有能力、有追求的人投身农业，成为新农人，也会推动国家出台更多的政策支持新农人“以农为业、以农为乐、以农为傲、以农为生”。

为深入挖掘新农人的致富记忆与带头密码，激励学生到农村到基层去创业就业，2021 年 3 月，由广东省乡村振兴局、共青团广东省委员会、广州市社科联联合指导，广东省国强公益基金会主办，广州大学乡村振兴研究院、公共管理学院承办的“乡村致富带头人口述故事征集与教学案例编写”活动正式启动。此次活动是 2020 年“攻坚 2020：一线扶贫干部口述故事”的延续，也是团队谋划的“口述乡村”系列活动重要的一环。受新冠肺炎疫情的影响，此次活动采用“线上 + 线下”的方式，以“采写培训、精准辅导、专题讲座、实地调研、暑期三下乡”等形式开展，吸引了来自全国 10 多所高校 181 名学生报名参加，这些学生共计采写了来自广东、广西、河北、贵州等地 51 个县 100 多名新农人的故事。经过初评、修改、复评、再修改与终评，共有 64 份作品获奖，此次出版的 55 个故事，就是从获奖作品中遴选出来的。

二　群像：新农人致富带头的集体记忆

本书是用口述史方法来寻找新农人的集体记忆。通过亲历者口头叙述讲出的叙事历史，简称“口述史”。口述史是基于特定的研究目的，利用文字、录音、录像等手段收集、整理和保存受访者口头叙述历史记忆的研究方法。口述史素材往往来自口述者对其过往生活经历的理解性叙事，其中包含着口述者对社会事件的理解及其自身的生命体验，从这些理解和体验中能够折射出集体的群像和社会发展的轨迹，从而遵循着“个体—群体/集体—社会”的建构逻辑，形成了个体与社会互构的理论旨趣。[①]

事实上，与他人、社会、环境紧密相关的个体记忆，不是单纯的个体现象，更不是单纯的生理现象，而是与别人或自己的某段经历相关的自然景物刺激、促动、激发的结果，甚至可以说是“我的记忆借助了他们的记忆”。[②] 这个唤起、重构、叙述、定位和规范记忆的文化框架就是所谓的“集体记忆”或“记忆的社会框架”。[③] 而特定的个人记忆能否被回忆起、以什么方式被回忆起，都取决于这个框架。也就是说，一个社会支配性的意识形态和文化规范、社会禁忌常常决定性地塑造了记忆的社会框架，个体记忆在集体记忆的框架中得到阐发。[④] 站在这个角度，新农人的集体记忆，一方面，与个体的神经机制、心理过程与人生阅历有关系，与其致富中的特定知识和记忆领域有关联；另一方面，又受到脱贫攻坚、乡村振兴、共同富裕的政策要求与现实需求的形塑，被“时代所建构”。

“农村致富带头人”一词带有鲜明的时代烙印和政治意蕴，曾被称为“新型职业农民”“高素质农民”“农村新型经营主体”等，可以统称为“新农人”。新农人，是指坚持生态农业、现代农业理念，运用互联网、大数据、区块链、人工智能等技术手段，提供农业生产、加工、流通、推广服务的群体。新农人对于推动农产品营销方式创新、引领农业生产方式的转变、拓展农民就业和增收空间、带动城市资源要素向农村流动、促进农村一二三产融合有重要的价值，可以分为知识青年、跨界人士、返乡创业的农民工、乡村当地人员等四种类型，但不管是哪种类型，对小农户的增收能起到一定的带动作用。

目前，学术界主要从生产方式、经营业态、互联网基因、市场化思维等方面来描绘新农人的群像，提出了新农人即农业新业态、农村新细胞、农民新群体。这些画像虽然对新农人的基本特征进行了描述，但没有弄清

---

① 谢治菊、陆珍旭：《社会学与口述史互构的逻辑、旨趣与取向》，《贵州师范大学学报》（社会科学版）2022 年第 1 期。

② 〔法〕莫里斯·哈布瓦赫：《论集体记忆》，毕然、郭金华译，上海人民出版社，2002，第 69 页。

③ 〔法〕莫里斯·哈布瓦赫：《论集体记忆》，毕然、郭金华译，上海人民出版社，2002，第 69 页。

④ 〔法〕莫里斯·哈布瓦赫：《论集体记忆》，毕然、郭金华译，上海人民出版社，2002，第 71 页。

新农人的群体范围，看不出新农人的成长轨迹、致富记忆、带头密码与心路历程，尤其没有对新农人的驱动因素如资本驱动、问题驱动、需求驱动、技术驱动、情怀驱动等进行系统分析，更没有对新农人的培育因素如政策体系、个体特征、家庭背景、社会支持、环境条件等进行全面了解，这恰好是本次口述故事采集活动所比较看重的。数据显示，在55个口述故事中，新农人群体年龄主要分布在30～45岁区间内，其中，30岁以下的占5.4%，30～45岁的占67.2%，46～60岁的占27.3%；性别以男性为主，占81.8%，女性仅占18.2%；学历以大专、本科为主，占47.2%，初中以下的占21.8%，高中或中职的占30.9%；致富领域以蔬菜、水果等种植业为主，占65.4%，养猪、养鱼、养虾等养殖业占18.1%，其余行业占16.5%；带贫人口以200人以上为主，占32.7%，100人以下的占23.6%，100～200人的占14.5%，29.2%的受访者未明确提及。

从55个新农人人物群像来看，他们之所以被称作“新农人”，主要“新”在以下五个方面。

一是思维新。与传统的农民相比，新农人更具备团队意识和集体观念，他们拒绝“关起门来搞建设”的局限性思维，通过汇集来自不同领域和行业人才的创新性想法，将其经营理念、管理模式、技术路线等灵活应用于农业领域，协调机遇与挑战的关系、改变单打独斗的生产组织方式、完善创新技术成果转化机制，从而构建自我服务的典范。因此，他们常常通过合作社、公司、工厂等法人组织以及各式各样的非正式组织将人组织起来，构建起具有组织认同感的实践平台，积极探求新业态下的农业发展，把安全、可持续、绿色、有机、营养、健康等作为农业最重要的追求目标。正是有这样的新思维，新农人都比较有信心，恰如刘云祥所说：“总有一天，我会推倒这堵‘贫困墙’，开辟出一条康庄大道！”一心想着要将柳编记忆传承下去的张建国，一直致力于将“炕头经济”与“居家经济”发展起来，带领更多的村民脱贫致富。将种植益肾子当成一生信仰的黄俊添说，他回乡创业可不是随随便便的，而是有很大志向，想把在城里学的新思维、新思路、新理念带回去，结合当地实际发展产业。曾经的农村家庭妇女黄月情，用一双勤劳的双手，将一片片“野生草”变成了可以包粽子的意想不到的财富。她说：“要努力去拼搏，多苦多累都不放弃。”

二是结构新。新农人的“新”首要体现在新农人由来自各行各业的中青年组成，在群体结构上呈现“年轻化、高学历化、多元化”。在口述样本中，相较于一生躬耕于土地的传统农人，新农人普遍较为年轻，年龄主要集中在25～45岁，其中不乏生于乡村求学而成回馈家乡的高学历人士、进城营生辗转各地后回乡创业的务工人员、心存乡村情怀敏锐捕捉发展契机的青年企业家、在外参军转业回乡的村委会主任等等。从个体来看，出身、人生经历、专长领域、思维模式等都具有较大的差异，但是对传统农业产业的探索和突破，对传统个体农业经营方式的创新和融合，对传统乡村生活的乡土情怀是共同的。例如，至今怀念童年时听到的瑶族长鼓之音的创业人唐买社吊，认为最大的幸福就是守护好、传承好瑶族长鼓的制作技术，和更多人分享传统文化的魅力。在广州闯出一番天地后毅然回乡创业种菜的张天荣，建立了12000多亩蔬菜示范基地，带动周围乡镇几百人就业，积极推动“黔菜出山”。因在深圳打工期间怀念家乡的酸菜而返乡创业的黄杰，创业三年贷款上百万，只为将家乡的酸菜带到世界上任何一个地方，让乡亲们在家门口就业，打造贵州第二个“老干妈”。

三是形象新。新农人不再将农民当成一个传统的受歧视的职业，而是将农业作为一份事业，有计划、有方案、有策略地开展工作，在自己从事的事业中，也有成就感、获得感，且感觉骄傲和自豪。例如，来自广东东源县的王建新在其创业历程中历经各种艰难困苦。为了陪伴病重的母亲，毅然决然回到家乡成为村里最早发展农业的人，干过多种产业，大都受市场、疾病、环境等因素影响以失败告终；雪上加霜的是，后因感染布鲁氏菌一度病危，命悬一线。但难能可贵的是他在出院后仍然不忘初心，开启扬“莓”起航的致富带头路，秉着“先富带动后富”的精神，积极帮扶村留守妇女与老人就业，尽己所能带动更多的乡贤推动当地发展，积极推动乡村建设。来自贵州六盘水的邓彪，用上亿的资产打造了一个野生刺梨王国，带动周边人全部脱贫致富。之所以有这样的“大手笔”，是因为他认为农村人一定要把思想放正，一定要把心放在农村上，既为取得的成绩感到自豪，也要在反哺故里的路上继续前进。邢海龙告诉我们，每当想到老祖宗传下来的这么好的种植技术会在咱手里失传，都很心痛，他坚定地告诉自己必须把它传承、发展下去。从到处碰壁无人理解到苦尽甘来的石英，从单打独斗到抱团取暖、从8人小队到150人大团队、从无到有再到2000万元销售额，仅仅用时3年左右。虽然历尽坎坷，但他认为有满满的成就感，因为所有的付出都是值得的，所有的努力都是会有回报的。

四是手段新。站在时代的风口上，80%以上的新农人都懂得运用网络平台来推销自己的产品，懂得电商直播带货的技巧。在互联网技术和社交媒体的带动下，竞赛、演说、学术会议、公益活动、家访、支教、沙龙、市集等活动以线上或线下的形式开展，新农人通过分享经验、交流情感、答疑解惑、共同探讨等形式推进产学研相结合，形成“社会化、智能化、网络化、互动化、专业化和弹性化”的经验分享机制和学习交流平台。例如，种植草莓的张广运心怀扶贫理想，中年勇敢转行，创新农业技术，迎来致富春天。他不屈于市场萧条对服装厂关停的打击，敏锐把握乡村振兴政策扶持的潮流，多方借鉴，仔细钻研，刻苦努力，低调谦逊。从家庭农场到几十亩现代化果蔬大棚，从棉纺业商人到带领几十名乡亲在田地里实现脱贫致富，张广运勤奋求知，研发高质量草莓种植技术、独创土壤成分改良方法，认为果实要对接国际标准，农场设备要科技化、专业化，务农也要追求卓越。从一颗草莓，张广运看见更广阔的世界。誓把蜜柚卖出大山的官维远，利用智慧农业技术，将柚子种植规模化、产业化与标准化。他说，“能做自己喜欢的事情，实现自己的人生价值，是一件非常美好的事情”。

五是带动新。大多数新农人愿意将自己的思维、观念、技术、方法、市场等分享给当地的村民，愿意帮助当地村民脱贫致富，特别是在产业前端的标准化种植、中端的品牌化包装和后端的规模化销售方面，新农人的示范带头行为十分明显。例如，从药店营业员到自己开药店，再到返乡种植莓茶带领乡亲一起致富的刘超说，作为大山的儿子，无论走多远，都会听见大山的呼唤，呼唤着自己去尽一份责任。他说一个人的梦想和他埋下的种子是息息相关的，埋下什么样的种子他的梦想就会长成什么样，他想让自己的家乡富起来，变得更美更好。怀着同样梦想的康学鹏认为，做新农人要有宽广的胸怀，“虽不能说我自己的胸怀有多广，但是必须能装下老百姓，得为他们着想才行”。樊浪生则认为，“穷则独善其身，达则兼济天下”，创业成功给他带来的最大成就，是看到了自己的价值，“那就是能够做些对社会有益的事，能扛起一部分社会责任”，这对他来说不仅是鼓励，更是鞭策。成家驹认为，“一个人的富裕并不是真正的富裕，真正的富裕应该是带动乡亲们一起富裕”。在他看来，一家优秀、有良心的地方企业，不但要发展好，更要回报社会，带领家乡一起前进。在文付贵看来，在任何时候都不应该去抱怨，只需努力做好该做的事，实现自己的价值，毕竟，“让更多人因你而实现更大的价值”才是最重要的。

可以说，大部分新农人没有专家的智慧、总裁的资源、诗人的浪漫、明星的风采，也没有完全能与国内国外、省内省外市场有效接轨的专业化团队、市场化资源与精准化策略。但是，他们有坚定的信念、不屈的精神、温暖的内心、勤劳的双手、活跃的思维与宽广的胸怀。他们用良心去塑造品牌、用脚步去丈量土地、用双手去开拓市场、用本真去打动客户、用汗水去浇灌未来。他们中，有为了陪伴患病母亲而放弃塑胶模具厂合伙人身份、为了养虾事业而感染病菌命悬一线的王建新；有一边照顾重病家人一边发展产业的林小花；有身残志坚努力发展茶产业的李韦荣；有回报用 80 个户头在银行贷款 40 万元恩情而成功发展莓茶产业、带动 2575 人脱贫的刘超；有即便夜晚在车后座入眠冻醒、清晨在公厕里匆匆洗漱也始终不言放弃、咬牙坚持的李臣果；有日日最迟不过五点起床、勤勤恳恳守护“味怡然原味口感番茄”成长的李龙……

当然，新农人群体的发展也存在一些问题，包括与其他农业经营主体的共性困难，如用工难、用地难、融资难、人才缺、成本高、周期长、赚钱难等，也包括新农人独有的一些困难，如不太善于与农民打交道、不太了解农业生产特点、不太熟悉农业发展规律、不太明白农业支持政策、不太获得家庭支持与社会认同等，同时也面临标准化、职业化、专业化、市场化、规模化、组织化、品牌化程度不够的窘境。因此，运用 Nvivo 软件对新农人口述故事文稿进行高频词抓取的时候，“政策、产业、技术、人才、项目、支持、帮助、学习”等词出现频率比较高。

三　拓展：新农人致富带头的育人功能

此次实践活动共形成了 100 多份新农人口述故事与逐字访谈稿。同时，团队还与贵州、广西、广东等省（区）10 多个县（区）职能部门对接，开展了 25 场新农人培育情况座谈会，深度了解新农人培育政策与支持体系。在与新农人的深度访谈中，团队成员收获颇丰、感触良多。大家不仅进一步了解了乡村致富来之不易，也深刻思考了作为青年大学生的责任与担当。

为进一步应用该成果，我们以开发新农人资源进校园、进课程、进教材为目的，以发挥新农人精神的教育功能与育人功能为引领，以激励青年学生爱国爱党爱人民、培养青年学生责任担当精神、引导青年学生到乡村创业就业为目标，将新农人的脱贫攻坚精神、乡村振兴使命、爱党爱国情怀、创新创业思维、自强不息意识等思政元素全方位、立体式、多元化融入大学人才培养中，让大学校园的立德树人和课程思政资源真正成为有情有义、有温度、有爱的教育元素。

一是将新农人的脱贫攻坚精神“嵌入式”融入育人过程。通过“三下乡、社会调查、口述故事、乡村体验”等新农人实践活动，开发以“上下同心、尽锐出战、精准务实、开拓创新、攻坚克难、不负人民”为核心要义的脱贫攻坚精神，将这些精神转化为带有普遍特征的立德树人资源，丰富高校立德树人的路径与方式。通过脱贫攻坚的精神鼓舞、榜样示范、价值引领和课堂教育，破解新农人的脱贫攻坚资源与乡村振兴资源融入课程思政的密码，提升育人效能。

二是将新农人的乡村振兴使命“滴灌式”融入育人环节。通过面对面采访新农人，让学生以这样特殊的方式走进乡村，“滴灌式”将新农人的乡村振兴情怀融入育人环节，让学生了解乡村创新创业的有效契机、成功经验、现实困难、影响因素与未来走向，将新农人身上所呈现的精神作为课程思政素材，进而使学生了解乡村、关注乡村、投入乡村、献身乡村、振兴乡村。

三是将新农人的爱党爱国情怀“沉浸式”融入育人课堂。新农人对脱贫攻坚与乡村振兴做出了重要贡献，这些贡献凸显出实践中的成果共享与利益连接，用铁一样的事实与成效驳斥了历史虚无主义，这是青年学生能够看得到、摸得着、感受到的。以“讲故事、进村庄、验农情、悟实践”的方式将他们的爱党爱国情怀传播给学生，鼓励学生争当乡村人才振兴的孵化器，引导学生到西部、到基层、到农村去创业就业，为乡村人才振兴提供智力支持与人才支撑。

四是将新农人的创新创业思维“多元式”融入育人内容。乡村振兴，人才是关键，但乡村人才“进不来”也“留不住”。要解决这个难题，培训在地人才固然重要，更重要的是培育青年大学生这一潜在人才，将新农人的创新创业思维传播开来。口述故事让青年学生系统了解新农人致富的政策体系、思维模式、经验启示、典型案例与现实路径，深度开展新农人的基地考察、现场讲解与项目设计，将创新创业思维“多元化”融合育人内容。

五是将新农人自强不息意识“辐射式”融入育人内涵。部分青年学生不思进取、好高骛远、怨天尤人、心浮气躁，新农人“自力更生、自强不息、艰苦奋斗、开拓创新”的精神，是培育青年学生信仰、情怀、责任感、担当精神的鲜活教材与生动案例，将其融入育人内涵，是培育学生志气、骨气、勇气的重要手段。

简言之，将新农人的故事、资源、精神与情怀挖掘出来，作为培育大学生的课程思政素材和课堂教学案例，可以助推解决创新创业精神转化为立德树人的资源问题，丰富高校立德树人的方式、途径；助推解决乡村振兴资源融入课程思政的过程问题，提升“大思政”体系的育人效能；助推解决乡村振兴过程对接创业就业的实践问题，增强乡土资源育人的示范效应。

谢治菊

2022 年 5 月 25 日于羊城

contents

目录

上卷

张天荣　以赤子之心筑起蔬菜致富之路 …… 3

黄　杰　只为打造第二个“老干妈” …… 16

张友东　果香溢清远，冀子致富路 …… 29

石　英　芒果凝聚希望，团结诞生力量 …… 40

唐买社吊　非遗瑶鼓领奏乡村致富乐 …… 53

黄子欣　让科技兴农敲开乡村致富之窗 …… 62

蒙建祥　我的养牛致富记 …… 72

郑吃合　返乡圈养乌金猪，探寻三河致富路 …… 81

方　道　中医药开出的致富方 …… 91

成家驹　核桃乡里的小康致富梦 …… 99

李　龙　一方热土在心间，返乡带头育番茄 …… 108

黄月情　编草变出致富路 …… 119

王健午　退役军人带领乡亲“触电”致富 …… 130

林小花　花大娘的返乡致富路 …… 141

杨存博　发展“黄花菜产业”奔小康 …… 152

陈昌鑫　“高山冷凉蔬菜”带来的希望之路 …… 163

王建新　风雨之后，扬“莓”启航 …… 174

尹智杰　打好民情牌，领好致富路 …… 185

文付贵　“猪芋”璧合助振兴 …… 194

刘　超　黑马王子重返白马山 …… 205
曾大庆　一片茶叶带富一方百姓 …… 215
张广运　已识天地大，犹爱禾苗青 …… 227
吴海丰　一位有志青年的十八年致富路 …… 240
武硕磊　十二载筚路蓝缕，为百姓种下“黄金果” …… 251
樊浪生　富硒小米粒掀起产业融合致富大浪潮 …… 261
刘云祥　养殖路上披荆斩棘扬起致富风帆 …… 271
罗继海　为致富梦想插上翅膀的“益肾子” …… 282
王绵生　三十年佛手传承路 …… 292

下　卷

官维远　把蜜柚卖出大山的返乡创业青年 …… 305
王双有　渭水河畔的甜“蜜”致富路 …… 317
彭鸿康　一场缘于“水果自由”的阴差阳错 …… 332
李臣果　在白鸟之都飞翔的电商追梦青年 …… 345
丁　玉　一位返乡女大学生的养猪致富路 …… 356
黄俊添　把益肾子做大做强就是我的信仰 …… 366
张晓燕　传承父辈精神的致富播种者 …… 378
黄购奇　“酱干飘湘”百年传承致富路 …… 391
邢少兵　我不想让工人“放假” …… 402
古庆辉　撂荒鱼塘开启致富之路 …… 413
王东栋　小苔藓成就大生态梦 …… 426
廖志其　带领村民走向共同富裕的鱼咀“老村长” …… 438
廖茂航　选择重新开始的返乡创业者 …… 451
张建国　巧编致富柳，共奔小康路 …… 464
黎少梅　与五色米的不解情缘 …… 476
吴俊松　以“葛根”开启致富之门 …… 490
聂德友　一心创业富近邻　万亩刺梨助振兴 …… 502
李韦荣　茶园巾帼回甘之路 …… 510
李洋东　读书走出山村　扶贫反哺家乡 …… 524

张志生　敬天爱人，做好“一耕一读一素” …………………………… 534
陈洁玲　小辣椒映红云浮致富路 ………………………………………… 547
周科学　在追梦振兴乡村的烟茶路上 …………………………………… 562
邓　彪　致富不忘乡亲　带头不忘本色 ………………………………… 576
邢海龙　喜送贫困去，又亮致富路 ……………………………………… 583
官贵娟　深山种灵芝，护山致富两不误 ………………………………… 593
周克追　游子回乡致富记 ………………………………………………… 603
康学鹏　南果北种创收益，脱贫致富有决心 …………………………… 621

后记：传承新农人的致富密码与创业精神 ……………………………… 631

下　卷

把蜜柚卖出大山的返乡创业青年

受访人：官维远

访谈人：罗浩奇

访谈时间：2021 年 6 月 19 日

访谈形式：线上访谈

访谈整理：谭世杰　孙甲波

访谈校对：谭世杰

故事写作：孙甲波　罗浩奇

受访人简介：官维远，男，汉族，1995 年生，中共党员，广东大埔人，梅州市漳北绿之农生态农业有限公司负责人。2019 年 8 月，在广东省市场监管局对口帮扶漳北村工作队的邀请下，官维远以返乡创业青年的身份回到家乡，后成立漳北绿之农生态农业有限公司，与省市场监管局、碧桂园合作，通过标准化种植、商标注册、产销合作等方式，采用“公司 + 基地 + 合作社 + 农户”模式整合村庄蜜柚产业，实现统一种植、管理、销售，有效促进村庄蜜柚产业整体发展，助力脱贫攻坚，帮助村民走上致富之路。

一　一份初心，把蜜柚卖出大深山

我的家乡，位于梅州市大埔县西河镇漳北村，村庄总共 256 户 1064 人。在脱贫攻坚之前，这里道路狭窄，交通不便，整个村庄也很乱，村民的收入主要依靠种植柚子，以此作为营生。基本上家家户户都有种，种植规模在 500 亩左右，每年产量约 500 万斤。之所以种植柚子，是因为如果

图 1　2021 年 6 月官维远（中）接受罗浩奇（右上）线上访谈

这个产业能发展好，便可以带动整个村的经济发展。一斤多卖一毛钱，这对一个家庭来说，便可以多卖上千块钱，增加大家的收入。

我的父亲属于第一批种植柚子的农民，那时候家里种植面积约 100 亩，这在以前属于比较大的规模了。在我小时候的印象中，柚子树只是非常好看的树，因为不懂得方法，不懂得怎么去管理，不懂得怎么去施肥，不懂得怎么去修枝，只长树不结果。后来，父亲结识了福建的一些师傅，要把柚子卖给他们，就去学习福建的技术，慢慢地和他们成了朋友。之后我们的柚子就慢慢丰产了。一是产量得到了提升，二是品质也得到了提升，三是价格也比较理想了。逐渐地，便带动了整个村，还有附近村庄的人也去种植柚子。但是，等大家都种了之后呢，柚子市场由趋于饱和到供过于求，便出现价格下降的现象。特别是我们没有自己的销售渠道，都要靠福建的果贩，就是收果的这些老板销售，他说给你多少钱你就只能卖多少钱，我们没有主动权，相当被动。

柚子作为水果，生长在很大程度上依靠积温[①]，我们大埔这儿的气温比较高，比较适合种柚子，再加上气候和降水量的原因，造就了我们的柚子品质比福建的要好，所以我们的柚子以前都是靠福建的老板过来收购。每到柚子丰收的季节，家里柚子如果比较多的话，父辈们都是整天睡不好，因为柚子没卖出去，得等福建的老板过来采购。但是，福建老板过来，就会压低价格，压比较低的价格。农民伯伯种一年的柚子，就盼着这个收入维持一年的家庭生活。我对这个很有感触，所以，每年到柚子丰收的季节，我都会回到家里帮父辈卖柚子，减轻一下家里的销售压力。在这个过程中，我也一直在想：如果哪天，在我自己有能力之后，能不能自己去卖柚子？这样就不会如此被动，能把定价权掌握在自己手里。

基于这样一个信念，我在 2017 年大学毕业之后做的第一件事情便是跟我一个同学合作做农业公司，看看怎么把家乡的柚子产业做得更好。公司成立之后的第一年，我们也在慢慢摸索，尤其是到柚子丰收的季节，也在积极对接商家，搞各种销售途径。但情况并不乐观。一年下来我们发现：一是我们刚出社会没经验，二是没有平台、没有资源，不知道怎样切入。想要去对接客户，又不知道去对接谁。这样搞不是办法，所以最后就打消了发展农业的想法，转去从事体育方面的工作，主要是做健身教练和游泳教练，没有去哪个公司上班，以承包的方式自己经营。但每年我还是会坚持回去帮父辈卖柚子，还是能卖一点的。

到了 2016 年，我们村成为广东省市场监管局的帮扶村。经过省市场监管局的帮扶，整个村庄发生了非常大的变化，村里的路宽了，村庄变漂亮了，村民生活条件也得到了很大的改善。2019 年 8 月，省市场监管局的对口帮扶领导蔡处长、简科长过来，提出想要打造农村产业的想法，同时也很想培养一个年轻人回来做产业。就这样，通过一番了解，他们给我打了电话，问我想不想回来搞产业。我听到之后，觉得有政府引导，政府搭台，这是好事嘛，所以就直接回复他们“没有问题，可以回来”。省市场监管局的领导也跟我说，让我抓紧回来。但那时候我还经营着泳池，正值

---

① 积温：指某一段时间内逐日平均气温≥10℃持续期间日平均气温的总和，即活动温度总和，简称积温。积温也是研究温度与生物有机体发育速度之间关系的一种指标，从强度和作用时间两个方面表示温度对生物有机体生长发育的影响。一般以摄氏度·日为单位。

暑假旺季。我只好把泳池的生意交代给我的员工、同事，让他们去做，我说我要回去。

做柚子这个产业，是我内心的执念，它关系到大埔柚农、漳北村果农的未来。如果你做不好，柚子树可能面临被砍掉的风险。所以在 2019 年 8 月 23 日，我正式回到家乡。

二 两年光阴，打开蜜柚种植新局面

2019 年 8 月，我以返乡创业青年的身份回到家乡。这次回来，有省市场监管局的支持，这是非常难得的资源，我想真正地把柚子产业做好，脚踏实地地去做。但做的时候也会遇到很多问题。最大的问题就是跟农户交流。当你没有做出成绩的时候，农户是不会听你的，觉得你在胡说八道。所以我回来做柚子产业，还不能高调去做，要低调。首先你要有销路，当你真正能帮到别人的时候，再去跟别人谈，就会有说服力。如果你在没有订单的情况下先去跟别人谈，别人就会觉得你是个骗子。农户最关心的问题，一是你的收购价格，二是你的收购数量。但我们最关心的是柚子的品质！这几年的市场行情不好，果农每年的投入那么多，可柚子丰收的时候，他卖不了多少钱，甚至收入一年更比一年低。几年下来，果农就不愿意去打理了。行情好的时候，果农假如一棵树投入二十块钱，柚子能卖一块钱一斤，而投入十块钱，柚子也能卖九毛钱一斤，反正一样能卖出去，能赚到钱。就没有人愿意多投钱，也没有人想“我要种出好柚，希望通过我的好柚能去打开大埔蜜柚的市场”。

现在，我们就是跟碧乡①和碧桂园农业（德庆）公司合作。德庆公司预付农资款给农户，就是说给他包一年的农资钱，就是农药、化肥一系列的费用。农户不用掏钱，只负责打理柚子树，按照我们的方法去管理。然后，我们以保底价去收，哪怕你的柚子现在行情是五毛钱，我给你的保底价比如是一块五，就按照一块五的标准给你收了，就这样子去鼓励果农种好柚、放心种。

① 碧乡：全称广东省碧乡农业发展有限公司，是碧桂园控股有限公司、广东省国强公益基金会共同设立的社会企业。

为提高品质，我们还制定了一系列标准。就是现有专业的果农，再加上一些农科所、农科院的专家，通过多次论证，看我们总结出来的标准符不符合这个地方的地理环境，以及能不能以这种方式种出好品质的柚子，最终通过验证后才把它做成一个种植实用手册。以前，我们没办法去让果农跟着我们做，按照我们的要求来。现在通过垫付农资这种方式，农户就愿意跟着来，因为不要他掏钱，他只负责帮我打理柚子树，我给他包收，通过这种方式种植标准推广开来。如果单纯地说"你把柚子种好要按照我的标准来"，村民是不愿理你的。

这个标准，具体来讲，就是种植选址、育苗、栽培、施肥、打药和减虫害预防。比如种植选址，要考虑这么几个条件：一是土壤，全是石头的那种土地不行；二是海拔，海拔不能太高了，正常种植蜜柚海拔最高不能超过 200 米，如果海拔五六百米，那是种茶叶的地方，不适合种柚子；三是通水，没有水的话，连药都打不了；四是地形，不能在很陡的地方。你要结合这些因素去先选址。选址之后，就开始育苗，就是有现成的苗。柚子树间的行距或 3 米乘 3 米，或者 4 米乘 4 米，要留充足的间距，考虑种植密度。在栽培的时候，你要挖坑把柚子苗放下去种，它同样有标准。你是要打 50 厘米的深度，还是 60 厘米的深度，还是 30 厘米的深度？接下来就是确定什么时候施肥。比如前段时间的天气，就会有一种虫繁殖得非常快，所以要有针对性地打农药。我们的标准通过对一系列过程的把控，从种植选址到最后收果，形成一条闭环。

考虑到农户的知识水平和接受能力有限，对我们制定的标准把握不准确，怎么办？我们就搞培训课，聘请专家来给他们做宣讲。但还有一部分果农不会去听你的，他们觉得自己的柚子是最好的，觉得柚子就是这样种植的，他们的管理方法也是最好的，永远都不会相信别人。想要说服这群人，就要帮他们卖柚子。帮助他们卖完柚子，你再跟他们说什么，比如说指导他们种植柚子，需要怎样搞，都听你的。所以说，能卖柚子、能把柚子卖出好价钱才是硬道理。

有些果农比较顽固。一是不承认自己的柚子品质不好，二是不接受市场给他的价格，就是要坚持自己的价格底线，市场给一块或一块五一斤，他偏要两块一斤，你爱买不买。怎么办？于是我们引进了"碧乡农场"助农平台，就是从种植到销售一条龙，形成一个闭环，全部做完。种植端，就是垫付农资、统一管理，在销售端我们给他保底、包收，就不会出现价格很低的情况。保底收购，就是只要你按照我的管理方式来种植，那么你种出来的柚子我就多少钱给你包收，你今年一定是赚钱的。只要能让他们赚钱，他们就愿意跟你干。

经过两年发展，现在大埔蜜柚获得了两个国家级认证，一个是国家地理标志产品，另一个是中欧农产品地理标志互认产品。地理标志产品是一个地方独特自然环境产出的优质农产品，有足够的体量，能申请知识产权保护。如果一个好的产品，没有去做知识产权的保护，就很容易被人冒充，而地理标志互认，就是对我们产品的认可。中欧互认，是2021年3月份正式通过的，这也是政府在做的。[①] 中欧互认打通了出口渠道，大埔蜜柚不再是单纯在国内销售，而是逐渐走向世界，像出口到俄罗斯和欧盟的一些国家。依靠我们政府的力量把销售渠道打通，我们可以直接供给国外。现在我们公司也在制定一系列蜜柚种植的标准，如梅州蜜柚栽培技术、恶劣天气蜜柚管理标准，以及剥皮蜜柚的标准，已经发布了5个标准。标准就相当于一本书，只要你打开我们的书，你就可以按照我们的方式去种，比如什么时候修枝、什么时候采果、种植柚子怎么选址、怎么去管理、怎么去施肥。我们把这一系列的内容做成一个操作手册，做成一个标准输出，然后辐射到周边甚至更远的地方，把这个好的经验、好的方式传播出去。

三　三方合力，打造漳北蜜柚好品牌

我们目前按“公司+基地+合作社+农户”的模式去做柚子产业。合作社作为一方，主要就是把果农变成合作社的社员，果农成为合作社的股东，那么我们公司就可以给你提供农药、化肥，并且到时候我给你包收。

① 中欧地理标志协定：中国对外商签的第一个全面的、高水平的地理标志保护双边协定。协定对地理标志设定了高水平的保护规则，并在附录中纳入双方各275项具有各自地区特色的地理标志产品。协定将为双方的地理标志产品提供高水平的保护，有效阻止假冒地理标志产品，使双方消费者都能吃上、用上货真价实的高品质商品。中欧地理标志协定于2021年3月1日起正式生效，大埔蜜柚入选首批中欧互认互保地理标志名录，于3月1日起开始受保护。

现在，也在推动大家一起加入合作社，成为里面的一员。成立一个合作社，做大这个农业，就可以实现自产自销。农业本来的利润空间就很小，如果你单纯种植而没有公司进行销售的话，利润空间就会被果贩挤占掉。加入合作社很多事就方便了，我可以给你包收，农户个人就有保障了。如果不加入的话，那么就还是传统销售模式，就没办法形成一个闭环产业链。

公司作为一方，主要是对接一些渠道。如果只是合作社，就比较难去对接。所以我们公司负责销售端，合作社负责种植端。公司的基地就相当于一个样板工程，开展一些培训，一些果农不懂的问题，我们会在那里讲解。比如打药，我们这个基地也进行打药示范，大家也跟着来；施肥的时候，大家一起来基地这里看。我们把这里作为一个样板。基地主要是起到技术培训和实操示范这个作用，作为一个标杆让农户跟着一起干。目前，公司还处于起步阶段，今年我们和碧乡展开合作，目标是销售一亿元的柚子。对于我们来说，今年最关键。去年才是以“公司+合作社”模式做柚子产业的第一年，一直在摸索方法、总结经验，今年才是看结果的时候。

同时，碧桂园也给了我们很大的帮助。以前我对碧乡不了解，省市场监管局来漳北村帮扶之后，也邀请了碧桂园一起来为漳北村出一份力，一起在这里进行帮扶。那时候我们是想发展产业，碧桂园就帮助我们。刚开始我们可能没有想过要怎么去合作卖柚子，那时候想得可能比较简单，后来通过跟碧乡的一系列合作，就觉得我们不能单纯只卖柚子，要强强联手。种植端的，就负责种好柚子，销售这一块就交给专门的销售公司去做。所以我们现在分工很明确，我们的公司就负责种植端，然后碧乡负责销售端，他们负责卖，我们负责种，这样子，我们种的规模就可以灵活变化。同时，碧桂园和省市场监管局帮助我们建立了广东省蜜柚种植标准化示范区，2020 年 3 月份正式获批，现在成为落户到我家里的果园。那个果园有四户人，四个果农，园区面积总共有 200 多亩。广东省蜜柚种植标准化示范区是什么呢？它代表的是广东省蜜柚种植标准的发源地，相当于它就是一个标杆，种植柚子就要向这里看齐。同时，像我们的农资，也是碧桂园垫付的，还有我们正在准备的碧乡农场项目。碧乡农场将符合我们标准的、有一定规模的果园整合进来，统一叫作碧乡农场。整合进来之后果农按照我们的方式去种植，按照我们的标准去使用肥料，农资全部由我们垫付，最后保底包收。这样做的好处一是价格基本可以定下来，就不会出现每年的价格浮动比较大的情况，搞得果农没信心种好柚子；二是我们做市场的，自己定好价格，有个稳定的价格之后，就可以提前去铺销路。最重要的是，我知道他使用的是什么化肥和农药，会不会打违禁的农药，会不会施有害的化肥，那么我们就可以把控柚子的品质，这对于销售来说很重要。

说到这里，就有些果农心存侥幸，心想既然收购价格和农资垫付都定下来了，那我的管理就随便一点，我施十块钱或者二十块钱的肥料，可能柚子外观是看不出的，内在品质却是有很大区别的。所以还要做监管和运营，一是批量采购农资，这样子可以从源头降低成本；二是以比正常市场价高的价格收购果农的柚子。只要你种好柚子，你就能赚钱，我们也就可以把大埔蜜柚的品牌做得更好，避免大埔柚子品质参差不齐。不像现在很多微商，卖出去了，就不关他的事了，不管你好吃不好吃，反正钱到位了，爱买不买也无所谓。做一个品牌，过程一定是长久的，不是说一年两年就可以做得出的，很多品牌可能前两年做得好，后面却越来越差，甚至最后就销声匿迹了。但我们想要的是长远的品牌，只要你长远规划，一年比一年好一点，最终就会赢得大家的青睐。做农业急不了，只能一步一个脚印，你才能把它做好，比如你做了十年，前十年的品质都做得非常好，但只要你一年不好，你这个牌子就砸了。还有一个，农业不是一个暴利行业，做着很苦的活，领着很低的工资。拿销售来说，它一斤可能就赚几分钱，甚至还亏本。水果保质期较短，尤其是荔枝，如果快递晚一天基本上就会烂掉。柚子还好一点，但是在你摘下来长时间没卖的情况下，也一样很难办，也会坏，没卖出去甚至还要花钱请人处理，还要收垃圾费。所以我们现在做柚子产业就是一步一个脚印，就是从种植端先抓起，种出好的柚子，市场就会认可你。怕的是你自己都没有信心去种植好柚子。

总之，我们自己种好柚，让农户种好柚，并依托我们的基地，制定一系列的标准，目前拥有国标、地标一系列的国家认证的标志，还有粤港澳的一些资质。我们也可以通过这些去给柚子做一个“背书”，保证它的品质。之后通过碧乡品牌影响力进行宣传。

将来，我们还想打造一个智能化水肥系统示范区，现在还没搞好，但基础性的一些种植技术都有应用。就是说干旱的时候，只要通过智能化终

图 2　2019 年官维远（左三）与果农考察学习蜜柚种植方式

端，就可以给整个园浇水，不需要人工。还有施肥，以前需要人来泼洒，安装好系统之后全部是机械化了，直接洒到每棵柚子树上。还有一个比较重要的是溯源系统，能常年监测，主要就是监测空气、土壤情况，比如氮磷钾含量会不会偏少或过多，还有像水分，柚子会不会太干，因为水分不足，柚子长不起来。通过这个监测，就可以直观地看到柚子的生长情况。通过数据分析，我们可以适当添加一些它缺少的东西，比如缺水分，可以喷一点水，像氮磷钾含量少了，就可以加一点尿素肥，像人一样营养不良，产品肯定不好。通过这个现代化的数据，我们可以把柚子种植得更好。还有就是无人机这块，无人机我们很快也准备上线，起到监测和投药防治病虫害的作用。以后呢，就不用说因为干旱啊，没有水喝，水果就会受到影响，品质就很难把控。我们推广这个标准的时候，不一定就是推广整个系统，因为滴灌系统、无人机不可以给农户使用，只能要求农户拿着水管浇水，稍微辛苦一点，但一样有效。

四　四季坚守，推进蜜柚产业大发展

目前，通过做蜜柚，我公司现在有员工十个人左右，同时建有一个加工厂，还找了一些村民去包装柚子，这部分人就比较多。只要产业搞起来，就能达到联农带农富农的目的。

我要做的还很多，不能说成功，现在还在学习的阶段，只能说取得了一些阶段性成绩。客观来讲，我认为影响柚子产业的最大的一个因素是这个平台，这个资源。省市场监管局和碧桂园都给了我们很大的支持。如果没有资源和平台，你要做起来是不容易的，很难打开一个好的市场和做好一个产品。你回到家乡，你想搞农业，别人能搞我也能搞，但没有资源你能做什么？你做的可能也就是撞石头，石头坏掉了你都不知道路在哪里。一定要清楚地知道自己要做什么，能做什么，以及你有什么资源去做这些事情。

比如说搞农副产品加工厂，投个几百万、几千万元做项目，你都还没有盈利甚至你都不知道这个产品做起来有没有市场，这就是很盲目的一种做法。也许你想着只要有加工厂之后，就能带动周边产品卖出去，我不这么认为。我觉得最起码你自己要有生存能力，自己能生存了之后呢，你才能去带动别人。所以说我一回来不是想着做那些很大的事情，比如要先搞个加工厂出来，做深加工什么的，这很容易失败的。除非政府去做，政府有比较雄厚的资金。像我们投入肯定要考虑产出，能不能赚回来？多久能赚回来？比如我现在投一百块钱，你跟我说二十年后才能赚回来，那我这一百块钱还不如放着。自己要对这个产出进行核算，不要去盲目行动。

同时，我觉得最大的困难还是资源和平台。没有一个好的平台，就没办法销售出一个好的价格。哪怕你再怎么努力，你也很难卖到你想要的那个价格。就像碧乡是我的平台，我们合作做柚子产业，不断谋划，最后将柚子产业作为一个项目去运作。资源呢，就是身边的一些资源，比如对接广东省蜜柚标准生产模式，以前我可能都不知道这个是什么，但是你身边的资源可以让你快速地接触到。那么，未来在做一些产品的时候，这就是非常高规格的一个“背书”。这些资源不是你想有就有的，你如果把它用好，那么对于未来的发展有非常大的帮助。而最大的问题是在种植端，也就是如何让果农种植出好柚子，愿意跟着你种出好柚子。果农的思想非常简单，你要让他看到实际的东西。因为我们现在在不断拓展，如果你的范围过大，达到一定体量的时候，有些人就可能不是你们村里的人，有些人你可能都不认识。我们现在的范围还是可控的，那如果你做大了之后呢？人家又不认识你，怎么愿意跟你干？所以我认为接下来，种植端是我们的一个大挑战。

主观原因，从我个人来讲，我认为，始终要明白回来是想自己赚钱还是带领大家赚钱，也就是要保持自己的初心。自己不赚钱而只让他人赚钱是不现实的，致富带头人要自己富了才能带动别人。但是也有一种人，就是带领大家一起致富。致富带头人要有说服力，要么你很有能力，要么你有一定的资本，我觉得就这两个方面最重要。比如说我换去另外一个地方做村干部，我就可能做不了，因为你在这样一个地域，没有人给你“背书”，你再有能力也很难发展，人家不理你。但像我回到我的村庄，大家都认识，那么就比较容易去做这些工作。我的初心是什么？我的初心就是想回来真正利用这些平台、资源去帮助村民致富。但也有些人，可能他们的初心就是回来去搞一些政府的资金，蹭一些国家的政策，我的想法就很简单，就是考虑怎么真正地去带动这些村民，怎么去卖柚子，怎么去多为他们考虑，这是我认为非常重要的一点。还有就是回到自己家乡，会跟个人家庭有关。因为有的时候需要“背书”，如果在村里面大家认可你的家庭的话，那么大家就认可你，你就很容易做。

关于未来，当然有很多设想。现在都在讲乡村振兴，因为我们主要是在做产业，那么我考虑的就是蜜柚产业这一块。这个蜜柚产业不是我们一个村的产业，而是我们整个县的特色产业，我要是能把这个搞好，那就是为乡村振兴出力，会惠及更多村民。之前我们考虑过搞一镇一店。一镇一店是做什么的呢？就是在每个镇上设立一个点，负责发放农资、生产监管，比较有威信。比如说打药的时候有没有按照我们的标准去进行，到收果的时候，你要帮我到果农那里去监督，看他们会不会把不好的柚子采来卖给我。这是我们在想的一个方案。这个店呢，我们还可以开成农村电商站，既增加收入，帮助当地农户把名特产品卖出去，又帮助我们进行监管。还有一个，我们会朝着这个蜜柚深加工方向发展。我们还要搞柚皮加工，因为一个农户种出来的柚子有大有小，那么怎么解决这个大小果的问题？我们能不能把小果的柚皮利用起来？去年我们开始做柚皮，把它们给到一些酒店、批发市场，这样子就把废果子变成了一个产品走向市场。单纯卖鲜果，比较难做出溢价，但把一个果子多元化销售，就可以提高它的价值。所以接下来我们的想法就是做一个我们自己的加工厂，搞柚皮深加工。因为只要你有那个材料，你一年都可以做。现在做柚子产业，销售季节比较短，才几个月时间，那我们不能在其他时间闲着，所以我们想着不能只做鲜果，我们要保证常年有产品可做。一个是加强和客户的联系，另一个也是保证公司有收入。下一步就是柚子季节做鲜果，柚子季节外我们就做柚子的深加工。

总之，我觉得能做自己喜欢的事情，实现自己的人生价值，是一件非常美好的事情。我从小就看着父辈的那个销售难啊，每到销售季节那个惆怅啊，就一直想做这个事情。现在正好有这个机会，那就发挥一下自己的本领吧，去完成自己想做的事情。关键一点，我觉得自己要先做好，然后才能让大家跟着来。我认为致富带头人是很重要的环节。有些村民的思想比较封闭，就是转换不过来，老是跟他说没用。致富带头人就是实打实地干好工作，然后做出成绩。你不实干都没人理你，你只有做好了之后，比如柚子从五毛卖到一块钱，从一块卖到一块五，那你要不要跟着我干？通过实干，自己先做好，然后去带动村民。

渭水河畔的甜“蜜”致富路

受访人：王双有

访谈人：解燕林

访谈时间：2021 年 7 月 17 日

访谈形式：线上访谈

访谈整理：宋昌霖

访谈校对：解燕林　宋昌霖

故事写作：解燕林　宋昌霖

受访人简介：王双有，男，1981 年出生，中共党员。2019 年被渭源县政府评为五竹镇“有志青年”，获得“致富能手”等荣誉称号。2020 年任鹿鸣村产业支部书记，先后被评为“五竹镇优秀共产党员”“渭源县优秀共产党员”。在镇政府的带领下，王双有通过养殖中蜂、建设蜜园、开办蜂产品深加工工厂、发展旅游民宿等项目，先后带动鹿鸣村近 40 户贫困户脱贫。他创立的“渭源情”牌蜂蜜还在全国蜂蜜大赛上斩获第三名的好成绩。

一　意外遇“蜂”

我叫王双有，1981 年出生于渭水源头渭源县五竹镇的一个小山村——鹿鸣村。家里祖祖辈辈都是面朝黄土背朝天的农民，父母虽然文化程度不高，但我从小在他们的悉心呵护下成长。当时我的家庭条件非常不好，但父母还是选择竭尽全力供我念书，我念到初中毕业就没有再继续学业了，因为我实在是不忍心再让我的父母承担家庭的重担，我想帮他们分担。于

图 1　2021 年 7 月王双有（中）接受解燕林（左上）线上访谈

是初中毕业之后（大概十多岁），我就开始外出打工，做过很多工作。后来我开始从事通信行业，爬电杆，拉电缆。本来以为自己这一辈子虽然家庭并不富裕，但儿女听话，家庭美满，就这样平平淡淡地过一生也是幸事。

没想到，一场突如其来的意外，改变了我的生活，也改变了我的一生。2015 年夏天，我和往常一样去上班，在爬上一根 12 米高的电线杆后，一不小心，从 12 米的高空中坠落，我的脊椎骨因此断了。卧床在家休养了好几个月后，我的父亲、母亲、妻子便都不同意我继续从事之前的工作了。他们觉得太危险了，而且我自己每当想起那个时候，都觉得心有余悸。我发小当时还调侃说："从那么高的地方摔下来你都没死，说明你小子接下来要干大事了，这就叫'大难不死，必有后福'。"但是其实我当时的心情非常沮丧，感觉整个人生都灰暗了。干了这么多年的工作说没就没了，还干什么大事！这一家老小还指着我挣钱养家。孩子又还小，我什么都不做不就和废人一样吗？我觉得对不起家里人，也觉得心有不甘。愧疚感和挫败感侵占了我的脑子，加上当时身体的疼痛，我变得有些暴躁，常常和家里人发脾气，特别是和妻子，但我的妻子从来不和我争吵，即使我说话很难听，她也只是默不作声。有一天晚上，妻子拉着我说：“我知道你心里不舒服，但我们总得向前看，你总怨这怨那，后悔这后悔那的，真的有用吗？你现在最应该做的就是好好地把身体养好，恢复好了才能继续想接下来的事啊，你难道要让你儿子女儿看不起你吗？你难道要让全村人看你王双有的笑话吗？”妻子的这番话惊醒了我。是啊！一味地一蹶不振改变不了什么，我必须得振作起来。在接下来的日子里，我积极复健、积极锻炼，身体恢复得也越来越好，性格也变得开朗了起来。因为我知道，家人就是我强大的后盾，我必须尽我一切努力保护他们才对得起他们。

待在家里没事做的时候，我开始在院子里溜达，偶然间看到了我家院子里的蜂箱，看着中蜂[①]飞出飞进，我开始对这几只中蜂产生了浓厚的兴趣。我没想到，也就是这几只蜜蜂即将对我的人生产生重大的影响。我的父亲养蜂已经有些年头了，但就只有几小箱，每年都会酿一点蜜出来，就留着自己家里吃吃，也不往外卖。虽然每年酿出来的蜜很少，但是因为是自己酿的，纯天然的，吃着也很安心。

我就天天看着我家里的这堆蜂，思索着既然蜜蜂可以用活框养殖[②]的方法，那么这个方法用在中蜂养殖上，是不是会有一样的效果呢？萌发了这个想法后，我就立马开始上网搜索有关活框养殖的相关知识，还在一个小书摊那里买到了一本有关蜜蜂养殖的书，然后认真地做了笔记，再三权衡之下，我和父亲说了我打算养蜂的想法。我原本以为父母会反对，我都做好了要打“持久战”来劝服他们的准备了。可没想到，和父母说了之后，父母非但没有反对我，反而很支持我，还把他们这么多年的积蓄都交到我手里。看着手里沉甸甸的存折，我心里可不是滋味了：王双有啊王双

① 中蜂：中华蜜蜂，又称中华蜂、土蜂，是东方蜜蜂的一个亚种，属中国独有蜜蜂品种，是以杂木树为主的森林群落及传统农业的主要传粉昆虫。鉴于我国东方蜜蜂亚种分类尚未确定，现暂时将我国东方蜜蜂总称为中蜂。中蜂是我国本土的特色蜂种，非常适应我国山区的自然环境。

② 活框养殖：现在养蜂人非常喜欢的一种养蜂技术，不管是从采蜜还是养殖空间来说，都为养蜂人提供了更加便捷的方式。

有，你要是不做出点成绩来，你怎么对得起你的家人啊！得到家人的支持之后，我就开始做养蜂前的准备工作，我先在网上购买了50个活框养殖的蜂箱。等蜂箱到了，我的身体恢复得也差不多了。

二　千里寻“蜂”

蜂箱有了，但蜂雏要去哪里找呢？我家原有的那种中蜂的品种太老了，品质也不好，如果要规模养殖就必须找到好的蜂源。我一时间没了主意，只好上网搜索，网上说四川的阿坝蜂[①]王是质量最好的中蜂，我当即决定要去四川找蜂雏，但是眼下又有一个问题就是：四川之大哪里才能找到阿坝蜂王呢？我不知道，但我内心坚信自己一定能找到。

于是，我又找亲戚朋友借了点钱，加上父亲给我的钱，七凑八凑凑了一笔钱。带着父亲还有我儿子，开着一台双排货车，背负着家庭的希望，我们爷孙三人便踏上了寻找阿坝蜂王之旅。到了四川省境内，我们一路走一路问，每次路过沿途的村庄我都会停下车来和当地的居民打听关于养蜂的事情，最后就这样走到了都江堰。在都江堰我们终于找到了当地的一户有名的养蜂人家。我就询问他中蜂卖不卖，然后他就说这是他自己养的蜂，他要自己养着，他不卖。我一听他不卖，就急了，我好说歹说，好话都说尽了，他还是不愿意。然后我和他说了我的经历、我的创业想法——我们渭源都没有人搞这个中蜂养殖，我想把中蜂活框养殖在我们县发展起来，后续还会有合作。他最终被我的诚意所打动，同意卖给我20箱，我一听，20箱那哪成啊！我又开始软磨硬泡，和他说一路上有多不容易，来一趟很艰难，我都带了50个箱子来了，总不能让我空着30个箱子回去吧，那村里人岂不是都看我笑话，以为我玩“过家家”呢。他可能也感受到了我对养蜂的热情，最终还是同意以3000元一箱的价格卖给我50箱。在我们拉着蜜蜂回去的路上，我和父亲开玩笑说，现在全家最值钱的东西就是这车中蜂了，这要是亏了我就成全家的罪人了，父亲只是看了看我沉默着没说话。

---

① 阿坝蜂：分蜂性弱，为主要的传粉昆虫。原产于四川阿坝州的马尔康，四川、青海、甘肃等地也有分布。

图 2　2018 年王双有在自己的蜂场养殖中蜂

中蜂买回来之后，我就把这 50 箱中蜂都放到我家的菜园子里。农村虽然经济条件不好，但是最不缺的就是地。我把蜂箱全部放置好之后，还把家里拉宽带送的那种小型摄像头放在蜂箱里，这样我就能通过手机连接摄像头来观察中蜂的习性。虽然我文化程度不高，但我一直记着老师说过“好记性不如烂笔头”。没事干的时候我就拿个笔记本，坐在板凳上，通过摄像头去观察蜂箱里面的蜜蜂都做了什么动作，一笔一画地记录下来。就这样坚持记录了两个多月，我已经基本上把中蜂活框养殖的技术摸得差不多了。通过不断的学习、摸索，这 50 箱蜂也没有辜负我的努力和期望，到 8 月份的时候，产值非常喜人。

我开始认真思索养蜂这件事，我想这个蜜蜂可以养，它也不吃我的，也不喝我的，就平常出去采采蜜，我又不用特别地去伺候它。这个产业是可以搞的，慢慢地我把挣的钱又投入进去了，不断发展壮大。渐渐地我又增加了一倍的蜂箱，不断探索养蜂之路，结合养殖经验和新技术、新办法，成功培育出“阿坝”蜂王和“双色”蜂王，填补了渭源县中蜂蜂王培育的空白，用先进的活框养殖技术开了中蜂养殖在渭源县全县范围内全年存活率达 100% 的先河。我们县电视台还专门来采访我，我当时心里还怪不好意思的。

三　我为脱贫攻坚出份力

接受了电视台的采访之后，我更加坚定了自己养蜂的信心，我觉得这个事不能光自己干，如果能够教会父老乡亲们养蜂的技术，那才是真正的好事一件。正好，我养蜂到了第二年的时候，国家号召脱贫攻坚，一开始我还不懂“精准扶贫”“脱贫攻坚”“产业扶贫”这些新概念，于是我开始认真关注新闻，关注乡里、县里的政策。我想：凭借养蜂的这些技术、我学到的这些东西是不是也能够为我们县的脱贫攻坚出份力呢？养殖中蜂，投入少，见效快，恰好和这边县政府领导的想法不谋而合，县上也在寻找能够给贫困户投放中蜂的养殖户。身边朋友鼓励我说：“你去年养蜂不是养得挺好的，干吗不去试一试呢？”

于是，我就准备了一些材料，准备去畜牧局毛遂自荐试试看。到了县畜牧局，县畜牧局的领导们正在商量投放中蜂的事情，趁着会议的间隙，我见到了县畜牧局局长田建民同志。他就问我是做什么的，我说：“我听说咱们县要给贫困户投放中蜂，我想参与一下。”田建民同志问我：“哦？你会吗？”我说：“我会一点，但是会的不多。”田建民同志没吱声，然后想了一会儿，跟我说：“你过来嘛，你能不能详细地把你养殖中蜂的这些经过跟我说一下。”那肯定可以呀，但是我也不太会说嘛，不太会表达。我就把我整理的材料给他了，我说：“领导，这些是我的材料，你可以看一下。”他看完以后一把就抓住我的手，激动地说：“走，我带你过去！”他领我到会议室门口，一把推开会议室的门，对里面开会的人说：“咱们全县找养殖中蜂的人，都找不到，今天养殖中蜂的能手自己找上门来啦！”然后他就让我上台去介绍一下养殖中蜂的过程，我也有些怯场，我就跟他们说我是怎么养活这些中蜂的，说了我的经历。然后我就顺利参与到我们县为贫困户投放中蜂的项目中去了。一参与就是两年多，在渭源县这边打造了 6 个中蜂养殖基地。

每次我去农户家里收蜜的时候，他们自己其实就已经去市场上卖得差不多了，这让我发现我们产的这个蜂蜜是大有市场的。如果把它包装成一个品牌，自己加工，自己销售，会不会就更加有助于发展这个产业了？有这个想法就要把它付诸实践，但我读的书不多，也不懂如何建厂这些事。我只好去向我们渭源县的帮扶挂职干部刘胜安请教，刘书记听了我的想法后，非常支持我，还帮助我解决了一部分资金的难题，他从扶贫资金里拨付了一部分给我，我自己又凑了一些钱，把这个蜂蜜的深加工工厂车间建起来了。我们还注册了一个商标，注册商标的时候我就想既然我们渭源县是渭河的发源地，那我就要让更多的人知道我们县，让更多的人能够买我们的蜂蜜。于是，我就起了一个“渭源情”的名字，有名字了也要有Logo[①] 啊，我就打听了一下请人帮忙做 Logo 要多少钱。我原本还以为画个图案要不了多少钱，后来一问才知道价格并不便宜。我就想着，不行我就自己设计自己画吧，正好自己设计的更有意义。我就一笔一笔把 Logo 画出来。设计的过程中，习近平总书记说的“绿水青山就是金山银山”在我耳边回响了起来，我大受启发，就想着我们渭源县——渭水发源地就是青山绿水。我就设计出了一个上面是个山、下面是水的 Logo，Logo 的整体颜色用的是绿色，代表着绿色生态、绿色食品。这么一弄，画出来还挺像样的，现在我的微信头像用的也是我自己画的这个 Logo。

通过办厂这件事，我发现自己一个人的力量真的太单薄了，是不足以把产业做大做强的，必须依靠集体的力量，来把合作社发展壮大，把集体经济盘活。于是我准备在我们村挑选两个人，首先要求必须是党员，因为我认为合作社的发展还不是很成熟，接下来的过程肯定充满艰辛，党员能够起到一个带头示范、带头吃苦的作用，只有党员做好了，才能让群众看到希望。我在 2018 年的时候也积极向党组织递交了入党申请书，我想入党之后要带动乡亲们共同发展这个养蜂产业。我们的合作社是在 2018 年成立的，合作社的名字就叫“渭源县五竹镇鹿鸣村农民专业养殖合作社”。合作社成立之后，其实还是碰到了很多困难，但我一直都坚持着自己的初心，通过不断的努力和付出，在 2019 年的时候，我们合作社一年的利润达到了 53 万元。面对喜人的成绩，我当即就对合作社里的社员提出了几点原则要求：第一，要率先保证把合作社所有社员的分红完全落实下去，让社员们能够真正得到实打实的红利，只有这样他们才能对我们放心；第二，接下来眼光要放长远些，这样才能够壮大我们的养蜂产业。所以给社员分红后剩的钱，我们三个人不能就这样给分了，我提议我们一人只拿 3 万块钱，剩下的钱继续用于发展壮大合作社经济。他们俩都表示非常理解和支持。我被渭源县政府评为五竹镇“有志青年”，我深刻地体会到这是对我极大的肯定，让我更加有信心和动力做接下来的事。

---

① Logo：是徽标或者商标的外语缩写，即 logotype 的缩写，起到对徽标拥有公司的识别和推广作用，通过形象的徽标可以让消费者记住公司主体和品牌文化。

2018 年 6 月，渭源县畜牧局的工作人员找到我，和我商量，希望我能够将养蜂过程中的那些理论传授给由北寨、新寨、莲峰、锹峪、庆坪 5 个乡镇的部分精准扶贫户、低保户和养蜂爱好者组成的“学员班”，并向他们讲解传授中蜂养殖技术，进而帮助他们脱贫。我一听这是一件助力脱贫的好事啊，便欣然同意。我还将自己的养蜂场对外开放，让自己的养蜂场成为“课堂”并开办“培训班”，专门为这 5 个乡镇的“学员”传授中蜂养殖技术，我则成为“课堂”上的“老师”。正式开班之后，我带领“学员”在养蜂场进行了实地观察研究，并且亲自在现场给大家演示了“分蜂”等技术操作，向大家宣传养蜂事业发展前景，传授养蜂关键秘诀，鼓励大家多学多看、锐意进取，不断积累中蜂养殖知识。我不知道每个“学员”听完我的课之后，会不会多多少少受到一些启发，但我感觉自己真正为乡亲们做了实事，这让我的内心收获了满满的幸福感。

图 3　2018 年王双有（左二）在为贫困户们讲解中蜂养殖知识

从 2018 年为贫困户投放中蜂开始，这几年我一直都在和不同的贫困户打交道，他们中的有些人刚开始养蜂的时候还是特别贫困户，甚至连养第一批蜂都是通过先养后还的方式进行的。但是通过不断的努力，目前养蜂的人家基本都已经脱贫，养得好的那几户，甚至还盖起了小洋楼，生活也奔小康了。村里不仅居民日子过得好起来了，而且环境也变好了，家家户户都有了奔头。看着这些改变我由衷地感到欣慰，一是为他们能够通过自己的双手奋斗拥有自己想要的生活而感到骄傲，二是更加坚定了通过养蜂来改变自己、改变家乡的想法，而我也是这样做的，并且未来还将在这条路上不断奋斗和努力。

在入户讲解养蜂知识的时候，我发现部分农户因为习惯于政府通过直接的帮扶手段来帮助他们解决现实问题，所以对于奋斗致富并没有太大的渴求，懒懒散散的，并且家里的环境卫生也搞得不尽如人意，认为过得去就可以了。我一看这哪行啊，虽然是脱贫了，吃饱穿暖不成问题了，但这样下去，不久之后就会面临返贫的风险，更别说致富了。作为产业支部书记，我觉得我有责任也有义务去帮助这些农户建立“致富心”。于是，我就去和这些农户深入地交流。为了调动他们的积极性，我还包了一辆大巴车，带着这些农户去其他发展得比较好的县、党支部参观学习，让他们能够直观地感受自己与他人的差距。因为我相信直接用眼睛看到的，比你用嘴和他说一千遍一万遍都管用。果不其然，在看过外面的世界之后，这些农户的主动性和积极性都有所提高，还会主动来和我交流一些养蜂的心得，看来扶贫先扶“志”，致富也得先富“志”。

四　学无止境，学以致用

2019 年 12 月份，在政府的推荐下，我参加了清华大学继续教育学院举办的“碧桂园返乡扎根创业青年清华研修班”。在那 15 天的时间里，我见识到了很多之前没有见过的东西，也遇到了很多像我一样返乡创业的青年，在和他们的交流中，我受到了很多启发。在学习过程中，我碰到不懂的问题也及时、主动地同老师、同学交流。在那之后，我还有幸参加了碧桂园集团联合渭源县委县政府开展的第一期“党建引领致富带头人研修班”，走进中山大学学习，不断丰富自己的理论知识。我们还实地参观调研了碧桂园总部，领略了世界 500 强的企业文化是什么样的。我还去了广州农贸批发市场对接产品销售渠道，了解蜂蜜下游渠道的供货需求和市场价格。我将这些从大学校园里学到的知识带回渭源县，带回我的养蜂场，把这些理论用到实践中去。让我感触最深的是，我们还入住了鱼咀村[①]旧屋改造的民宿，体验了乡村休闲旅游项目，这让我深受启发。我们渭源县的风景很美，渭河的发源地就在我们县，美丽宜居新农村的旅游业态在我

① 鱼咀村：位于广东省英德市浛洸镇南面，是广东省“美丽乡村”建设的成功典范，以文旅开发为特色，依托优美环境开发了大量的民宿、咖啡店、书店、乡村体验馆等文旅项目。

们县是可行的。我当时就在思索应该怎样把民宿、蜂蜜、风景结合在一起呢。人们常说活到老学到老，搞产业也是一样的，要不断地学习理论和技术，才能真正把产业搞好。

我从养蜂开始到今天也不是一帆风顺的，养蜂其实是一件很苦的事情。虽然说不用喂蜂，不用给它们打扫住所，但要把蜂养好，势必要吃很多苦。从2018年开始，每年冬天的时候，我都会把中蜂带到四川去过冬，四川的气候比我们这边的气候要温暖得多，因此把中蜂带到四川去过冬就能有效降低中蜂在冬天的死亡率。等到来年开春了，我们这边的天气暖和了，又把中蜂从四川接回来。我印象特别深刻的是，有一年我和合作社里的几位伙伴将中蜂运送到四川去，那天正好是除夕，然后我们就在那个蜂场度过了一次难忘的春节。那天晚上有很多亲朋好友都发来祝福，我的妻子和我打视频电话还给我看了年夜饭桌上的佳肴，我听着电话那头我的儿子女儿不停地催促我，让我赶快回去陪他们放炮仗，我的心里酸酸的。挂断电话之后，我和几位伙伴聊天，发现大家都是第一次在异乡过春节，我说以后咱们产业做得更大，休息的时间就更少了，能陪伴家人的时间也会越来越少。伙伴们安慰我说，这些都是要经历的。虽然很想家，但还好有志同道合的人在身边，还有我的中蜂陪在我身边，也就显得不特别落寞了。

五　新方式打破蜂蜜滞销

蜂蜜的销售情况也不是一直都很好，也曾遭遇过低谷。当蜂蜜销售量面临大幅下降危机的时候，我不禁思考：难道是我们合作社的蜂蜜不好了吗？但我们收购的蜂蜜都是有统一严格的标准的，那到底是为什么呢？为了弄清原因，我就一个地方一个地方地去调研，我到超市、蜂产品的门店里面去看去问，结果发现原来现在市场上很多蜂蜜打着“纯天然蜂蜜”的名号，实际上卖的却是“三无产品”，寒了消费者的心，导致很多消费者对于助农产品、扶贫产品都产生了抵触心理。因为这些产品的介入，很多顾客都不敢买纯天然的蜂蜜，害怕受骗上当。

我们合作社也急得像热锅上的蚂蚁，蜂蜜卖不出去的话，合作社的利益要受损，更重要的是那些信任我们的蜂农，他们辛苦一年指望着卖了蜂蜜之后第二年能够过得更好一点，能够脱贫，能够致富，蜂蜜滞销对于他们的生活该是多么大的打击啊。于是我便积极联系县上的扶贫办，告知工作人员我们的情况，扶贫办的工作人员也非常热心，答应帮我们积极宣传，让我发展线上销售渠道的同时，要做好线下销售的品质把控。我回去之后就认真梳理了832消费扶贫平台和本地的爱生活的电商平台上几个月以来的蜂蜜销售和评论的详细情况，希望能从售后评论中找出一些原因。合作社里有人提出要不要开通淘宝、京东等网店，我思索再三还是拒绝了。因为在这些平台上成立店铺要花一笔不小的资金，还有后期运营，加上淘宝上卖蜂蜜的店真的太多了，我们没有什么优势，我们渭源蜂蜜的牌子还不够响。我也暗暗下决心，一定要让更多的人知道渭源蜂蜜。通过评论中提出的一些意见，我们积极地去改进，我还和合作社的伙伴们共同改进了我们现有的线上平台的一些配置和图片，新加了一些详细说明，希望顾客在看到这些说明的时候能够购买我们的蜂蜜。而我自己在闲暇时就跑加工厂、跑蜂农家里，和他们说虽然现在蜂蜜卖得不是很好，但我们绝对不能以次充好、破罐子破摔，一定要严格按照标准生产酿造蜂蜜，不允许添加任何添加剂，一旦发现哪家违规操作就再也不收那家的蜂蜜了。与此同时，我还积极地在微信上发蜂蜜的宣传广告，并且动员我身边的朋友亲戚一起发，还有合作社的伙伴们，甚至一些乡里县里的扶贫干部、领导们也会帮忙转发，慢慢地通过微信找我买蜂蜜的人也变多了，还积累了不少的回头客。

这件事也让我明白做农产品最重要的就是品质，绝对不能因为蝇头小利就失去了本心。于是我开始带着我们的蜂蜜去参加各类有关蜂蜜评比的比赛，从县级到市级，再到全国级别的比赛，为的就是能让更多的人知道我们渭源的蜂蜜。而我们渭源蜂蜜也从一开始的无人知晓到现在被越来越多的人熟知，在刚刚过去的第六届全国中蜂产业发展大会上我们合作社生产的党参原蜜获得了铜奖的好成绩，我也获得了政府授予的“致富能手”的称号。

六　新思路助力蜂蜜销售

之前提到我在中山大学学习的时候有幸入住了他们那边的民宿，这给了我很大的启发。我还在网上偶然间发现了李子柒[①]的视频，看她的视频也带给了我很多思考，李子柒用自己的勤劳与纤手，成功展示了中国传统农耕文明的诗意之美。本来属于乡土中国的寻常生活场景，却随着城市化程度的不断提高而与很多人的生活渐行渐远。生活在钢筋混凝土的城市里、吃着大棚蔬菜的人们，自然被李子柒视频中传递的四季植物自然生长、归田园者适时而食的欢愉打动，而城市生活的快节奏，与视频所展示的田园牧歌式的慢生活的反差也引发了网友的共情。我不禁思考如果能够将田园、蜂蜜、自然这些结合在一起，打造一条完整的产业链，那样不仅能够带动蜂蜜的销售，而且还能给村子里更多人带来更多机会。

说干就干，我开始着手准备。中蜂采蜜需要花，而我们这边养蜂种的花都比较零散，我想到如果我们能够打造一片花海，那样不仅中蜂采蜜有蜜源，而且也会吸引一些来渭源旅游的人来我们这边观赏。如果能够将民宿开起来的话，那么来旅游的人就能够切实体会到我们这边优美的自然风光和淳朴的民风氛围，自然会对我们的蜂蜜更加放心，而且在一定程度上还能盘活我们村的集体经济。说干就干，我出资将那些无人居住、闲置的房子流转到村集体的名下，然后和合作社的伙伴们共同努力将那些房子通过改造打造成漂亮的民宿。实际上在这个过程中还是比较艰辛的，拆房修建这些都是技术活，我们虽然都会一些，但毕竟不是专业的，而且人也少，所以一开始的进度是很慢的。这个事传到了镇党委书记杨叶梅同志的耳朵里，她就召集人鼓励别的村也出工来帮助我们，工资由村上和镇上想办法来共同承担，这可真是解了我们的燃眉之急。在杨书记的推动下，每天都会有五六个工人来和我们一起做工，修建的进度也越来越快。

民宿的住宿是免费的，外来的游客居住，我们不收取住宿费。刚开始提出这个倡议的时候，大家都很疑惑。我就和他们解释：我们在乡村做民宿的主要目的不是挣钱，是让更多的人知道我们的蜂蜜，让更多的人来买

---

① 李子柒：微博知名美食视频博主、微博签约自媒体人，被誉为“东方美食生活家”。李子柒的作品题材来源于中国人真实、古朴的传统生活，以中华民族引以为傲的美食文化为主线，围绕衣食住行四个方面展开。其作品中传达的积极向上、热爱生活的态度及作品内容结合人生经历传达出的独立自强的奋斗精神深受网友喜爱，她的视频曾被共青团中央官方微博等众多主流媒体转发表扬。

我们的蜂蜜。人家愿意来我们这儿，本身就是一种宣传了，如果他走的时候尝到了蜂蜜，他觉得好的话，他自然会买回去，甚至帮我们宣传，所以民宿不应该收钱。伙伴们听了也觉得有道理，于是同意了这个倡议。我们的民宿取名为“鹿鸣农耕园”，现在已经正式对外开放，也接待了好几批客人。游客们来到农耕园还能享受亲子酿造蜂蜜的过程，每批客人走的时候都会带走一大批我们的土蜂蜜，而且通过他们的宣传推广，来农耕园体验田园生活的人也越来越多，相信在未来我们的农耕园将为我们带来更大的收益。

七　乡村振兴路上决不掉队！

我们村里有一个大学生名叫高强，他大学毕业之后，想要回来跟我干。我非常欣赏他，我觉得年轻人会为我们的集体带来新鲜的血液。但是他的父母不同意，认为大学毕业回家来当农民是丢脸的事情，是没用的表现。但我不这么认为，我认为乡村振兴是需要“人气”的，这些从小就生活在农村里的孩子，在见识过城市的繁华之后，会更加清楚自己家乡发展不起来的原因在哪里，症结出在哪些方面，他们愿意将自己所学的知识回报给自己的家乡，将自己的所学用到建设家乡上面来，这本身就是一件值得鼓励的事。我们国家一直在强调乡村振兴，说明乡村的发展势在必行，城市永远取代不了乡村。就像我，虽然只是一个养蜂人，但我通过自己的努力为家乡做贡献，这才是一个人的价值所在。不能用他在城市工作了所以他就很有面子、他回农村来了就是他不争气的这种滤镜去看待这些致力于乡村振兴、为家乡做贡献的年轻人。

我三次登门拜访高强的父母，一开始我进他家的时候，他父母对我很热情，但当我说明来意之后，他们的态度就变得很坚决，还和我说让我不要耽误高强的未来。我问高强为什么想要回来，是因为在外面混不下去了吗？高强说：“不是，外面很好，但每当我看到外面的好，我就会想到咱们渭源，咱们鹿鸣村，我就在想外面发展得这么好，我们鹿鸣也应该发展起来。最近这两年，我看到您养蜂给咱们村带来的变化，我觉得家乡的发展离不开像您一样敢想敢干的人，所以我才想回来和您干的。而且我相信跟着您肯定也能学到很多东西，您能再帮我和我父母说说看吗？”高强的话让我心里很受触动，我便答应了他，再帮他劝说一次他的父母。我和他的父母仔细说了高强的想法，跟他们保证会好好带着高强干，工资也会认真付给高强，高强在他们身边也方便照顾他们，他们这才勉强同意。如今，高强也用实际行动证明了自己当时的选择没有错，民宿项目、养殖项目中都能看到他忙碌的身影。

事实上，我认为像高强这一代人比我们这一代人要幸福多了，党的政策也好，生活条件也好。我小的时候家里真的特别困难，可以说我家是全村最穷的一户人家。但自从开始搞养蜂之后，我家的日子渐渐步入正轨。我家还盖起了全村第一栋小别墅，我还记得搬家那天，妻子脸上幸福洋溢，看着她的表情，我打心眼里感到了满足。我常常和别人说，我的妻子是一个了不起的女人，我能有今天的成就，和我妻子在背后的默默付出是分不开的。我妻子当时在生我女儿的时候大出血，经历了非常危险的时期，她为我育有一双儿女，帮我照顾年迈的父母。自从我开始养蜂之后，陪伴她的时间也变得越来越少，但她从来没有埋怨过我，一直在背后默默地支持我，为我付出。所以，通过不断的努力让她和家人过上好日子就是我努力的动力，相信很多创业的人都和我一样，最初的想法是让自己的小家过得更好，后来慢慢地通过发展之后觉得这条路可行，于是就想带动更多的人，让他们也能够从中受益，让大家的日子都能过得更好。

图 4　2020 年王双有（左四）接受上级表彰

现在回想养蜂的这几年，从一开始的什么都不懂，只能在家人们无私的支持下，靠自己一点一点慢慢摸索。在取得一定的成果之后，我幸运地得到了乡里县里各个部门的很多支持和帮助。我这一路走来没有经历过特别大的失败和波折，虽然过程中也充满酸涩，吃了很多常人难以想象的苦，但是总的来说我并没有经历过大起大落，可能也是因为自己不断学习、敢想敢干的精神支撑着我走到今天。到今天，我在鹿鸣村，外出走一圈的时候，老人小孩都会主动和我打招呼，亲切地问候我，大家都很尊重我，然后笑着问我：“王书记你吃饭了吗?”每当这个时候我都会觉得自己的付出真的是得到了大家的认可，这是我最大的收获。在我养殖中蜂的这几年里，渭源县很多养蜂的地方和农户家里我都跑了个遍。村里面的人都认可我的养蜂技术，也愿意跟着我干，信任我，说明我的养蜂技术也是真心得到大家的认可。每每想到这，我的心里像吃了蜜一样甜。

2020 年，我们为了脱贫攻坚而战斗，现在，我们为了乡村振兴而奋斗。我时刻铭记自己是一名党员，作为一名党员，我时刻铭记党的教诲，时刻将自己入党的初衷牢记在心，不断学习、不断提高自身能力，接下来我也会继续组织合作社的成员去参加更多的培训和赛事，提高我们的自身素质和养殖中蜂的技术水平，这样才能更好地帮助乡里乡亲们，让他们掌握更多的技术，把蜂养得更好，酿造出更甜的蜜。在乡村振兴这条路上，我决不掉队！我要冲在最前面！带领我的父老乡亲在致富这条路上越走越远，把日子过得越来越好！让我们渭源的甜“蜜”之歌不仅在渭水河畔唱响，将来还要在全国各地唱响！

一场缘于“水果自由”的阴差阳错

受访人：彭鸿康

访谈人：陈沛瑶

访谈时间：2021 年 7 月 21 日

访谈形式：线上访谈

访谈整理：李泓霓

访谈校对：陈沛瑶　李泓霓

故事写作：陈沛瑶

受访人简介：彭鸿康，男，1982 年生，汉族，广东化州人，化州化润农业有限公司总经理、化州市农村青年创业协会会长、化州返乡创业青年代表。他多年不忘初心、砥砺前行，积极带动新安镇周边居民创业致富，联合返乡青年成立了化州市农村青年创业协会，促使当地水果种植产业化、规范化。新冠肺炎疫情发生后，彭鸿康积极发动爱心人士购捐当地滞销特色水果并开展社区配送，解决了当地水果滞销难题。

一　儿时梦想与少年情谊

最开始的时候，我们并没有想着把家乡的农业种植作为自己谋生的主业，产生种植水果的念头也是源于一个偶然的机会，看到家乡大量的土地抛荒后脑海中闪过了一个想法：干脆我包下来种植水果吧！毕竟我从小就喜欢吃水果，既然长大后没有实现财富自由，能率先实现“水果自由”也不错。当时我们新安镇上青壮年劳动力基本上都是向外输出，地里的活老

图1　2021年7月彭鸿康（右上）接受陈沛瑶（左上）线上访谈

人小孩也干不了，导致很多土地都抛荒了。如果我能够做一些家乡的传统产业，带动他们一起搞搞生产，增加点收入也不错。我家乡茂名在水果种植上有自己独特的优势，有“水果之乡”的美名。这里是丘陵地带，气温常年适宜，春夏秋冬还很分明，种出的水果相比其他地方的口感更好。就这样，我和我的高中同学兼合伙人张军一拍即合，把家乡那边城中村的地租了下来，回来种起了水果。

提到张军，我人生中的第一次创业就与他有关，更巧的是那也是一场关于水果的买卖。以前教师节我们不流行送笔、送花给老师，而是会以班级为单位买很多水果去看望每个老师。我读高中的时候一共有十几位代课老师，一个班就要买上好多水果。一个年级好像有十多个班，这么多个班都要买水果的话，那这个购买量就很大了，用现在的话来说，这是促使我萌生创业想法的市场基础。所以我就想到了一个生意，而且从来没人做过，我跑到批发市场去了解每种水果的大致价格，我发现水果的进货价，比路边和菜市场上的要便宜五毛到一块钱左右。考虑到基本上每个班都有班会，我就去联系负责的班干部，让他们确定水果的种类和数量，预先把钱给我，我再提前一天把水果用车拉回来，放在一个住在街上的同学家里，到教师节那天他们再按下单的数量过来分，这简直是一个零成本零风险的生意。我记得我当时拉了好多辆车回来，还叫上张军来做苦力，帮我搬运水果。分摊下来，三个人赚了个生活费的样子吧，但还是很高兴的。那年我们那边卖水果的摊贩就比较痛苦了，不知道为什么教师节那天的水果都卖不出去。当时做生意的时候张军出的劳力就挺多的，结果分钱的时候给他分得有点少，我内心里感觉是有点亏待他的。经过那次合作，我感觉他有能力，性格沉稳，人也不错，就和他熟起来并成为很好的朋友。我们以前读书时与同学相处首先是看这个人的人品怎么样，毕竟人品好跟他做朋友他肯定不会坑我，所以后面打算回去经营果园的时候我也喊他一起做。

有时候命运就是这么奇妙，一个偶然的念头，一次无形的选择，却带来了一个全新的开始。当时我们两个人在深圳有一些自己的小生意，做得还不错，就拿出一部分钱回来搞农业，打算养老用的。没想到计划赶不上变化，中美贸易摩擦影响到了深圳那边的进出口贸易，对我们也产生了一定影响。深圳那边的生意不好做，我们俩就干脆回来了。上边的生意停掉后，一时间也无事可做，再加上已经投资果园，就干脆再投多一点，希望把它做起来，做大、做好。就这样，我们开始了把家里的农业作为主业的一段新历程。

二　关关难过关关过

最开始投资果园的时候是抱着玩玩的心态做的，因为没想到自己会那么早回来，所以回来的时候前期准备不足的弊端就暴露了。果园种植品种开始是选择以番石榴和芒果为主，这两个产业在我们当地也算是比较成熟的，其中一种番石榴在当地有五六十年的种植历史。我们刚开始种植的时候觉得种番石榴应该很简单，都种五六十年了，按人家的做肯定没问题。番石榴在我家乡有两个传统品种，一个是胭脂红，另一个是珍珠番石榴，那时候刚好又有一个新的品种——西瓜芭乐，我想着种一些别人没有的东西才能开拓市场，就花了很大力气把它引进来种，果园的种植结构是以种西瓜芭乐为主，辅助种了一些珍珠番石榴。结果发现水果种植没有我们想象的那么简单，尤其是新的品种，你没有对它做一个周期性的考察就去种的话是很危险的，最好要先有一个小规模的试种才比较保险。像我们最开始种的西瓜芭乐，品质高的好果产出量应该只有20%，夸张的时候像同行说的10%都不到。因为这个品种自身就带有一些问题，它怕高温和多湿，但我们那边结果期要么就下雨，要么就太阳很猛，高温促使它长得快，但又很容易烂，果还不好吃，所以我们在这里摔了一个很大的跟头。后期不得不调整种植模式，种了很多我们的传统品种——珍珠番石榴。但珍珠番石榴种多跟种少的情况又不一样，少量种植的话你随便管一下，可能都长得很好，如果想大批量种植的话，管理不到位，就会跟普通农户散种的效果差不多，品质上不来。搞农业呢，说水深吧，它确实是水深，所以说你要有一定的农业知识，不然没做太多准备的话就很容易摔跟头。

那时候我刚开始做农业，只会大胆投资向前冲，在规划和管理上不行，所以种植基地被我管得乱七八糟，没办法只能喊张军回来帮我。他老婆可能对于他要回来的选择也有意见吧，但还是跟着回来了。甚至到后来他把东莞的房子卖掉了，回化州重新买了一套，正式在这里扎根。前期资金方面还好，是拿深圳那边赚的钱回来投的。等我们正式回来之后，资金就开始变得很紧张，我们从2017年开农业公司到现在投入基地的钱都有六七百万了，每年却都处于半亏损状态，还得不停地往里面投钱。搞农业不像搞工业，工业你没钱了可以先停产想办法，原料可以先囤着，农业不行，它是时刻变化的。像雨水多、天气好的时候，草能疯长，长得老高，你不花钱请人去割草、修树、施肥，树很快就死掉了。树一死，就跟原来的荒地没什么区别，真的是“一朝回到解放前”，所以必须不停地维护，这是定量的硬性成本。那段时间确实挺迷茫的，不知道要往哪里走，钱像流水一样哗啦啦地流出去，身边的亲戚都借遍了，自己又没有多少收入。中途我想着再去深圳拼拼运气，因为看到家里实在太困难了，去深圳干了一年，结果又亏了100多万块钱，不得已把房子卖了，自己的奥迪车也卖了，还欠了10万块钱，就彻底打消回深圳的念头了。亏钱当天是最痛苦的时候，那天家里没米了，我回家时买的米跟人家买来喂鸡的米一样，吃的时候心里很不是滋味。物资上的匮乏还不是最难受的，心理上的煎熬才是最痛苦的。我一方面焦心未来的发展，一方面对张军也很愧疚，他拖家带口地回来帮我，我也没让他过上什么好日子。我们平时住的房子是在田地旁靠着山用铁皮搭起来的，就光秃秃的几个铁皮箱子，我们和家人还有工人都是这样子住在里面。有一年气温特别高，张军的小孩和地里大部分工人感冒发烧了，张军的小儿子特别危险，都已经抽搐了，人差点就没了，还好最后没什么事。他小孩年纪小，抵抗力差，一高温就很容易发烧抽搐，他没办法只能找他老婆的姐姐借了2万块钱，在每个房间都装了空调。那件事确实是很危险，我到现在都觉得很内疚，一直不敢面对这个问题，觉得对不起他。

那时候我觉得自己把苦头都吃尽了，心里也有很多委屈，但没办法，老天不会因为你委屈就飘钱给你，只能说关关难过关关过吧。前期在摸索期，吃差一点的米，总归不会饿死，吃肉和菜就自力更生。有些地种不了东西，我们就把它挖成护城河和一个岛的样子，因为鱼塘不给挖嘛，我们就把圆环形挖宽、挖深一点，养了好多鱼在里面，想吃肉的时候就可以抓鱼。蔬菜也自己种了一点。干活的时候也不是说一直都请工人，主要的劳动力还是我表弟和他老婆的哥哥等几个小伙子。他们几个早上五六点钟就去干活，中午吃饭大家就回来，下午太阳晒的话就休息一下，下午干到晚上七八点钟，直到看不见路才回来。那时候没有太多钱去请工人，全靠自己去干，每个人都干得很不容易，也很辛苦。后来干了一年之后，我表弟干不下去就走了，但我想办法将张军的大舅留下来了，就是借钱也要开好点工资给他，让他在这里干。

这两三年我们跟当地几个比较大的企业都有交流和联系，现在叫技术共享嘛，在大家共同的交流帮助下，我们种的珍珠番石榴的质量和口感都上来了，产量也上来了，就是西瓜芭乐一直都有一些小问题，只能在秋、冬季的时候去种。

三　努力跑起来，才能让别人看见你

我们是从2017年开始投资搞农业的，头两年起步阶段搞得是灰头土脸的，终于果树长起来之后开始赚了一点钱，没想到又遇到了新冠肺炎疫情，一下子进入了另一个新的困境。2020年是我们果树第一年丰产，正是水果大量成熟的时候，结果过年那段时间交易市场封了，路也封堵了。水果是不经放的，最怕囤积，不及时卖掉就只能任它烂在地里，我那时候急得整晚整晚睡不着。后来我想到我们之前经常去省里面学习，我就找到省里面的一些老师和领导，和他们说我们要驰援湖北，他们就帮我和湖北地区相关负责人牵了个线，同时也请示了团市委和镇上的领导，他们也同意我们这样去做。于是我们化润团队和其他返乡创业青年联合在一起商量了一下，大家有种果的就出果，没果的就出钱来买我们的番石榴，我们按成本价一块多卖给他们，就这样凑了一车水果顺利地运到湖北。后来新安镇的领导说他们也带头捐一点钱给我们来操办这件事，我们就采购了当地的番石榴和红阳桃，打包、联系线上线下、找车。其实疫情发生后是很难去做这件事情的，但大家都很团结，就搞成了。我们这样一直连续搞了 4 次，运了有 5 车 75 吨水果，囤积的水果就这样被我们半卖半送地销售完了。后面还有些乡贤说自己也要捐一车，但因为当地水果卖完了，我们就停止了这个活动，毕竟也不好向外企采购。虽然当时没有赚多少钱，但也没有亏本，算是不幸中的一个小幸运了。今年我们也向广州那边的企业捐赠了两车价值 70 多万元的水果，算是宣传我们茂名人的好客与担当精神。

这次水果囤积事件给我带来了一些新的思考，那就是一定要做终端，一定要努力跑起来，打出名气才能让别人看到你。像湛江的菠萝，连片都是几万亩，有的人的菠萝能供不应求，而有的人的菠萝却只能在地里烂掉。番石榴也同样是这样，番石榴的种植面积在全国也有几万亩吧，那么在茫茫的番石榴种植海洋里面，你要怎么样才能顺利卖掉甚至是卖出更高的价钱呢？如果大家都是随波逐流地拿到市场上去卖，那产量高的时候大家手里都有果，产量低的时候大家都没有果，市场价格说升就升，说落就落，这个价格决定权就掌握在某些人的手上，那其他人就很被动。所以我们要针对这种情况在种植和销售两方面有新的突破，在销售上要做自己的品牌，通过运营把自己的产品卖出去，在种植上要调整自己的种植模式。如果是普通农户的话，丰产期的番石榴收购价都很低，一般按 4 毛、5 毛一斤收购，但品质高的番石榴种植一斤的成本都要 1 块钱左右，为了避免产品被压价，我们就会错开这个季节或者防止产果量减少。其实每年丰产季的番石榴质量都不会太好，高温导致果实的生长速度非常快，比如说番石榴正常状态下是 5 个月开花结果，高温丰产季可能 3 个多月就开花结果了，那肯定不好吃。所以我们跟农户的种植策略不一样，我们选择错开这个季节做精品果，会留一点果实生长，但不会太多。12 月份到清明前这段时间，才是我们大量出果的时候，这段时间的果好吃，而且因为这段时间其他果农出果量少，番石榴也会更好卖，更容易去打造品牌。要是你出品的果都不好吃，你送给人家，人家都不要，那你还打造什么品牌？在品牌运营上我们也做出了新的努力，在发展后期适当做了一些工作调整，将一部分精力转向运营工作，采摘工作可能就相对少一点，因为我们的种植基地不是在国道、省道旁边，没有那么大的人流量和车流量。如果只顾生产、采摘是很难全部卖出去的，到头来反而又亏损，主要的问题是怎么去做好线上线下的配送以及终端零售这块，为自己的品牌提供配套的物流服务。还有电商这块我也是有意识地去打造品牌，我们的产品是结合品牌来销售的，有包装、有店铺页面，而不是说在网络平台乱卖拼量。尤其今年会在一个五星级酒店开一个专柜来卖农特产，主要是把我们当地的土特产跟旅游协会以及其他协会、公司达成一个横向的合作。

正如前面提到的那样，农业与工业不同，有些农产品它不耐放，生产变数大，而水果在这方面尤为突出。时间因素是水果销售中最卡脖子的一环，比如说你眼看着采收期就这一个月，你要马上在这个月出完这批水果，出不完干着急也没用，毕竟市场的需求就这么大，需求饱和了就没法再消费更多产品，就好比一个人吃饭吃饱了，那他就吃不下粥和粉了。所以我们不能单纯地只卖鲜果，那样的话就会很被动，还应该要尝试去做深加工，延长自己的产业链。番石榴可以做的东西其实是很多的，像一些“三高人群”①，很多水果都是不能吃的，因为水果的糖分含量很高，但他们又需要一些水果来补充维生素，那么番石榴就可以起到一个很好的替代作用。像现在比较流行的番石榴汁以及把番石榴做成粉和酱料等，都可以满足“三高人群”补充维生素的需求。我们还尝试过另外一个深加工方向，是用番石榴的叶芽来做茶叶，这个在市场上是比较少见的。番石榴茶叶的生产是以春、夏季为主，因为春、夏季的果并不是特别好吃，为了保证我们番石榴品牌的质量，我们会在这段时间摘掉叶芽，不让果树过多地结果。如果这段时间你不去摘掉那些叶芽，树木就会消耗大量的营养去结

① 即高血糖、高血压、高血脂人群。

果，你还得请人工把果摘下来扔掉，不然挂果过多就会把树给压死，这样来来回回浪费的人力物力更多。摘下来的叶芽，我们开始也是想着不浪费，就将其做成了茶叶，后来发现效果还挺好。但茶叶怎么说也算是一个有较高附加值的产业，在生产、储存、销售这些环节都会积压不少的资金。像茶叶的生产成本，现在普洱茶的茶饼在生产线上做出来的成本都在60元左右，那你不可能只做几百或者1000个嘛，也不够卖，做1万个的话就要投进去60万元了。再加上茶叶需要耗费一些时间来储存，都说茶叶越陈越香，那在储存上又是一笔资金，拉拉杂杂的费用一大堆，要等到卖掉才会回本，所以茶叶产业是需要一定量的资金固定在这里的。我们目前也没有这么多闲置资金，只能是平时自己手工做一些茶品，不会在茶叶方面进行大量的投资。

2021年我们进行产业调整后，新建了一个南姜示范基地，主要是出于填补资金窟窿的考虑，因为南姜的生长周期相对短一点，也更耐储存。像番石榴一般都是三五年才会有丰产期，你如果不马上摘完卖掉的话，要是受到疫情或是自然灾害影响，就会很被动。南姜就不一样，它生长18～24个月后就可以采收，而且它还可以连续采收，今年没挖完的话，你再过12个月去挖也是可以的，相对来说更保稳，也没那么被动。

四　人多力量大，患难共风雨

回来久了之后，我和当地的其他企业也有一些交流，感觉还是不能一个人蛮干，集体的力量才能帮助我走得更远。最开始我们和其他从事种植业的返乡创业青年联系不多，大家都是各干各的。这个镇子本来也不大，如果你做好一点，大家就都知道哪个人在哪里做什么，因为我们是比较早回来的，处理很多事情相对他们更有经验，做起来也会容易一些，人家看到了就会议论，可能也会羡慕你一下吧，当然是我猜的。后来在抗疫捐赠、驰援湖北的活动结束之后，大家的联系才多了一些，相互熟悉了之后，人就慢慢聚在一起。那一群返乡创业青年还是比较团结的，凝聚力很强，能力也还不错，2020年的时候我就提议大家聚在一起组成一个协会，也就是化州市农村青年创业协会。后来得到了化州市委和茂名市委的重视，在茂名也成立了茂名市农村青年创业协会，搞得比较“高大上”，其实最早的原型就是我们这群人。

这个协会是一种感情交流的渠道，平时要是有什么事情可以互相帮忙，人多力量大嘛，办法总比困难多。如果说你想做老大，他也想做老大，那就只会形成一种竞争，而不是像我们现在打比赛时说的友谊第一了。在农业上我觉得也是这样的，大家都是可以合作的，年轻人嘛，大家都比较开朗，我在里面也感受到了一种可以容纳对方的氛围，大家就都能处得来。主要是这点，能处得来才能够聚在一起，如果说大家都处不来，那只是抱个团也没用，发挥不了它的作用。大家在里面都是做事的，能力差混着过日子的也被我们“踢”出去了。

当时我们在当地建了 8 个产业服务点，像我们化润就是番石榴产业服务点，除了我们之外还有百香果的、波罗蜜的、红阳桃的、红苹果的等等，每个产业服务点都有一个工作就是要把自己服务点的产品分等级，还要把内外包装的标准、销售的途径等给它定下来，有好的就可以复制到同行业的各个点，有一点联合服务点的味道吧。我们也创建了自己的青创优品，把不同的水果产品放到一起卖。另外，服务点还兼有一个教学指导的作用，像有些大团队可以自己找人运营销售，但小团体比如说个体户就很难做这么多的工作，等收购商来统一收购，价格又太低了，那服务点就可以让小团体一起组团抱团，相互一起合作。我们也带动当地的农户，去教他们怎么进行产品分级，怎么去打包，然后怎么去卖。那些老人家的儿女都在外面工作嘛，那他的儿女就可以帮忙把家里的产品卖给同事或者其他朋友，这样他自己的收入也提高了，对我们当地的经济发展也有很大的帮助。像现在很火的拼多多农产品，刚开始我们这边也有些小年轻在接外面的单，就类似于农产品带货这种，他们自己在外面运营，有订单他就发过来给我，我这边直接打包发货。后来订单多了他自己也发现代发的钱还不如自己开店赚得多，多的时候一天能卖 2000 件番石榴吧，代发一件可能赚个一块两块，自己加盟开店的话可能一件就能赚三五块，一天有一两千件下来赚得还是不少的，那他们就会更加积极，也算解决了我这边的一个销量的问题吧。在物流方面，因为我们建立了自己的服务点让大家组团，这么多点，一天下来发货量也是很大的，我们就有底气去跟那些快递公司谈价格，当然他们也很乐意找我们谈，因为他们也喜欢找每天都大量发货的商家，那我们和快递公司之间就签订了战略合作协议，发货价格在当地还是很有优势的。降低了物流成本，就相当于提高了我们的盈利能力，固定收入也有所保障。在快递价格方面，我们给农户的快递价和我们是一样的，这样他们总体成本低了，售价也能低一些，产品在市场上的竞争力会更强。

家乡这几年变化也挺大的，我还是很欣慰的。从 2017 年开始，前面几年都搞了世界性的水果文化旅游节，这是一场由市政府指导的规格较高的商业展览，整个广东省应该只有我们的水果文化旅游节是以乡镇为单位搞的大规模活动。水果文化旅游节人流量最多的时候超过 10 万人次，这是因为政府的发展目标很明确，精准定位为做水果强镇，同时水果文化旅游节也是一个很好的商业合作的机会，对于我们这种种植户也会有很大的帮助，所以我们也十分乐意参加。因为这两年有水果文化旅游节，很多人也

图 2　2021 年 6 月 28 日彭鸿康（中）与一同劳作的老人合影

看到了化州水果种植和销售中的巨大商机，返乡种植水果，这几年土地抛荒就少了很多。而且现在政府在鼓励农业发展上也会有一些政策支持，比如“一村一品”口号提出后，有些人就拿到了几十万甚至是 100 万元的低息贷款。新进来的人也会向我们学习，前面也提到我们组成了化州市农村青年创业协会，那很多事情就有了标准和规划，不再是以前小、散的种植

状态，他们会来我们服务点参观学习，我们会告诉他们怎么去开荒、种植的行矩、水肥一体化怎么做等等，把一些前期种植经验告诉他们。我们期望家乡往后的农业种植应该是慢慢地往现代农业方向发展，在省人工或者节能高效等方面有新的突破，抛荒也越来越少。

另外，家乡始终坚持下地劳作的老人带给我很多感动与前行的动力。那些老人的子女一般都外出工作了，平时开荒种地他们没这个能力，但做一些农活还是很能干的，再加上当地的劳动力很少，你老的少的都得请，我就在我的南姜基地里请了一些老人来帮我干活。我印象最深的就是有个老奶奶都七十多快八十岁了，干活还是很厉害，体力也很好，太阳很晒也能干，我都差点干不过她。她中午在我们这儿吃饭时能吃四碗，每天都乐呵呵的，心态好得不得了。我记得她和我说得最清楚的一句话就是，“没想到这么多年了，还会有人请我来干活啊，我心里呀就觉得高兴，这说明我还是个有用的人，不是拖累社会的累赘”。我当时听完就觉得很感动，虽然平时对外宣传的时候也会吹嘘自己企业的成果，但直到这一刻我才真实地感受到自己的工作对社会是有帮助的，至少我能够让这些老人重新找到生活的价值。像那些平时闲居在家的老人他们能有什么收入呢？如果在我们地里面干一天活，不在我们这儿吃午饭的话有 110 块钱收入，我们包吃的话就是 100 块钱，如果他们能干满一个月的话都有 3000 块了，干不满的话也有一两千块钱，那对他们来说，自己就不是光伸手向子女要钱的累赘，而是靠自己的劳动增加收入。有时候在街上还会看到他们组队去购物，像小姑娘一样笑笑闹闹，感觉生活充满希望。有一些在家的老人也会跟着我们种一些南姜或者番石榴之类的作物，我们也会收他们的果，或者教他们怎么去做电商，怎么去卖。

五　收获与遗憾同行

从 2017 年到现在，几年的光阴好像一眨眼就过去了，回想起最开始那个在铁皮房里度过的闷热夏天，那时候也不知道自己还要熬多久，现在回想已经是很遥远的事情。我这个人其实很懒的，以前也很浮躁，在经历了这些事情之后，自己看问题的角度就不一样了，看到什么东西马上就要看门道，就要想到怎么去建标准，用标准去做，能不能用上一些现代化的设备和手段。这段创业经历让我收获了很多，无论是技能上的还是精神上的，像我 2021 年种南姜的时候，几百亩南姜都是我带着那些阿婶把它一点点种出来的，我自己也在地里面晒了一两个月。有人跟我说你做老板了，不用那么拼都可以的，我说这个不行，种东西的时候一定要亲自下地才知道应该怎么种合适，而且你不参与种植的过程，万一出了什么问题，你怎么知道问题出在哪里，怎么去改进呢？那些阿婶有时候很啰唆，种着种着就会种到一起去，可能还会有自己的种植想法，你要守着带着，随时准备把人分开。等她们中午回去了，我还要检查一遍，最后一个收工。平时干活我和她们一样都是从早上 6 点干到晚上 8 点，那时候我们有小挖机、打田机，还有三轮车，她们都不会开，都是我去学了之后再回来自己开。有时候刚开完挖机，把田修了一下，又要用打田机打一遍，最后还要爬上拉肥车给它改土又拉一遍，只要我一停，整个工地就停了，所以我就要一下子从这个车跳上那个车，从那个车跳上这个车，样样都学会了。现在我还有一个无人机没有学，等有机会再学吧，干活干多了是会伤人的。

当然也有遗憾的地方，如果当时在决定做水果产业之前做一定的市场调研，下点功夫去了解之后再种的话，可能会好一点。我到现在都坚定地认为能够有心先去做调研的人才是真正搞农业的，像我们当时其实都有点盲目了，那时候也没想那么多，就只想着把这块地都给它拿下来以后用来做庄园，如果深圳的生意不错的话，这边番石榴种植收益能够维持场地的运转就行了，就备着以后回来养老用。我们真正回来之后才深刻认识到我们当时的想法太危险了，一不小心就能把我们的钱都亏光。当时一口气租的地太多了，一下子拿了有七八百亩地，那时候就想着如果这边做起来的话，旁边的人肯定会跟风，那就会有一个恶性竞争的情况，如果我们把这边的地都拿下来，就可以让他去远一点的地方，避免这种恶性竞争。而且当时想着如果只租一小块的话，万一以后想扩大面积，农户们涨价了不肯租给你也很麻烦。我们俩手里还有闲钱，感觉地租也不贵，就一下子签了 15 年合同，把地全部都拿下来，这就有一大笔钱砸在里面了。当然这个决定有好处也有坏处，我们之前担忧的那些情况确实会发生，租一大片地能够有效地规避这种状况，但前提是你手里面要有充足的资金和人力，你拿这么多地如果不种的话，又会觉得地租浪费了，种太多又会把自己搞得很辛苦。如果我们一开始只是种一部分的话，剩一点地空着，可能就不会那么辛苦。

所以我觉得年轻人返乡创业一定要去做市场调研，去了解你要进入的行业的背景，比如说种地，做农业种植、养殖这块，你要选好合适的品种，去了解该产品的上中下游，包括你选址在哪里做，在哪里种或者是在哪里养。要充分考虑各种因素，太盲目的话真的会很痛苦。我们刚开始的时候还有点钱都已经这么痛苦了，你如果没有足够的资金撑起来的话，随时都会被迫离开。还要客观分析自己的财务情况，可以有大的规划，但是不能一下子贪大，做太多，要做好具体的规划，一点点做。最后就是搞农业一定要赚钱，无论多还是少，哪怕是做小的产业也要一点点先实现盈利，再去做大。

直到现在，我的父母以及家里人都不同意我干农业这一行，尤其我老爸一直都反对，做父母的总归不希望自己的小孩这么辛苦。有一份稳定的工作，安安稳稳地过完往后的日子是最好的，包括一些亲戚朋友都过来劝我，叫我不要去做。父母的心情我也都理解，但没办法啊，既然选择了，就要努力面对，不然被我拖下水的张军怎么办？那些基地里的阿姨怎么办？一起返乡创业的伙伴怎么办？总不能一走了之。头几年那么苦都熬过来了，以后的日子总会是甜的，我也相信往后的日子会越过越好的。

在白鸟之都飞翔的电商追梦青年

受访人：李臣果

访谈人：蓝若嵘

访谈时间：2021年7月14日

访谈形式：线上访谈

访谈整理：郝婉晴　罗志毅

访谈校对：郝婉晴　罗志毅

故事写作：郝婉晴　罗志毅　蓝若嵘

受访人简介：李臣果，1990年生，贵州威宁人，中共党员，现任威宁益民电子商务有限责任公司总经理。2012年大学本科毕业后，曾先后就职于黔东南州教育局、贵州工贸职业学院，2015年创办威宁益民电子商务有限责任公司。采用线上销售的新模式，将威宁土豆、苹果、苦荞、党参等10余种农特产品推广并销售到全国各地，2019年实现公司销售额达1071万元，带动100多人就业。此外，还创办了可容纳50家公司的创业孵化园，目前已孵化10余家企业。李臣果作为迤那镇中海村村委会成员，与村支两委一起带领村民们创建了迤那镇中海村众城合作社，发展种植产业，带动了近百户贫困户脱贫致富。

一　饮水思源以效桑梓

我叫李臣果，出生在贵州省威宁彝族回族苗族自治县迤那镇中海村。威宁隶属毕节市，是贵州面积最大、海拔最高的民族自治县，被称为阳光之城、白鸟之都。由于历史和地理的原因，威宁壮观的自然风景背后却是

图 1　2021 年 7 月李臣果（右下）接受线上访谈

贫困的窘境。威宁是国家重点扶持的贫困县，也是贵州公认最穷的县①，不幸的是我就出生在这贫困县的贫困家庭之中。由于我的父母离世早，我的学习和生活全靠爷爷奶奶以及其他亲人和乡亲们的无私关怀与帮助。打小我就明白，人虽然穷，但志不能短。在自己的不懈努力下，我考上了大学，选择了计算机专业。

正是因为从这样的环境与家庭中走出来，大学期间，我一直告诉自己要学会独立与坚强，经过努力，我也的确成了这样的人。为了减轻家中的负担，我一边上课一边勤工助学，特别是从大二开始就寻找各种途径打零

① 2019 年毕节市地方政府部门数据显示，威宁 2019 年累计实现地区生产总值预计为 260 亿元，按 2018 年末常住总人口 129.18 万人（官方统计）计算，人均地区生产总值为 2.01 万元人民币，按 2020 年平均汇率计算约合 0.29 万美元，远低于全国人均地区生产总值（约合 1.03 万美元）水平，排名毕节市全部区县末位。

工补贴家用。我发过传单、做过销售、当过婚礼司仪，跟着校友做设计、出策划，也学着充分发挥自己的优势，跟着老师设计一些会用到数据库、C 语言、Java 语言等专业知识的门户网站。同时，为了锻炼自己我还在学校担任学生干部，可以说，这些活动和工作丰富了我的课余生活。一路走来，我开始慢慢学着接触社会，试着养活自己，承担起家庭的责任。

“念念不忘，必有回响”，或者可以说，努力付出就一定会有回报。2012 年，我大学即将毕业，因为品学兼优，学院领导将唯一到黔东南州教育局实习的机会给了我。实习过后，我也正式入职，在黔东南州教育局一待便是两年半。可落叶终要归根，更何况家里人还那么需要我。于是，我放弃了黔东南州教育局的工作，报考了地处我家乡的贵州工贸职业学院，并且成功得到了在该校担任教师的机会。应该说，当时的生活还算惬意，有一份稳定的工作，有一份固定的收入，离家近还方便照顾家中老人。然而，后来的经历却使我渐渐改变了最初的想法。

机缘巧合之下，担任教师的我有幸带领 300 名学生前往东部沿海发达地区进行校企合作以及相关的实践锻炼。从广州到深圳再到东莞，我在珠三角进行学生实践管理的同时也被这里的氛围感染。当踏入这片充满生机与活力的土地，我就深刻地意识到，这里浓厚的创业氛围和敢闯敢拼的精神深深吸引了我。在管理学生的半年时间里，我定期对每位学生进行回访，也会向企业家询问学生的相关状况。我是一个比较爱沟通的人，因此除了和学生们谈些上班要求、安全以及思想动态等常规话题外，我还会和企业家们聊一些其他方面的事，比如他们的学习经历、创业经历、心路历程等等。

这些企业家大部分与我年龄相仿，家乡基本都在云贵川这些欠发达地区，他们当中有的人之前是老师、校长或公务员，但都因为看到了珠三角庞大的市场，被这里自由创业的氛围和优惠的政策吸引，选择了自主创业。在那段时间里，我和他们逐渐成为朋友，经常畅想未来，我也重新规划着我的未来。大学毕业之初，我也曾梦想创业拼搏，但还是听了长辈的话，选择在安稳的体制内工作。与这些企业家的交谈很平淡，但每一句都使我当初的梦想重燃。是啊，有那么多人放弃“铁饭碗”出来闯荡，我为了心中的梦想，又怎能不拼一把呢？

从珠三角回到家后，我毅然辞去了工作，开始创业。然而，创业的想法很快遭到了家人的否定，在老一辈的认知里，念书、读大学，就是为了找一份安稳的工作，当个教师、做个公务员是再好不过的选择了。但是我心中有梦想就要去实现，与其安稳地度日，我更希望能实现自己的社会价值。因此，我并未动摇创业的决心，很快就踏上了创业征程。

二　筚路蓝缕以启山林

想法很简单，做起来却是无比困难。我首先要面对的是“穷乡僻壤”的现实情况，没有指导、没有平台、没有渠道，更没有人才和资源。我两手空空，只有一个想法和满腔热情。既然要创业，就得从无到有，就得做能填补家乡空白的产业，能解决家乡问题的产业，能满足家乡需要的产业。于是我开始分析威宁县的市场环境，这里不同于广州、深圳这些一线大城市，它的经济体量很小，分布也不均衡。而我一没资金二没基础，要想创业成功，不仅得运用好自己的专业知识，而且所选的创业行当在本地最好也不要有太大的竞争。

经过一段时间的调研，我从作为一个土生土长威宁人的实际出发，最终选择了电子商务的创业方向。这是因为绿色农产品的社会需求量很大，而威宁盛产优质农产品，只是缺少外销渠道，如果充分利用互联网搭建起二者的桥梁，就能有效地实现供应与需求的对接。确定创业方向之后，我开始踏上了选择主打特色农产品的道路。威宁的特色农产品很多，我无比希望能把每一种都卖到大山之外。为了寻找代表威宁特色的农产品，我开车走遍威宁 41 个乡镇（街道），最后选定了威宁苹果作为主打的特色产品。一方面，威宁平均海拔高，日照时间长，苹果呈自然糖心状，甜分大；另一方面，我自己家就是一直在种苹果，所以我对于苹果的品质非常有把握。在此之后，我又继续拓展了家乡的特色农产品，如土豆、苦荞等。这些农产品品质都是极佳的，只不过没有销售渠道，也没有稳定的市场和产业，无法走出大山。

我一心希望能通过电商帮乡亲们卖出更多优质的农特产品，要想如此，品牌和质量至关重要。于是我注册了最初的公司，名为“威宁益民电子商务发展有限责任公司”，这个公司也成为当时当地第一家电子商务公司。然而，在当时（2015 年），就连本地工商联的同事也不理解电商是什么，我只详细地向他们解释，甚至公司的经营范围都是自己写的。

注册公司为我们品牌的创建做好了铺垫，经过一番思索，我给它取名为“浓忆甜源”，这也是希望自己能一直怀有感恩之心，感谢抚养我的亲人，感谢帮助我的朋友们，感谢资助我的社会爱心人士们。所谓“浓忆甜源”的“源”，不仅是指美味的源头，同样也是指幸福的源头，希望能让人们时常懂得感恩、享受美好、记住生活最初的味道，希望产品本身能够传递真情，让品尝到我们产品的顾客能够睹物思人、睹物思亲。“一山一气候，十里不同天”，“山前下大雨，山后艳阳天”，威宁分散的土地和多样的气候让农产品只能靠劳动人民“纯手工打造”。因此，我希望能够用最原生态的种植方式，为客户提供最本真、最优质的绿色有机食品。

然而事情进行得并没有如我所期待的那样一帆风顺。生鲜产品不像标品，不由统一标准的流水线生产，质量免不了有好有坏，这就导致了相当麻烦的售后问题。比如土豆包装发往广州，物流得四天才能到，可四天以后土豆明显就不新鲜了，还有部分磨损破坏的问题。此外，从威宁到广州，温度会从十几度上升到三十几度，高温情况下，封装在纸箱内的土豆很快就会发芽。在大家看来，发芽土豆是有毒的，怎么能吃呢？但事实是我们威宁作为“马铃薯之乡”，有专门的脱毒中心将薯种脱毒，土豆即使发芽，也完全可以正常食用。但即使我苦口婆心地跟客户解释，绝大部分人仍然不会相信，认为发芽的土豆还让他们吃，我恐怕是个唯利是图的奸商。结果接连不断的负面评价直接拉低了店铺的动态评分，销量急转直下，甚至到后来土豆陷入了滞销的状态。

就这样，眼看着自己好不容易有了点起色的电商生意又没了销量，我内心满是懊悔、伤心和难过，更担心辜负了乡亲们对我的信任。但我知道，我不会放弃，更不能放弃。为了提高销量，我开始把重心转移到品控，从内包装到外包装改良更新，不能再出现严重的压伤、碰伤。同时在产品质量上更加严格把控，重新申请店铺，远赴农业生产基地达成合作协议。

眼看情况正要转好，却又一次遇到了麻烦。合作社要求要有一次性大批量的单子，可是面对完全空白的电商环境，从老百姓到合作社农场主，再到快递公司都需要我一一联系。我自费把合作社的农产品一车车运到县城的仓库里，因为没有经验，更因为 2015 年时没有冷库，损耗成本巨大，加上昂贵的物流成本，最初的几万块资金很快便亏损殆尽。

在精神与经济的双重压力下，最初的7个合伙人渐渐难以支撑，迫不得已相继提出要离开。听着他们一句句“李哥，我快撑不下去了”，回想大家日日夜夜的埋头苦干，回想大家共同创业之初的义无反顾，正是他们长期以来的支持和鼓励才有了我的今天，我决不能辜负他们最初的肯定与信任，即使他们要离开，即使我承受着和他们一样的痛苦，我也愿意给投资失败的大家打下欠条。大家一起经历过创业的艰苦，如果有成功的那天，就算最后只剩下我一个人，我也不会忘了大家，我也要和大家分享成功的喜悦！就算单枪匹马，我也会继续坚持！

有句话叫“功名多向穷中立”，亏损过后的一段时间里，我保持冷静，自己尝试做些最简单、最基础的业务，积累经验。一个人下单、一个人打包、一个人发货，一天3单、5单、10单……销量在慢慢地恢复。同时，我也耐心地寻找外地性价比高的化肥、饲料，通过发展业务，一方面降低乡村老百姓的生产负担，另一方面积攒东山再起的资本。

那些日子里，我因为缺钱，只能把在县城里租的房子退掉，能退几千就退几千。为了减少日常生活开支，我每天到离公司最近的公厕，匆匆洗漱后又赶忙返回公司工作。威宁昼夜温差很大，夜晚在拥挤的车座上入睡的我时常被冻醒。可即便如此，我也始终咬牙坚持，从未想过要放弃。幸运的是，在这最艰难的时刻，多亏威宁的创业扶持政策，我们办公地点的房租可以减免大半，还不需要缴纳网费，这大大减轻了我的负担，缓解了我许多物质和精神上的压力。

然而，孤军作战始终不能做大做强，要发展就必须重新组建团队，于是我托在广州、深圳、杭州等沿海发达城市发展的同学、朋友，请他们寻找在外务工，尤其是从事电商工作的威宁老乡们。可苦苦等待了几个星期，符合条件的人一个也没有打听到。又过了一个多月，终于找到了一个在深圳做电商，发展也比较好的云南曲靖人。考虑到威宁本地没有做电商的人才，而他有运营网店的经验和能力，我立马拨通了他的电话，想办法说服他回乡创业。

好不容易联系上了，他首先问了我三个问题：“快递费多少钱一单？本地有多少人从事电商？你们做的什么产品？”我的回答未能让他满意，在他看来，当时在深圳两三公斤的寄件所需要的快递费也就两块钱左右，但在我们家乡，连交通都是问题，怎么可能做得起来电商呢？更重要的是，他指出威宁根本没有成熟的电商供应链，因为电商不同于普通的超市门店，它需要完整的产业链，单靠我们去构筑明显是不现实的。

他那番话虽不顺耳，却也恳切，穷乡僻壤哪有什么创业的土壤，身边的亲戚朋友都说我像个创业的“亡命之徒”，纷纷劝我：“赶紧回学校教书去吧，哪怕到广东打工都好，不至于像现在这么难。”但我并没有把这些苦放在心上，不经历风雨，哪会见到彩虹呢？我得挺住才能扭转乾坤！我时刻注意冷静分析，清醒地思考怎么寻找渠道，怎样把自己的路走下去。

正是在这样的困境中，真情才愈显可贵。记得一天有个朋友来找我叙旧，他发现我有一些不对劲，很快就猜到我遇到了困难。但他也了解我向来不爱麻烦别人，所以他悄悄联系了其他同学，他们一起开着玩笑跟我说：“咱们哥几个有闲置资金，想要投资你！”我心知肚明，咱们农村打工人，哪有什么闲置资金来投资啊！不过是找个名头想帮我。看着他们一个个把 3000 元、5000 元、8000 元、10000 元转账给我，我心里除了感动还是感动。大家都不容易，他们的帮助更坚定了我的决心，我一定要怀揣这份感动继续奋斗！

被那个云南曲靖人拒绝后，我又软磨硬泡了小半年，还专门安排了一个朋友经常与他联系。到 2018 年临近春节的时候，他要回云南老家过年，我抓住时机，果断出手，把他邀请到威宁，出钱给他租房子，保证给他每月 7000 元的底薪，给他提供住宿并包伙食，打出“底薪 + 股份 + 提成”的连环组合拳，终于用了半年时间争取到他一起创业！之后，我又下血本，采取保障底薪、包吃包住、持股分红的策略，从沿海再次争取了一个从事电商的老乡回来一起创业。后面为了继续壮大团队，我四处挖掘人才，终于在省城的传媒公司、广告公司发现了两个威宁本地的平面设计人才，以同样的方式吸引他们加入了团队。

除了从外面引进人才，我还下决心自己培养人才。淘宝大学①设有电商培训的系列课程，报名费接近 10 万元。我承诺只要与公司签订三年的劳动合同，就能够到淘宝大学学习一年。学习期间，员工一个月的大部分时间都在淘宝大学学习，其余时间回公司工作，学费、往返的旅途费等所有

① 淘宝大学是阿里巴巴集团旗下核心教育培训部门。

费用都由公司报销，这样前后一共培养了3名员工。为了培养人才和留住人才，我不惜投入大量资源，因为我坚信人才对公司成长是最重要的，哪怕再困难我也要坚持去做。

2018年下半年，终于熬过了最艰难的时期，我开始重新销售特色农产品。但在当时，威宁民众对电商行业还是十分陌生。于是我主动找到一些农户，说要帮助他们卖土豆、卖苹果，可他们不那么情愿，说必须要付现金才愿意，这还是其一。其二，他们觉得我们做电商的对产品太挑剔了，他们认为大大小小、有虫有眼也无所谓，反正都能吃得健康。为了获得他们的信任，让农户们转变这种观念，我用高于市价10%～20%的价格收购他们的土豆和苹果，让他们感受到电商带来的切身实惠。久而久之，农户们也看到了我们的诚意，逐渐主动把土豆和苹果送到公司，也慢慢明白外面的市场需要高质量的农产品，需要注重口碑与品牌。终于，在一段时间的努力下，我们公司逐渐走上正轨，业绩不断攀升。

三　巧借东风以谋发展

2020年是全面建成小康社会目标实现之年，是全面打赢脱贫攻坚战收官之年，在这一年里，我们借助国家消费扶贫的东风，突破了1000万元的销售额。突破1000万元在广州可能不算什么，但在毕节市可是破天荒的事情！

早在1988年，中央就在毕节市设立了开发扶贫、生态建设试验区，后续安排广州市对口帮扶毕节市。从广州市来的干部工作作风务实，我们对此深有体会。丁伟是负责扶贫工作的挂职干部，挂职威宁副县长，我们的扶贫团队和对口帮扶组就由他负责。一个从大城市来的挂职干部，晚上十一二点还会亲自打电话给我们，帮助我们总结工作经验。对口帮扶组也会三天两头地关心我们，帮助公司联系销售平台，比如广州市的东州农会、依山傍水、华润万家等等，一年下来打通的销售平台有将近30个，而且都是固定的大渠道。除此之外，我们还联系到了采购单位，例如工会。对口帮扶组还组织推荐我们到广州市参观学习，例如我就参加了去年的广交会。

在对口帮扶组的帮助下，我们公司一下子成长了起来，员工从十来个人一下变成了二十几个，规模几乎扩大了一倍。2020年又恰逢直播火热，丁伟副县长亲力亲为，带着队伍到我们公司练台词、录视频。在直播当天，我们还连线了广州市的大主播，一起帮助销售公司的农产品。直播一共有 5 场，丁伟副县长每一场都在尽心尽力地为威宁农产品直播“带货”。经过对口帮扶组的努力，我们打通了大量销售渠道，甚至有段时间我们威宁土豆的广告都打到广州塔上了！在对口帮扶组的推动下，威宁县政府还出资为我们打造了统一的土豆和苹果的特制包装，不仅为我们节约了一大笔费用，还提升了品牌独特性。我时常和同事们感叹，我们可真是“风口上的猪”啊！

在接受帮扶的同时，我也不忘主动谋求发展。2019 年，我参加了第六届中国青年创新创业大赛[①]，经过层层选拔进入了决赛。进入决赛后，大赛主办方开展了很多针对创业青年的培训。经过一段时间的培训，我逐渐意识到电商要想吸引更多的客流，开拓更广大的市场，一定要把流行的短视频利用起来。

图 2　2019 年李臣果参加“青创杯”大赛

因此，回到公司后我立刻开始了自媒体营销方向的发展布局。经朋友介绍，我了解到威宁有一个 3 人团队，从事内容营销，主要是在今日头条

① 中国青年创新创业大赛首办于 2014 年，旨在搭建创业者展示成长平台、投融资对接平台，建立青年创新创业项目库、人才库、导师库，优化青年创业环境，提高青年创业成功率，激发全社会关心青年创业的热情，促进青年创业就业服务体系建设。

平台上发布视频、文章。这引起了我极大的兴趣，我们公司想要拓展自媒体方向，不正是需要招揽这样的团队吗？于是我立马向他们表示收购的意愿，最终通过出让30%公司股份收购了整个团队及其内容渠道。收购后，团队依旧独立运行，在抖音、今日头条等短视频平台打造和推广我们公司的品牌，简单说就是“带货”。我安排他们在田间地头直播，吃穿用住都在山上和果园里，专门宣传公司的土豆、苹果等农特产品。在这个过程中，我们逐渐积累了自媒体平台运营的经验，也拓展了这方面的业务。

在我们公司的不断带动下，威宁已经有10多家电商企业在萌芽发展，作为创业的过来人，我开始想着如何帮助它们，实现合作共赢。这10多家企业中既有传统电商，也有自媒体电商。起初，我会主动分享一些经验做法，包括如何开发产品、如何营销等等。后来我成立了一个电商联盟，联盟成员经过协商确定了统一的经营标准和供应链管理流程，帮助成员企业节约运营成本。比如就运输而言，由于地形原因，威宁对外交通不便，运输成本非常高，如果10多家电商各自为战，那么很多刚成立的小企业是吃不消的。但在集中起来后，我们可以采用统一的仓库储存，统一打包、统一发货，从而提高议价能力，让我们有与快递公司谈判的资本。10多家企业每天的发货量最低不会少于2000单，统一“口子”后，我们可以选择运费最低的快递公司，从而大大降低单个企业的快递运输成本。坚持了两年以后，县政府主动找到我们，为我们挂牌打造创业孵化基地。又过了一年，我们公司被评为市级创业孵化基地、省级就业扶贫基地。能够带动家乡的人顺利走上创业致富的道路，摆脱曾经“一穷二白”的困境，我的心里特别有成就感！

四　闯关夺隘以创未来

回顾我的创业“血泪史”，还是能总结出来几条经验的。一是一定要利用好国家的大环境。在寻求市场时首先要关注国家的政策背景，比如我们国家现在的乡村振兴战略，如果选择回乡创业的话，就一定要寻找相应的政策作为支撑。二是要善于洞察商机。以我自己为例，我之所以能够在威宁把电商企业做大做强，在很大程度上是因为当时本地根本没有人从事相关行业，这是一个市场的空白点，而社会对农特产品尤其是优质农特产品的需求很大，恰好威宁最不缺的就是高质量、原生态的农特产品，只是缺少外销的渠道而已。而我正是借助互联网实现弯道超车，填补了这个市场空白，才能够取得今天的成绩。三是要把握机遇。现在很多年轻人有这样的想法：要等着有条件了再去创业。可我认为条件是要靠我们自己创造的，是在自己努力奋斗的过程中形成的，机遇需要我们做好充分的准备才能够把握住。四是要学会财务管理。这是高效经营的重要前提。我认为财务管理不应该把金额大小区分得太细，小到几万元，大到几千万元，只要有业务、有销量，就必须要求自己公司的财务管理能够井井有条。五是一定要有团队作战的思维。要学会找到一群志同道合的伙伴共同创业，哪怕没有经验、没有能力，但在摸爬滚打中始终能够得到历练。

这一路走来，我从大学老师变成了电商公司的老板，从乡亲们眼中稚嫩的追梦青年成长为值得信任的创业先锋。我从不后悔我所做的决定，在经历重重苦难的时候，我也从未想过要放弃。带领乡亲们脱贫致富，让绿水青山“触网”，让金山银山“接单”，这就是我的“梦”，这既是我的初心，更是我的使命！这条路，我会一直走下去！这个梦，我也会一直追寻下去！

一位返乡女大学生的养猪致富路

受访人：丁　玉

访谈人：丁　菊

访谈时间：2021 年 7 月 28 日

访谈形式：线下访谈

访谈整理：丁　菊

访谈校对：丁　菊

故事写作：丁　菊

受访人简介： 丁玉，女，汉族，贵州湄潭人，中共党员。1988 年生，大专文化，2011 年于山东畜牧兽医职业学院毕业后在外打工一年，2012 年返乡创业。近 10 年间，她通过不断探索生猪养殖技术，引领村民逐步走向养殖行业，稳抓养殖行业红利期，最终借助“农超对接”“农校对接”的模式，带动了周边农户 16 户约 70 人稳定致富，累计带动农户创造财富 1000 多万元。2016 年当选为遵义市第五届人大代表，2020 年被选作沙塘村乡村振兴村级领军人才培养对象，2020 年 12 月接受 CCTV－17 农业农村频道《田间示范秀》栏目的邀请，在当地拍摄了以养猪技术为题材的《断奶小猪保命战》节目。

一　雄心壮志上学堂，情系桑梓返家乡

2008 年，我高中毕业，填报高考志愿的时候，我毅然选择了畜牧兽医这个专业。因为受家庭环境的影响——我的父母长期从事生猪养殖行业，加上我不是那种喜欢平淡生活的女孩子，我像我的父亲一样拥有敢闯敢拼

图1　2021年7月丁玉（右）接受丁菊（左）线下访谈

的精神，从小梦想着能成为一名企业家，梦想着拼搏出一番大事业。我觉得继承父亲的事业并且壮大它，才能够实现我的企业家梦。因此，我选择读畜牧兽医专业。经过千挑万选，我最终选择了北方的一所学校。直到我去上学的那天，我的心情都非常激动，因为我觉得我离我的梦想一下子近了许多。

我的父亲陪着我坐了三天三夜的火车，来到了我的大学，那一路也看出了父亲脸上的欣喜以及眼中的期待，因为我知道读这所大学这个专业，同时承载了我和我父亲的梦想。① 三年的大学生活一晃而过，毕业以后我并没有直接回到家乡，而是去了当地的一个猪场实习。因为北方的养殖业比较发达，当时我进的这个猪场规模比较大，设施也比较齐全，在那里我可以学习到更多养猪技术方面的知识，为我以后走向养殖行业打下一定的技术基础。

毕业实习时，我服从学校安排进了山东的一个猪场实习单位，在那里实习了一段时间。我一直有一个想法，我想把学到的技术、知识带到我的家乡，希望我的家乡在养殖方面也能赶上大城市。本来我的父亲也在从事这个行业，但是当时迫于环境、技术等方面的原因，发展举步维艰。而且，不只是我的父亲，在我家乡也有很多这样的创业者，想要留在家乡发

① 资料来源于对故事叙述者的非正式访谈。

展，却受环境或者技术条件的限制，所以我当时就在想：我能不能在实现自己梦想的同时也为他们做点什么？这样一想，就更加坚定了我回乡创业的想法，实习不到一年我就辞了职，回到家乡。

二　理想现实背道驰，不知梦想在何方

从学校毕业的时候，我满心欢喜觉得自己有一身本领待发挥，但是，当我真正回到家乡之后，现实问题让我十分头疼。我发现家乡在生猪养殖这方面的条件和我实习的那个大猪场的完全不一样，那个养殖场规模化发展，技术、设施都非常先进，但家乡现有的生猪养殖完全处于一种散养的状态，全村找不到一个像样的、稍微成形的猪场，和外面的养殖场始终还是差距太大，没有很大的借鉴价值。虽然说养殖技术是相通的，但是在真正的生产经营中，还是有很多不同的。

我想，有可能是因为我在学校学的知识不足，毕业实习时间不长，没有学到真正能够对家乡发展生猪养殖有用的知识，又或者我根本还不大懂得创业并不是只需要有技术就行的。总之，在回乡准备创业的时候，我一筹莫展。

当时，我冷静下来，仔细地想了又想，也许我需要重新找一家更符合我们家乡实际的、有借鉴意义的猪场去工作学习一段时间。于是，我在家里面待了一两个月之后，就选择到贵州毕节那边的一个猪场进行学习，这个猪场在规模上相对而言没有我在山东实习时的那个猪场大，是一个中等规模的猪场，平时的存栏量在两三千头左右。但我能够从中全面、系统地了解相关知识，比如生产环境、经营流程等等，这为我后期发展生猪养殖打下了一个非常坚实的基础。在猪场工作了大概一年后，由于我表现突出，受到了猪场老总的认可，猪场扩建，老总有意让我负责新场地的生产管理。这对于我来说是一个非常大的肯定，但同时，也是一个非常艰难的抉择。一方面，到新的大猪场对我来说是一个新挑战，对于我能力的提升估计也大有帮助；另一方面，我的初衷和本心，是想学习先进的技术，还有当地的一些生产经营管理方法，返回自己的家乡开展生猪养殖，所以这和我的初心产生了冲突。两样对我来说都比较重要，当时我也是比较为难的。

而且在那个时候，我刚好又遇到了我现在的丈夫，他和我一个专业，同样也是那个猪场的工作人员，我们有着同样的志向，于是自然走到了一起。但是我的丈夫是四川人，不是贵州本地人，[①] 又一个现实抉择摆在我眼前，到底是要求他跟随我回我的家乡发展，还是我跟着他去四川过平淡的生活？理想与爱情撞到一起，现实中总是要经历更多的磨难。回想起曾经的梦想，回望着我的家乡，满是不舍与惆怅，有饱含期待的父亲，也有贫苦无望的乡亲。最后经过反复的思考和沟通，我的丈夫跟随我的脚步，来到了我的家乡。带着对未来的期许，赌着自己的人生，我回到了我热爱的家乡。

三　山重水复疑无路，柳暗花明又一村

我放弃了大猪场场长之职，开始了回乡创业之路，但是，这一切并没有按照我们想象的那样顺利发展。返回我的家乡之后，我面临更为现实的问题，比如说筹集资金这一大难题。因为刚从学校出来，工作一年多的时间，并没有很多的资金积累，家里面也没有办法给予我很大的资金支持，幸好当时通过政府的一个妇女小额贷款政策支持，贷到了 15 万元，再通过亲戚朋友借了 15 万元，一共筹集了 30 万元。然后，我用 15 万元建设了一个面积 500 平方米的基础型的猪场，又进了几万元的种猪。就这样，开始了我们的生猪养殖道路。为了更好地观察猪崽儿的生长过程，生怕它们有个什么病影响生长，那段日子我们几乎整天和猪摸爬滚打在一起，我们的生活充满了猪屎味儿……虽然眼前非常艰难，但是我心中满是对未来的期待。

不过，心中的光和热毕竟不能换来紧缺的猪饲料，随着我们购进的猪崽儿一天天长大，我们没有那么多的周转资金，资金出现紧缺，圈舍里面的一些设施也非常简陋。[②] 当时到了冬天，我们修建的猪舍连窗户都没钱安装，只能用一些塑料薄膜来给猪遮风避雨；也没有一张像样的产床，只能从地里收来稻草铺在干净的圈舍里面给母猪接产，所有的开销都尽量降

① 资料来源于对故事叙述者的非正式访谈。

② 资料来源于对故事叙述者的非正式访谈。

到最低。简陋的设备不足以完成生产养殖的全套过程，这就需要人工来补足，人也非常辛苦。因为早期还没有看到效益，猪也还没有出栏，资金十分紧张，我们每天需要进行大量的体力劳动，都是自己亲自去干，比如说搬饲料。又因为没有饲料搅拌机，就必须用洋钏[①]来翻匀饲料，这些需要付出很多的体力劳动，有时候自己身体吃不消，就会感觉非常绝望，总感觉别人都是特别轻松的样子，然后自己陷入了深深的自我怀疑，彷徨又无助。曾经的梦想又一次遭遇了打击，这个时候不要说带领村民致富了，我们连自己的日子都快难以为继了。日子就这样一天一天熬着，熬着狂风暴雨袭击的白天，也熬着四下透风、寒风袭来的黑夜。

就这样，终于熬到了母猪产仔的时候，这个时候就到了资金更困难的阶段了。当时，我们做了一个决定，那就是出售仔猪。我现在依然很清楚地记得当时我们卖的第一批仔猪，每头 30 斤，每头卖了 320 元，当时卖了 3 万多元，这是我们当时的第一笔收入，暂时缓解了一点我们的资金压力，也让我们看到了更多希望，觉得我们只要好好坚持下去，就一定有守得云开见月明的一天。欣喜之余，我转变了思想，卖仔猪的方式让我看到了市场的需求，因为对于我们村周边来说，养殖母猪的人是比较少的，大家对于母猪的养殖技术还不是很了解。我发现销售仔猪这个市场之后欣喜若

图 2　2020 年 10 月拍摄　丁玉的种猪养殖场

① 洋钏：一种用来搅拌猪饲料的工具。

狂，转头就主要转向繁殖仔猪，主要走向是将仔猪卖到周围的农户家中，让他们来进行仔猪的育肥，这样一方面可以缩短我的养殖周期，缓解前期养殖成本较大的压力；另一方面也是适应市场，可以让繁殖的仔猪有稳定的销售渠道。

四 舍我其谁挑重担，勤劳致富上“高山”

我从进入养猪这个行业以来，其实一开始没有想过我能够带动好多人，我只是希望我自己做好的同时，尽量让家乡的村民有一个就业选择的方向，我力所能及地给他们提供一些生产技术。但是，在做的过程中，可能也是一个契机，我转型到了销售仔猪，周边农户一直稳定做销售仔猪的比较少，他们养的也不是很多，我这边规模也不是很大，就这样维持了一段时间。到 2013 ~ 2014 年，猪价开始变得非常低迷，那时我繁育的仔猪就出现了一个销售瓶颈，没有人来买了，因为本来市场行情比较差，大家都害怕到时候把仔猪养大出售会亏本。

当时对我来说，又是一个很大的困难和挑战。几经思考，我们决定自己主动去找销路，到周边的农户家里动员他们来养猪，当时给他们的承诺是我把我的仔猪赊给他们养，等他们把仔猪养大卖了之后再还我仔猪的钱，如果他们在养猪的过程中出现什么养殖技术上的困难，我们还会全程帮助和支持他们。为了劝说他们来进行生猪养殖，我当时费尽心思动员他们、鼓励他们，给他们做市场分析，说猪价目前来说确实是非常低迷，但是等我们把这批猪养大时，猪价估计也会达到一个合理的价位，大家应该不会亏损。

其实，我当时也没有底气说猪价一定会涨，但我觉得这个时候不能让这些农户对养殖寒了心，我也是在赌，当然最坏的结果就是有可能我赊出去的这批仔猪回不来本或者直接亏损，但我当时的一个信念就是我一定要带领大家一起渡过这个难关，在这种关键的时候我一定不能辜负曾经相信我的父老乡亲们。当时一共动员了七八户农户，每家养几十头猪，都没有要成本，都是赊给他们养。后来在他们养殖的过程中，我们也提供了很多帮助，因为对他们来说在养殖技术上仍然存在一定困难，当然不仅在技术上，在养殖的原材料上我也给他们严格把关，采用统一进料统一质量这个方式。如果在养殖的过程中有猪出现生病的情况，我也会教他们如何处理，教他们如何打针、怎样配药这些基本的养殖技术。在把小猪赊给他们养之后，我心里面想的就是一定要为他们负责，因为我是真的不想让他们失望然后亏本，所以从把猪赊到他们手里之后，我也在一边谋划生猪的销售问题，一边关注市场动态。当时我就发现，生猪的价格与市场上的肉价相比，差额还是挺大的，猪肉并不是很便宜，中间的差价还是很大，只要减少中间的销售环节，也就是中间的流通环节，就能把毛猪的价格提高，提高我们养殖户的利润。

我将要攀爬的第一座“高山”，就是实现“农超对接”。于是，我开始寻找销路，开始变通思路，比如去超市宣传介绍。经过反复尝试，终于有一家超市给了我们一个机会，给我们一个做鲜肉销售的试点。我们当时与超市签订了一个合作协议，初步实现“农超对接”。[①] 后来，当我们赊给农户的那批猪长大时，市场价格确实开始回升了，而这个时候我们也有了一个稳定的销售渠道。所以当时和我们合作的第一批农户都赚了钱，因此他们也提升了信心，也开始有了一定的经营热情，于是他们有些放下田间地头的农活，开始全身心投入到养猪这个行业中来，逐渐发展到专业养猪的农户有 13 户。当然这 13 户当中，有 5 户是贫困户，在我们脱贫攻坚期间，也是在贫困台账内的，对于他们来说，养猪给他们带来的改变是很大的，他们看到了很大的希望，像养猪养得好的，基本上年收入能够达到 10 多万元。大家看到这个效益还不错，都纷纷对自己的圈舍进行升级改造扩建，周围其他的农户受到影响，也纷纷加入这个行业，固定养殖农户达 16 户，在我们当地总的养猪量是比较大的。这样一来，我们村的养殖群体开始规模化发展，作为带头人，我将这些农户组织起来，搭建了一个平台，正式形成一个规模化生产、规模化销售模式，最后还成立了“盛世农户养殖有限公司”。在搭建好这个平台之后，我们在采购原材料时形成集中采购模式，原来我每个月只采购 20 吨，现在我每个月要采购 50 吨或者 60 吨，我拿到的价格也能得到很大的优惠。另外，从销售环节看，我们有了更大的体量之后，能够更好地去和市场对接，也有稳定的货源。

紧接着，我积极攀爬第二座“高山”，就是实现“农校对接”。在当地

① 资料来源于对故事叙述者的非正式访谈。

政府对全县学校食堂的猪肉配送进行招投标竞选商家时，因为我们有养殖平台和资源，有足够的底气，所以开始积极准备相关材料，最终经过激烈的竞争，我们公司与另外两家公司共同竞选成功，我们公司成为全县范围内为所有公立学校配送猪肉的三家公司之一，初步实现“农校对接”。在区域范围内，我们的盛世农户养殖有限公司在一定程度上达到了一定的平衡，也具备了一定的抗风险能力，村民得以稳定地增收致富。其实在这个过程中，无论是对村民来说也好，对我自己来说也好，我们都是一个共同进步的关系，这个过程是一个不断实现自我、不断超越自我的过程。[①]

五　敢为人先勇担当，无私奉献履使命

致富带头人，首先要有敢为人先的担当精神，以及大公无私的奉献精神。因为在农村，大多数老百姓会比较趋向于求稳，所以在产业上都追求稳定，不敢做大胆的尝试，因而自然就会错失一些机会，得不到更好的发展。但是，如果有人来带个头，领先大家一步去尝试这些，大家看到相应的结果之后就会相继参与其中，所以致富带头人应该有一种敢为人先的担当精神。同时，也需要有奉献精神。自己在某个领域进行深入探索，取得了一定的成果之后，首先想到的应该是回过头来看我们的农户和身边人，给予他们力所能及的帮助，达到共同致富的目的，这就要有奉献精神。2020 年，我加入了我们村委会工作，通过这个平台，我能够更多地去和群众进行沟通交流，鼓励他们做更多的尝试，然后在自己发展的产业上慢慢走好，发展好。通过这样面对面的交流和分享，很多人对产业发展更加有了信心，对未来发展也充满了希望，这是致富带头人本应该有的初心与使命。

在致富成长的过程中，我遇到了很多困难，但是每当遇到困难的时候，我都会得到政府或者周围人的帮助，所以我特别感激。我希望通过我的一些经历，去影响更多的人，通过分享自己的故事给他们一些启示。干成任何一件事情，目标一定要坚定，你只有明确了你要走的路，别人才会来给你指路，才会来给你让路。就像我们在养猪的过程中，从前期没有人

① 资料来源于对故事叙述者的非正式访谈。

了解、没有人晓得，到逐渐有人了解我们做的这个事情，逐步认识我们、对我们产生信任，到最后给予我们一定的支持。就像我们当地政府和村委会，最开始的时候对我们也没有太多的支持，但后来我们坚持的时间长了，养殖量逐渐扩大之后，他们开始关注到我们年轻人确实是认真地在做这个事业，所以逐渐给了我们很多资源，给了我们很多帮助，无论是在宣传上还是在政策上的支持力度都比较大。比如我们在资金周转特别困难的时候，我们村委会干部主动联系当地一家银行给我们协调了 20 万元的贷款；后来了解到我们圈舍紧张的情况，他们又主动向上级申请，给予我们进行改扩建的政策支持。

政府各部门对我们也是非常关心，在精神和政策上，都给了我们很大的支持和鼓励。也是在那时，他们推荐我参加村民委员会的选举，我最后成功当选。我也主动向党组织递交了入党申请书，经过党组织考察和我自己的努力，我加入了中国共产党。2016 年，当地政府推荐我参选遵义市第五届人大代表，我也成功当选。社会对我们的支持也比较大，像银行对我们的贷款支持，他们会定期给我们宣传一些贴息政策等优惠政策。还有饲料行业，也给了我们很多技术上的支持，包括在采购的成本上给我们很大的优惠，对我们养殖技术的提升，也起到一个促进的作用。亲戚朋友也给了我们一些精神层面上的支持和鼓励，在最开始猪肉价格最低迷的时候信任我，同意我把仔猪赊给农户。

所以，我是怀着非常感激的心在做生猪养殖这个行业，也是大家的支持让我找到了坚持做下去的理由和动力。从本心来说，我是想让父老乡亲们都能过上好日子，不用在外奔波劳碌，在家就能把钱赚，我觉得这就达到了我最初的目的。作为致富带头人，我扮演的角色就是富有使命感且能够整合所有可利用资源的人。村干部身份，给予了我平台并且增强了我的责任感。人大代表一职，让我把群众的心声和大家的问题进行收集整理，然后尽可能地去帮助大家反映。我认为这些都是相互促进的，因为有了责任，所以我通过一定的平台，利用资源来履行我的使命。

新时代背景下，返乡创业将成为一种常态。我们现在进入农业现代化快速发展阶段，需要更多的知识分子、年轻人、有技术的人到农村来进行农业生产，提高农业生产的效益，传统的农业生产已经满足不了我们当下的效率要求了。作为一名大学生，回到农村从事十多年的农业生产，对于我来说，更多的是一种挑战、一种跨越，也是一种适应。现在来农村搞生产、搞养殖，并不是说我们要回到过去的一种生活方式，而是我们要把现代生活方式带到农村，在农村同样也要进行现代化建设，从新型农民这个角度来提高我们农民的素质，来提升生产效率。

我认为在农村创业，搞农业，首先还是要求一个“稳”字。不能大规模地进行投入，前期如果投资过大，全部都压在了前面，后面的市场经营不能得到相应的反应的话，就很容易走到创业的尽头，很难走出困境。搞农业生产一定要持续、稳步前进，逐步进行投入，在能够看到市场回报的时候再来逐渐扩张。而且现在的养殖行业，公认是一个高风险、高门槛的行业，投资也比较大，并且它的收益受到市场和资本因素的影响，非常不稳定。但是，掌握市场规律，同时有一个具备市场经营能力、市场管理能力、市场开发能力的带头人带领，它将是一个稳定的行业，因为它遵循市场规律。如果从长期性角度看待市场对它的影响，都不会是致命性的，只要合理调配经营，还是能够稳定有序进行发展的，这或将成为新时代、新征程的新选择。

带头是因，致富是果。做时代的先锋，党的模范，不忘初心使命，大踏步奋力走向我们共同的新征程，未来可期！

把益肾子做大做强就是我的信仰

受访人：黄俊添

访谈人：罗浩奇

访谈时间：2021 年 5 月 31 日

访谈形式：线上访谈

访谈整理：梁嘉俊

访谈校对：黎明霖　赖启豪

故事写作：黎明霖　罗浩奇

受访人简介：黄俊添，男，汉族，1988 年生，广东佛冈人，大学文化，佛冈喜莱益肾子种植专业合作社创始人，观山村党支部书记兼村主任。黄俊添通过推广益肾子种植技术、制定品质标准、注册商标、申请专利、品牌宣传等一系列方式，促进当地益肾子产业繁荣发展，带动周边近 700 户农户参与益肾子产业，帮助 50 户贫困户脱贫致富。2019 年，观山村益肾子项目成功入选广东省首批“一村一品”项目。2020 年 6 月黄俊添当选村党支部书记后，带头修了 2 条水泥路，盘活山林 1000 多亩、耕地 400 多亩，拿到国家级电商物流服务站牌子，创建清远市基层党建示范点，为观山村乡村振兴做了很多值得称赞的实事。

一　满腔情怀毅然弃商成果农

我的家乡，位于广东省佛冈县石角镇观山村，距离县政府 3 公里，离镇政府反而要远一点，有 4 公里，是佛冈县的后花园。因为生态条件良好，村庄有着种植柑橘的传统，2010 年的时候我们县已经种植了砂糖橘 17.6

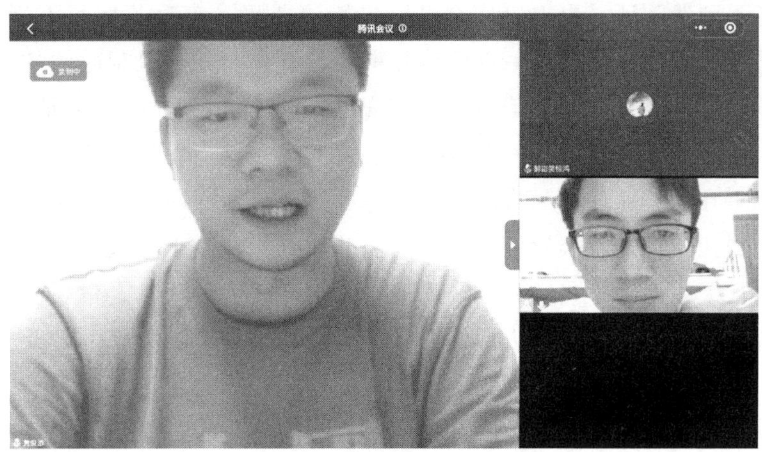

图 1　2021 年 5 月黄俊添（左）接受罗浩奇（右）线上访谈

万亩、皇帝柑 30 万亩。但前几年由于柑和橘全面患上黄龙病[①]，需要更好的产业来替代。我们家族种植益肾子[②]已有 30 多年历史，我爸在村里种植益肾子也有 20 多年，最开始的时候是他引导村民种植益肾子，益肾子后来才逐渐成为村庄的主导产业，现在我们观山村的益肾子种植面积已经超过 3000 亩了。

我是 1988 年生人，2010 年大学毕业，毕业两年后，就是 2012 年在广州开物流公司，主要是做面向欧美、东南亚、非洲的国际物流。在 2015 年的时候我确定要返乡创业，2016 年开始布局和投资益肾子产业，2018 年正式返乡成为一名益肾子果农。

我回乡从事农业并不是突发奇想，这与我父亲有一定的关系。我爸很早就“下海”经商，以前在珠三角打过工，也在从化那边当过卖猪油的小商贩。以前是只能写信的，当时他连写封信寄给我妈都不会，做小贩生意又容易被别人骗称[③]。我家 1990 年买了小四轮，但因为我爸没有文化知

① 黄龙病：柑橘黄龙病又称黄梢病、黄枯病，是由亚洲韧皮杆菌感染而引起的、发生在柑橘上的一种毁性病害，会严重影响柑橘的产量和品质，甚至造成柑橘树枯死，目前柑橘黄龙病不可治，但可以从各个方面进行有效控制。——编者注

② 益肾子：学名厚鳞柯，又名捻碇果、辗垫果，属于壳斗科柯属的一种，是生于海拔 900 ~ 1800 米山地常绿阔叶林中的乔木，高 10 ~ 20 米，花期在 4 ~ 6 月，果在 10 ~ 12 月成熟，主要分布于广西南部、云南东南部、广东、海南、越南北部。——摘自田甜、史金华《壳斗科柯属及厚鳞柯植物资源研究现状及展望》，《食品工业》2020 年第 4 期。

③ 骗称：商贩在称量货物时故意谎报重量，交易过程中缺斤少两。——编者注

识，考不到驾驶证，也不怎么会开，只能请司机，车过了期也不懂年审。这一系列的经历让他知道一定要读好书，没有文化知识是很吃亏的，因此他对教育非常重视。我是家族里唯一的大学生，第一个高中生是我二姐，第一个做教师的是我大姐，我哥的发展情况可能差点，但整体来说我家的文化水平在我们家族里是最高的。我爸虽然文化水平不高，但对我们的教育拿捏得比较准，我很感激我爸对我们的教育，让我上了大学。大学对我的影响很大，在大学当中我接触了很多比自己优秀的人，大学相当于一个小社会，让我更懂得如何去做好人生的布局和规划，更重要的是改变了我对返乡务农的看法，加深了我的乡土情怀。年轻人，应该反哺家乡，读书不是让我们多学点知识去摆脱贫困的家乡，而是让我们学会如何让家乡摆脱贫困。如果我们大学生毕业之后都到外面高就了，不想家乡了，那家乡永远是贫困的。我对家乡有很深的情怀，我希望家乡发展起来，把乡村经济带动起来。佛冈县当时很多土地都荒废了，我举个例子，首先是我们村子，很多土地都不种东西了，我家也只是种些番薯、花生自给自足罢了，大家从没有想过利用土地进行规模化种植。村子里很多人都没有好的工作，都出去打工，留下了很多空巢老人和留守儿童，我觉得要解决空巢老人和留守儿童等社会问题还是要从根本出发，村庄要有一个产业，把产业做起来，才会吸引更多年轻人回来，才能解决当地的劳动力剩余问题。

我有创业情怀，很喜欢创业，很喜欢去不断尝试其他新的行业，在稳定的行业待太久是不值得的！2012 年的时候，我手头上只有 2 万块钱。很多人都说物流行业门槛不高，不如自己开公司，失眠了 3 天后我就决定要开公司，于是和朋友一起注册了这家物流公司。我记得当时还有 3 个月就过年了，3 个月里我赚的钱超过了我打工 2 年的收入，这是我小小的第一桶金。在广州发展机会还是很多的，当时的物流行业就是这样，2 万块钱就能租别人的办公室，租别人的车子，买 2 台电脑和打印机，就可以做生意了。我的圈子里就是一帮校友，包括高中同学、小学同学以及他们的一些校友，我通过这些校友的关系拓展客户，在广州前几年创业大部分客户都是来源于校友和朋友，还有旧客户介绍过来的新客户，这个物流公司才做起来。最开始的时候一两个人干，到后面大概有 10 个人在公司做，最高的一年能赚个几十万，最少我们也收入 10 多万，没有亏损过，2016 ~ 2018 年每年我都能赚到 30 万 ~ 40 万。我觉得企业已经稳定之后花太多精力在上面是不值得的，因为有些产业它是有瓶颈的。物流行业就像是葡萄串，家家户户都在做，这个行业门槛太低了，哪天不努力迟早就会被淘汰掉，所以我决定找点朝阳产业去尝试。我尝试过卖酒和卖保险，也在金沙洲投资过定制衣柜行业，跟人家合作，但亏了点钱。因为现在有很多乡村振兴的政策支持，所以我就打算带着新的团队回家乡把这个（益肾子）产业做起来，这也是为家乡做贡献嘛。

另外，我对益肾子的情怀是极其深厚的，本身我也是很想做益肾子这个产业。我家里比较穷苦，我大学第一年几乎都是凑钱去读的。我爸为了供我读书，向亲戚朋友借钱，我大姐也要帮忙去借，到了我大学毕业的那一刻我大姐才说家里终于不用借钱过日子了。当时也有一大部分学费是靠我父母种益肾子和在山上捡益肾子卖钱才交的，以前卖益肾子都是 30 ~ 50 块钱一斤，益肾子刚好是在临近过年的 11 ~ 12 月产收，卖完益肾子就过年，那些钱就可以给我交学费了。益肾子供我读书就学，我也要把益肾子做大做强，所以我对益肾子产生了比较浓厚的感情，对这个产业也是情有独钟。

而且在 2015 年我决定返乡创业的时候，就先在全省做了一个调查，发现在广东没有多少人种植益肾子，就算有，他们也没有专业化地将其视为产业去做。当时我觉得益肾子这个产业有发展潜力，恰逢政府要实施乡村振兴战略，最重要的就是通过产业振兴和人才振兴双引擎来带动文化振兴、组织振兴、生态振兴，人才返乡肯定是要有相关政策支持的。身为一个党员，我错过了支教，错过了开发大西北，自然不能错过乡村振兴这样一个机会，而且振兴的地方是自己的家乡。我父亲是广东省首批乡土专家，他是从 1999 年开始种益肾子的，而且一直种益肾子和砂糖橘之类的作物，属于地道的果农。他种植了很多年作物，是种植方面的高手，保持着全县最高产量纪录，他懂得培育、嫁接等相关农业技术，所以在技术上，我也很有信心父亲会帮助我成为成熟的技术员。

就这样，为响应党的号召，到党最需要的地方去，我就选择了返乡创业，搞益肾子产业。

二　做大做强益肾子产业成为人生信仰

我不是随随便便去搞这种（益肾子）产业的，我回乡是抱着一定的志向的，把益肾子产业当成一生的信仰去做，但也会遇到很多困难，在决定做这个产业之后我是经常性地处于失眠的状态，因为我一直在算益肾子育苗的成本、卖果的成本等等，很多都需要精打细算。在第一年刚开始育苗的时候，为了省钱，搭的是我爸妈用竹子建的苗棚，到了第二年的时候棚子就被台风吹走了，当时造成了一定的损失，刚创业就遇到这种事情，还是有蛮大压力的。

对我来说最大的困难其实是父母的不理解，特别是2016~2017年这两年挺痛苦的，因为我父母一直不理解我（返乡）的做法，经常会闹些小别扭，骂骂咧咧地让我回广州公司，不让我回来。因为在家门口做这个项目，做得好人人都敬仰你，做得不好人人都嘲笑你，像我们这种读了书回到家乡的，很多时候其他村民不理解，觉得这人肯定是在广州混不下去了，才回来村子里面耕田，邻居和亲戚都在说这些话，父母年纪也大了，听不得这些闲言闲语，也很难承受这种笑话，而且他们觉得我是家族里的第一个大学生，在广州都创业成功了，每年最少也有个几十万的收入，有这个收入为什么还要回家乡创业？他们始终觉得我应该留在珠三角，我每次回家他们都会说：广州的公司不用理吗？还是回去吧，明天就回去！只要是看到我了，就算当天不说，第二天也会赶我走。当时我一个月回不了几次家，回家也基本不超过3天，每次一回去他们就赶我走。我当时就很纠结。2012年我开物流公司的时候，其实就很想返乡创业干农业，可我爸妈就是不肯，所以我也花了3年的时间说服我爸妈，他们才让我回来做益肾子产业，也愿意帮我育苗，但不让我扩大种植规模。当时我的益肾子产业规模不大，果园才几十亩，只有一两万棵苗，我父母应付得过来，他们跟我说育苗超过5万棵就不跟我干了，就要罢工。结果我最后成功了，我的种苗从返乡到现在都处于一个供不应求的状态，所以我爸妈现在也大力支持我做这个产业，从以前的反对，到现在让我安心地留在家乡搞这个益肾子，没有怎么赶我回广州了。村里面的人也觉得我挺成功的，这时候他们又有不一样的说法了，他们会说怎么这都能让我想得到，肯定是走狗屎运了，这种人的两面性让我很难受。

如何打造一个品牌，提高产品知名度也是一个问题。其实在解决这个问题上，我有三个步骤，首先是要布局，其次是要造势，最后就是行动。在益肾子产业的布局上，我在2016年的时候就开始研究，2017年我开始育嫁接苗。对于散户来说，他们担心种了之后卖不出去，当时拉益肾子去县城卖，交警查得很严，开摩托车没牌照也是不行的，开电动车也不行，成熟的益肾子果实运不出去。我当时就想交通问题解决不了的话，我就去收购他们的果子，这样的话我肯定是要考虑品控的，果子必须是自然成熟脱落的，剥了皮之后要浮水，浮了水之后就要捞出来，拿去做其他的产品，我定了一个标准就是果子不老的我不要。其他很多地方卖益肾子都会把没成熟的剥了皮然后拿出来卖，这样是不行的，没成熟的果子会有点苦涩，所以我给益肾子的质量做了一个品控标准，统一管理、包装和定价，然后也注册了商标，2018 年的时候我就开始申请专利，一共申请了 6 项专利，目前有 3 项专利已经批下来了。我们的品控严格，所以现在观山村果子的品控在全县来说都是比较好的，创造高质量品牌的第一步坚实基础就奠定了。

在造势方面，当时村子里很多人都不认识我，那时候公众号很流行，我希望通过微信公众号的推送来让更多人认识我。我的公众号文章能达到 7 万多的阅读量，别人阅读后就加我的微信，来我的基地里面考察，线上我就是这么操作的。线下的话我专门开了一个益肾子种植的讲座，邀请龙门和博罗的村民过来，告诉他们益肾子如何种植，功效有多好，发展前景有多好。我希望把益肾子主推到龙门和博罗两个县，特别是龙门县。现在龙门县每个镇里都有我的种植户，博罗有四五个镇都有我的种植户，包括来我们观山村最大的采购商也是博罗人。为什么要这么做呢？商业最重要的就是信息流通，我觉得在外地的市场会更大，所以我就要引导他们过来拓展市场。我通常开种植座谈会，譬如说益肾子会开两三次花，六七月开花是假花，8 月份之后开的第二次花才是真花，然后它就进行休眠，到了第二年的 6 月份才会长出果子，果子才会长大，到了 10 月份左右果子才会开始长肉，12 月份进行采收，所以这个果子收获要 5 个季度，15 个月。大部分村民没有具体研究这些东西，可我们家族已经研究出益肾子的特性了，特别是像我爸这种老果农，对于这类东西是再清楚不过了。所以我就把这些种植技术，比如说怎么样施肥、修剪、品控，都教给村民，他们也是深信不疑的，这个活动结束后我还每人送一棵果苗给他们带回去，他们通过这一活动记住了我，也帮我创造了很大的销售量，市场也拓展了不少。2018 年的时候我搞了一个益肾子 20 周年庆活动，想让更多的人知道我这个产业。当时有600多人参加我们周年庆活动，还有很多慕名自驾过来的人，很多电视台都来采访，包括CCTV的栏目组，还有抖音、微信公众号等同步推广，所以现在我们的产业在两广地区的影响力是比较大的，两广的客户都知道我们在益肾子这个行业里是最专业的，最有话语权的，毕竟经验就摆在那里，我们种了那么多年的益肾子，两代人的努力，30多年的结晶。我经常跟我的员工说，我们益肾子产业不是要跟谁的风格，而是我们要创造风格，让更多人在这个风口受益。我还创办了一个益肾子果节，也是首个佛冈县益肾子果节。当时刚好我们拿了广东省的“一村一品”的项目，获得100万元资金，我们自己也补贴了一点钱进去把基地扩展到250亩左右。我们的苗有些是在山地上种的，有些是建了苗棚来育苗的，有70亩了，目前我们只做益肾子育苗这个单品，希望通过这个单品向其他新的方向突破，未来打造“北有核桃果，南有益肾子”的局面，就这样，我打造的益肾子品牌就有知名度了。

为了做大益肾子产业，我们专门成立了合作社。我们合作社目前有10个人左右，我们雇了40～50个人到基地里面从事除草、育苗等工作，这样的话其实能够很好地帮助大家。在我们基地工作过的贫困户有10户左右，我们会优先请贫困户过来打散工，请他们过来拔草，教他们怎么种植益肾子，怎么打理，也免费教他们技术，同时也会给他们工钱。贫困户是当时我们脱贫攻坚的工作重点，我就举办了一个“千株扶贫，百家致富”活动。每年3月12日，我都会免费赠送一些苗木给贫困户去种，每年捐1000株给贫困户，他们种起来以后就会有收入，这3年我也捐了上万株益肾子种苗出去了，有些基地周边的村民想种我们也送种苗给他们。整个观山村的贫困户，我都是免费送苗木给他们种的，村干部对贫困户进行统计之后报上来，然后我会捐赠一些苗木给他们，教给他们种植技术，他们的果子成熟之后我就会收购他们的果子，我还跟他们签了一个保底收购的合同，这样能让他们更加放心地去种。像去年捐给我们镇的贫困户就有54户，前年我捐给清远的一个自然村有60多户贫困户，另一个自然村有30多户，总体来说我在全省捐赠了300多户。除此之外我还在贵州捐赠了一些贫困户，他们在我这边买苗的话我也会赠送一些种苗给他们村委。用这种方式去扶贫，没那么快能见效，其实益肾子产业需要时间沉淀，不像种番薯，马上种马上就能产收，它是要较长时间料理的，要3～5年才会越来越好。但很多村民种植后，仅买两包肥料摆上去就不理了，不像我们还要除草、修剪、除虫等，这些工序肯定都是要的。可是很多人都说不管它了，平时比较忙，搞两包肥料就可以了，他们不懂多花一点钱、多出一点力做成本，所以这样子下来一年收成就很低，导致收入不高。但2019年之后村民们发现跟着我做的人都成功了，果树长势都很好，产量提升了，很多人都很认可我。我们村一共有1294户5481人，在我的带动下整体种植益肾子的已经超过700户了，而且很多村都种植起来了，基本上每个村都种植益肾子，更有些人自己在山上挖苗木，有些自己也开始育苗木，整个观山村的产业都有明显的量的变化。在两广地区，我带动3000多户种植户来我这里买苗。有些是个人来我这里拉一车的种苗回去，因为他们是团购的。增城林科所也是我们的客户，他们买了我们的苗木种了104亩用于为桉树改良土质。梅州的一个贫困村只有280多户，他们买了我的苗，贫困户平均每户50棵，普通村民就10棵，村委种了270多亩，整个村子总共种了500多亩，都是到我这里来买苗的。但从量的优化到质的优化，从种植品种、管理方式到品牌的塑造还是需要我们慢慢去改进。未来5～7年内会有更多的产能出来，我们再针对性地去搞一些深加工或者其他衍生的产业，比如说量产之后我们可以晒干烘干，泡酒或者磨成粉做成精油等一系列的东西卖到全国各地甚至卖到国外去，卖不出去还可以进行深加工，还可以进冷库。总之，益肾子未来的发展前景是光明的。

图2　2021年8月黄俊添在苗棚中照看益肾子果苗

村庄发展益肾子产业后，村民们的收入、生活质量也提高了不少。我带动贫困户种植后，部分贫困户的收入肯定是有增加的，因为以前他们都是去打散工，现在每年采果子下来卖肯定是比打散工赚得多的，前景也是很好的。无论是散户还是种植专业户，都有十分理想的发展前景，生活当然比以前好多了，不过益肾子这个东西是乔木，就算从 2016 年种植到现在，也没多少产量，况且贫困户开始种的时候是 2018 年，现在才有一部分贫困户开始有一点点收益，所以说未来的前景是好的。当然有些贫困户是以前种的，现在他就很高兴，像有一个贫困户说他现在种的益肾子都不担心卖不出去了，人家问他多少钱他都不会以太低价格就卖出去。就目前而言，我们也是按照市场的价格来定价，如果这段时间益肾子很缺货，那我们就 20 块钱一斤收购，过段时间不缺货了，我们就 15 块钱一斤收购，它是随着时间推移而改变价格的。种了益肾子就不用担心养老了，像我爸就不用担心养老问题了，靠这些树每年都能赚个十来万，在农村每年赚十来万已经很可观了，特别像一些贫困户家里有地的，他们的种植面积扩大，那收入就更可观了。像有些种植户，早期在我爸这里买种苗，现在一年也有三五万块钱收入，成本也就一千几百块钱的问题，不过就是花费两包肥料钱而已。

图 3　2021 年 1 月黄俊添（中间）向县种植业股股长廖永喜（左一）介绍益肾子

三　以政辅农促进乡村振兴

我搞益肾子成功之后党委和政府也认可我，想要我做第一书记，我就说我的本意是做益肾子产业，想认认真真、扎扎实实地把它做好，但党委和政府说我这个产业只是农业，带不来很多影响的，还不如做村干部。我说我不想做，我当时拒绝了，包括我们的老书记让我接班，我都不愿意。但作为一个党员，我也是在党旗面前宣过誓的，要为党和人民牺牲一切，做书记又不是让我去牺牲自己的命，只是说让我在村委当中做一个村书记，引导更多的村民去做更多乡村振兴的项目，去做好更多乡村振兴的民生实事。虽然我觉得这个产业是一定能做起来的，但我怕我当选书记之后从益肾子产业赚了钱，别人会觉得我这个钱是从村委里面贪的，当时我是很纠结的。党委那边跟我说只要做好村务工作，你该赚多少就是多少，你的产业是实实在在的，你的种苗是多少钱就是多少钱，你的果子是多少钱就是多少钱，既不是骗来的又不是坑来的，所以我打消了一点疑虑。但我又觉得在村里面事务比较多，担心胜任不了，如果我真的当了村书记，那我就是我们县里唯一的一个“空降兵”干部，没有在村里面上过一天班，直接就当书记，村里面的人可能会不服，尤其是我们自己村里面的村干部，我也很担心这些东西。但是后来我也感觉党委、政府说得对，这些担心都是多余的，只要我认真把该干的事情干好就行。后来我就参加了竞选，也很顺利地得到了村民的支持，呼声也比较高，现在他们很多人都叫我益肾子书记。

我这人的性格是，一件事情我搞不定，就算失眠我也要把它解决掉，一天不行就两天！所以，我刚上任的时候还是遇到了几个比较麻烦的问题，首先就面临修路这个问题。刚好有一个自然村没有通水泥路，我直接申请说我要把这个村子的路给通了。那时候省里面没有指标下来，村、镇里面都没有申报修这条路。我上任之后，攻坚的任务就交到我手上了，从我申报到修好这条路一共花了三个多月，时间很赶。当时路基要 4 ~5 米，我们以前的老队长在这条路两边种了桉树，弄得这条路在山窝窝里全是密林。当时村民们知道我要修路都夸我给村里面干了一件大好事，我就以为事情很好办。我跟他们说路要 4 ~5 米的路基，可是现在只有 2 ~3 米，所以要把路旁的树砍掉，结果村民说不行，“这些树我们种了那么多年，你不能让我们吃亏”。我就给他们做思想工作，我说，阿叔，这个是要讲政策的，对这些树政府都是坚持“四不补”原则，结果他死活都不肯，最后才同意让村委找人砍了树把卖掉的钱拿给他。我说那没问题，不过要扣除掉人工和杂七杂八的费用，他又不肯了。第二天我还是想出了办法，我打电话跟他儿子说，我说村子想修条路，可是你爸不肯把树给砍掉。他儿子说不用管他，直接把树挖了就行，其实我也知道是能够直接把树挖掉的，可是这样很容易造成矛盾，所以我们肯定要尽量和谐地解决这个问题。我就跟他儿子商量，砍树的人工费他来出，砍树的钱我就还给他老爸，等于就是给他老爸零花钱，最终他也认可了，解决了这个事情，结果砍了树卖的钱还没人工费多。

第二个问题就是两个村小组的组长煽动群众，一名小组长说我修路太高了，一发大水就会淹了他们的田地，另一个说修路挖了他们的田埂，没有通过征收就占用了他们的田地，还说我们在修路的时候没有经过他们村小组同意。其实修路的消息他们都是知道的，只是故意刁难我，说我没有去联系他们。然后我就来火了，我跟他们说你们明天九点钟到村委理论，说不赢我的话就乖乖回去。因为当时那条路是2080米，我帮他们村子拿到修路指标，他们还说我宁肯修山上的路也不修村子前面的路，但村子前面的路只有400米，路程太短是不能够单独立项的，而且修400米路的话民事纠纷比较大。当时他们来吵闹，我跟他们说得很清楚，那条路本来就不是他们的，我完全可以把那条路的指标移到我们村，但我为什么要留给这个村子，就是因为我看到这个村子十几年都没有变化，急需一条路去改变现状。我刚上任的时候有水灾，那条路根本不能走车，而且那个村子人口多，路低洼难走，没办法通行，就限制了他们的发展，我才决定要把那条路修整一下。还有一些小村我也帮他们做了一些改善，比如拓宽路口，拓宽弯位，我都慢慢去做好落实了。

我上任后也是干了很多实事的。党和政府希望我们这种种植能手、致富带头人来做第一书记，通过先进理念来带动村子农业的发展。我想把村子的产业结构转变一下，于是我推动了几个自然村建立合作社，加建农场，将农业产业结构进行调整，把农民工变成农民商，把土地流转过来，进行大规模产业化生产。之前有个村民是种冬瓜的，现在成立了合作社，他们几个人合作，种了几十亩的冬瓜。还有一个村民是县里的乡贤，他本来是开工厂自己做生意的，现在跟退伍军人一起合作种西瓜，种了有30亩，今年应该也有30万斤西瓜产收。他们也挺信任我，跟着我一起搞乡村振兴。还有一个在厂里打工的年轻人，现在也是回来村子里种蔬菜，今天我跟他聊天，他现在种了有10多亩蔬菜。现在有益肾子的推动，也有很多退伍军人回来种益肾子，我同村的发小也在跟着我种益肾子。我觉得还是挺好的，慢慢感化更多的人，来加入乡村振兴，慢慢引导他们，来推动发展，我是抱着这种情怀来做的，也是通过益肾子这个产业让他们感受到乡村振兴需要我们这种年轻人回来。我也经常呼吁年轻人回到家乡，了解当地的政策、特色产业和有优势的产品，或者说是名不见经传但是又非常好的产品，慢慢把它们挖掘出来，才能做得更好，因为年轻人发散性思维更好，会想到更多的东西，跟着我们做更多乡村的工作。还有就是我们村拿到了国家级的电商物流服务站牌子，能打通农村的“最后一公里”，现在那里是给我们村民接收快递的。上个月我们村还拿到了清远市的“优秀团支部”称号，我们村是全县90个村里唯一一个拿到“优秀团支部”称号的村。我们还是清远市基层党建示范点，作为市级示范点，我们要不断做好自己的工作，就像现在我们还是要认真扎实地去做这些工作。我们组织部门也跟我反映村民们都说我的带动让村子改变很大，发生了翻天覆地的变化。每个村都在变化，都在扎实推进，特别是有个村十几亩地都没办法耕，因为没有水源，我上任后马上就用挖掘机把管道铺好，马上就有了水，十几亩地一下子就种起了水稻。

有时候我觉得有这种权力的时候要多为村民做点实事，通过权力来辅助村庄的经济发展。真正的致富带头人首先肯定是个致富能手，无论是种植养殖还是销售等各方面必须都是致富的榜样；其次就是作为一个带头人，你要通过你的头雁精神，在前面翱翔，让后面的雁跟随你的轨迹走向更好的明天，所以我觉得致富带头人要先致富，再带头，才是真正的致富带头人。致富带头人的精神除了突破自己之外，当自己拥有权力时，还要沉得住气。很多年轻人都是比较浮躁的，包括我以前也是比较浮躁的，但经历了一些事情之后，我们发现要沉淀，要沉得住气，耐得住寂寞，用一种工匠精神去打造自己的产业，用权力带来的便利帮助村庄产业进一步发展。

传承父辈精神的致富播种者*

受访人：张晓燕

访谈人：廖令剑

访谈时间：2021 年 7 月 22 日

访谈形式：线上访谈

访谈整理：廖令剑　刘　璇

访谈校对：廖令剑　刘　璇

故事写作：廖令剑　刘　璇

受访人简介：张晓燕，女，汉族，1986 年生，广东电白人，大专文化，广东传承食品有限公司总经理。传承父亲张钱“不畏艰难、屡败屡战、反哺家乡”的创业精神，离乡“北漂”挖掘第一桶金失败之后，受到政策鼓舞和人文情结的影响，毅然返乡寻找创业机会。除协助父亲打理“红心鸭蛋”生意外，2014 年创立广东传承食品有限公司，借助广东传承食品有限公司将本地富有悠久历史的海鸭蛋打造成了帮助当地村民因地制宜脱贫的“致富蛋”，公司旗下注册有“丰鲜农家”和“汇鲜天下”商标品牌，联合本地农户实现种养的蔬果鱼虾择优标准化包装。从 2017 年开始主攻荔枝产业，通过线下线上多渠道铺开销售，带动当地农户实现增收。同时为当地留守妇女、无业青年提供固定就业岗位 250 余个，培养农村妇女的独立精神和农村青年的担当精神，实现“口袋致富”和“脑袋致富”。

---

* 本故事参照了 2010 年 3 月 26 日在 CCTV－7 频道《致富经》栏目中播出的内容《靠神秘传家之宝成就的财富》，http：//jingji. cntv. cn/20100510/108472. shtml，最后访问日期：2021 年 7 月 24 日。

图1 2021年7月22日张晓燕（下）接受刘璇（左上）、廖令剑（右上）线上访谈

一 “两代”逐北，南哺乡巢乘东风

我属于农二代，父亲张钱于1999年在广东省茂名市电白区旦场镇[①]创建了广东正红鸭蛋开发有限公司，他相对传奇的创业经历对我影响很大，让我也走上了一条“往外闯荡，回乡把业创”的道路。他带给我的物质财富和精神财富，让我拥有了克服一切艰难险阻的力量。父亲在创业初期就快速积累了令周围乡亲非常羡慕的财富，虽然后来在短短一个月的时间内

① 以前电白区旦场镇乃一无名小镇，后因蛋而得名。有群众在沿海滩涂放养蛋鸭，这些鸭以海中的鱼、虾、蚝、沙虫、螃蟹、海草、蚬子、菌藻等物为食，因此其所产的鸭蛋与普通鸭蛋相比更加可口。此事传开后，吸引了各地商贾涌入购买，久之，谓此地为“蛋（旦）场镇”。

赔光了所有积蓄，但他不被困难所打倒，凭借着自己的努力和坚持在几年之后彻底翻身，成为当地远近闻名的致富榜样。2006年我考上了大学却没有入学，而是来"北漂"了，这种选择的背后正是父亲的创业经历对我的影响。父亲18岁成年时继承了家族世代相传的"传家宝"——一个能养出天然红心鸭蛋的"家传秘方"，踏上了北上旅途，整整18年杳无音信，直到1999年怀揣着30万元回到家乡。父亲返乡之后利用祖传下来的"家传秘方"和离乡18年挣得的30万元在家乡旦场镇养起了鸭子，创立了广东正红鸭蛋品牌，做起了鸭蛋生意。利用这一秘方养出来的红心鸭蛋与普通鸭蛋有很大区别：其蛋体肥硕、蛋黄殷红、蛋心圆滑、质地黏韧、流油、起沙、富有弹性、香酥可口。红心鸭蛋受到众多收购商的青睐，订单源源不断。靠着这个秘方，父亲的鸭蛋厂越做越大，销售范围也越来越广。

但令父亲没有想到的是，一场灭顶之灾悄无声息地到来。2006年11月12日，央视播报了一则新闻：河北石家庄等地用添加苏丹红的饲料喂鸭生产出了"红心鸭蛋"，北京市工商部门在鸭蛋中检测出苏丹红。15日，卫生部下发通知，要求各地紧急查处"红心鸭蛋"。受苏丹红事件的影响，北京、广州、河北等地相继停售"红心鸭蛋"。在这种情况下，父亲的红心鸭蛋无人问津，哪怕后来找到农业部卫生和技术监督部门到鸭场进行全面抽检，证明不含任何苏丹红等有害成分，但人们依旧谈"红心"色变，无人相信，更没有人敢买父亲鸭蛋厂生产的鸭蛋。父亲的鸭蛋厂就这样在一片惨淡声中落下帷幕，鸭蛋厂十几万只鸭子不断下蛋，鸭蛋堆积如山却根本卖不出去，即使父亲将鸭蛋的价格下调，以往抢着前来求购的客户仍然无动于衷，谁也不愿意冒这样大的风险，哪怕将检测结果摆在他们眼前仍然无济于事。客户给出的回应是："我不可能将检查结果拿给所有买鸭蛋的人看，即使看了也会有很多人不相信。"为了减少鸭蛋库存，父亲将鸭蛋免费送给朋友和村邻，却造到一片谴责："你把含有苏丹红的鸭蛋送给我，是嫌我命长吗?"因为鸭蛋是有保质期的，不能长时间存放，无奈之下，父亲只好将几十吨红心鸭蛋全部掩埋在滩涂之下。

辛苦经营，一朝成空！父亲靠鸭蛋厂赚的钱全部打了水漂，赔得干干净净，父亲18年的梦想在短时间内化为泡影。父亲形容自己："想哭，却又不知道向谁哭，简直就像一个沦落街头、无家可归的孩子，找不到亲人、朋友倾诉，也没有人愿意相信我。”但他没有就此消沉下去。2007 年 9 月，苏丹红事件逐渐平息，父亲竭力说服两位朋友和自己一起投资重新办鸭蛋厂，耐不住父亲的真诚和软磨硬泡，他们最终答应了。父亲与朋友一起在大洲岛重新养起了十几万只鸭子，但人算不如天算，2007 年年底的那场数十年一遇的大寒潮持续了一个多月，孤零零的大洲岛在海域上没有加温保暖设施，所有的鸭子全被冻死了，无一幸免。父亲每每想起此事都哽咽不成声。但父亲是个百折不挠的硬汉子，他从水东湾的大洲岛回到旦场镇，向银行贷款，又一次建立了新的养殖基地。2008 年，父亲在茂名电白等地开设了三家专卖店，并向购买者做出郑重承诺：如果一个鸭蛋不合格，愿意赔十个；如果检验出不合格的产品，将以 5 万元作为赔偿。因为父亲的承诺，经销商和消费者对父亲的“正红”牌红心鸭蛋的信任逐渐恢复，以前备受争议的鸭蛋又成为“抢手货”。

父亲从成功到失败再到成功的这种坚持不懈创立鸭蛋品牌的“鸭蛋精神”深深感染着我，我也常常以他为榜样，并希望把这种“鸭蛋精神”传承下来，然后把这种精神作为企业文化发扬光大。想起 2008 年，那时正值奥运会举办期间，而我还在北京“打秋风”，虽然有暂住证，但生活窘迫。刚好无意中遇到一位朋友，在聊天中他说起现在我们家乡的政策更加完善，道路交通也变得更好了，可以尝试一下回乡创业，或许会有更大的收获。其实，我内心深处也一直有一个像父亲当初一样的想法：回乡创业，改变故里。经朋友提醒，我想到此时父亲的鸭蛋厂也有了起色，便更加坚定了我回乡创业的信念。虽然不甘心自己就这样一事无成灰溜溜地回到家乡，但或许借助父亲的产业也能实现自己的梦想。于是我回乡成了父亲的左膀右臂，帮助他处理公司的相关业务。后来，父亲为了拓宽销路，建立了鸭蛋加工厂，扩大产业规模并形成生产链。同时，为了回馈家乡，父亲将自己长期以来守口如瓶的“家传秘方”公之于众，希望能够让更多的人受益，从而带动全体村民致富。之后，旦场镇也成为农业部“全国一村一品示范村镇”①，其出产的鸭蛋也成为特色产品。父亲的这个举动让我备受

① 农业部“全国一村一品示范村镇”是根据《农业部关于推进“一村一品”强村富民工程的意见》和《农业部办公厅关于开展一村一品专业示范村镇认定工作的通知》的规定，在各省、自治区、直辖市及计划单列市推荐的基础上，经审核认定的全国“一村一品”示范村镇。

震撼，此时我也重新思考自身的价值。我清楚地知道自己不管是“北漂”还是“南归”，都藏着一个小小的愿望：传承家乡产业，带动村民致富。“北漂”是希望自己也能向父亲那样积累一笔财富，然后回到家乡创办自己的企业，将家乡的特产推向更多的人。我想我也应该开始建立自己的产业，创立自己的品牌，勇敢地追逐自己的梦想。

二 底色换新颜，双“袋”富起来

回顾创业历程的点点滴滴，看到自己家乡的发展前景，我一直把家乡特色产品作为努力创业的方向。在我创业的过程中，我的最大感受是：要实现集体价值和个人价值，作为一个企业的负责人，不能单单以赚钱为目的，还要回馈社会；要实现“口袋致富”和“脑袋致富”，以此来改变当地的产业面貌和人们的精神面貌。正如父亲跌宕起伏的前半生一样，我的创业过程也并不是一帆风顺的，而是充满困难和挑战，但是在实现自己和家乡的致富梦的道路上，我也做好了迎接困难的准备。

2008 年，我回到家乡帮助父亲打理鸭蛋生意。在帮助父亲经营鸭蛋产业的这几年中，我还注意到茂名电白区虽然有不少村级股份经济合作社，但是实际上还有很多种植散户的农副产品仍然走销无门。由于我国大部分乡村发展落后，与外界交流较少，种养技术水平低，作物死亡率比较高，种养的产品质量参差不齐，因而村民无法得到较高的收入。另外，农产品销售也是一大问题，部分乡村只有线下销售渠道，并且销售对象有一定局限性。除了批发商以外，以零散销售为主，不仅耗费了大量人力资源，而且销售范围也受到了严重限制。如果农户自己将农副产品拉到街区上叫卖，不仅费时费力，价格也不怎么高。于是我萌生了帮助父老乡亲做好产销对接服务的想法，希望能够为乡村经济的发展贡献自己的一份力量。我自主创业的历程开始了，2014 年我成立了广东传承食品有限公司，“传承”二字，除了意味着继续发扬父亲敢于担当、服务家乡的“鸭蛋精神”以外，更是希望能够传承家乡的人文气息，帮助当地众多具有地方特色的产品走出茂名，走出广东，甚至走向世界，传播中华文化。因为茂名是千年历史古乡，我们保留着比较浓重的传统文化味道。而我的内心始终弥漫着一种“乡愁”，害怕哪一天这种特色文化会逐渐褪色，消失在历史的长河之中。所以我成立的公司除了传承父亲的海鸭蛋产业以外，主要是售卖当地一些富有特色的农副产品，致力于让更多人了解茂名特色。同时我也一直努力融资，延长资金链，把我们整个茂名的产品结合在一起，这样就能使茂名形成一种产业的集聚效应。一开始的具体做法如下。我先收购当地渔民晒好的鱼干、虾干等海产品和农户种植的龙眼、菠萝、荔枝等水果，然后与导游或旅行社一起合作，当游客前来旅游之时就趁势售卖出去。这样不仅能够宣传家乡的特产和文化，家乡特产销售的商路也慢慢地被开辟出来了。由于我敢为人先，创业第一、二年的事业蒸蒸日上，但是因为种种原因，到第三年开始就逐渐亏本了。茂名范围内的同行如雨后春笋般冒出来，甚至一些大型的旅游公司也开始涉足，竞争压力加大。因此在人才资源方面并不占优势的情况下，我寻思着扩大经营范围，打算通过产业转型改变颓势，希望能够形成相对完整的产业链条，逐渐涉及种植与饲养、收购与加工、冷藏与销售等经营活动。毕竟现在的东西变化日新月异，人们的选择不断变化，一两个单品是很难维持企业生命的。就像我父亲的那个企业，所生产的产品都是由鸭蛋组成的。我当时就想跳出这个怪圈，联合外面认识的朋友，一起融资，把我们整个茂名的产品结合在一起。

近些年来，得益于政策“春风”，家乡的基础设施有所改善，乡村面貌变化很大，增添了一些基础农用设备，修建了乡村道路，并且乡村房屋改造、娱乐设施建设、现代化农用设备添加等情况并不少见。除了一些政策之外，就比如说外地的商家会打压农户的出售价格，但是有了政府投入的大量广告，加之招商会的举办，以及电商的崛起，他们的产品只要有好的品质就不愁销路。在政府旗帜鲜明的政策支持下，茂名龙眼、荔枝在外也声名大噪，并且政府还将每年的 5 月 20 日定为荔枝节，寓意“我爱荔”，以前是没有这种待遇的，但近两年就有非常明显的改善。政府也会帮我们谈物流，压下泡沫箱等物资的成本，给予农户更多的发展空间。这让我更加意识到：我一人富不算什么，带着大家一起过上好日子，这样才更有意义。而且只有大家富了，我才能富。“想要扩大产业规模，只有家乡的亲邻能够帮我，我得把大家的积极性调动起来！”我也这样对自己暗暗说道。从 2016 年开始，我把不少精力放在种植业和养殖业上，这两个产业是农业的基础，种植与养殖也是乡村大多数人祖祖辈辈传承下来的谋生本领。但是不管是种植还是养殖，如果农产品想要远销他乡，在市场上站稳脚跟，农产品的品种、品质和品牌就是关键点。实际上优良的品种并不难找，但是要获得大家的信任真的是一个难题。而且成功了还好，如果种植新品种失败，在家乡真的会变得无立足之地。为了把新品种推广出去，我费足了力气。2017 年，一开始哪怕是为农户们免费提供新品种的种植方法并帮助他们嫁接也不相信我，他们并不认为我提供的品种能像我所说的那样可以增加产量、提升品质，从而带来更高的收入。后来我自己琢磨出一套方法，针对引进、试种到最后的采收等一系列环节，我组织了多场观摩会让农户亲自过来参观。我让他们把采收的产品带回去自己试吃，毕竟听到不如切实尝到那般具有说服力。等到一部分人相信了再把这个新的品种推到市场上，让更多的农户去接受这个新事物。另外，我也很注重让家乡的村主任和德高望重的长辈帮忙劝说，并且告诉大家不管最终结果怎么样，种植出来的产品我都将以不低于市场的价格全部收购。慢慢地开始有人信任我，并且取得了不错的成效。经口耳相传，渐渐地不少农户也愿意选择种植新品种。此外，我还帮助农户学习种植管理技术，了解市场需求与动向，协助大伙儿在家乡建立了相对稳定的客户群。这样，在大家的共同努力下，产品的品种和品质问题有了极大的改善，很多农户也都实现了增收。

经过这几年的摸索和定位，我们公司现在做得比较好的单品是荔枝，因为我小时候家里也种过荔枝，对荔枝有一些了解，而且当地财政在荔枝产品上的广告投入也与日俱增。随着茂名荔枝声名远扬，电商不断崛起，我在家乡也趁势开启了“线上 + 线下”相结合的销售模式，线上通过拼多多、抖音、天猫、微信等方式进行销售，线下就通过批发、礼盒零售等方式进行销售。这样可以扩大产品的销路，实现跨区域、跨省市推广，进而提升品牌的影响力，例如我们生产的荔枝已经批发销往浙江、山东等地。普通的农产品产销并不需要很高的技术含量，我们的要求也比较简单，例如我对仓库打包的阿姨只提出一点要求：在操作过程中安全和信用第一，不能以次充好欺骗消费者。年轻人负责采购，把住质量关，一是保证品质，二是保证重量。正是我对产品质量的把控，使得企业树立了比较好的信誉，现在企业的发展也蒸蒸日上。目前荔枝销售额在 2000 多万元左右，运费大概 1000 万元，预收入为 900 多万元。保守估计，2021 年我们也能为本地的留守妇女提供 200 多个为期两个月的短期岗位，长期聘用员工

30～50人。但是，要达到现在的规模也不是那么容易的，其中充满了波折。虽然大家对于农产品种植都有经验，但主要还是以家庭为单位，而要达到产业化的标准，对于大多数一直生活在乡村的人来说并不容易。比如说今年做荔枝生意，我们在高峰时需要雇用200多位阿姨，但是她们之前从来没有打包过荔枝。通过训练，现在三天就可以熟悉地上手，一天可以上货2万多件，打包几百斤荔枝。然而打包荔枝并没有那么容易，不是随便乱来的，每一串荔枝的重量必须控制在3～5斤。于是在上岗前我会对她们展开培训，使她们更加了解自己的工作内容，树立正确的劳动观念。刚开始培训的时候，她们的态度还比较懒散，有时还会出现磨洋工的现象，认为随便做做就好了，就连一个最基本的排队意识都没有。而且我们的荔枝，最贵的品种是30多块钱一斤，如果每个人都偷吃几个，那么可能一天的利润就没有了，一整天就白干了。所以前三天的培训丝毫不见起色，到了第四天、第五天的时候依旧不成模样。后来我逐渐明白，究其原因，是这些人压根没有意识到培训的重要性，本着无所谓的态度不思进取。这时我开始强调这不是我一个人在战斗，而是一个团队，这关系到我们集体的荣誉和家乡的发展，因此必须树立团队意识和合作精神。我告诉大家："整个茂名作为一个大平台、大品牌，是有地域名片的，顾客订购我们的商品，我们不能因为自己的失误而导致整个团队被他们投诉。被投诉了，耽搁的不是一箱商品，实际上整个平台的群众都会跟着'背锅'。"通过不断地向大家解释和进行沟通，后来她们也逐渐理解并认同，干得也很开

图2　2021年6月16日张晓燕（中）在荔枝冷库进行拼多多线上直播卖货

心。我也会给她们定个目标，这个目标不是说今天必须打包五六万斤荔枝，而是保证今天不出错，这也是我们长期以来的口号。在工作的过程中，她们也实现了自我价值，此时大家不仅是为了每小时的薪酬而工作，而是把打造家乡的荔枝品牌当成一种使命，并付诸实际行动。后来她们逐渐有了纪律意识，学会了排队和流水线生产。锻炼了差不多十来天之后，大家相互之间配合得非常不错，极大地提高了效率，也使得自我价值能够更好地实现。

在家乡致富的过程中，我自己和当地的农户是相互成就的。村民不富裕，我也富裕不起来，更不可能获得成功。而在公司往好的方面发展的同时，我也不忘担负起社会责任，为当地村民提供岗位，为农户拓展销路。例如，广东传承食品有限公司在获得发展的同时，也为本地的留守妇女提供 200 多个为期两个月的短期岗位，长期聘用员工也有 30 ~ 50 人。在那些留守妇女中，有些人家庭比较困难，但她们人穷志不穷，愿意努力工作，改善家庭生活条件。由于农村地区辍学率比较高，学历水平普遍低，无业青年也都颇有“野”性、调皮。他们自身缺乏技术、文化水平低、懒惰、适应能力差，很多人无法养活自己。通过给他们提供岗位，这些人的精神面貌有了很大的改变，现在一个个都蜕变为“有志之士”，对工作充满了干劲。我们也非常注重给年轻人机会，比如我们的客户经理就是一个 1996 年出生的男孩子。为了增加新鲜血液，2020 年我们重组了团队，现在重组的团队里有 16 个年轻人，其中客服人员有 6 人，客服人员平均年龄在 30 岁左右。为了激励他们，我们公司进行改革，实行股份制。通过入股的形式，员工自己成为股东，这激发了他们的积极性，同时这也是对表现突出员工的一种奖励，使他们成为其他员工的榜样。做农业产品其实是比较辛苦的，不仅是靠天吃饭，需要时刻关注天气等情况，稍有不慎就可能会颗粒无收，而且，如果太阳比较晒，也无法长时间在暴晒中采摘，因此很多时候要等到下午才开始采摘、装箱和运输。遇到路途较远的地方，就只能到三更半夜才能回来，但他们在卸货过程中也没有任何怨言。我们通过提供工作岗位提高妇女的地位。例如，去年（2020 年）我们公司组长介绍了一个女人来这里打包荔枝，在和她聊天的时候我了解到：她老公在外打工，每个月工资只有 3000 元，全家人都靠着她老公的工资生活，有时候都不够家里的日常开支。后来经过我们公司打包组组长介绍她来这里当短期工，当第一次拿到工资的时候她非常激动，因为这是她第一次不用伸手向老公要钱，自己口袋里有钱了，找到了存在感，也变得自信起来了。在这之后，只要我们一招聘短期工她就会来报名参加。我也经常跟那些妇女说："你不要只让老公出去闯荡，自己留守在家里不出去见识社会。现在的社会变化很大，新事物不断涌现，你在外面哪怕赚50块钱也好，你接触的人多，你的眼界就会更宽，思维也就更加开阔，夫妻之间的矛盾也就会慢慢变少了。同时也不要老是挑别人的毛病，也得从自己的角度想一想有没有什么不足之处，要培养我们现代女性的自我独立精神。"

基于以上的经历，我会经常组织公司员工进行团体建设活动。我会提前和他们沟通，了解他们的喜好，根据大部分人的兴趣来安排合适的活动，努力为大家创造交流的机会。例如，许多妇女喜好做手工，我就组织了妇女手工大赛，由公司员工进行投票，评选出最佳手工作品和优秀手工作品并给予一定的奖励；每逢端午节就会组织大家一起包粽子；等等。这样不仅能够加强员工之间的沟通，增进彼此之间的感情，同时也能够使他们的自我价值得到实现。在融入集体的过程中，许多留守妇女变得开朗起来了，对生活也有了更大的热情，也更有动力去为新生活而奋斗。在集体荣誉感下她们更能够明白所做事情的意义，团建让她们有更大的动力去完成工作。总而言之，乡村致富不仅是物质致富，还有精神致富，只有物质和精神这两个"袋子"都鼓了，人民才是真正富了。

三　共同富裕，"播种"新家园

从2008年回乡创业至今，我发现创业过程中主要有以下四个方面的困难。第一个困难是抵抗风险能力比较低。一旦碰到天灾，基本上就会"一夜回到解放前"，直接面临破产。比如往年摘回来的荔枝不会发霉，但是今年因为天气干旱，水分不足，荔枝一运进仓库就开始发霉。就算这时候没有发霉，但是寄到顾客手里，也会开始发黑发霉。面对这种情况，即使我们把单都给退了，但还是要承担运费的损失。还有一些水果、蔬菜，如果一旦被淹了的话，肯定是不能再成活了。对于大部分农户来说，辛辛苦苦种出来的农作物就这样没有了，对他们来说打击是非常大的，因为他们就靠着这个收成来维持家庭开销。虽说近几年来，农业技术在农村慢慢推广开来，越来越多的农民都会发展一些大棚种植，但是一旦遇到那种比较恶劣的天气依旧会受到影响。在很多时候一场比较大的风或者雨雪就能使大棚的那一层薄膜受损，里面种植的农作物都将毁于一旦。而且一般经历过自然灾害的农户都不会马上复种，因为恢复还需要一定的时间。第二个困难是观念比较落后。扶贫先扶志，知识不够扶不起来，国家砸再多钱也没有用。在农村，越是经济落后的地区，人们的观念就越保守。他们中的很多人眼睁睁地看着很多机会从手上划过，自己却并不当回事。因为他们已经习惯了平稳的生活，整天在原地踏步，跟不上时代发展的步伐，从未想过去抓住新的机遇，自然也就不会主动去学习了解新事物。第三个困难是彼此之间的孤立。受到传统思想的影响，很多人并不懂得团结与合作，甚至会有占小便宜的心理，而且大家都喜欢有自己的小圈子，会尽力去维护自己小圈子的利益，从而形成一种狭隘的局部观念。因为农村长期以来都是以家庭为单位进行生产和劳作，这种“家庭式作坊”很容易导致大家的集体意识比较弱，只想着自己好就行了。农民自己占有土地和其他资源，依靠自己和家庭成员进行农业经营，这样就容易导致乡村不适应产业化的发展，往往需要经过长期训练，养成标准化操作的习惯后才能逐渐上手。第四个困难是不愿意主动学习。在一二十年之前，大部分农村人是相信“学习改变命运”的，很多没有机会上学的农村青年，依靠自学获得了成功。但是现在的农村，很多人都不愿意受苦，对学习这么苦的事情，农村人不感兴趣，他们没有学习的动力，觉得还不如早点出去赚钱来得好。

同时，在我回乡创业的过程中，我也对乡村振兴有几点体会和感悟。一是要激活乡村产业的生命力。应该要鼓励支持大家“产 + 销”联合发展，形成一个好的发展环境，然后带动整个农村地区的发展。也可以通过订单、劳务、股份等联结方式，使更多人加入进来。二是乡村企业和村民应该有集体精神。目前，一些在农村生活的人已经失去了对生活的向往，好吃懒做，更谈不上通过自己的努力实现个人价值了。精神是很重要的，一个人如果没有对生活的热情，也就难以激发自身的创造力。因此树立坚定的信念是非常必要的，只有摆正心态，才能在对的道路上收获成功。而且个人和团队成员之间是紧紧团结在一起的，一个团队没有共同的价值观，就不会有统一的意志、统一的行动力，当然就不会有战斗力。如果有良好的氛围，整个企业甚至整个乡村都会发展得很好。三是需要培育传承精神。我深深地认识到好的东西不能丢，文化和实体产业都需要在传承的基础上去创新。不管是红心鸭蛋还是荔枝产业，都是通过传承获得成功的，在传承乡土人文风情的同时不断地开发出适应新时代的产品。茂名是千年历史古乡，所以我们也很注重品牌效应。例如，红心鸭蛋早在明朝万历年间就是朝廷贡品了，还有一个流传至今的关于红心鸭蛋的传说，据说妖魔鬼怪来我们这边，村民们就把鸭蛋丢进海里给海神吃，等到海神吃饱后，就会帮助我们打妖怪。附上这美丽的传说，我们的红心鸭蛋也就更有历史底蕴了，正是这种传承的精神使得红心鸭蛋流传至今依然深受欢迎。在公司管理及员工维护方面，传承精神也一样是很重要的。所以我非常注重传承企业文化，切实了解员工的需求和难处，并通过各种方式去回应和帮助解决，使得他们能在这里找到归属感并将这种精神传承下去。我们的年终奖形式多样，不仅给大家发奖金，还会根据员工的家庭情况购买相应的礼物让员工带回家，让他们表达对老人的孝敬和对孩子的关爱。因为现在有些年轻人，你给他再多的钱，他都在外面花掉，而礼物可以保留下来，成为一种亲情的链接，传递大家的感情，也能满足父母望子成龙的愿望，可以跟邻居炫耀。有了这种精神传承的纽带，就能够激发大家的斗志，一起为了乡村振兴的目标前进。四是要不断学习进步。我当初没有读大学，现在拼命进修补课，因为我感觉知识就是力量，它可能不能马上改变一个人的命运，但是会拓展你的视野。通过学习你不会太过于执拗，你可以通过广泛的知识去辨别一件事情，你也会寻求多个方法去解决一个问题。在学习的过程中我也遇到了很多优秀的老师，他们给我指导，利用他们的知识给我比较科学的建议。例如一个偶然的机会，我参加了团省委和茂名市在华南农业大学举办的一次培训。因为表现优秀，我有资格在 2019 年继续进修（清华班）。我在那里碰到了刑老师，她刚好在做返乡创业方面的研究，她给我的指导和鼓励，帮助我渡过了难关。

与城市相比，乡村不管是产业、基础设施、资源，还是人才和社会支持，都有差距。在物质上和精神上我们都必须不断耕耘，才能有所收获。在我的理解中，个人的力量虽然是微不足道的，但是如果我们愿意“扎根”，那么整个乡村就会枝繁叶茂起来，释放出无穷无尽的潜能。乡村致富带头人是个标杆，是让人学习的榜样。他可以给乡村注入一种活力，改变原先的状态，带领村民建造幸福美丽的家园。作为家乡的一分子，就像父亲影响我一样，我也希望传承父亲的这种“鸭蛋精神”，希望能够通过自己来影响他人。我觉得自己可以给家乡村民们的思想带来一些变化，因为他们没有那么多渠道去学习，更多的是一种经验积累。我学习了一些好的东西之后，就会推荐给其他人，大家一起分享，一起努力去创造新的东西。比如说有些人学习了我的方法之后，也有另起炉灶的情况。他知道我们和顺丰有合作，发货价格低，也会找我们帮忙，我也愿意。我愿意与他们共享资源，愿意和他们一起“分蛋糕”，因为我想要留年轻人在家乡创业，让他们带动家乡的发展。传承“鸭蛋精神”不仅是传承家乡的历史与文化、传承父亲坚持不懈的精神，也是在警示自己不能忘本，要懂得回馈家乡。只有大家不断撒下希望的种子，让我们的乡村绽放出生机与活力，才能最终实现共同富裕！

“酱干飘湘”百年传承致富路*

受访人：黄购奇

访谈人：田美琪　曹珏宇

访谈时间：2021 年 7 月 20 日

访谈形式：线上访谈

访谈整理：田美琪　曹珏宇

访谈校对：田美琪　曹珏宇

故事写作：田美琪　曹珏宇

受访人简介：黄购奇，男，汉族，1969 年生，湖南平江人，初中文化，中共党员。自幼家贫，14 岁随祖父学习“平江酱干”祖传卤制手艺，曾在广东等地务工经商，经营建材生意，现系泊头村致富带头人。自 2014 年返乡以来，在财政部、碧桂园集团的共同帮扶下以及村干部、村民的共同支持下，牵头开展豪猪养殖、酱干卤味坊、小湘薯种植、果树种植、农产品加工等扶贫产业，以提供就业岗位、土地入股分红等方式帮助 84 户贫困户稳定脱贫。

一　思怀故里沃土跃，大步迈向致富路

我叫黄购奇，今年 52 岁，湖南平江人。我小的时候，因为家里条件比

* 本故事参照了《村民黄购奇 34 年专注一件事：用祖传秘方卤制“平江酱干”》，新湖南客户端，2018 年 4 月 20 日，https：//m. voc. com. cn/wxhn/article/201804/201804201056521109. html，最后访问日期：2022 年 5 月 2 日。

图 1　2021 年 7 月黄购奇（下）接受田美琪（右上）、曹珏宇（左上）线上访谈

较差，15 岁时就要自己撑起一个家，一直没有一个好的平台和机会来发展。后来自己成家后才开始发展一些小规模产业。刚开始，我和两个老乡到广州、惠州做建材装饰生意赚了一点钱，但也没有想清楚再去哪里继续发展。我有很多老乡在广州做生意，而且都发展得挺好，与在家务农相比，在外面做生意确实相对好赚钱。

说实话，每次从外面打工回来，看着村里的景象，我都有点心酸。留在村里面的都是一些老人、儿童，大部分青年人、中年人都在外面打工赚钱养家糊口，而且不只是我们村这样，很多农村都存在这种现象。在农村，如果没有产业，大家就没有办法赚钱养家，所以大家为了养家也只能选择在外奔波。我就想着，如果能回到家乡，在家里面发展一些产业，吸引外出的青年人、中年人回来，让老有所顾、少有所托，这样也是为家乡做贡献嘛。毕竟只有把农村发展好了，才能解决劳动力的就业问题，才能把外出打工的人吸引回来，这就必须有产业来支撑。

我创业之前找过很多人了解情况，现在有些农民工是愿意回到家乡创业或谋生的，毕竟在打工地和家乡来回奔波太辛苦了，而且和家人分离也是一件很痛苦的事，这一点我自己有深刻的体会，所以我想，如果村民们在家乡就能找到一份工作来维持生活，他们应该更愿意回来。出于这样的考虑，我选择了回乡发展。

在惠州做了4年建材生意后，2014年，我和两个老乡决定一起返乡。虽然在朋友眼里，他们想不通我为什么要返乡去创业，但我的妻子相当支持，她知道我为人勤劳，比较踏实，从来不反对我的决定，这对我来说是一种鼓励，也增强了我创业的信心。我不奢求自己做多伟大的事业或者说有多大的贡献，但敢于搏一搏，也是自己人生价值的一种体现。

我们村的自然资源比较丰富，背靠汨罗江，风景优美，于是我和两个老乡就决定仿照广西桂林漓江的旅游发展模式回乡发展农庄，希望能给村里的经济发展带来生机。2014年底我们开始在村里走访调查，号召村民一起入股这个项目。比较幸运的是，半年后国家出台了乡村旅游扶贫政策，我们镇当时没有人有发展乡村旅游的想法，我们三个人决定带头行动，认真准备相关材料，最终经过专家评审我们的方案取得了第三名的好成绩。2015年3月，我们正式启动乡镇旅游项目——汨花湾。这个项目得到了加义镇①的重视，也被纳入平江县乡村旅游扶贫项目。为了取得更好的经济效益和项目效果，吸引和留住游客，弥补产业单一的短板，2017年我们开始发展种植业来丰富乡镇旅游产业，种植韩国黄梨120亩、黄桃6亩，2018年种植黄金蜜李10亩、天丽小湘薯60亩。2019年3月，我们又开始发展豪猪养殖产业，将其作为乡村旅游的互补项目，让游客有机会在旅游时到养殖场体验农家生活。同年，为了能够更好带动乡村经济发展，我重新开始生产酱干。

从此以后，我们村的产业链条比较完整：酱干坊加工的豆渣用来养鱼、养牛、养猪，养殖和种植产业既是旅游观光的内容，也是游客餐饮的来源，这样更利于产业健康循环发展。

这几年，我们打造的产业一直处于发展中，一直需要投入。目前，果园已投入72万元，豪猪养殖基地已投入68万元，酱干厂已投入200万元，但利润较低，除去开销，所剩无几。不过，酱干厂升级改造后，每年毛收入应该可以达到两三百万元，当然，投入也会更多。唉，虽然遇到过很多困难，但根据现在国家对农村的扶持政策和市场对高品质农产品的大量需

① 加义镇，位于湖南省岳阳平江县境东部，总人口61890人（2017年），镇域面积438.62平方千米。加义镇是"全国特色景观旅游名镇"。境内有辜、徐、灶、芦四洞和复兴山区，是一个典型的山区乡镇。2019年7月24日，加义镇入选2019年全国农业产业强镇建设名单。——编者注

求，对于把我们的产业做大做强，我还是有信心的。

二　彼岸尚有荣光在，最是坚守动人心

酱干最早起源于清朝咸丰年间，现在是我们平江县的地理标志产品。平江酱干①由何维丰②老人首创，至今有将近200年的历史。解放初期，我爷爷是合作社里的掌案大师③。那时候何维丰老人第三代弟子把技术和秘方传给了我爷爷，我爷爷掌握了所有的技术。由于我爸爸从来没有想过干一番事业，也没有创业的想法，所以在我14岁的时候，我爷爷认为我精明能干，把制作酱干的技术和秘方传给了我，他说以后这可能是个宝贝哟!

平江酱干在全国各地都小有名气。平江大大小小的酱干厂有300多家，但真正用传统的方式来制作的，可能不到10家，但即使这样市场竞争还是很激烈。要想在各种品牌的酱干中凸显而出，口感、味道得比别人的好，产品得做到无害、质量好，树立起自己的口碑。如果跟着大众跑，别人用什么调料，自己就跟着用什么调料，这很难突出自己的产品特色，而我的酱干特色就是中草药加持生产。

2005年，我们的酱干坊还只是一个占地面积100平方米的小作坊，主要在平江县销售，现做散装现卖。2011年，我在惠州做生意，酱干生产也因此停滞了几年，直到2014年返乡创业有一定基础后，我才重新建厂生产酱干。我们制作的平江酱干主要采用传统工艺，现在用传统工艺生产的作

---

① 平江酱干是一道美味可口的传统小吃，属于湘菜系。起源于湘鄂赣边塞重镇岳阳市平江县长寿街，又名长寿酱干，是清咸丰年间百岁老人何维丰首创。他采用长寿街传统卤制与烘烤食品工艺相结合手法，烧制出方寸大小、铜钱厚薄、乌黑油亮、芳香四溢的豆腐干，取名“多珍酱干”，后改名“五香酱干”，成为平江的著名特产。由于它酱香浓郁，回味无穷，所以在历朝历代都是贡品。——编者注

② 何维丰（1847~1947），清咸丰年间生人。他在长寿街上开有一家客栈。当时下酒的冷碟佐菜较少，而长寿街人喜爱吃豆腐。经过多次试验，他采用长寿街传统的卤制与烘烤食品工艺制作出味道醇美、耐嚼爽口的酱干，后开办酱干作坊。到民国年间，长寿酱干已香遍湘鄂赣边区，成为平江的一大特产。新中国成立以后实行公私合营，长寿供销社聘请何维丰老人的儿媳为技术员，逐步扩大了酱干的生产量。——编者注

③ 掌案大师，常见的有三个释义，其一为宫中领班内官；其二为掌管案卷、掌办文书的人；其三指肉铺中专管割肉售卖的人员。这里指掌握酱干制作技术、负责酱干制作过程的人。——编者注

坊不多了。我们制作酱干的秘诀是：先采用上好的二十四味中草药加土鸡、猪骨头熬汤，然后把豆腐干放到汤汁里卤制，这中间要经过三卤三烤的工序，最后才能制作出真正的平江酱干。平江酱干跟其他酱干不一样，吃的时候要慢慢嚼，这样你才会感到美味四溢、唇齿留香，吃起来才会令人回味无穷。现在一些用添加剂做的酱干，你把它拿到嘴边很香，但一吃到嘴里面味道就很浓很烈。所以说我们的酱干跟其他酱干是有很大差别的。

我们制作酱干采用品质有保障的原材料。其中，黄豆是本地或者周边种植的。这种黄豆粒大饱满、蛋白质含量高，豆腐量出得多，质量又好。更重要的是，我家做豆腐的水来自竹林山麓下的千年古井，这里的井水甘甜可口，用它做出来的水豆腐甜润爽口。单单这一点，我们的豆腐就比别人的胜了一筹。其实，从选择黄豆开始，这些农产品的生产和加工处理技术都是我们自己掌握。我们传统的酱干以石膏豆腐①为主，但现在人们把酱干当作零食，对食品的口感要求提高，我们也不能再用之前的思维和方法进行生产。现在的人更注重食品的品质和口感，不那么看重价格。以前石膏豆腐都是现做现卖，很少通过真空包装销售。因为真空包装后的石膏豆腐会发硬且质感比较粗糙，口感就没那么好。对此我们进行了工艺革新，找到师傅重新学习卤水豆腐②的制作方法。用卤水制作的豆腐硬度高且很细腻。可以说，这些年来，我就天天琢磨怎么做好豆腐、卤好酱干，全心全意做酱干。

发展产业，创新很重要，而创新是多方面的。之前我主要做传统酱干，销售地区也局限于平江县，没到外面销售过。如何扩大市场，是一个令人头疼的问题。如果要把酱干引进新市场，那就要考虑口味更新等问题，所以一开始我没有盲目扩大生产规模。除了口味需要根据各地方人群

① 石膏豆腐又称南豆腐，它使用的成型剂是石膏液，与北豆腐相比，质地比较软嫩、细腻。用石膏做豆腐，在农村是比较常见的。主要程序跟做卤水豆腐、醋水豆腐、"甜树叶子"豆腐是一样的，只不过是用石膏代替卤水、醋水、甜叶汁而已。色泽洁白，质地细腻、软嫩，富含蛋白质，营养价值高。常食石膏豆腐，可使人的面部变得白嫩。——编者注

② 卤水俗称盐卤、淡巴，是生产海盐的副产品。盐卤又叫苦卤、卤碱，是由海水或盐湖水制盐后，残留于盐池内的母液，主要成分有氯化镁、硫酸钙、氯化钙及氯化钠等，味苦，有毒。蒸发冷却后析出氯化镁结晶，称为卤块。卤块溶于水称为卤水，是我国生产豆腐常用的凝固剂，能使蛋白质溶液凝结成凝胶。用盐卤做凝固剂制成的豆腐，硬度高、弹性好、韧性较强，被称为老豆腐或北豆腐、硬豆腐。——编者注

的需求进行调制外，还需要针对不同的顾客群体进行产品定位，比如说产品是面向老年人、小孩、青少年还是中年人，这些要摸清，调查清楚后才能进一步去扩大生产规模。如果急于求成，直接把产品往市场上一放，这样很容易限制自己的产品发展。也就是说，发展产业得一步一步来，不能急躁，必须稳扎稳打。正是出于这样的考虑，我们的酱干口味也在不断发生变化，从最开始的以原味为主，调整为现在的香辣、麻辣、蒜香、原味四种口味。

在销售方面，我们的酱干主要是通过县里的总代理商批发销售，在国家允许范围内走大流通程序。但大超市、专卖店和比较大型的电商平台对销售产品设置了一定的门槛。没有 SC 证①的话，我们的产品无法在这些门店和平台进行销售。所以在销售这方面我们的产品还是有一定的困难，这也是目前的瓶颈。不过，现在有转机了，我们县的县长、市场监察局局长都给了很大的支持，帮助我们筹备申请 SC 证，加快酱干坊生产经营升级改造步伐，进一步扩大生产。以前酱干的产量是每天 300～1000 斤，升级后产量可以增长 2 倍甚至 3 倍。假如每年都按这个量来生产的话，每年应该能有 200 万～300 万元的收益。为扩大销路，我自己也开网店，在电商平台进行销售。为此，我们请了个专业团队来做。

除销售平台外，品牌建设、营销策略也很重要。现在我的够奇卤味坊酱干在逐步形成一个品牌，以后也可能会通过产销代购、品牌连锁等方式进行进一步的宣传和销售，形成自己的品牌特色。我现在准备为我的酱干申请“非遗”。我们已经进行了品牌注册，注册了两个商标，其中一个用来发展普通市场，另一个用来塑造品牌形象。在广告宣传这一方面，我们打算请明星代言，财政部的帮扶干部也在帮助我们进行组织和协调。

慢慢发展起来后，我发现返乡创业并不像当初想的那么简单，其实是一件很辛苦的事情。刚开始就遇到了很多困难，一是得不到村民的理解和支持。他们会觉得发展产业是个人的事，而且部分村民可能目光比较短浅，看到别人赚钱就眼红、嫉妒，所以不仅不能跟上产业发展的步伐，还

---

① SC 证是食品生产许可证，“SC”是食品生产许可证编号中的生产的汉语拼音字母缩写。SC 认证由食品药品监督管理部门监督。《中华人民共和国食品安全法》规定，国家对食品生产经营实行许可制度，SC 证是可以依法生产食品的重要凭证。——编者注

会想方设法阻碍产业的发展。二是农村发展产业见效慢，前期投入比较多，且周期较长，所以要有一定的毅力和耐力才能坚持下来。在农村发展产业，大多数时候前两三年看不到回报，一些人就心灰意冷放弃了。三是技术问题，如果没有技术支持，投资再多产业也发展不起来，这是一个很让人头痛的问题。四是销售问题，这是农村产业发展的常见难题。五是资金问题，前期基本都在投入，资金不够了就找亲戚朋友借，但总是借，人家就会劝你，“看不到一点收入，放弃算了，不要继续做了。”我说不能放弃，我既然做了，就要坚持做下去，一定要把它做成功。

这些问题尤其是技术、销售和资金问题，我们是怎么解决的呢？一个方法是自己买书看，边看边学，经常到外面去学习新知识、新技术，参加各种培训，这些培训有些是政府举办的，也有像碧桂园集团这样的公司举办的；另一个方法是访友，去拜访一些技术好的老师傅，去拜师学艺。

财政部结对帮扶平江县，碧桂园集团①这边也提供借贷扶持后，我们的酱干产业发展迎来曙光。2019 年 3 月，在他们的指导与帮扶下，我们按照 SC 证的生产标准拆掉了原来 100 多平方米的酱干小作坊，扩建成占地面积 680 平方米的厂房。2019 年 9 月开始建厂，2020 年 1 月投入生产，到 2022 年已经投资了 200 多万元，主要用于设备购买、厂房重建以及日常运营，以及申请 SC 证后厂房装修。

自 2019 年起，村里通过投资入股的方式将酱干厂纳入村集体经济的范畴。生产的利润要给村里分红 30%。2021 年 1 月到 4 月，酱干厂的利润有 13 万元左右，我们给村里的分红是 3.7 万多元。从盈利情况来看，与其他产业相比，酱干产业的利润还是相对好的，再加上我们的酱干在市场上的反响比较好，得到了部分消费者的认可，所以我们打算进一步升级改造厂

---

① 碧桂园集团，即碧桂园控股有限公司，总部位于广东省佛山市顺德区，是中国最大的新型城镇化住宅开发商之一。采用集中及标准化的运营模式，业务包含物业发展、建安、装修、物业管理、物业投资、酒店开发和管理，以及现代农业、机器人。碧桂园集团提供多元化的产品以切合不同市场的需求，各类产品包括联体住宅及洋房等住宅区项目以及车位及商铺，同时亦开发及管理若干项目内的酒店，提升房地产项目的升值潜力。除此之外，同时经营独立于房地产开发的酒店，2019 年全年销售金额 7715 亿元，居中国房地产行业第一位。碧桂园集团积极响应党和国家的扶贫、乡村振兴的号召，结对帮扶潮州、汕头、揭阳、梅州、河源等地，惠及 3747 个贫困村 33.7 万户建档立卡户，已助力 31.8 万名贫困人口收入超过当地贫困线。——编者注

房，扩大生产规模。

图 2　2021 年 7 月黄购奇（左二）参加七一党小组爱心活动留影

我全心全意去打造酱干产业，争取和政府一起解决村里贫困户的就业问题。目前酱干坊的工人主要是我们村里的一些贫困户，一共有 17 人，后面还在慢慢扩大生产，可能以后会有二三十人，也可能有五六十人。我们雇请工人时会优先考虑本地村民，优先考虑贫困户（也就是现在的脱贫户），让他们到厂里来工作。这样做的目的是考虑到酱干坊就在本村，方便乡亲们上下班。此外，我们还发动了周边村子的农民种植黄豆，以一斤高于市场五毛钱的保底价收购。

与大规模、流水线的生产不同，我认为酱干生产还是需要保持初心，即用传统技术保证酱干品质、食品安全，不能为了利益而添加有害添加剂，不做无良商家。比如说防腐，不能用的防腐剂，我们坚决不用。一些有害的东西生产出来卖给顾客，是一种没良心的表现。另外我们的产品采用中草药卤制，对人体健康是有益的。适宜的中草药既有保健的功效又有调味的功能，用来制作食品，对人体一般是没有害处的，相反还有益于身体健康。当然，在保证产品质量的同时也得适应市场需求。产品必须跟着市场跑，如果不提醒自己跟着市场跑的话，就会被市场淘汰。

三　稳扎实干引路人，乡村振兴加速度

经历了这么多困难，其实都是为了产业能够更好地发展。在这个过程中，我越发感觉带头致富不仅是个人致富，还要带动集体共同致富。我是一名党员，从入党的那一刻起，就想着要为村里、为乡亲们做一些事。当时我儿子有一点不理解，他问：“老爸你为什么要这样去做？别人会认可你吗？”我告诉儿子，这是我愿意去做的事情，做出来的成果不一定要让人家来认可和表扬，实实在在地做好事帮助别人就行了，也不需要别人感谢。

我经常到外面去学习经验，然后把自己在外面所看到的、所学到的、所知道的、所悟到的分享给他人。我跟村里人分享经验说，只要你们愿意干，我就支持你们一起来做、一起创业。我自己也努力发展一些产业，尽量让大家跟着一起来发展，想尽办法在外面拉一些资源。只要村里面有人愿意去创业，我就会鼓励他们、帮助他们。目前还是有蛮多人想和我们一起去发展产业。比如，我发展果园种植的时候，就有七八个人跟着我一起做，有3家贫困户参与到这里面来。因为种植果树最少需要3年时间才能看到收益，果园现在刚好满3年，所以目前还没有产生效益。我还请了外面的技术人员来指导生产，就是想让大家明年一起赚钱，这样也能把大家带动起来。现在我也不能直接说靠自己的力量就能带动整个村，只能先努力带动一些人，再以这些人带动整个村，这样才能更好地走致富路。

我想，致富不仅是一种收入的增加，同时也是一种思想上的进步。我们村有一个村民叫李贵珍，之前他自己做水果种植，后来通过我的介绍和开导，决定做另外一种产业。那时候茶叶价钱很低，卖不出去，我就建议他去做茶叶生意，村里的刘书记[①]也积极鼓励他，常到外面去学习。目前

① 刘斌樑，男，汉族，1985年7月出生，中共党员，湖南省岳阳市平江县加义镇泊头村第一书记，财政部行政政法司副处长，村民小组“三人小组”机制主要创始人之一。——编者注

他的茶叶生意做得比较好，红茶在全国各地都很受欢迎。现在他又开始收购茶叶，每天在我们村以及周边村花上万块钱收购茶叶，把加工好的茶叶以两百多块钱一斤的价格出售。原本村里的几家茶楼都荒废了，但在他的示范带动下，现在又开始重新装修经营。

发展产业起来后，大家的口袋富了，思想上也在慢慢改变。在脱贫户身上，我们可以看到一些很明显的变化。例如，之前我们村的矛盾比较多，经常有吵架闹事的情况发生，但现在大家的思想都基本转变过来了，都想着要去发展产业或者通过打工来实现创收。生活条件变好了，观念也发生变化了，矛盾慢慢减少了，吵架斗殴少了，乡村文明程度也有了较大的提升。

在产业发展过程中，我收获了很多。我在外面跑业务的同时结识了很多朋友，认识了很多优秀的企业家，跟他们学到了不少销售、技术方面的经验，也得到了不少朋友的认可和很多人的支持。他们认为我的精神值得学习，毕竟做产业实在是不容易，他们说：“以后只要你在发展产业，我们全力支持你。”对我来说，最大的收获就是在外面学习的时候能和大家互相交流经验或者其他有用的信息，能把学到的东西应用到产业上来促进产业进一步发展。

我觉得如果要想自己的产业能顺利发展，自身品质很重要。说到产业发展中需要具备的品质，我认为首先要有信心，没有信心，自己就给自己整垮了。同时，要学会吃苦。此外，还要不计较个人得失，从整体发展和大局利益出发，自己致富的同时要考虑怎么把地方带动起来。

说实话，真正想在农村发展产业，最困难的往往是刚开始起步的时候。很多人这时候遇到挫折受到打击，一下子就会打消继续创业的念头。在湖南省农业农村厅召开致富带头人经验交流座谈会时，很多人回想起自己的创业经历，都是痛哭流涕，感觉很心酸。很多创业者一开始没有足够的资金，熬不过最难熬的前三四年，一些合作社、家庭农场就倒下了。

近些年来，国家的助农政策为农村产业发展提供了很大帮助，补贴较多，包括农机补贴①、粮亩补贴，还有老年保、医保等。要在农村发展产

① 我国的农业补贴政策主要有粮食直补、农资综合补贴、良种补贴和农机购置补贴，农机补贴是这四大涉农补贴之一。——编者注

业，像银行低利息贷款这一系列政策，对于农村来说是一个相当大的帮助。除国家政策扶持外，碧桂园集团也为我们提供了很有力的支持。所以说，产业要想做大做强还是要有政府和企业的支持，还有百姓的支持和理解、创业者的毅力和耐力、发展的技术和资金，这四方面很重要，对一个产业的起步和持续发展都具有重要影响。就像我们，在碧桂园集团跟财政部帮扶干部帮扶下，一方面，产业发展的资金问题迎刃而解；另一方面，我们也得到了产业发展的技术支持和指导。碧桂园集团还经常组织我们参与学习，邀请一些教授专家来给我们讲课。这样的学习交流活动提高了我们的思想认识，也拓宽了我们的眼界。

在政府和村委会的支持方面，我不得不提及财政部派驻我们村的第一书记刘斌樑。刘书记很有作为，深受群众认可。为什么这样评价呢？举一个例子。当时我做乡村旅游的时候有一点心灰意冷，因为那时我觉得在农村发展产业太难了。我是想把产业做起来能带动整个地方的经济发展，但是在老百姓眼里，他们不认为这个产业发展起来能够带动一方，他们认为这个产业发展起来只会对我们几个人有利。两种想法天差地别，我去跟他们做思想工作，征用土地、寻找资源来开发旅游产业，就很为难，也很不容易。当时我想在农村发展产业这么困难，就有点后悔，觉得不应该回来，应该留在外面多赚钱的。后来，刘书记到处调研、多方协调、耐心劝解、细致分析、促膝谈心，我慢慢放下包袱，乡亲们的观念也慢慢转变了，我们的旅游产业终于走上正轨。

现在，我们在村里办企业也能够解决当地一些贫困户的就业问题，目前大概带动了全村 60% 的贫困户上岗就业。旅游项目从 2017 年开始，给贫困户每年每人分红 720 元；在果园种植方面，果园给贫困户提供 3 个岗位，解决了 3 人的就业问题，全年共发工资 62000 元；农民通过种小湘薯每亩收益 2200 元，贫困户的土地租金收益全年共 36000 元；酱干厂每年给贫困户发放 20 余万元工资。对于大部分不能外出务工的贫困户而言，我们的产业可以让他们每年增收 2 万 ~3 万元。

我认为，致富带头人对巩固脱贫攻坚成果、实现全面乡村振兴起到至关重要的作用。为什么这样说？因为致富带头人是通过发展产业增收的，致富带头人越多的农村，致富带头人干得越好的农村，产业的发展就越好，这为脱贫户稳定脱贫、持续脱贫提供了更多更好的契机与平台。

我不想让工人“放假”

受访人：邢少兵

访谈人：杨　妹

访谈时间：2021 年 7 月 17 日

访谈形式：线上访谈

访谈整理：林嘉豪

访谈校对：林嘉豪　杨　妹　朱　烨

故事写作：朱　烨

受访人简介：邢少兵，男，汉族，1983 年生，河北新河人，中专文化，中共预备党员。曾在中专学习农业知识，2006 年毕业后回家乡养殖蛋鸡。2016 年开始与朋友合伙开办玩具厂，2017 年起独自接手“萌乐”玩具厂并将其更名为“萌星”，随后关停养鸡场，全身心投入玩具厂运营。2019 年以来，玩具厂在政府、企业的共同帮助下，得以扩建发展，产品外销多个省份。在创业过程中，邢少兵通过发展扶贫车间、外放手工加工活、与碧桂园集团一同组织技能比赛和培训等，带动周边村庄脱贫，帮助半劳动力、弱劳动力贫困户灵活就业。

一　转行做“萌星”

我叫邢少兵，1983 年生，今年 39 岁，是一名光荣的预备党员。我的家乡邢秋口村[①]，是河北省邢台市新河县寻寨镇下面的一个小村子。我们

① 邢秋口村，原为涧湫口村，因靠近古湫河而得名。明永乐年间，邢姓由山西洪洞县迁来落户，遂改村名为邢湫口。后“湫”写为“秋”。该村位于县城西南偏南 8 公里左右处。

图 1　2021 年 7 月 17 日邢少兵（右下）接受线上访谈

村靠近黄河的支流，地势低洼，夏季多雨，降雨集中，秋天则干爽少雨，比较舒服。我们村没什么特色的资源，倒是适合种地，所以我们村的耕地比较多，有将近 3000 亩的耕地。前些年基本上家家都有种地，产些麦子自己吃，如果还有剩下的，就到县里去卖了换钱，补贴家用。各家主要的副业就是种种果树、养养蛋鸡。我们这儿是贫困村，有比较多的贫困户，贫困成因比较复杂。不过后来国家的精准扶贫政策推出后，我们村也有专职扶贫人员，扶贫干部们每天在村里面来回奔波了解情况，帮助贫困人家脱贫，解决他们的吃穿住行问题，也为村里开发了一些特色种植产业。过了几年，我们村的情况慢慢变好了，大家的日子也好了起来。

我是农民的儿子，读书时总是会念着我的家乡邢秋口村，所以我没有像很多同学、同村的年轻人一样，毕业后待在县城谋发展或者去附近的大城市打工。那时候我们县里主办了一个面向村里年轻人的技术培训学校，让我们能有个谋生之法，于是我就去那儿上了中专。我学的是农业类的知识，学习种地、种果树等种植技术。中专毕业后，我就回到家乡发展。落叶归根，这里是我的根，是我长大的地方，有我的父母，现在也有了我的老婆和孩子。

我刚毕业回村时种的是果树，后来又在村里租了块地养鸡产鸡蛋，并经营了些副业，比如跑跑销售、卖卖化肥和饲料。我的创业之路一直都是不温不火的，但我不着急，只要踏踏实实地过好每一天，不出什么差错，我就很开心了。当然，人是吃一堑长一智的，这段历程也让我积累了很多经验。毕业回乡这么多年，我做过很多事情，做过许多的副业，但我现在一心专注于运营玩具厂了。我的“萌星”玩具厂是2017年正式创办的，我们做的是一种小孩子玩的玩具——泡泡棒，就是拿在手上可以吹泡泡的那种。以前我们只能生产几种，但现在我们已经能生产数十种不同的泡泡棒了，卖向全国各地。

玩具厂是经朋友的介绍才办起来的。2016年年初，我的两个发小找到我，说是想做一点副业。他们都是在县城里做物流的，手下有几台大货车，他们对我说：“咱们再做一个行业吧，开一家玩具厂！”因为我之前卖过饲料，有销售的经验和渠道，他们就希望我与他们合伙。应他们的邀请，我和他们一起投资，在村里租了块地，建了一个小厂房。生产了一年之后，我发现这个产业有它的特殊性，很难实现盈利，这让两位伙伴很难兼顾玩具厂这个副业和他们自己的主业。到了2016年年末，两个发小就相继退出了。我也不是没想过放弃，但我不是那么容易放弃的人，当时想着再做几年看看，而且那时候我手下已经有七八个工人了，我退出的话玩具厂就关了，他们就失业了，我也不忍心，所以我就继续把玩具厂做下去了。但两个伙伴的退出还是给我带来了很大的压力，那段时间我挺累的。当然，我也不会怪他们，他们后来给了我不少帮助，我们的关系也一直挺好的。

2017年年初，我们这边开始抓环境建设，原来我们农村人养鸡散养惯了，我的鸡场因为卫生没有达标被关闭了。就这样，玩具厂一下子从我的副业变成了主业，我也开始一心一意投入到经营玩具厂上。我们的玩具厂原本在村东租的场地，但那里的租金比较贵，慢慢地我就负担不起了。2018年开年的时候，我就将原先的鸡场给拆了，并卖掉了鸡场里的设备，在原来的地方扩建了一个厂房，将村东的玩具厂搬了过来，开始灌装泡泡水，生产泡泡棒。我们最开始合伙的时候玩具厂是叫“萌乐”，搬了厂房之后，我就注册了营业执照，开始用自己的商标“童尚”，也改了厂名，叫作“萌星”。这都是很具小孩子特点的名字——我将它当作我自己的孩子。到这时，我便正式开始经营起了自己的玩具厂。

二　创业开头难

刚开始办厂的时候，我斗志满满，虽然说开玩具厂对我来说算是一个新的尝试，但我创业打拼了这么多年，也积累了很多经验。2017 年春节后，我开始东奔西跑，捣鼓起了玩具厂的各种事宜。家人们也都给我帮忙，开始时父亲母亲在家里给我出主意，现在他们住在玩具厂里，帮我看场地，我的妻子一直在背后支持我，我的两个上初中的孩子，放假回来了也帮我做点杂事。有了家人的支持，我自然是更有信心，在外跑业务的时候也更有干劲了。在获得了营业执照之后，我的玩具厂开始生产泡泡棒。但创业起步总是会遇到重重阻碍，第一年我就碰上了很多让人头疼的问题。

第一个问题是销路。我的玩具厂搬迁之后，就开始用我自己的商标和品牌。新的东西总得有个过程来让人接受，虽然我有以前的经销商渠道，但这些对于扩建后的“萌星”是完全不够的，因为我们的产品主要是外销给各省的市场做批发，必须找到更多的销售渠道，才能让“萌星”更好地发展。于是 2017 年过完年后，我就出了邢秋口村，跑了全国很多地方，到各省的批发市场谈生意，忙前忙后，跑了将近有 3 个月。最终我们厂和湖南长沙的高桥市场、河北石家庄的南山条市场、山西太原的文百城市场等建立了对口销售协议，由我们生产，那边经销商收购，再到各自的市场进行销售。现在黑龙江、辽宁沈阳、吉林长春、浙江义乌、山东临沂、云南昆明等地方都有我们的客户。虽然奔波很累，但谈生意的过程还是比较顺利的，这都得益于我们能给出一个较低的价格。北方地租便宜，原料和人工成本也不高，那些经销商自然愿意进我们的货。虽然我们利润不高，但这些销售渠道的建立，还是给我的玩具厂带来了更大的发展空间。

第二个问题是场地和资金。我把原先养鸡的场地给拆了，建了生产的厂房，注册了商标之后玩具厂又扩建了一些，这样下来，资金就不太到位了，很多东西都得节省着用。那时候我们玩具厂最缺的是用来存货的库房。因为我们这行有淡旺季之分，腊月和正月都是我们的旺季，这个时间段孩子们都爱玩泡泡棒。那时候的情况是，我们生产多少，经销商就要多少，所以我们更要抓住时机，多生产些泡泡棒。而“五一”过后则是淡季了，那时候孩子们大都去玩水枪了，玩泡泡棒的少，我们就只能少生产些。但是问题在于，就算我们在淡季减产，也还是会有很多泡泡棒卖不出去，而旺季的产量总是跟不上市场的需要。因为没有库房，我们不能多生产，不能为旺季做准备，旺季的时候我们也就不能多卖些产品，这样玩具厂自然没办法取得较好的生产效益，利润就提不上去。所以我们一开始资金真的特别紧张，玩具厂扩建了，生产的多了，花费就更多，而我们要想赚更多的钱，就得新建一个储货的厂房，来应对旺季的高需求，但我们又没有足够的资金，我也拿不到贷款……那段时间，玩具厂就陷入了一个缺资金、缺厂房的循环之中。

当然，前面的问题还不算急迫，这是企业发展前期都会遇上的问题。2017～2018 年，最让我头疼的问题还是招工。正如前面所说的，我们玩具厂生产有淡旺季之分，在淡季只需要十五六个工人就足够生产了，但到了旺季，那真的是人越多越好！每次春节的时候，我们厂会外放手工加工活，到村里和隔壁村招人来做一两个月的短工。我们起码要招一百来号人，才能应对旺季时暴增的订单，不然就坏了生意，也坏了信誉。但我们这边可以说是特别难招人。2017 年年末，面对即将到来的旺季，我和妻子在邢秋口村和附近村跑来跑去，最后才招了不到 80 人，这远远达不到我们需要的人数。所以那一年厂里只能让工人们多加点班，我们全家也一齐上阵，才勉强完成了订单量。

但是像这样拼死拼活地赶工，怎么说也是不太行的。旺季时招不到工人的原因有很多，一是村里的年轻人大多去了石家庄和邢台这些大一点的城市打工，岁数大的人又不能出去，只能在家里种种地，农闲时找点活干，这样的话，我们村里的年轻劳动力就比较少；二是很多人在这一年收了地里的麦子之后，就开始在家里闲着，不太想出来做工了。这也是我们村里之前有那么多贫困户的原因之一。很多人不太愿意去赚更多的钱，只想日子能过就好了，这也是一种惰性思维吧。玩具厂的旺季恰恰是农闲的时候，我们着急招工人，但很多人选择在家闲着，也不出来打工，我们就很难招到足够的人。那时候不知道该怎么宣传、招工，我们为此也头疼了好久。

图 2　2018 年邢少兵在厂里办公

三　适逢及时雨

事情终于迎来了转机，这多亏了我们村里的扶贫干部和碧桂园集团[①]，他们就像及时雨一样出现在我的面前。他们在我最困难的时候帮忙解决了很多问题，让我的玩具厂能够挺过难关。我在后来开办扶贫车间、开展技能培训比赛、进行手工活加工培训，都有他们的帮助。

首先解决的是招工问题。那时候我为了招工的问题很是费心，2018 年村里驻村第一书记了解到我们的情况之后，就用大喇叭在村里进行播报，帮我们招工人。村支书也帮忙去问村里人要不要来做工，重点是找贫困户，这也算是对口帮扶吧。后面经过我们村里扶贫干部的介绍，邻村的县供销合作社联合社[②]就过来了解情况。通过几次的来访，他们了解了我们

① 碧桂园集团，即碧桂园控股有限公司，是中国最大的新型城镇化住宅开发商之一。近年来，碧桂园集团积极响应党和国家的扶贫、乡村振兴的事业，结对帮扶潮州、汕头、揭阳、梅州等地。

② 县供销合作社联合社，指在一个县的范围内，由若干基层供销合作社作为社员社而联合组成的县供销合作社联合社。

缺工人的具体情况，我们村支书在这过程中特别热情，为了这件事跑了好几次，收到了很好的效果。我们村与隔壁的殷庄、耿秋口、寻湖路村以前都是贫困村，我缺工人的消息一传出去之后，他们的驻村干部就陆续来了解情况。这些驻村干部在帮助我们脱贫这块做了很多事情，每个人都把自己村里贫困户的情况摸得一清二楚，说到哪个家庭的时候，具体情况、背景、有什么需求等全都知道。尤其是殷庄村的老支书，都70多岁了，还是会带着年轻的扶贫干部来我们村为他们村的贫困户们拉活干，拉到什么活就给贫困户们送去。说实话，我挺敬佩他们的，他们是真心在为我们老百姓做贡献、做实事。最后，在各村干部的牵头下，需要招工的工厂老板和想找份工作的人就一起建了一个微信群，谁要招人，就在群里招。加上各个村干部的走动，各村就被串联起来了，我们的信息流通变得方便多了。到了旺季，招工人就没那么难了，有了村干部们的帮助，我们只要在微信群里说一声，大致能招满人。这算是拔了我的一根心头大刺。

招工问题大致解决之后，我的玩具厂慢慢走上了正轨。工人们不会“放假”，也能挣上钱。当时，虽然还没解决厂房的问题，但招工数量能满足旺季的生产需求，并且能产生较好的经济效益，所以2018年我又建了一个小仓库，用来存放货物。我这里的常雇工人年龄都挺大的，还有五六个贫困户，有的是我原来招的，有的是扶贫干部推荐来的，一直都在我们厂里工作。我的玩具厂对技术的要求没那么高，只有灌装、插盒、组装这几道工序。我们采用计件工资制①，工人们一个月能赚两三千块钱，这对他们来说是非常不错的了。就这样，有几位贫困户慢慢地就脱了贫，日子也好了起来。到了旺季，我们就去各个村招工人来帮忙赶订单，能招一百来号人，大多是农闲在家待着的人来做一两个月的活。他们的工资每个月能有1800块钱，算是为家里多挣一份钱，更好过年吧。这样下来，他们多了收入，我们厂的招工问题也解决了，不能说我是在帮助他们，但看到大家挣了钱脱了贫，我也很开心。平时我和工人们的关系都很好，就像亲人一样，大家有时候就在一起吃饭。大家很随意，他们也不怎么叫我老板，都叫我“小兵”，平时有啥事我们都互相帮助，工厂的氛围挺好的，他们也

① 计件工资制是指按照生产的合格品的数量（或作业量）和预先规定的计件单价，来计算报酬，而不是直接用劳动时间来计量的一种工资制度。

就更愿意留在我这打工，旺季的时候招工人也就没那么难了。

至于厂房的问题，是在2019年年初有了着落的。那时候，我们县的供销社副主任王主任带着碧桂园集团的陈经理来邢秋口村了解情况，我就和他们交谈了起来。陈经理问我：“你有没有什么困难？”我说有困难，就把我的情况告诉了他：“那个工厂我们不愿意停，不想让工人放假，我这还有几个贫困户呢，我得建一个更大的厂房。可资金有限，我建了厂房之后就没办法建仓库了。”陈经理就说：“这一块我跟上级协商一下，看能不能给你建个厂房。”于是他们就回去和碧桂园集团的上级沟通。过了一个月左右，碧桂园集团那边就和扶贫干部一起合作，帮我建了一个“扶贫车间”，比以前的厂房要大。我也建了一个更大的仓库，条件更好一些。后面我们就在扶贫车间里进行生产，也有了更多的常雇工人。我非常感谢政府和碧桂园集团的帮助，我觉得这个扶贫车间对我来说意义非常大，对大家的意义也很大。在我这上班的工人其实都不太容易，都是岁数大的、离不开家的，比如说家里有老人，老人病了得伺候，只能就近来我这儿打一份工。有了扶贫车间之后，他们的工作环境也变好了，工作更加舒心。他们工作起来更积极，我的玩具厂也就发展得更好，厂里的几户贫困户也慢慢脱贫了。这两年来，大家的生活都变好了，其中不仅有我们的努力，也离不开政府扶贫干部和碧桂园集团的帮助。

四　扶贫又扶志

我觉得扶贫是一个扶贫又扶志的过程，我不想让工人“放假”，我想让他们获得一份收入，让他们知道自己可以工作，而且能做得很好。

在村里扶贫干部的沟通帮助下，我们解决了招工问题。扶贫车间建好之后，厂房和仓库的问题也迎刃而解，此后在2019～2020年的这个阶段，我的玩具厂发展得很顺利，也开始开展一些面向工人的技能比赛和手工活培训了。

其实技能比赛和手工活培训是前几年就有的，不过听说是扶贫干部和碧桂园集团在别的村举办的，我们村还没有。这个技能比赛是很有用的，具体作用是：以前有很多人因为穷惯了，就不愿意去打工，也不觉得自己能赚多少钱，这个技能比赛让村里人去掉了惰性，建立了信心，获得了劳动的满足感和幸福感，也更想去工作挣钱了。用一句话来讲就是“授人以鱼不如授人以渔”，这也是扶贫干部常讲的“扶贫更要扶志”。我们村虽然已经脱贫了，但这种惰性思想还是有的，很多人宁愿待在家里，也不想出去找工作。目前玩具厂发展得越来越好，我就想着我得到了政府和碧桂园集团的帮助，现在应该也去帮助一下别人。

2019 年 10 月初，我找到村里的扶贫干部和碧桂园集团的陈经理，说我也想和他们一起办技能比赛和手工活培训。10 月 17 日，那是一个特殊的日子——国家扶贫日[①]，我们村联合殷庄村办了一场手工活培训兼技能比赛。这个活动得到了县里领导的重视和帮助，他们负责组织活动，我们出道具和师傅，碧桂园集团出奖品。我们的副县长出席了活动，还有其他的一些领导也来了。那场活动我们办得很成功，活动提供了许多小奖品，像一些脸盆、毛巾、食用油之类的，乡亲们只要参与了就能得奖，很多人就来报名参加了。那次比赛前，我们在空地上摆上了桌子，让厂里的老师傅先教大家学一下做泡泡棒的工序，操作不难，十二三道工序，很多人当场就学会了，在比赛中也取得了名次，拿到较好的奖品，大家都很开心。

我印象最深的一幕是，有的人参加活动之后和我说：“以前一直觉着我岁数大了，挣钱就不能行，今天来参加这个活动，感觉我还是能挣到钱的。”后面很多人也在旺季来我这儿上班了。我觉得有些人不是不想变好，只是缺别人推他一把，让他觉得自己能行，能够做成事情，有人鼓励他、肯定他，他就有信心、有志气了，原先懒的人也就不懒了，肯出来找工作做了。所以说激发人的积极性真的很重要，我觉得这个活动是达到了这个目的的。

看到那么多人感觉自己能去挣钱了，有信心了，而且我也多了工人，我心里高兴得很。于是后面两年，我就把这个活动给接着办下去了，效果都还不错，大家也都愿意来我这里上班了，可见国家“扶贫先扶志”的方针是有它的道理的，让我们村很多人的心态从“不愿意富”变为“愿意富”。这种活动一办，他们脱贫致富的积极性也上来了。

现在，玩具厂的生意蒸蒸日上，我的两个孩子也上了初中，我感觉我们家的日子过得越来越红火，当然，我们村不少人的日子也变好了。像以

---

① 国家扶贫日，国务院决定从 2014 年起，将每年 10 月 17 日设立为“扶贫日”，具体活动由扶贫干部和有关部门共同组织实施。

前那些贫困户，有的是靠自己打拼脱贫，有的是在政府的帮助下脱贫，大家慢慢地都好了起来。像我们村里的邢大哥，他有脑血栓，平时躺在床上，他媳妇也不能外出，就得在家照顾他。后面他媳妇来我这边上班，边工作边照顾他，支撑起了一个家，加上政府的帮助，他们的日子过得也没以前那么艰难了。现在附近四五个村里的人在旺季的时候就来我厂里上班，几个人组成一队，有些活就可以在家中做，一家人吃完饭就能干活，孩子放学回来了也能帮家里干一干，做完了之后再送回来，这也算是实现了灵活就业吧。我们是按件计费，他们做多少件我们就给多少件的钱。这样，他们用闲暇时间给我组装，多一份收入，我们都挺开心的。

回想这几年，可以说是“天时地利人和”造就了我们玩具厂的发展。国家脱贫攻坚的政策，通过一位位扶贫干部的努力，确实是落实到了我们老百姓的身上。各村的县供销社、扶贫办干部们，为着贫困户和整个村子的发展，在村里各家各户之间来回奔波，了解情况，解决困难，发挥了很大的作用。当然，这里面也有碧桂园集团的资助，这是个良心企业，在成为大企业之后选择了反哺社会，不忘记自己的初心。我有时候就会感叹，这才是真正有大格局的企业，发展起来了就回来参与扶贫工作，真真切切为群众谋福利，这是很多企业无法做到的。

有时候工人说我的初心就和碧桂园集团的初心是一样的：一开始我在很困难的情况下坚持把玩具厂办下去，也是不想让我们厂里的那几位贫困户没了工作。我们农村人的人情味是很浓的，让他们“放假”没工作，我也于心不忍。在我的玩具厂不断发展的过程中，我们开办扶贫车间、举办技能比赛和手工活培训，我的玩具厂也帮助了更多的人。据说我们邢秋口村所在新河县的名字有着“众志成城，心合则固”的意思，我觉得用在这些年我们县打的“脱贫攻坚战”上非常合适，大家都攒足了劲，心里向着美好生活，团结一致地奔赴在脱贫致富的道路上。我们这也有革命烈士董振堂①

---

① 董振堂（1895～1937），字绍仲，河北省邢台市新河县人。1920年入保定陆军军官学校学习，毕业后投身于冯玉祥的西北军，曾参加推翻贿选总统曹锟的北京政变和北伐战争。1931年12月14日，率兵发动宁都起义。1932年4月加入中国共产党。1936年10月所在部队编入红军西路军，渡黄河西征，指挥所部参加攻占山丹、临泽、高台等县城的战斗。1937年1月12日率部在甘肃高台县城与近十倍于己的敌人浴血苦战，战至最后一人一弹，于20日壮烈牺牲。

的纪念馆，我和村里的党员一块参观过董振堂的纪念馆，他的事迹和精神给我很大的感触，一想着以前的革命者为了以后的我们而抛头颅洒热血，我的眼泪就会流下来。他是长征中的英雄，中国革命的奉献者之一，为革命的信念坚持抗争，直到流干了最后一滴热血。他的精神一直被我们传承着，到现在也有了新的内涵。

在我们脱贫致富的道路上，有那么多乡村干部在其中努力奋斗，为我们老百姓的幸福生活不停奔波。如果没有他们的努力，我们可能还要很久才能过上现在的日子。他们的信念和精神将我们凝聚在了一起、团结在了一起，大家共同为了美好生活而努力。所以当有人说我是脱贫致富带头人的时候，我总是会和他们说：“这些扶贫干部们，才是真正的脱贫致富带头人呀!”村里的扶贫干部和良心企业，不仅扶贫还“扶志”，有了他们，我们村才能涌现出一个又一个脱贫致富带头人，才有了今天的我，才有了许许多多“不让工人放假”的故事。而这一个个脱了贫致了富的人，也应当接力下去反哺乡村，继续“扶贫又扶志”，这也是我所要坚持的路。我相信，在这样的趋势下，大家的生活只会越来越好，我们的未来是值得期待的。

撂荒鱼塘开启致富之路

受访人：古庆辉

访谈人：温敏婷

访谈时间：2021 年 5 月 19 日

访谈形式：线下访谈

访谈整理：温敏婷

访谈校对：黄佩仪　陈敏怡

故事写作：温敏婷

受访人简介：古庆辉，男，汉族，1979 年生，广东五华人，大专文化，中共党员，五华梅香园农业科技有限公司等 5 家合作社、企业的法定代表人。2012 年在“双到”扶贫政策号召下从口腔科医生转行创业，开始从事水产养殖，主要养殖甲鱼和龟，成立五华县益生源种养专业合作社。从创业初期开始的几亩地慢慢发展，至今已有上百亩地，先后在当地红洞村、华新村、坪南村、莲高村等 4 个村成立了养殖场，带动 167 户贫困户脱贫致富。2019 年成立五华梅香园农业科技有限公司，在莲高村发展精油加工、生物提取等产业。这是聚焦人类健康的朝阳产业。

图 1　2021 年 5 月古庆辉（左）接受温敏婷（右）线下访谈

一　投身水产项目，实现从“零”到“百”

我叫古庆辉，来自广东梅州五华。今年43岁，以前是口腔科医生，现在从事养殖、种植还有加工业。从2012年开始做致富带头人，直到现在已经带动了4个村的经济发展。2012年那时候推行“双到”① 扶贫政策，我从口腔科转到了这个领域。那会儿广州市农业局到我们红洞村来帮扶，要找一个也就是现在说的致富带头人，先做一个项目，但这个项目要先自己垫资，项目做得好了再给几万块钱，我就抓住了这个机会。决定转行除了政策原因之外，更重要的是我对养殖这一块很感兴趣，从小看着父母养猪养鸡，知道要怎么去养，后来也了解了其他产业的情况。慢慢地，我把这个产业越做越大。

当时刚开始我想做的产业是养猪，带领我搞脱贫攻坚的专家是做水产行业的，他和我说：“养猪是暴利，但（要是时运不济）也有可能会搞得倾家荡产，我建议你搞水产是最稳的，亏也亏不到哪里，赚的话可能一次能赚很多。你来选择，这个是我的专业，你相信我你就做这个。”后来我还是选择相信专家，相信他对这个领域的了解。他说还是做这个好，可以从小规模做起，慢慢来。

我在我们村先开办了一个甲鱼养殖场。2014年，我们又在另一个村——华新村里建了一个养殖场，再后来实施精准扶贫政策的时候，我已经在水产这个行业做了五六年了，在这个产业的经验和资源也比较丰富。很多人鼓励我继续做大这个产业，我也因此备受鼓舞，从此我坐上了精准扶贫的“列车”，通往脱贫致富的道路，继续做大这个产业。于是在华南村参与投标，刚开始的时候养殖面积有10多亩，后来扩大到20多亩，再到50多亩，现在已经上百亩了，大家都觉得“这个产业可以继续做下去啊”。到后来莲高村招标，我又投了标，现在一共是4个村，我们带动了167户贫困户脱贫。我们每年分红30多万元给贫困户，前两年我还在自己经济富足的情况下成立了五华梅香园农业科技有限公司。

① “双到”：规划到户、责任到人。扶贫双到的概念是由广东省扶贫办提出来的，被视为中国精准扶贫的前身。

当时刚开始做这个行业，遇到困难也在所难免。那时候的龟一斤卖100块钱，一只龟大概一斤多，在养殖过程中，出于疏忽，我没有咨询专家，就直接把龟苗撒进了池塘里，一夜之间死了几百只。当时想不明白为什么会死掉。甲鱼没问题怎么龟就有问题呢，觉得很奇怪。后来去找专家了解之后才找出了原因，专家说这样撒苗是不行的，因为龟比较笨重，不能直接投进一米多深的水塘，甲鱼跟龟不同①，甲鱼比较轻便灵活，可以直接投进水塘养殖。养龟要先把池塘的水放到15厘米左右深，把龟慢慢放下去，再把水位慢慢加高，就没事了。这以后我们养龟，就会等小龟长大一点了再转到其他池塘里面去。当时觉得这个环节很简单，把龟苗倒进去就是了，我们就没去问专家。所以这看起来很小的环节，由于疏忽我们损失了几万块钱。从那以后我也总结了经验，意识到专家和团队的建议也是我们创业过程中很重要的一部分，不然做不到今天。

我们现在养了大概40万只龟，甲鱼有20万只。我们都是搞批发的，以前养得少的时候偶尔投放到村里的市场卖一下，现在我们都不这样做了，一两只就不卖了，三五十斤也不卖，除非是来买苗，一般三五千个以上才卖。我们一次进苗几十万个，几千个苗才养一亩地。我们也不用在网上宣传，时间做长了，那些买家自己就跟着来了，我可以说是这个行业的元老了。而且我在这个圈子里也有很多朋友，还有上面的专家，他们都可以帮忙联系到买家、卖家。

我们现在最大的市场主要就是广州黄沙市场②，黄沙市场的供给是面向全国的。中国总共有四大水产市场，一个是湖北，一个是广东，还有两个分别是山东和海南。因为这四个地方做水产品比较丰产，海南省离海近，广东这边做淡水养殖的多，所以全国水产品的供应基本靠这四大水产市场。每天都用货车拉进拉出，一两天就搞定几百万吨，这市场就是这么庞大。当时我也有考虑过积了鱼苗卖不出去把它放在网上销售，因为网上卖的销售量确实也可以，但买家买来是观赏用的，买入的数量少。我们是高密度养殖的，一个鱼塘一亩地养6000只，别人是养3500

---

① 甲鱼与乌龟的不同点：1. 甲鱼咬合力比大部分龟强；2. 甲鱼的壳边缘有肉裙，而乌龟没有；3. 乌龟可以把全身缩起来，甲鱼却无法做到。

② 广州黄沙市场：广州黄沙水产交易市场，是目前华南地区最大的水产综合市场，每天成交量都在500吨以上。

只。但是在这6000只当中，如果今天打捞三五百只给人家，明天打捞个几百只，这样下去可能整个池塘的鱼三天都不吃饲料了，会影响它们的生长。池塘一被搅动它们会恐慌，一恐慌就会到处爬咬、撕咬，还不吃东西，可能会因此减产，那这样我卖出去赚的钱可能不够损失的。所以我们一卖就以一个鱼塘为单位，一个鱼塘都是一两万斤这样。我们统计过最多的时候一亩地一个鱼塘一年都有十几万元的收入。我们统计了一下成本，除了员工开支，利润大概是37%。但坚持十多年做水产行业的很少，因为看不到希望，有些人养的少，只搞定工资还算可以。不过他们没想到我们是走量产的，走量产的好处在于，如果我卖苗的话一个苗才赚两块钱，但我一年卖80万个苗，即使50万个，那也赚了100万元，这样在农村做个农民不挺好吗？哪怕一个苗只赚一块钱一年也能赚几十万元了，多好，多轻松。

2012年来帮扶的专家来到我的基地拍着我的肩膀说：“小子啊，我不知道你能干到这个样子啊。”因为规模做得比较大，他原先是拿出了一两亩地给我，我慢慢做到现在将近有100亩地，我还带动4个村一起发展，4个村都有养殖场，还有一个村建了精油加工厂、种植基地。所以他才会有这样的感叹。我有时候回望过去，自己都会觉得很有成就感。

图2　2021年7月古庆辉（中）与农户开会了解情况

二 立足健康产业，带动乡村振兴

2019年成立的五华梅香园农业科技有限公司主要是把当地的资源——撂荒地[①]全部整合起来，不仅租别人的撂荒地来做鱼塘，还租来种植澳大利亚茶树[②]。澳大利亚茶树以前都是国外种植的，很多进口的精油都是那边过来的，后来我们的专家带了点澳大利亚茶树的种（可育的苗）过来种植。这几年树苗慢慢长出来了，我们就又开发了一个新型产业，把澳大利亚茶树叶子里面的叶素和艾叶油提出来，投入化妆品行业生产。猪、鸭、鸡、牛这些家禽、家畜，都是需要打针吃药的[③]，我们利用这些植物成分来代替打抗生素，家禽、家畜就不需要吃药，只需要把植物成分搅拌到饲料里面。我们对这个产业的未来是很看好的，现在我们也在深加工、种植这一阶段努力。前两年五华梅香园农业科技有限公司刚刚成立，现在产业在陆续启动中。

我的朋友圈比较广，这个灵感来源也是因为参观了湖南、福建、云南的很多企业以及广州的立白[④]、云丽公司[⑤]等等，对于这个行业我们做了很多调查，已经心中有数了。这个行业在未来的几十年甚至更长时间，都是比较有吸引力的朝阳产业，所以我一直想做健康产业。做替抗也是这样的，我们养的东西必须健康，要做健康食品给消费者，所以我们现在不想用抗生素。以前没办法，都是用那些抗生素，畜禽类体内药物残留一年到两年都有，所以现在我们都不再用了。我们对自己的产品做试验，如果拉

---

① 撂荒地：是一个常见于方言中的词语，指经耕种肥力下降后被荒废的土地。

② 澳大利亚茶树：是澳大利亚的芳香油树种，利用枝叶提取芳香油，有明显的杀菌和抗菌作用。

③ 传统家禽打抗生素的目的在于降低禽类发病率、病死率，从而降低养殖风险。自2002年起，欧盟禁止进口所有中国动物源性产品；2006年，欧盟已经全面禁止在饲料中投放任何种类的抗生素。

④ 即广州立白企业集团有限公司，总部位于广州市，主营民生离不开的日化产品，范围涵盖织物洗护剂、餐具洗涤剂、消杀剂、家居清洁剂、空气清新剂、口腔护理剂、身体清洁品、头发护理品、肌肤护理品及化妆品等九大类几百个品种。

⑤ 即广州云丽生物科技有限公司，主营产品类别有国标精油、有机纯露、植物油，氨基酸表活、阳离子表活、新型表活，阳离子调理剂，生物基美白剂、保湿剂等活性添加剂，植物提取物等等。

去检测没有问题，就注册专利。目前我们就是首先往替抗方面和化妆品方向努力。

新型产业这方面我们是有一个团队，理工大学、工业大学还有立白公司，我们四个单位共同研发产品，把这个产品应用到化妆品产业，之后将提取剩下的作为替抗的原料。所以大家可以放心使用化妆品，我们生产的绝对不是什么工业加工品，我们纯粹是从植物里面提取玫瑰精油、艾叶油这些天然成分。不只在化妆品行业，我们还做了其他方面的规划。第一，可以发展观光产业，比如我们的大马士革玫瑰①，很好看的一种花，可用于观光种植；第二，我们可以提取精油；第三，我们可以用它插花，特别是我们的松红梅②，3 枝就卖 15 块钱，剪 3 枝插到那里就很好看。那剪下来的松红梅还可以萃取成精油，用途挺多的。

在精油这方面我们还建了个示范基地，占地两百多亩，里面建有车间、产品展厅、无尘车间、工人宿舍以及观光的平台，另外设置了大风车这种很多网红、游客都喜欢打卡的景点。游客来了既能赏花又能游玩。我们还有鱼塘，现在还没做起来，可能再等半年就建成了。等基础设施都搞好了，我们的厂房也做好了，再做美化。

等做好了美化之后让人进去参观，门票免费，但是我要吸引他们购物，搞个亲子活动。我有几百块钱的提取精油的机器，他们自己摘了叶子去提取，提取出来精油以后可以拿回家自己使用，他们会有种想法：“我自己亲手做的精油多好。”我们还在基地开发了一个 7 亩大的池塘，可以吸引一些喜欢钓鱼的游客，池塘里放些鱼、甲鱼，他们来钓到甲鱼了，也要跟我买，一个多少钱做好定价，买了以后他们就可以拿回家，也可以在这边吃，吃的话我这儿也有厨房，厨师帮忙煮。我们是以这种重视体验感的形式去吸引游客的，游客来这儿还能观赏花呀鱼呀，很舒服自在，闲暇了都能来散散心。除此之外，“水鱼是怎么养出来的？水鱼都很少能见到，他们为什么能养？”这一点也可以吸引很多人过来，或者周末带小孩过来参加亲子活动，炖炖菜、种棵树，每周可以过来浇点水，看着自己种的树

---

① 大马士革玫瑰：又名突厥蔷薇，属古典庭院玫瑰，是世界公认的优质玫瑰品种，油用玫瑰中的上品。

② 松红梅：因叶似松叶、花似红梅而得名，具有观赏价值与一定的药用价值。

慢慢长大，等小孩五六岁了，这棵树也很大了，到那时他们还可以把它砍下来做成十几瓶的精油带回家用。还有刚出壳半个月左右的那种小龟，可以吸引小孩的兴趣，就摆在那里卖 5 块钱一个，小孩要一两个买回家养的话也可以。我们从外面买进来 3 块钱，再在里面卖一个 5 块钱，可以赚 2 块钱，我何乐而不为呢。看着可能一个人买得少，一次来了 100 个小孩的话，一个人买 2 个都有 200 个，200 个差不多一天有利润 400 块钱了。这样的话我光这个点一个月的收入都有一两万块钱，那还有高峰期呢，这样一年下来我也有几十万元收入。所以做产业要多思考，开发得好的小小的资源，也会很赚钱。

虽然这个产业是在农村做，但是交通也很方便，我们那个地方就只有这样一块很平的地，被我们拿下来做了基地。而且我们五华县是大县，它总人口有 100 多万人，自然村一个大村有 1 万多人，小孩也多。这样做成产业之后周边来的人就很多了。

对于手下这两个产业我想整合在一起。因为那边养殖场几十亩是分开的，我想把它整合到一起比较好管理。另外我们在养殖过程中会产生废水，但我们不会把废水直接排掉，可以用来浇灌树苗。有些人可能会把废水放少一点，再兑清水倒掉。我直接把这个鱼塘水泵里面的废水排到林业基地，再把清水灌进养殖水产品。这样的话我既不污染环境，又不用买肥料，多好。所以我们的想法是，两边要融合在一起，这叫资源整合。我们现在正在往这个方向努力。我们也是以经济效益为目标的，响应今天的乡村振兴好政策，我们产业未来的方向是值得期待的。

未来我们对这个产业的规划就比较大了，但是规划的前提是我们通过乡村振兴这一政策东风让这个项目吸引游客，把这个产品的广告做出来。我们要做自主品牌、自主商标，这个还要下很大的功夫。为着我自己、为着国家的目标，不断地努力下去，做到我走不动为止……

三　不忘初心，一步一步谋发展

我一家人都是农民，他们和我一起投入创业这个浪潮之中。我弟放弃了一个月 7000 元工资的碧桂园工作岗位。我侄子原本出门务工，也回来帮我。我父母都是在一个厂里面做监管。所以做农民也不简单、不容易。

我一开始做的时候家里人很反对，因为早出晚归太艰辛。但是我有这个情怀，做其他的我不想干，我就热衷于做这个，所以慢慢地把他们劝服，“你别担心这个事情，让我来解决”。男子汉大丈夫，反正有什么风险自己来承担，慢慢地做好就可以了，他们以后还是会认可的。很多时候选择了我们就要坚定地走下去，越战越勇。

有些时候我们对一些东西要考虑得更细更全面，“这东西要怎么去做出来?”这就需要我们坐下来跟专家团队一起想想办法，想想怎么把它做出文章来。就像牙签瓷罐，很简单的一个小罐子，我要考虑用什么材料做出来会更吸引顾客，顾客又会以什么标准去衡量其性价比，既要卫生又要方便。这东西虽然很小，但也很值得研究。

另外，搞产业首先要保持初心。我本人是党员，所以一直想着事情只要做了就要做到最好，把村里面的资源利用好，把当地的人才挖掘出来。我们做高端农民、高素质农民，不在乎是不是什么董事长、老板，就是为大家服务。

刚刚说的，高端农民，不是一般的农民，因为我们跟一般的农民想的事情是两码事，我们更多地在尝试、在创新，这个过程中也免不了有不看好的声音。可能有些事情你在做，人家说：“你是傻瓜，这个能做吗?”可能很多人就会议论纷纷，包括我也有听到议论：“他这个能成功吗?”

现在我已经成功了，又有人说，老古这个确实可以哦，看不出来一棵树也可以做大文章。

现在我们的首要目标是推动当地的经济发展，因为现在大家都有脱贫致富这个想法，要记住这个好的政策和我们的平台。

自己做产业以后，我家里的情况和以前相比有了很大的变化。当时我们家里是没车的，我就骑个摩托车，十几年前家里面买个 1 万多块钱的摩托车都算可以的，本身自己老家也盖了一栋房子。后来通过养甲鱼赚了钱，2013 年，我在镇里面又买了一栋房，2018 年又赚了一桶金。那时候是甲鱼价格最疯狂的时候，一年赚了 280 万元。然后我在惠东，自己盖了一栋六层半的楼，现在在出租。2019 年，我们卖苗，价格又很好，甲鱼苗和龟苗 10 块钱一个，从来没这价格的。我又卖了将近 20 万个苗出去，赚了 100 多万元，用手头的余款又成立了五华梅香园农业科技有限公司，现在这个公司也投资了 300 多万元了。这公司刚刚成立，也能够保持目前的状况，就像股市一样慢慢在涨，虽然涨得不是很厉害，但慢慢可以看到这个生长速度。反正都是这样的过程，一步一个脚印。

有时候也看我们国家的政策和每个时期的市场行情，像2020年就不行，行情就比较差，是海鲜类价格最低的时候，现在又稍微反弹升了点。所以做农业，要坚持，不要放弃，我们也要去创新，开拓市场。我是真正热爱并且看好这个行业，要干到我双腿走不动了我就不做了，能走动能上车我就要做下去，因为我觉得劳动是一种乐趣。

我们的产业是一步一步发展的，现在水产在做，植物提纯也在做，我们是经过发展赚到钱，才继续一步步做大，不是一起上的。我们从2012年开始，才发展了4个村的产业。

四　创业形势利好，借东风搭乘便车

我是很鼓励大学生返乡创业的。大学生有学习水产学这个专业的，从事这方面的工作很受益。惠州马安[①]那里，有一个湖南的学生就是读水产学专业出来的，自己养了100多亩甲鱼。他是专门育苗之后售卖的，一年的收入有800多万元，在整个广东省都很有名。读书改变命运，不只是为自己创造财富，更要为国家服务。我们以前读书不想当农民，现在读书可以更好地当农民，知识改变命运。

大学生返乡创业的话面临的困难会是很多的。一个是可能第一次出来创业，梦想是要有，但是要看现状。还有一个是要学会利用资源，不要抱着一夜暴富的心态，要先把这个事情做好，做好了再去扩大，意思就是要先站稳脚跟，然后慢慢去探索，这才是最好的。因为课本上的内容跟实践肯定是有点区别的，把课本上的和我们实践的结合起来，成功了，那下一步再考虑怎么去扩展这个产业。所以返乡创业是完全可以的，大学生肯定有这个能力的，我们中学生都可以去做为什么大学生不可以去做？现在网络这么发达有什么问题问“度娘”就出来了。大学生在很多领域都尝试创业，这是非常好的一件事情。

在我创业过程中对我帮助最大的是我们现在国家的政策，现在我们县

① 隶属于广东省惠州市惠城区，是惠州市的蚕桑基地之一，养殖业以水产品养殖为特色。

里面有两个扶持政策，一个是党员创业，还有一个就是“一村一品”[①]“一县一园”。前两年有“一村一品”“一镇一特”这个项目的资金，我们也争取到了。这次乡村振兴的政策，辐射到我们基地，我们也要下点功夫继续努力，抓住政府派我出来学习的机会，反哺服务我们的家乡，把这个事业再做大，把产业做大做强。例如我之前在仲恺农业工程学院[②]学习也收获良多，如现代农业怎么去做，如何吸引游客，怎么溯源产品。像精油的历史可以溯源到1000多年前，那时老是打仗，在山里有很多蚊子嘛，有人摘了一点叶子，觉得有点香香的，就把它擦到脚上，一擦到脚上这蚊子就不咬他了。后来专家们挖掘出了这个用途，所以他们就做了驱蚊水等产品，它也有抗菌、消炎、驱蚊的作用。所以很多东西都是偶然间发现的。我是经常出去学习的，把学习到的东西整合发到我们公司电脑的共享文件里，专门的技术员，还有我们公司的策划、管理人员都可以看，大家一起学习。我是投资人，肯定不可能天天在基地，但是我三两天就会回去一趟，除非是出差。

还有专业领域的人才支撑也是很重要的，打个比方，就农业局来说，水产股也好，种植股也好，里面什么人才都有，有这样的专业团队为我们服务很方便，而且是无偿的。只要一遇到问题，我们直接找他就可以了。现在微信也很发达，有什么问题拍个照给专家帮忙分析一下，我们的问题就有了解决的思路。我们这个市场的策略也是专家帮我分析的。我们养的是草龟，龟在《本草纲目》里面是入药的，龟壳可以煲汤入药，可以补身体。把它宰了以后，放点土茯苓、灵芝、孢子粉，再放点人参或者其他调理的中药材。放点天麻都可以，放天麻的话可以治头痛，头顶痛这些都可以缓解。如果放土茯苓的话可以祛湿，放孢子粉可以提高人的免疫力，特别是有利于做完手术的人恢复健康。我们平时喝的话，就可以增强抵抗力。总而言之，我感觉这个产业还是可以的，有一个非常好的前景。但做龟入药这方面产业的话投资比较大，就不去想啦。因为搞个制药厂不是那

① 一村一品：在一定区域范围内，以村为基本单位，按照国内外市场需求，充分发挥本地资源优势、传统优势和区位优势，通过大力推进规模化、标准化、品牌化和市场化建设，使一个村（或几个村）拥有一个（或几个）市场潜力大、区域特色明显、附加值高的主导产品和产业，从而大幅度提升农村经济整体实力和综合竞争力的农村经济发展模式。

② 仲恺农业工程学院：位于广州，以“注重实践，扶助农工”为校训。

么好搞的，想可以想，但是不能做，做不了，超过自己能力的事不要去做，我们不是万能钥匙，什么锁都可以打得开。术业有专攻，这样才能把事业做好。

政策扶持资金毕竟有限，还是要靠做生意赚钱慢慢投资。从两亩地到20亩到40亩、80亩，直到上百亩，我是完全靠自己的资金慢慢做起来的。我赚了钱就投投，慢慢壮大。今年100万元投下去，明年赚了100万元又投下去，越办越大，就跟滚雪球一样。我生活基本不用企业里的钱，自给自足。做生意有时候亏有时候赚也是很正常的，没有投下去就能马上赚钱的，不然那些投资公司全部都赚了大把钱。我自己做了这个行业这么多年，对市场、养殖的信息也比较敏感，所以我们养的比其他人更多，对价格更了解，到时候看到价格下滑了，我就已经全部处理掉了。他们一窝蜂进苗，进回来堆到现在7块钱一个，我早都没养了，放手了，不养了。

做企业，需要慢慢考察、实践获得经验，团队的精神也很重要。如果团队里大家都没有勇气去做可能就没人敢做了，我们的团队是有挑战精神的，会统一意见说“这个可以，大家去调研这个”，所以我们也都很喜欢跟人家交流。我们现在跟理工大学、工业大学的专家，农科院、农学院那些教授也都有交流。

我的创业历程两天两夜都说不完，把这些知识、经验和你们年轻人分享一下也是挺好的。故事是很长的，我的喜怒哀乐、酸甜苦辣通过分享，大家多少也能感同身受。比如当时一夜之间死了几百只龟我的心情怎么样，赚了一两百万元的时候那个心情怎么样，你也能感受到。创业无非两种结果，不是成功就是失败，重要的是去探索道路。

五　互利共赢，脚踏实地且心怀远方

做乡村振兴的致富带头人就是在乡村把新鲜的东西与外面引进来的人才相结合。村庄美化改善生活和工作环境，产业分红提高农民的收入，提高公司的经济效益，大有裨益。搞乡村振兴真的值得。

政府思考的问题也是我思考的问题，镇长、书记还有县里面的领导经常找我谈话说：“这个怎么去搞好它？”都是我们一直在探索的问题。我现在对口扶贫3个村，3个村的人口有2万人左右，一个6000多人、两个

7000 多人，现在每年一个村最低分红都有 9 万块钱给到贫困户，最高的有 32 万元，还有一个 21 万元的，我们每年都会分红给他们。政府把几百万元的帮扶资金投入到我的企业，企业做出的利润就给大家一起分红。我们靠政府把这个事业做大做强，贫困户也从中得到收益缓解家庭压力。

公司的种植员工是我另外招的，也是带动当地农民去种植，我们把种免费发给农户去种，他们帮我把树培育到一定程度之后，砍倒拉到我公司来，把这些树过磅，看值多少钱再付给他。其他员工一般情况下是 3000 元一个月，我们是按天计算工资的。员工大都是附近的村子、比较近的地方的贫困户和留守妇女以及身有病残但可以劳动的村民，可以安排比较轻的体力活给他干，这样也顺便带动了贫困户的发展。这个产业就在我们当地做，4 个村的产业也都是当地人在干，在我们镇里面还是做得比较大一点的。毕竟我们是在农村生长的，所以我对农业还是有一种情怀，并不是说想赚多少钱，如果我想着干这个要赚多少钱的话我早就不干了。我还雇用了博士生，帮我看原来这个口腔诊所，还有几个护士，那里的收入可以支撑我这些产业一直做下去。公司每年不断扩大，所以经济投入也比较大，很多东西我们都是靠以前的积蓄来支撑，慢慢把它从 1 个扩展到 2 个、3 个再到 4 个，再慢慢把它壮大起来的。公司的规模现在占地面积有将近 400 亩，固定工人总共有 36 人。我们还有临时用工，临时用工的话人数就不一定了，我们种树的话有时候要招上百人，分季节的，收割的时候也要增加人手，所以我们就固定有 36 个工人。

乡企合作是很好的，企业融资可以给乡村创业带来资金。乡村振兴这方面是很好的，但是用人、做事，要有长远的目标，不要只看到暂时。我们要造血才能改变命运，村里没有造血功能你说怎么去维持呢？你想的再好，你说买个房拿个 30 万元给你，父母没钱怎么拿？那如果父母天天做点生意有点钱，你要买房的话给你 30 万元，这就是锦上添花。一样的道理，就跟你刚毕业出来创业，上了几年班找父母要点钱，压力没这么大，过得就比较轻松。做企业也是一样，也是靠上面的领导重视这个行业、重视人才，才能真正达到目的。

就目前来说，以我做企业这么多年的经验来看，创业的第一个秘诀是做事业要勤快。怎么叫勤快呢？天天要去观察员工、观察动物的情况，去了解当下的市场，我们一定要经常性地去了解，不然有些东西可能养着养着就淘汰了，可能就需要换一下品种。第二个是不要跨大脚步，可能跨不过去就摔死在那里了，我们要根据目前的情况，去做事业。所以我们不希望一下子做太大，要慢慢来。第三个是我们要以平常心去做一件事情，不要抱着一夜暴富的心态，一开始定一个两三年的目标，这样去做是最好的。总而言之，反正你已经做了农民，就好好做下去，要是不想做的话，就不要做下去了，三心二意的话是永远做不好事情的。哪怕在做的过程中，我也能够获取快乐。你来帮我打工每天都有工资发，老板天天有钱赚，大家开心就可以了。财富是要留给人家的，因为自己终将老去，没有人可以永远干下去。

现在村子里基本上都已经脱贫了，我们当初签的合同是 8 年，现在还剩下几年的任务。但不是脱贫了就好了，我们接下来要继续巩固脱贫成果，等合同结束以后度过这个阶段，看政府怎么去安排。因为这个资金还在我们手上，到时候他们可以放到我的企业做，也可以放到其他企业去做。因为 8 年以后我们合同到期了，我还是希望能帮助他们。就这个意思，我想把一生奉献给国家。反正现在我也快 50 岁了，小孩也 20 岁了，我感觉还是挺幸福的。在我们国家能够有这样的政策，这样的生活，就感觉很幸运，比起上一辈我们真的很幸福了。

小苔藓成就大生态梦

受访人：王东栋

访谈人：张志颖

访谈时间：2021 年 7 月 24 日

访谈形式：线上访谈

访谈整理：李淑婷

访谈校对：李淑婷

故事写作：张志颖　李淑婷

受访人简介： 王东栋，男，汉族，1990 年生，广东湛江人，硕士，现任广州归然生态科技有限公司总工程师。他所在的广州归然生态科技有限公司正在着力建设苔藓种子资源库，并且已开发出分组法、分养法、片植法①、接种法等多种人工苔藓养殖方法，拥有自主的生产研发技术，可以提供苔藓生产、设计、施工、养护整体的链条服务，实现苔藓全产业链开发目标。他不仅致力于发展苔藓人工繁育技术，还立志通过苔藓事业助力乡村振兴。通过给村民提供一对一的培训指导，进行苔藓科普教育，推动苔藓一二三产业融合，打造苔藓文旅小镇，带动村民就业；通过向新农户提供基地建设、种苗、资金和技术服务，带动村民创业。

一　创业之路困难重重

我叫王东栋，是一名中国共产党党员。我从小就对园艺和农业领域有

① 片植法是将大量苔藓成片地栽植的方法。——编者注

图 1　2021 年 7 月 24 日王东栋（下）接受张志颖（右上）、李淑婷（左上）线上采访

着浓厚的兴趣，这在一定程度上为我日后的工作和取得的成绩奠定了基础。研究生毕业之后，我曾就职于一家生态领域知名的上市公司，在此期间我的能力得到了极大的锻炼，后在时机成熟时开启了创业之路。在高校和社会工作中曾完成两项农作物新品种的选育和新品种的审定，参与申请了 4 项发明专利和 3 项实用新型专利，并获得了深圳市风景园林协会科技进步奖一等奖，目前拥有农艺师和风景园林工程师双职称。

创业之前，我在上市公司担任研发工程师，当时参与的课题多是发改委主管的政府重点立项研究课题，而我主要负责产品研发和生产推广工作。相比较而言，创业更加艰难且风险更大，但我还是决定出来创业，主要有以下几个原因。第一，我创业的基础和前提因素，就是我的学习经历。我硕士研究生就读于华南农业大学园艺学院，这对我入行的帮助是相当大的，在专业知识、人际关系、科研合作方面都能淋漓尽致地体现出来。其一，从专业角度来讲，读研期间，我的导师是华南农业大学花卉研究中心的范燕萍教授[①]，她是一名博士生导师，我们的研究方向包括花卉的栽培、花卉的种质资源与遗传育种、花香基因分子机理研究等相关的领域，这为我现在的工作打下了非常坚实的理论基础；其二，在上学期间我积累了很多人脉资源，我身边的很多同学目前都从事这个行业，同学间的信息交流和资源整合，给我的事业发展带来不少帮助；其三，现在我所在公司非常重视科研创新，除了自己内部的研发中心有博士研发人员，我们也跟高校开展了一系列产学研相结合的合作项目，其中的合作对象不少是高校和科研单位的专家、教授。第二，我从小就有一个创业梦。我在读书的时候，心里就有一颗创业的种子在萌动，最直接的想法就是创造更大的价值。但我没有在一毕业就选择创业主要是有两方面的考虑。一方面，创业风险很大，很多人会由于团队、资金链管控或项目不适应社会发展需要的问题而创业失败。另一方面，我毕业时所处的“土壤”还不够肥沃，条件还不够成熟，所以我打算先去磨炼自己，在积累更多的经验之后，再去完成自己的梦想。经过几年工作的沉淀，我积累了扎实的技能与经验，熟悉整个产业链上、中、下游的相关信息，这个时候我感觉时机成熟可以开启创业之路。

我知道创业艰难，并且也做足了心理准备，但事实完全超乎我的想象。创业之路，充满煎熬、痛苦与寂寞，最开始家人非常反对我创业，他们不理解这么多不错的工作单位不去，为什么要冒这么大风险自己去摸爬滚打。加上公司业务涉及农林、园艺行业，常常要亲自去田间地头进行工作和实验，父母就以为我是在耕田，就说好不容易培养我研究生毕业，却跑到另一个乡村去“耕田”，与其这样还不如直接回老家耕田。

除了父母的不理解，创业伙伴的顾虑也让我们的创业之路时刻面临考验。最开始我们的业务还没有完全运转起来，一连几个月都没有收入。而我们有一位合作伙伴因加入团队，放弃了原来每月两万块钱的稳定收入，

---

① 范燕萍，博士，教授，博士生导师，华南农业大学花卉研究中心主任，华南农业大学观赏园艺学科负责人，广东省园艺学会常务理事，广东省花卉产业技术切花遗传育种岗位专家。国家留学基金公派美国密歇根大学主要从事花香和诱导抗性次生代谢研究的 Pichersky 实验室做访问学者。——编者注

由于家庭经济压力比较大，他时常感到焦虑，我看着心里也很不是滋味。但如果我作为一个带头人都对自己从事的事业没有信心的话，那我合作伙伴的信心又从哪里来呢？所以不管如何，我都要咬牙坚持下去。除此之外，在面对中途退出的小伙伴时，我内心非常自责。我首先想到的不是他退出会给我们的团队带来多大的损失，而是我们曾一起战斗，我们是战友，他退出可能是因为我有地方没做好、没做到位，或者我们团队存在什么问题。还有就是我们当初激情澎湃地一起去做这份事业，现在我们创业还没成功，那他退出我会想这样会不会给他的后续发展带来一定的影响，会不会耽误了他宝贵的青春。当然每个人都有自己的选择，我也会尊重他的选择。

顶着前面说到的这么多压力，常常在夜深人静之时，我心里面就会有两个自己在打架，一个用各种励志故事给自己“打鸡血”；另一个却在退缩，认为稳定单位工作既体面，又有可观的收入，而创业风险这么大，是不是没必要再坚持下去。

二　办法总比困难多

创业之路困难重重，但我心中始终有一种信念：办法总比困难多。每当遇到麻烦的时候，我心中就会默念这句话。在这样的信念下，面对困难时我就不会想着放弃，而是想方设法地面对它，攻克它。对我个人来讲，无论是创业还是在单位上班，我都必须时刻成长。无论是作为一名创业者还是普通工作人员，我都要全面提高个人在企业管理、产品开发、市场推广等各方面的综合能力，因为不管前路如何，这些都将成为我一生的财富。再者，我始终坚信，创业是一件非常有意义的事。因为我们除了种植花卉、人工繁育苔藓，还开发了一系列的产品，是具有一定科技含量的，我能通过这些产品和服务去帮助更多的农民，带动他们实现增收。也因为我父母经常跟我讲要多行善事，多积德，所以我和父母解释、沟通后，他们渐渐也理解我了，认为我的创业路是非常有意义的，既有助于自己的成长，又能帮助别人，现在他们就很支持我在农业和生态领域创业了。

做好自己的心理建设之后，回看公司方面的问题就不是什么太大的困难了。原来的资金、发展定位、市场等方面存在的不好现象都在慢慢转变，问题也在一步步探索后迎刃而解。原来资金方面，账目很乱、资金不够的问题在逐步解决。我们刚开始没有及时去做账，没有去计算每个项目的投入、回报，还有我们没有特别注意的资金流情况，导致钱花着花着，一到后面突然就没钱了。一旦资金流一断，工资发不出来，那我们的企业随时可能会倒闭。而且我们没有处理好财务问题，合伙人之间容易相互猜忌。比如说我们这个项目，我们采购花了多少钱呢？如果不清晰，不及时去统计的话，就会出现问题。那后面我们就引进了专职的财务人员，让他专门负责跟进我们财务方面的事情，及时梳理账目，做到公开透明。

发展定位上，公司的定位逐渐明确。原本我们存在的一个问题是公司定位不够明确。我个人做事有一个不太好的方面，就是我做很多事情比较追求完美，所以我们选定企业发展方向的时候，搞得像个集团公司一样，很多相关的领域都想去做，包括产业链的上、中、下游的各个细分领域都想涉及。这是个很严重的错误。我们确实可以做很多类目，比如生态修复的工程、大的园林景观项目，但是目前我们的实力不允许我们去做这些事情。因为刚开始我们的时间、精力、资金以及人员配备都不够，要搞这么多类目的话，很多东西就做不专业。所以我们后来参加一些创业比赛，跟一些有经验的企业家去交流，然后他们会给我们分析，帮我们梳理应该采取怎样的商业模式，我们梳理出来的模式就是，我们要先从我们最擅长的板块去突破。所以在那之后，我们先消除自己心里面的矛盾，然后把自己内心认为不一定有很大的产值的一些领域先舍弃，最后选定一个方向去做。那现在梳理出来，我们擅长的板块是立体绿化技术集成体系、无土栽培花卉，还有人工繁育苔藓。我们就先把这几块做好了再去拓展别的板块。

市场上，初期订单缺失，没有项目的状态也在逐步改善。因为我们都是偏技术方面的人才，比较缺乏市场公关能力，所以当时在市场分管、推广、拓展方面存在一些问题，这也导致我们有段时间没多少订单。没项目做，那我们肯定很焦虑，所以后来我们就不断地提高自己的市场推广能力，不断去学习，还引入市场方面的人才和合作伙伴，一起开拓市场，实现共赢，完成项目。我逐渐意识到，市场推广和销售不光得擅长沟通，还要掌握技术，以及为人做事要真诚、诚实。因为我发现越来越多的客户非常认可我们，他们看到我们技术的强大，看到我们的真诚，看到我们的靠谱。那这就不需要我们多么能说会道。他们更在乎的是我们能否把事情办好、办妥，我们是否靠谱，这给了我一个很大的启发。而且不仅是我们公司，国内的发展已经有这个趋势了。以后的销售型人才就是技术加销售，不能纯粹地只懂销售而不懂技术，他们还需要掌握一定的技术。那这就给我们带来很大的希望。

另外，刚开始没有订单，其实也是在给我们更多的机会进行内部的整顿。我们当时的基地在生产当中是存在很多问题的，因为没有订单，所以我们不用经常外出做项目，那我们就在基地里花更多时间提升自己内部的技术，完善我们的产品，开发更多的相关产品出来。

内部的整顿主要包括生产和人力资源两方面。生产上的整顿主要集中在管理和设施上。原本生产的管理，我们分了几个板块，但只有一个同事负责，可能他精力有限，然后植物出现很多病虫害却没有及时管控，损失就比较大，也比较困难。所以我们就向高校专家、教授及行业内有经验的同行去请教，看怎么去做好防治工作，提前做好规划。至于生产的设施整顿，主要是改进之前设计不到位的设施设备。比如说原本我们选定的一些品种，它可能不大适合广佛地区的气候，再加上我们的温室又是一种简易的温室，没有水帘风机①那些降温设施设备，那我们就在安装降温设备的区域调整种植品种，把过夏困难的品种舍弃。还有就是升级设备，我们在一个棚里安装了水帘风机，把一些不耐热的品种放到里面去养。除了生产上的整顿，另外就是我们内部的人力资源整顿。我们要接受更多的相关培训，比如参加广东省“领头雁”农村青年人才培训班②等培训，去提升我们自身的能力。

我们一步一步地解决创业过程中遇到的问题，项目也就越做越多了，自然也就没心思沉湎于前面所说的焦虑里去了。所以说，创业的重点还是把项目市场做好，很多问题自然而然就解决了。但是创业前期总是难免会有一个煎熬、过渡的过程，所以我们要做好心理准备，给自己设定一段成长并发展壮大的时间。如果超过时间还做不出成果，我们再考虑说要不要

① 水帘风机，又称蒸发冷风机，是一种集降温、换气、防尘、除味于一身的蒸发式降温换气机组。——编者注

② 广东省“领头雁”农村青年人才培训班旨在提升农村创业青年、青年技能人才、基层乡（镇）村年轻干部的政策理论素养、经营管理水平、心理承受能力等综合素质，为推动青年助力乡村振兴重点村建设提供人才支撑。——编者注

放弃，因为我们选择这条路也不一定真的是正确的。你给自己一段判断期，判断期挺过了，业绩做出来了，我们就支持自己的选择，接着往下做；如果业绩还是不行的话，就不要再去浪费青春和金钱。所以我们现在熬过了，我们就继续往前走。

现在回想起来，虽然创业的过程是很痛苦的，中途我也产生过无数次想要放弃的念头，但永不言弃的精神和信念都支撑着我走了过来。而且在创业过程中，我所受到的帮助也是很大的。在这里也借这个机会感谢党和祖国对我们创业的支持。因为大学生创业，力量是非常单薄的。我们自己的资金不足，在外面贷款，利息又比较高，贷不起。而国家推出贷款优惠政策，给我们贴息贷款，就在很大程度上解决了我们的资金运转问题。所以如果没有国家的帮助，我们很难走到今天这一步。还要特别感谢村委会。因为我们搞农业需要土地，而土地要从农户手中流转过来，那在工作过程当中，很多农户可能会不理解，沟通当中也存在很多问题需要村委会去协调，没有村委会协调的话，我们很多事情也是办不成的。最后也非常感谢家人、朋友以及之前工作单位的同事、领导，还有学校的老师们，在这一路上给我很多帮助，解决了我很多问题。千言万语，只汇成一句：感谢大家！

三　回归自然，守护苔藓世界

我们创立的公司叫广州归然生态科技有限公司，是一家有一群脚踏实地不懈努力奋斗的小伙伴的公司。"归然生态"从字面上来讲，可能很多人会联想到回归自然、回归生态，这也是其中一个解释。我们也一直在做一件事情，就是真挚地守望绿色的明天，让天更蓝、水更清、乡村更生态，让大家都回归原始的、心中所梦想的、非常适宜人类生存的生态自然环境。所以现在我们主攻的板块是人居生态环境提升和修复，包括人工繁育苔藓、立体绿化①技术集成体系和生态景观等。而我们将人工繁育苔藓作为主攻板块有三个原因。

① 立体绿化，是指充分利用不同的立地条件，选择攀缘植物及其他植物栽植并依附或者铺贴于各种建筑物及其他空间结构上的绿化方式，包括立交桥、建筑墙面、坡面、河道堤岸、屋顶、门庭、花架、棚架、阳台、廊、柱、栅栏、枯树及各种假山与建筑设施上的绿化。——编者注

第一个原因是苔藓本身具有极高的生态价值。学过生物的人都知道，苔藓是地球的“拓荒者”，对土壤的改善有较大帮助，地被、灌木、小乔木、大乔木成长起来之后，就能完成整体生态群落的构建。这是我们将苔藓产业作为主攻板块之一的前提条件。

第二个原因是苔藓野生采挖和人工繁育板块都存在现实问题亟待解决。野生采挖方面存在诸多问题。野生的苔藓不仅杂质多、品质差、无法满足高品质造景需求，而且采挖会破坏生态环境，影响生物多样性，并且挖取某些品种会涉及违法。

人工种植的方式也存在一些问题。其一，苔藓种植周期比较长，成本较高，就不具有成本优势，所以目前国内只有少部分的农户和爱好者在种，产量规模不是很大，质量参差不齐，并且品种也比较少。因为他们目前只是种了几个市场需求量大、比较好种的品种，这就导致市场上的产品存在同质化现象，市场竞争力低下。而且在夏天比较热的地方人工种植苔藓，没有项目设施与科学种植方法体系的话，病虫害比较严重，苔藓品质不好。其二，人工繁育苔藓缺乏系统的全产业链开发。其三，包括高陡岩质边坡在内的植被退化的土地生态修复问题仍然是业内的一个难题。目前修复成本也比较高，稳定性也不是很好。

第三个原因就是苔藓产业的发展空间较大。苔藓产业机会与挑战并存，机会在于同行竞争目前比较少、市场需求增长势头强劲、市场膨胀机会很多、国民生态保护的意识大大增强，而且目前苔藓产业延伸开发的应用尚缺乏成熟的技术体系。苔藓除了可以做微景观[①]之外，也可以做水苔[②]。水苔就是一种栽培基质。它还可以应用到生态修复、药用、发电、生物反应、空气净化这些领域中，这些领域目前比较缺乏成熟的技术体系。而挑战就在于市场跟风会造成无序的竞争，消费者对苔藓造景的认知度不够，并且现有同类企业的技术模式模仿者、同类的竞争者逐渐地增多。

虽然苔藓人工繁育是我们的主攻板块之一，但我们目前在苔藓人工培育方面还存在一些劣势。那我们该怎么化劣势为优势呢？我们现在的思路

---

① 微景观（Vine Palace Miero Landscape）是将苔藓、多肉等植物，加上各种篱笆、砂石、可爱的卡通人物、动物装进一个瓶子里，构成妙趣横生的场景。——编者注

② 水苔是一种天然的苔藓，别名泥炭藓（Herba Sphagni），为泥炭藓科植物。——编者注

主要是从技术创新和商业模式创新两方面入手。

技术创新方面，我们在建立和完善苔藓种子资源库，我们为什么要建立这个种子资源库？因为从国家战略角度来讲，这是保护品种资源的做法。还有就是我们想形成较高的技术壁垒，从源头来把控竞争的一些优势。我们从这个库里面寻找，不断筛选出适合不同用途、不同地区栽培的品种，然后去推广。当然很多人去模仿的时候，我们就要推出新的品种。只有当我们的资源库足够大、资金足够多的时候，我们才可以做到这一点。所以我们的目标就是实现人无我有，人有我多，人多我优，不断创新，但从不被超越。如果能实现这个目标，那我们就可以走得越来越远。除了资源库，我们还从苔藓人工繁育的技术研发和服务方面入手。我们开发出分组法、分养法、片植法、接种法等多种人工苔藓养殖方法，然后通过组织培养、营养繁殖来提供一些苔藓种苗进行商业化生产。现在我们已经拥有了自主的生产研发技术，产品品质高并且成本相对低，可以提供生产、设计、施工、养护整体的产品和服务，这是我们一直在实现的全产业链开发目标。我们也正在逐步实现工厂化的苔藓栽培，以实现全天候的企业化规模生产。

商业模式创新方面，实现一二三产业融合发展。具体来讲，一产是苔藓种植。我们去种植植物，进行苔藓生态修复，去保护乡村的生态，这也

图 2　2021 年 5 月王东栋（最右）指导华南农业大学学生学习立体绿化技术

能带动农户去种植，增加他们的收入。二产是从品种的筛选、驯化还有栽培的一些相关技术出发去实现产品开发。苔藓种出来之后，我们可以做苔藓空气净化器，或者苔藓植物壁画、苔藓盆栽等相关的产品。因为我们发展农业，如果仅仅是卖一产的一些原材料，它的附加值是很低的，所以我们要去开发更多的高附加值产品，实现更高的产值、价值，也带动农户增加更多的收入。三产是我们开展苔藓科普教育，建立自然教育体系，实行以苔藓保护为切入点的生态保护行动计划以及打造苔藓小镇等。我们也希望通过一二三产的融合推动全产业链开发，助力乡村振兴。

四　不忘初心，走可持续的乡村振兴之路

我个人认为致富可以分成两个方面，一是精神方面的，一是物质方面的。个人认为我可能只是完成了特定成长阶段的一些小目标而已，还没有实现我心目当中富裕的目标，但我一直在努力。我心中一直有一个信仰，那就是“跟着党走，听党的话”。要紧跟着国家政策走。国家要进行脱贫攻坚，要进行乡村振兴，我们在这个大环境背景之下去做产业，才能有更大的市场，才能够更快成长，这是非常关键的。

我们也在积极参与脱贫攻坚工作，带动村民脱贫创收，做出自己的一些微薄贡献。我们的发展离不开家乡对我们的培育，我们具备一定的科研能力，也希望能够回馈社会、回馈我们的乡村，然后帮助农户提高收入，实现共同富裕。

我们掌握了部分技术，通过开办讲座、培训、一对一的技术指导等方式，给农户、我们合作的基地与团队提供生产技术服务。我们除了满足自身的物质精神需求，也要实现我们个人的社会价值。我们和村民能够实现共赢，村民能够跟企业共同致富，这是我们的发展目标。而我们的成长也少不了村民们的帮助。让我印象比较深刻的一点就是在推广无土栽培花卉的初期，农户们的态度从质疑到信任的变化。在推广之前，农户一般采用传统的种植方式，对花卉行业不是很了解。他们会质疑没有土能否种好植物，对我们的产品和技术不认可。但是后来我们邀请高校里的教授、科研人员去传播科学知识，让村民更全面地了解新材料、新技术，并且公示我们的市场数据，他们看到实际成绩之后，慢慢被打动了，开始支持我们。

我们也在摸索苔藓科普教育该如何更好地拓展。在国内有很多成功的机构、个人也在做这方面的工作。我们做科普教育，主要是想做好三点工作：第一点是让大家认识这个植物，先了解它是什么，来自哪里；第二点是让大家知道苔藓可以做什么，有什么作用；第三点是让大家了解现在苔藓产业存在的一些问题和如何更好地发展。所以我们将服务三农内容引入乡村文旅项目当中。人们到乡村去旅游，要体验更多富有文化内涵的项目，我们便将更多的其他专业内容与我们的苔藓产业融合起来。比如有一些体验活动，我们拿苔藓来举办苔藓画植物绿化、盆栽体验活动，丰富乡村文旅的活动内容。

这一路走来，我们也在不断地助力乡村振兴。做苔藓全产业链开发与乡村振兴事业紧密联系，我们想通过产业兴旺、农户增收、乡村文明和美丽乡村建设、生态保护来进行多维度、可持续的乡村振兴。具体来说，第一，产业兴旺。我们希望能够实现苔藓的产业化，利用现有的农业设施条件或者新建的生产种植基地，来实现一二三产业融合，来打造苔藓小镇；第二，农户增收。农户怎么增收呢？一方面是从土地集中流转中收取租金，还有获得分红，另一方面是农户创业就业增加收入。基地缺员工，我们就优先招聘贫困农户，为他们提供工作岗位，这就解决了部分农户、贫困户的就业问题。另外就是把基地承包给新农户，为他们提供种苗和生产所需要的资金、技术服务。我们在当地也经常到现场进行一对一培训，或者邀请高校教授、科研人员到田间给农户进行指导，帮助他们去繁育苔藓，然后跟他们协商，回购他们的产品，销售到市场上，带动农户创业。第三，生态保护。我们进行产业改革，尽快实现工厂化的人工繁育，能避免有些农户去挖野外的苔藓，从而保护我们国家的乡村生态。第四，乡村文明和美丽乡村建设。人工繁育苔藓丰富了乡村文旅产业元素和景观，这就能降低建设成本。

当然，在乡村文旅项目中，苔藓只是其中的一个元素，并不是全部。我们可以在某些区域引进苔藓产业，并且借力苔藓科普教育和当地优势的旅游资源参与小镇的规划建设工作。苔藓一二三产业可以更全面发展。具体地讲，可以开发苔藓民宿、苔藓绿道，开发一系列文创产品，增加特色产品销售额，还可以开展一系列苔藓创作活动，比如把苔藓做成植物壁画以及盆栽，把这些活动设计融合到乡村文旅项目中去，强化游客的活动体验，增加我们企业的收入和盈利点。另外，我之前提到的苔藓科普教育和生态保护自然教育，也属于乡村文旅范畴。

我始终认为共同富裕才是真的富裕，所以我希望能够早日实现共同富裕，实现共产主义这个宏伟目标。这个目标还很远，但是我们走好的每一步都是一个积累。所以，我认为，虽然我现在所做的任何事情跟很多大户来比，都是平凡的、普通的，但只要我做一些力所能及的、能帮农民解决困难的事情，就都是在为共同富裕这个目标的实现添砖加瓦。秉持着这样的信仰，我将不忘初心，守护苔藓世界，走可持续的乡村振兴之路。

带领村民走向共同富裕的鱼咀“老村长”

受访人：廖志其

访谈人：罗浩奇

访谈时间：2021 年 7 月 24 日

访谈形式：线上访谈

访谈整理：黄卓勇

访谈校对：周丹纯　赖启豪　黄卓勇

故事写作：周丹纯　罗浩奇

受访人简介：廖志其，男，汉族，1966 年生，广东英德人，初中文化，中共党员，鱼咀村理事会理事长，鱼咀村公益“老村长”，小龙虾养殖合作社法人代表。2017 年年底，当听到碧桂园帮扶鱼咀村的消息后，他不顾家人反对，毅然放下已经经营了约 20 年的冬瓜生意，千里归乡，一心只想把家乡建设好。在这期间，他带头拆迁房屋，一户户做好村民的沟通工作，解决土地争议，积极协助碧桂园帮扶工作队做好鱼咀民宿项目。经过努力，短短两年时间，鱼咀村发生翻天覆地的变化，村集体从一无所有到拥有 50 万元资金，民宿项目也吸引了 23 名青年返乡就业。2019 年，鱼咀村入选“广东十大美丽乡村”，碧乡鱼咀民宿项目也荣获“中国十大精品民宿”“广东十大精品民宿”双项奖。

一　冬瓜大王弃商归乡为村谋

我叫廖志其，今年 55 岁，世居广东省英德市浛洸镇鱼咀村，家有 7 口人，老婆、儿子和儿媳妇，还有 3 个孙子，都住在镇上。鱼咀村是一个有

图 1　2021 年 7 月廖志其（中）接受罗浩奇（右上）线上访谈

2000 多年悠久历史的古村落，据记载：先有鱼咀后有浛洸，再有英德。鱼咀村现在有村民 125 户 600 多人。鱼咀村的姓氏很特别，别的村是一村一姓，我们鱼咀村却有 38 个姓氏，为什么有那么多姓氏？因为鱼咀村以前是商贸中转站，村民的先辈从五湖四海来到这里做生意，扎根到这个村，形成今天姓氏多元化的鱼咀。在我小时候，鱼咀是一个很繁华的地方，英德市上上下下的船都会在我们鱼咀停靠。我们有 4 个码头，2 个装货，2 个卸货。现在村里还保留着古城墙、古井、古树、古码头、古庙、古商铺等等。像我们小时候在村里，逢年过节特别热闹，家家户户都放鞭炮，做的特色小吃也比较多，而现在没有了，只能去街上买。以前我们村每年的大年初二有舞龙的习俗，还有挨家挨户拜年也是挺开心的。

我是 1991 年才出村的，到镇上做点开拖拉机、搬家等工作。当时的生活比较困难，村里人基本上都离开了。特别是 1982 年，洪水把我们整个村庄淹没了，后来村民陆续出来谋生，我们村也渐渐变成了一个空心村。1991 年出来的时候我的工作是开着拖拉机到农村收货，还做点搬运工作。到 1998 年，我就开始做冬瓜生意了，冬瓜生意在我人生当中，算是做得比较好一点的，一做就做到 2017 年年底，共做了约 20 年。

1998 年做冬瓜生意之前，我在韶关做小市场批发生意，当时是卖水菜，卖了两年水菜赚不到钱，1998 年才转型卖冬瓜。因为冬瓜收购回来当天卖不完，第二天还可以卖，一个星期冬瓜都不会烂。做冬瓜生意，我们一年里有半年时间都是在外地跑。从元宵节开始，我们就要出发去收购冬瓜，第一站会去海南，海南收购完就回到广东湛江，湛江收购完会去佛山三水，再去我的家乡英德，英德收购完会去湖南、湖北、河南，最北会去河南焦作一带，这个时候大概就是农历八月十五了。八月十五以后我们又回到家乡英德收购，因为我们家乡一年种两季的冬瓜。就上面这个过程我经历了约 20 年。收购回来的冬瓜一般在我们自己的批发市场上卖。印象最深的是有一次在湖南收购冬瓜，正好遇上一场洪水，洞庭湖刚好也发大水，很多武警都在守大堤，不准车辆通过。后来我找到当地政府跟他们商量，村民种冬瓜一年只有一两次，收获很少，也很辛苦，有时候卖不出去就没钱。在和武警、当地政府聊过以后，我们当时就利用晚上时间把冬瓜装上三个车子，通过洞庭湖的堤坝运回广东。那一次我感受到的是当地政府对农村的大力支持和对农民的重视。最后，农村没有冬瓜烂在地里，村民没有损失，我们也没有损失。

我们一车冬瓜有 30 多吨，一个月最少有 15 车，所以一个月可以收购几百吨，一年算下来有好几千吨。收购的冬瓜我们都是拿回来去市场批发。在河南的焦作市，他们市领导接待过我一次，领导看到我说：“你那么多车在这里收冬瓜，拉回到哪里?”我说拉回广东。“拿来怎么用?”我说我们都是收购来批发卖出去，供食用的。当地瓜农也跟领导说：“这个老板都连续来 4 年了。”当时从海南岛到哈尔滨都有我们的客户，要是他们的市场需要，我也会帮客户代批发，不单是我自己在市场卖，我也帮其他的老板代批发。因此，我们在河南收购的冬瓜，除了发回广东，也会发去海南等地。只要客户有需求，我们的冬瓜就会往各地发。冬瓜的行情也很难讲，今年是三四百块钱一吨，往年也有 800 块钱一吨、2000 块钱一吨、3000 块一吨的。比如 2020 年的第二季就比较贵，有 3000 块钱一吨的，冬瓜价钱要看行情。

我每年都回鱼咀村，而且经常回去，每次回到家都要去村里走一走、聊一聊。因为做冬瓜生意我去过很多地方，看到其他农村也会和自己的家乡作比较，当时就觉得别人村里比我们村里干净多了。看了不同村落，我心里是有感触的，因为别人的村好，自己的村很破旧。我曾经想过改变我们自己的村庄，但是说实话资金这方面是没有的。2017 年广东省扶贫办到鱼咀村调研，碧桂园也过来帮扶，2017 年 10 月份我刚好回村里听说了这个消息，那时候心里就想：这次我们村有希望了。如果鱼咀古城文旅项目[①]落成的话，就会有翻天覆地的变化。

冬瓜生意我确实舍不得放下，毕竟经营了约 20 年，而且经营得蛮好，但是碧桂园没有选择其他村，而是选中我们鱼咀村进行帮扶，这个机会很难得，所以不能错过。在项目推进过程中，村里与碧桂园、上级党委政府的沟通协调很重要，所以一开始我们村就开会选理事长来负责这个工作。通过会议，村里选我来担任理事长，对于这一决定，我开始是不同意的。那时候我跟村里讲了我个人的大概情况，我的冬瓜生意已经经营约 20 年，一时放不下，同时家里也不怎么同意。但是当时村里没有其他人能担任理事长这个职位，所以我的推辞受到村里人的极力反对，村里人一定要我回到村里来。说实话，刚开始听说碧桂园要来扶贫的时候，很多村民有疑虑，但因为这些年我走出去的时间比较久，见识比较广，所以我也主动跟村里人说明碧桂园来帮扶村里，我们是不用出一分钱就能把村子建设好的。

二　排除众议推动古城文旅发展

2017 年年底我开始担任理事长。理事会刚刚成立的时候，没有钱发工资，我们就跟村民说虽然没有钱，但是我们还是要把村子建设得好一些。有些村民知道没工资后就不加入理事会了，因为他一家人都要靠他去打工维持生计，由于在理事会没钱拿，很多人坚持不了就退出了，只留下几个人撑着。其实刚开始我也不想当理事长，我说让年轻人来担任，我还要打理我的冬瓜生意。我没去竞选，是村民推举了我。后来因为帮扶项目有些举措的推进不如我想象中的那么顺利，所以我就放下生意回来处理。比如

① 鱼咀古城文旅项目：由浛洸镇政府、碧乡农业发展有限公司、鱼咀村委会及鱼咀街联合成立旅游公司，共同进行项目运营，几方按不同股份占比分别给予服务、资金及前期建设上的投入，鱼咀街提供房屋和土地，多方协力打造“鱼咀古城”，项目的重头戏是民宿建设。

村民对古城文旅项目土地用途存在争议，村民们的土地被用于不同用途，有些土地用于建造修缮房子，有些土地用于做绿化，有些土地用于修路，对此，有些村民认为土地的利用影响了自己的利益，所以对项目推进有意见。

当时村里在家的都是老人，思想没转变，一下子想不通，就说没有那么大的馅饼，别人来帮扶，不用村里出一分钱，还能分红？我说我了解过，碧桂园是世界500强企业，也是很有爱心的企业，碧桂园不单帮扶我们鱼咀村，在2010年的时候，就已经帮扶了西林的树山村[①]。但是不管我怎么跟老人沟通，就是说不通。我老婆当时也不是很了解，经常说我：“你天天去鱼咀，吃饱就去，饿了就回家里，吃饱又去。”那时候村里老人比较多，没有什么年轻人，没有年轻人的配合项目是很难推进的，后来我就把我的小孩叫回村里来。当时他在江门有一个批发市场档口，做生意收入比较可观，回到村里以后他开了一个餐厅，餐厅很小，既辛苦又赚不到钱。他跟我说这个生意不行，开一个月餐厅的收益都没有卖一天冬瓜那么好，我说这有一个过程。当时我是实在叫不到其他人回来，没办法只能叫我自己的小孩回来。我跟孩子说，你做餐厅就慢慢做，我们这里慢慢会成为旅游区，餐厅是配套，我们不要看眼前，我们要看以后，现在肯定不会赚到钱，以后会慢慢发展起来的。他也确实一直在坚持，餐厅到现在也在村里开着。

鱼咀古城文旅项目刚启动时很多老人不赞成，我自己心里想：旅游办不办不重要，也不要谈分红，我就是想把村里的环境搞好，起码村里要整洁卫生。当时，村里的老人对我说：“阿其，你看不出这是要把村子卖掉？”我说不会的，村子永远都是鱼咀村村民的，不会被卖掉的。说实话，村里人也知道我读书不多，只不过我在外面走南闯北见识广一点，所以当时村里和家里都对我推进鱼咀古城文旅项目表示反对。但是我都不管，即使我老婆经常说这个项目有很多麻烦事要去解决，我也依然坚持。那个时候的鱼咀村已经沦为空心村，道路、水电、网络各方面都不行，特别是道

① 2010年8月，碧桂园扶贫工作组正式进驻树山村，在树山村开展绿色产业扶贫项目，该项目到2019年5月已经惠及23个自然村（组）187户925人，其中建档立卡户有24户94人。

路，搞旅游发展，路必须修好，还要排掉整个村里的污水。村里厕所都是茅厕，厕所周围有很多竹子。当时我们要去砍竹子，要去拆茅厕，村民意见很大。也是在 2018 年 1 月份，村民们因为对文旅项目不理解，所以对我意见特别大、闲话特别多，当时我受到了很大的打击。但是为了整个鱼咀村的建设和发展，为了我们的村民，后来我还是坚持砍竹子、拆茅厕，将村里的建设工作推进下去。村里进行整体改造的时候，需要拆除那些基本上不能住的房子，有些人愿意拆，有些人不愿意拆，我就先拆了我自己的 5 间房子，一步一步让村民看到我在村里的带头作用。

转变村民思维是比较难的工作。民宿项目刚开始推进的时候，有些村民不配合，就说这里不给过去，那里不给过去，这些图纸不能看，那些图纸不能看。砍了竹子，就说要补多少钱，我说这个不能你说给多少钱就多少，这个得村里定。最后村里定下来每一棵竹子补贴 300 元。后来我也跟村民说明了，这个项目是造福我们鱼咀村，种竹子和建茅厕的地方都是鱼咀村集体的。但是，你实实在在地去跟他们讲，他们更加不理你。我做的每一个项目都是为了村民，不是为了我自己，所以我不管人家怎么说、怎么骂，我手机拍了很多村民对着我骂的视频，我都想算了，因为思维真的难改变。有时候我自己买菜、买酒去村民家里喝酒聊天以获得支持和理解，但还是有些村民真的谈不拢，我就会通过他们的小孩跟他们沟通。沟通多了，慢慢地他们就知道了鱼咀古城文旅项目不是着眼当前的，是对我们村庄未来发展有很大帮助的。以前回村里，我也不好意思来。村里污水横流、杂草丛生，乱七八糟的。我在村里长大，看到别人村里漂漂亮亮，自己的村里破旧不堪，好不容易有了发展机会，我们就要好好把握。所以我决定把冬瓜生意放下来，不管家里有多大意见，都要做好理事长的工作，好好推进项目。后来村民慢慢地看到村里的变化，特别是 2019 年来村里旅游的人多了，带动了很多人主动参与进来。以前有些村里人碰到我，怕我要砍他家竹子，拆他家房子，调头就走，现在村民已经愿意主动打招呼，跟我说声辛苦与感谢了，这是一个进步。

文旅项目是鱼咀村改造的一个很好的机会，其中最关键的问题是解决土地争议。当时，村里改造需要用到土地，我们理事会通过各种方式和村民沟通。如果土地问题没解决或者把握不好，这个项目可能会泡汤。所以我们理事们当时心里都很着急，但是有些村民不着急。土地被用来建房子的村民很高兴，因为10年以后房子的使用权归回村民自己，以后他们不用建房子了。土地被用来做绿化、修建道路的村民态度就不一样了。因为我们整个旅游项目不但要有房子，也要有绿化、道路才能和我们的旅游景区配套，土地全部用来建房子也没用，所以在土地的具体利用上要好好地跟村民沟通。在村民看来，把土地用于铺设道路，原有的土地将不再属于他。村民是讲利益的，所以解决土地争议是一个说服村民的过程。为了我们鱼咀村的发展，必须要跟老人坐下来讲。我跟老人们说，虽然你们都是前辈，但是你们的思维要跟着新时代改变，你们思维的改变会让整个鱼咀村的建设工作容易开展很多，不能每个人都想得到什么利益，肯定要有人肯付出。但老人确实难沟通，后来我倾向于找年轻人沟通，做他们的思想工作。在珠三角打工的人，我们通过电话联系或者直接去找他们；在英德附近住的，我们到他们工作的单位，约他们出来喝小酒，聊聊村里的变化。我也跟他们说我为了铺路拆了自己的5间房子，我大哥也很支持我的工作。慢慢地他们就转变了很多，会议也开了很多。年轻人跟他老爸老妈之间比较容易沟通，年轻人跟他们老爸老妈说，村里搞这种建设，不要刁难，长辈也愿意听。

2018年5月份我回来，11月份我就成立了合作社。为什么成立合作社？我要把我在鱼咀村所做的每一个项目纳入合作社，我们村书记、村民一定要入股合作社，让村民当老板。以前刚开始做项目的时候，项目还不赚钱，村民都想把村里的房子、宅基地租出去收租，但是我不愿意。我们要拿出我们的宅基地和破房子由碧桂园来打造，我们要做股东、要做老板分红。我跟村民聊，我们不能租。村民认为到时候不知道碧桂园要怎么建设，所以不放心。我出去跑了很多地方，觉得我们鱼咀村已经穷了那么久，不差这一点时间把大家的思想工作做通。后来我当上理事长，就由我来协调鱼咀村、碧桂园和党委政府三方面的工作。当时碧桂园帮扶村里发展特色养殖产业，考虑建一个小龙虾养殖基地，我想了一下，要通过合作社来带动村民致富。合作社成立之后，我叫自己小孩回来收集资料，让村民填表，天天跑。入股我们要怎么入？有些人说1000元为一股，有些人说2000元为一股，有些人说500元为一股，后来经过讨论大家决定500元为一股。我们村有125户，有112户入股了，其他的还没入，现在也想入股了。以前有村民说合作社不行，持反对意见，我就给村民半年的时间考虑，随时可以入股。当时把村民集合起来的时候，有人问合作社怎么经营，我说，首先合作社成立以后，在赚钱的情况下，我会带动村民就业。合作社赚了钱以后，会拿资金来办敬老活动，村里考上大学的学生我们也会奖励，同时搞点公益事业，最后留一部分赚到的钱用于合作社的运营上。我大概算了一下合作社的分红，因为我们现在只做小龙虾养殖，所以一年每人分到200多元。现在想入股的，不是问我就可以了，要问112户股民，大家同意你才可以入股。虽然我是法定代表人，但是我不能代表全部人。为什么以前你们不入股，现在看到合作社有利润分红，你就来入股了？这也反映了村民确实存在只看眼前利益、不看长远发展的局限性。

除此之外，我还被碧桂园聘为公益“老村长”，在村里主要负责沟通工作，现在负责比较多的是接待，我们村这两年接待了很多人，还接待过央视记者。

三　古村复兴遇上新难题

从2017年年底我回鱼咀到现在，我为村里做了许多事情。我大哥没回来，他在外面可能赚的钱会多一点。但我认为我比我大哥赚的多得多，因为我带着我们鱼咀村村民“赚了5600万元”①，这5600万元可是碧桂园实打实地投到我们村文旅项目中的，所有的旧房、破房、危房和道路都焕然一新，整个村的变化让我自己感到非常自豪。我认为这5600万元是我们大大地赚到了。

鱼咀村现在建有书吧、咖啡厅、民宿、养殖场、拓展基地、大型的篮球场等等，破旧村落变成美丽的网红村，村民可以在村里就业，这是村民获得幸福感的一个证明。村集体也从一无所有，到现在有50万元集体资产。② 这些变化都得益于2018年3月16日启动的碧桂园帮扶鱼咀古城文旅项目。

① 这里的5600万元是指碧桂园来鱼咀村帮扶，捐资5600万元，用于帮助鱼咀村开展扶贫开发工作。

② 鱼咀古城文旅项目落地后，2019年当地村集体分红10万元，其中鱼咀片区分红4万元；2020年当地村集体分红40万元，其中鱼咀片区分红16万元。2019～2020年，当地村集体共分红50万元，其中鱼咀片区共分红20万元。

鱼咀古城文旅项目最大的贡献就是带动村民在家门口就业。在这个项目上各方签了10年的经营合同，10年过后，假如我们自己有能力经营民宿，“4321”分红模式中的30%运营分红就可以属于我们自己。那时村民就是70%的分红比例。我们2020年的劳务费，即村里人在民宿上班拿到的工资达到了140万元。2020年项目分红80万元，我们拿了40万元出来做其他建设资金，使鱼咀村入选“广东十大美丽乡村”。其余40万元拿到村里分，村集体没有花一分钱。现在村里人才教育方面的变化也很大。首先碧桂园在村里面成立了党建中心，这个党建中心在提高村民觉悟方面，起到了很大的作用。而且我们村民都是2018年6月份去碧桂园的职业学校培训后才上岗的，虽然村民只是培训了15天，接待能力比不上人家五星级酒店的工作人员，但是我们村民的接待能力也不差。

鱼咀古城文旅项目实现盈利之后，村里的分红出现了一个问题，有些村民主张不分给外出的村民。但是外出的人，他们出的力、出的钱比在村里的人更多。他们不是想要钱，他们是想要名分。不分钱给他们，便是不认可他们是鱼咀村的人，他们怎么会接受？鱼咀村从2009年就开始办敬老活动，每年都会请老人回来吃饭，也会分派红包、礼物给老人。以前村里办的这些活动，很多外出的村民都会捐款，所以我不同意不分红给外出的人。村里的建设，需要让大家认可，要讲团结的力量。以前有什么事情，外出的人就马上捐钱。2013年大水，外出的人都打电话来，第一句话就是问村里需要什么，比如当时没饭吃，外出的村民马上就拿6吨大米来分，他们对鱼咀村确实有很深的感情，现在分钱怎么能说不分给人家？这样是行不通的，所以在分红方面也有一点麻烦。为此，我会经常外出学习，看一下珠三角示范村是怎么分红的。目前，因为讨论不成功，所以分红还没有分到个人。接下来重点工作之一就是解决村民的分红问题。

现在的任务是推进民宿项目的三期建设，我们的江景别墅还没建好。第三期工程包括鱼咀古街在内，涉及文化遗产和古村风貌保护，我们的历史文化肯定要保留。我们的古城墙、古井、古树、古商铺都要保留好，不能一味地大拆大建，但不该保留的，我们会坚决拆除。所以项目会更加复杂，但建设好了会是我们鱼咀村的亮点。举个例子，我们有一个当铺，当铺的主人说房子很旧，不喜欢想拆掉。我就跟他聊，我说这个房子只有他不喜欢，我有新房子，可以跟他换，旧房子比我的新房子还值钱。新房子，怎么规划、怎么测量，都可以建造得出来，但是我们的旧房子一拆是再也建不出来的，拆了就没了。我们村有些古建筑确实很有保护价值，比如古井、古城墙，即使村民要拆，我们也反对，不能拆。现在村民建房子，有村规民约制约，不能建太高。以前村民们乱建，有高的、有低的，现在要建房子，必须配合我们文旅项目建筑的高度，大家都建得差不多高，这样才美观。

同时配套建设游泳池和腐竹加工厂，这样一来整个产业就做起来了，既能带动村民就业，也能增加村民收入。因为新冠肺炎疫情，现在我们村的民宿入住率不高，不然我们的民宿都爆满了。我们希望三期能够尽快建设起来。

四　回首发展不忘来时路

鱼咀村现在的发展，首先要感谢这个伟大的时代，真的感谢党委、政府，还要感谢碧桂园、广物控股集团这些帮扶单位。像我这样出去做生意一二十年，想要回到村里搞家乡建设的人，如果没有他们的帮扶，回来是没用的，是做不了什么的。因为乡村振兴不是一个口号和一句空话，是需要花钱的，动辄几千万，不是一般的财团或企业能做的，有财力，还要有大爱！民宿、文旅项目、拓展基地、咖啡厅、书吧等等，这些都可以带动村民就业，除了碧桂园派来的老总外，其他员工都是本村村民。在家门口就业才是村民获得幸福感的原因之一，村民既可以照顾老人，又可以带小孩。每个月还可以拿到3000多元工资，而且有五险一金的待遇。村民种田也都不用交粮食了，还有钱补贴。从整个村来说，我们村里以前没有什么收入，村民们种点甘蔗、玉米，没有什么产业，现在人均收入差不多2万元。

鱼咀村发展还得益于我们村的历史文化底蕴。鱼咀村是古村落，最早是商贸中转站，有很多打铁铺、木匠铺、酱油铺、豆丝铺。我们村靠近小北江，20世纪50年代，鱼咀村有港口，所有的船只上下都会到鱼咀村停靠。船只到鱼咀村干什么呢？要在这签证盖章，那些船才能够继续往上游走或者往下游走。党委、政府、碧桂园等帮扶单位也是看中我们村历史文化底蕴深厚这一点。

从2017年年底我担任理事长以来，我觉得要带领村民实现乡村的发展要具备一定的素质，其中包括以下几点。第一，在村里做事，不要怕丢面子。大家都是同一个村的，会产生很多摩擦，一定要放下这些。如果想做事又不够大胆，是很难成事的。该怎么做就要怎么做，要讲出来，包括对自己人也是这样，不要怕得罪某一个人。如果怕得罪这个人，又怕得罪那个人，这样怕来怕去的话，项目是很难做下去的。当时不赞成的村民还觉得受到损失，到现在他们看到鱼咀村的发展，见到我就叫“其哥”“其叔”，这是一个过程。大家还是很和谐的，但个别村民确实很难沟通，我也是真的理解。

第二，要做成事情一定不能有私心。成为理事长以后，我做的很多事情都是为了鱼咀村的发展，不是为了自己的利益。当时村里有一个人去法院告我，说我砍竹子、拆茅厕。法院的人问他：“砍竹子后的土地怎么用，是不是他自己用?”村民没有回答出来。所以真的不要有私心，拆房子我先拆，他们不想拆我先拆。当时有一条同步路，5 米宽，6 米长，碧桂园的施工队去施工，村民丢东西，不让施工队施工。吵也没用，我们没办法了，后来理事会几个人去施工，村民看到我们几个人在那里，他们不敢过来，现在路已经修好了，他们就说这个路修得好。你看现在我们村的老人，在村里的活动场所跑步，早上走来走去多舒服，以前村民们都想象不到。他们只会说这里是我的土地，不是你们的。我说，土地是鱼咀集体的，不是一个人的。有些村民确实是这样，“我种菜的菜地就是我的”。但是，在项目建设推进过程中，也有像安叔一样无私协助工作的人。安叔也是理事会的，他也很想把鱼咀村项目做好。比如晚上有些村民在施工队施工的时候来阻挠，我跟安叔打一通电话，他就会马上过去帮忙，施工现场有村里的人在，村民一般就不会出来阻挠了。

关于村里人才流失这个问题我们村每年的年会都讲到。我们村每年 1 月 1 日都会开年会，会集体吃饭，聊聊村民的情况、去年的情况怎么样等等。我们都希望年轻人多回来就业，但是不要一窝蜂地回来。民宿三期建设起来，游乐场所建设起来，可以配套我们的度假村，村里以后会越来越好，还有腐竹厂，都可以带动年轻人回来就业。毕竟很多事情，年轻人操作手机就可以做，我们没有那个水平。要年轻人回来创业得有个过程，而且以后我们的公司要靠大家一起经营，需要年轻人多出点创意。实际上年轻人觉得回来村里还是跟珠三角有区别。有一部分学生也不是很愿意回来，包括我自己的儿子也是这样，因为回来村里收入比外面低。但是我们这里发展起来收入也不差，我也对比了很多景区，我们虽然刚刚开始，但我们有碧桂园的平台在这里，还有其他帮扶单位能够帮助我们，我对鱼咀村后续的发展充满信心，也希望更多年轻人回来就业、创业和交流学习。

以前出去做生意跟回来担任理事长带领村民致富不一样，现在我跟着驻村工作队，确实学到了很多，驻村工作队与村民的沟通比我们理事会与村民的沟通更加和谐，更有耐心。在我心里，我真的感受到帮扶单位既出钱又出力，他们是切切实实来帮扶的。有时候我们理事会和驻村工作队一起去找村民沟通，在和村民交流的过程中，因为沟通的内容有点多，我们偶尔在语言各方面有点冲动，这时驻村工作队的人就会在旁边说：“没事，剩下的慢慢来，不着急。”这些细节使我体会到帮扶工作队的耐心，我也从他们身上学到了办企业的重要品质。同时，政府和帮扶单位也需要本地的“带头人”做“向导”，村里必须有人站出来，告诉他们这块土地是谁家的、这户村民家庭情况怎么样、涉及村民利益关系怎么协调等等，这可能就是我回来的价值吧。

村民们从不理解到支持工作的转变过程，令我感到自豪。不管是村民素质的提高，还是村子环境卫生等各方面的改善，都让我很感动。现在回到村里能感受到村里各方面都很好，比如老人，脸上都有微笑。今年春节我还想着要不要出去做其他生意，现在我想清楚了，只想把理事会工作做好，有人来我就接待他们到村里。今年宝马 3 系产品在我们鱼咀村开发布会，现场很壮观。这不禁让我回想起以前鱼咀村是什么样，现在又发展成什么样，鱼咀村的变化使我觉得我做的一切真的很值得。现在办敬老活动，都是打电话让村民们出来吃饭，再也不用大家一起凑钱。村里有钱，村民就有钱。

有时候孙女会和我讲她在学校里遇到的不愉快的事情，我就会跟她讲村里的这段故事。我说，你做一件事情，做错了被别人说那没办法，但只要是对的，你就坚持去做，不用在乎别人的说法，别人讲别人的，我们不需要一定做到 100 分，但是要做到合格。现在每年都会有很多大学生来村里调研，我接待过多次，大学生们会跟我反馈有个别村民讲了什么，我都直接和大学生们讲，什么样的村民讲什么样的话我都知道，因为他们在村里不工作，也不出去找工作，就只会说别人多事，确实有这样的村民，但只是个别。现在我经常跟村民讲，帮扶不是我们仅仅吃饱喝足，就有人帮我们，帮扶都是帮扶勤快的人。我也跟来调研的大学生讲，单看鱼咀古城文旅项目现在带来的村民分红就知道这样做是对的，但是一个人只要对你有意见，他就什么话都可以讲。这个是我的心里话，包括现在还有一两户是这样的。

今年村里没有其他事情要做了，我现在主要是负责接待，还担任碧桂园推选的公益职务——“老村长”。比如我们星期三有一个纪录片在村里拍摄，这一拍摄可能就要三四天。因为新冠肺炎疫情，今年冬瓜比较难卖，有很多地方冬瓜卖一毛钱都没人要，烂在地里坏掉，很可惜。很多客户都要我出来经营冬瓜生意，他们的冬瓜实在是卖不出去，所以今年我就出来了，现在已经发了30多车冬瓜了，冬瓜烂在地里的情况也基本没有了。所以，平常没事，我会在镇上帮忙收购冬瓜，重操旧业，为瓜农做点力所能及的事。

图2　2020年1月廖志其（中）召集全体鱼咀村民一起参加分红讨论大会

选择重新开始的返乡创业者

受访人：廖茂航
访谈人：何婉瑜
访谈时间：2021 年 7 月 20 日
访谈形式：线上访谈
访谈整理：何婉瑜
访谈校对：何婉瑜
故事写作：何婉瑜

受访人简介：廖茂航，男，汉族，1987 年生，广东英德人，大专文化，英德市碧鱼种养专业合作社发起人兼销售经理。2005～2018 年在江门从事农产品批发行业，2018 年返乡带头参与鱼咀村文旅项目餐饮建设，带动村民就业，由于缺乏科学管理经验，于 2020 年春节前夕退出农庄运营。除经营农产品批发和餐饮外，在 2018 年返乡初期他还发起成立了英德市碧鱼种养专业合作社，带领社员发展稻虾共养产业，带动村里 112 户村民入社，筹集近 6 万元资金，并获得碧桂园集团 30 万元创业资金支持。作为鱼咀村文旅项目的配套性产业，小龙虾养殖每年为村里增加额外福利收入，获得广大村民认可。他为鱼咀村发展做出重要贡献。

一　决定转行返乡

2017 年碧桂园集团对英德市进行精准帮扶①，我的家乡鱼咀村也是帮扶

① 碧桂园集团在英德市大面积推进精准扶贫与乡村振兴。2017 年，碧桂园集团与英德市政府签约，帮扶英德市 78 个省定贫困村实现脱贫。

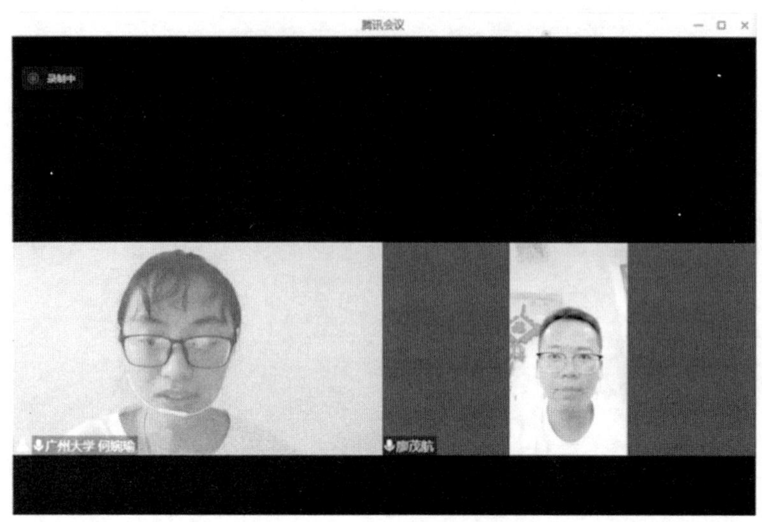

图 1　2021 年 7 月廖茂航（右）接受何婉瑜（左）线上访谈

对象之一，并且是碧桂园集团董事局主席杨国强先生亲自考察的一个点。从那时起，我的家乡有了明显的变化。也就是在这一年，我的父亲——人称“冬瓜大王”[①] 毅然放弃了自己从事约 20 年的生意，选择回到家乡，助力家乡建设发展。然而在父亲做出这个决定时，我很反对。

我出生于 1987 年，5 岁便随父母离开鱼咀村到镇上生活，15 岁时父母开始从事农产品收购销售。我在镇上读完高中后，18 岁跟随父母外出做生意，后来自己在江门成立了一家农产品批发商场（因为江门附近的地区，像中山、珠海生意人，都是到江门批发市场拿货）。我和妻子两个人留在那个批发市场做生意，做了将近有 12 年，一直到 2018 年。在这期间，我和父亲都是长期在外，到过不少农村，可以清楚地感觉到随着国家政策越来越好，其他地方的农村变得越来越漂亮。现在自家村子就有这样一个很好的发展机会，父亲便决定放弃自己的生意，回到村里，负责村里理事会的协调工作。但是我觉得这样太可惜了，毕竟父亲经营蔬菜批发生意约 20 年之久，从收购的货源到批发的渠道一直都很稳定，收入也还可以，如果就这样放弃真是太可惜了。因此我当时没有选择跟他一起回家乡，而是留

① 受访人父亲从事农产品批发行业约 20 年，收购的农产品以冬瓜为主，被村里人称为“冬瓜大王”。

在江门的批发商场继续做蔬菜批发生意。

在这段时间里，也就是2017年到2018年，父亲一直在协调村子的建设工作，进展也非常顺利。那时候我经常回村，不仅看到村子越来越好，而且也看到父亲在村子建设过程中的努力与艰难。村子里不理解他的人传出一些流言蜚语，说“冬瓜大王”在外面做了几十年的生意，现在都不做了，回到村子里面来，搞这些是不是得到很多好处啊？人家是不是给他很多钱？……像这种不信任的话，我听到后心里特别难受。我家住在镇上，而镇上离村子有10公里左右的路程，他们不知道我父亲每天早上天一亮就起床赶到村子，有时候整天都待在村子里，往返的油钱、饭钱等费用全部都是自掏腰包。这样的无偿付出还得不到村民理解，父亲当时心里非常不好受。有段时间我回村看他，感觉他的白头发好像一下子就冒了出来。即便如此，父亲依然坚信他一定能把村子建设好，这个信念深深地影响了我。

我又回想起自己小时候的经历，5岁离开村子，因为要在镇上谋生，父母经常外出做生意，只留下我和奶奶独自在镇上生活。父母长期在珠三角做生意，那时候通信不发达，有时候想念父母，想和他们聊天也很难实现。逢年过节从别人那里得知父母要回来的消息，那时候真的特别期待、特别高兴。想到自己离开父母时心里那种难过的感觉，我不想让我的孩子“重蹈覆辙”。

经过一番考量，为了不让孩子成为留守儿童，为了减轻父亲的负担与辛苦，同时也为了抓住这次机遇，让家乡能够更好地发展，2018年我抱着这样的初心，决定放弃自己从事了10多年的蔬菜批发生意，回村创业。

二　从空心村到美丽乡村

决定返乡创业后，我在村里发起成立了一个合作社，同时担任这个合作社的销售经理，主要负责合作社的小龙虾销售。合作社由碧桂园集团帮扶，在碧桂园集团的推荐下，合作社最终决定发展稻虾共养[①]产业。广东

① 稻虾共养：一种“种养结合”的养殖模式，即在稻田中养殖小龙虾并种植一季中稻，在水稻种植期间，小龙虾与水稻在稻田中同生共长。

的气候在小龙虾养殖方面具有很大优势。虽然小龙虾的主产区在湖北，但是湖北到了冬季气温太低，不适合小龙虾生长。广东冬季气温也有10多摄氏度，不是非常低，对小龙虾可以做到反季节养殖，这是广东养小龙虾最大的优势。而反季节商品无论是蔬菜还是其他农产品，在价格方面都很有竞争力。因此碧桂园集团建议发展稻虾共养项目，大家听了后也觉得可行。广东原来是没有小龙虾养殖的，这是一个零的突破。从小龙虾成为商品后一直到现在这几年，价格都非常好。按照现在的行情，小龙虾的市场批发价格是35元到40元一斤，这个价格非常可观，如果能够像湖北一样大面积推开养殖也是很有市场的。于是我和其他社员号召村民入股合作社，当时是500元一股，每一户只需要交500元就可以加入合作社做社员。全村有125户，其中112户都加入进来了，共筹集了将近6万元的资金，再加上碧桂园集团为合作社提供的30万元创业资金，这就是合作社的第一桶金，我的创业之路也由此开启。

图2　2021年7月25日广东电视台公共频道报道鱼咀村

小龙虾养殖基地一开始是由合作社集体负责，然而在基地管理过程中，各种各样的问题出现了。比如说合作社日常运营，因为大家都是本村村民，加之这个又是公家的东西，村民责任心不强、积极性不高，所以大家对于“上班”这种事情没有清晰的认知，好像做不做都没人监管一样。就这样持续了大概半年，合作社发现这种方式是不可行的，因此大家开会决定把小龙虾基地单独拿出来交给村子，看哪个村民或合作社社员有意愿承包养殖、自负盈亏。通过大家开会讨论，现在是由村里3个村民承包，负责小龙虾基地的养殖，而我负责合作社销售这一块。

小龙虾产业，在市场销售方面倒是难度不大，因为广东本就是一个小龙虾需求量非常大的市场。广东以前的小龙虾全部是从湖北运过来的，这几年小龙虾供不应求。又因为广东本身的气候优势，养出来的虾品质非常好，市场认可度高，所以合作社养殖的小龙虾基本不会愁卖不出去，现在的情况是不够卖。因此，这个项目最需要解决的还是养殖技术的问题，大家对这个技术不了解。为此碧桂园集团举办了一个学习班，组织村民亲自去湖北的养殖基地学习。我在那里学习了三天，也结识了一些养虾专家。回来后合作社便根据专家的建议，开始对小龙虾塘口进行改造。改造完成后也是经过专家的指导，再慢慢一步一步开始养殖。从此村子开始走上了小龙虾养殖之路。

以前我的工作脱离不了农村，做的生意也和农民有关，都是跟农民打交道，现在回到村子里，等于是自己从市场销售端回到生产端。此外，除了担任合作社的销售经理外，我自己还成立了一家帮忙配送的商行，负责把收购回来的农产品转售给合作公司。此前的农产品批发生意在我返乡后，做法也跟以前不一样了，现在主要是收购一些村民自己种的蔬菜，然后交给村里的文旅项目①。碧桂园集团投资的文旅项目根据鱼咀村的历史文化背景，秉持“不搞大拆大建，修旧如旧”的理念，对村子进行民宿改造，整个投资到现在有 5600 万元。其中除了民宿，还建有书吧、咖啡屋、酒吧、农庄等配套设施。现在我主要是负责村里文旅项目的供给，相当于供应商。

小龙虾养殖只是碧桂园集团帮扶项目其中之一，鱼咀村最主要的集体收入来源还是民宿运营，这也是我们村子最大的亮点。现在鱼咀村已经完成二期建设②，总共有 6 栋民宿、1 栋青年客栈、1 个青年旅舍，有 53 间客房，能容纳旅客 100 人左右。这些民宿和客栈从 2018 年开始运营，到 2019 年有了第一笔分红，一共 10 万元。这 10 万元按比例进行分配，本村

---

① 鱼咀村借助自身历史文化优势发展乡村文旅，形成以休闲文旅为核心的“1 + N”现代农业基地和安全农产品生产、加工、配送综合扶贫产业，切实推动鱼咀村形成长期稳定的产业造血能力。

② 鱼咀村现已完成文旅项目的两期建设，一期建设时间为 2017 年 3 月至 2018 年 11 月，二期建设时间为 2018 年 11 月至 2019 年 8 月。

占了40%的分红，剩下的30%归运营商、20%归村委会、10%归镇政府，按“4321”的分红模式来经营村子的文旅项目。小龙虾养殖则是配套性的，同民宿的文旅项目分红相比要少很多，一年下来大概是2万元，能给村里增加福利收入。

到了2020年，文旅项目的收入达到40万元，鱼咀村分到16万元，增长了3倍。预计到2021年，文旅项目的利润会达到80万元左右，那么分到鱼咀村这里就有30多万元，村集体的收入有了显而易见的增长。就村子现在的状况来看，以前建档立卡贫困户[①]有100多户，现在都已经脱贫。最典型的例子就是书吧的管理员，他现在已经有50多岁，由于从小患有小儿麻痹症，走路不太方便，以前只能在村里做些帮人剃头的小生意，一个月大概赚几百块钱，勉强维持自己的生活。村里组织他到清远的碧桂园职业学院接受培训，获得上岗证书后，他现在在书吧做管理员，每月有3500块钱的工资，还有五险一金，所以说这个项目对他的帮助真的很大。

鱼咀村从破旧的“空心村”[②]到现在成为“广东十大美丽乡村”之一[③]，这几年的变化确实非常大。我作为鱼咀村村民只是负责协调好建设过程中发生的一些不和谐的问题，主要是扮演中间人的角色。村子能有现在的面貌，我觉得原因有很多。

首先，国家在大方向上就有一个很好的政策指引，还有其他一些非常好的政策，像现在国家对“三农”的扶持力度非常大，无论是资金还是技术都有很大的支持力度。英德市农业农村局也会经常举办艺术交流会和培训班之类的活动，提高农民的养殖技术和种植技术，包括鱼咀村也举办过小龙虾的养殖技术交流会。因为国家现在对土地的使用管控非常严格，村

---

① 各省（自治区、直辖市）在已有工作基础上，坚持扶贫开发和农村最低生活保障制度有效衔接，按照县为单位、规模控制、分级负责、精准识别、动态管理的原则，对每个贫困户建档立卡，建设全国扶贫信息网络系统。

② “空心村”是指随着我国城市化和工业化进程不断推进，大量的农村青壮年涌入城市打工，除过年的十几天外，其他时间均工作在城市、生活在城市，使得留在农村的人口都是老弱病残的现象。因农村常住人口有如大树之空心，故名“空心村”。

③ 2019年，在由省委农办、南方报业集团联合主办的“寻找乡村振兴排头兵——首届广东十大美丽乡村、广东美丽乡村精品线路专题展”中，英德市浛洸镇鱼咀村入选“广东十大美丽乡村”。活动历时一年，全省共20个地市284个美丽乡村、128条美丽乡村精品线路参选。

民宅基地若是涉及林地或荒地等这种性质的土地，就需要通过镇政府的国土部门去协调。镇政府非常支持村子的建设工作，给了很大的鼓励和明确的指引，每一块地都是可以用来建设的。在村理事会处理不了问题的情况下，村委会也会主动出来帮忙解决这些问题。

其次，碧桂园集团的帮扶也很重要，他们根据鱼咀村的特点发展民宿，发展文旅项目。俗话说“隔行如隔山”，从一个行业进入另一个行业，就像翻越一座大山。碧桂园集团把村子的改变看在眼里，从资金到技术多个方面给予协助，组织我和村民到湖北学习技术，大家还不用自己掏一分钱，费用全部由他们承担，这对村子的帮助真的非常大。去湖北学习的三天，感觉时间眨眼就过去了，学的东西还没消化完就已经结束了，信息量有点大，一下子领悟不了。而碧桂园集团也知道，只学习三天是不可能完全掌握养殖技术的，所以他们请技术专家到鱼咀村小龙虾养殖基地进行现场指导，搭建一个沟通桥梁，对村子的养殖创业思路给予引导。我觉得碧桂园集团在帮扶方面做得真的非常具体、细致、到位，这是一个很有社会责任担当精神的企业。

最后是村民们的理解与支持。在村子建设初期有很多村民不理解：这天底下哪里有这么好的事情？带钱过来还帮你把房子建好，是不是想骗土地？……大家自愿把自己的宅基地提供给碧桂园集团，由碧桂园集团负责设计和改造，改造好以后由碧桂园集团运营，有 10 年的运营时间。10 年期满后，建设好的房子归村民所有，在这 10 年的运营过程中，村民们会享受到刚才我介绍的 40% 分红。所以村民的意识非常重要，村子里设立了专门的理事会来负责村子建设协调工作。改变村民意识主要靠做思想工作来影响他们。从一开始的不相信到看到村子的变化，慢慢地他们就接受了这个情况。当时理事长带头说：“来，先拆我的。”像我的亲戚，他们在村子里面也有自己的宅基地，他们便跟我说，村民不愿意，拆完理事长的可以过去把他们的也一起拆掉，一起搞建设，让村民做见证，看看人家是来帮扶的还是来骗土地的，这起到了一个很好的带动作用。

现在村里真的变了样。以前村子到处都是污水横流、邋邋遢遢、乱七八糟的，现在街道干净又舒服，经常会有老人家坐在一起闲聊。看到这样的场景，我觉得自己的付出没有白费，我所做的都是正确的、值得的。我作为鱼咀村村民感到很幸运、很自豪、很幸福，能够享受国家这么好的政策，还有碧桂园集团这么好的企业来帮扶我们。得到他们的帮扶后，村子变得这么漂亮，从以前的贫困村、“空心村”变成现在拥有“广东十大美丽乡村”称号的“致富村”，无论是人居环境，还是村里新增的工作岗位和大家不断增加的分红收入，都让其他村村民羡慕。

三　隔行如隔山

创业不可能一帆风顺，在返乡创业的过程中我也遭遇过失败。2018 年我刚回乡，碧桂园集团正面向村里询问是否有餐饮运营方面意向的村民，我考虑到村里缺乏与民宿餐饮相关的配套设施，于是接下这个项目。当时我想着返乡创业可以寻找一些新路径，虽然刚开始我也不懂餐饮这方面，但是我觉得可以尝试看看。一开始我经营了一家小餐厅，只能供应五六十人的用餐量。刚开始没有聘请太多人，只请了一个师傅来负责做菜，我自己既做老板又做服务员。后来村子开始运营，慢慢地有客人来我这里吃饭、参观。那时候我每天都要很早出门，6 点钟到市场采购当天使用的食材，回到餐厅就要开始准备早餐，早餐后要收拾，收拾完准备午餐，午餐后又要收拾，收拾完还要准备晚餐。母亲看到我一个人这样做比较辛苦，便也到餐厅来帮忙，当时我母亲给予了我很大的帮助。因为没有请服务员，我加上母亲和师傅，总共 3 个人来运营餐厅，就这样运营了大概有半年的时间。但是这半年的运营情况并不是非常理想，只能说有一点点盈利。因为没有聘请太多人，小餐厅盈利也算够发两三个人的工资，所以能够勉强维持下去。

后来村子进行二期建设，半年建设完成后，有一个比较大的农家乐。这个农家乐非常漂亮，是根据四合院来设计规划的，能够容纳 300 人用餐。因为我运营的这个小餐厅是村里面唯一一个可以吃饭的地方，运营商便同我商量，问我愿不愿意继续做。因为当时村子刚进行开发，没什么人敢冒这个险接下农庄，想着不要让村子的餐饮项目落空，在一番考虑后，我觉得可以尝试，便与村里另外 3 个村民商量，一起经营这个农庄，这样加上我一共 4 个股东，运营主要由我负责。此外还聘请了 8 个村民作为服务员、前台经理、厨师，这也起到了带动村民就业的作用。

这个农庄的运营情况，跟我运营的第一个小餐厅相比有很大的不同。

农庄面积大了，需要的厨师、服务员就多了，等于说农庄的运营成本增加了。以前我在小餐厅，除了支付一个厨师每月四五千的工资和一些水电费以外，就没有其他什么支出，当时没有很大的压力。但是这个农庄不一样，单单厨房我就要聘请4个厨师，另外还请了4个服务员，每月的固定开销就得去掉3万元左右。要维持这3万元左右的工资支出，我算了算，农庄每天的营业额要做到3000元才能保本。一个小餐厅生意不好，亏也亏不了多少，一个月下来几千块钱我还是可以应付的。但是现在体量大，3万元左右的成本需要做到一个月接近10万元的营业额，这对我一个新手来说比较困难。所以，在运营第二期农庄的头半年里，每个月都是在亏本，到了2020年春节前夕，股东们亏了大概有10万元。我和另外几人感觉再这样下去不是个好办法，便跟运营商那边联系，退出了第二期农庄的计划。这可以说是我的一次创业失败的经历吧！

我反思当时失败的原因，主要是缺乏经验，再者就是运营这个花费大的农庄，缺乏一个有效可行的经营体系。我和另外3个股东都是本村村民，都没有接触过餐饮这个行业，因此，农庄应该怎么运营，用什么样的方式吸引顾客，怎么样来维持厨师和服务员的收入……我们对这些一窍不通。当时也是在摸索，持续了半年，一直都是亏本状态。没有一定的经验和基础，转行风险性确实比较大。有了这次经历，我对以后的发展也会更加谨慎。如果未来再有这种探索新领域的创业机会，我应该会先尝试向其他公司学习，先了解这个行业的具体情况。所以说这次经历对我以后的发展会有很大帮助。

四　身正不怕影子歪

创业虽艰苦，但最让我难受的，是村里人的不理解。刚开始我回到村子，会碰到一些不理解我的人，他们虽然没有恶言相向，但是会用一种异样的眼光看我，像在看受贿赂的人一样，好像我是个很奇怪的人。当时我觉得特别难受，回到村子给我的感觉不像是回到家乡。毕竟他们也知道，我和家人一直在外面做蔬菜批发生意，从事时间长，而且收入还算不错。在我5岁离开村子时我家非常非常穷，在村里面不是说最穷，但也是倒数的。经过这几十年的奋斗，我们的生活慢慢好起来了。村民们看到我和父亲放弃原有生活回到村子，他们非常不理解，想着“你有那么好的生活不去过，怎么反而又回到村子里面来，就这样丢掉自己的生意来搞建设?”虽说可以理解他们的质疑，但我心里还是会觉得不舒服。

当时跟我们矛盾最大的是村里一个姓刘的村民。这个村民占用了一块村集体的宅基地，他把这块地建成蚕房。在2017年年底文旅项目一期建设的时候，这个蚕房正好建在文旅项目的主要路线范围之内，对景观影响不好。村理事会认为他的蚕房对项目发展有一定的阻碍，便想把蚕房拆除，另找一块地为他重建蚕房。当时跟他进行过多次沟通，他一直反对，不肯拆除。后来由于那块地在国土使用性质上涉嫌违规，因此镇政府组织了城管部门对他的蚕房进行拆除。当时他生气得直接跑上去，把开挖掘机的师傅一把拉下来，自己也险些被挖掘机碾压到，很危险。在拆除事件平息之后，他对我们一家就存在很大的误解和偏见，觉得我们是故意针对他，故意去找政府来拆他的蚕房。从那以后，大家在村里面碰面，他都是转过头当作看不见，像是结了仇一样。无论村里搞什么活动，他肯定都是站在对立面反对我们。我们也觉得非常冤屈，毕竟拆蚕房的是政府部门，而且是因为蚕房违反国家土地使用规定才被拆除的。有一次他甚至在（微信）群里——基本我们全村人都在里面的一个群——对我家发表带侮辱性的言论，那时也是弄得非常不愉快。但是后来经过一年多的建设，随着村子建设得越来越好，他也能够看到我们的付出，可能他从其他地方知道了当初拆他蚕房的一些情况，也感觉原来自己误会了我们，所以现在村里开会或是有其他什么活动，他也会支持我们，碰面也会偶尔打个招呼了。

做村民的思想工作真的是一项非常非常困难的事情。你可以引导他的行动，但是你驾驭不了他的思想，他要怎么去想这是他自己的事，我们阻碍不了的。所以在当时，我也萌生过放弃的念头。我自掏腰包、借钱来为村子做贡献，付出了这么多，反而得不到村民的理解。我心想就这么算了，不搞了，不管它了。我曾和碧桂园集团、镇政府的一些领导，还有村里干部诉苦，跟他们说我遇到的困难，也曾向他们倾诉自己想放弃的念头。他们对我的付出非常认可，一些负责驻村的领导，无论是工作时间还是闲暇，每次到村里都会说一些充满正能量的话，鼓励大家一定要把家乡建设好。“不管别人怎么说，别人的嘴我们控制不了，但是你们对村民付出了什么，我们是知道得一清二楚的。”正是碧桂园集团、镇政府领导和村委会的鼓励，使我有了坚持下去的信心和动力。因此，无论村民说了什么，我也不听那么多，不去想应该怎么解释，而是把自己的事情干好。“身正不怕影子歪”，我自己做的事情对得起村民、对得起鱼咀村。就这样坚持下去，随着时间推移，一些用异样眼光看我的村民也看到了村子的变化，也知道自己以前错了，不会再像以前那样看见我就闪到一边走。所以说只要自己做的事情问心无愧，就不要去理会别人的眼光、想法，一直坚持自己的方向，坚持去努力，肯定会有成功的那一天。

除此之外，返乡前后收入不平衡也是我想放弃的一个原因。以前我在外面做生意，情况好的时候一年的收入也有一百几十万元，但现在回到村里我的收入大不如前。村民不理解我的那段时间，我也想过再做回自己的批发生意。那时父亲鼓励我，他说：“生意失败了不做了，以后还可以重来，但村子遇到这么好的机会可能就只有这一次，如果不把握，碧桂园走了后还会有谁，还会有哪个企业来帮扶我们村?”所以当时大家都是相互鼓励。如果说我那时候真的打退堂鼓，而碧桂园集团这边也撤走的话，鱼咀村就没有今时今日，只能是一个越来越衰落的“空心村”，甚至可能会消失在地图上。不过这些都过去了，反正现在村民们能理解我做的事情，我的付出也算值了。通过坚持不懈的努力让村子慢慢变好，得到村民的认可，我觉得就是最大的安慰！看到家乡变得越来越漂亮，村民的日子过得越来越好，我感觉非常高兴，每每想到这一点，心里就像喝了糖水一样甜。

五　带头致富中的见解和展望

从我的个人经历来看，我觉得要想当好乡村致富带头人，首先最应该具备的品质是要有坚持不懈的毅力。如果说遇到一点困难就打退堂鼓，那这个人一定当不了乡村致富带头人。其次是三观要正确，一定要充满正能量，一定要坚持自己的信念。只有具备这样的品质，当他说，“各位村民，我现在有这样一个想法，大家认为怎么样啊?”这个时候村民才会去信任他，才愿意跟着他的步伐走。无论最终这个项目成功与否，他都会支持你。不仅如此，乡村致富带头人还应该以身作则，在坚持不懈的前提下，让村民感受到他的毅力，能够切切实实地带动村民致富，而他也相信会越来越好，这样才是一个合格的带头人。

我觉得对于乡村和乡村致富带头人而言，带头比致富更为重要，先有带头人，之后才能致富。带头人先带村民走出一条可持续、可获利的道路，大家才会奔着致富这条路走。村民们会种养，但是生产出来的产品到底赚不赚钱，这不是他把控得了的，而是由市场供求关系决定的。市场价格好农民就赚钱，市场价格不好农民就赔本。所以，如果可以给农民指引一条可持续、可获利的发展道路，我相信大家一定很乐意去干。

在返乡致富的过程中，怎么选定一个好项目、好产业来更好地带动村民发展，这是我遇到的最大的一个难题。我们村的稻虾共养产业是由碧桂园集团建议运营的，那时候我便意识到这个问题的重要性。怎么实现一个项目带动整村可持续、可获利地发展，直到现在我还没有找到答案。乡村建设要持续，不能说三五年过后脱贫乡村又返贫。在国家政策指引下，我认为，只要村民能够有一个很好的产业，可持续地获利，就算再艰苦，我相信他们也很愿意坚持下去。我的经验谈不上很丰富，主要是这 10 多年一路走来看到农村的变化，我觉得一定要和村民建立良好的沟通桥梁，要懂得解读国家政策，只有跟着国家的步伐，才能把握好方向，才能实现乡村的脱贫攻坚，才能迈向乡村振兴的大道。

除此之外，农村发展不仅要有人，还要有人才。鼓励大学生返乡创业有利于农村人才输入。现在村里面有 20 多个 80 后、90 后的年轻人，其中在管理层有几位是大学生回村做行政总监的。例如村子文旅项目运营的行政助理，他大学毕业后在外面工作了几年，后来村里发展得越来越好，他也决定回来尝试在村里工作。他现在做得很好，从刚开始的什么都不懂到现在的行政助理，这对他个人来说也是一个很大的进步。

作为一名返乡青年，我也是希望通过自己回到村子的行动起示范带动作用，可以吸引村子里更多的年轻人回来就业、创业。因为现在的农村除了老人和小孩，其他劳动力基本上都去了城里，像我这个年龄段的很多都是在外面做生意、打工，再这样下去以后的田地谁来种？和我同为 80 后的人，估计大部分都不懂耕种。所以说，以后的田地由谁种？怎么种？我觉得大学生返乡应该带着新知识、新技术回来，把这些新知识、新技术传授给农村最基层的劳动力，这对乡村以后的发展才能有帮助。而农民工返乡只能说是对劳动力的补充，是解决谁来种地的问题。大学生返乡更多的是指引农民怎样去种，提高农业发展水平和工业化程度。因此，我希望以后年轻人返乡是带着技术返乡，而不是像以前一样“面朝黄土背朝天”，这不是正确的好的发展。大学生接受过高等教育，在知识掌握方面要比农民工强得多。如果把返乡大学生比作一个人的大脑，是指挥枢纽，那么农民工就是协调国家农业农村发展的肢体。所以在2021年上半年，为了开阔眼界、提高技术水平，我选择报读大专。

目前村子经过两期改造，已经有很大的变化。随着未来发展，我们打算把村子里能够用于建设的土地更好地利用起来。碧桂园集团的运营团队在这里运营10年，是希望能够凭借这10年的运营，教会村子怎么持续发展。而我的设想是把村子里面没有发展、没有建设的地方充分利用起来，通过这10年，村子可以充分利用分红发展。村子依山傍水，有天然的温泉资源，还有小北江流经，可以开发河道，通过一些游船吸引游客来游览，打造夏季亲子项目。“绿水青山就是金山银山”，我觉得未来可以依托优越的自然条件，努力把村子打造成真正的5A级景区。

巧编致富柳，共奔小康路*

受访人：张建国

访谈人：许文睿　谢妮君　廖海燕

访谈时间：2021 年 7 月 19 日

访谈形式：线上访谈

访谈整理：许文睿　谢妮君　廖海燕

访谈校对：谢妮君　廖海燕

故事写作：许文睿　谢妮君　廖海燕

受访人简介：张建国，男，汉族，1990 年生，山西广灵人，中共党员，大学文化，巧娘宫手工编织专业合作社第二代当家人，现任山西巧娘宫科技有限公司①总经理。因为母亲是家乡柳编技艺的传承人，所以他从小受到柳编文化的熏陶，对柳编文化产生了深厚的感情。2016 年大学毕业后返乡创业，在家乡交通闭塞、深度贫困的情况下，不畏困难，依托家乡传统特色柳编技艺，创新传统经营模式，拓宽销售渠道，打造了独具特色的“广灵巧娘”柳编品牌，为当地许多贫困户提供就业机会，帮助他们实现在乡增收，推动了家乡脱贫奔小康的进程。

---

* 本故事参考以下材料：

1. 赵鹏：《贸工农一体化，在家门口就能端稳就业“饭碗”——广灵巧娘的致富路》，环路网，2021 年 10 月 15 日。

2. 《广灵巧娘宫：插下致富柳“编”出脱贫路》，广灵县人民政府网，2019 年 7 月 8 日。

① 山西巧娘宫科技有限公司主要用杞柳、玉米皮、蒲草等原生态环保材料纯手工编织家居工艺品，是带动和引领全县贫困妇女居家就业、灵活就业的龙头企业，也是助力广灵县全面精准脱贫的领军企业之一。

图 1　2021 年 7 月张建国（右下）接受线上访谈

一　踏上回乡途

我是山西省广灵县人，广灵县是一个国家级贫困县。为了讨生活，我的祖祖辈辈都在家乡从事柳编[①]工作，包括我的母亲也一直在从事这方面的工作。可以说柳编是我从小就在接触的一样东西，它一直陪伴着我，而我也对柳编产生了很深的情感。

我大学学的专业是机械设计及其自动化，通俗点说，我就是个学机械的。按照正常的逻辑，在大学毕业后，我应该会在大城市里找一份专业对口的工作，然后朝九晚五，每周两个休息日，在节假日的时候还可以回乡去探望一下父母，这样的生活看起来还是不错的。而在 2016 年我大学毕业的时候，国家正在大力推行“大众创业，万众创新”的政策，社会上也掀起了一股创新创业的热潮。这让刚毕业的我内心隐隐有了一些小想法：我是不是能走创业这条路呢？可如果选择了创业的话，我又能干些什么呢？我能成功吗？这个创业的念头就这样在我的心中掀起了热浪，一个又一个

① 柳编是中国民间传统手工艺，指用柳条编织各种朴实自然、造型美观、轻便耐用的实用工艺品，包括柳条箱（包）、饭篮、菜篮（圆、椭圆）、笊篱、针线笸箩、炕席、苇箔等。

的想法与疑问从我的脑海中蹦了出来，但毫无疑问的是“创业”这个词让我生出了某种渴望。慢慢地，我想到了那个从小就陪伴着我长大的东西——柳编。带着内心深处对柳编的情感，我开始思考：我能不能利用柳编创业呢？一方面，家乡可以直接成为我的创业基地；另一方面，我可以带着乡亲们一起干，通过这种方式将家乡的柳编工艺继续传承下去。我能不能跟他们一起去创业去努力呢？我脑袋里的想法愈加强烈，而胸腔里的那股子闯劲让我在愈加兴奋的同时也有些许不安。因为，我不得不承认的是，这只是一个大胆的想法，我还没有具体的施行方案。而且这可能是一条与我所学专业完全不同的路，我无法预料如果我选择了创业这条路，我的未来会怎么样，再者家里人会同意我放弃稳定的工作而进行这样的选择吗？这些疑虑让我不知道该怎么办，是选择城市中比较安稳的工作呢，还是回乡尝试发展柳编产业？而这时很幸运的是，我的身边有我的太太，她是陕西西安人，她在知道了我的想法后毅然支持我，并决定和我一起回乡创业。那一刻，她给了我很大的勇气与坚定的信念。虽然很多事情可能都是我无法预料到的，但有人站在我身边支持我不是吗？没有谁知道未来是什么样的，万一我成功了呢？慢慢地，我的内心变得坚定起来了，开始踏上了回乡创业之路。

二　难题步步解

然而现实跟理想总是有差距的，在回到家乡后我发现很多事情跟我想的是不一样的。

作为一个国家级贫困县，广灵县在产业发展方面较为缓慢。它是一个农业大县，以种植业为主，种植的农作物主要是玉米。但是单单就种植玉米经济效益并不是很高。而在工业方面，广灵县的基础工业很薄弱，手工编织业应该算是其中比较发达的一块。县里当时从事手工编织的人有很多，但是他们大多是出于一种兴趣爱好，并没有想把它做成一种产业。而且由于我们县城的交通比较闭塞，哪怕他们想把编织的成品卖出去，也只能选择就近销售的方式，这就限制了我们柳编产业的发展。因此，在我回乡准备以柳编为基础进行创业的时候，我就不得不直面这些问题了。

我开始去走访一些编织户，调查县里人对柳编产业的看法并对他们讲出我的一些想法。而在这一过程中，我发现了一个很重要的问题——虽然乡亲们知道了我的想法，但他们对我这样做是持怀疑态度的，他们无法判断我所说的是不是真的，他们害怕被欺骗。所以在我最初想要跟他们合作，并将我对接的一些订单交给他们请他们进行编织的时候，他们就会想：这个东西真的能挣钱吗？真的能让他们在家里就挣到钱吗？而面对他们这样的疑问，虽然我对创业很有信心，但是在没有成果之前我没有办法给他们打包票，我需要一定的过程与时间去证明我所做的是能赚钱的。而在我费尽一番功夫解释后，虽然这些编织户仍抱着怀疑的态度，但他们终于愿意和我合作了。渐渐地在合作的过程中，他们发现，虽然第一个月他们可能只挣了 700 块钱，但是在第二个月的时候他们就可以挣到 900 块钱，而到了第三个月的时候他们发现自己已经能挣到 1500 块钱了，尤其是到了第四个月的时候，每个人的收入都大约达到 1500 块钱的时候，他们就已经相信我说的是真的了，并且更加愿意跟我合作，这就使我们有了一个很好的合作基础。也正是这个原因，不管我们现在接什么难度的订单，这些编织户都会相信：只要我说这个东西能挣到多少钱，他们就毫无疑问地能挣到钱，并且能超过现有的收入。这就使我们的公司有了更好的发展。

当时，村民们思想的改变是一件令我十分欣喜的事情，然而另一个难题又摆在了我的面前，那就是原料的问题。最开始的时候，我们的编织原材料都是从山东、内蒙古等地订购的，这样不但增加了柳编产品的成本，在某种程度上也制约着柳编加工业的发展。于是我先后去山东、浙江、内蒙古等地学习考察，一路摸爬滚打，从一开始的原料加工，到 2017 年通过流转土地的形式，在广灵县率先试种了 732 亩杞柳[①]。而经过一段时间后，这 732 亩杞柳的种植取得了成功。种植杞柳的经济效益也比较高，老百姓每亩的收入能够达到 3000 元。不仅如此，杞柳还可以防风固沙，保护周边的生态环境。

有了这样一个成功的例子在前，越来越多的农民开始自主种植这种经济效益比较高的杞柳，自然而然地柳编原料杞柳的成本逐渐下降了。随着

---

① 杞柳：杨柳科、柳属灌木，高 1～3 米，树皮灰绿色，小枝淡黄色或淡红色，无毛，有光泽；芽卵形，尖，黄褐色，无毛；种一次可以连续收割 15 年，一年大概收割 2 次。

杞柳种植面积的不断扩大（预计到2022年种植面积将达到5000余亩），我们的就业岗位也越来越多，并且有细致的分工，像种植、田间管理、收割、编织等，更多的农民可以自由选择自己喜欢的工种，实现增收。更细致地说，我们与农户签收购协议，到了原材料收割的季节，种植户就将原材料收割以后，统一送到我们公司，我们又把原材料送到编织户那里进行加工。这样既解决了柳编产品原材料需从外地购买的难题，又解决了乡亲们务工的问题。对乡亲们来说，在家里面，既可以编织这个东西，其余时间又可以照顾老人和小孩，完全兼顾了家人和工作，真是一举多得啊。我们也在当地逐步形成以公司为收购网点、以千家万户为种植基地的经营格局，摸索出“种植＋编织＋销售”模式，实现了互利共赢，带动了产业发展和农民增收。①

三　质量步步高

在解决了原材料等问题后，新的问题又出现了，那就是我们的柳编产品质量参差不齐，缺乏统一的产品标准。乡亲们因为没有经过统一的培训，所以并不了解我们所需要的以及达到标准的产品应该是什么样的。于是，在我们公司去收购产品的时候就会收到一些无法达到我们标准的产品，这时我们就面临了一个两难的情况，如果我们不收这些不达标产品的话，那么乡亲们自己辛辛苦苦编出的东西却得不到收获，心里肯定会十分恼火。他们就可能会想，是不是这个公司为了低价收购产品，而故意说产品的质量差？又或者对自己的能力产生怀疑，是不是自己动手能力不足，总是编不好，达不到别人的要求呢？但如果我们去收了这个产品，他们就有可能认为这样的产品是可以的，下次就会继续交这样的产品。这就有可能影响我们产品的质量进而影响销售。所以我开始思考该如何去解决这个问题。而在这个时候，我想到了一些大企业的管理经验和质量管理标准，于是我开始思考，我能不能去借鉴他们的做法呢？

正在这时，县里面的一些领导知道了我们正在做的事情并且在了解到

① 以上文段具体数据由受访人提供。

我们所面临的困难后帮我们对接了碧桂园集团[①]。在对接的过程中，我们将自身的情况向碧桂园集团进行了说明。之后，碧桂园驻我们广灵县的扶贫人员对我们公司进行了一个实地的考察，认为我们的企业确实需要这方面的帮助。在与我们进行了沟通之后，碧桂园集团决定向我们的编织工人提供专业的编织培训。这样的培训无疑给了我们很大的帮助。那些编织技术不熟练的编织户提高了编织水平，他们做出来的产品也更加精美。通过2020年和2021年这两年的培训，碧桂园集团帮我们培养了许多熟练的编织工人，这也为我们解决700多人的就业问题打下了基础。如今这些熟练的编织工已经可以在编织上独当一面了，这也让我们现在能够更自信地去接一些大额的订单。

而除了碧桂园集团这边的培训外，为了不让乡亲们编出来的柳编产品和付出的辛苦劳动得不到回报，我们也交代公司的收购人员，一定要一字一句地、慢慢地跟乡亲们讲清楚我们公司的标准，并且以产品质量为标准，对于不同质量的产品实行“梯度收购价格”制度。这样的话，哪怕是乡亲们编出来的是残次品，我们也会按原收购价的1/2或1/3给予他们一定的加工费，这就大大地增加了乡亲们的获得感和满足感，他们心里也会觉得这个公司讲诚信，自己编的产品就不怕卖不出去了，那他们的收入有了一定的保障，当然也就调动了他们的生产积极性。

但是建立这样的收购价格制度，探索出这样的一套方法，让乡亲们接受公司的标准，并不是一件容易的事。在这个过程中还发生了一件有趣的事情。之前有一个编织户叫李小红，由于编织技术不够熟练，她编织出来的东西没有达到相关的标准，所以公司的收购人员向她解释了我们公司的收购标准并表示我们不能以全价收购她的编织品，同时也邀请她加入公司的培训班。而经过一番培训后，她的编织技术得到了很大的提升，编织的产品质量也越来越好了，至少公司可以全价收购她的产品了。但是后来公司对收购的产品进行质量检查的时候发现李小红的每一批产品里面还是有一两件次品。公司的质量检查人员觉得十分奇怪，经过一番询问后才了解了事情的真相。

---

① 碧桂园集团：中国最大的新型城镇化住宅开发商之一，其积极响应党和国家的扶贫、乡村振兴的号召，结对帮扶潮州、汕头、揭阳、梅州、河源等地，惠及3747个贫困村33.7万个建档立卡贫困户，已助力31.8万贫困人口增收。

原来李小红将她之前编的“不太成熟的作品”又掺了进来，想着“蒙混过关”，实在是令人哭笑不得。经过一番有效沟通后，李小红也认识到了这种做法是不对的，表示她会努力地去提升自己的编织技术。现在李小红已经是车间的主任了，也不再做之前“蒙混过关”的事情了。现在我和李小红聊天还时不时地拿这件事情来开玩笑。

当然，我们的创新不仅体现在制定收购价格制度上，还体现在管理模式上——设立车间小组长负责制。举个例子来说，现在我们 8 个乡镇里面，有 5 个乡镇都设有扶贫车间。因为我们不可能每天都到各个乡村里面去指导工人，所以我们会在培训的过程中选一些技术比较成熟的工人，让他们 3 个人或 5 个人组成一组，再从他们中选一个小组长，然后统一在扶贫车间里面再选出一个车间组，进行质量上的层层把关。如果小组长带出来的这 5 个人中有人的产品有质量方面的问题，那责任就会落到小组长的身上，而到了年底的时候，公司就会在小组长的绩效里相应地扣除这部分。这就把每个产品的质量责任落实到了相关的责任人身上，简单地说就是由车间主任去带领这 5 个组长，这 5 个组长又去带领小班长，直至责任落实到每一个编织户身上。这也算一个一举两得的做法，一来可以把控柳编产品的质量，二来可以锻炼小组长的管理能力。

当然，这些做法也与碧桂园集团对我们的帮扶有关。当时在跟碧桂园集团对接后，我就去参观了他们在佛山的基地。那一次的参观让我增长了很多见识。一些先进的管理经验、流水生产线、智能化的东西都让我大开眼界，也让我知道我们还有很多地方可以向他们学习，将我们的手工编织产业做大做强。

四　放眼创品牌

在我们工人的柳编技术慢慢地熟练起来，产品质量也逐渐跟上来，产量逐渐跟上来的时候，我们又面临一个新的问题——没有稳定且广阔的销售渠道。这可谓“万事俱备，只欠东风”。广灵县的柳编产品虽然质量上乘，颇有特色，但是长期处在“养在深闺人未识”的状态，且由于公司资金有限，我们没能把太多的资金投入宣传中，所以我们“广灵巧娘”的品牌一直处在默默无闻的状态。正当我们愁怎么借“东风”的时候，我们广灵县的县委县政府又出马了。

在县委县政府的大力支持下，从2019年开始，我们广灵县的柳编产品借大同市举办的成龙国际动作电影周[①]“走”了出去。一开始我们根本没想到我们的柳编产品能借着成龙大哥的名号在这样的国际舞台上展现风采，但毫无疑问乡亲们都是好样的。一个又一个精美的产品从他们的手中诞生了，“扮靓”了成龙国际动作电影周，抓住了无数人的眼球，这成为我们“广灵巧娘”品牌走向世界的开端。而成龙大哥对广灵县的柳编产品也颇为喜爱，经常宣传与推广，这就使得我们广灵县的柳编产品——独具特色的“广灵巧娘”品牌的知名度得到了进一步的提升。后来，因为国家对扶贫产业的支持，我们去了广交会[②]这种官方举办的国际展销平台推广我们的产品。产品精美的做工受到了很多人的喜爱，大家也渐渐了解了我

图2　2019年10月份张建国（右）在第126届广交会上与外国友人（左）合影留念

① 成龙国际动作电影周：由演员成龙与上海国际电影节组委会联合发起，旨在表彰为动作电影做出杰出贡献的电影人，着力培育扶持华人动作新生力量，颁发钢铁人奖。

② 广交会：中国进出口商品交易会，创办于1957年春，每年春秋两季在广州举办，由商务部和广东省人民政府联合主办，中国对外贸易中心承办，是中国目前历史最长、规模最大、商品种类最全、到会采购商最多且分布国别地区最广、成交效果最好、信誉最佳的综合性国际贸易盛会。

们这个山西小贫困县城里一批又一批手艺精湛的“广灵巧娘”。而我们的“广灵巧娘”品牌也借此以贫困县特色品牌的名义走向了更广阔的市场，受到了更多人的青睐，真正开始走上了“中国特色品牌国际化”的道路。当然了，我们能到广交会进行展览，并以极低的展位费进行产品展示，这些都离不开国家和政府的大力支持。

在我创业的各个阶段，党和政府给予我和我的公司的帮助都是至关重要的。当我刚开始创业时，只能在小规模的厂房里面生产。随着我们产能的增加，我们的编织户数量也逐渐增多，但是我们的场地，尤其是我们的仓库比较受限制。乡镇里面的一些加工户给我们生产了很多产品，但是我们收购的时候，许多产品都没有仓库可以储存，更有一些产品因为无法储存受到自然环境的影响成为次品。面对这样的情况，我们寻求了县委县政府的帮助。在县委县政府的大力支持下，我们很快就解决了场地问题，包括像我们现在入驻的扶贫开发手工业园区，就是在 2017 年，县里面帮我们统一建造的厂区。现在我们的厂区面积已经达到了 6000 多平方米。政府为我们解决了很多后顾之忧，还减免了许多税收，给了许多优惠政策。可以说，我和我的公司的成长，还有乡亲们的脱贫致富都离不开党和政府的帮助。

经过长期的发展，我们的柳编产品种类也越来越多。其中以收纳系列为主，像平常我们生活中用的收纳筐，还有装蔬果的篮子，以及农副产品外包装等。为了不断满足市场的新需求，我们带领“广灵巧娘”们在原有传统工艺的基础上，不断开发原生态旅游产品和绿色环保用品，坚持推陈出新，以提升产品品质为目标，编织出大到床、沙发、宠物窝，小到笔筒等产品。这让我们的产品体系变得更加完整，品牌效应更加凸显，进而也取得了丰硕的致富成果。不得不提的是，2017 年在县委县政府的帮助下，我们建成了占地 2 万平方米的集生态观光、手工编织、休闲体验为一体的扶贫开发手工业园区，有效地采用了“实用家居用品 + 观赏”“旅游观光 + 体验”的模式，进一步拓宽了手工产品的销售渠道，为广灵县贫困人口和农村剩余劳动力就业开辟了一条新的道路。当然，随着产业的不断发展壮大，为了让手工编织产业的管理和经营方式跟上信息化脚步，我们还不断创新运营模式，组建了专业化、年轻化的电商团队，开通了京东、天猫、拼多多等线上平台店铺，使用线上线下多渠道融合发展的方式，进一步提高了产品的知名度。

五　成绩的背后

其实现在回过头来想这些事，我总是止不住地感慨，大家也总说我是带头人。其实无论我是不是带头人，大家想的都是脱贫致富奔小康，而在听到很多评价后我也会去思考：所谓“致富带头”到底是致富重要还是带头重要？站在我现在的位置上，我觉得可能带头更重要一些，为什么呢？拿我们广灵县来说，它有一个很悠久的编织历史，但是我们的编织产品没有形成统一的标准，既不成规模也不成产业，所以在这么多年里我们的产品只能走到我们大同市，限于山西省，走不出去，而对于这一点我觉得就是需要一个引导，需要有人带头去把这个事情做起来，然后让下面的人只管安心地去提高产品的品质。其他诸如市场、创新这些东西就交给带头人，让带头人去做这些事情，之后再通过大家分工合作，将手工编织产业搞得越来越好。这就是我说的“带头”更重要一些，有了统一的带头人又有了市场，那咱们还怕挣不到钱，还怕致不了富吗？

截至目前，我们山西巧娘宫科技有限公司的销售额已经到达了 830.3 万元。广灵县是个国家级贫困县，在 2017 年时仍存在 77 个贫困村，贫困户一共有 17000 多户，总人数将近 45000 人，也就是说我们县有近三成的人生活在贫困线以下。2020 年是决胜脱贫攻坚的最后一年，我们县圆满地完成了脱贫的任务，实现了全体脱贫，而我们公司也积极参与其中。我们通过手工编织为 728 户贫困户提供了就业机会，有效地带动了他们脱贫致富。现在这些农户年均增收 1.2 万元①，他们的生活质量也得到了很大的提高。毫无疑问，脱贫的道路是艰辛的，而且可能会出现返贫的情况。但我们的编织产业是长期发展的，可以长期为贫困户提供就业机会，增加收入，这就使返贫的概率大大减小了。现在我们这个地方的贫困户在家就能挣到钱，不用跑到外面去打工，不用一年只回一次家，村里的留守儿童和空巢老人也少了，在村道上可以看到“黄发垂髫，怡然自乐”② 的和睦景象。我看到这一切，一股难以言说的自豪感油然而生。虽然我们这个企业

① 以上内容为受访人提供，参考自广灵县政府网。

② 出自陶渊明《桃花源记》“黄发垂髫并怡然自乐”。

并不像那些大集团可以为贫困地区的老百姓豪掷几个亿，但我们的柳编产业为这几百上千户贫困百姓力所能及地提供了一些就业机会，实实在在地让他们在家实现了增收，我也见证了他们的生活一天天变好，这是一件多么让人感到开心与自豪的事情啊！

在这个成绩背后，离不开我的母亲和太太的大力支持。首先是我的太太，我和我太太是在大学认识的，那时候她还是我的女朋友。在大学毕业后，我也有想过在大学所在的城市——西安——去找工作，而且我的太太也是西安本地人，当地就业也方便。但当我选择回乡，选择回到交通不便、资源也有限的广灵县时，她并没有阻止我，反而鼓励我，选择跟我一起回去创业。一个女孩子愿意跟我回到我的家乡，回到她并不熟悉的地方，得下了多大的决心啊，这让我非常感动。当她跟我回到家乡，跟我一起把“巧娘宫”这个企业做大做强，见证了我们家乡脱贫时，我清楚地知道我们不仅是相亲相爱的家人，更是并肩作战的战友，她的支持是我走下去的动力，没有她，“巧娘宫”也做不到这么大的规模。

其次不得不说的人就是我的母亲了。她对我的影响是十分大的，不管是在我成长的路上，还是在我现在创业的过程中。还记得我下定决心要回来创业的时候，她就在不断地鼓励我。在我第一年开始创业时，碰到很多困难。当时我第一次回到农村接触这个行业，虽然说我小时候就与柳编朝夕相处，但当自己开始真正去走近这个行业时，才明白困难比自己想象中的要多得多。原料收购、销售等困难都沉重地打击了我，我的心情一度十分低落。在一旁的母亲感受到了我内心的低落，于是她每天早上便陪着我去跑步散心，晚上我们会一块坐着聊天。她总是开导我，给我讲她们那时候的创业故事，给我分享她们是怎么从低谷中走过来的，讲述各种各样的柳编案例，也会感慨她们以前从十几个人发展到现在 1000 多人的庞大的编织队伍过程中经历的那些辛酸。听了母亲的安慰与鼓励后，我真心觉得我现在所遇到的困难要比她们那个年代遇到的困难小得多，我在母亲的身上看到了那股坚韧不拔的劲头，也慢慢有了勇往直前的力量。而在企业成长过程中，她也给了我很大的帮助，比如现在我在碰到一些困难的时候，我还是会去请教她，听一听她的建议。我觉得母亲真的很伟大，全天下的母亲对子女来说都是很重要的老师。

现在我们正在乡村振兴的新时代征途中，很多年轻人都积极响应国家的号召，很多人有回乡奋斗的想法，我对此感到很开心，作为一个过来人我想提一些建议。第一，农村里的基础设施虽然没有城市的发达，生活没有城市里那么便利，但是农村有着淳朴的村民，有着美丽的自然风光，有着城市里没有的安静，这些可以让我们浮躁的心安静下来。我们只要将心态放好，都会有所作为的。第二，在创业过程中，只要你觉得你选择的东西是成熟的，并且你觉得这个东西可以转化为一个事实，甚至转化为一个产品，那其他的事情先不用去多虑，勇于坚持就可以，最重要的就是要坚持自我，只要是自己考虑成熟的事，大胆去干就对了。第三，我非常希望有志于乡村振兴的青年人加入帮助乡亲们脱贫致富的队伍中来，和我们一起来创造更多的财富，让乡亲们过上更好的生活。

与五色米的不解情缘

受访人：黎少梅

访谈人：罗浩奇

访谈时间：2021 年 6 月 13 日

访谈形式：线上访谈

访谈整理：梁嘉俊

访谈校对：梁嘉俊　赖启豪

故事写作：梁嘉俊　罗浩奇

受访人简介：黎少梅，女，汉族，1975 年生，广东清新人，大学文化，中共预备党员，清远市谷原生态农业有限公司董事长。2015 年在清远市石潭镇开始种植五色水稻，2017 年成立活土谷原公司经营五色水稻的生产、加工及销售，运用“活土农耕法”进行水稻种植，开发五色养生米的种植、加工和配比方法。改善村庄环境，带领村民共同种植，走上致富道路。

一　自强不息：从种粮世家走出来的医者

我的家乡在广东省清远市清新区石潭镇，地处广东省的一个贫困山区，当地大部分是石灰岩地质，非常贫穷，基本上没什么工厂和工业，经济来源以种水稻为主。村子里面 70% 以上的田地都是种水稻，水稻种植在我们村子是比较普遍的，家家户户都在种，但是由于稻米价格很低，所以村子里的农民都很贫困。

我们家真的算得上是世代种粮食的，从我爷爷那一代开始就种水稻

图1　2021年6月黎少梅（中）接受罗浩奇（右上）的线上访谈

了，到现在为止我的姐姐还在种。我父亲是一个很勤奋的人，可以说他一个人改变了我们家的命运。虽然他没有读多少书，但是他14岁就当了我们村的村主任，他把我们村子里种出来的米拿到镇上去卖，带着村民赚钱。在镇上他见识了外面的世界，于是把好的稻种、好的种植方法都引回村子。所以毫不夸张地说，我们家就是世代种粮食的，我从小看到父亲做这些事情，慢慢地我有了去做这个事情的想法，想用粮食去造福更多的人。我很清楚，生活在七八十年代的人对粮食的珍视和对土地的那种崇敬是现在的人没办法体会的。以前都是自给自足，只有在地里种出来的东西可以吃，没有多的钱到外面去买东西吃，土地是养活我们的关键，所以我们那代人对水稻种植和土地是很有情怀的。

其实我觉得我的人生是非常幸运的，因为我们在山区，农村里面条件比较恶劣，女孩子几乎连上初中的机会都没有，更别提上中专了。而在整个村子里我是最早上中专的。我们家的生活条件比较困难，我的妈妈在我5岁的时候就去世了，爸爸一个人养我们六姐妹，我们家其他5个姐妹把读书的机会给了我，我通过自己的努力和依靠全家人的力量，最终才能顺利上中专读书。我中专毕业之后被分配到广东省人民医院去工作。我觉得在这么艰难的生活条件下我还能读书，还能到广州工作，对我自己来说是非常难得的，所以十分珍惜这个机会。我也很感激我的家人，在自己的努力和全家人的帮助下，我成了一名医者，暂时离开了家乡。

在成为一名医者参加工作之后，我没有满足于中专的学历，工作之余还去修读了大专和本科，和中专、大专修读的西医专业不同，我本科的时候选择修读中医专业，其实学中医是机缘巧合，当时也不是觉得中医很重要才去学中医的，只是那时候刚好中医这个专业能让我有机会读大学，所以我才读了中医。后来在省人民医院工作的时候我被分配到了脑外科的手术科室，脑外科属于西医范畴，对中医的接触比较少，每天在病患和手术之间忙碌，我也慢慢把中医淡忘了。脑外科属于病患情况比较严重的科室，在省人民医院工作的17年里，我发现患者越来越多，他们的病情越来越严重，年龄结构越来越年轻化，那个时候我就有一个疑问：明明现在我们的科技飞快地发展着，为什么还会有病患年轻化、严重化的情况出现呢？我一直没有找到答案，直到后来我的身体出现问题，我们省人民医院有一个出名的老教授，他在给重病患者会诊的时候跟我说起，可能西医做手术只解决那些急症，但是把人的身体调理好，还是得靠中医。于是我重拾中医的学习，在我重新接触中医以及接触自然农法[①]之后，我再从医学的角度去分析，我觉得我找到致病的原因了。

我觉得生病的原因是我们现在吃的很多东西都是不健康的，就拿我身边的例子来说，我当时有个同学在种香瓜，他找到我，跟我商量说自己要种香瓜，但是资金不够，于是我给了他一点钱，我们一起合作去种香瓜，他负责种植，我负责出资，他每天都会把种香瓜的情况拍照反馈给我。很奇怪的是我同学种的香瓜苗长得非常快，昨天还是小小的一个香瓜，今天已经长到10厘米大小了，香瓜种出来像小孩子的头那么大。我很惊讶为什么这香瓜长得那么快，所以我就去翻阅他生产资料的购买记录，发现香瓜几乎每个星期都要喷药，半个月就要施肥。我就想这和我们小时候种东西的方式完全不一样，我们那时候种东西基本不用什么肥料，农药那些也下得不多，现在种东西都要下药和施肥，我感觉这就是现在致病的原因。在广州生活的十几年，我每次在菜市场买菜，还经常挑那些长得大长得好看的蔬菜，自从有这一次经历之后我再也不敢去挑看起来特别好的蔬菜，因

① 自然农法：依循大自然法则的农业生产方式，以维护土壤生机的土壤培育为基础，决不使用任何化学肥料、农药和各种生长调节剂以及任何会残害土壤的添加物。

为这些蔬菜的种植方法可能跟我们以前小时候的种植方法完全不一样了，都是用过多的肥料和农药催起来的，这也让我萌生了创业的想法。

二　归去来兮：十年病患终成农

我在1995年毕业，2001年结婚怀孕，怀上了我大女儿，当时产检的时候我就查出了自己有慢性肾炎，所以在很艰难的情况下把女儿生下来了，后来就接受了检查和手术治疗。直到2011年，吃药接近10年了，我到处跑医院治疗，病情也没有好转。我还去南京的肾病研究所检查过，当时很多医生都跟我说要做肾移植，没有办法上班了，我先生看到这种情况也让我先辞职，在家里调养身体。我就辞去了工作，在家里休养了半年，也没见病情好转，人家说的治病方法我都去试。当时因为在家里闲得没事我开始看一些佛法的书，在这过程中也认识了一个佛友，他跟我说让我去湖南那边的一个农场休养一下，或许对我的病有改善。

那时候我还对自然农法没有概念，到湖南农场那是我第一次接触自然农法，我去了之后每天吃他们那边种的东西，跟他们一起下地干活，在那里住了3个月左右就感觉自己的身体好了很多，整个人都变得轻盈了。回来之后我到医院检查了一下，身体的各项指标都变得很好。我觉得很意外，回想了一下，结合中医的角度分析，我觉得应该是跟我自己吃的东西有很大的关系。大概是到2015年我怀上了我小儿子，去检查的时候，发现我身体的各项指标都变得很正常，肾功能也恢复了。

我弃医从农一方面是因为自己的身体在患上肾炎之后一直不太好，支持不了我在医院高强度的工作，而我自己的身体也从用自然农法种的粮食中受益，我就下定决心要做种粮食这个事情。另一方面是因为我看到了自然农法的价值，用自然农法种出来的粮食能从根源上预防人身体的毛病，让我感到做农民比做医生更能实现自己的社会价值。于是我想让自然农法惠及更多的人，把自然农法推广出去，种更多健康的粮食给大家吃。在决定做这件事之后，我经常去相关的农场休养和学习，我前后一共去了9个月的时间，收获了很多知识。我前期准备先自己种米来吃，再去影响身边的人，我就跟我身边的亲朋好友说我要开始种米了，他们一听到我要种米就立马跟我认购了，因为他们都了解我患病的经历，知道我从“药罐子”

到恢复正常的经历，我一个活生生的例子摆在他们眼前，他们懂得食物安全对身体的影响。现在他们也一直在吃我的米，我身边的朋友和医院的同事都出资让我去种粮食，他们提前给我钱，我就在家乡这边种粮食，每个月我都会寄 30 斤五色米给他们。做农民，我只是单纯地想造福更多的人，让我身边的亲朋好友都能受益。

从赚钱的角度来说，前期基本上没有什么盈利，因为各方面的投入还是比较大的。一个是土地的改良，不像别的农法投钱进去了，多少钱一斤卖出去就有利润了，采用我们这种农法种植的作物前面一两年的产量很低，改良土地的成本是比较高的。另一个是我们也投资建设了一条五色米的生产线，这一条生产线涉及烘干和储藏加工的工艺，都是采用比较先进的技术，能把五色米的营养尽量保存，所以投入还是蛮大的。但是我相信未来我们的五色米产品和农耕方法会有更多人接触到，会有更多收益。

三　上下求索：活土谷原上的五色米

“活土谷原”是我们公司的名字，本来我们当时是想注册“谷原”这个名字，后来因为“谷原”这个名字注册不上，我们就把“活土”这两个字加上去了。这个名字也是跟我们的种植方法有点关联，因为我们是通过刚才说的自然农法，首先把土地改良，把土地的有机质活化以后再种植，所以我就加了“活土”两个字。我们这个农耕方法也叫“活土农耕法”，顾名思义，就是先将土地活化，种出粮食原本该有的营养价值。

可能你们会疑惑为什么我用这种活土农耕法来种水稻而不是种蔬菜和水果。我觉得解决一个人的食物安全问题，首先解决米的问题会比较容易，因为我们每一顿吃进去的食物米饭占比是较高的，而且量比水果和蔬菜要多，那么米就是改善我们身体状况的关键。其次，我们这边的土地比较适合种水稻，而且种水稻的方法在这边来说几乎每个农民都懂，更加容易推广出去，所以我就选择了种水稻。

我觉得种出好粮食的关键一个是种子，一个是土壤，还有一个是加工方法。我们种植五色米的种子采用的是老种子，老种子就是它可以自己留种，今年收完稻谷，明年你把种子拿去发芽就可以直接种，杜绝了种子转基因的问题。你可别看这老种子普普通通，现在农民普遍种的种子都是不能直接拿去种的，因为他们现在种的大多数是杂交稻，或者是转基因的稻种，他们需要有关机构把水稻的基因杂合起来才能种植。但是我们的水稻就不一样，在医学上也说过，能够有能力自行繁殖的，这种生物基因才是完整的基因。我们这种能够自行繁殖的种子才是最有能量的，所以我就选择了这种老种子的稻米，也是我们种出好粮食的重要原因之一。

图 2　2021 年 3 月活土谷原基地挂牌为广东省农产品（五色水稻）区域品牌标准化试点基地

土壤问题是困扰我最深，也是我印象最深的问题。2015 年，我回到家乡的时候一场大雨把整个小镇都淹没了，我很奇怪，因为小时候我们在镇上生活，下几天几夜的大雨都不会积水，而且现在的河道都特别宽，小时候的河道都比较窄。我到外面一看，踩在我们脚下的土地都是硬邦邦的，天上下的雨根本没办法渗透到土地里，如果仅靠现在修宽河道去疏通肯定不够。小时候虽然河道很窄，但地面能吸收掉大部分的雨水，所以不容易积水。

我也认识到土壤问题是亟须解决的，不解决这个问题，种出来的粮食不会好到哪里去。像现在的一些农民在种植的时候都会下化肥和农药，把土壤的自我吸收功能破坏了，所以我们结合现代和传统的农业技术，总结出来一套独特的方法改良土质，我们用不破坏土地的方法去种植，让土地的自我吸收功能慢慢恢复，但这需要一个过程。为了让土壤自己产生有机质，首先我们会在收割晚稻的时候种下紫云英①，这种植物的叶子是很茂盛的，到第二年春天我们会把它翻到田里去发酵，它会产生有机质。其次，在我们翻田的时候会放酵素，酵素是一种微生物很丰富的载体，也是一种变废为宝的肥料和驱虫剂。我们制作酵素的方法是很简单的，比如我们买了菜回来觉得比较老的菜梗、菜叶或者是果皮，把它留起来，跟糖和水按比例混合在一起发酵以后，就成了肥料，拿来喷到田里，不仅成了防蚊虫的驱虫剂，而且发酵之后会产生很多微生物，这些微生物到了土里会起到疏松的作用，土地疏松了，就能把空气当中的氮元素转化进去做肥料，然后加上一点花生麸，就可以做到不用农药、化肥了。我们插完秧以后再喷两次酵素，第一次是在插完秧后的 25 ~ 27 天，第二次是在生出稻穗之前，整个过程不用下肥和喷药，只要保证作物的水分就可以了。

除此之外，为了不让除草剂污染土壤，我们还总结了两种控制杂草的办法，既不阻碍粮食作物的生长，也控制了杂草的生长速度，第一个就是翻田翻两次，像传统种田的话只翻一次田，那些杂草是长得特别快的，所以农民会使用除草剂，翻两次田虽然多耗费了劳动力，但效果也是非常明显的，杂草数量比翻一次减少很多；第二个就是我们的秧苗在长到 17 厘米的时候才插到田里去，那些杂草长得没秧苗那么高，汲取养分的能力也没秧苗那么强，杂草自然长不起来，也杜绝了除草剂的使用。土壤没有受到污染，才能种出好粮食，而且对环境的改善作用也是显而易见的。因为用我们的农耕方法培育出来的土壤疏松，根本不存在土壤板结的现象，下雨积水也比较少，所以如果村子里的土地都用这种方法耕种的话生态肯定会变好。除此之外，如果没有用酵素的话，像七八月份如果走到田间，会有很多蚊子、苍蝇在人头上飞。但是我的基地用了酵素，酵素可以净化土壤，因而苍蝇、蚊子不多。区旅游局建了一道栈道在我的稻田上面，那里

① 紫云英：豆科黄芪属植物，多分枝，茎匍匐，株高 10 ~ 30 厘米，叶背上白色疏柔毛是一种重要的绿肥作物，其固氮能力强，利用效率高，因此在植株腐解时可以大量激发土壤氮素。

一般是情侣“拍拖”的地方，他们晚上会在那里散步，因为蚊子、苍蝇都不多。从侧面可以看到这种方法对土壤和环境有非常大的改善作用。我的基地旁2000米处有一个水泥厂，在我回去种水稻之前，那里的树木的叶子都不多，有些树甚至没有树叶，但是我回来种植几年水稻之后，现在树木长得非常茂盛，而且因为我们企业在那里，水泥厂也不敢偷排废水，现在空气和环境都变得很好，村子成为广东省社科院撰写的乡村振兴典型故事中的村子。我感觉我的农耕方法是有意义的，这种种植方法不仅对我们人体有益处，对整个村子环境的改善也有很大的帮助。

我们的加工方法也与其他方法不同，其实这个加工方法是现代与传统的结合，大部分还是比较传统的。传统技术现在有些人已经不记得了，但是我们这一代人都用过，别人种的粮食都是直接用机器烘干，我们是收割下来让农户直接用太阳晒，没有用机器烘干。平常我们用几个小时高温把稻米直接烘干，胚芽里面的水分都流失了，很影响营养保存。用太阳晒干的水稻能最大程度地保留里面的养分。去年我去上海一家公司就找到了一个仿日晒的烘干线，它的方法就是仿照日晒来把稻谷烘干，烘干线的温度是在40℃左右，慢慢把粮食烘干，烘干的过程需要15个小时，而且稻谷在空中循环飘动。通过这种方式烘出来的稻米营养流失不多，跟我们平时用太阳晒出来的稻米一样。

另外我们在碾米的时候不抛光打蜡，尽量将稻米保留多一层米衣，因为一颗米剥走了稻壳，还会有两层米衣，这两层米衣是微量元素所在的地方。如果是像外面买的米那样把两层米衣和胚芽全部剥走的话，营养会流失很多，我们就留了一层米衣和胚芽，这样子微量元素都留在米里面了。我们就是要做到这种程度，才能保证粮食的营养。

储存与配比也是我们五色米的特色之一。我们是恒温储存，因为我们知道大米就算烘干得很好，如果你储存不好，那些营养物质也会流失，所以我们储存稻谷也是使用恒温的稻谷仓。营养配比就是把五种颜色的米按比例根据气候来配比，像冬天适宜补肾，我们会提高黑米在五色米中的比例；夏天要补肺，我们就提高白米在五色米中的比例。针对广东这边的客户，我们计划多加入一点炒米，因为广东比较寒湿，特别潮湿，我们通过跟广东中医药大学的教授交流学习到炒米在我们中医食疗里面有很大的作用。所以我们打算把米炒一下，就可以把水稻里面的寒性去掉，长期食用炒米也可以把人体的湿气去掉。凡是长在水里的作物，它都有寒性。广东人很爱煲白粥，如果你不把米炒一下的话，吃两天白粥你就会感觉舌头很厚很腻，但如果是吃炒过的米，就可以把这种寒气去掉，这也是我们经过几次反复试验才得出来的结论。

通过以上几种方式，才能最大程度地发挥五色米的营养价值，去惠及更多的人，虽然说整个技术流程很复杂，可是我认为为了身体的健康还是非常值得的。当然这套流程也是我与不少老师以及专家教授经过交流和沟通才总结出来的，流程里有很多环节是我在2015年去别的地方学习农耕方法分析出来的，像酵素的做法是跟台湾地区的吴秀枝老师学习的，农耕方法总体是跟台湾地区的罗素老师、张家界的童军老师，以及泰国净土村的马丁老师学的。我的种植方法大部分是去这些地方学习回来后总结以及结合家乡地区的特点慢慢摸索出来的，这些农耕方法有很多不同之处，我根据我们地区的情况做了一些改善，像罗素老师、马丁老师他们在种植方面有自己的特点，但他们没有去种五色米，更没有说用中医的方法去配比。五色米的配比方法应该是我在全国范围内首创的，我在网上查询了一下，目前是没有人用这种方法的，我也申请了专利，专利已经在受理的过程中，估计这一两个月会下来。在2020年年底我还申请了广东省五色米区域品牌标准化的试点，这个试点在我们基地做了两年，在这两年当中就会有很多像罗素老师一样的专家来一起把整套种植、生产、销售五色米的体系标准化，可能会在广东省甚至全国推广，我觉得五色米会越走越远，直至全国闻名。

四　得道者多助：让人们能吃上健康的粮食

我认为在创业的道路上我是非常幸运的，虽然也遇到过一些困难，像是在技术上和资金上都遇到过困境，有时候资金周转不过来，一两个月的工资都没钱发，但很大的困难是没有遇到的，反而得到了很多人的支持和帮助，让我非常感动。首先是家里人很支持我，我的先生很支持我，我怀着我的小儿子去学习的时候他就陪我去。我家里的姐妹也很支持我，我公司现在的技术总监是我四姐。还有很多老师都无私地把这些技术教给我，我需要的东西都有人来帮我解决，就像我现在想扩大种植，镇政府无条件地出资来帮我租土地，扩大种植面积。生产线的土地是镇上领导找来找去帮我找到的，共 28 亩有林地和配套用地以及建设用地，而且前面就是我的基地，十分方便。

有三件事情让我觉得做这个事情是值得的、是有回报的。第一件是 2019 年，我已经种了 4 年水稻，一心研究怎么种植、怎么配米，但从来不知道申报项目和申请补助，农业局的工作人员知道之后，就帮我报名申请“一村一品”，也是很顺利地就通过了申请，拿到了政府的补助，本来是申请 100 万元的，因为新冠肺炎疫情影响减少了一点，补助了我 80 万元，这是政府找到我来帮助我做的。第二件是 2019 年扶贫的书记说要在整个清新区里选一个地址来举办一次第一书记挂职 3 年的总结会，有一个副镇长拉下面子去帮我筹资 10 万元来办这个会。虽然是在做我自己的事情，可是我也得到了很多人的帮助。第三件就是一位专家送我稻种，让我印象深刻。我种的老种子中有一个品种非常好吃，这个稻种是我 2016 年 5 月份去参加连南招商招种生态农业投资的时候获得的。当时我的老师过来了，我就陪他去和县长一起吃饭，那个时候我怀孕六七个月了，坐在我旁边的是一个老人家，我就递了一张名片给他。过了几天他打电话过来，叫我去白云机场，说他有东西送给我，我就去了。我当时不知道这个老人家送什么东西，他送东西给我我总得还礼，我就把我家里的一套纪念版的人民币拿过去了。本来我想着应该不算失礼了，到了白云机场，那个老人给了我 10 斤稻种，他跟我说这 10 斤稻种给我了，这个稻种非常好，里面蕴含的碳水化合物很低，蛋白质很高，而且口感很好，这是千年以上的稻种，他一直留在身边不舍得给别人。他跟我说把这稻种给我，要我好好种。这个老人是联合国粮农组织的水稻专家，是享受我们国家津贴的，他被派去第三世界国家帮他们种水稻，听了他的话我一下子就觉得自己肩上的责任很重。几个月以后他发微信给我说他在肯尼亚帮当地人民在沙漠上种水稻，他说当地的孕妇和小孩都吃不饱。我感觉他是一位很善良、很有大爱的老人，这么有成就的专家把稻种给了我，我跟他仅仅是吃了一顿饭，只是一面之缘，也没有和他聊过什么，他的举动让我非常感动。

这些帮助和感动让我下定决心去把种植五色米这件事给做好。在种出粮食后我们也去做营销，我们是以会员制为主；我身边的同事朋友们每年给我 6800 块钱，我每个月寄 30 斤米到他们家。最近扩大了生产规模以后我们也是弄了一个小程序，以前一直是“会员制＋政府采购”，现在也有两个单位的饭堂跟我们采购。我们去年12月就拿了广东省第二批农产品扶贫认证，五色米成了广东省消费扶贫的农产品。现在实施乡村振兴战略，各方面对农业支持力度也蛮大的，每个政府部门或者是事业单位每年都要完成消费扶贫的任务，我就在过年前10天左右跟清远这些政府部门介绍我们的产品，基本上跟他们的采购合作协议都达成了。因为他们听到我们这么好的米，都很感兴趣，我用10天左右的时间和发改委、财政局、林业局、审计局、机关事务局这些单位达成了合作意向，之后这些单位也问我能不能长期供应五色米给饭堂，目前清远市的财政局和联通的饭堂已经在用我们的米。我们是这样子合作的，他们每个月就有两天吃五色米，他们吃五色米的时候我给他们配椰子油，他们都挺感兴趣的。因为以前他们都习惯吃白米，现在我除了供白米给他们，还每个月给他们供两次五色米。这两个单位的人对我们五色米的评价很高，现在他们除了在单位里面吃我的米，家里的米也慢慢换成我的米，找我来购买。

目前投资算上生产线的话有600万元左右，我今年投资有500多万元，前期就投了100多万元。目前五色米生产线每天最多可以产20吨米，像我们做这种米的话很难保证每天都能产20吨，每天都产出20吨的话利润是很可观的，但目前是做不到的。土地规模的话有1080亩了，这当中包括今年镇政府给我支持了390多亩，镇政府出租金来支持我做这个事情。我们有三个股东，资金几乎都是我们三个人筹措的，到目前为止我们没有找银行贷款。另外政府扶贫项目提供一定的资金补助，我们以项目合作的方式借政府的钱，但只有20万元。其余都是我和另外一个股东的投入，我早年的积蓄和准备做肾移植的钱全部投进去了。

虽然说到今天也没有取得什么样的成就，但我也下定决心将我自己受到的帮助转化去帮助更多的人。我是一个经历过大难不死的人，我也特别容易满足。我在治病的那几年学了很多东西，我记得我的一个老师跟我说过，当你利于众生的时候，会有很多力量来帮你，所以我觉得这个应该是关键，当我觉得我做的这个事情是比较好的事情，就要去帮助更多的人。我们准备建立一个科普教育基地，2021年把青少年的科普教育基地做出来，我要负担起社会责任，把我的基地开放给中小学生们来参观学习，让他们知道整个种植过程，了解用这种农耕方法和加工方法生产出来的米是什么样的。在“一村一品”的资金里面有 8 万元用在稻耕文化馆的创建上，这个稻耕文化馆创建出来后，我会把种植方法展示给中小学生。后面会将基地做一个加盟类的，如果有人有兴趣学习这个农耕方法，我这边可以出技术，来指导他们在别的地区做农耕方法的推广。因为现在太缺乏稻耕文化这方面的教育了，像我女儿她 20 岁了，但是你跟她说这颗米长得怎么样她可能都不知道，更不用说问她米是怎么种植出来的了，所以我只能说在孩子小的时候向他们推广这种方法，他们将来有幸投身到农业的话，起码他们知道用这种方法种出来的米比较健康，要不然读书出来之后他们也不了解。就拿我自己来说，如果我小时候没有接触过以前的种植方法，我今天也还是去使用那种不健康的种植方法，也不会有想法去种植更好的作物。如果我能在他们小时候就让他们知道用这种方法种植出来的米会好一点，等他们将来有机会从事农业活动的时候，他们就会有这种认知。因为现在有太多的种植方法只追求产量，很多都用过多的农药、化肥去助推秧苗的生长，不仅生产出来的粮食不安全，对土壤和地球的污染与侵害也是很大的。我们那么多的耕地如果都能用更好的方法来耕作的话，环境也会变得好很多。

另外，我也从身边的亲朋好友做起，从村民做起，引领全村人一起脱贫致富。首先从整个区域来说，在 2015 年的时候刚好兴起众筹的方法，我回去种田的同时，我跟我另外两个同学用众筹的方法让村民一起来经营这个农庄，最后这个农庄做得很不错，在区里也有一定的知名度。当时我把基地放在这里也是因为这个农庄，你要人家来吃你的东西，凭什么呢？只有用自然农法种出来的东西跟别人的不一样，吸引别人过来人家才会来。石潭镇也被定为特色农业生态发展小镇，我自己一直下定决心搞特色的生态农业，我们镇上也有越来越多的人用这个自然农法种植作物，并吸引了一个香港的上市农业公司来镇里种植。我觉得做事情的初心是很重要的，我投身农业，除了自己在做，也改变了一些人的种植方法，改变了入驻企业的种植方法，整个镇上的生态环境和种植方法也得到了很大的改善。我的企业本身做得不是很大，但每个月农耕忙的时候需要 30 ~ 40 个村民来做，而且跟 5 个贫困户合作，我们把种子、酵素给他们，把技术教给他们，他们按我的标准种出来的粮食，我是用高于市价 2 倍的价格收购的，而且给他们一个保底的收入，每一亩只要去种，只要付出劳动，无论他是收成

100 斤还是 200 斤，我都给他 1200 元。高出 300 斤以外的，我就给他 3 元一斤的价格。而且我长期聘用一个贫困户来帮助我们工作，她是个 50 多岁的妇女，在我们那里工作也很开心。她的先生是个病人，有点残疾，两个儿子也是智力有点问题，所以家里的担子都压在她一个人身上。我们现在除了请她劳动，一天工资 120 元，她自己也跟我们合作种植，收获之后我们回收，因为像她这种条件，要照顾先生和孩子，是没办法出去工作的。现在我们提供机会给她，她既可以照顾家人，也可以工作，那她的生活就比原来好很多了，像去年她的收入也有 4 万 ~5 万元，对于她来说已经是非常好了。

其实我觉得我现在不算成功，但我觉得真的要做成一件事情无论是女性还是男性，使命感和情怀还是很重要的。如果没有使命感和情怀的话，很多事情是很难坚持下去的。因为我是个女人，可能很多人就会觉得我要创业，我要做更多的事情会影响到家庭和小孩，我觉得这种情况还是看个人的想法，因为有一段时间我是在家里面待着的，我在家里的那一段时间不见得我对小孩子有太大的帮助，因为小孩子需要看到的是榜样，不是说只要给他吃，陪伴他就够了。长期在家里的话个人的见识和思维还是有局限性，当我去努力的时候我看到我的小孩也在努力，在我的大女儿身上就很明显，她看到我在努力，她真的就会也努力。如果我一天到晚在家，她就会想自己也只需要那样子。我女儿去年参加高考，那段时间我非常忙

图 3　2021 年 3 月 26 日黎少梅（右二）荣获“广东省乡土专家”称号

碌，我觉得她很累，因为她要参加国内的高考，又想考国外的学校。我跟她说要么你放弃一边，你单考国内或者单考国外，我觉得你都可以考到好的学校。但是她跟我说："看到妈妈那么努力我怎么可以不努力呢？"最后还是考了非常好的成绩。我觉得这种榜样的力量会更重要。

我感觉创业这个事情最重要的就是要有使命感和情怀，首先你要做的这个事情肯定是要有前景，是利国利民的，而且是值得做的，能为这个社会带来更好的东西，这样人们才会愿意帮助你，才能一起把这个事情给做起来；其次就是你这个事情做下去以后，无论是技术也好还是产品也好，都比较容易让农民们掌握，不要去做那些太高深的东西，要想着农民们的所需所求，要有一颗农民心；最后就是要真正让自己受益，也能帮助他人赚钱，如果不能赚钱农民很难接受，因为他们是靠这些钱去生活。我们有能力，自然是要肩负起更重的责任，而不是只让自己受益，要让全中国的老百姓都能享受到这种福利才是真正的创业之道。

当然，我这几年创业下来还是收获了很多，我最大的收获就是自己整个人感觉不一样了，跟去单位上班完全不同。我以前给一个病人做手术，把病治好，觉得自己很伟大，但现在我觉得从源头就能够帮他们，少吃一点不健康的食品，就不会有那么多的疾病，就不需要去开刀做手术。我觉得这个事情的意义比原来单纯做一个医务工作者的意义要更大，我现在也会花很多时间去给村民普及防病和营养的知识，但我更希望的是在未来推广了这种方法以后，大家能吃到更健康的米，致病的机会越来越少，我还是不希望在医院里为他们服务，大家身体健康比什么都好。

以“葛根”开启致富之门

受访人：吴俊松

访谈人：梁嘉俊　王菁菁

访谈时间：2021 年 8 月 1 日

访谈形式：线上访谈

访谈整理：王菁菁

故事写作：梁嘉俊　易　练

访谈校对：梁嘉俊　王菁菁

受访人简介：吴俊松，男，汉族，1991 年生，广东揭阳人，大学文化，华南农业大学食品学院 2014 届毕业生，现为广东省扶贫联盟、“绿稻人”品牌创始人。2014 年提出“扶贫电商”的理念，帮助扶贫点销售优质农产品。致力于葛根产业，创立广州崧源农业科技有限公司。目前已形成葛根单品从种植、加工到销售的全产业链产业扶贫模式，单品规模居广东前列。

图 1　2021 年 8 月吴俊松（右上）接受梁嘉俊（左上）、王菁菁（下）线上访谈

一　大起大落：初生牛犊不怕虎

我叫吴俊松，今年30岁，2014年从华南农业大学本科毕业。我的家乡在广东揭阳，但我从小在深圳南山区长大，我的父母在深圳做点小生意，也有了一些积蓄，家里的生活条件还算过得去，不说大富大贵，至少吃喝不愁。2009年的时候家里发生了一点变故，记得那年我还在上高三，我的父亲生了一场大病，在医院里抢救了2个多月，疾病拖垮了家里。我母亲为了帮我父亲治病，把家里的房子和商铺都给卖掉了，家里面的积蓄都搭进去了还要负债，最后亲戚朋友的钱都借了个遍，就这样我们家从一个小康之家变得负债累累。最困难的时候连我上大学的学费都交不起，我的母亲让我去找同学借钱交学费，我当时十七八岁，哪里拉得下面子去借钱，当时我暗暗下定决心要用自己的知识尽早赚钱。我就想到了创业，我觉得创业能让我赚到更多的钱，一方面是想尽快帮我的父母还债减轻家里的负担，另一方面因为我是家里最大的孩子，我不想让自己的弟弟妹妹再次经历像自己一样的窘境。我跟父母说了我创业的想法之后，父母也很支持我。我的祖籍潮汕，我们家那边基本上都是以做生意为主，有这种做生意的氛围，我从家里拿了大概5000元就去广州上大学了。当时我还年轻，没想过做生意的艰难，只是想一心坚定地去做的话，就肯定能成功。我当时就认定了，这条路可以走，哪怕多走几次。

在上大学的时候我就开始和同学们合伙做点小生意。最开始的时候是摆地摊，卖一些小玩意儿给同学们，虽然说赚不到多少钱，但至少把我的学费和生活费的问题给解决了，我也基本没跟家里面要过钱。在大二的时候我提前完成了毕业论文，就开始捣鼓着想去创业试试。大概是在2013年我上大三的时候，我从老师口中了解到“扶贫点”这个概念。农村比较穷，但也是资源丰富、享受国家政策很多的地方，而我作为一个大学生，也想用自己的方式来为这些地方做点什么，直觉告诉我，这是一个创业的方向。但那时候我们几个大学生没有人脉、没有资源、没有资金，什么都做不成，我们经过讨论之后也是打算走扶贫电商这条路，因为当时大家对扶贫电商接触得比较少，而且对我们这些大学生创业者而言创业门槛也比较低，没有太多的限制，我们需要做的就是帮农民把他们当地好的农产品打包好，然后通过互联网或者淘宝网站发出去、卖出去，让更多的人享受到农村的优质作物，也能让农民赚到钱。这是大学生唯一能做的事情，并不是说我们当时不想做一些高大上的东西，而是我们大学生能力有限，根本就做不了。但也没有我们想象中那么容易，要做扶贫电商，就先要得到农民们的支持，所以我们的第一步工作就是到农村去给农民普及“电商”这个概念，告诉他们什么是电商，为什么要用电商。

开始的道路并非我们所想的那般顺利。还记得第一次我们背着投影仪来到农村给农民进行培训，二十几个人挤在那栋破旧的村委会楼里，我在上面大谈农业电商的趋势，农户在下面听得稀里糊涂。我每讲一段就会离开那么几个人，当我全部讲完，只剩三四个人，而愿意支持我们工作的只有寥寥几人。从农村归来的我们当然觉得沮丧，但当时我们想到的不是放弃，而是怎样去调整策略，让农户接受我们的培训。农民觉得电商这个东西不实用，浪费这点时间去听还不如多下地干农活，他们最需要的是学习农业技术来达到丰收目的。我们想到了寻求母校的帮助，于是，我们成了华南农业大学第一个去找校长谈项目的学生团队。我想通过电商平台打通农产品销售的渠道，将这种电商扶贫的农业发展模式在扶贫点推开来，让更多的农民享受到互联网的红利。母校也十分支持我的创业想法，后来我们团队承接了华南农业大学的一些网站来做扶贫电商，我们会带着产业的项目去指导农户种植，种出来我们再帮农户卖出去。但农产品电商要进入农村不是那么容易，它是一个烧钱的活儿，“最后一公里，最初一万单”是这个行业要生存必须跨过的鸿沟。开始的前几个月，除了偶尔有几单生意之外，近乎零流量、零点击率的网站让我们十分无奈。我们的团队成员开始有所动摇，团队不断地有人离开、有人加入，留下来的伙伴一起商量对策，离开的伙伴让我们不断反思，新加入的伙伴为我们提供了许多值得思考的思路。在这之后农村电商的培训工作也变得顺利了许多，也为我自己积累了一定的创业启动资金。

二　好事多磨：种植之路一波三折

2014 年，我从华南农业大学植物营养学专业毕业了。在学校期间我就发现农村产业在未来一定是大有作为的，我就想用自己学到的专业农作物知识去创业赚钱。最开始我们尝试过很多种农作物，种过水稻、红薯等作物，但是当时遇到了一个很大的问题——食品的受众面看起来广，但是竞争非常激烈，而且利润是很低的。因此一开始我们没赚到什么钱。后面我们就开始想，如果要继续做农业，那就要选择药食同源方向，就是选择既能做食品又能做药品的项目，后面就选了灵芝、铁皮石斛等。中华九大仙草我们都研究过，给我印象最深刻的就是灵芝，当时我们就觉得灵芝是一款比较好的产品。但在深入调研之后我们发现种植灵芝的限制条件比较多，在 2014 年之前我们国家对灵芝的产品类型其实没有一个明确的定性，在市场里很多人都不知道灵芝应该属于药品、食品还是保健品，有些人用灵芝拿到了保健品的牌子，有些人拿到了药品的牌子，有些人拿到了食品的牌子，所以他们卖灵芝的价格完全不同。当时我们在想，刚入行的企业，如果注册不到市场上的牌子生产的就是三无产品。前期即使我们能赚到很多钱，后期一定竞争不过别的同行，因为你卖的是三无产品。基于这些原因，我们从产品的市场规模、受众、资质等各个环节比较研究，包括后面的几种单品，其实都是采用同样的一个类比排除法。

到 2015 年，我们才选出了葛根这种冷门的农作物。葛根这种农作物有一定的种植门槛，这种门槛不是说气候、土地这些影响因素。我们国家很多地方都能种植葛根，但我们调研了广西、广东等葛根主产地之后发现，家家户户还是采用人工种植、人工收割的方式生产葛根。所有种植户在收割葛根时都是用传统的人工挖的方式，这就导致了葛根的人工处理费用非常高。雇一个人在田地里挖一天葛根卖的钱可能还没有雇一个工人的费用高，而这也是葛根这项生意比较冷门的原因之一。葛根收割的特殊性使得农民不会那么容易跟风。它的毛利也没有特别夸张地高，因为如果太高了，像铁皮石斛一样，又会引来很多的竞争对手，就算有企业的资本介入，一般的大企业也看不上葛根这个小单品。我们当时查了很多资料，葛根作为百姓煲汤常见的原料，具有清痢解热和降血糖的功效，而且葛根里面含有的叶黄酮是治疗糖尿病药物所必需的，再加上我奶奶是因糖尿病去世的，所以当时我就对葛根这种作物比较感兴趣。经过讨论后，我们开始想往葛根这个农作物方向发展。

我们团队也知道要种植葛根这种农作物，首先肯定是要解决人工收割葛根费用高的这个问题。因为我当时是大学刚毕业，也接触过不少国外的视频，发现国外大多数是用机械去收割农作物，像小麦、玉米这些都是用机器收割，大大减少了人工的费用。我们就想着从机器方面入手提高收割效率，降低人工收割的费用开销，而这就是一个商机。于是我和几个一起创业的同学在湛江徐闻那边承包了 3 亩地试种葛根，一边为我们的创业积累经验，一边将更多的精力放在研制一种能采收葛根的机械上。这种技术类的事情在最开始对我们来说还是比较难的，我们讨论了很久也没有想法。一次我路过农民的红薯地看到了收割红薯的机器，灵机一动，葛根和红薯在形状上大体相似，而且都长在地里，我们完全可以造一个类似的机器。经过半年多的设计和测试，我们团队参照红薯收割机的原理，设计了一种加装在拖拉机后面专门挖葛根的机器。这种机器把葛根下面的土翻上来，葛根自然就从土里面露出来了，工人只需要跟着拖拉机把葛根拣出来就可以了。我们经过试验发现机器确实是高效可行的，机器挖葛根的效率至少比人工高 60 倍。因为人的体力是有限的，如果一直干下去，人工只会变得更慢，而机器的效率不变。凭借着这个机器，我们节省了人力费用，提高了采收效率，葛根的种植成本低了很多，我们前期投入的资金都在短时间内赚了回来。

但是葛根的毛利还是比较低的，不同的葛根卖的价钱也不一样，市场里个头粗大的葛根，被称为良品，里面淀粉更多，口感更好，价格也更高，按照当时的市场行情，品相差的只能卖到 3 元多一斤。那种细细长长的，有点弯弯曲曲的，这种品相很好。两头尖，然后中间肥身的品相差很多，这两者的批发价就能差 2 元一斤。如果要是零售，品相差的不超过 2 元一斤，但品相好的零售价格能超过 10 元一斤。因此我们也着手研究新的种植方法，提高葛根种植的良品率。提高良品率说起来容易，做起来非常难，因为葛根种在地底下，埋在土里，如果想要把葛根的质量提高，卖出一个好价格，就需要管控种葛根的土壤。我们当时改良土壤，首先是从肥料开始改良，因为用化工肥料的话土壤很容易板结。我们研发了一种水肥一体化的技术，采用纯天然的肥料，将肥料和水的投放按比例合理控制，把控光合作用。后来我们改良了一些设备，比如洒水、灌水设备等，慢慢我们开始掌控葛根的种植。另外通过一些其他技术的补充，慢慢克服种植难题。现在我们在这个领域的技术是全国领先的，我们成功地将葛根出货的良品率提高了七至八成，我们团队也变得小有名气，大家都知道我们的葛根种得很好。

图 2　2017 年吴俊松在田地里收获葛根

三　坚定初心：以葛为根重新出发

2016 年年底，凭借着机器和技术的优势，凭借国家的好政策，我们承接了很多精准扶贫村的扶贫产业项目。按我们团队研究的方法种葛根利润高，农户都想跟着我们一起种，我们将这种机器推广给农民，让他们摆脱以前人工采收葛根的方式，用更高效的方式采收葛根。同时也将技术传授给他们，包括怎么种葛根、怎么浇灌水肥、怎么才能提高出货率。由此我们团队的规模在不断扩大，销售额不断升高，所以我们获得了蛮多的利润。但那时候我还是太年轻，别人夸我几句就很容易飘，要是真的有订单砸下来，会毫不犹豫地全部接下来。但当时我们的能力还不够强，接那么多订单，团队消化不了。当时我们总共接到了 30 个村子的订单，2 个月时间我们就签订了 700 多万元的订单。我们太过急于求成，沉浸在创业成功的喜悦里面，没想过这种成功背后往往可能是陷阱。

2017 年 10 月，葛根到了采收的季节。我下到农户的地里面一看发现，我们人手太少，农户的订单太多，超出了团队的消化能力，团队人员对农户的指导跟不上，农户种出来的葛根不仅产量低，而且良品率不到三成。当时我们跟很多农户都签订了保价回收的协议，即便他们的葛根良品率不高，我们也得全部给他们收回来，保证他们的收入。很快公司账上的钱就不够支付给农民了，当时我每天都要接几十个催债电话，连给一起创业的同伴们发工资的钱都拿不出来。但基地不能停止给钱，遭遇了这么大的一个挫折，我还是蛮灰心的。当时只有两条路，第一条就是我们团队一起把它承担下来，想办法解决。第二条就是跑路，那一会我们才 20 多岁，不到 30 岁，这个时候难道你要跑路？所以当时我们团队商量了一下，我就跟他们说如果这个时候有人想离开我也不拦着，但如果大家坚守住，等我成功了一定会回报大家。庆幸的是，我的团队没有人因为公司发不出钱而离开公司。

经过讨论商量后，我们决定还是坚持种植葛根，我们觉得葛根是可以做起来的。对于我而言，我当时就认定了这条路可以走，哪怕我们多走几次。2018 年 10 月，我们公司种植的 500 亩葛根成熟了，为了尽快还债，挽回损失，我们又到别的地方调研市场行情，发现了一个非常奇怪的现象：在广东很多人喜欢用葛根煲汤，但是葛根只能在市场和地摊上买到，在超市里几乎买不到葛根。我们总结起来有两个原因，第一个原因是农产品批发市场里的葛根批发商都不愿意给超市供货，因为批发商给超市供货需要建仓库，而葛根一旦进入仓库会蒸发一部分水分，降低重量，加上仓库的租金是一笔不小的开支，所以批发商一般宁愿便宜卖也不考虑建仓库；另一个原因就是我们发现很多的葛根产品它的形状都不够规则，有的大、有的小，各种样式都有，超市不愿接收这些品相不佳的葛根，他们大多是把不规则的产品处理掉再销售。其实葛根进入超市的前景蛮大，是我们可以发展的方向，因为我们团队自己是种葛根的，只要能够赚钱，放到仓库里面有点损耗不是问题。我们团队拍板，必须把葛根卖进超市里去，我们也跟很多超市达成了协议，把葛根放到超市里面卖。可是拿到超市卖之后又出现了一个意想不到的问题，我们精挑细选送去超市的良品葛根，在超市里根本卖不出去。因为粉葛比较重，按照广东人的习惯，5 ~ 8斤的就用来煲汤，而做菜的话只需要 1 ~ 2 斤的就够了。对于三口之家或者四口之家而言，买个 5～6 斤的葛根回去也要吃个三四顿，这样一来就不新鲜了。而广东人对于食材的新鲜度要求非常高，所以很多消费者都不愿意买大的葛根，销量自然不会好。小的葛根大多淀粉不够，吃起来口感不好，大的葛根消费者不愿意买，这个难题也一直困扰着我们。我偶然发现小贩都是把葛根分成几段再卖给消费者，而超市却没有提供这种服务。受到这个启发我想出了一个新办法。我们决定将一个葛根切成小块并用真空技术将它保存起来，把葛根重量控制在 350～650 克一袋，把规格不规范的葛根统一化、规范化。这样葛根在超市里一下子就好卖了。销量明显得到提升，原来一天就卖 1～2 份，现在一天卖 10 份都有。我们在广东跟 500 多家超市门店达成合作协议，总体销量非常可观，一天卖出去几千斤。我们不断满足超市消费者的需求，产品打进了广东多个连锁超市，利润比直接卖给批发商高了很多，不到 2 年时间我们就还清了 300 万元欠债，还多赚了 100 多万元，公司也重新回到正轨。

在进军超市成功之后，我们想进一步扩大产业规模，想把这个产业做得更大。农户们信任我们，把葛根放在我们这里卖，我们有责任和义务把这个产品销售出去，带领更多的农户一起让生活变得好起来。我们团队承包了 2000 多亩土地，全部由公司自己来种葛根，主打农产品批发市场销售。因为我们通过调研发现，农产品批发市场一天能够卖出去一两万斤的葛根，这销售量比超市多很多，基于这一点我们还是比较重视农产品批发市场的。农产品批发市场卖葛根，说着容易，可真的进去，就一个字——乱。收葛根的人其实不管良品率，反正都是要收，只要数量、不要质量。然后农民卖什么价格，我们就得跟着卖什么价格。收的人在我们这边收得多，在农民那边就会少，农民就会降价，这样一来我们也要跟着降价，就形成了一种恶性循环。我们想打开更大的葛根市场，可是我们也不想和农户在农产品批发市场里被动地打价格战。打价格战是一种两败俱伤的做法，我们想找到一个两全其美的办法，不仅让我们和农户种的葛根卖价高，还要批发商抢着要，彻底改变以前那种被动挨打的市场格局。我们决定从技术方面着手。我一直认为技术是企业发展的第一生命力，我们要去创新，才有可能做得更好。我们中国农业对比外国农业的话其实还是有差距的，那我们要做的就是前期可能先去模仿国外，先把中国的一些创造力激发出来。另外，中国能干农活的人已经越来越少了，如果不去做一些技术设备的改良，种植方法的改良，其实是没有什么未来的。于是我回到华南农业大学研发新品。因为葛根通常在每年清明后播种，我想研发出一种可以在12月播种的葛根品种。早熟葛根品种，能比别人的提前上市，这样就可以改变在市场里被动打价格战的局面。我将自己的想法告诉了老师，也立即得到了老师的支持。早熟葛根为什么能早熟呢？原因就是它能更耐寒。提到耐寒，就要找到最耐寒的品种在哪里。我们当时去了湖北调研，发现湖北也能长葛根，到了重庆，发现重庆也能长葛根，但是亩产达不到理想量。既然能找到耐寒性的品种，那再找一个根茎比较发达的品种是不是能提高它的亩产量呢？经过研究和开发，我们搞出了一种可以在10摄氏度下种植的葛根。这种葛根可以在12月的湛江播种，比别的品种早熟3个月。2019年7月，我们研发的葛根早熟品种成功上市，一下子成为市场里的抢手货。整个市场只有我们的葛根比较好销售，因为当时整个市场处于缺货的状态。正常来说，葛根是10月份、11月份才种出来，而我们的葛根在7月份就已经种出来了。以前是我们自己去求批发商帮忙销售，现在局面反过来了。批发商们会来找我们聊，问我们的葛根能不能让他们来销售。这样一来，买方市场和卖方市场的地位就反转过来了，凭借葛根这个产品，我们打了一场漂亮的翻身仗，让大家感受到了葛根的魅力。

四　六年坚守：为耕者谋利，为食者造福

“为耕者谋利，为食者造福。”这个是我们刚开始创业的时候确立的目标，也是我们在大学开始创业时的初心。当时赚钱要赚多少，我们都没有想太多，还是想着先把事情做了，要做就做一件有良心的事情，一是对得起农民，二是对得起消费者，这句话讲出了我们团队创业的初心。就像我们企业品牌“绿稻人”的含义一样，想做餐桌上的守护者。在南方一般想到稻草人，就会想到可能跟田地有关，听说在北方说起布谷鸟就会想到农业。我们想着自己既然是在做绿色农产品，那我们能不能做餐桌的守护者？也就是“绿稻人”，现在我们身边的很多人都知道这个品牌。

在我们的不断努力下，2017年我们企业率先在揭阳、清远、云浮、阳江等地市落地扶贫项目，这些项目同时也是这些城市在新一轮扶贫中的首个产业帮扶项目。我们通过项目将“技术、标准、销路”等服务打包带到

更多农村。其中，2017 年在揭阳市惠来县操盘的“紫醉金迷红薯”，更是创造了惠来当地的电商发货纪录，“35 天 6 万单 172 万元……”每个数字都在刷新惠来当地的电商历史。

2018 年，我们公司成功培育出“粤葛 1 号”和“粤葛 2 号”，对于带动更多的农民参与，有着深远的意义。我们一直认为乡村振兴是需要技术去驱动的。数千年来的小农经济制约了农村的发展，也制约了人的思维。而中国的农业恰恰是技术创新最少的地方，其实农业领域大有可为，但是需要更多的有文化的青年一起返乡创业、创新。机械化、规模化、集约化加上科学种植，是中国农业未来发展的方向，有幸这一次，我们也算走在了前列。

2019 年我们的葛根年销售额为 5000 多万元，在我们团队的带动下，葛根生意“活”了，湛江市 300 多户贫困户跟着我们一起脱贫增收。当地的产业一开始没有这些东西，现在身边的很多人，农户也好，政府也好，都比较支持这个产业，都开始发展葛根这个产业了。平心而论，我们做这个东西能让农户的生活稍微好一点，我觉得这就是我们企业取得的一点成绩，是一种福报了。除此之外，广西梧州市常务副市长吴浩岭亲自带队到我们公司考察项目，希望我们公司能够为梧州市葛根产业制定一套产业升级方案。梧州市是全国葛根种植面积最大的城市，他们的副市长亲自前来

图 3　广西梧州市常务副市长吴浩岭（前排右四）到吴俊松（前排右二）公司考察

学习，这对我们公司是一个莫大的鼓舞和肯定。依托自主研发的 14 项专利技术，2019 年 12 月，我们获得了“高新技术企业”称号。

2020 年我们带动约 2000 人种植葛根，基地规模达到 5230 亩，帮扶贫困村超过 30 个。5 月，公司成立 6 周年，公司拥有了一个超百人的团队，我心中莫名感动，这不仅是对我成绩的承认，同时也是一份沉甸甸的责任。11 月，央视 17 套《致富经》给我们做了一个专访，细数创业点滴，五味杂陈，创业真的需要做到“坚持”二字。我觉得我们现在出来做事情最重要的就是讲数据。第一要选好一个方向，然后选好一个单品，前期一定要先做市场调研，然后深刻地知道这个东西能做到什么样的程度。第二要了解自己在的那片土地，到底适合做什么。第三就是坚持，如果你觉得这个东西是对的，不妨给自己设个时间线，3 年还是 2 年还是 5 年，设个时间线下去，我觉得要有自己的判断力，不能人云亦云。

2021 年，我们与华南农业大学共建葛根研究院。在全产业链上做好每个环节的研发突破。培育新品种，打赢种业战；改良新设备，更好地提高效率，降低成本，开发更多的食品，拓宽销售线，让乡村振兴之路走得更高效。我们公司下一步规划是打算做食品端。然后还有就是在为走进药品端做前期的一些准备工作，我们开始往更高一点的层次做，往研究院方面做，就是从科研端影响加工端做一个升级改造。如今，葛根产业是我们的主营业务，规模化、机械化和集约化是我们自身的优势，一二三产业融合发展是我们的战略，我们愿意带着更多的农民，走大农业、科技农业发展之路。

图 4　2021 年吴俊松在华南农业大学葛根研究院

创业这个事情要做好前期的准备。如果在大二、大三的时候，身边能有机会去实习，要尽量去实习，不要浪费任何一个寒暑假，因为这是你人生的一个非常宝贵的经历。不一定要在意你的实习工资有多高，是800、900元还是2000、3000、5000元，不能去考虑这个东西。在你上大二的时候，你如果去考虑你的暑假想赚多少钱，那你可能拒绝了学习好的公司的经验的机会。如果有一家好的公司要我，我宁愿不要工资，也要去学。我之前也去过顺丰，也去过很多其他的企业。对我而言是非常有感触的。一个企业的管理，人员的结构，包括后期的运转，我觉得是非常值得学习的。为什么说大二、大三最好去实习？因为当你上了大四，突然间你发现要接触社会的时候，你会非常迷茫，你会不知道企业到底要什么样的人，除非你非常优秀，所以要提前去获取机会。另外，我建议先上两年班再来创业。创业真的没那么容易，也是九死一生的，你身上最好积累一些资金。如果你只是说积累了几万块钱就想创业，这真的是比登天还难，可能一万个创业者里面，才有一个成功者。除非你的家庭背景非常好，父母能支持你折腾，不然的话我建议还是先出去上班。综上，创业首先要在大二、大三的时候学到经验。其次，自己学会适应职场，因为你未来也会招员工，会有自己的合作方，你需要去学习怎么跟别人相处。最后，就是积累一些资金，不然要成功的话真的挺难的。但是也要防止一点，就是有很多人出去上了两年班之后就变成“老油条”了，就没有奋斗的目标了，这一点也是非常需要自己去警惕的。

同时更重要的就是坚持，也就是先做好自己。我们在农村做事情这么多年，感触比较深的并不是说你去跟别人说你有多好，然后你赚了多少钱，别人都不相信的，这些农民是看不见的。但是如果你这个产业今天帮他们出了很多货，或者是赚到钱了，这个产品真正卖出去了，那根本不需要你带头，别人会主动跟着你，所以我觉得还是做好自己更重要。你做好了自己，你就变成了带头人，变成带头人之后，你也自然而然会得到你想要的东西，物质层面的也好，精神层面的也好，我觉得都是得先做好自己，才能更好地带领农户们，让他们的生活变得好起来。

一心创业富近邻　万亩刺梨助振兴*

受访人：聂德友

访谈人：卢　香

访谈时间：2021 年 8 月 17 日

访谈形式：线上访谈

访谈整理：卢　香

访谈校对：卢　香

故事写作：卢　香

受访人简介：聂德友，男，汉族，1963 年生，贵州盘州人，小学文化，盘州市盘关镇天富刺梨园区联村党委书记，盘州市天富种植农民专业合作社理事长，曾荣获“全国脱贫攻坚先进个人”称号。因家境贫寒，为了减轻家庭负担，年轻时候在盘江矿务局老屋基矿当过工人，后在兴义、晴隆等地开煤矿，赚钱后又去日本、韩国以及东南亚等国家和地区考察学习，之后成为跨国公司的董事长。在日本、韩国游历期间，偶然发现刺梨具有极高的经济价值，回乡后发现家乡野生刺梨遍地丛生，加之目睹了村庄的惨淡景象，遂坚定了带领村民创业的想法。2013 年 5 月，他回乡牵头组建了盘州市天富种植农民专业合作社和天富刺梨园区，出任理事长，以贾西村、海坝村为核心，辐射

* 本文参考《全国脱贫攻坚先进个人聂德友：用金果果铺就父老乡亲脱贫路》，搜狐网，2021 年 3 月 1 日，https://www.sohu.com/a/453376347_667409，最后访问日期：2022 年 5 月 2 日；刘定珲：《聂德友：回报桑梓 带领群众奔小康》，当代先锋网，2021 年 2 月 25 日，http://www.ddcpc.cn/detail/d_liupanshui/11515115579472.html，最后访问日期：2022 年 5 月 2 日；王艳霞：《聂德友：一心创业富乡邻　万亩刺梨助脱贫》，当代先锋网，2021 年 4 月 23 日，http://www.ddcpc.cn/detail/d_guizhou/115151156 23152.html，最后访问日期：2022 年 5 月 2 日。

带动周边7个村，发展刺梨产业3.12万亩。之后通过“公司+村级合作社+农户+村集体”的合作模式，构建“三变”利益联结机制。经过几年的不懈努力，贾西村云顶山周围的荒山，如今已成为贵州省级高效农业示范园区。

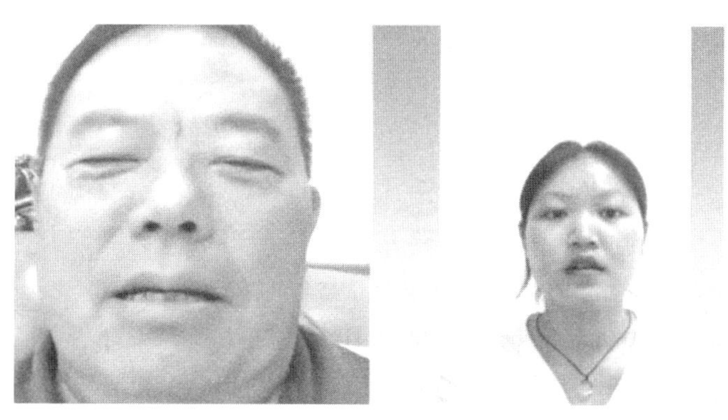

图1　2021年8月聂德友（左）接受卢香（右）线上访谈

一　出身坎坷，单枪匹马闯事业

我出生在六盘水盘州市盘江镇的一个名叫贾西村的小乡村里，家里兄弟姐妹众多，父母负担很重，我只读到小学五年级就辍学打工了，打工的这一年我13岁。那时候出去打工，一天的工资才1.17元。外出打工的日子是真的难熬，而且年纪小不懂人情世故，在外面经常碰壁。我长期在外面漂泊，很久才回一次家，很多苦楚都要自己承受。我很清楚父母亲也帮衬不了我多少，于是独自承受在外漂泊的痛苦。在我15岁那年，经亲戚引荐，我去了盘江国有矿业企业当煤炭工人，主要从事挖煤这一工作。因为我很清楚家庭境况不好，所以要更加努力，才能过上好生活。于是，我耐心地学习采煤技术，不断地刻苦练习，跟着采煤师傅系统学习相关的技术。我在这个地方干了20年，从一个小小的挖煤工人，做成了采矿区区长，但是我的目标不仅仅是这个。想到我的文化水平才是小学五年级，我觉得我还需要多多学习，才能站得更高，看得更远。2001年，我在晴隆县承包了一个煤矿，运用之前在国有企业所学的技术开采以及冶炼煤炭，在这期间赚了不少钱。2003 年我又买了一个煤矿，当时煤矿价格疯涨，借着涨价的东风我赚了 5 个亿。作为一个地地道道的农村孩子，我从来没有想过我会赚这么多钱，说实话我当时吓坏了，觉得自己承受不了这么多的金钱，感觉很不真实。那个时候家里出现了很多变故，弟弟突然染病，母亲十分担忧。母亲的担忧让我更加坐卧不安，加之母亲年事已高，我不忍心让她为我担惊受怕，后来我就把我的煤矿全部卖了，不再做煤矿生意了。

2007 年，我决定出国。我先后到日本和韩国游历。在游历期间，当地有老板问我是否要从事刺梨种植、生产，我那个时候没有怎么在意这件事情。后来我无意间看到了刺梨的图片，心想这就是老家漫山遍野的野生刺梨呀。刺梨可是个好东西，刺梨营养价值和药用价值极高，其果肉中维生素 C 的含量极高，每 100 克果肉中含 2054 ~ 2725 毫克维生素 C，比苹果、梨的含量高 500 倍，比柑橘的含量高 100 倍，比猕猴桃的含量高 9 倍。刺梨堪称水果“维 C 王”。它还富含维生素 B1、B2、E、K1 等 16 种微量元素，比银杏叶总黄酮含量高 2.4 倍。刺梨还被誉为长寿防癌的“绿色珍果”，含有抗癌物质及 SOD 抗衰老物质，同时还具有健脾消食、消食化积、消饱胀、滋补强肾的作用，因此，被誉为“长寿果”。刺梨的研究与开发利用在国内一度掀起高潮，近年来已受到国外的重视，日本、美国尤其重视这一颇具开发价值的野生水果。刺梨的开发前景广阔，应该受到保护和重视。于是我就告诉这个老板，我的老家漫山遍野都是刺梨，一天可以采摘 100 吨（当时我也不清楚老家刺梨产量，但觉得不能错过商机），然后就和这个老板达成了协议。他建议我将漫山遍野的野生刺梨集中种植，成规模、成体系地悉心养护，并且承诺帮我建厂，最后将刺梨卖给他，出口到日本以及韩国。我当时想我并不擅长农业，没有立即答应这个老板。

后来我又去了我国台湾地区、美国、尼泊尔、越南，游历了一圈之后还是觉得自己比较适合从事煤矿生意，于是我和别人合作在菲律宾买下了煤矿。我从中国购买了开采煤矿的设备，然后在菲律宾当地开采煤矿。我在当地买了 3 个煤矿，投资了 4.7 亿元，因身处异乡，对地质矿情不熟悉而投资失败，亿万资产打了水漂。虽然从富翁变成了“负”翁，但我并没有气馁。2009 年 12 月，家中母亲实在担心我的安危，一直放心不下，为了母亲，我决定回国。于是我将我名下的 3 个煤矿都送给了我的好朋友经营，毅然返回云南省昭通市，再次起步开铜矿和铁矿，几经拼搏，我又重新当上了富翁。重获新生的我，想起父亲曾经当生产队长时，带着群众一年忙到头，却连温饱都解决不了。现在我有能力了，便萌生返乡创业带领乡亲致富的想法。

二　放弃国外煤矿，毅然返乡创业

2010 年，我回到了家乡。回家的时候眼前景象简直惨不忍睹：交通闭塞，石漠化严重，村民种植的玉米都不够吃，村里没一块像样的肥沃的土地，村里很多年轻人都出去打工了，只剩老人、妇女、儿童留守在家。这就是一个毫无生机的、破破烂烂的小村庄。贾西村人均占有耕地面积少，村民以种植传统作物为主，广种薄收，增收困难。而当地气候适宜刺梨生长，野生刺梨遍布山岩上、沟坎边。我想“如果通过人工种植，规模化发展刺梨替代传统作物，一定能够让大家脱贫致富”。于是我想到了在日本偶遇的老板，看到了种植刺梨的商机，但是那个时候我身上只有 3000 多万元了，我就想着还是赌一把吧，干刺梨种植产业吧，万一真的能够改变家乡呢。于是我决定继续买矿山，在云南昭通买了 2 个铜矿，后来赚了 7000 多万元，这个时候我觉得我有资本种植刺梨了。

刚开始种植刺梨的时候，说实话家里面的人都不支持我，家里人都在县城，不愿意回老家，于是我自己一个人待在农村的老房子里面开始了我的刺梨种植之旅。2012 年我四处寻找野生刺梨幼苗，只找到了 1408 株刺梨苗。我一边种植一边摸索，后来我到贵州省农科院寻求帮助，刚好那个时候农科院培育出了新的刺梨品种。2013 年 8 月，我向农科院买下了 80 万株刺梨苗，我把刺梨苗免费发放给村民，然后承诺他们我会保底收购刺梨果子，1.5 元一斤，这期间的养护工作不用他们负责，我会聘请相关人员做好养护工作。我当时为了劝说村民种植，做了很多思想工作，我给农民算了笔账：“老百姓以前种苞谷，一亩地产 600 斤苞谷，每斤 1 元，一亩地卖 600 元，除了种苞谷、收苞谷的人工费，再加上买化肥的钱，基本上是自己的劳力卖给自己，一年到头挣不了几个钱。一亩地能种刺梨 110 株，亩产 3000 斤，按 1.5 元一斤的价格，一亩地产值 4500 元，而且刺梨的挂果期长达 40 ~ 50 年，今后每年除了除草施肥基本上没什么投入，可以说半辈子守着‘摇钱树’。”后来大部分村民愿意跟着我发展刺梨种植业。2013

年8月8日，我自发组织成立了盘州市天富种植农民专业合作社，决定带领老百姓种植刺梨。

图2　聂德友在田间劳作

按照把“产业做成生态、把生态做成产业”的指导思想，我一方面自购刺梨苗发给农户，由农户自行种植管理，承诺刺梨挂果后按保底价1.5元一斤给予收购，鼓励农户发展刺梨种植业；另一方面与农户协商，按耕地400元一亩的单价流转给我进行规模化种植。我与镇政府协商，租用闲置的校舍作为办公地点，请贵州大学的农业专家实地考察，规划刺梨核心区产业基地，规划面积1万亩，既种刺梨又育苗，打造亮点基地，经向上级申报，2014年7月，县政府批文同意建设天富刺梨产业园区。2014年10月，我在摸清全市市场刺梨育苗匮缺的情况下，抢抓商机，培育了850万株刺梨种苗，成活率达97%，预计可创造近800万元的经济价值。

我做事一直秉持诚信守法的原则，例如为了给支持土地流转的农户信心，减少刺梨规模种植的阻力。在2015年春节前，我在产业园区办公场地，举办了土地流转租金集中兑现仪式，将160余万元流转租金兑现给农户，甚至有些还未丈量土地但同意流转的农户，我现场拍板，可以采用预支的方式借2000~5000元的资金给农户先用，这大大增加了农户对我的信任，也赢得了农户对发展刺梨产业的更大支持。

三　团结村民，带领全村脱贫致富

2014年春耕，我到地里察看刺梨的长势，发现大家为了种玉米，将种下的刺梨多数铲除，几无所存。到村中走访，还发现许多刺梨苗被村民晒干了直接当柴烧，并没有真的种到地里。此情此景犹如当头一棒，我的满腔热血换来的是一盆冰水，我的心在滴血。

我很沮丧，走到镇上去买点日常菜，卖菜给我的那位大妈就对我吐槽："现在村里面不是来了个叫聂德友的嘛，我给你讲啊，这个小伙子怎么那么不会做事呀，居然怂恿村民全部种上刺梨，他也不想想，都种上刺梨了，我们吃什么。难不成吃刺梨能吃饱呀？他这么一搞，我们以往种植的玉米和土豆都怎么办呢？你就说说我们现在不种植玉米和土豆，我们吃啥呀！"她也不知道她吐槽的人就在她眼前，而我当时被吐槽得那么惨，也不好意思表明自己的身份。我回家之后，就一直在想这个问题，实实在在地想了3天，这3天基本上不吃东西，因为我没解决这些问题，说真的没有食欲吃东西。这3天我苦思冥想，终于想到了解决办法。这些村民担心的无非就是利益以及土地的问题，如果我能够请求政府出面帮忙协调，并且将土地入股到合作社，保护村民的利益，保证收购刺梨的价格维持在1.5元一斤，这个问题就可以迎刃而解了。

另外我在想："既然老百姓不愿意种，那就以合作社为平台自己出钱种。"我找镇政府主要领导陈述了创业受挫的无奈与无助，表达了要做刺梨产业带领群众致富的想法，以"三变"改革模式，先付钱、后用地，有信心发展万亩以上，请求镇政府出面帮助我流转土地。从2014年10月起，盘江镇专门抽调一批干部，组成7个工作组进驻贾西、海坝两村，采取包组包片的方式，历时两个多月，出动车辆300余台次，进村入户搞宣传、深入地块搞丈量，帮助我解决了发展产业的用地问题，为打造万亩刺梨园迈出了坚实的一步。我在获得了土地使用权后，坚持"标准化种植、精细化管理、规模化发展、多元化经营"的思路。我采取"公司+农级合作社+农户+村集体"的合作模式，构建"三变"利益联结机制，农户用土地入股有保底收益、就近务工有稳定收入。同时，培植乡村旅游元素，使贾西、海坝逐步成为游客前往观光、休闲、度假的乡村旅游景区。经过几年的不懈努力，贾西村云顶山周围的荒山，已成为贵州省级高效农业示范园区。当初不被看好的刺梨果，成了国家级出口产品，也成了当地村民的"致富果"。

经过3年多的努力，园区现总投资额已达8100万元，刺梨种植已经覆盖了贾西、长地、海坝、盘江、胜江等8个村。截至2017年3月底，天富刺梨产业园区占地3.12万亩，覆盖8个村3498户共9446人，其中贫困户423户842人，已经兑现农户的保底分红560多万元，农户的务工工资520多万元。从2015年7月份开始，平均每月支付的工人工资达20多万元，每天上工的人数达百人。现刺梨长势喜人，产业已初具规模。

2020年国庆节期间，近万名游客走进贾西村刺梨产业园，到果园游览、采摘，再到加工厂参观生产线。仅一个黄金周，工厂就向游客卖出了近300万元的产品。“不仅做农业，还要走农旅一体化发展道路。不仅让村民脱贫，还要稳步推进乡村振兴”，贾西村村支书龙涛说。贾西村山清水秀，刺梨产业发展起来后，村容村貌大变样，刺梨园区的机耕道、水池、旅游观光设施等基础设施越建越好，贾西村迎来了农旅融合发展的大好时机。

关于远景发展规划，我打算把刺梨基地与旅游结合起来，把基础设施建设好，把路面硬化好，依托水盘高速把游客吸引来，再把农家乐搞起来，形成游、玩、吃、住一条龙服务产业，预计2~3年将初显“春游刺梨花海，秋摘刺梨果香”的景象。

四　我只想为家乡做点实事

我这一生大部分时间在和煤矿打交道，可以说是大老粗一个。偶然的机会我认识到了刺梨有超高的经济效益，就想着能不能带领家乡的村民共同脱贫致富。从前我赚的钱是为了自己以及家人，而现在不一样了，我是带着全村的希望在努力奋斗，我现在感觉自己身上散发着光芒，我身上有着满满的使命感。我认为我是在带着使命生活，我感觉我的每一天都过得非常充实，因为我的心里有着家乡人民，有着这一方水土。我庆幸赶上了社会变革大潮，在乡村振兴的时代浪潮下，我乘着国家政策的东风，积极响应国家号召，带领家乡人民掌握致富密码，从而实现脱贫致富，走上小康之路。

作为一个从农村出来的致富者，我比常人更了解打工的滋味。无论是在工作中还是在生活中，只要员工遇到困难，我都及时去帮助解决，员工或附近老乡家有婚丧嫁娶事，只要我知道必定到场。在工作中我任劳任怨，从不当“甩手掌柜”；做事亲力亲为，以身作则，尽最大的可能改善劳动条件，积极营造与员工们和睦相处的工作环境。回乡创业之路荆棘与光明同在，机遇和挑战共存，但我会以坚定的信念和不懈的努力，将刺梨园区一步步做大、做强。

这对我而言，是我人生中最为精彩的部分，我很喜欢现在的生活状态。村民们都过上了幸福的日子，外出务工的年轻人也都回乡创业了，每家每户团团圆圆，现在上学的人多了，村里的大学生也多了不少，有的大学生毕业了之后就直接来我的公司帮助我打理相关事务。现在的村庄一片繁荣、十分热闹。村民素质也在不断提升，我们不只外在物质条件改善了，人的精神面貌也改善了不少。看到父老乡亲们脸上都洋溢着幸福的笑容，我真的觉得我做对了，而且是做了一件很有意义的事情。作为新时代的公民，我们积极响应国家政策号召是必要的。实现乡村振兴要依靠大多数人的力量，要有致富带头人牵头，带动村民一起不断努力奋斗，从而实现脱贫致富，走上小康之道。

茶园巾帼回甘之路

受访人：李韦荣

访谈人：李泓霓

访谈时间：2021年7月21日

访谈形式：线上访谈

访谈整理：陈沛瑶

访谈校对：陈沛瑶　李泓霓

故事写作：李泓霓

受访人简介：李韦荣，女，汉族，1974年生，江西兴国人，高中文化，兴国县益香园茶业有限公司董事长。先后荣获全国首届“老区脱贫巾帼标兵”、赣州市2018年度“五一巾帼女创业带头人”、2019年度全国“巾帼建功标兵”、江西省2019年“自强模范”等称号。其公司在方太乡拥有高山有机茶园1000亩，在枫边乡新建茶园500亩，脱贫攻坚期间在兴国县方太乡、鼎龙乡、枫边乡共连接带动贫困户50户，贫困人员220人，安置残疾人或重症残疾人家属就业15人，带动周边农户650户参与有机茶的种植与管理。

一　破茧成蝶：从小文员到总经理

我是一个不幸儿，也是一个幸运儿。出生6个月我便患上了小儿麻痹症，在70年代，很多患这种病的孩子会被父母遗弃。当年旁人劝我爸妈将我扔去孤儿院或福利院时，他们没有放弃我，坚持将我抚养长大。那时候托儿所拒绝接收患小儿麻痹症的孩子，我的爸爸妈妈又是双职工，工作

图 1　2021 年 7 月李韦荣（右上）接受李泓霓（下）线上访谈

忙，妈妈没办法，就背着我去上班，我童年的时光大部分是在妈妈的背上度过的。

从小爸爸便告诉我，我只是走路比别人慢一点，其他与常人无异，这个观点深深根植在我的心里，从小到大我几乎没有怎么意识到我跟别人有什么不同。学生时代，当我因为别人模仿我走路而和别人发生摩擦时，爸爸妈妈也未曾出面干涉，只是告诉我要学会用自己的方式妥善地解决问题。正是这样的环境和教育方式铸造了我独立、坚强又开朗的性格。

高中毕业后，因腿部残疾，没办法考取技校、大学，国企、事业单位更是无法接纳我，为此我也陷入了迷茫，不知今后的路该如何走。当时一部热播剧《外来妹》给了我启发，我觉得广东是一个有商机、有发展机遇的地方，一个让人有梦想的地方。1992 年，当我提出“我要去广东打工”时，爸爸妈妈觉得不可思议，因为当年很多正常人去找工作都很困难，何况我是一个残疾人。但是我坚持要去闯一闯，在这一点上我非常感谢我的爸爸妈妈，他们非常伟大，他们从不过多地干涉我决定的事情。于是我怀揣着梦想与父母塞给我的400块钱加入了南下打工的队伍，临走时父亲嘱咐道，“这一共400块钱，200块钱是你来回的车费，200块钱是你的饭钱，当你口袋里剩下100块的时候你就必须回家，家里的门永远为你敞开”。这400块钱让我学会了精打细算，也明白了口袋里有余粮，做事才不会乱了方寸。我在广东一直漂泊了20多天，应聘了十几家公司，都因为腿部残疾被拒之门外。

天无绝人之路，有一天我独自一人在街上漫无目的地走着，突然听到有两个人在用乡音聊天，便走上前搭话：“请问你们是江西人吗?”他们告诉我他们是江西赣州人，而且是很近的老乡，那一刻我眼泪就快掉下来了。在他乡遇老乡，让我倍感温暖，漂泊了20多天没有找到工作的落寞与委屈在这一刻得到释放。老乡告诉我，来到广东，不必说腿有点毛病的人，哪怕是一个健康的人，如果没有广东户口，都是没办法进厂的。恰巧附近有个工厂在大量招女工，那天应聘的人很多，我混在里面慢慢地走，他们没有发现我的腿有什么问题，因此我顺利进厂工作。

我从车间普通的生产线，也就是最基层的员工开始做起。但我知道自己的最终目标不只是赚钱，也不只是做一个普通的蓝领工人。于是第一天上班我便仔细观察生产线的每一道工序，分析每一个问题的利弊。三个月后，鉴于前期工作的积累，我很快应聘上了另一家公司的拉长[①]。做了拉长以后，我开始一步一步往高层走，往管理层走，比如车间主任、质检员等等，整个工厂的工种我都尝试过。

1994年，我到东莞找当时的男友兼老乡，也是我现在的先生。当时我在深圳的工资一个月有1000多块，但是我觉得我的未来不会只是这样，我要做企业管理者。到了东莞，我应聘到一家企业做办公室文员，正是此时我遇到了我一生的伯乐，我最需要感激的人——我的老板。

那天去见工[②]很有意思，按照正常程序见工是由人事部面试，但那天

① 拉长：生产管理中负责生产线生产的人。工厂有多条生产线，包括装机、修理、丝印、质检、包装等。生产线在工厂中称为“拉”，每条“拉”都有人负责，负责的人被称为“拉长”。

② 广东方言，出自《应侯钟》，意思是求职、了解工作事项。

我恰巧有事耽搁了，赶到时人事部正好下班了，老板不知什么原因正好在办公室，这也算是一种机缘巧合吧。他看我比较年轻，腿又残疾，怎么看也不像有胆量来应聘文员的人，他笑着问我：“你来面试什么工作?”我说我来面试文员，他问：“我这里文员有很多种，有300多块的，有600多块的，有1000多块的，你要做哪一种文员?”我当时就想，虽然我做过车间工作，但是我没有做过办公室工作，什么也不懂。我说就从最基层开始吧，我选300块钱的。老板心地善良，见我真诚又老实，便说道：“这样，我给你350块钱。”在公司里，因为是新人又腿脚不便，时常受到排挤，在这期间我想过放弃，是老板留住了我，用“曹操亦有知心友，刘备还有对头人”开导我，告诉我要直面困难，不要因为他人而否定自己。

“从明天开始，有什么不懂的问题直接来问我，我教你。”因为这句话，我一留便是20年。从第一眼见到他就感觉他像大哥一样，十分亲切。在以后的岁月里，不管别人中伤我也好，污蔑我也罢，他依然选择相信我、鼓励我，一路为我遮风挡雨。有一次公司换了新的激光打印机，无须再使用传真机，我便将闲置的传真纸300多块钱卖给了朋友公司。恰巧那天朋友公司的电话坏了，来给我钱的时候，我一并将公司的电话机借给了他。这一幕正好被办公室同事看到，她立马跑到老板跟前告状，说我把公司的东西给卖掉了，一个电话卖了300多块钱。老板当下什么也没说，只是告诉大家会了解情况后再处理，随后把我叫去办公室，问我今天是不是收了一笔钱，我说是，已经交给财务了，有300多块钱。他问是什么钱，我就说上次公司传真纸没用了，我就把它卖给了隔壁厂，反正我们也用不上，卖了省得浪费了。他又问那个电话机是怎么回事，我就跟他说，隔壁公司说电话机坏了，我借给他用一下，他过两天就还给我们。后面回想起来，当时的自己处理事情还不够成熟，无论出于何种用心都应该提前报备，幸运的是老板能够放下架子亲自了解事情的前因后果，最后给予了我信任。

“疑人不用，用人不疑。”他的这句话对我的一路成长起到了关键性作用。我现在开公司做企业，也秉持这样的态度，对于自己的员工抱有完全的信任。当时的我很用心地工作，把每一件事当作是自己的事来处理，也很快地获得了成长。通过10年的努力，我从普通工人到人力主管，再到采购部经理，最后到公司的总经理，从一个月350块钱工资的小文员成长为年薪几十万的总经理。

二　一步一脚印：由零开始做茶人

关于返乡种茶的决定是如何形成的，要从我先生的创业故事说起。2001 年，我先生他们的公司倒闭了，他提出创业的想法。那时候我们还很年轻，他本可以去别的塑胶厂里面当注塑部经理或者主管，我也可以继续留在广东工作。但他说道，我们现在年轻，体力、精力和观念都能跟得上时代的脚步。如果有一天我们老了，四五十岁以后，我们可能就会被企业淘汰，回乡创业似乎是个不错的选择。就这样他带着家里仅有的 6 万块钱回到家乡开始创业，我则先留在广东继续工作赚钱养家，降低家庭风险。

前段时间，我和在一线城市工作的堂弟聊天，他说起自己的中年焦虑，他说北上广深一线城市更新换代速度太快，有学历、有活力的年轻人太多了，说不定几年之内他就会被淘汰。现在想想看，我先生的高瞻远瞩令我心生敬佩，20 年前他便与我讲过这番话，现在年轻不回去创业，老了回去创业的话就已经没有位置了。当年创业这条路，还是走对了。

在我先生创业的初期，我一直起辅助作用，直到 2013 年才辞职回乡一起创业。其实很多年前，他就提出要我回去协助他做茶园。因为他越做越好，而且越做越大，一个人有点力不从心。因为当时我的老板是我的伯乐，给了我很多机遇，我觉得没给他培养好接班人就一走了之，于心不忍。毕竟没有他就没有我的今天，我能走到今天这一步是他给了我平台，让我去锻炼、去发挥自己的能力，他也传授给我很多经验，我很感激他。因此在慢慢地帮他培养了员工、助手之后我才安心离开公司。之前在广东每天十几个小时的工作量，也经历了太多风风雨雨，这些练就了我的抗压能力和工作能力，也为后期的创业奠定了基础。

我先生最早是开茶庄的，他特别爱茶，也喜欢研究茶文化。他经常跟我谈中国茶文化的博大精深，中国有六大茶系，每个茶系里有 100 多个甚至几百个品种，包罗万象，学之不尽，这激发了他的研究热情。种茶是缘于客户的一句话。我们的茶庄是当地开的第一家茶庄，当时生意特别好，有一次客人说：“为什么我上次买的茶跟这次买的茶等级与价格是一样的，口感却是两种不同的感觉？买不到一模一样的，没有标准化。”听完我们开始反思这个问题，因为茶是从别的茶园购入的，今天张三家、明天李四家，张三、李四的东西不可能是一样的。由于品质差异，时间长了就会流失一些客户。先生陷入了思考：为什么我自己不去种茶？我们自己去种茶的话，第一利润更高，第二我能保证它的品质。

有了种茶的想法后，我们一起去福建调研。刚开始接触种茶，我们什么都不懂，只看到福建当地的土壤很奇怪，因为我们家乡的土是非常松软的，他们的土壤却有板结的现象。喝茶的过程中，我们不停地喝，也不停地思考：为什么他们的茶想要什么味道就能做出什么味道？临走之前，我带了一些当地的土回去，并将细节都记在了心里。回来以后我立马咨询了农业专家，他们告诉我们说这种土块有板结现象，因为用了大量的化肥，长期使用了增甘膦①，所以土地会板结。增甘膦的好处就是用了以后没有草，可以大量节约除草的人力成本，但是这个东西会有农残②，会造成重金属超标。我问他，那这个东西会有什么问题吗？他说当然会有问题了，重金属超标、农残超标的话对人体是有伤害的。

听完专家的意见后，我先生提出我们要种不使用化肥、增甘膦的茶叶。那时候还没有有机茶的概念，只想着做一款健康的茶叶。我们想到小时候家家户户用的就是农家肥，那时候没有什么化肥，也没有什么农药。我先生问专家，用我们小时候那种鸡粪、牛粪或者猪粪可以吗？专家说可以，现在猪粪好像重金属超标，最好使用羊粪或菜籽枯、植物肥，但是要沤肥。

就这样我们开始建设不使用化肥、增甘膦的茶园，然而有机茶的成本太高了，价格却和非有机茶一样，一年下来我们亏了本。最早创业的时候我们经历过很多挫折，好不容易赚了点钱又投资进去，一路摸索着前行，才有了一定的经验。当时雄心壮志的，把喷灌设备也装起来了，茶园全都按照我们理想中的样子去做，之后才发现真的是很难。同样的铁观音，因为成本太高，别人卖 100 块，我们可能就要卖到 200 多块。再加上他们的铁观音可以做各种各样的味道，而我们不加任何添加物的话就只有一个味道。于是不懂茶的人觉得茶不好，懂茶的人又觉得茶太贵了，这严重影响

① 增甘膦：化学名称为 N，N－双（磷酰基甲基）甘氨酸，是一种有机膦类除草剂，也是一种内吸传导型广谱灭生性除草剂。

② 农残：农药残留，指在农业生产中施用农药后一部分农药直接或间接残存于谷物、蔬菜、果品、畜产品、水产品中以及土壤和水体中的现象。

了我们的销量。那时候我们很纠结，不知道该怎么走下去，后来我先生安慰我说，没关系，反正现在茶叶量也不多，亏也亏不到哪去，再做两年看看。就这么一直坚持，几年以后，经常买我们茶叶的老茶客发现我们家茶香气大，滋味鲜爽，回甘很长。当时很多人不知道有机茶的概念，只是说你们家的茶比一般茶都好喝。从那个时候开始客户就多起来了，茶庄开始有点利润了。

图 2　2020 年 3 月李韦荣在生产线察看鲜茶叶

2012 年，铁观音爆发了重金属超标、农残超标事件，一夜之间铁观音跌下了神坛。当时我们种的茶树品种只有铁观音，所以受到了一定影响。这件事也给了我们启发，第一是要扩大茶园面积，第二是要再多种一些品种，第三是坚持严格按有机茶的标准来生产。我们的茶因为都是用有机肥，所以不存在农残和重金属超标的问题。直到那时候我们才知道什么叫有机，我们做的就是有机标准。之后我们到处学习、观察调研，请专业人士设计茶园，了解各种标准，摸索怎么去建园，就这样一步一步把我们当时的小茶园建成现在有规模的大茶园。

有时候别人也会跟我开玩笑说，是你们家“方太妹”① 的茶叶更好喝，还是某某牌子的茶叶更好喝？我说奔驰、宝马都是很好的，你不能说奔驰更好，也不能说宝马更好，萝卜青菜各有所爱。茶叶也一样，“方太妹”

① 方太妹：江西省著名茶叶品牌，李韦荣为创造人之一。

的茶有我们的独特之处，别家茶有别家茶的特质，并无绝对优势一说。

但是我们“方太妹”茶叶坚持做到：第一，按照有机标准规范化种植与生产，在每一件产品上贴有溯源码、绿色码或者有机码，可以溯源到产品的每一个环节，做到来源可知，去向可追，责任可究，这是我们的优势；第二，经得起各项标准检测，真正做到绿色、有机、纯天然；第三，精细化管理，从茶叶外表看不出来，得自己泡出来喝了以后，才能感觉到它的特点，感受到一些内含物质和口感等跟其他茶叶是有一定区别的。

我经常讲人与人之间讲缘分，喝茶也是讲缘分的。我们家的产品比较多样化，有的茶企可能觉得做一款茶、两款茶就可以了，但我们家的产品涉及了六大茶系中的五个茶系。我们会针对不同的人群研发一些不同的产品，例如男性茶、女性茶以及儿童饮用茶。顾客来喝茶，我跟他聊天后，他特别好奇为什么我推荐的茶他都能接受。其实是我抓住了他的心理，他爱喝什么茶，我给他推荐的就是他喜欢的茶，这也是我通常都能跟客户很友好地进行交流的原因。茶品如人品，别人要买你的茶，首先他是认可你的人品。酒香不怕巷子深，茶也是一样的，不断引导和培养身边一些朋友爱上喝茶，那么他也会慢慢地把茶文化传播给他身边的人。我有一个朋友喜欢喝茶，他经常说他原来不懂喝茶的，来我家喝茶以后就慢慢爱上了喝茶，也影响了身边的人一起来喝茶。他每次带朋友来喝茶的时候，会把我以前说过的茶文化讲给他的朋友。我觉得人生是一个不断修行的过程，茶文化博大精深，到现在为止我都不敢讲我很懂茶，其实我懂的只是一些皮毛，但是我很愿意学习，也很喜欢去传播我们中国的茶文化。

我常常会带着情怀去卖茶，我既是商人，又是个有情怀的人。商人为了企业活下去，买肥料、买机器设备、发工资、扩大产业，要站在经济角度去做生意。但君子爱财，取之有道，我不能为了一时之利伤害别人。有人问我，你们茶园每年才产这么点茶，怎么回事？我说我如果要让它产量高，比现在高 3 倍也是可以的。第一，我只要一年里多下几次化肥，然后在采茶的时候再多施一些化肥，当年的茶叶产量就会提高很多；第二，种茶、卖茶肯定也有一些灰色渠道，但是我不需要这些所谓的灰色渠道。我们公司产品包装设计采用了“梅兰竹菊”来做题材，映衬的不仅是“四君子”本身的自然属性呈现的自然美，更重要的是把一种人格力量、一种道德情操和文化的内涵注入“四君子”，通过“四君子”寄托理想，实现自我价值和人格追求，寓兴自我，展示高洁品格。都说“茶如人”，一个企业若想要走得长远，一定要坚持初心，有所取舍，这也是目前为止在赣南地区只有我们企业的茶可以出口的原因。

关于未来的规划，我们想打造以人文情怀为主的“茶旅融合”产业。邀请一些爱茶人士来我们企业学习茶文化和企业文化，教他们怎么去品茶、鉴茶、制茶，同时通过茶文化来宣传中国人“真善美”的思想。在做“茶旅融合”产业的同时掺入禅学，请相关老师来给大家讲课。心中有佛，所见皆佛，有佛皆有善，人心向善，希望来学之人心里面都能有一把尺，一心向善，做一个有思想、有觉悟、有上进心的人。

现在我们也在研发一些新产品，满足年轻人的市场需求。我先生研制出了一款驱蚊液，驱蚊效果极好。它的原料是山苍子的提取物，因为我们茶园里种了一些山苍子树，它会散发出一种气味，虫子与蚊子会避而远之。我们把它的籽采下来，经萃取做成精油，喷洒在空气中，起到净化空气、驱蚊和防虫的作用。前些时候我先生在外参观学习，看到大米做的新产品深受启发，由此联想到将茶做成茶酵素。现在大家都说要做深加工，或者再衍生一些新产品，我们不能局限于做茶。我们知道很多茶园在采完大宗茶后就进行修剪，有很多茶叶被浪费了，所以我们想着能不能将它深加工，提取一些多酚类物质，做成一个衍生品。

三　甜酸苦辣：体会创业百般滋味

我做了 20 多年工业后才转行做农业，农业这个行业太累了，投资大、见效慢、风险大、靠老天赏饭。做农业，365 天我都没有休息，每天工作 16 个小时是常态。我从最初的不喜欢，到慢慢地爱上这个行业，因为它让我觉得有前途、有奔头、有情怀、有成就感。当我看到一片荒山变成绿水青山，成为大家茶余饭后可以游玩的“打卡地”，当我看到贫困户脸上的笑容和期盼，会发现一切付出都是值得的。于我而言最奢侈的事便是睡一个好觉，没有电话，无人打扰……这个愿望对于很多人来说可能是易如反掌，对我来说却难以实现，人的精力有限，一辈子能做好一件事情就已经不错了。很多媒体问我这辈子有没有遇到什么让我困惑或觉得比较难忘的事情，我其实是一个会选择性遗忘一些事情的人。在我的人生这几十年里，很多东西不是说真的忘记了，只是我不愿意去记住那些不美好的东西。我经常告诫我自己要记住别人对你的好，记住帮助你的人，在脑海里面多记住一些美好的东西，这样就会常存感恩之心，世界才会美好。艰辛的事情选择性地遗忘，越困难的时候越要想着：往前冲！没有退路的。

2017 年，我们想在茶园里打造田园综合体项目，不停地踩点做规划，因劳累过度，我先生出现心房颤动住进了医院。转到市医院时，医生说如果迟两个小时来的话，病人就会因为心跳过速衰竭而死，我吓蒙了。

我先生手术期间，我在医院和公司两边跑，经常抱着电脑在火车上写资料，那段时间里 48 小时我可能就睡了两三个小时。没过多久，茶园的管理人员突然告诉我，近期下大雪，厂房被压垮了……那一刻，除了身体的疲惫，内心感到无比崩溃，我一个人躲在办公室里泪流不止，又生怕我先生受刺激，便对他隐瞒了这件事，并故作轻松。待他出院后，我又马不停蹄地投入紧张的工作中。为了不耽搁第二年的生产，我必须赶紧把厂房建起来，当时要去筹集建厂房的资金，又要去选建厂房的地址，又要照顾我先生，忙得焦头烂额的，一个字——“累”。按照医生的嘱咐，我先生至少要休息半年才能工作，可他只休息了半个月，我看他没什么大碍了，又把他赶到厂里去工作。有时觉得自己是个狠心的妻子，但又因为现实的无奈，我需要他来协助配合。因为当年恢复期他没有休息好，到现在他很容易疲劳，稍微多活动一下就觉得很累很累。

我们为事业付出了太多，创业初期两人异地分居 12 年，我们开玩笑说这 12 年里我们为中国的高速公路贡献了不少钱。刚开始为了创业、为了省钱，我们甚至一年只能见一次面。儿子出生三个月的时候就被我送回了老家，我请了阿姨带他，再见到他的时候他已经快一岁了。过年阿姨回家后，我自己带儿子，可是他不要我抱，拼命地哭，我束手无策。第二年我先生带我儿子去机场接我，因为我们一年才见一次面，以前又不像现在可以视频聊天。我儿子在机场见我的时候不到两岁，我下飞机时他看到我的第一眼叫我阿姨。他说爸爸，阿姨来了。那一刻我倍感辛酸与无奈。创业是一件十分艰苦的事情，尤其是女人创业。因为工作我没办法陪伴孩子成长，错过了很多亲子时光。我曾经在网络上看到一篇文章，看后泪流满面，里面写道：孩子，妈妈不是不想陪你，妈妈要是陪了你，就没办法去生活，为了生活我就没办法陪伴你。

除了无法陪伴孩子，家人也无法照顾。前段时间我先生因鼻息肉住院一周，甚至他进手术室和出手术室那一刻，我都不在他身边。他进手术室的那一刻，我正好接到一个重要客户的电话，需要我赶过去处理很重要的事情，为了公司的事情，我只能硬着头皮跟他讲我不能在手术室外面陪他了，我必须先离开一下，我尽可能赶在他出手术室的时候赶回来，可是等他出手术室我还在外面没回来。手术的第二天是最难受的，但我又得去赣州找专家开评审会，作为一名妻子我觉得自己很不合格。似乎在我眼里，工作永远是第一的，但是又有谁知道我的心酸与无奈呢！我先生住院的那一个礼拜我整天提心吊胆。因为术后医生跟我说，最终的结果还是要看检验结果，当时我心里很担心，但是我不敢表露出来，在他面前我要故作轻松。我只能一再告诉医生，所有报告请第一时间给我看。提心吊胆地等了一个礼拜，所幸结果是良性的。朋友们总是说，看你整天笑嘻嘻的，好像就没看到你哭过，也没看你怎么忧伤过，我说哭如果能解决问题的话，我一定会很大声地哭出来，想哭多久就哭多久，但是哭不能解决问题呀，面对问题时只要咬咬牙就能挺过去。等再回头看，发现事情也不过如此，人生没有过不去的坎，关键看自己如何选择。

四　救困扶危：回馈社会无怨无悔

2006 年开始建园时，待开发之地还是一片荒凉，山上除了杂草就是杂树，但是山上还是住了很多农户，我们就邀请这些农户来茶园务工。那时我们也不知道什么叫贫困户，如果有农户我们就会邀请他来干活，并提供技术指导。农户们见我们夫妻俩真诚实在，也对我们非常好，农户家杀了鸡、杀了鸭就会邀请我们去吃饭。我们就像家人一样相处着，我尽自己最大能力帮助他们。有不少贫困农户从建园开始就在我们基地务工，待了十几年。像邱联明夫妻还有钟迎福，他们那时候还年轻，当时那边的路不是很好走，他们上山下山找工作太麻烦，还不如在我们茶园做，而且他们去山下打工跟在我们这里打工的工资差不多，所以没必要舍近求远。一直到了后面精准扶贫的政策出台以后，他们也一直在我们基地里务工。

2018 年我们在兴国县枫边乡深度贫困的茅坪村，又新开发了 500 亩有机茶园。开发茶园前，我笑侃茅坪村是“兴国的西伯利亚”，因为这里比较偏远，气候又有些冷，生活条件比较恶劣，又是个高海拔村，很多东西都种不了，果树是无法种植的，稻子也只能种一季。当时我先生说当地老百姓很淳朴，非常希望我们能去投资，而且当地的生态环境很适合种茶叶。2018 年年底刚把茶苗种下去茅坪村就发生了严重的水灾，茶苗死亡率高达 50%，2019 年春我们又马上补种茶苗，好不容易把它们种活以后，下半年又出现旱灾，茶苗又给旱死了 50%。2020 年我们又新种了一种耐旱耐涝的茶树品种，屋漏偏逢连夜雨，冻灾又接踵而来。茅坪村的沙土不保水，水多了又排不出去，没水时又完全没水，各种各样令人头疼的问题很多。

可当听到当地老百姓说："我们没想到在家门口能赚到那么多钱，一个月也能赚到一两千块钱，一年下来蛮好的。我们年纪大了没办法去外面工作，而且我们家在这里，我觉得这个茶园在这里非常好，解决了我们的就业。"我就告诉自己一定要坚持下去。还有一些农户家里有重症残疾人、精神病患者或者有患乳腺癌、腿疾的、耳聋的家人，我们都尽可能安排这些有劳动能力的残疾人或残疾人家属到基地来务工，实现增收。我觉得虽然投资压力大了一点，但是当地的百姓能通过我们这个基地得到就业机会，我们能帮助他们解决生活、工作上的问题，我的内心是欣慰的，是自豪的。

都说我们为大家做了很多事情，其实是自己应该回馈社会。在我几十年的人生道路上，遇到了很多贵人，得到了很多帮助，那么在自己有能力的时候，也要尽自己最大的能力去回馈社会，去帮助一些有需要的人。像枫边这个基地，我清楚地知道没有 5～6 年是不可能实现盈利的，但我依然愿意在这投资，尽我所能帮助他们。

我不是圣人，我也从来不觉得我做了一件多么伟大的事情，只是觉得我们可以像兄弟姐妹一样和谐相处，我租了这块地做茶园，当地的农户正需要这份工作，我也需要他们来支持我的工作，大家是在互相支持。如今我的责任就是带动大家一起做好这件事情，我希望把这个企业做好，让大家看到希望，看到通过种茶叶未来的路会更好走，会有更多的人有兴趣去种茶叶。

五　自强不息：在独立与感恩中前行

人生无止境，付出是无休止的，收获也是无休止的。我们以小我之心处事，像我们夫妻俩在生活上都是很随意的，房子再大你就睡一张床，衣服再漂亮再高档也就这么穿。我们穿的衣服都是从网上买的几十块钱一件的，我先生买的衬衫是100块钱3件的，我们在生活中吃穿都是很随意的，没有刻意讲究。

而支撑着我一直不断向前的动力是责任和担当。作为一家企业的负责人，我既然创办了企业，就一定要带领团队、带领员工好好地把这个企业做好，要有信心且负责任。要保证跟着你一起做事的员工有饭吃，生活有奔头，这是一名企业负责人应该有的责任和担当。我现在做茶园也是一样，既然接下了担子便要担负起应有的责任，对员工负责，对我身边的人负责，对当地百姓负责。他们将土地租给我，说好了每年付400块钱/亩的田租，就不可以因为公司亏损而拖欠工资。运营不好是自己的问题，应该自己去解决，不能把球踢给别人。每年年底我不欠任何员工的工资，所有工资当月就发，所有的供应商都是我主动付钱，他们从来不会催我要钱。有时候我跟某某老总说要下一个单，但是我今天很忙，让他先给我安排一下，等我忙完了把钱打过去。他说：“没关系，李总你放心，我先给你安排。”有时候忙得我都忘记了，人家给我做好了我才想起这个事情来，我赶紧把钱打过去，我说：“不好意思，都忘了给你定金了。”他说：“没关系，你的企业是信得过的企业，跟你合作我从来不担心你不给钱。”

女性能顶半边天，女人首先一定要自强自立，有自己的人格魅力，才能得到丈夫的尊重、婆婆的尊重以及身边人的认可。其次，少听一些茶余饭后的闲话，有时间可以看看书、学学茶文化，或者做一些别的活动，比如做美食、爬爬山、学习画画、弹弹古筝、带着孩子开展亲子活动。女人一定要有自己的事业、有自己的兴趣爱好。我跟我先生两个人结婚30多年，我一直都很独立，我不会受他的影响，他也不受我的限制，我们相处得很舒服。我先生从来不干涉我要做的事情，我要赡养我父母，我要给父母多少钱，他从不干涉。反过来说，我自己有赚钱的能力，讲话也有底气，所以说女人一定要自强自立。人的潜力是无限的，不要觉得自己没有能力到那一步，这只是想与不想的问题。

这辈子我很感谢三个男人，第一个是我的爸爸，他从小没有禁锢我的思想，让我自由发挥，在爱的教育下我拥有独立的思想；第二个是我的老板，在我 20 ~ 40 岁这 20 年的关键时间里，他亦师亦友亦兄，为我提供了诸多机会与发展平台，同时也给予我极大的包容；第三个就是我的先生，从认识到结婚到现在，我们性格互补，一路互相扶持，携手走过半生。能走到今天这一步，要感谢的人太多，感谢家人、亲朋好友的支持与帮助。

读书走出山村　扶贫反哺家乡

受访人：李洋东

访谈人：廖勉钰　梁晓宇

访谈时间：2021 年 7 月 22 日

访谈形式：线上访谈

访谈整理：廖勉钰

访谈校对：廖勉钰　梁晓宇

故事写作：廖勉钰　梁晓宇

受访人简介：李洋东，男，汉族，1974 年生，广东英德人，中专学历。1997 年从广州市轻工技师学院毕业后，在广州市恒大照明保温容器有限公司工作。2010 年辞去广州工作，回到家乡发展苗圃产业，2013 年加入英德市碧桂苗木专业合作社（简称英德农场），现任碧桂园树山村绿色产业扶贫项目苗圃示范基地场长。他通过协助和带动农户种植苗木，在乡村振兴和脱贫致富中起到了很好的带头示范作用。

一　读书改变命运

我叫李洋东，今年 47 岁，英德市西牛镇树山村村民，汉族，中专学历。1997 年毕业于广州市轻工技师学院。我家里现在一共有 4 口人，我、我妈妈、我妻子和儿子。妻子现在是家庭主妇，一方面要照顾老人和小孩，另一方面也参与苗圃种植工作，主要是进行田间管理，所以妻子也挺辛苦的。我妈妈今年 80 多岁了，身体还健康，经常分担家里面的工作，比如种种菜、做做饭等。儿子就很调皮，也很可爱，今年 9 月份要读小学三

图 1 2021 年 7 月李洋东（下）接受廖勉钰（左上）、梁晓宇（右上）线上访谈

年级了，在洽洸镇第二小学上学。对于儿子，我会特别关注他的教育，我走过的路告诉我，一个人的发展必定离不开教育，这一块还得从我的学生时代说起。

当时我是我们村第一个上中专的。那会儿我家有一个大姐姐，升高中的时候，因为家里没钱就不能继续读了。我能考到广州的学校去读书，全村人都很高兴，就像旧社会村里出了个状元一样，他们觉得我们读满 3 年以后可以被分配到单位里工作，挺好的！当时家里还请了村里人吃了顿饭，像办喜事一样隆重。那会儿读书前前后后花费需要 4 万多块钱，4 万多块钱在我们农村是笔不小的费用，家里压力比较大，村里人为此还捐了一部分钱。我们向亲戚朋友、村里人借钱，他们也很乐意借。上学的费用就这样东拼西凑了起来。其实哥哥姐姐为我付出了很多，当时哥哥到广州打工赚钱，在广州东站做搬运的工作，每天搬东西上上下下，工作很脏、很辛苦，工资也不高。哥哥也有自己的家庭，一方面要养家糊口，另一方面还要负责我的日常开销。爸爸妈妈则以种植自家的和承包别人家的麻竹笋作为主要经济来源。

我能有今天的成就，很大一方面来自家人们的支持，没有他们的支持，即使我读书，我也走不远。其实农村很多家长，思想觉悟并不高，觉得不读书照样可以工作，照样可以赚钱。所幸，我的家人没有这么想，我爸爸和我哥哥特别支持我读书，因为他们觉得农民家庭没有什么背景，经济条件也上不了档次，只有读书才有发展的可能性。家里要是有钱就去做生意，没钱就只能靠读书了。我爸爸和哥哥的思想在当时的农村还是比较先进的，他们跟我说，虽然家里穷，但是书还是要读的，钱的事情他们解决。但是我爸读书就不行，他小学都没读完。我听奶奶说，我爸一上学就得病，当时比较迷信，所以后面奶奶就没让我爸继续读书了。没上过小学的父亲居然这么重视我的教育，这确实蛮令我开心的。

其实，我读书时就有这样的心愿：走出大山，摆脱贫穷，带着爸爸妈妈到城市里面生活！为了心中的梦想，所以我读书很用功，经常早上 5 点就起床了，借着窗外路灯的亮光，默读、做作业、预习功课、温习功课，那时候也不会感觉苦和累！

1997 年，我毕业了，一毕业就在国有企业工作。那时算比较幸运，我被分配到广州市恒大照明保温容器有限公司的工程部，主要负责电路电器方面的管理，工作稳定，收入是 1000 多块钱一个月，这放在当时的农村是相当令人满意的。我奋斗了几年当上了车间班长，工资也慢慢上涨了好几千块钱。但在广州生活需要租房子，吃吃喝喝都需要花钱，这么算下来也没剩多少钱，一年到头存款也没多少。在国有企业一切都是按照国家规定来的，那时是每周上 5 天班，每天 8 个小时，国家法定节假日也正常放假，周六日都可以休息。当时的单位很好，工作没有现在这么辛苦，上下班都比较规律，也经常有时间出去玩。那时广州是很多人向往的地方，我也到广州很多地方去玩过。这份稳定又舒适的工作，我一干就是 13 年，从 1997 年到 2010 年，我一直都在广州工作和生活。值得一提的是，我在广州工作不久就加入了增城户籍，一跃成为广州人，凭着真才实学，工作得心应手，事业挺有发展前景的。

现在想想，我这一路的顺畅很大一方面都得益于读书，农村里的孩子想要走出来，只能靠努力和读书。“学问勤中得，萤窗万卷书”，因为有知识的铺路，我慢慢地与青山绿水相遇，与人情世故交手，我从农村走到城市，从贫困走到富裕，从空虚走到充实。

正是因为这一路的收获，我内心无比充实，我也时常铭记当初家人的支持以及村里人的帮助，无论我个人发展得如何，我的起点一直在那里，一直在那座村庄，在那群可爱的人身上。

二　义无反顾的返乡选择

虽然国有企业的工作比较稳定、薪酬不低、事业有前景，但很多人都不会想到，有一天我竟然会主动离开它。当然，我之前也想不到自己会做出这样一个决定。

有一天，我在和堂哥的聊天中得知碧桂园集团对树山村的帮扶信息，扶贫项目包含住房、道路、通信、饮水、电力设施的建设和改造，还有一项就是绿色产业扶贫项目：苗圃种植。左思右想，这也许是改变家乡的一条出路呀！种植苗圃，我们家乡山清水秀，应该适合这种外来物种生长吧！而且，农村人对种植也有经验。再一想到帮扶企业是大公司，应该不会骗人吧。当时碧桂园集团也承诺帮我们销售，不用担心销路，我们没有后顾之忧。当时我是抱着试一试、搏一搏的心态！所以 2010 年年底我就辞掉了广州的工作，回到了家乡。

年轻的我无畏无惧，觉得什么事情都可以去闯荡，可以去尝试，但是就是这样一个决定遭到了家里人的反对。当时我在广州已经是正式职工了，跟家里人提出我的决定之后，他们都不同意我返回家乡，特别是我的父亲和哥哥。他们说："你在国有企业上班，工作稳定，也变成城里人了，别的人家打着灯笼也找不着的工作，你却要放弃，回到这穷山沟，过穷苦的日子，我们这么辛苦供你读书，眼前的生活你不珍惜，难道你就是用这样的方式来报答我们的吗?"那时我也跟他们讲了很多道理，无论我怎么说，家里人就是反对，为此我还和爸爸、哥哥吵翻了。他们觉得很尴尬又很没面子。其实我内心也很过意不去，不过我还是想试一试、搏一搏。

虽然我那会过着安稳的生活，有着稳定的工作，但是心里还是记着乡亲们当时对我们的帮助，还是想看有没有什么项目可以帮到我的家乡。自己的生活是好了，但是家乡的父老乡亲还是穷啊。村里人住的还是泥砖房，走的是泥巴路，还没有过上好日子啊！我老琢磨着有什么办法可以带动家乡的父老乡亲脱贫致富，过上好日子，不能辜负父老乡亲的期盼！刚好遇上了这个扶贫项目，我觉得我必须为家乡出一份自己的力。所以，即使家人反对，我也义无反顾地决定回来，回到这个生我养我的地方，回到我温暖的巢穴，回馈那群曾经帮过我的父老乡亲。

三　披荆斩棘的发展之路

碧桂园集团在我的家乡树山村先后投入6000万元，加强基础设施建设，改善村民基本生活条件。这些都只是第一步，树山村想要实现可持续发展，还得靠产业。

树山村有不少优势，一是苗木资源丰富，本地的香樟、黄花风铃木、荫香数量较多，可以就地取材。二是气候优越，气候湿度大，早晚温差大，寒凉。三是地理环境具有优势，水资源丰富，山多。我们就充分利用这些自然优势，合理地选用培育的苗木品种，比如早晚温差大，气候寒凉，就比较适合培育桂花；山多背阴的地方就适合培育一些喜阴植物，比如毛杜鹃、亮叶朱蕉、鸭脚木；一些阳光充足的地方，就适合培育花叶女贞、金边连翘、大红花等喜阳的植物。要因地制宜，充分利用我们这里地理、气候等方面的优势，去发展绿色产业。

碧桂园集团采取绿色产业扶贫项目来发展苗圃种植，方式是借本金给你，卖了再还本，赚了归你，再借再还，勤劳致富。它形成了“公司+农户+合作社”的经营模式，由集团派驻专业技术人员，免费培训村民，并按市场价提供种苗，引导村民成立合作社，村民提供土地和劳动力，苗木栽培达到一定条件后由碧桂园集团按市场价或保护价收购。按这样“良性循环”，后期灌木和地被来源主要是自主扦插，发放给农户种植，乔木类的在当地采购，农户将苗木培育达到规格后，通过合作社销售。当然农户也可以自主销售，合作社对种植户的指导是免费的。此外，村里还成立了“英德市碧桂苗木专业合作社”，主要是通过苗圃示范基地带动农户进行苗圃种植发展绿色产业。农户得到最大的利润，就是销售金额减去运输费用之后的收益，合作社不收取任何的费用，以此确保种植户的利益最大化。所以这对我们村来说，真的是一项非常好的项目。第一批苗木运抵树山村，167户农民参与种植。而我辞掉广州工作，放手一搏，把家里的3亩地全部种上苗木。一年下来，我赚了5万多块钱，第二年，索性租下堂哥的3亩地，决定扩大生产。几年下来，家里靠种苗木挣了钱，在镇上买了商品房，银行里也有了存款。

但产业的发展并不是一帆风顺的。特别是在前期，苗圃刚引进的时

图 2 2020 年 8 月李洋东（左一）与种植户合影

候，很多乡亲还是持观望态度，有些乡亲是被骗怕了，担心扶贫企业把苗木培育好了，拍拍屁股走人，不帮忙销售了。之前有个体户的老板来我们这边投资种植马铃薯，他们只是给我们马铃薯种，口头上承诺我们种到一定规格的时候会帮我们销售，当时村里很多人都在种，但是我们种完了之后，那个老板不管我们了，马铃薯就卖不出去。所以从那以后，村里人对来这里搞产业扶贫的企业都比较抗拒，觉得人家那么大个企业在城市里面发展得很好，还要跑到我们小农村里来，是想占我们的便宜，图我们村里的土地。大家都比较担心这一点。刚开始，很多村民不看好也不信任这个产业，觉得干老本行，种种水稻、玉米这些比较靠谱，思想上还比较保守和传统，说白了就是不相信这个事，不想拿出田地来种植苗木。

我心想，既然回来了，我就要大胆地种，别人不敢种我来种，自己先带头种。我是第一批种植苗木的，我分到的田不多，用一亩的水田来种这个苗，一亩有 8000 多块收入，时间倒也不长，种植期是 5 ~ 8 个月。公司也派了技术人员来现场指导，教我们种，指导我们什么时候施肥、修剪之类的。种一亩地就有 8000 块钱收入，这个利润是很可观的，之前种水稻，一亩地就六七百块钱收入，很难达到 800 块钱，很好吃的杂交水稻，每亩的产值也就两三千块钱。我当时就觉得要是扩种的话，收入会很不错。自己也有冲劲在，看到这个收入也很高兴。我的父母和哥哥在看到这个收入之后，对我返乡从反对转为了支持。

比较有趣的是，当时很多人看到我这个收入之后就动心了，纷纷报名要种植。碧桂园集团会给我们发苗，我们先帮村民试水，我们成功之后，村里人看到能赚钱，他们也会拼命地种。在我们当地，种任何农作物都达不到苗圃种植的收益。就这样我们赚到了第一桶金，大家心里都很高兴。

从 2013 年开始，我在自己种植苗木的同时还参与了合作社的账目工作，积极主动地协助碧桂园集团的技术人员跟进苗圃现场，还负责了一部分对外业务。像我们从外面回来的人，见识的比较多，对技术掌握比较快，村民也会比较信任我们，我们需要耐心地去跟他们讲解，指导他们，看有什么问题需要解决，比如施肥、修剪、除虫，你主动、用心地与他们沟通，这样他们也比较容易接受。我们最终发展了这个绿色产业，发展了每家每户的经济，带动了全村的发展。这样一来，就形成了互帮互助、“一家带动多家”的氛围。举个例子，我们村里有一个叫“二哥”的人，他种植的时候按照自己的路子来，管理得不好，我们教他，他也不听。种不好，公司也不会要质量差的产品。后来我们就把他的土地回收，我们帮他种，这样大家都有利润赚，“二哥”也不至于种得不好卖不出去。一个人都不能掉队嘛！在致富过程中肯定会遇到一些比较固执、难讲理的村民，但是他们的本质不坏，我们的初心是想发展好这个绿色产业，做好这个扶贫项目，抓住机会，带领全村的人脱贫，过上好日子。

我们成功带动父老乡亲种植起来之后，碧桂园集团会安排专业的师傅来实地免费指导，什么时候喷药，什么时候修剪，什么时候施肥、除草，师傅都会教我们。后期公司也组织我们去其他农场学习，比如苗木的扦插，学一些之前没有学过的，学会了之后我们就自己去扦插。自己掌握了技术之后就降低了成本，因为之前都是在外面采购。我们这儿地方比较偏远，运费也比较高，所以我们在这一环节就省下了不少费用，比如小苗在外面采购是 1 块钱，现在自己扦插成本是 2 毛钱，一株就省了 8 毛钱。能省一些，我们的村民就能多赚一些。

但是我们依然会遇到一些棘手的事情。虽然说碧桂园集团有人员免费实地指导，但有时苗木生病我们也控制不了，即使我们在种植的各个环节都没有问题，但药物喷上去也没有效果，比如金边连翘一发病就很难控制，主要发生在气温较低的时候，特别是在冬天。当时我们认为是气候干燥造成的，哪知道这是一种病——叶斑病，严重时整棵树苗都枯萎了。特别是苗木修剪后，真菌侵染，更容易发生这种病。但可以控制病情的药物要在专门的苗木市场里才能买得到，我们本地没有这种喷药，当时只使用了当地市场上的药物，如百菌清和多菌灵，可是问题还是没有解决，我们非常心急。后来通过顺茵公司得知治这类病的药物——蓝粉——在珠三角的顺德市场就有，我们就到顺德购买了这种药物，这样才把金边连翘挽救过来。后来我们也对这种苗木进行有针对性的喷药预防。

苗圃示范基地现在引进了远程控制自动喷淋系统，大大降低了我们的人工成本，节省了人力。这些技术是碧桂园集团前期投入资金支持的，我们也要主动地去掌握技术。碧桂园集团会安排我们不定时地到其他公司学习交流，掌握更多的技术。因为我们现在种了这么多，也占有一定的市场份额，我们农村的苗木品质在碧桂园集团的其他品类中也是有优势的，目前的客户来源主要还是依靠碧桂园集团提供（占 90%），10% 的客户是自主开发的。所以我们也是有稳定的客户来源的，收入也稳定。虽然会遇到一些坎坷，但整个项目的发展总体上还是比较顺利的。

四　焕然一新的乡村面貌

“村内人走不出去，村外人走不进来”，这是 7 年前的树山村的真实写照。那时交通极为闭塞，仅有一条蜿蜒起伏的山区公路通向村外的世界，村民临山散居在狭长的山沟里，住着自己搭的土坯房，人畜混居，走着污水横流的泥泞路，依靠传统的农作艰难度日。每年雨季到来，常发生屋顶漏雨、地面冒水、山体滑坡、房屋坍塌等现象和自然灾害，村民生活条件十分恶劣，特困户比例更是高达总农户的 30%。村里有能力的年轻人想脱贫，只能靠外出打工。2010 年前村里甚至没通自来水，没通网络，没进行电网改造，生产生活条件都较差。

现在的生活条件相较之前有很大的变化。一是道路拓宽了。之前都是泥巴路，看到摩托车满轮胎的泥就知道是从我们村里走出去的。当时碧桂园集团投入约 500 万元把我们村的泥路改造成平坦宽敞的水泥路。二是通信信号变好了。碧桂园集团帮我们解决了通信的问题，安装了宽带，实施了电网改造工程、通信工程。如今，树山村家家户户都通了水电和网络，架起了与外界沟通的桥梁。以前打电话要先约好地点，要不没信号，打电话得跑到山顶上去，当时信号是很差的。现在网络好了，睡在床上都能打电话，通信变得便捷了。三是我们喝上了干净的自来水，这也是碧桂园集团统一帮扶的。为让村民喝上干净、卫生、便利的自来水，他们投入了180万元在罗屋、熊屋和横档、龙潭坑附近分别实施四个饮水工程，惠及了约4000人。在这之前，我们喝的都是没有净化的山沟水。四是我们用上了电压充足的电网。之前是水库发电，电压很小，是120～130伏，这样很多电器也用不了，用电高峰期的时候灯泡都不是很亮，电饭煲煮饭都煮不熟，现在电压就足够用了，电冰箱、空调都可以自由使用。

安居才能乐业。碧桂园集团规划对我们村里的泥砖房进行拆旧建新，把老旧的房子拆掉，建新的房子，在整个村里面推进拆旧建新工程。这个住房建设工程有省里和市里面的支持，农民自筹一些费用，其余的都由碧桂园集团帮扶。现在很多人都住上了两层楼的房子，一幢幢两层半、面积约110平方米的住房依山傍水地建立起来，化粪池、排水沟和垃圾处理点等配套建设也日渐完善。村里还有篮球场、花园、石板椅，空气也很清新，不再是乌烟瘴气、臭水横流的了，也没有了鸡粪、猪粪的臭味。之前一下雨，路上都臭臭的，现在就好很多了。我们镇脱贫致富的典型案例是一个叫温水忠的村民，42岁，汉族，是花田村人，一家5口人。2016年种植红继木球3000袋，纯利润10万余元，第二年还是种植苗木，2018年就在家乡盖起了两层半的楼房，年底家里还买了一台小轿车，日子过得红红火火，生活确实发生了翻天覆地的变化。大家可能都想不到，温水忠在种植苗木之前，是在英德市靠摩托车搭客为生，没什么技术，也进不了工厂，家庭收入比较低。

树山村这些年真是发生了翻天覆地的变化，从一个污水横流的小村庄，变成了干净卫生的美丽乡村，这是看得见的，看不见的变化是树山村的村民们学到了种植技术。在碧桂园集团和政府的帮助下，村民们积极地参与发展绿色产业，目前累计发动186户苗木种植户，2020年销售苗木金额为134.56万元。你要知道村民大多数没什么技能，就算是外出打工，如果没有技能，人家也不用你。

所以现在回想起来之前的种种，还是比较感慨的，很难想象我们之前是住在破败的泥坯房里，过着无水、无电、无通信网络的生活。之所以有如今生活的变化，除了村民们自身的努力，不“等、靠、要”，还要感谢政府的支持和碧桂园集团对我们村的改造。看着村里人的生活变好，我心里也很高兴，有一种自豪感和满足感，自己最初的所想都得到了实现。

五　乡村振兴的人才呼唤

从我当时决定回家乡创业到现在已经有11年了，看着如今的成果，看着家乡慢慢发展起来，我庆幸当初自己的坚持。返乡创业不易，路途荆棘颇多，但我们也过关斩将地过来了。

就我目前所了解的情况，乡村对人才的需求还是比较大的，一些产业的发展特别是技术这一块，非常需要人才。政府也很支持大家返乡创业，特别是大学生，学有所成之后返乡为家乡做贡献是件多么好的事情！回老家创业，一方面村里有很多老人需要照顾，他们希望自己的亲人在身边；另一方面城市变美了，村庄也要变美，自己可以为家乡的建设出一份力。现在国家的政策好，大力扶持乡村建设，扶持大学生回乡创业，这就给了我们发挥的空间，在哪里都能赚钱，在哪里都能发挥自己的光和热！我很希望有更多的大学生能返乡创业。

作为过来人，我想对有计划返乡创业的同仁说，外面的世界虽然精彩，但家乡也需要建设，每一个有梦想的人，只要敢想敢做就有可能实现梦想，在家里创业不比在城市里差，要把建设家乡、美化家乡看作一份责任、一份担当。

敬天爱人，做好“一耕一读一素”

受访人：张志生

访谈人：李淑婷

访谈时间：2021 年 7 月 16 日

访谈形式：线上访谈

访谈整理：张志颖

访谈校对：张志颖

故事写作：李淑婷　张志颖

受访人简介： 张志生，男，汉族，1982 年生，广东蕉岭人，大学文化，中共党员，广东四季耕耘农业科技有限公司创始人。致力于探索活力农耕法①，发展有机农业，公司中心园区面积超 30 亩，主要种植有机蔬菜；堑垣基地面积 110 亩，主要种植有机丝苗米，2019 年 12 月，获得有机转换认证证书。公司设蔬菜分拣中心、有机米加工中心、农机社会化服务中心，通过“公司 + 合作社 + 农户”模式带动农户参与有机农业，运用 CSA② 模式实现农户稳定增收。公司先后获“全国基层农技推广体系改革农业科技示范基地”“蕉岭县丝苗米省级现代农业产业园神岗村基地”“蕉岭县青年创新创业示范基地”“广东省现代

① 活力农耕法：也叫生物动力农耕法，是由奥地利哲学家鲁道夫·斯坦纳在 1924 年倡导的一种自然健康的农业方式，被视为有机农业中最科学、最系统的农业耕种方法。活力农耕协会的德米特标准被公认为国际有机农业的最高标准。活力农耕通过使用堆肥、液肥、绿肥，轮作，多样化种植及自然的病虫害防治方法来营造一个平衡和谐的生态，通过一系列由天然材料制成的配方为土地和作物提供顺势治疗以增强土地和作物的活力。——编者注

② CSA：社区支持农业（Community Support Agriculture）的英文缩写。“社区支持农业”的概念于 20 世纪 70 年代起源于瑞士，并在日本得到最初的发展，指社区的每个人对农场运作做出承诺，让农场可以在法律上和精神上，成为该社区的农场，让农民与消费者互相支持以及承担粮食生产的风险和分享利益。——编者注

农业装备研究所技术示范基地”等荣誉称号。

图 1　2021 年 7 月 16 日张志生（右上）接受李淑婷（左上）、张志颖（下）线上访谈

一　从城市金融人到山村新农人[①]

我是 1982 年出生的，老家在广东省梅州市蕉岭县[②]，本科学历。之前

① 新农人：是指具有科学文化素养，掌握现代农业生产技能，具备一定经营管理能力，以农业生产、经营或服务作为主要职业，以农业收入作为主要生活来源，居住在农村或城市的农业从业人员。——编者注

② 蕉岭县：广东省梅州市下辖县，位于广东省东北部，韩江上游，闽粤赣交界处，西与平远县相连，东南与梅州市梅县区接壤，北与福建省武平县、上杭县毗邻；四面环山，由北向南倾斜，全县总面积 960 平方公里，为全国总面积的万分之一；广东的重点台乡之一、广东省水泥基地、“全国绿化模范县”，也是广东省可持续发展实验区，广东省文化先进县、体育先进县、全国首批文明县城。——编者注

在深圳创业做金融，有一家担保公司、一家金融服务公司，规模不大，但盈利状况还可以。那时玩摄影、旅行，都比较费钱，现在资金全拿去搞有机农业，除了种地，没其他爱好了。

我从金融业转向有机农业，主要是以下几个原因促成的。

最根本的原因是现在的农业对化肥、农药依赖太深。2014 年，我开始关注农村和食品安全问题，发现农业极其依赖化肥、农药、除草剂，没有这些就没有产出。几十年前是不怎么用化肥、农药的，全世界的农业都可以叫有机农业，但现在可以说全世界的农业大都在使用化肥、农药、除草剂，我觉得必须有人探索出一条农业有机发展、食品更加安全的路，摆脱农药、化肥对生产的控制，我就想着回家乡开办农场，发展不用化肥、农药的农业。

二是国家政策好，一直鼓励年轻人返乡创业，用新思维、新模式发展新型农业。城市压力大、门槛高，而农村是一片广阔的天地，大有可为。而且现在农村土地大量丢荒，很多是离城市很近、很好的地，非常有利于创业。

三是为了全家人的健康。在城市里待久了，压力大，身体也出现了很多状况，鼻炎尤其严重，我还是想回乡下生活，那里空气清新、干净，人的欲望也少。在乡下搞有机农业，家人在城里也能吃到健康的有机食物，更有益于身体健康。

下定决心做有机农业后，首先就要解决土地问题。我们考察过广州、深圳、惠州周边地区，这些地方离大城市近，交通方便，配套设施也好，但最后我还是选择了返乡创业、反哺家乡、建设家乡。梅州山清水秀，是珠三角的“后花园”。我老家蕉岭生态环境非常好，是世界第七个长寿乡[①]。蕉岭属山区，山多人少，交通不发达，没什么工业，生态很好，农业基础不错，光、温、水、空气都很适合高端农产品的生长。同时，老家原来的各种社会资源、人际关系这些，对工作的开展有帮助。另外，我父母年纪也大了，我回去也能陪陪他们。唯一的不足是蕉岭比较偏远，离主

① 2014 年 5 月 30 日上午，广东蕉岭被国际自然医学会、世界长寿乡科学认证委员会正式授予“世界长寿乡”称号。这是该机构认定的第七个“世界长寿乡”，也是中国第四个“世界长寿乡”，授牌仪式在北京人民大会堂举行。——编者注

要销售地有三四百公里的距离，不过现在顺丰等物流发达，也还方便，也有高铁往返广州。现在想想，回家乡是正确的，人还是要回到自己的家乡，家乡也需要自己人去建设。

转行不容易，金融行业和有机农业根本不沾边，更加没有想象的那么顺利，不光对自己的事业与家庭产生影响，要放弃很多东西，还有很多实际的困难，要面对很多很复杂的专业性问题。

2015 年，我们拿了第一块地，有 30 多亩，建有 18 个大棚，开始迈出发展有机农业的第一步。因为工作还没完全交割，大部分时间我还是要在深圳，就想“半农半金”，两边兼顾吧。那时也不了解有机农业的具体做法，因为家里有几亩地，看着父母种了一辈子地，觉得不会很难，一开始用 30 多亩土地来做试验，学习并尝试了自然农法①、泰国酵素农耕②还有中国的传统农耕等生产方式。实践后发现“半农半金”不行，人不在，问题不能解决，农场发展就慢，尤其像我这种有机农业的门外汉，如果不在地里面扎根，根本做不好。这两年，我把深圳的公司交给其他小伙伴打理，自己全身心回到农场做事，农场成长得明显快了。

我父母对我从金融行业转向农业也是反对的，有机农业的概念他们也不懂，他们自己种了一辈子地，辛苦了一辈子，觉得农业没前途。而且农村环境各方面也比不上城市，不理解我为什么要回来搞农业。农场刚开始运作的时候，一些技术问题没解决，作物长势不好，我父亲看到也很急，我们一离开农场，他就偷偷地跑过去打农药、施化肥，这不是帮倒忙吗？为这个事情我们大吵过三四次，我也跟他们反复讲有机农业的理念，讲我对有机农业的追求，我说如果只是为了用农药与化肥来种地的话，我何必舍弃这么多东西，从一线城市回到家乡这么辛苦地干农活，难道我头脑有问题吗？但他们还是不理解，还是帮倒忙。不得已，我只好把我父亲请回

---

① 自然农法：由日本农法大师冈田茂吉所创，以提倡自然农耕为中心思想，主张尊重自然，顺应自然，停止因农业造成的环境破坏，恢复大地生机，让下一代有良好的居住环境。自然农法以不耕地为基本法则。土壤具有自我耕耘的能力，只需给其中各种生物创造栖息地即可。少用大型机械，大型机械会杀死土壤里的小动物，同时导致微生物的死亡，降低土地孕育能力。——编者注

② 酵素农耕：自然农法的一种，在土壤修复、改良、根部施肥和叶面施肥的全种植过程中使用酵素。酵素是天然肥料，能给植物及土壤营养，是天然的驱虫剂。——编者注

老家，坚决不要他来农场了。不过这几年我父亲一直看着我们在发展，虽然老人家没说什么，既不赞成也不反对，也不来帮忙，但他其实是认可我们的有机农业了，我们也习惯了他的态度。在家里，我太太是最支持我的人，她认为我探索有机农业发展之路是对社会有利的，她是我唯一的坚强的后盾。

刚接触有机农业的时候，我们一不清楚产业各环节的情况，二没操作经验，完全是门外汉，面对的问题既多又杂，像土质差、农场设施设备简陋、缺少技术、人才不足、产品品质差、产品流通效率低、顾客少等等，只能不停地试错、改进，这样做其实成本很高，经常是一个问题解决完一季、半年、一年就过去了，感觉时间一晃就没了。当然，如果将时间拉长一点来看，岁月漫长，这点时间也不算什么。在这个过程中，我的核心理念是不变的，就是让更多人吃上安全的食物，让更多人参与有机农业事业，为社会创造更多价值。为了实现这一追求，什么困难我都不怕，有困难就克服，投入大量的精力与资金，不断调整生产方法，不停地学习农业技术、企业文化等。在这个过程中，一开始只有两三个人认同我们，现在很多人愿意跟着我们做，客户也越来越多，销售面也越来越宽，不再是之前人累、效率也低的情况了。我的感悟是要提升心性，只有心灵成长了，人的眼界才会拓宽，眼界宽了，这些困难就不再是困难，而是机遇。人如果不成长，就会不断地纠结这些困难，就很难走出去，我们正是在不断解决困难、探索新模式的过程中真正掌握了活力农耕法。

现在总结起来，返乡创业让我感到幸福且踏实。因为金融业虽然利润很高，但风险也大，整个行业节奏非常快，让人感觉非常焦虑。不单是我，其他人也是一样的焦虑，这一单业务做完了马上得找下一单，不停地找客户、资源、项目，大家坐到一起谈论的都是怎么赚钱、怎么找项目、怎么合作、怎么挖掘商机等话题。有机农业不一样，我天天在土地上工作，我可以看到农作物生长，人会感觉特别充实，也没有很多时间去烦恼、去焦虑什么，我的家庭关系、身体、精神状态等各方面都比原来好了很多。可以说以前做的叫生意，现在做的才叫事业，二者完全不同。事业才是可持续的、有生命力的。2015 年，我们有机农业种植的蔬果第一次成熟了，相比普通产品，有机蔬果的形状较小，不像普遍产品个个都是“大胖小子”，大小基本一样。有机蔬果比较有嚼劲，而普通蔬果比较嫩。它的营养更是比普通蔬果高，作物是有精气神的。好的食物能够疗愈人的身心，这种成就感、满足感、幸福感是很难去形容的。

二　我想做活力农耕领域的世界第一

2015 年，我们成立了梅州市四季耕耘蔬果专业合作社①，租到的土地因之前大量使用农药、化肥、地膜等，土壤条件比较差。合作社设施也很简陋，生产主要依赖两个工人，所以品种不多，产量低且品质差。这几年我们不停地探索新模式，想了很多办法去解决土地生产、开拓销路、配送产品、公司发展模式等方面的问题。不光农产品质量提高了，农场的发展势头也起来了，已经把周边的土地全部盘下来，长期租赁，完善了相关设施，如米厂、仓库、农区、办公区、宿舍等，把农场变成了一个大园区。我们的大棚面积是全县最大的，占地 80 多亩。目前我们农场规模是 450 亩，种了水稻、蔬菜、水果、红薯、土豆、玉米这些作物，我们下一步会慢慢地发展茶叶、柚子等。

创业的困难对于我们来说主要是技术上的。农场以前采用中国台湾和日本流行的自然农法、酵素农法，用动物粪便、豆枯、花生枯去代替化肥，不提倡翻地，顺应植物自然生长的规律，尽量不破坏大自然，但效果不明显，也不适合大面积生产，无法满足更多人的餐桌需求。农场现在采用的是源自鲁道夫 · 斯坦纳②的澳大利亚德米特生物动力农耕法，它是有机种植领域金字塔顶端的一种方法，可以快速改善土壤结构，增加土壤有机质，减少病虫害，既能做到有机，也不排斥机器生产，效率更高，更适合土地不休耕的大型农场。

活力农耕法也是我亲身实践学习到的。2015 年，我在四川都江堰听了

---

① 梅州市四季耕耘蔬果专业合作社成立于 2015 年 7 月，2019 年更名为广东四季耕耘农业科技有限公司，主要种植有机蔬菜、红薯、玉米、土豆等，园区面积超 30 亩；下设蔬菜分拣中心、农机社会化服务中心、有机米加工中心；堑垣基地面积 110 亩，主要种植有机丝苗米。——编者注

② 鲁道夫 · 斯坦纳（1861 ~ 1925）：是奥地利一位在众多领域都展现了宏大洞见的科学家和哲学家，曾在教育、科学、医疗、建筑、绘画、戏剧、舞蹈、智障疗愈和社会组织等诸多方面指明了具有强大力量的全新方向。——编者注

一次课，来自澳大利亚、马来西亚和中国台湾的三位农夫老师在全世界传播活力农耕法，当时我也怀疑这个农耕法，适不适合我们的土地，就专门跑去中国台湾和马来西亚的农场考察，实地学习。去了几次，发现这种农法真的是很完美，不论是沙土、沙壤土，还是盐碱地，只要不是破坏得很严重，活力农耕法都能够很好地改良土壤，重新给土壤注入活力，改良过后的土是黑色的，有很多蚯蚓，很肥沃。甚至有一个工厂烧陶瓷的土也是用这种方法改良的。

感受到了活力农耕法的好，我就一门心思搞这个了。难忘的是试错的次数太多了，浪费了很多的时间和精力，毕竟原来没有操作过，特别是种绿肥的时候，没种好耽误了农时，要插秧的时候不能插秧，这一季就错过了，只能等下一季。植物一年也就几造[①]，一个季节过去了，土地荒在那里，地租你还得付，成本也增加了，之前每天十几个小时的辛苦也白费了。

现在我们探索出了相对稳定的种植模式，在移栽前，用改良过的火焰除草机将地里的草烧一遍，烧掉虫卵，草灰还可以做肥。我们采用轮作的方式，种植一季蔬菜、粮食后，种上绿豆、蚕豆、黑豆、紫云英、苏丹草等绿肥，让土地有一个休养生息的时间。等到这些绿肥快开花结果的时候，我们就用秸秆还田机把绿肥全部粉碎，用深松犁把土地板结层打开，把绿肥全部犁到地底下去，再用圆盘耙把土地覆盖，这样就不会伤害土壤中有利于种植的蚯蚓等生物，让土壤也能呼吸到空气。最后用微生物把绿肥分解成肥料，这样的肥料是腐殖质的，不溶于水，可以存在土里面。如此让土地内部达到阴阳平衡，土地健康，它的病虫害就少了。再加上其他的防虫措施，在这种土地上种出来的有机蔬果非常健康。

澳大利亚德米特生物动力农耕法是没有地域限制的，它有自己的框架，我们根据本地的实际情况做些微创新、微改良，形成本土化模式。现在我们也尝试将澳大利亚德米特生物动力农耕法应用到综合性农场里面，在农场里模仿大自然生生不息的过程，构建田地里的生物循环。我们也会继续朝着活力农耕这条路走下去，希望能够为老百姓提供更多、更好的食材。

---

① 造：农作物收成的次数。——编者注

同时我有一个愿景——要做活力农耕领域的世界第一。我对标的是意大利阿格瑞拉提纳农场，那个农场有100个工人，它源源不断地为13万人提供安全的食物。我希望将这个农法在中国发扬光大，未来成为主流的农法，彻底摆脱农业对化肥、农药的依赖，为国家探索出一条农业可持续发展的道路，生产更多的健康食品，造福更多人。我们也希望能不断发展活力农耕法，让更多人加入我们，提高有机农产品的产量，降低价格，让大家都消费得到、消费得起。

三　立志做好“一耕一读一素”

我是中国优秀传统文化的受益者。2010年之前，我满脑子都是金钱欲望，觉得什么都不如挣钱重要，家庭都快破裂了。机缘巧合下，我接触到中国优秀传统文化，深受洗礼，整个思想发生了变化，走上了现在这条道路。不然的话可能家庭垮了，身体也垮了。国学对我的帮助很大，引导我投身有机农业、健康饮食、国学教育、养老等领域，开始为家乡做贡献，捐款资助贫困学生、修桥、修路等，还兼职做了团县委副书记。

总结起来，我回到家乡主要做了三件事情，即“一耕一读一素”。

“一耕”就是有机农业。这几年扎扎实实地推广、实践有机农业，摸索出了可行的模式，有机农业的理念被越来越多的人认可，周边的农户平时耕种也不用除草剂了。我的视野与格局不仅仅在这一亩三分地，我要朝着活力农耕领域世界第一的目标前进，让更多人吃上安全健康的有机农产品。我成立合作社，利用CSA（社区支持农业）模式，构建了一个连接农户与消费者两端的生态系统，合作社把土地集约利用，将土壤改造好，将水、电、路、农机全搞定，让农民加入我们的生产端，我们提供有机种植的技术，农民一个人可以管理一块很大的土地。合作社再以高出市场价的价格来收农户种植的蔬果供给消费者，每个月通过顺丰配送，今天打包，晚上就走，明天上午已到千家万户，解决了农户卖不出产品与城市消费者吃不到安全、有风味、自然生长的食物的问题。通过数字化技术，消费者能够知道蔬菜是由谁、按什么标准、在哪里生产的，对产品有信心，就会常年购买。

合作社还提供社会服务。合作社现在有400多亩地，都是集约成片的，购买了大马力的农机，机械工作效率高。一年当中合作社使用机器的时间是很短的，我们会对外承接割水稻、插秧、打地、秸秆还田、播种、烘干等社会化服务，提高机器使用率，也为社会造福。这几年国家为了提高土地使用率，鼓励集约化经营，先做土地确权，跟老百姓确认了田地以后，将地界破除掉，连成一片，也方便租用。有一定面积土地的农户一般都会叫我们去犁田。现在我们米厂也提供稻谷烘干等社会化服务。我们每次烘干机一开，一次能烘干 5000～24000 斤稻谷，老百姓拿着他们一定数量的稻谷到我们这里来烘干，好像大巴车一样，你拉 1 个人和拉 40 个人、50 个人一样，油耗不了太多的。

图 2　2019 年 6 月张志生在田间整地

“一读”是指传播中国优秀传统文化。在当地我们创立了四季耕读书斋（一个小小的国学教育机构），现在学生有 140 多人，常年学习的家长也有几十人，加上义工总共有 200 多人。在梅州市区我们还有一个兄弟单位，大家相互支持，传播优秀的传统文化。

自己、企业、家里人都从国学中受益，所以我比较注重员工心性的提升。企业上下也都一直在学哲学，我们每天早上都有早读，有半个小时的学习时间，学完以后再去工作。现在我在农场划出来一个区域举办国学夏令营和周末班。最近我去湖北学自然建筑，希望能在农场里建很多环保的、可持续的建筑。厦门公益书吧办得挺好的，所以我准备等湖北自然建筑课程结束以后，去厦门引进他们公益书吧的模式，把书吧建在农场里面，把周边群众，特别是农村的留守儿童，吸引过来。到周末的时候将农场里的书吧免费开放给他们，在那里有义工的带动，可以让他们更容易进入学习的状态，因为农村大多数孩子的父母要出门做工，爷爷奶奶都在隔代地带，到周末和寒暑假的时候根本管不了他们，孩子们特别容易学坏。所以我希望把这个公益书吧引进来以后，在各个地方复制这种模式，为留守儿童提供更好的教育。不过我发现要想扩大国学文化的传播范围，最重要的还是要培养师资，因为现在最缺的是师资，而不是场地。通过公益书吧、读经班与国学活动等，我们从中挑选一些沉淀下来的人，培养传播国学的种子老师，有了老师之后才能培养好的学生，让国学在各个地方开花结果。

我觉得教育是道和术的关系，需以道驭术。但现在的教育更多停在术的层面，术是方法，在教你怎么样去做事，而道的层面是教你怎么样去做人，怎么样去成为一个圣贤君子。现在的体制对年轻人德行方面的教育是比较薄弱的，人像树一样，我们的根是一个人的品行，枝枝叶叶那些东西是我们该怎么样去做事情，那我们得扎根，把根给找回来，把道给找回来。我想对年轻人说，一定要学习哲学、中国优秀传统文化、中国优秀传统思想，这对我们的人生与心性有非常大的帮助。我自己就是一个例子，我的这些思想都是从中国优秀传统文化中学来的，我们现在在学习日本稻盛和夫①的哲学思想。我们一定要多去涉猎、多去吸收中国优秀传统文化，这是老祖宗留给我们的宝贝。我都没有停止学习，当自己出现了问题的时候，从传统文化里面去找答案，什么答案都有。并且我认为国学对现代教育是一个很好且非常重要的补充，也能强化人的使命感，所以我完全没有感觉到传播国学的热情在消退，反而想一直以公益的形式推动国学的发展。当然，不是说我们学习国学要不食人间烟火，我们也需要生存、需要资本、需要钱。当然你去利他的时候一定带来的是自利，像稻盛和夫先生，他就是一个很典型的例子，值得我们尊敬与学习。他拼命地去服务社

① 稻盛和夫：1932 年 1 月 30 日出生于日本鹿儿岛，鹿儿岛大学工学部毕业。27 岁创办京都陶瓷株式会社，52 岁创办第二电信，这两家公司都在他有生之年进入世界 500 强，两大事业皆以惊人的速度成长。——编者注

会，最后他成就了两家世界500强公司。他有钱，但他将财富奉献给社会，造福社会，现在他吃的、用的东西是很少的，需求都很少。

“一素”是指素食。因为吃肉其实不那么健康，所以我是吃素的。十几年不吃肉了，我把素食理念带回去以后，就跟当地的善心人士一拍即合，有钱的出钱，有力的出力，有场地的出场地，已经众筹发起了两家免费的素食馆。我们素食馆每天供应一餐午餐，一家素食馆是200多人用餐，另一家是300多人用餐，每天有500多人在那里用餐，周末人多的时候还不止这个用餐人数。素食馆现在也影响了很多人，很多空巢老人已经把我们的素食馆当成心灵家园，因为老人家的心灵需要有一个地方安放，素食馆解决了这个问题。这里有义工给他们讲传统文化、讲家道、讲家风，然后老人在那里又能够找到很多倾诉的对象。但是我觉得我们素食这块做得还不够，需要再强化。

四　敬天爱人是我一生的修行

如果用四个字总结我的故事，我觉得可能是“敬天爱人”，也就是敬奉天理和利他的精神。“敬天”即敬奉天理，敬奉天理是我们心里所想的、所做的，要符合天道。宇宙当中有一种力量，它推动着万事万物朝着美好的方向发展，我们的念头就要跟这个一致，就好像我们做人要符合大众心目中君子的标准，那么很多人就会支持、拥护、帮助你解决各种各样的问题。“爱人”主要是指要有利他的精神。我们做这个事业能解决行业的问题，能解决身边人的问题，能给身边的人带来真实的好处，帮助他们成长，那我们就会积累很多善缘、很多能量，最终这些善缘、能量又会回到我们自己身上，也就是我们平常所说的“好人有好报”。利他的思想，我觉得是与中国传统思想里的“修身、齐家、治国、平天下”一样的，我们自己能做到以后，就能齐我们的小家，然后带动身边的人，最后由内往外去拓展。

敬天爱人这一理念，使我从利己转变到利他，我最大的收获是我找到了自己的天命。原来我是做金融行业的，金融行业是一个比较赚钱的行业，我可以讲是从一个比较赚钱的行业跳到一个比较不赚钱的行业。但我认为人不应该被利益捆绑，在任何一个领域里面，都可以发光发热，我也转向了做“一耕一读一素”，把兴趣爱好做成事业。在农村扎根，给很多人带来利益，这是我的使命在驱动着我做的事情，使我知道自己未来的人生道路该怎么走。如果不是利他思维的驱动，我不会这么辛苦地从事有机农业。我在深圳随便做一单生意，可能就抵我在农场几个月甚至是一年的收入，但是有机农业这个事业意义很大，影响也很深远，所以我们拼了命地去做它。我每天工作的时间一般正常是十二三个小时，有时候是 14 个小时，我从五点半起床以后就开始到农场工作，中午休息一下，就一直在干活。当你有这种使命感作为内在驱动力之后，这些肉体上的苦就不再是苦了。

利他精神不仅会使别人受益，也在无形之中使我们自己受益。2015 年我们的土地开始陆续有产出了，那时候我们靠口碑传播，身边小区业主，还有我太太的同事以及女儿的同学家长等这些人，开始购买我们生产的有机农产品，因为这种有菜味的菜他们也很喜欢，慢慢购买的人就多了，然后北京、四川其他地区的人也来买。这种叫信任农业，只要一个企业坚持去做一件事情，顾客还是会认可的。企业是有性格的，这个企业虽然辛苦，但是它一直在坚持，那身边人都能够看到。

致富带头人应该具备这种利他的思维，格局、心量要大，正能量要很足，要真正想着怎样去为社会、为世人做贡献，要想着怎样去帮助村民致富，不能只是打自己的小算盘。我们坚持了这么几年，不断地在投入，当地政府、消费者对我们的态度从一开始的怀疑转变为信任和支持，最后帮我们去做宣传，给我们提供了很大帮助，比如我们 2017 年的大棚项目，政府给我们建了 80 亩的大棚，后面又有 10 亩产业园的项目，我们自己出钱建配套设施，政府的配套设施也很有效，这些都是政府、社会对我们的肯定。

从利己到利他，我们更能明白致富与带头之中，带头更重要，致富带头人要起到一种引领作用。能够成为致富带头人，那他的见识、思想、所掌握的一些资源，肯定就不是一般的农民能够相提并论的。在这个过程中，他就像一个水的漩涡一样，把农民带动到漩涡里来，一起形成更大的力量。

这就是我现在要去做的事情，我要起到这样一种引领的作用。我觉得消费者是我们的衣食父母，农民是我们的坚强后盾。我把活力农耕项目做好了，农民也得到利益了。在这个过程当中我们解决了行业生存发展的问题，解决了农民切身利益问题，那农民肯定就会跟着我们干，也会带动更多的人来跟着干。农民有他的优势、经验、劳动力、技术，而且在农村这种劳动力闲置存量是很大的，只要我们把这些农民的能量激发出来，他们就会有生生不息的动力，就会给城市的消费者源源不断地生产高品质的、原生态的、安全的食物。之前我们很想将 CSA 模式落地，当时南沙扶贫合作队也有意愿，我们企业也能提供这个便利，就与南沙扶贫合作队合作，去做了扶贫的事情。事实上也很好，因为产出来的菜，全都给他们承包了，现在相对贫困且有强烈意愿从事有机农业的农户，我们都会吸收进来。

还有很多人不一定很有钱，也不一定已经致富了，但是他如果能树立一个典型出来，他就能够影响很多人，起到一个带头的作用，引领人们朝着正确的方向走去，就一定可以致富。最近在湖北随州有个年轻人，他也没有什么资本，但是他起到了引领作用，他到国外去学建造环保的、全用泥巴建起来的建筑，很多人都认同他的低碳环保理念。他每年开一次自然建筑课程，教授环保建筑相关知识，我也是慕名去的，学成以后可能就到全国各地去尝试建造环保建筑。另外很多国外 CSA 农场的农夫，他们也不是很有钱，资本也不是很雄厚，但他们热爱农村，热爱农业，事业都很成功。

一个人能获得事业上的成功，能够引领其他人一同发展，都与敬天爱人理念有着多多少少的关系。当你不停地以善心去工作、去生活、去待人接物的时候，会产生很多很奇妙的缘分，它也会以另外一种形式回报你，跟你的频道相同的缘分会来的，这叫积善行。我们要不断地去积累善的行为，不断地思考怎样去利他。我们应该树立为社会创造价值的思维，不要总想着自己的那一亩三分地，你越利他、越帮人，人家就越帮你。

小辣椒映红云浮致富路*

受访人：陈洁玲

访谈人：张　碧

访谈时间：2021 年 7 月 29 日

访谈形式：线上访谈

访谈整理：张　碧

访谈校对：张　碧　冉皓玥

故事写作：张　碧　李　威

受访人简介：陈洁玲，女，1987 年生，广东罗定人，获得“广东省乡村振兴先进一线工作者”等称号。中专毕业后到珠三角工作，于 2007 年返乡发展农业，在此期间带领团队在罗定市多个乡镇开设农作物种植技术服务部，现为广东省绿家农业发展有限公司董事长。广东省绿家农业发展有限公司成立于 2015 年，经过多年探索，形成了以“公司 + 合作社 + 农户”为基本架构的农业“共营机制”。目前，公司以农业托管服务形式在全云浮市内有联结基地 32 个，先后与近 3000 户农户签订辣椒种植合作协议，其中建档立卡贫困户近 800 户，带动群众种植面积 4 万多亩，2 万多名群众参与就业。2020 年广东省绿家农业发展有限公司被评为“省级龙头企业”。

* 本文参照以下材料：

《“辣椒妹”陈洁玲小辣椒种出“红火日子”》，《今日罗定》2020 年 6 月 11 日；《陈洁玲——32 岁云浮女代表靠什么带领 1874 农户共同致富?》，《云浮人大》2019 年 8 月 5 日；《从价格“过山车”看破解“价贱伤农”》，《云浮日报》2021 年 5 月 14 日。

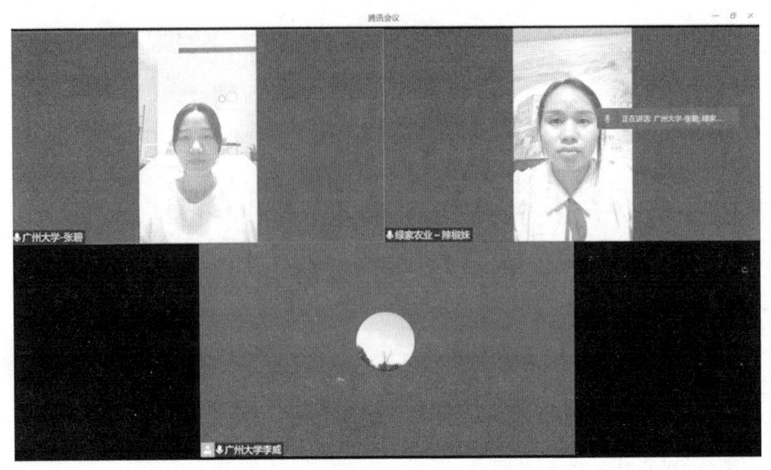

图 1　2021 年 7 月 29 日陈洁玲（右上）接受张碧（左上）、李威（下）线上访谈

一　心系家乡的农业梦

我出生在云浮罗定市[①]罗平镇的一个农民家庭，我们这边属于广东省的山区市，受地理位置和基础设施限制，经济发展水平比较落后，以农业种植为主，尤其在水稻种植方面有着悠久的历史。家里有三兄妹，我是最小的一个。小时候家里条件不好，农活繁多，我每天除了按时上下学，空余时间都随着父母上山下田，我的童年生活被插秧、除草、割禾、砍柴草等农活填满，这也使我切身感受到农民生活和农业耕种的辛苦。我的父母是个淳朴善良的农民，日复一日、年复一年地扎根农田，默默地种植着当地传统的农作物，希望化汗水为丰收，但是由于传统农作物经济收益并不高，父母的辛勤劳作没能改变家里的条件，生活并没有太大的起色。我还清晰地记得，我每学期的学费基本都是到期末的时候才凑齐交上去。虽说出生在 80 年代的我已经算是幸运的了，但是每当听到家里老一辈说起以前吃不饱饭、经常挨冻的穷苦日子，仍深有感触。农民每天都生活在良田与白云之间，都说一分耕耘一分收获，但是我深知农民们的辛勤劳作与所获所得并不成正比。小时候也真的是穷怕了，当时我就渴望着以后能够创造

① 罗定市是广东省下辖的一个县级市，属地级云浮市代管辖。

机会让村民们种植一些生长周期短、商品率高、经济效益高的农作物。

中专毕业后，为缓解家里的经济压力，我先是到珠三角的大城市打工，我告诉自己要比别人更努力。功夫不负有心人，工作了两三年后我从一名普通职员升为公司高管，工资也从几百涨到几千块钱。但是我一直没有忘记我最初的农业梦，始终心系家乡，计划着要怎样着手发展农业，不断学习相关农业知识。那时我与丈夫已经认识好几年了，他家里有六兄妹，父母为了供其中三个上学，日子过得也很艰辛。我的丈夫大学毕业后顺利成为一名教师，在大家看来他当时已经拥有一份相对稳定的工作。当时他的工资大概是 1200 元一个月，那时候一罐奶粉 300 元，而一罐奶粉只够喝一个星期，这样算下来，一个月的工资只够一个月的奶粉钱。考虑到以后结婚养家，这样的薪资是不够的，所以他也从“铁饭碗”中跳出来，决心在农业领域大干一场。人们都说美好的恋爱场景出现在公园里、咖啡厅或者电影院，而我们夫妻俩是在家乡的一座座小山和一片片辣椒园里留下了爱与奋斗的脚印。当家人听到我们的决定时，他们都百思不得其解，父辈世代务农，不就是为了让自己的孩子摆脱农民身份吗？为什么还要跑回来种田呢？但是，我仍然坚持自己的信念，希望通过发展农业建设家乡，在云浮种植一种比较赚钱的农作物，实现农民在家门口就业，促进农民增收，让村民们都过上幸福美满、相对富裕的好日子。

图 2　2021 年 4 月陈洁玲（中）在辣椒基地与农户们一起收辣椒

二 我与辣椒的结缘

2007年，我辞掉大城市的工作，与丈夫返乡正式发展农业。万事开头难，我到底要选哪种农作物为主种植呢？这是一个不断摸索的过程。因为一直都有从事农业的计划，所以早在2005年，我们就已经租了40亩土地。当时砂糖橘在市场上总体来说是比较有盈利空间的，所以我们一开始也跟上市场需求，准备种砂糖橘。但是租下地的时候还没有到种砂糖橘的季节，所以就先种了一季辣椒，这可以说是我第一次接触辣椒，那时还没有把辣椒当成主要农作物。第二年，我们扩大砂糖橘的种植规模至200亩，同时在罗定市的10多个乡镇开设了农作物种植技术服务部。2008年，我发现砂糖橘市场有点走下坡路的趋势。俗话说，不能把所有的鸡蛋放在同一个篮子里，我也不能把所有的投入都压在砂糖橘上，在此期间我也尝试种植了豆角、苦瓜、花生和水稻等，但是效果都不是很好。虽然前期我们已经积累了许多种植经验，并学习了不少种植知识，但是纸上得来终觉浅，绝知此事要躬行。为了成功转型，找一条致富新路子，我跟丈夫进行了为期一年的探索，我们开始在果蔬批发市场四处奔波，每天凌晨我们就去交易市场蹲点，认真地记录各种蔬果的货流量，了解清楚辣椒的去向，与各种收购商打交道、套近乎，天亮了就拉蔬菜去卖，观察各类蔬果的售卖价格和百姓消费情况。就这样持续蹲点一年后，我和丈夫觉得成竹在胸、胜券在握。

于是，我们将辣椒作为接下来种植的主要农作物，总结起来主要有以下几个原因。一是辣椒属于高经济收益的农作物，种植周期短、成本低、产量和效益高，每年可以种植两季，长出的辣椒品质优良，而罗定辣椒的上市时间，正好处于外省各产地辣椒上市的“空白期”，即海南辣椒、湛江辣椒之后，贵州辣椒、云南辣椒之前，市场环境优，消费需求稳定，基本没有出现过滞销的情况，深受客商青睐。二是从自然环境来说，北方土壤肥沃、土地平整，适合大面积种植。我们广东以丘陵、梯田为主，更适合种植一些比较小型的农作物，种植辣椒也算是因地制宜。三是在劳动力方面，留守农村的基本都是一些妇女、残障人士和老人等相对弱势群体，而年轻力壮的青年基本不会留守在村子里，刚好满足辣椒采摘、分拣、包装等低强度劳动力的需要。

在这以后，我便与辣椒结下了缘，后面还成立了以辣椒为主要种植作物的公司。为什么会想到成立公司呢？还是源于一个偶然的机会。有一天，我们农作物种植技术服务部跟往常一样正热情地接待站点附近的村民，村民们满心欢喜地提着自家的辣椒，有条不紊地排着队等待交辣椒。这一幕恰好被下乡考察的农业局人员看到了，他们才知道是我们在负责辣椒的回收，随后就赶紧跟我介绍了他们之前走访市场过程中了解到的情况，说我们罗定的辣椒一年有一两千万元的销售额，提醒我有一定规模后要尽可能组织生产，这样才能做大做强，同时还跟我普及了一些食品安全知识。

随后在 2015 年年底，我们注册了广东省绿家农业发展有限公司，以辣椒等优质农作物的种植、加工、销售为主营业务，由此迅速发展。我们在罗定市连州[①]、罗平、罗镜、太平等镇，郁南[②]等周边县市都设立了绿家农业的辣椒种植基地，自有基地面积从 2015 年的 300 多亩发展到现在的 6000 亩，并先后被列为“广东省农业科学院蔬菜研究所科技成果示范基地”、广东省和云浮市“巾帼创业示范基地”。公司辣椒产值从 2015 年的 800 多万元增长到 2018 年的 5000 多万元。2019 年，公司朝天椒产值 5061.79 万元，2020 年公司实现朝天椒销售产值 6400 多万元，带动全市辣椒销售产值 2 亿元。2021 年 1～5 月公司实现辣椒销售产值 4000 多万元。在大家的共同努力下，公司在 2020 年 12 月被评为“省级龙头企业”。

三 我像辣椒一样越“辣”越勇

虽然我的公司成立于 2015 年，但是我的创业之路从建立农作物种植技术服务部的时候就开始了。当时为了更好地统一生产标准，我带领了 18 个团队先后在罗定市的连州、罗平、太平、新榕、罗镜、船步、围底、素

① 连州：隶属于广东省罗定市，位于罗定市中部偏西，距罗城 27 公里。东部与罗平镇接壤，南靠罗镜镇，西部与泗纶镇相连，北部与生江、黎少为邻。连州的农业以种养为主，粮食以水稻为主。

② 郁南县：隶属云浮市，位于广东省西部、西江中游南岸，南与罗定市相邻，北与德庆、封开两县对望。

龙、泗纶、金鸡、双东及周边县镇等多个乡镇开设农作物种植技术服务部，通过直营和加盟的模式发展技术人员40多人，负责各镇技术服务及安全生产跟踪，为种植户提供全方位的技术指导，实行标准化种植，确保农产品优质高产。比如，农户种植的一亩水稻正常情况下有800～900斤产量，那么按照我们的技术方案产量可提升到1200～1300斤，最高可达1700斤。按照平常，一亩花生一般只能榨出30～60斤花生油，采用我们的技术后，花生油的榨取量可以提升到一亩100～150斤。还记得我们农作物种植技术服务部服务的第一个村子是云浮市连州镇簪升村，当时整个村子的村民都是种植水稻，面临稻飞虱[①]肆虐、土壤贫瘠以及干旱等问题。因为传统的农药没办法治害，昂贵的进口农药又让收入本就不高的农户望而却步，受到虫害影响，当时7亩稻田才收1000斤谷子，收益极低，全村的水稻种植陷入困境。得知情况后，我们为其中一名农户提供了技术支持，免费赠送农药、肥料，鼓励他进行试验，改进种植方法。令人欣喜的是这个方案成功了，在其他农户都在为这次虫害发愁时，他家却获得了丰收。试行方案受到村民们的一致认可，其他村民也在我们农作物种植技术服务部的帮助下恢复了水稻种植，而且收益大增，有些农户的年收入可达10万元，达到了“发展一户，带动全村”的效果。[②]

也就是靠着经营农作物种植技术服务部，我们积累了一定的群众基础并获得了一些资金来源，这是我们后来转型种植辣椒的重要前提。虽说我们当时开设服务部为原本种植水稻的农户们解决了不少燃眉之急，但他们起初并不看好辣椒种植，所以我只能自己种一部分，然后又尝试带动农户种一部分。整个带动过程并不容易，农户根本不相信辣椒也能够有好的市场。云浮南乳花生[③]是当地著名小吃，罗定稻米[④]被列为国家地理标志产品[⑤]，家家户户都勤勤恳恳地种植水稻和花生，盼望着春种秋收，获得好

① 稻飞虱：昆虫纲同翅目飞虱科害虫，俗名火蠓虫。以刺吸植株汁液为害水稻等作物。

② 本故事参照了2020年6月11日发表于《今日罗定》的文章《“辣椒妹”陈洁玲小辣椒种出“红火日子”》。

③ 云浮南乳花生：一道以南乳花生为主原料制成的小吃。云浮本地著名的风味小吃，云浮人送礼首选佳品，被公认为“云浮特产”。

④ 罗定稻米：广东省罗定市特产，中国国家地理标志产品。

⑤ 地理标志产品：是指产自特定地域，所具有的质量、声誉或其他特性本质上取决于该产地的自然因素和人文因素，经审核批准以地理名称进行命名的产品。

收成。农户们凭借自身多年农耕经验告诉自己，虽然蔬菜、水稻、花生的市场行情不好，但卖不出去也可以留在家里自己吃，再不然还能分给亲朋好友。大家都知道广东人饮食比较清淡，相比其他地方，很少吃辣椒，这就增加了辣椒种植的风险。所以，在前期对于一些种植积极性不高的农户，我们无论是种苗、肥料还是农药都是免费提供。为了消除农户们对辣椒种植的担忧，我每天一大早就前往基地，下农田，与农户们一起观察辣椒长势、病虫害防治和农药、化肥使用效果，不断研讨辣椒种植方案。我也会定期参加镇政府、村委举办的辣椒、水稻、花生高产种植技术培训班，给当地农户讲解农业种植的新知识、新技术，让农户能够科学种植和管理农作物。记得第一季辣椒种植结束后，我和一些农户的基地种植面积加起来虽然不够 200 亩，但是产量还是非常不错的，辣椒的均价在一斤 5 元左右，远高于先前种植的水稻的价格。看到辣椒的收益好，价格高，村民们讨论得热火朝天，一些原本不看好辣椒种植的农户也纷纷加入我们的队伍。回想起这段日子，我很感谢当时跟着我种辣椒的农户们，因为当时大家的田地虽然只有一亩或者几分，但是他们也愿意相信我，肯跟着我一起吃苦。

在这期间为了保持农民对辣椒种植的积极性，我承诺保价回收。然而在实施保价回收方案过程中也存在一定困难。因为是免费送，农户不需要任何金钱付出就可以获得农资，所以他们在种植的时候就产生了比较散漫的心理，他们觉得反正农资都是免费送的，我就种下去，有收成那就最好，没有的话就算了，也没什么损失。农户们依旧采用种植水稻的方式种植辣椒，导致辣椒产量并不高。辣椒种植相对于传统的农作物而言，需要勤管理、高技术，但是有些农户种了辣椒既不细心打理，也不进行技术管理，所以一开始有几十号人跟着种植，但是最后只有努力踏实的十几户赚钱。那对于此类积极性不高的农户应该怎么改变他们的思维呢？我就想出了两个方案，分别针对大户和散户。对于大户，我就会提供种植所需要的所有资源，如肥料、种子、技术等，农户只需要出人工和租金，最后大家分成，共同经营。对于散户，由于精力有限，我没有办法全程跟进，就采用先收取定金再配备种子、农药、肥料、种苗，等收购农户种植的辣椒时再扣除种子、肥料等费用的办法，使农户无成本种植辣椒，解决了农户的后顾之忧。罗定市连州镇官田村的一个农户一直都只种植水稻，家里养三个孩子开销也很大，入不敷出，有一次他碰巧路过我们的辣椒收购点，经过一番了解后开始转向种植辣椒，由我们公司负责保价收购。种了三年辣椒后，这个农户的家庭收入水平已经大为提高，逐步实现脱贫致富。[①]

都说农民是靠天吃饭，辣椒喜温暖、怕霜冻、忌高温，也会遇到不可抗拒的自然灾害。我还清楚地记得 2016 年 1 月份，罗定市遇到了 87 年一遇的雨雪天，农业局发出做好农作物防寒措施通知，我们也提前做好准备迎战，早早地发动农户去给辣椒苗盖好薄膜，逐户通知、精准跟踪，对农户进行指导，希望把损失降到最低。但是当雨雪真正来临的时候，无情的霜雪还是把我们 11 月底到 12 月份播种、1 月份才冒出的辣椒苗给冻死了。因为那时候我们刚成立公司，2016 年正处于扩大辣椒种植规模阶段，雨雪天气后，不仅农民们信心大失，准备拔掉辣椒苗种花生，我也因农户数量多，需要的资金量大而倍感压力。这时，刚好罗定市妇联开展“妇女创业小额贴息贷款”活动，自然灾害原因本不属于公司的责任，出于个人责任心，我还是立即向罗定市妇联组织递交了贴息贷款申请，并成功获得了罗定市农村信用联社的 30 万元贷款。随后我迅速将该笔资金投入农户的辣椒恢复种植，把这 30 万元全部买了水肥[②]。相比普通肥料，水肥的特点是吸收快，能促进苗的成长。农民经历了那次恶劣天气之后不敢再浪费钱种植辣椒了，所以我们就决定每个来开会的人都送一桶水肥，我们就是抱着这样的心态，让农民恢复生产了。农民回家后浇了一周的水肥，就看到了效果。其中一个农户种了八九分地，他获得了 2.2 万元的高收入。辣椒丰收，农户的收入大大提高，整个市场行情也逐渐转暖。我也很快收回了原预支给辣椒种植户的费用，按时还上了 30 万元贷款。我也非常感谢各级党委政府和妇联组织的关怀和帮助，他们的帮助使我的公司快速发展。

创业尤其是农村创业路上充满艰辛和困难。回看这些年，我之所以能够返乡创业成功，也离不开国家政策的支持。因为前期我们都处于扎根阶段，直到 2015 年才成立了公司。在 2016 年的时候，一些乡镇的政府部门会邀请我去给当地的农户进行种植技术培训，这极大地调动了农民的辣椒

① 本故事参照了 2019 年 8 月 5 日发表于《云浮人大》的文章《陈洁玲——32 岁云浮女代表靠什么带领 1874 农户共同致富?》。

② 粪便等有机物腐熟后加水所成的肥料。

种植积极性，也在一定程度上对我们公司起到很好的宣传作用。同时，在扶贫这一块，好几个村也利用扶贫基金购买我们的物资，从动员、选地、整地、种植、采收到管理环节都由我们提供服务。2019 年，我参加了广东“领头雁”农村青年致富带头人培育计划[①]。加入该培育计划后，我的公司获得重点项目培育立项，并与农业科研机构合作，引进优质辣椒品种。同年，罗平镇乌龙村辣椒项目获省“一村一品、一镇一业”[②] 扶持。

四　小辣椒释放大能量

从最开始在各镇开设农作物种植技术服务部，经过 10 多年的发展，广东省绿家农业发展有限公司通过“公司 + 合作社 + 农户”的经营模式，吸引越来越多的农户加入种植辣椒的队伍，辣椒产业越做越大，我们依靠小辣椒走出了红火致富路。我以自己多年来从事农业的丰富经验、所学的农业种植知识，凭借着不怕苦、毅力强的干劲，带领村子里一户又一户的村民走向火红致富路。近几年来，脱贫攻坚工作一直是各级政府工作报告的重点内容，人大代表本来就有义务宣传精准扶贫、精准脱贫的各项政策。因此，我在 2016 年 10 月当选为云浮市第六届人大代表时心想：作为从事农业的人大代表，我既要努力当好农村致富的带头人，也要当好贫困户的引路人，尽力帮助身边贫困群众通过发展优势特色产业实现共同致富。[③]

习近平总书记强调，产业扶贫是最直接、最有效的办法，也是增强贫困地区造血功能、帮助群众就地就业的长远之计。我们云浮 2020 年年底的辣椒种植面积达到了 4 万亩，其中罗定 2.5 万亩，郁南、云城、云安、新兴共 1.5 万亩。在就业人数方面，以 2 亩田地需要一个人去采摘来计算的

---

① 广东通过实施“领头雁”农村青年致富带头人培育计划，在全省范围内精准挖掘，选拔一批具有专业技能、愿意扎根农村、有致富经验的农村青年带头人。该计划以相对贫困村为重点地区，已累计培育 2000 多名农村青年致富带头人，开发 170 个优质涉农创业项目，帮扶 3600 余个相对贫困农户创业增收。

② 2019 年，广东省农业农村厅出台《“一村一品、一镇一业”建设工作方案》，自 2019 年开始，广东连续 3 年，每年扶持 1000 个村发展农业特色产业，扶持 1000 个以上新型经营主体，开展农业社会化服务超过 100 万亩。

③ 本故事参照了 2019 年 8 月 5 日发表于《云浮人大》的文章《陈洁玲——32 岁云浮女代表靠什么带领 1874 农户共同致富？》。

话，那就相当于辐射带动 2 万名群众就业，带动农户户均增收 6000 多元。其中，除了我自己的公司外，还有以前跟着我一起干的大户也渐渐独立出来自己干，现在可以说算是竞争对手，但是我觉得更多的还是相互促进，因为这相当于在云浮已经形成了一个辣椒种植行业，而在这之前，砂糖橘种植并没有形成这样的行业。以我公司其中一个点为例，每年 4 ~ 6 月需要 200 多人做打包、分拣工作，那么进行采摘的人员就需要 2000 多人，可想而知那些出来单干的大户也相当于为他们附近地区创造了不少就业岗位。从就业人员结构来看，在农村地区，一个辣椒种植基地面积大概是 200 亩，可为基地附近的村民提供 70 个就业岗位，而这 70 个岗位上的人员基本都是 45 ~ 70 岁的农村留守妇女。

除了围绕种植基地，让村民实现在家门口就业之外，过去几年，我们也抓住新时期脱贫攻坚契机，先后与南海驻罗扶贫工作组①、云浮市直属有关单位、罗定市有关镇街、市直机关及相关单位等签订合作协议，发动贫困户种植辣椒。我们公司负责发放种子、提供技术服务、农资统一配送、产品收购等，农民带土地、出劳力。公司通过这种农业生产托管服务体系，扶持贫困户脱贫，带动农户增收致富，助推农村发展，助力乡村振兴。我们先后带动 5 个镇 91 个村 1874 户贫困户种植优质水稻共 3816 亩，有效带动广大贫困户增收致富。比如在 2017 年，公司直接与 368 户贫困户签订辣椒种植合作协议，其中帮扶建档立卡贫困户妇女 190 人。河塱村②是郁南有名的贫困村，此村背靠绵延不绝的青山，南亘江湾，交通闭塞，产业不兴。为此，佛山市派驻的对口帮扶人员曾为如何实现脱贫攻坚目标伤透了脑筋。去年，贫困户陈伟枝种下的 10 亩朝天椒喜获丰收，5 个月的时间里居然获得纯收入 15 万元。目前，我们公司以农业托管服务形式在全云浮市有联结基地 32 个，与近 3000 户农户签订辣椒种植合作协议，其中建档立卡贫困户近 800 户。

除了以上这些有形数据之外，令我感触最深的是发展农业还能使村民

① 佛山市南海区共选派优秀驻村干部 61 名对罗定市的 16 个镇街 27 个相对贫困村 3135 户相对贫困户共 11193 人开展对口帮扶，通过带动发展产业和投资入股等方式共实施帮扶项目 1467 个，已全部达到退出脱贫标准，相对贫困人口退出率达 100%，27 个相对贫困村集体经济收入均达到 15 万元。

② 河塱村是省定贫困村之一，位于郁南县的东南面，距圩镇 10 公里，距县城约 60 公里。

的思想得到巨大的改变。一些驻村扶贫干部跟我说，村子里的村风变好了很多。以前他们村子和村子、村民和村民之间经常发生争执，但是现在村民们关系融洽，劳作积极性极高，大家都争先恐后地要去种辣椒，再也不见以前村民整天游手好闲的景象了。我认为无论干什么活都是辛苦的，但是村民只要愿意付出劳动，把辣椒种出来，拿去上磅称重，马上进行结算，就赚到钱了，这样的日子也变得有盼头和有希望。

如果说能够带动村民们脱贫致富是一件值得高兴的事，那么帮助村子里的妇女们靠辣椒种植实现独立自主更让我深感自豪。身为一个女企业家、女致富带头人，我深刻地感受到村子里的妇女既要在家照顾老人小孩又需要赚钱的辛苦与不易。我们工作基地的工资都是采用按天计算的方式，所得日工资基本是 80 ~ 100 元，加上额外奖金，一个月的收入可以拿到 2500 元。这样的工资收入虽不比大城市多，但是在农村，每个家庭自己都种一些蔬菜，养一些鸡、鸭、鹅，同时还能带小孩的情况下，其实还是可以赚到钱的。而且，她们再也不用每个月依赖在外地工作的丈夫给生活费，或者再也不需要每次看丈夫的脸色做事时，无疑大大提升了自身的底气和骨气！在很多年前，我们村子里的一位妇女，跟大多数人一样，丈夫负责外出工作赚钱，自己留在家里。她 30 多岁进入我们公司工作，刚开始的时候她是在一些基础性岗位工作，过了一段时间，她对公司的工作也越来越娴熟，我就让她负责基地管理。我看到了她的努力和能力，就把她提升为公司的技术员。再过了一两年，我们公司刚好有一个区域的管理岗位空缺，我也很放心地让她担任了这个职务，她相当于自己当老板。后来我才了解到她之前在家里过得并不是很美满，她的丈夫平常工作回来有稍许不开心会对她进行打骂，但自从她有独立的经济来源后，她丈夫再也不敢对她怎样了。

我们有一个贫困户是 16 岁的小女孩，她身世坎坷，从小被养父领养，后来她养父生病过世，一对老爷爷老奶奶好心再次收养了她。然而，很不幸的是年迈的爷爷也受到伤病折磨，她并没有因为命运的不幸而自暴自弃。相反，她变得更加独立和坚强，虽然年龄小，但是可以完成辣椒的采摘工作，靠自己的劳动摘辣椒去卖，补贴家用。我认为我最大的收获不是金钱上的满足，而是通过帮助他人实现了价值。我觉得我做的农业非常有意义，以前从没想过自己的辣椒种植竟然能在他人遇困难的时候发挥如此大的作用，是一颗颗红色的小辣椒重新点燃了她对生活的热情和希望。

我作为我们这里的辣椒种植带头人，当地村民都亲切地称我为“辣椒妹”。我经常下基地与农户们探讨遇到的种植难题，为他们进行技术讲解和必要指导，经常与农户们在农田里谈笑风生，农户们有收获也总是愿意与我分享：通过咱们公司的技术，自己今年的稻谷收了多少，辣椒收了多少，赚到了多少钱……看到他们脸上洋溢着幸福的笑容，兜里变得越来越鼓，幸福的日子被紧握在自己手中，我想这些年创业路上的一切艰辛都值得。

五　感悟与新征程

回想这些年，我在实现自己农业梦的同时还成功地带领农户们过上了富裕的日子，通过农业现代化改变农户生活，我也积累了不少经验。我认为作为一个致富带头人还需要具备以下的精神品质。

作为一名企业家，要做到以诚取信。农户致富和公司发展是相互促进、互利共赢的关系。这也是我一直设立保底价的原因。农业公司，面对的绝大多数群体是农户，他们自身受教育程度不高，对企业生产经营的理解能力都有一定偏差。市场是具有不稳定性的，比如在 2020 年 12 月底，市场上辣椒价格高涨至 20 多元一斤，农民们种植辣椒的热情被迅速“点燃”，但是到 2021 年 4 月份，有些辣椒品种收购价格跌至几毛钱一斤，丰收辣椒价格遭遇“过山车”，农业陷入“价贱伤农”困局。[①] 但是农民并不能理解，为什么平时卖 20 多元的辣椒突然掉价到几毛。这时我会跟农户解释，“无论是自己种植辣椒还是水稻，就算是一亩几分田也都算是小小生意，生意肯定就会有亏有赚。我们公司首先一定会保价回收，对农户负责，我是一定会说到做到的，因为不排除有些商贩只是喊口号。”邻市一些椒田的辣椒一度 3 毛钱一斤都没人要，市内一些地方承诺保底收购辣椒的贩子直接“跑路”了。而我们给的保底价是 8 毛钱一斤，因为我们在云浮深耕辣椒种植十几年了，我们有底气做到。我们就算亏钱也要保住农民

---

① 本故事参照了 2021 年 5 月 14 日发表于《云浮日报》的文章《从价格“过山车”看破解“价贱伤农”》。

的积极性，虽说这个过程并不容易，但是慢慢地农户也会理解企业。在我看来，在市场行情低迷的时候公司承担相应的责任，行情转好的时候农户可以多赚一些，大家相互帮忙，就像一个大家庭，家和万事兴。世间自有公道，付出总有回报，我对待农民做到坦诚相待，农民也给我正向反馈。就像每次在我遇到困难的时候，都会有各方面的人来帮助我，对此我也非常感激。

农村致富带头人，还要有锲而不舍的精神，具体包括以下几点。一是指遇到困难的时候一定不能放弃，坚持自己选定的东西。尤其从事农业，我认为这是最重要的一点。从我自己从事农业的经历来看，我觉得农业跟制造业不一样，制造业生产出一件产品，假设成本是 1 元，就算我出售 1.1 元，那么也算是赚了 0.1 元。但是农业鲜品从来没有稳定的价格，有高有低，关键在于市场低迷甚至亏钱的时候，能否坚持做下去。我记得有的农户在 2016 年跟着我们种植辣椒，但是到 2017 年辣椒价格不是特别好，一亩地大概只赚几千元的时候，农户觉得行情不好就不种了。谁也想不到后面 2018 年、2019 年这两年辣椒的价格又回升，他心血来潮在 2021 年又重新种，但又遇到了超低价的一年。2020 年新冠肺炎疫情发生后，很多在一线城市开工厂、做外贸的老板也产生了回乡创业的想法，也来找我说想转型从事农业，那我就会首先提醒他们，做农业并不是想象的那样容易，不能看到别人赚钱就一股脑去做，最重要的是看你能否一直坚持。二是应该坚持自己认为对的事情。正所谓“国以民为本，民以食为天”。从我从事农业的那天开始，我一直坚持倡导做无公害农业。我还记得在十几年前，那时候还是以水稻种植为主，很多农民会用高毒农药硫丹[①]喷洒水稻，以达到杀虫目的。由于农民知识匮乏，他并不认为这样有什么害处，就觉得自己洒下农药，杀死害虫就是好事。但是我会毫不客气地直说：“你千万不能用这些农药啊，你确实是看到害虫死了，但是你要想一下这些水稻都是你自己吃了，而且你是一直把这些有毒的水稻吃进自己的肚子。”所以，我成立的农作物种植技术服务部在农药、肥料方面一直坚持推广减肥增效。我们现在种植的辣椒可以说经得住随便抽检，我们也正在申请辣椒

① 硫丹：亚硫酸酯，主要用作农用杀虫剂。由于其剧毒性、生物蓄积性和内分泌干扰素作用，已经在 50 多个国家被禁止使用。

产品的绿色无公害的认证。

当然，作为一名青年创业者，要深刻理解学不可以已。科技是第一生产力，农业种植的发展离不开高新技术。我自认为并不是一个非常聪明的人，但是我从来没有停下学习的脚步。从我计划从事农业起，深知自己在各方面的知识有所欠缺，我就利用空闲时间学习相关农业知识。学习到丰富农业知识后，我便产生了进入大学正式学习的想法，后来我参加华南农业大学本科函授，成功进入华南农业大学学习。随着公司迅速发展，公司对科技的需求越来越多，公司与华南农业大学建立了乡村振兴服务站——“牛哥驿站”，形成了“科技+产业+扶贫”的发展模式，实现了政府、高校、教授、企业、贫困户的有机连接，打通成果落地“最后一公里”。所以，我认为年轻人一定要勤奋好学，不能懒惰。

针对现在一些农民工和大学生回乡创业的现象，我首先想到的是“此生无悔入华夏”这句话。我觉得能够生在这样的国家非常幸运，祖国给了我们温饱的生活，不用再愁吃愁穿。如果我们还想创造更好的生活，就需要自己不断地努力。农民工本来就是一个非常能吃苦、踏实肯干、勤劳的群体，我认为只要他们回到家乡找到了合适的项目，他们的生活一定不会比在城市里过得差。乡村振兴，人才是关键，我觉得大学生可以利用自己的优势，比如整合政府部门、社会力量和互联网资源，把家乡的产品推广出去的同时争取一些国家政策，降低成本。最后我觉得最关键的是将农民工和大学生群体结合，农民工负责劳动力强的操作性工作，大学生负责资源整合等技术性工作。

对于乡村振兴，我个人认为产业振兴发挥着重要的作用。因为无论你给村民们打造出多么美好的居住环境，如果他们口袋里没有钱，可能还是缺乏一些安全感。再一个就是获取真正的幸福感，比如一个班级的学生，我们总是会说有成绩差的学生，你觉得他不想获得好成绩吗？我觉得这是不可能的。所以，无论是年轻人、老人还是妇女，我觉得他们肯定不会满足于就在家里过悠闲的日子，更多的是希望有事做，哪怕在农村里赚的不比在城市多，但是至少有为之奋斗的目标。所谓幸福生活是奋斗出来的，奋斗本身就是一种幸福。

村民们奋斗的目标越来越清晰，而我也会在发展农业这条路上坚持走下去。我要在辣椒产业这一块继续扩大种植规模，扩大市场。在前几年我们广东3～6月份的辣椒可能都是靠从越南、缅甸进口，但是我们现在就压缩了其广东市场，事实上全国还有许多其他市场，我们也正在压缩其他市场。因为其出口辣椒的成本肯定比我们这边的成本高，而且新鲜度也不及我们这边，所以我们的优势是非常大的。我还买了一些土地，接下来主要是想在深加工这一块下功夫，包括：一是要加强硬件设施建设，例如加强育苗、高标基地、分拣、冷库、烘干、冷链配送设备等基础设施的建设，提前做好市场风险的防范；二是对辣椒进行深加工，在完善鲜椒销售网络的同时也延长辣椒产业链，争取建成广东省辣椒产业的龙头企业。我觉得我又站上了一个新的起点！

在追梦振兴乡村的烟茶路上

受访人：周科学

访谈人：冯美萍　黄嘉仪　陈凌山

访谈时间：2021 年 7 月 16 日

访谈形式：线上访谈

访谈整理：冯美萍　黄嘉仪　陈凌山

访谈校对：冯美萍

故事写作：黄嘉仪　冯美萍　陈凌山

受访人简介： 周科学，男，汉族，1986 年生，湖南浏阳人，大专文化，中国国民党革命委员会党员，第三十四代古法烟茶传承人，平江县烟茶研究院院长，湖南古茶文化发展有限公司创始人之一，2017 年被评为“全国农村青年创业致富带头人”。2011～2013 年就职于富士康，2014 年踏足烟茶行业，成立溪里谷雨农民合作社，从事农业项目。2018 年成立湖南古茶文化发展有限公司，2020 年主导完成“平江烟茶”国家地理标志农产品申报并制定国家质量技术控制规范。在带头致富方面申报 4 项专利，其中已获“一种茶熏制过程中可以控制的排烟管道”专利 1 项，所在企业成为湖南省重点扶贫项目实施单位，培训当地茶农 380 余人，为当地劳动力提供就业岗位 350 余个，带动淡江村等 8 个村庄村民增收，截至 2020 年直接带动脱贫人口 1140 人次。

一　弃城高薪稳定工作，心怀桑梓反哺家乡

我叫周科学，出生于湖南浏阳。2005 年高中毕业后，我怀着永不言

图 1　2021 年 7 月周科学（右上）接受线上访谈

弃、实现个人价值的初心，带着对大城市的期待南下广东闯荡。刚开始是在珠海的一间代工厂从事（制作）电脑鼠标的工作。我从一名质量监管员做起，研究与学习质量监管部门所有的文件，通过不懈努力成功考取质量管理师资格证。在那间代工厂工作、学习两年，辞职后在富士康工作两年。在富士康工作期间通过努力成为一名工程师，月工资是 13000 元，相对于下面一些操作员或者是普通员工的 3000 元月工资，已经算不错的了。

按照这样发展下去，我在城市扎根是迟早的事情。我犹豫了很久是选择继续在城市打拼还是回家乡创业。因为家乡对我来说是一个情感很深厚的地方，无论如何我都不想轻易放弃。综合各类因素考虑，我最终选择放弃城市里的工作，回乡创业。

首先，破旧立新是我骨子里的想法和冲劲，所以遵从内心，我希望去做自己想做的事情，远离舒适区。富士康属于台资企业，对员工的工作管理较严格，上班时间非常规律，是正常的 8 小时工作制，从早上 8：30 到下午 5：30，就算偶尔加班也不会超过晚上 8：30。重复性和烦琐性的工作特点，使我觉得就算我面临很多突发性问题，我也没有实现自我价值的空间，因为电子产品的生产性质决定突发问题是有规律性的。既然我还年轻，人生难得几回搏？此时不拼更待何时！朝九晚五、周而复始的工作，确实枯燥无味！要想实现对个人生活的更大追求，就应该把从外面学到的本领带回家，抓住机会回来闯一闯。

其次，志同道合的伴侣、朋友对于我而言难能可贵。如果你生活在某个城市，身边没有亲朋好友，也没有成家定居，夫妻双方在那里又没有一个特别喜欢的职业，还不如回到熟悉的家乡，陪伴在家人、朋友身边，也是一个比较好的选择。

再次，孝心很重要，孝敬父母是我们应尽的责任与义务。我的父母很愿意悉心照顾我的爷爷奶奶，不会因为生养了我们几个小孩就减少对他们的关怀。现代人陪伴上一代和下一代的时间很难平衡，在大家的认知里往往更多倾向于关注下一代。很多我们这边的年轻人，他们把主要的精力放在关注子女的教育和兴趣方面而忽略了父母，有些还要求父母照顾小孩，剥夺了父母自由选择的权利。自己的资金周转遇到困难时，向父母寻求帮助也被看作是很正常的事，我觉得这是一种不恰当的做法。我认为应该是先反哺父母，在我们能力范围内去回报父母。作为子女，我们应该体谅父母生养我们的不易。小的时候，他们劳心劳力、想方设法去赚钱养活我们，等我们长大了，他们还要为我们去抚养下一代，那他们的人生真的很辛苦。我爸爸身体状况不是很好，因为他也算是一个手艺人，年轻的时候做事太劳累了，经常需要上山背竹砍柴，所以现在腰一直不好。如果我们能在身边，偶尔过去照顾一下他们，那肯定是更好的选择。作为成年人，我们都应该具备一个共识：做任何事情都应该量力而为，父母没有义务为你的选择承担后果。当你遇到问题最先要考虑如何靠自己解决，而不是把问题抛给父母，让父母替你承担一切风险，如果不是这样，你的能力永远得不到锻炼，行动、思想跟不上年龄的变化，受苦的还是自己和家人。受益于父母的言传身教，我认为陪伴这种实际行动是给予老一辈人最好的礼物，照顾和陪伴自己的父母从来就不是负担，而是真正的人间幸福，家人在旁，灯火可亲。

最后，家人的支持也是我回乡创业的重要动力。我的父母会给予子女很大的自主选择空间，尊重我的决定，他们对于我们的职业规划或创业的想法，其实参与不多，但当我们决定去做一些事情的时候，想创业突破安稳状态的时候，他们会给予力所能及的理解和帮助。这一点，我真的很感谢我的父母。

二　多次创业失败落幕，开启烟茶事业征程

2013 年返回农村，我和我爱人开始创业。最初我们总以为凭着自身努力，就能达到一个理想的收入状态，但现实往往事与愿违。我们最开始是经营旅行社，类似于中介那种形式，做了一段时间之后，因为经验不足就倒闭了。第二次尝试我们开了一间面包店，时隔 3 个月，就开了第二家分店。由于对周围消费群体定位不准和资金成本控制不足，两家店也没办法继续经营下去了，开面包店基本上就是一个保本、赚一点生活费的状态。接着做过 3 个月的淘宝店，也是因为收支不平衡倒闭。现在回想起来都觉得这是我人生中做得最错误的决定之一。后来也开过职业介绍所，和旅行社的结局一样，都是没有成功。不过，前面这些创业的失败并没有打倒我，反而激发了我不断向前探索的勇气。我坚信创业不是一帆风顺的，要想找到真正的事业并取得成功，需要有足够多的试错经历，不断积累创业所需的经验，这样才能在茫茫沙海中淘出金子。

后来，由于我爱人怀孕了，我们就打算在家这边继续创业。正好我岳父是做茶叶生意的，具备一定的客户、资金基础，比我之前一个人单打独斗地创业要好很多，我们就计划回家帮我岳父做茶叶生意。我也想凭借自己在外学到的管理本领去推进本土茶叶产业发展，却没想到做茶叶生意比之前的任何创业都要辛苦。种植茶叶是农业项目，我们从采茶到卖茶的整个过程都是需要亲力亲为，否则就没有办法保证质量。如我岳母基本上每天凌晨 3：00 就要起来，负责杀青的工序，然后我和我岳父就接手她的工作，去加热揉茶，从早上 6：00 忙到晚上 9：00 是一种常态。因为做茶需要看天吃饭，有时候天气有变化，一天的采茶量也会大受影响，所以当天气好的时候我们就要抓紧时间去干活，根本没有时间休息。有时候我们也会请工人，一般请 4 个左右，但是有些事情是别人代替不了的，像加工茶叶的一些关键工序，必须亲力而为。比如说在揉茶的时候，它是什么形态，大概揉多久，还要结合今天的天气情况判断茶叶杀青的程度和茶叶的品质。这些东西就必须要自己把关，如果你去教其他人，时间成本提高，还会大大降低做茶的效率。像在农村招工，基本上也是临时工，不确定性会比较大，今天是张三，明天就有可能是李四了，所以在那段时间我们就

觉得做茶压力很大。

当我们在二级市场或者是大市场卖茶叶时，结款也是一个棘手的问题。我们的货款很大一部分是在年底才去和经销商结算的，这时资金压力会很大。最惨的是，到年底经销商还会把我们的一些尾数抹掉，结果我们一年从头到尾就赚了两三万块钱，这样的工作真的是又累又赚得不多。

当时我们是做那种很简单的红茶、绿茶，就是在市场上可以看到的绿茶类的碧螺春、红茶类的金骏眉。平江位于中低纬度地区，气候宜人，优越的天然条件使平江成为产茶大县。拥有这么优越的资源，售出的茶却往往获利较低，最根本的原因就是我们平江县没有意识和设备条件将茶叶进行精加工，直接把茶叶原料进行简单加工后就卖出，而整个环节真正获利的是销售商，他们将茶叶包装加工，然后提高茶叶的价格，获得的效益是我们兜售原料的几十倍。面对这种局面，我开始思考：凭什么茶农每天起早贪黑上山采茶制茶，直到最后将茶制品卖到市场上，获得的利润却远比不上经销商通过包装手段所获得的利益？那我怎么做才能扭转这种茶农吃亏的局面？

直到2014年一次偶然的机会，我遇到了我们另外一个合伙人刘强，接触后发现我们是老乡，更惊喜地发现我们都有共同的愿望——继承发扬本土传统文化，将本土的小众茶种做大做强。相似的经历、共同的目标，促使我们吸引更多志同道合的人组成团队，这才有机会将我的想法慢慢实现。我们团队的理念就是立足当地资源，对当地的传统手工艺进行继承创新，把原本大家想吃但又吃不到的东西重新搬到市场上。而我们团队主攻的方向是我从小就接触的平江烟茶。出于对平江烟茶的熟悉和喜爱，我不希望这份在我心中不可磨灭的家乡记忆被时代抛弃，而希望让更多的人能发现烟茶的好。可惜的是烟茶是地方性产品，受众范围有限，又受制于制作步骤繁杂，村里越来越少有人愿意制作烟茶，导致烟茶产量逐年下降。面临烟茶产收两难的困境，我深知不能坐以待毙，所以带着复兴烟茶的使命开始转型，去做一些把烟茶品牌化、市场化的工作。从2014年到现在，我们一直在坚持做烟茶的道路上前行。

三　勇闯拼搏成就事业，沟通协调共谋发展

在当下的境况中，我自认为我们还没有成功致富，我们还在苦苦挣扎于怎样完成下一步预期的目标。无论是企业的发展还是脱贫攻坚、乡村振兴工作的深入开展，对于我而言，这一路能够坚持走下来的两个因素不外乎是个人的意志和外界的帮助。宋朝张孝祥说“立志欲坚不欲锐，成功在久不在速”，所以在这两者中我认为个人因素是关键。

我一开始能坚持下来是因为我的个性，我的个性其实有很大一部分受到家里或者是村里的影响，就是我们常说的家风、村风。在我们家一带，很多家庭都鼓励孩子从商，这是一个锻炼年轻人的好机会。我觉得老一辈的人都深知农村艰苦，希望我走出农村去到更大的城市，看看外面的世界，让自己和家里过得越来越好，甚至改善农村贫困的状态。在成长路上，我读完高中选择外出务工，直到 2013 年选择和妻子一起回到农村创业，家里人都是一如既往地支持我去闯。当时因为自己比较好强，所以没有选择一返乡就投入烟茶种植中。其实我回乡的时候，我岳父有和我商量过要不要回家帮忙做茶叶生意，因为在家门口既可以照顾家庭，又能兼顾创业。再加上他本身也有一些前期积累的经验和客户资源，这方面是相对比较容易去发展的，加入即站在巨人的肩膀上。但是他们也了解我的个性，我不是一个愿意接受别人为我安排好一切的人，我对生活有自己的追求。所以当我岳父知道我决定独立去创业时并没有反对我，反而给我 5 万元作为我的项目启动资金，可以说没有这笔资金的支持，我们不会这么容易迈出做烟茶的第一步。我认为年轻就应该闯出一片天地，给自己往后更多的选择空间，但是也不能什么都不懂就盲目回来闯，这是我积累的最深刻的经验。

很多年轻人都说只要靠自己在外学习的本领，就能带领村民脱贫致富。我认为实质上没有这么简单，从商是一件很耗精力、财力的事情，如果你没有足够的支持资金、广泛的人脉关系、广阔的交易市场，年轻人还是先不要回来闯，尤其不要搞农业。我在最后扎根于平江烟茶这一特色产业之前经历了很多挫折，所以我也吸取了很多教训，总结出三大宝贵经验。

一是亲力亲为，不怕辛苦，敢于坚持。2014年之前我在伟创力和富士康都工作过几年，当时是负责生产管理和品质管控这两部分，因为我当时是高中学历，只能从最基础的做起，我靠自主学习，购买一些专业书和研究已有的文件，通过自己的摸索和勤奋的学习考取质量管理师资格证书。在富士康工作的时间里，虽然我时常会觉得郁闷，但是我还是很感激富士康，让我学到很多管理方法，也让我变得更加注重细节。其中我印象最深刻的是开早会，我认为这是一个最大的挑战，也是一个最佳的学习机会。每天早上30多个人使用一块白板和一部投影仪来汇报总结昨天的工作，分析产生的问题并阐述如何解决，全程书写包括语言表达都是英文，我花了一个多月才适应过来，我当时心里想我在富士康学到的英文比我在学校学到的都多。也许我的基础不是很好，但我敢于尝试和坚持，我的能力提高了，我的英语水平提高了，我学会了一些问题的处理方式，锻炼了逻辑思维。当然在后来踏足烟茶这一领域前，我也是跟着我岳父做茶卖茶，虽然只是做普通的红茶、绿茶，但是在工艺上有共通之处，甚至有更优越的方法。我岳父2001年开始做茶卖茶，2014年后我系统地向岳父学习制茶。我从小到大对于制茶也是耳濡目染，在我学会制作烟茶之前，我对做茶的工序，包括炒茶、杀青、揉茶、熏茶进行过仔细的研究，比如制作工序要和当天的天气情况、空气中水含量等挂钩，这些也是我经过长时间学习实践才逐渐形成的经验。在学习制茶的将近一年时间中，我感觉做茶真的是很累的，我负责的是揉捏和整形的步骤，手要周而复始地将茶叶揉捻成条，手不用力（做出的）茶是泡不出味道的，每次做完茶我只有一个想法，就是休息。我记得（做茶）第一天晚上我的手就肿胀得很疼，晚上吃饭根本拿不起筷子，手抖得不行，最后还是用勺子吃的晚饭。现在我们已经把烟茶的制作工艺细节形成一个标准化的文本，我觉得也是把岳父教我的（做茶方法）进行系统总结。虽然做茶很累，有时候收入也没有那么可观，但是我还是觉得勤劳是很重要的，我从脑力劳动转变为体力劳动，勤劳致富、亲力亲为也是我一直放在心里的准则。

二是以心换心，找到最大的公约数。在生意场上，人际关系是必修的一门课。烟茶是一个地域性极强的产品，想顺利起步并在茶叶市场中杀出重围，处理好人际关系是很重要的。先从2014年产业起步说起。平江确实是一个做茶的大县，单单依靠农业难以带动村民富起来。我当时也遇到了其他合伙人，包括我们团队的核心人物刘强，大家因为有着共同的信仰和目标，才能一步步坚持做这个产业。我觉得在团队中最大的收获是和他们一起去奋斗。

当时企业在起步阶段，我们需要借助村民做茶的技艺来生产产品，那我们就要和村民打交道。因为村民大多是农民，有时候在沟通或者理解方面他们的认知跟我想要的效果不一样，我当时的性子又急躁一点，说话比较严厉，又看重结果，这就不可避免地会和村民产生摩擦。我们跟村民的一些交流主要是关于土地承包、租金、年限问题，印象最深刻的一个摩擦事件是关于我们厂房的建设，有村民认为承包的年限过长，我们需要承包 30 年或者更久，他们认为只要 10 年就可以，30 年太长，不确定的因素太多。但是站在我们长期发展的角度看，我们的厂房建设是重资本投资的，包括种植茶树，也是一个经过长周期才能取得收益的过程，茶叶一般从种植到丰产基本上就要 5 年，那如果只有 10 年时间，我们基本上就只有后 5 年可以采摘茶叶。这和我前 5 年的投入成本是不成比例的，即使后边制作产品再投放市场也不可能回本，所以我们当时就这个问题僵持了很久。这种情况下都是我岳父做协调工作，他们长辈之间能够互相理解，能真正谈到心里去。村民们也看在我岳父的面子上能慢慢理解我，双方都考虑到对方的问题，然后各退一步，最后确定以 20 年为限，到现在为止我们土地的租赁合同都是以 20 年为承包年限的。在这方面我真的是很感激家里的支持，无论是从财力还是人力上他们都是我坚实的依靠。

我的爱人也很理解我。创业前期真的很累，每天忙到深夜一两点成了常态，在公司睡几个小时又继续干，根本没什么时间关心家里的事。幸好她一边经营店铺一边打理家务，甚至在生第一个孩子的时候，我陪伴她的时间都很少。虽然她也骂过我，但最后也是理解、支持我，她能应付过来的时候基本上不会叫我去帮忙。很感谢合伙人和同事，我因为有他们而干劲十足，也是他们的理解才让我能更好地平衡家庭和事业，减少很多压力。比如家里要我回去吃饭的时候他们就不会点我的餐，让我回家吃，还有每天没什么特别的事情也是让我 5：30 准时下班回家。我记得最清楚的是有一次第二天就要交计划书，我和合伙人做到（晚上）9 点多，然后他就说："没事，我很快就写完，你赶快回家陪家里人。"第二天我才知道他忙到深夜 2 点，第二天 8 点又早起去交（计划书）。我觉得不是非得自己去平衡家庭与事业或者考虑如何发挥自己的才智为公司创造利益，其实更多是一个简单的人与人相处的过程。你对待身边任何一件事情的态度，别人是能看到的，将心比心，也会站在你的角度（为你着想）。我也经常邀请同事来家里吃饭，同事可以看见我在家的情况——辅导大儿子做作业，小儿子又哭闹。家人也能理解我工作中的不易，这也是一个互相沟通体谅的过程。

我对于村民也是诚心诚意，我举个例子。之前有个村民，姓黄，家里是养猪的，当时行情不好亏本欠债。不过他能力还是比较强的，去年建设厂房的时候我们几个合伙人去和他聊，聊了很久他才答应担任我们茶厂的一个管理职务。因为做茶也很讲究节气，不当季的时候工作量不是很大，但我们的工资也是按照平常的标准发给他，不会因为工作量减少就给少一点，所以有时候他也会说他真的很感激我们，现在他的债也还得差不多了。有一次，突然接到香港《大公报》要来这边采访的通知，我那天上午一直在开会，就没有去厂房。我和拍摄人员约的时间是下午，我从长沙赶回去，路上给黄师傅打电话（让他去做一些准备工作）。我以为他在城里，实际上他不在，他在我们隔壁镇的一个亲戚家吃午饭。然后他吃都没吃，马上跑过来了，帮我去协调处理一些事情，比如安排人做一些茶叶的筛选工作，有利于拍摄出更好的效果。可见我用什么样的态度去对待他，他就会用什么样的态度对待我。再就是我们的旗舰店也会帮村民代售他们的农产品，帮他们发朋友圈推广，我们做茶需要人手的时候村民也会踊跃来帮忙。通过这些我就可以看出来，只要我们积极地和村民多沟通、多交流，我觉得村民也能够切身感受到我们对他们的关心。

三是紧跟政策，迅速适应变化，为扶贫事业贡献自己的力量。一开始的时候我以为把茶做出来卖钱就行了，但是现在不一样，我觉得我们在引领这个行业，在做一个开拓性的事业。我们现在针对烟茶做了很多东西，包括文化方面的挖掘、核心技术的保护、产品品牌的建设，也包括我认为最主要的，即产品质量技术控制规范的制定——我觉得我们已经把这些东西完善了。因为只有完善了所有方面，我们才拥有对这个产品质量技术认定的裁定权，那我们就掌握了这个产品的定价权。再往大的方面说，有时候政府都不一定有能力完成一个区域性公共品牌（的建设），像我们的平江烟茶，去年被评为“国家地理标志农产品”。这样一个品牌，不仅让每个平江人都可以享受荣誉，还能受到多方关注并建立合作关系，也有利于当地经济的发展。

党中央提出“脱贫攻坚”这一口号后，我们村因为国家级贫困县的身份得到了很多政策上的扶持，包括资金和技术方面。我们也积极响应政策，凭借政策带来的优势逐步发展当地特色产业。湖南理工学院对我们的帮助也挺大的，他们向我们村派驻了工作队，参与对接村上的工作，不管是对村上的企业还是对村里的建设都进行了两年的脱贫攻坚扶助。从大的角度来说，学校改善了我们村里的一些基础设施，比如说路灯安装、道路修建等等，为我们争取项目补助资金，间接带动村民创收，这是很重要的一点。从小的角度来说，他们提出一些技术上和物资购买上的建议，他们的年终采购订单也是选择我们的茶叶，既方便了我们的品牌推广，又为我们现金流转提供帮助。他们除了采购我们茶叶之外，还帮助我们进行产品营销，有重大活动或是重要事业单位来我们村上做调研的时候，他们都会努力帮我们去推广茶叶。

除了湖南理工学院的帮助，政府也助力我们企业科技化发展。今年派驻的科技特派员是来自湖南农业大学的教授，他主要负责指出我们苗圃培育、病虫害防治和其他专业方面的不足，并提供一些技术上的指导，让我们整个产业的运作更加顺畅。我们也积极适应新的技术、人事，挖掘适合的因素推动脱贫事业更上一层楼。就像上个月，我们跟他一起到湖南省茶叶研究所去实地学习，学习的内容包括我们茶叶的一些种植方法、品种的选育、茶苗的培育等等。通过他的介绍，我还跟研究所的一个负责人进行实际的沟通，他让我认识到原有方法的不足，并指导我们实施更有针对性的措施。这对提高茶苗的成活率和茶叶种植质量是非常重要的。

另外，村支两委和镇、县政府一些行政部门积极扶持，关心我们的工作进度，为我们提供渠道申请资金和技术支持，帮助我们争取省重点扶贫项目实施单位资格，使我们的企业得到更多外界关注，吸引更多大企业和我们合作推广烟茶。

同时因为我们是做农业产业的，农业局的帮助基本上倾向于农业项目。比如在茶园基础建设方面，我们新建了 2 万亩茶园之后，农业部门这边就会有对应的政策，会有一定的资金补助，大概占我们所需资金的30%。这确实在很大程度上缓解了我们的资金压力。除了农业局外，还有科技局、工信局也会给予我们一定的帮助，像我们有时候要做一些技术的挖掘，要申请专利等等，他们会辅助我们去完成。

还有一个是商务局，他们主要是做一些商务对接的活动，运用现在比较流行的互联网形式，（帮助企业进行）品牌推广。商务局还会组织一些对外的博览会，我们进行对外贸易的时候，就可以去参展。有一些展会费用也是全额补贴的，像我上次到上海去参展，油费、路费和展会费是全额补贴的。有的展会则要自己支付食宿费，但基本上展会费这些费用也会有补贴。除此之外，有时候针对一些新兴的（营销模式），比如说直播带货，（商务局）那边也会给我们机会，推荐我们去直播带货，帮我们做产品的销售和品牌的推广，对提高我们的营业收入和产品销量起了很大的作用。

最后是村委会对我们的帮助。我们企业也是和两个合作社密切联系的，包括一起创收，一起讨论政策、处理事务的方法。村委会也会出面和村民协调土地流转、租金和收茶定价的事宜。所以我们企业走到现在，真的是每一个环节都有贵人相助，他们也确实比较支持、认可我现在所处的这个行业，也认可我们现在对烟茶的这份执着！

四　躬耕不辍特色产业，惠农利民增收致富

烟茶产业属于农业项目，我们的产业发展和农民的利益真的是息息相关。在 2014 年踏足烟茶产业后，我花费了很多的金钱和精力，协调各方，致力于把我们当地的特色品种烟茶产业化、品牌化，让更多的人认识我们的烟茶品牌。通过我们整个团队的努力拼搏，我们的烟茶产业成功拿到了国家地理标志证书，获得发明专利 1 项，并且产业规模在不断扩大，越来越多的游客采购我们的茶叶，产业发展势头良好。我们企业整个团队能够在烟茶行业取得今天这样的成就，除了我们自身的努力外，归根到底还是离不开村民。当然，从某种程度上来看，产业的发展过程也是村民致富的过程，产业发展也离不开村民，村民也从产业发展中受益。

在做烟茶行业的过程中，我发现部分村民的贫穷并不是由天灾人祸造成的，而是他们缺乏足够的动力，如果按大政策的路来走，扶贫就得先扶志，就得先让村民“动起来”，通过多种方式改变村民的思想，提升村民的精气神，充分调动村民主动参与脱贫的积极性。现在我们就采用了“公

图 2　2019 年 9 月周科学、李曙光、刘强、陈科（从左至右）四位合伙人在岳阳市君山岛上参加非遗活动留影

司 + 合作社 + 农户”的模式，一种股份制形式，努力与贫困户的利益建立链接，吸纳更多的村民参与进来，拓宽村民的致富途径。村民的思想会在潜移默化中发生改变。当他们的思想发生转变的时候，他们又会把这种新兴思想传播给周边的其他村民，扶志的范围就得到了扩大。

说实话，对于我们来说，产业的发展是离不开村民的，没有他们，我们就没有土地，更没有劳动力。虽说现在是机械化生产的时代，但自动化机器依然满足不了某些工作的实际需要。村民们可以在参与烟茶行业的过程中致富，这样我们的产业和村民比较容易实现双赢。

我们这个团队会使用多种方法来达到共赢，以此带动整个村的经济效益的提升。第一种是长期雇用。通过直接雇用，村民们便有了“动起来”的机会，就业问题得到了解决，还不需要跑到外地工作，他们也非常开心，一人就业全家脱贫，成功踏上了致富道路。第二种是临时雇用，也就是兼职。当我们农忙的时候，我们的产业对劳动力的需求就会增加，通过临时雇用这种方式，我们的劳动力问题解决了，同时村民的收入来源也更广，经济收入得到了提高，进而生活水平得到了改善。到目前为止，我们的劳务用工已经达到了120多万人次。第三种是代销。我们帮助村民加大宣传力度，打通销售渠道，替村民销售一些他们自己生产的农产品，这样可以保障村民们的基本收入。其实在代销的过程中，我们企业的声望也会得到提升，间接助推了我们的产业发展。第四种就是承包茶园。我们承包村民的土地，给他们租金，茶园所产生的收益还是属于村民，这样做也可以保证村民的基本收入。不过我们会有一点要求，那就是茶园里的茶叶不可以打农药、不可以施化肥，这样要求是为了我们行业所需求的茶叶有一个质量保证。第五种是给村民提供技术帮扶。比如说有一些村民家是做茶、卖茶的，那我们就会去传授一些种茶的经验，给予他们理论和技术双重帮助，希望能够提高茶叶的产量，最终获得更为可观的收入。我们主要就是通过这几种方法对村民进行一些帮扶，去帮助他们产生收益或者是脱贫致富。我觉得这几种方法不仅会使村民增加收益，更重要的是会在一定程度上改变村民的思想，成功达到“扶贫先扶志”的效果。

当然，我们也会在其他方面努力。在去年的时候，我们的企业成功成为“岳阳市农业产业化龙头企业”。我们企业的发展引起了政府的关注，再加上我们自己的争取，我们也已经成为湖南省重点扶贫项目实施单位，直接带动的脱贫人口达1140人次。此外，我们还会积极参加湖南省一些部门组织的活动，来达到惠民的目的。比如2019年我参加了一个名叫“青年创新创业”的活动，运用直播的方式，通过自身的努力和外界的帮助，最终获得了3000多元的收入。其实这份补助在当时是需要给我们村上的一些贫困户的，但考虑到那时候我们的信用情况，我就将这笔钱用在了支持村上小学的创办及购买一些运动器材等方面，让更多的留守儿童获得读书的机会，为我们村基础教育的发展和基础设施的建设做出一些微不足道的贡献。现在，我们和村民们的关系也变得越来越好，村民们会理解和支持我们团队所做的事情，甚至有时候会无偿帮助我们企业办事。所以我觉得我们在脱贫攻坚这方面做得还算是可圈可点的。

烟茶产业的发展产生的影响是多方面的。我们烟茶产业的发展带来的不仅是村民的脱贫致富，还有烟茶文化的传承、烟茶工艺的创新。推陈出新，革故鼎新，我们在保留传统手工工艺的同时，运用现代化的生产设备与平江烟茶相结合以适应市场的发展需求。这种烟茶文化的传承将大大推动我们村的文化建设，让村民在钱包变鼓的同时，精神世界亦更加丰富。

现在村民已经很少选择干一些相对较累的农活，这种现象刚出现时我们团队会想到底是为什么，其实根本原因还是村民的钱包更鼓了；同时越来越多的人想要品尝烟茶，会主动去了解烟茶独特的人文历史。看到这些现象，我的内心真的是非常高兴，有一种苦尽甘来的感觉，觉得之前的所有努力都没有白费，所有的苦都没有白受。

我觉得我们的项目已经走出了一条发展道路，整个烟茶企业正在一步步向好，村民在脱贫致富的道路上不断提速。在未来，我们会更加关注村民的思想层面，努力让他们变得更加有想法，更加有理想，真正认识到农村其实也是一个“天地广阔、大有作为”的地方！

致富不忘乡亲　带头不忘本色

受访人：邓　彪

访谈人：王菁菁

访谈时间：2021 年 8 月 30 日

访谈形式：线上访谈

访谈整理：王菁菁

访谈校对：王菁菁

故事写作：王菁菁

受访人简介：邓彪，男，苗族，1987 年生，贵州水城人，本科学历，中共预备党员，现为六盘水众森鑫农业科技有限责任公司负责人。六盘水众森鑫农业科技有限责任公司是一家从事新型农业产业的公司，在各种经果苗木育植、猕猴桃种销、云贵中蜂繁殖、中蜂蜂蜜生产等领域有着深厚的底蕴和丰富的经验，是贵州省中蜂蜂群引种数量最多的供应商和中蜂蜂蜜产量最大的生产商，也是水城国有平台公司的长期合作伙伴。近年来，公司已带动六盘水 1200 户 4000 余人脱贫。

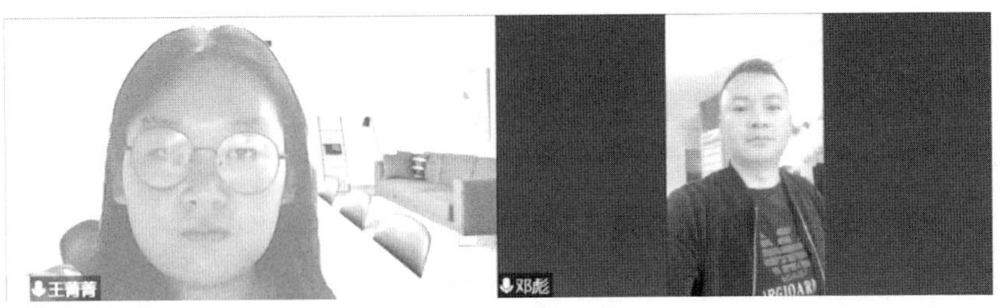

图 1　邓彪（右）2021 年 8 月接受王菁菁（左）线上访谈

一　返乡创业　苦尽甘来

我叫邓彪，生于1987年10月，成长于贫困山区的我从小家庭条件就比较艰苦，父母之前虽然做过生意，但因为欠外债而不得不出去打工。而我，在九年义务教育结束后拿了初中毕业证，就出来打工了，我记得，那年我15岁。2003年的我在广州打工，一个月工资350块钱，每天要上12个小时班，印象特别深刻。但是，我一个人打了一年工以后就回老家种地了，还扛起了家里的经济责任。那时候弟弟妹妹都还在上学，弟弟在读高中，每个月要200块钱生活费，妹妹在读初中，每个月也要100块钱生活费，这些钱无论如何我都必须准备好。到了2007年，我去学习汽车修理，一学就是两年，虽然养家糊口没问题，但我不想一辈子就只做一名修理工。

2013年后，在尝试各种路径都没能获得成功后，我就寒了心，回到老家。但是我后来还是不甘心，那时候我觉得，我不想在老家这个小地方混。到了2014年，我在外面认识了一些做农业产业的朋友，他们刚好在种猕猴桃，我就回到老家流转了200多亩土地，开始种猕猴桃。其实当时我也比较迷茫，那时候刚创业，也找不到方向，但我就觉得农村的土地资源比较好。我家叔叔也给我提建议，说农村土地就是财富，把土地盘活了，就能让我们这个村里的人富起来。但是老家的人都在生产端，想要把土地盘活，就只能在外面跑市场。当时也是我家叔叔一路引导监督，才带着我慢慢做起来。虽然种猕猴桃种到现在也还在亏本，从来就没赚过钱，每年都在往里投钱，但我一直坚持到了现在。不过这都是后话了。我的猕猴桃基地不像我们这边其他的猕猴桃基地，品种非常多样。我们六盘水市的农业局领导组织了很多院校和科研院所的老师，比如像郑州果树研究所、辽东学院的老师，他们会每年不定时不定期到基地试验各个品种，我们也会跟他们进行密切的交流。今年又试种了40个品种，接下来就是六盘水的红心猕猴桃，也是在我们基地里面试验。我们一直都在和专家团队合作、对接。

到了2015年，我又学了蜜蜂养殖。那时候养蜜蜂都还是小作坊，就连最开始的50箱蜂还是一个朋友给的。不过在国家脱贫攻坚力度加大以后，一个偶然的机会，我跟我们这边养蜂的一个负责人，把我的蜂拉到了另外一个县去养。有相关人员看到我养的蜂以后就找我交流，就问我是怎么养的。当时农业部也在提倡中蜂养殖，然后我们在六盘水认识的农业局工作人员和平台公司的老总也来找我谈合作，说是希望我就在这个县里帮他们养蜂。所以 2015～2016 年，我一个人带着一个团队，住帐篷，睡在树林里，白天干活，晚上守蜂，干了一年。刚创业的时候，我没拿到钱，是亏的，但是一年多以后，我还是咬牙坚持借了 30 多万元，给大家发工资。之后，水城扶贫办跟农业局领导知道我在做这个事，还做得比较好后，他们就把我引回了老家做中蜂项目，也是干了 3 年。

同是 2015 年，当地政府看到我们在做这件事，就打了个报告上去，然后管委会给了我每亩地 1200 元的补贴，总共是二十几万元。但是如果单单指望补助款的话是远远不够的，我们每亩土地基本要投入 15000～18000 元，这么多年我们每年都在亏，我们做基地是没有盈利的。所以我又自己在外面跑，还建了一个林下种植的基地，现在也在试验，今年用了 100 多亩土地做林下种植试验，魔芋就是我们的实验对象，而且现在长势也比较好，收入应该是很可观的，算是试验成功了。

我也接触了全国各地院校、科研院所的老师，我就看中一点，我们这地方是高海拔、低纬度。直到现在，我们区还有 30 多万亩海拔在 1800 米以上的山地，但目前还没有任何经果品种适合在这个地方种植。一个偶然的机会，我认识了一个学校的老师，他就跟我推荐了俄罗斯远东地区的大樱桃，也就是车厘子，这是他们研发的一个品种。在得知远东地区试种成功后，我就联系了老师。当时是引入 10 个品种要 150 万元，但是我也没给钱，而是签了一个引种协议，就是先给我 10 个品种总共 100 棵苗，种成功以后，我要在这边搞发展，然后给他 150 万元买断专利。如果说我这边试种不成功，那么我也不用给这个钱。种植两年以后，今年开始挂果了，也就代表这个品种确实成功了，这个就是我们有代表性的试种。还有其他很多品种。我做的这个苗木基地很大，单说经果林我们做得还算可以。

而从 2017 年以后，我就一直在做扶贫产业了，做了 3 年，猕猴桃、养蜂我都在做。然后在农业空白期，我又自己带着身边的朋友、兄弟出去学习，到全国各地去看，去看人家是怎么做的。

到现在为止，技术服务是我们主要的收入来源，我们公司种猕猴桃算做得比较早的，然后我又特别看重技术服务这一块，所以我就组建了一个团队，现在有十几个人。我这个团队就是专门为我们地方政府和地方的国有平台公司提供技术服务。

至于我们产品的销售渠道，也不用愁。六盘水市政府比较重视这方面，成立了一个国有平台公司，目的是保护种植猕猴桃的散户，他们统一回收、统一收购，然后统一包装、统一销售，现在我们就是以基地价卖给平台公司。而且我们也不愁销量，我们每年都会上报今年的预计产量，平台公司每年会组织人手到我们基地进行收购。我们果子摘下来以后就可以直接拉往他们的冷库，称重以后直接付钱，然后由平台公司自己组建的营销团队往全国各地销售猕猴桃。当然我们自己也有小部分是自主销售，但是为了不扰乱市场秩序，在经过统一市场规划以后，为了配合政府，我们自己就没再大量往外销售了。比较特殊的是我个人每年也有一点点销售份额，以个人名义往外销售一些，但多了也不行，因为政府需要统一管理。同时，我们自己公司也有这种平台和销售渠道往外销售，但我们的销售量不是太多，基本上是通过政府平台销售。

回顾我的创业历程，有无数酸甜苦辣藏在其中，要是说起这个，就真的说不完了。其实作为男人，可能主要的还是家庭观念支撑着我坚持下来。哪怕失败了，哪怕做不成功了，一家人都还是一直支持我。以后哪怕卖不成钱，我也一定要把这个产业做成功。我觉得我要做一件事，没个三五年的时间来拼，不可能见什么效益，特别是做农业，因为农业的周期特别长、回本特慢、利润低。但当年我年轻气盛，面子上也过不去，我创业的时候，我父母、爷爷、奶奶、叔叔都陪着我一起在地里边，不管是下着雪、下着冰雹、下着雨，不论什么情况下我们都一起在地里干活，所以我的心放不下去。出于回报家庭的决心，我就咬紧牙关一直撑。

我当年刚创业的时候，流转了几百亩土地，那时候每年流转费就是几十万元，然后每年在地里面务工的工人工资也是几十万元，每年上百万元的支出，但我又付不起。所以我连着 3 年没敢回老家过年，就是因为到年底了，土地没见效益，没赚到钱，还往里亏，我没钱回家给乡亲们发土地流转费、发工资，我没脸回老家过年。我就自己带着孩子在外面，连着几年都这样。这几年我也一直在还当年创业时借的贷款，还有乡亲们的工资、流转费，我们一家人每年都在想办法还这个钱。大家也知道，在农村到了大年三十，天南海北的人都要回家，我离家 300 公里路，但因为没钱，面对不了乡亲们，我始终没有勇气踏上回家的路。

我中途也有想过放弃，我说我就把债给还了，以后确实不想干了。但是在消沉了一段时间后，刚好了解到脱贫攻坚政策，了解政府政策倾向农村以后，我又看到希望了。那时候我主动去找领导，我不知道负责的领导叫什么，我也不知道领导到底肯不肯见我，我就跑到相关单位去找、去守。见到领导后我就把我的想法跟他说了，领导也比较支持，所以我又重新找到了信心。他给我指了一条路，说一定要往技术服务方面走，如果说叫我自己去搞基地，我没本钱的话，就把我的基地先保留，然后往技术服务方面走。可能当时他是无心的，也就随口那么一说，但是我听到这句话以后，我就真的一直在往这方面走。2017 年 12 月下着雪，我开个小破车，从成都请了一位专家来带我的团队，并承诺给他 1 万元一个月的工资，但其实那时候我身上连 500 元都没有。但就是这样，这位专家带着团队开始攻关，负责 1000 多亩的土地规划、苗木选育，果园也就慢慢发展起来了。

图 2　2020 年 6 月邓彪在猕猴桃种植基地中工作

二　不忘乡亲　反哺故里

从 2016 年的下半年开始，我们在国家政策扶持力度跟上后，逐渐开始尝试技术服务团队的运营。2017 年在团队比较成熟之后，我就开始接技术服务的业务了。我们花钱让技术员和管理人员到院校、专家培训班、基地去学习，学成后进行指派，然后招募老百姓到我的基地里，由技术人员分批次、分季节地去免费培训当地的老百姓。培训结束以后，我们又招募他们到我的基地务工，相当于这些老百姓在家门口就能打工。

同时，我们也逐渐摸索出了几种帮扶方式。一是土地流转分红，就是贫困户将土地流转到我们公司，享受土地分红。二是土地流转分红加劳动回报，就是农户将土地流转给我们公司后，由我们统一组织施工，并且农户统一到我的基地务工，然后每个月在分红的基础上还能拿到劳动回报。

除此之外，我们也开始接触扶贫产业，就是蜜蜂养殖。因为国家政策的扶持，每年贫困户都会得到物资补助，但是他们没技术，没有本钱，所以我们就鼓励贫困户直接以他们的资源入股，然后打包委托给我们公司来饲养、来经营。像与我们合作的很多乡镇，地方农业管理部门每年都会给他们几十箱蜜蜂，但他们自己不懂技术也养不了，就算养得好，有了蜂蜜以后他们也没有成熟的销售渠道，没地方卖，所以我们公司也会来统筹，跟当地政府签合作协议。我们达成一致，饲养成本是我们的，经营成本也是我们的，然后我们按每年的销售比例，而且算的是营业额的比例，分给委托我们公司的贫困户，让他们去分红，所以我们公司帮扶的方式是有很多种的。

其实在接触贫困户的时候，确实遇到过仍然存在“等、靠、要”思想的这种人，经过这么大力度的脱贫攻坚，这种现象已经很少了。但是乡亲们的思想工作还是非常不好做，他们是非常难啃的“硬骨头”。后来我转变了思路，我先开始带着我家亲戚育苗，让我家姑爹、叔叔他们先做，出来成果以后，乡亲们见赚到钱，有收益了，他们自然想要跟着一起做。这两年我一直在流转土地，我们土地资源比较好，土地存量也挺多的，我一直想扩大规模。我那时候确实是一心搭在土地上的人，很多人都不理解。我每天开个车到基地转一圈，踩一脚泥，晚上开车连夜回到水城的家，从水城到基地每天都要 2 个小时以上的车程。我每天都这么跑，最后就让他们看到了我的决心，再加上很多老百姓看到效果了，看到收益了，今年我再种的时候，就有十几家自发地加入我们。

其实，我也特别关心年轻人的发展。我知道年轻人刚进社会，年轻气盛，但我始终觉得，沉下心非常重要，选准了一个行业以后，要沉下心来先摸透它、吃透它，看准了，再从小到大，做小做精，而不是一味地做大规模。我也试着影响了很多大学生，包括我们的部分员工。也有创业失败后，再来我公司上班的员工。我主动找人家，我觉得他们是我的乡亲，我把他们带在身边，学习、积累经验以后再让他们离开，他们也能发挥带动作用，甚至成为一名致富带头人。农村人一定要把思想放正，一定要把心放在农村上。但是想要成功，那不是轻易就能做到的。我也一直在分享我的一些经历与经验。当然，我也没有顾虑或者担心他们会超越我，因为我永远在学习，就算我把所有东西教给他们了，我还是会再去学习新的东西，然后教授给他们。

截至2020年年初，我们公司直接或间接带动六盘水1200户4000余人脱贫，我们既为取得的成绩感到自豪，同时也准备好了在反哺故里的路上继续前进。

三　牢记本色　长虑却顾

到目前为止，我们在全省有30余个中蜂养殖基地、300亩经果苗木育植基地、2000余亩自有红心猕猴桃基地和15000余亩猕猴桃技术服务基地，公司年营业额也已突破1500万元。但是我们仍在前进，同时我们也会制订计划来指导公司发展。而且，我们每年的规划跟目标都不一样，因为我们公司会根据市场、根据公司具体的运营情况，每年做一个细致的计划。现在公司涉及的行业比较多，有技术服务类，有经果苗木类，也有园林绿化类，这些我们都在做，自营的果园，农药、肥料，包括粮食，我们都有。我们公司是一个综合性的农业公司，我们的计划每年都需要认真仔细地制订。

我们将始终充分发挥自身优势，秉承“科技领先、服务市场、诚信待人、追求卓越”的宗旨和“产品就是人品”的企业理念，不断进行技术创新、服务创新、管理创新来继续研发出更多满足未来新型农业发展需要的产品，推动我国新型农业的发展。同时，我们也将依靠自身技术和资金实力与国内同行、高校、研究机构等积极进行科研项目的“产学研”合作。

喜送贫困去，又亮致富路*

受访人：邢海龙

访谈人：邓考怡

访谈时间：2021 年 7 月 19 日

　　　　　2021 年 7 月 24 日

访谈形式：线上访谈

访谈整理：邓考怡　吴嘉祺　吕欣潼

访谈校对：邓考怡　吴嘉祺　吕欣潼

故事写作：邓考怡　吴嘉祺　吕欣潼

受访人简介：邢海龙，男，汉族，1979 年生，河北新河人，大专文化，中共党员，新河县宋亮村①党支部书记。2015 年从新河县城回村任村干部，2018 年 9 月起至今，担任宋亮村党支部书记。上任后，他深挖传统资源禀赋，创新“党支部 + 合作社 + 社员”模式，引领农户走出了一条黄韭产业种植新路。除黄韭种植外，他还发展葡萄种植等特色产业，带动村民劳动致富。在他的带领下，宋亮村于 2019 年 5 月脱贫“摘帽”，贫困户每人年均增收 3000 ~ 4000 元。

---

* 本故事参照以下材料：

1.《河北新河县新河镇宋亮村调研记：黄韭点亮脱贫致富梦》，新华每日电讯，2018 年 1 月 18 日；2.《新河“黄韭小盆景种出大生意”》，人民网，2019 年 12 月 20 日；3.《传好脱贫攻坚接力棒，开启乡村振兴新征程——新河县巩固脱贫攻坚成果全面推进乡村振兴纪实》，河北共产党员网，2019 年 9 月 2 日。

① 宋亮村是河北省邢台市新河县新河镇下辖的行政村。

图1　2021 年 7 月邢海龙（中）接受邓考怡（右上）线上访谈

一　亲力亲为动民情

时间过得好快，现在都 2021 年下半年了，离我们宋亮村 2019 年脱贫已经过去快 3 年了，我和村民们一起见证了宋亮村的脱贫，是村民的信任，使我一路走到现在。

我是新河县宋亮村本地人，从小就在这里生活，但以前比较穷，大家都想往外走。到了找工作的年纪，我也跟着出去打工，在我们新河县从事建筑工程行业，慢慢地，也算是有了点自己的事业。这些年，国家越来越重视农村脱贫攻坚工作。2012 年，我们宋亮村被定为新河县重点贫困村，为了更好地发挥村干部致富带头人作用，需选择创业人员担任村干部，也是这个契机，让村民们看到了我。

有一次我接到村民的电话，说想引荐我回村里当村干部，问我有没有这方面的想法。刚接到这个电话我是有些震惊的，但又有些感动，从他们的言语中，我感受到了一种信任。了解到上级要求村干部最好是返乡创业人员，最好稍微年轻一点，当时觉得自己还挺符合这些条件的，而且在外面打拼了这些年，内心也确实想回村里看看，通过自己的努力带领村民们过好日子。我跟家里人说了这件事后，他们挺支持我的想法，在慎重考虑后，我答应了村民的引荐，成了村干部候选人。刚好 2015 年的时候，村里召开全体村民代表大会选村干部，我也就回去参加了。村干部选举采取“两推一选”的方式，就是采用党员和群众民主选举的方式投票，出乎意料，大家都给我投了票。我与村民的缘分，就是从那时开始的。

在他们的支持下，我进了村委会的班子，当了副支书。刚当上副支书，第一件事情就是扶贫，帮助贫困户增加收入。当时村里共有贫困户 13 户 24 人。我先是通过走访了解他们家里的情况，看他们家里有什么困难，有没有劳动力，在走访交流中，慢慢跟他们熟悉起来并相互信任，再根据不同的情况给他们推荐合适的工作。不过我当时压力还挺大的，因为贫困户的能力有些欠缺，加上家里大多数是老人，年轻的都出去打工了，这样一来脱贫的难度和压力就增大了，我时刻都要想着怎么用适当的方法让这 13 户贫困户摆脱贫困。我一直在努力想办法，一步一步，看着村民们的情况有所好转，继续当村干部的那股劲儿，也越来越强，也从副支书一直干到了村支书。

2018 年 9 月开党员大会进行村支书换届的场面，我现在还记得很清楚。村民们手里都拿着上级发的票，一个接一个上去，把手中的票投进箱子，有些没法到现场的就委托来现场的村民帮他们投。选举的每一项流程都很正式，投完票后，主持人一张张地唱票，我当时在下面听得挺紧张的。最后结果统计出来，宣布我当选的时候，村民们都鼓起了掌，我一下子有点不好意思，但内心又很激动。村民们选我当村支书，说明信得过我呀，同时也包含着对我的一种希望。在做任职发言的时候，我向村民们表示了真挚的感谢，感谢他们对我的信任，同时向他们做了一些承诺，不会辜负大家的这种信任，一定尽心尽力把工作做好。既然村民选择了我，那我就不能让他们失望，带着这种使命感和责任感，我努力把自己的工作做好，尽全力为村民服务。

光说不做，当然是不行的。刚开始的几年，我的主要工作还是扶贫，但扶贫确实不容易。我们村世代发展的是小农经济，大多是自给自足，很少与外面的市场联系，思想上难免有些保守，对待新兴产业没那么容易接受。但要想尽快脱贫致富，这是一条不得不走的路。为了转变村民的思想，我试了好多方法，慢慢地，我发现越是让他们去干什么，他们越不干，越是喊口号，他们越是不干。因为没有看到比较实际的收益，他们很难跟着你干，毕竟做新的东西风险大。当时他们觉得能吃饱穿暖已经很满足了，确实没必要再去担风险。没有办法，我只能先自己带头干，做出点实际的东西，让村民们都看到这些新东西带来的收益，自然就会跟着我干了。实践证明，这种方法确实可行。

为了能带领村民们稳步脱贫，每件事我都尽量亲力亲为，及时跟进解决村民的需要。我坚持每天早上 6 点起床，到村里的第一件事情就是去大棚看看，看看韭菜的长势，看看最近刚种的葡萄，这些都是村民的财富来源，只有这些作物长好了，卖个好价钱，村民们的收入才能有保障。看过几圈之后，差不多快 8：30，我就去处理手头上的事情，经常有开会、填报表之类的工作，还要到贫困户家里去走访，跟他们沟通，了解最近的情况，看还有没有什么困难需要帮忙解决。中午回家吃个饭，睡差不多半个小时，我就又回村里忙了，有时候太忙就直接在村民活动中心简单弄点吃的。从副职到正职，面对的工作会不太一样，肩上的担子会更重一些，但内心也会有一种更强烈的使命感，想尽自己所能带领全村脱贫致富。我始终坚守着自己的初心，不负群众所托，坚持在自己的工作中发挥作用。

尽管每天事情很多，忙得跟陀螺似的，但我的手机都是 24 小时开机，村民有什么事可以随时给我打电话。2018 年换届以后，我在村的办事风格就是什么事都得“打开天窗说亮话”，做什么事都公开、公正、公平，不让老百姓互相琢磨，不知道怎么回事儿，对谁都一样。而且我们开村民代表会议，开得特别勤，有事咱就说，说了咱就能解决，决不让村民闷着。有时候一天会接到几十个电话或者微信消息，特别是秋冬季节会多一些，因为那段时间正是收割农作物的时候，有些地里的事情弄不明白村民就会来问。

这个电话除了处理村民们一些日常事情外，也是一个传递村里突发情况的“传声筒”。比如下暴雨的时候，要是村民打电话说地里积水越来越多，我就得赶紧带上机器跑到农田里去挖水沟，和村民们一起清理积水，生怕雨水把村民辛辛苦苦种的作物给淹了，这经常一干就是两个小时。还有一个电话让我印象比较深刻，那天白天我正好在镇政府开会，突然接到一个电话说有一户村民家里电线短路引起火灾，我一下子就紧张起来了，赶紧让人先确认里面有没有人，如果有人，就赶紧让他们撤出来，随即打 119，请专业人士去扑火。听到那边人都撤出来了，没有人受伤，而且火势不大，我悬到喉咙的心才落到肚里。因为开会的地方离村里还有段距离，为了能及时处理，我就先通过电话指挥，让我的同事先过去处理，让村民们不要靠近，先别管里面的钱财，人身安全要紧。还好那次火势不大，发现得早，处理得也及时，没有人员伤亡。

我每天除了要在扶贫工作上下功夫，还有一件更重要的事情就是确保村民们的健康与安全，只有确保每位村民健康，扶贫工作才能顺利进行。尤其是新冠肺炎疫情以来，防疫工作更不敢松懈。每天要排查、填报表、给疫区返回人员测体温，事情很多，午饭大多在村里吃。村民怕我们忘了吃饭，会拿一些方便面给我们存着，我们有时候实在太忙就只能一边工作一边吃饭，经常一包方便面就解决了。

咱们总说，一个人没有三头六臂，真是很难顾及方方面面，顾得了工作，自然会有些顾不上家庭。我周六日都得工作，基本上是全年无休，更别说陪孩子出去玩了，就连接孩子放学都没有时间，我觉得挺对不起他们的。但实在是没办法，任了这个职，就得尽这个责。村里每天都得有人管，村民一有什么需要我就得出现，就得处理，上面一有什么任务，我们也得抓紧统筹行动。顾不上家庭，家里人难免会有些怨言，但他们看着村里的扶贫工作越来越成功，慢慢地，也能理解我的工作了。有了家人对我的支持，我觉得自己带领村民们脱贫致富的信心也更强了。

二　黄韭新路齐致富

我们宋亮村种植黄韭的历史很悠久，据史书记载，黄韭栽培技术可以追溯到明代永乐年间，距离今天已经有数百年的历史。这个技术还具有特殊性，在我们这边只有新河县有，而新河县就只有我们宋亮村有，别的村都没有。我们的黄韭不打药，不用化肥，都是用的有机肥，连除草都是人工除草，能真正做到“绿色无污染”。而且我们村的土质又沙又黏，非常适合种黄韭，可惜这么多年来黄韭一直采取家庭种植模式，所以规模一直没有扩大。每当想到老祖宗传下来这么好的东西，几百年的技术要在咱们手里断了，我都坚决地告诉自己：这怎么能行，我必须把它传承、发展下去。

正赶上这些年来我们国家打响了脱贫攻坚战，而我清楚地知道种植黄韭比种玉米、小麦的收入多得多。作为村支书、一名基层的扶贫干部，我就想让村民们得到实惠，就该努力让父老乡亲们增加收入，提高生活质量。于是我想抓住这个宝贵的时机，希望能传承好种植技术、发展好黄韭这个特色产业，带领村民们一起脱贫致富。最开始，村民们都不相信种黄韭会比种小麦、大豆赚得多，他们都不愿意投资和我们一起干。对于这种境况，我真是看在眼里，急在心里。作为扶贫干部我必须起到表率作用，所以我咬咬牙，率先投了自己的钱下去，挽起裤脚和衣袖，和其他几户因为种植黄韭时间长，而不舍得放弃的乡亲们一起下地干。开始的时候，建大棚需要足够的资金，所以我就到处跑，跑当地政府，跑农信办、财政局等有关单位，能跑的地方我都跑过了，想尽了一切办法和渠道帮大家申请资金。2018 年以来，为了减少村民们投资的顾虑，我们尽力争取项目，建立起黄韭合作社，告别了一家一户单独种植的传统模式，形成“统一播种，统一管理，统一销售”的新模式。虽然村里大多数年轻人外出打工了，留下的劳动力较少，黄韭种植规模不是很大，但是相比之前还是大多了。毕竟不久前这个技术在我们村还面临消失的危险，现在经过大家的努力又重新发展起来了。村民可以自己卖，也可以加入我们村里的合作社，因此可以说我们的模式就是“党支部 + 合作社 + 社员”。

但并不是筹了资金、建了大棚和合作社就万事大吉了。原先黄韭都种在地里，后来市场发生了新的变化，就改成种黄韭盆景。正宗的宋亮村黄韭种起来不容易，春天播下种子后，长出的韭菜全年不收割，让吸收的营养全部储存到根部。在霜冻以前，把绿韭收回来栽到盆里面，在大棚里密集种植，不施肥、只浇水，控制好光照和湿度，才能长出颜色黄嫩、气味浓郁的黄韭。盆底下有个小小的隔墙板，根底下放一点土。如果你不加水，它就不长，如果想让它生长的话，就把它放到温度在 20 摄氏度以上不见阳光的屋子里，然后，加水一次，将绿韭全浸泡在水里面，浸泡 10 个小时左右，把水放出来，隔个七八天，再浸泡一次，就能长出黄韭了。做这个黄韭盆景我们都是靠自己，比如盆景的包装去哪做、怎么做。我们用自己的钱，靠自己想办法，请人刻个板，去外地做箱子、做包装、订装黄韭盆景的盆。此外，在最开始的时候，因为村民们不相信跟着我种黄韭盆景会比外出打工、种粮食赚钱，所以他们大多数不肯投资，只有寥寥几户愿意跟着我们一起种。后来时间久了，村民们发现经过我们的不懈努力，黄韭盆景得到了发展，商品价格比原来高了——原来卖的价格低，一盆只有 40 元，后来随着各方面的升级，一盆涨到了 80 元、120 元。村民们感觉挺好卖的，发现种一亩黄韭能比小麦、玉米多收 8000 元左右，他们就觉得跟着种黄韭更合适。

黄韭销售环节第一靠村民们口口相传的宣传。名气大了，附近的企业、单位，都来我们村购买土特产，第二靠微信朋友圈的宣传。客户发来地址，我们直接用快递寄过去。黄韭一部分拿去市场上直接出售，一部分被加工成黄韭盆景销售。这几年来盆景的销售情况还可以，每年都是全部卖完。之前都是卖到本县，现在主要市场已经不是我们本县了，而是京津冀。2019 年销售市场开始从京津冀延伸到祖国的各个地方，如陕西、四川、江苏、湖北，连新疆都有。去年最远的几盆是销往了广东省佛山市，是碧桂园[①]的陈总帮我们销售的。大多数外地客户是自己来的，我刚开始不明白他们从哪得知我们的黄韭盆景，后来知道是怎么来的了：是本县的客户买了以后，给亲戚朋友们送礼，送到山西、山东、江苏、湖北等地。送到以后，人家觉得我们的产品不错，加上箱子上有我的名片二维码和电话，人家就主动联系上我了。这一传十、十传百的，我们的黄韭销路就这样打开了。我们宋亮村扶贫产业这些年的发展，离不开各方的大力支持，县级党委政府最初为我们争取建大棚的资金，后来还帮我们做宣传，销售产品。新华社[②]和碧桂园也都来帮助我们做宣传。新华社和党委政府还进行了一些消费扶贫：新华社采购一部分，党委政府采购一部分。碧桂园也帮助我们打开了销路。

社会在进步，黄韭产业在发展，内在的困难没完全解决，又出现了新的困难。内在的困难是老百姓嫌费工夫，想干省事、没有风险的活挣钱，所以不投钱而选择外出打工。年轻人外出，年龄大的干不动，劳动力稀缺，导致黄韭发展规模起不来。新的困难则是邻村、邻县开始模仿我们，说黄韭也是他们的特色产品，并且标价比我们低，导致市场秩序混乱。为此，今年开始我们的箱子外包装上会有所变化，我想专门做一个溯源码印在包装箱上，到时候顾客一扫码，宋亮村黄韭的种植全过程、几月份种几月份收等各类信息就都出来了，这样就能证明黄韭是正宗的，让顾客相信

---

① 即碧桂园控股有限公司，是中国最大的新型城镇化住宅开发商之一。2018 年 5 月 20 日，碧桂园与全国 13 县达成帮扶协议，其中邢台市新河县在列。

② 一般指新华通讯社，是中国国家通讯社和世界性通讯社。2015 年下半年，新华社新增河北省新河县为定点扶贫对象，同年 12 月新华社第十一批扶贫工作队驻新河县开展定点扶贫工作。

购买我们的产品能得到切实的保障。另外，关于劳动力稀缺方面，现在只能说是尽量稳定现有的劳动力数量，下一步动员年龄大一点的村民加入合作社，就算年龄大些也没关系，可以一起干能干得动的活，干不了的活就想办法雇年轻的劳动力。

2018 年以后，黄韭大棚已经建成了，但是我们逐渐发现产业发展有局限性——种植地道的宋亮黄韭得到冬天才能收割，这个收获周期长的问题在一定程度上限制了增收效率，制约了发展。正好当时碧桂园和新华社来帮扶，他们就帮助我们谋划了一个农业产业园。这个农业产业园不是种黄韭，而是引入新的葡萄品种——“阳光玫瑰”。在这个产业园里，新华社援建了一部分，碧桂园支持了一部分，然后还利用其他资金一起为“阳光玫瑰”建设了 6 个共占地 10 亩的高标准大棚，明年我们的葡萄就要结果了。根据新河镇产业扶贫工作的宏观布局，除发展特色农业外，宋亮村还一直发展着光伏发电、华兴汽配件制造①等多元化扶贫致富项目，大伙儿一起在多个产业中为增加收入、稳定脱贫而奋斗。②

三　新风蔚然共奋进

自打响脱贫攻坚战以来，全县干部群众能吃苦、能战斗，举全县之力向绝对贫困发起总攻，累计减贫 4 万余人，76 个贫困村实现脱贫。2019 年 5 月 5 日省政府正式批准我们新河县退出贫困县序列。经过 7 年脱贫攻坚战，我们村终于摘掉了贫困的“帽子”。

我们村一共有 13 户 24 人脱贫“摘帽”，人年均增收 3000～4000 元。回想起他们脱贫的故事，我的脑海里首先冒出来的是一对爷俩。他们家里就两口人，父亲 50 多岁，是残疾人，而且患有脑出血瘫痪在家。小伙子是 1993 年出生的，从小没有母亲，初中都没毕业，一直找不到工作。于是我们根据他们的情况，寻找适合他们脱贫的方法。一开始，我先让小伙子在县城学着做厨师，找这种临时工做，起码能挣到钱，还能学点东西。后来

① 华兴汽配件制造是新河县华兴机械制造有限公司的主营业务，该公司位于河北省新河县城北环路 5 号，是专门从事各类汽车零部件生产制造的专业化企业。

② 源于 2018 年 1 月 18 日发表于中国江苏网的文章《河北新河县新河镇宋亮村调研记：黄韭点亮脱贫致富梦》。

考虑到他家里的情况，我又通过林业局给他争取了一个护林员工作。一个月工资700元，一年能增加7000~8000元收入。除了提供工作岗位，我们还帮他们改造了危房。他们父子俩脱贫意愿比较强烈，这个小伙子白天努力工作，晚上就赶回去照顾父亲。2019年他们这一户也摘掉了贫困的“帽子”，后来我还把这个小伙子发展成了党员。

随着贫困户逐渐脱贫，新生活、新气象、新面貌慢慢地都跟着来了。一是在物质方面，和原来差别很大。之前吃不上的鸡蛋、牛奶，都可以吃上了，原来舍不得买也买不起的，现在什么时候想买都能买。二是街道交通规划得更好了，村里的街道都硬化了，不再坑坑洼洼的。三是精神观念方面，精气神上去了，特别是老人们都特别快乐，装一个黄韭盆景都不带颤的。还有唱戏的，干个活边干边唱。看到他们的生活得到改善，我心里感到很开心。别说老人们，连我自己都喜欢上了干活。虽然我有许多事情需要处理，不能老在地里干活，但是我有空就下地，虽然脏，虽然累，但心情特别好。

此外村民们的意识明显发生变化。举个简单的例子。原来村民把垃圾到处乱扔，现在连扔食品盒子都扔到垃圾桶里。原来没有这种意识，它怎么来的呢？一就是在村的群里广播宣传，二就是在大喇叭里喊，怎么喊呢？之前老领导、老村干部都是“哎！不能扔垃圾啊”。结果一切还是零，村民们依旧是老样子。所以现在都会讲为什么不能乱扔垃圾，比如不乱扔垃圾是为了创造一个更好的环境，亲戚朋友来村里一看，以后才会更愿意来。这样做了以后，成效就显现了。现在大家都学会互相监督了，他看她，她看他，看谁乱扔垃圾。意识的转变还得行动的带动，原本门口堆雪都没人扫，我先派人把中间的扫了，然后村民们都抢着扫门口的雪。慢慢地，村风也就越来越好了。

另外，我们村的管理工作也呈现了新气象，党员干部与群众的联系更紧密了。勤开会，村民有事打电话，各项工作实施得好，现在村民们心里没有什么“闷的事”，没有什么不明白的事。现在，打电话的人越来越少。看到村里的变化，我是发自内心地高兴，感觉工作没有白做，一切的辛苦都值得。

咱带领村民们脱贫成功，没有付出是不行的，就得付出。这个付出不只是在金钱上付出，还要在好多方面付出。比如刮风下雨的时候，我们第一时间必须出勤。你说什么事我们不到，老百姓能到吗？此外，党委政府、对口扶贫队、社会上的企业对我们的帮助很大。在我们村里的牧原集团①，每个月都会派人给我们讲解农具的使用方法和农业技术。而碧桂园为我们提供了“走出去”的学习交流平台。2019 年 10 月份他们就邀请我们出去学习，县组织部安排我去清华大学进行了一星期的经验交流。

现在脱贫是脱贫了，但是成功谈不上，因为毕竟还没富起来。尽快富起来，是大家伙共同的期盼。为了这个目标，我想了许久，有了一些初步的想法。

第一，要防止返贫，巩固脱贫攻坚成果。这项工作现在还在落实初期，我们就是经常地入户走访，看看有没有村民家里有什么特殊变故，有没有发生意外，有没有遭受自然灾害。还有就是对老人们再就业的，冬季我们给黄韭装盆，别管年纪多大，只要能种，就能来装。装一盆赚 6 块钱，能有效防止他们返贫。脱贫那么艰难，可不能让辛苦得来的成果都白费了。

第二，要不断发展完善产业。村委会已经初步制定了扩大黄韭种植规模的规划，而现在缺一个装盆的车间和一个展示大厅。明年葡萄采摘和开展亲子活动都需要场地，我想想从哪争取资金，到处跑一跑，尽量能建一个。然后建一个急需的冷库。

第三，现在我深深感到没有年轻人的力量是不行的，特别希望我们村能来一个大学生。我去其他地方参观学习，人家都有大学生村官。无论是讲课还是采访，都由村里的大学生村官讲。我是真心羡慕，我们这边没有，就算有大学生也都是本地的，而且他们一般都是兼职。大学生勤快，行动起动比较方便，什么事情都能一看就懂，用互联网、电脑都比较熟练。如果是农业方面的大学生就更好了。我们现在急需的就是科技支撑、科技帮扶，比如说来个会种植黄韭、葡萄的，也希望是专职的。还有就是眼界开阔的，他们可以告诉我们哪些地方这种试点做得特别成功，带着我们一起去看看、去学学，看看人家怎么成功的。现在是出去都不知道去哪。

脱贫攻坚战虽然艰难，但如今我们已经打下来了。无论有没有做好准备，新的机遇与挑战已经来到我们面前了。新的使命和责任，我是一定要扛起来的！

---

① 即新河牧原农牧有限公司，成立于 2016 年 12 月 14 日，经营范围主要包括畜禽养殖、良种繁育、农作物种植等。

深山种灵芝，护山致富两不误

受访人：官贵娟

访谈人：霍美好

访谈时间：2021 年 7 月 27 日

访谈形式：线上访谈

访谈整理：霍美好

访谈校对：霍美好

故事写作：霍美好

受访人简介： 官贵娟，女，汉族，1978 年生，广东始兴人，大专文化，中共党员，始兴县隘子镇祥源农副产品专业合作社、粤顺养殖有限公司创始人，始兴县隘子镇妇女创业领路人。祥源农副产品专业合作社成立于 2013 年 10 月，现有社员 103 人，主营种植食用菌灵芝、香菇、木耳等，产品销往全国各地，深受广大消费者的青睐，每年为农户平均增收 3000 元。合作社自创建以来，先后荣获韶关市农业局授予的“中国种养示范基地”“无公害农产品基地”“广东省林业专业合作社示范社”等荣誉称号。近 10 年来，对口帮扶了 5 户贫困户，共带动 30 多名妇女就业。

一　林下种灵芝，开拓乡村致富路

我叫官贵娟，是广东省韶关市始兴县隘子镇人。我们隘子镇方圆 60 公里内都没有工业，没有工业也就没有污染，所以生态环境是比较好的，可以说是韶关生态最好的地方之一。我是从 2010 年开始种植灵芝的，主要采

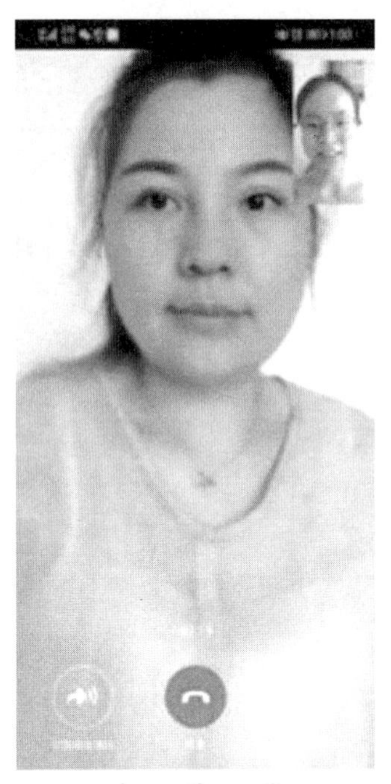

图1　2021年7月官贵娟（中）接受霍美好（右上）线上访谈

用“公司+农户+合作社”的形式种植灵芝和（各类）食用菌，现在我们的技术和销售都很稳定。经过10多年的种植和发展，目前，我们的合作社①成员有103人，承包的种植林面积有500多亩，就灵芝这一块一年的产值有450万元，香菇、木耳这一块也有（一定的产值），反正我们总的收入有1300万元左右。

说实话，当时我们也是一时兴起种的灵芝。首先，因为我们当地一贯是（以）种植食用菌、香菇（为主），但是香菇的价格没有灵芝的价格高，香菇的市面价格也就是在100~200多元一斤这个层次，而灵芝的市面价格为每斤600~1000元，所以就想（到种植灵芝）。其次，因为种植（食用

① 即始兴县隘子镇祥源农副产品专业合作社，于2013年10月成立，注册资金128.8万元，有社员103人，注册了“韶绿”牌商标，秉承“共同发展，服务社员，带动农户创收致富”的运作宗旨，以销售当地农户社员的农副土特产为主要产业。至今已带动当地100户农户种植香菇、灵芝、木耳等多种特色农产品，产品销往珠三角的佛山、广州等地，深受广大消费者青睐。

菌）的原材料主要是原木[①]，我们现在也在响应国家政策号召保护绿水青山，原材料的来源变得比较狭窄，所以就想着要利用好资源，（想着怎样）把资源价值发挥到最大程度，最后就想到发展灵芝。另外，选择种植灵芝一方面也是因为我们有绿水青山，山好、水好、空气好，当地独特的气候条件适合种灵芝，这是我们最直观的条件。另一方面，我们还有先天的（种植）条件——历史悠久的食用菌产业，村里一直都做食用菌这个产业。靠山吃山，我们山区一直都是以采食用菌为主要收入来源，只要是当地40岁以上的妇女家里都是种植菌类的，以前每家每户都种香菇（有丰富的种植食用菌的经验）。而且，我们的自然生态非常好，这边种植的产品就比外面的好，比如我们的香菇，它是非常优质的，前几年还成为广东省的名牌产品。[②]

在种植灵芝之前，我是做乡村医生的，那个时候我们家的诊所也做得很大，因为有三四个人一起开诊所，我就想反正也有空闲时间，就把心思投入到农业这一块。这几年年轻人都跑去外面打工了，留下来的都是一些儿童、妇女，还有一些老人。在我当乡村医生的时候，（村子里有）很多老人和孩子，老人年迈的时候经常会这里痛那里痛的，但是没有人在家里照顾他们，或者是有“三高”的那些老人很不容易。还有一些（留守的）孩子，他们家里条件不好又不能跟着父母去大城市里（生活），就让老人来看管，这会让那些儿童在心理上缺失父爱母爱，所以我就想到如果（村里）有事情做的话，就能把他们的父亲或母亲留在身边，总好过只留在爷爷奶奶身边，这也是我创业的一个动力。而且留守妇女她们有很多业余的时间，但是没有什么活干，一个人在家里让她担起那些很重的农活，她也做不了。所以我就想到要不我来开创一个事业，姐妹们一起来发展，或者带着那些留守的妇女一起工作，让她们既有一份稳定的收入，又能照顾家里的老人和孩子。我是以这么一种心态去做事的。

创业对我来说是从一个白衣天使变成了农民，从十指不沾阳春水的人

---

① 原木是采伐后未经加工的木料。野生灵芝是从腐朽的各类林木中生长出来的，人工栽培的灵芝是用椴木、木屑或者棉籽壳等原料栽培出来的。只要在适宜的温度、湿度条件下，有灵芝菌丝体的繁殖，就会长出灵芝来。

② 始兴县是闻名遐迩的“北菇”产地，历史悠久，其中，隘子镇的冬菇扬名海内外。广东“北菇”产地代表隘子镇年产干冬菇80吨，是粤北著名的冬菇产地之一。

直接变成一脚泥、一脚水的农民。我是整个人跨到农业这一块，我涉及的不仅有灵芝，还有养殖，橘子种植，只是我现在把重心放在了食用菌种植这一块上，因为我对食用菌的发展是很有信心的。灵芝是我们当地的特色产业，香菇也是广东的名牌产品，而且出自隘子镇，是我们祥源农副产品专业合作社的产品。我们乡镇有这么优质的产品，我想不能把这么好的东西给丢失了，要继续乘着国家乡村振兴政策的东风，借助地理条件等各方面的优势，把我们的产业做大做强。

二　巾帼团队不言放弃

在刚开始创业的那几年里，我父母（家人们）给我的帮助是最大的，因为最开始全是靠我自己一个人去做销售、基地管理，那几年也是靠他们帮我管理基地，帮我支撑着。因为那时候产品滞销，卖不出去，家里人看到这样的情况，心里也很不舒服，他们就说不要去弄了，你搞了那么多又卖不出去，把自己搞得那么辛苦，你做你的医生不好吗？你做医生起码有稳定的收入，又不用那么辛苦，不用每天在那里对着那些产品焦虑。在经济困难的时候，我一度陷入了负债状态，因为卖不出去的同时你还要租地、要（购买）原材料、要给工人发工资，家里压力也很大，因为负债太多了，家庭矛盾也不断激化，导致我家庭破裂离婚了。家里人看到这种情况，真的是挺揪心的。但是我想我不能把自己磕死在一个地方，大家来做一个事业，都已经把头“伸”进那个事业了，我就不能退缩了。我就跟我父母说：“我不能退缩了，我只能向前进，不能往后退。”我父母也没办法，看到我那么坚持又执着，他们只是嘴里会唠叨，其实心里还是在默默地支持我。我的朋友、亲人个个看到我这样子就劝我不要去经营了，但是我都已经把头洗湿了（没有退路了），只能继续寻求资金的帮助。我的姐姐帮我做抵押贷款，通过各种方式去筹钱，还有亲戚朋友该借的都借了。2016 年之后，我们就慢慢地稳定下来，现在也是慢慢地走上了平坦的道路，基本上可以说我们能稳步地去发展了。除了家人，团队、社会的支持对我来说也是一个很大的帮助，在困难的时候，（特别是）在刚开始创业那几年里，我们的姐妹、我们的团队没有退缩，我们的团队是巾帼团队！在看到这么困难的情形，大家都还是一股劲地、努力地想去把这个事情搞好，都没有说因为卖不出去就不想干了，也没有那些抱怨、气馁的情绪，而是默默地支持我去把这个事情做好。

刚开始种植的那几年，初期的销售主要是通过别人的平台来给自己做推广，灵芝主要是靠来基地的游客采摘（销售出去的）。2011～2013 年这 3 年里我们也是在尝试性地去寻找（灵芝的销售方式），当时也是因为信息等各方面的限制，产品滞销，我们在大山里种了（灵芝）但没人知道（也就没有人来买），就是说你种出来再好的产品，没有宣传的平台，没有打造品牌，是比较难卖出去的。所以那几年处于瓶颈期，是比较困难的。（机缘巧合）我有个朋友做导游，我就跟他谈起这个事情：能不能通过旅游团来宣传一下我们的灵芝？带人来看看我们的灵芝是怎么生长的？在什么环境下生长的？就是以科普和观光的形式来推广我们的灵芝。经过 2014～2016 年这种形式的推广，2017 年之后销售这一块基本上就稳定了。我们生产出来的（灵芝），都可以销售完。游客来到基地，我们会用其他的形式来吸引他，比如你来我这边观光，发朋友圈，有多少个点赞，我就送你一些礼物，或者你来到我的基地里，我免费让你体验农家生活和农家美食。

在创业致富过程中肯定会有很多困难，大自然给予我们的困难是一方面，经济上的困难也是一方面。大自然给我们的困难是天灾，像今年韶关这边是特别旱的，而灵芝需要（在）高湿高温的环境下才能生长得更好，缺少雨水对灵芝的生长是有很大影响的。我们就必须想方法来干预，比如用人工喷灌或滴灌方法（来保证灵芝生长需要的水分），因为我们的基地是在山林里，不是在田野里，田野里你说去搞喷灌、滴灌那是没问题的，但在山林里海拔是比较高的，要去实现是比较困难的。而遇到这样的困难的时候，是很需要人才和技术的支持的。我在创业过程中遇到的最大的困难是缺乏资金和销售渠道。由于缺少资金，按照我们自己的实力慢慢地去发展的话，速度是非常慢的，不是说我们自己就没有（能力回笼资金），我们有，但是单靠我们自己独立小个体的能力去发展，需很长时间才能积累够资金（来发展生产）。销售也是，我们现在走的是生物公司这一块，但是没有对接到特别大的生物公司，没有特别大的订单量，都没有 5000 斤、上万斤一次的订单或者年订单量有几十万斤的这种公司对接，所以虽然附加值高，但是量小，还是不足以大规模地去发展。我们那么好的地方，始兴县那么多的乡镇，主要以种食用菌谋生的都有 4 万多人，不利用起来大规模地发展是很可惜的。我要带动周边的人一起致富的话，不仅要做一个示范给人家看（肯定要有大量资金投入进来才行的），而且也要有很好的销售渠道，才可以长远地去发展。线上的销售渠道走得比较少，前几年我在淘宝上卖灵芝，但也不知道是什么原因，可能灵芝属于贵细药材这一类，而且我们的灵芝是仿野生的，（虽说）价值也算是比较高的，（但）销量一直都上不去。再加上在运营这一块，没有团队去帮我们运营，没有这种（专业性的）人来帮我们操作，所以线上销售那一块走得比较艰难，因此现在主要还是以现场采摘、基地采摘的方式销售。

图2　2020年6月官贵娟观察灵芝生长情况

当地政府也很支持、鼓励我们企业发展，因为他们看到我们是实实在在地去发展当地优质、特色的产业。比如以前我的基地是“三无”地，没有网络、没有电、没有路，现在电通了，网络也通了，也修了一条小路，但还没有铺水泥，这些都是当地政府为我解决的。但在技术和销售市场方面还是得靠我们自己，政府在这一块暂时还没有给我们（提供）帮助。其实我们很渴望政府方面的扶持，比如在道路、交通、网络等公共基础设施方面的扶持，如果有这些扶持，农村企业的生存机会就会大一点，最起码像人家说的——路通财通。2018年武深高速开通，司前镇——就是隘子镇下去一点的一个乡镇，也有了高速，通往广州只需要2个小时多一点点，通往深圳只需要3个小时多一点点，高速的开通对我们是有很大帮助的。而且现在乡村振兴也把我们的乡村面貌变得更好了，道路也修得比以前好了十万八千倍，目前我们的道路交通还是挺好的，只不过山区想像大城市一样四通八达，暂时是达不到的。

三　农业创业之险中求生

我身边也有很多创业失败的人，我自己也有过类似的经历。我之前种植过柑橘，种了几百亩，但去年被霜冻[①]全部给冻死了。因为当时我们夫妻俩在做农业这一块产生了分歧，后面我们也分道扬镳了，现在柑橘那一块是我前夫在经营，柑橘被全部冻死了，等于说他现在是完全失败了。这个教训是很惨痛的，也是在我身边（发生的真实案例）。所以说实话，农业这一块，尤其是中国的农业，就是要有那种不怕苦且大胆的心态才能做得出来。搞农业的人太苦了，10 个搞农业的人里找不出 2 个真正做得特别优秀、特别成功的。

发展农业承受的风险太大了，因为它是靠天吃饭。天灾，我们是无法阻挡的。还有一些不稳定的因素，如市场，有的时候供大于求，很多水果就卖不出去，所以做农业这块真的压力很大。一个农业企业的成长过程真的不是那么容易的，不能说通过一次采访或者什么（其他方式）就能了解到农业的艰辛，真的要体会这种苦，是要下到基地、实地去了解一个企业的命运。农业真的太苦了，我自己都不主张我的下一代去搞农业。风险大，投入大，比如修个路进去（基地），因为距离我的基地有几公里路，我修一条路（要花）两百万元，修下去之后，我每年还要拿三四万块钱去维护，要是来一阵暴雨，我三四万块钱的维护费一下子就没了。每年就这样子砸钱下去，第二年你还要投入这个钱（维护费）进去，但是你的路还是那么烂。没办法，因为我们控制不了天灾，只能说是铺点砂石进去，但这又不是混凝土，还是抓不稳那个土，避免不了砂石的流失。你说要我自己掏几百万去修沥青或者混凝土路，几公里这么修下去，而且是一个乡村的这种小微企业，要我投那么多钱进去真的很有压力，因为每一个地方都

① 霜冻，是一种较为常见的农业气象灾害，是指空气温度突然下降，地表温度骤降到 0℃ 以下，使农作物受到损害，甚至死亡。霜冻通常出现在秋、冬、春三季。它与“霜”不同，“霜”是近地面空气中的水汽达到饱和，并且地面温度低于 0℃，在物体上直接凝华而成的白色冰晶。发生霜冻时不一定出现霜，出现霜时也不一定就有霜冻发生。

是要用钱去砸的。比如我们的林地要用钱来租，生产的各个方面都要用钱，就像个无底洞，你真的看不到底。当初投资基地的时候，我们贷款1000多万元，1000多万元的资金投下去，慢慢地近10年赚到的也砸下去，但是看上去我真的不知道那个钱用在哪里，就看到一片绿葱葱的树林，你也不知道那里值不值钱，值什么钱。不像工业，生产出来的东西卖出去了，钱就回笼了。但是农业不是这样子的，你投下去，它就变成一个固定资产在你那个地方，而且固定下来还不一定（就稳定了），你投入的那些设施还会被大自然慢慢地损耗、消磨掉。养殖行业我也在做，我有一个粤顺养殖有限公司，是养猪的。养殖风险也挺大的，比如你看2018年的“非瘟”①，灭掉多少养猪场，那些养猪的老板有多少人从万丈高楼掉下了地狱。所以我想说的就是搞农业确实太难了，如果政府在基础设施这一方面能跟得上，国家能配套得上，搞农业还比较好，不然的话（搞农业的人）永远都无法说能够稳定下来。还有就是希望国家能有规划地去发展农业，比如种植业。如果（政府）能给种植企业提供详细的数据规划，如一个市有多少土地，有多少人口，规划一下看看能有多少消费的空间，这样就不会导致你投钱进去却分文不回了。就像我们的橘子，前年就是卖不出去，整树的果子挂在那里，还要请人去摘，就很浪费（钱）。我们这里投一棵树下去要几百块钱，一亩地就60棵树，你想想那是很大的一个数字，你种个几百亩的话，得有几百万元的投入，一年下来，投入后一分钱也没得收。去年又遇上突然的冰冻，把树全部搞死了，你想想哪个老板能承受这样的压力？第一年是太多果子卖不出去，第二年又是遇上天灾，果死了，树又死了，所以发展农业真的很难。如果有人刚开始在农业创业，作为过来人，就我做过、从事过的行业，我会跟他讲投资的风险，要怎么样去预防风险。

这两年的新冠肺炎疫情也是一个风险因素。我们韶关山区里种植这一块受的影响不大，因为这边生态比较好，外出流动人员也比较少，而且我们的基地是在深山里，人员流动是比较少的。我的姐妹们都住在我的基地

① 即2018年非洲猪瘟疫情。2018年非洲猪瘟疫情在我国的传播情况：截至2018年12月3日，中国共有21个省份发生79起家猪疫情、2起野猪疫情，累计扑杀生猪63.1万头。2019年9月24日，中国工程院院士李德发在一个猪业论坛上表示，“据推算国内非洲猪瘟的直接损失有一万亿元”。

里，种植受的影响不大，但是销售、采摘这一块会受一定的影响，因为外面的人不能进来，游客的话，就怕是从外地疫情区来的，不能那么随意来基地采摘。

四　致富带头人要有奉献精神

在遇到困难的时候，我想过放弃，那个时候我的家庭、婚姻都破裂了，家里人也一直劝我，不要去弄了。但是我想，我把这么多人带到身边来一起干这个事业，我放弃了不就等于让她们失去了一次就业的机会？所以我又坚持下来。这些困难把我打磨成一个没有棱角（的人），反正遇到事情就想办法去解决，自己挺住，自己坚强起来，也不会去抱怨，也没得抱怨，说实话，抱怨也没用。印象最深的是在我人生最低谷的时候，家里都叫我不要去干了，我自己偷偷地跑到一个没人的地方，默默地问自己是为了什么。后面我坚定地下了决心，就是要把这个事情做好，我就是不能趴倒在这里，不能让人家认为我在这里就倒了。其实我最坚定的事情就是要把我的产品卖出去，把我的事业做大做强。

我在致富过程中最大的收获就是，种植食用菌既保护了我们的绿水青山，又能解决我们的就业（问题），还有就是能让我们山林承包者有一条希望之路，而且通过这么多年的种植摸索，我们也积累了一定的经验。我觉得乡村致富带头人最主要的就是要有文化修养，还有就是对外界、对市场有了解。致富带头人没有一定的文化，没有接受外面的新知识，是不行的，因为现在是科技时代，如果我们都不能掌握这些科技上的东西，很容易做不好。你要去了解现在种植业各方面的技术，要带着群众去学习新知识。还有网络这一块，现在都用网络平台来销售了，所以必须跟得上互联网时代的步伐才行。对乡村致富带头人来说，带头比致富更重要，因为先要有人去做才能致富，都没人做又怎么能致富呢？致富带头人就是要有忘我的精神，不要只是看到眼前的利益，要有远大的理想和抱团取暖的思想。

在创业致富过程中，我们还没能力做什么巨大的贡献，我就是带领了30多名妇女一起创业，解决了30多名妇女的就业问题。留守妇女平时只能耕她们家的自留地，因为我们这里没有工业，没有工厂，不像城郊或者市郊（那样）有工厂可以打工什么的。我们这里是靠山吃山的地方，就是靠着那几分田、几亩林地去生活的，所以我们做灵芝种植行业是直接让村里的妇女们有了就业的机会和就业的岗位。同时，我们对口帮扶了5户贫困户脱贫，主要是帮他们安排就业岗位，给他们分发灵芝菌棒，教授种植技术，在食用菌行业给他们统一的培训，帮他们销售，让他们学习到更多的知识。因为我想真正的脱贫就是要把产业做好，这样才能真正地解决贫困问题，不然的话就是国家给他那么一点点补助，他吃了、用了就没有了。把产业做好了之后，他有事可做了，自然就会有收入了，有收入了自然就脱贫了。

这些年来，村民们最大的变化主要是收入提高了，又能照顾村里留守的那些孩子们。跟我一起打拼的人，人均每年5万元收入，相当于每年增加5万元的收入。看到这几年的变化，我就想自己还要更加努力地去创造更多的就业岗位，带动更多的姐妹一起去创业打拼，为乡村振兴做出更大的贡献。我也很欢迎农民工返乡创业，因为我们村里很多地都是荒的，不管是林地也好，农田也好，都是荒着的。在很多工作都慢慢地被机器人代替了以后，农民工在城市里的就业岗位就会越来越少。他们在外面也学习了比较多的新知识，其实他们回来创业是很好的，既能把荒废了的土地资源给利用起来，又能把他们在外面吸收的新知识带回家乡。我也非常支持大学生返乡创业，农村很缺乏那种有文化、有知识的人。那些学历比较高的人才都被吸引走了，因为家乡没有那么好的待遇，留不住他们，留不住人才。（如果）他们能回来，那以后农村的变化会更大，因为他们才是以后农业发展路上的领路人、领军人。其实（乡村企业的）很多技术岗位是缺乏专业人才的，就拿我们做灵芝的来说，我很希望有农业这一块专门研发菌类的大学生回来，帮我们改良一下灵芝的品种。就产量这一块，我们一直都保持着原生态，那产量肯定是没那么高，我们肯定希望那些有知识、有技术的大学生回来（用）对口的技术来支持（灵芝产业的发展）。

游子回乡致富记*

受访人：周克追

访谈人：杨　杰

访谈时间：2021 年 5 月 22 日

访谈形式：线下访谈

访谈整理：杨　杰

访谈校对：杨　杰

故事写作：杨　杰

受访人简介：周克追，男，汉族，1965 年生，广东大埔人，大学文化，中共党员，大埔县大留村党支部书记。1989 年，中山大学哲学系毕业后在广州经商 25 年。2014 年放弃经商回村照顾患癌父亲，2016 年当选村支书工作至今。他独创许多指导方法，如"留住绿色，保护古色，创造特色"等，使村庄发生翻天覆地的变化。其带领全村开展柚子种植，复垦荒废水田 70 多亩，种植蜜柚树 4000 多棵，产量达 40000 多斤，带动 1400 多名村民就业，实现全村 107 户贫困户人均年收入增长 3 倍并顺利脱贫。

一　客家文化育文人，初心使命唤游子

我是广东大埔人，出生于 1965 年。现在家里有 5 口人，我的妻子、一

* 本故事参照《广州帮扶立竿见影！梅州大留村被评为"美好环境和幸福生活共同缔造"示范村》，凤凰网，2019 年 8 月 14 日。

图1　2021年5月周克追（左）接受杨杰（右）线下访谈

个女儿、一个儿子，还有我的老爸。我的妻子是老师，我的女儿今年刚从宁波大学硕士毕业，今年考上博士，准备一边工作一边读博。我的儿子今年18岁，高大帅气，他想学播音主持、艺术表演等专业，现在在北京参加培训，计划考中国传媒大学或者中央戏剧学院。

我是客家①人。客家人热情好客、热爱家乡、富有情怀。所谓的客家人就是“不管你从哪里来，只要你来到了我家，我就当你是自家人一样（对待）”，这就叫作客家。

客家人比较热爱读书，我们家读书氛围也比较浓厚。我的老爸是读书人，1960年从广东梅州师范学校毕业。我毕业于中山大学，我的弟弟毕业于中南财经政法大学，我和我的弟弟都是从山沟沟里出来的。小时候不单我们家里穷，农村里穷是普遍性的，我需要上山去砍树，然后把树劈成柴，拿到镇里去卖钱，然后拿钱交学费。

① 客家是唯一一个不以地域命名的民系，是世界上分布范围广阔、影响深远的民系之一。客家这一称谓源于东晋南北朝时期的给客制度及唐宋时期的客户制度。移民入籍者皆编入客籍，而客籍人遂称为客家人。客家先民始于秦征岭南融百越时期，至宋朝逐渐南迁的汉人在赣江、汀江、梅江冲积而成的三江平原上形成了客家民系，发展成了梅州、茂名、河源、韶关、惠州、深圳等客家主要聚居地。

客家人有一种文化叫耕读文化，所谓的“耕”就是耕田，“读”就是读书。在我小的时候，老妈务农，老爸教书。虽然当时不倡导读书，但我的老爸仍旧让我们去读书学习，他说：“不管怎么样，（读书）是可以改变命运的，最起码你以后卖东西你会算（数）。”我们读着读着就考上大学了。

家里的读书传统是世代传下来的，老爸是师范毕业的，他这一代中专生就培养第二代的本科生，第二代的本科生就培养第三代的硕士生、博士生，就这样一代一代地（传承）。我家里人没有什么坏习惯，抽烟、喝酒、赌博、打牌这些坏的习气我们家是没有的，而且我们家里讨论的话题都是文化氛围比较浓厚的话题。所以我们家有很好的读书氛围，能读好书自然也是非常正常的事情。我们家族的孩子读书也都还不错，虽然考上清华、北大的比较少，但是考上（其他）名牌大学的还是挺多的。我侄女去年考上了中山大学，我弟的女儿也是中山大学毕业的，她今年考上了南洋理工大学的博士。

1989 年我从中山大学哲学系毕业。我本来是读哲学专业，后来却改行做生意那也是有故事的。读过哲学的人思想是很深奥的，想事情往往具有逻辑性、概念性。在大学时我学习的都是普通逻辑、心理学、辩证法、相对论等等[①]，这些知识无论是对我前期做生意还是后期指导村里建设都是有很大帮助的。各行各业都充满着哲学，就看如何去运用，做生意有做生意的哲学，脱贫攻坚有脱贫攻坚的哲学。

我在广州待了将近 30 年，所以天河区、荔湾区、海珠区、东山区[②]我都很熟悉，因为我一直在那一片做生意。我对清远特别有情感，因为那时候我在广州经营陶瓷生意，都是从清远购买陶瓷，然后运去广州销售。所以对清远这里的一水一木，我也很熟悉。[③]

我妈妈是 2010 年去世的，后来我爸也被诊断出了肠癌，我劝他做手术，他不愿意，我问他：“为什么不肯做？”他说：“就算做手术活下来了也没个伴，你们兄弟个个都走了，我一个人在家无聊，不如死了。”我说：

① 这里应该是指中山大学哲学系的核心课程如马克思主义哲学、中国哲学、外国哲学、逻辑学中的某些内容。

② 东山区是广东省广州市昔日的一个市辖区，已于 2005 年经国务院批准撤销并入越秀区。

③ 当时访谈的地点在清远誉北江农业公园，所以受访人在此处提及清远。

“你做手术吧，我来陪你，我回家来看你。”最终我的老爸同意做手术了。如今他已经86岁了，身体也还挺好的。

当初我要回村时，妻子也没有反对，她专心教书，我想做什么她不干涉我。我的弟弟也挺支持我的，周克添就是我的弟弟，他在广州开律师事务所，他说：“不管以前你赚了多少钱，那都是你的事，但是你回家去做书记又照顾父亲的话，我每年都会支持你。”这就解决了我经济方面的后顾之忧。他在广州开律师事务所，一年能赚200万元，每年他给10万8万补贴家用，他也没有什么压力。

我现在当村支书收入不多，每个月有三四千元，当然我肯定不是冲着这个收入才去当村支书的。当村支书更多是一种信仰、一种情怀。在脱贫攻坚时期，村里面非常需要一个带头人，我认为自己经济条件还可以，孩子也挺成功，如果能为家乡做点小事，把一个村庄建设好，也会很有成就感吧。

在我当上村支书之后，根据当时的标准，我们村里共有107个贫困户。当时每个人年收入是三四千元左右，到2020年年底时提升至19600多元。作为村书记，我对这些情况是很熟悉的，我对每家每户的情况都很熟悉。

二　党建引领促发展，先锋模范树榜样

在回村之前，我一直都关心家乡的公共事务。之前一个学校一直没有自来水，需要挖井装自来水设施，我有捐款，而且建村委会大楼的时候我也有捐款。我一直比较有情怀，比较热爱家乡人民，这也是读书人的本性，因为小时候家里很穷苦，读书有出息了肯定也会想到家乡。

2014年我回到大留村，2016年我当了村支书，刚任职就马上投入到脱贫攻坚[①]工作中。扶贫5年走过来，如今就是乡村振兴的阶段了。国家在最需要我来做这些事情的时候，我就刚好遇到这个机会，所以我就回来当书记了。

回到家乡后，我就发现我们村属于“党组织软弱涣散”村。俗话说

① 2015年11月29日，《中共中央　国务院关于打赢脱贫攻坚战的决定》发布，中共中央、国务院就打赢脱贫攻坚战做出决定。

“村看村、户看户、群众看干部”，干部都是由党员组成的，如果作为村支书自己都没有发挥带头作用，作为党员自己都没有发挥先锋模范作用，那一个村是无论如何都搞不起来的。于是在我当选村支书之后，就决定要先从党建抓起。

首先，村支书自己要做得好，要发挥带头作用，这是需要下很大的功夫的。作为一名村支书，打铁还需自身硬，如果自己都不能以身作则如何服众？梅州市委组织部曾经邀请我去给全梅州市的优秀村干部上一堂课，我主要就是围绕一种情怀来讲，作为村支书需要有三个“情”：无私奉献之情、对家乡之情怀、对百姓之感情。自己首先要做得好，无论是人民群众还是党组织，大家的眼睛是雪亮的。村支书自己做得好，村委会、支委会在工作方面又有思路，村务工作还是很容易开展的。这得益于我在回村之前一直都在外做生意，看的多见的广，读书又读得多，所以思路也广。

其次，给村里的党员干部上党课、讲党史。上党课、讲党史的目的是让扎根在基层的党员干部有凝聚力，提高政治觉悟，对党有情怀，好好为我们的村民服务。我本来就是学哲学的，可以很好地发挥自己的专业优势，我不用写草稿也不用看电脑，完全可以从《共产党宣言》的发表一直讲到 1921 年中国共产党成立再讲到现在，每一段历史，每一件历史大事，我基本不会忘记。有些党员确实对于党的历史还缺乏了解，作为一个党员都不了解党史说不过去，所以我就给他们上党课、讲党史，通过以小见大的方法，就像习总书记一样，学会讲故事，有针对性地来讲故事，党员干部们听得多了，他们慢慢也就有感悟了。为农村党员讲党史不需要讲太多（理论性的）书（的内容），太多的理论他们接受不了。2021 年是建党 100 周年，我前段时间给党员上了一堂党史课，大概讲了 1 个小时 40 分钟，我没有打草稿，也没有用电脑，就这样讲，这次党史课不单有村里的党员，还有很多其他单位的领导，都听得津津有味。

最后，对口扶贫单位也在党建引领的过程中发挥着重要作用。在换届选举中，我们的对口扶贫单位广州市海珠区城管和执法局帮助和监督我们村依法依规选举出新一届敢作为、敢担当的村委、支委干部，在 3 年基层党组织建设中，实施了“头雁工程”“党员先锋模范工程”等一系列党建工程，着力增强支委干部的“四个意识”，带动整个支部的进步，推动支部各项工作的开展。城管和执法局在党建方面还会提供一些经费，局长有时也会亲自来我们村，给我们上党课。

在一系列举措下，党组织有了凝聚力，充分发挥党员的先锋模范作用，群众自然就会跟着来了，就不会出现“干部在做，群众在看”的情况。按照这样的思路，我们党组织建设好了，党员都发挥先锋模范作用，而且群众看到村干部所做的事情都是切切实实为群众服务的，那他们就会自动、自觉地配合我们的（工作）。比如我们村在基建时期需要开路，按照以前的情况，要是说“需要你出让半分地、几厘[①]地”，村民肯定是“这里不行，那里也不行”。但是我们村干部慢慢给大家做工作，党员发挥先锋模范作用，党员家的（需要修建道路的部分）土地不需要花钱去购买先让出来，村里人看到“路建了之后大家都可以走，况且党员都已经让出来了，那我也让出来”，所以我们村没有一个角落是没有水泥地的，而且没有一段路是政府投资出钱去买地的，全部是群众自己主动让出来的。我们村作为一个大村庄，道路四通八达，完全不会出现走到死胡同需要退回的情况。而且我们村的路灯也非常好，这些基础设施都是这几年慢慢弄的。说到底，这些工作还是得靠党建引领。

我依稀记得刚回到村的时候，村里的各种条件都很差，但我们村有我们村的特点，并不是人家的村子这样做，我们也要照搬别人的那一套，这样是不对的。所谓的“一村一品”，即每个村都有它的具体情况。我们村有三方面的特点。

第一方面，绿水青山。习总书记说“绿水青山就是金山银山”，绿水青山是第一位的，是必须要留住的，因为它关系到村民的生存环境。我们村之前的环境甚至可以用“脏乱差”来形容，但是后来我们采取了一些有效的措施，使得村里的生态环境得到极大改善。我们注重发挥村民参与生态环境建设与保护的积极性，通过搭建“美丽庭院”评选平台，选取部分村民庭院作为全村示范点，由村干部指导并检查村民庭院改造、周边复绿、卫生清理等工作，推动了村民积极摒弃生活陋习、践行文明环保生活方式。在此基础上，我们还对村里的生态环境进行建设，通过修建湿地公园、拓展绿化面积等措施，让绿色在我们村随处可见。在全村的努力之下，我们村后来被推荐并获评“国家生态林村”、住建部“美好环境幸福

---

① 客家方言，表示“不多，很少，一点儿”的含义。

村”、“广东省卫生村”。

第二方面，古建筑文化。我们村有许多古建筑，也就是客家围屋，这些客家围屋承载着浓厚的客家文化，而客家文化又会使游子产生深深的思乡、爱乡之情。只有保护客家围屋这个文化的载体才能让游子看得见乡愁，才能留住乡愁，乡愁使人回味。像客家围屋这些古建筑是拆不得的，有客家围屋在，才能吸引乡贤多回来看看家乡，回来之后就会有感情在，留住了乡愁就留住了人才，一个人对家乡有感情之后就会愿意投资，就会参与村里的建设，从而达到群策群力的效果。假如一个人对家乡一点感情都没有，他就不会去参与家乡的建设。说起我们村的古建筑文化，也是很有故事的。我们古色古香的客家围屋远近闻名，它造就了独特的客家文化，在客家文化的熏陶下人才辈出，其中就有我的堂伯周畅①。

第三方面，具体村情。我们需要根据本村的客观条件，来打造具有我们本村特色的产业。村里的产业，人家没有的我们要有，大家都有的我们就避免去做，或者大家都有的我们要做得比别人更好。所以我们村就引进了与本地柚子错峰上市的泰国蜜柚②，在泰国蜜柚的种植方面我们做得也还不错，产量和销量都非常可观。

我考虑到我们村的以上三个特点，就提出了十二个字的方针，即“留住绿色，保护古色，创造特色”。从此在具体的工作事务中，我们就沿着这个思路去走。所以在党建引领下，我们的工作做得挺好的。

前段时间进行新农村建设的考核，县里面就指定我们村接受省里的考核，考核的结果也挺好的，我们村在广东省新农村建设考核优秀乡村行列中排第14名。一般来说要接受考核，基层干部们是很紧张的，但我一点都不紧张，工作做细以后，也就这么回事。就比如一个读书非常优秀的学生，什么时候他都不怕考试。如果一个学生怕考试：“我的天，明天要考试了，怎么办?”使劲翻书，成绩不好，人又很压抑。我们从来不怕“考试”的，我们的工作也经得起“考试”。

---

① 周畅：毕业于中央音乐学院，曾任厦门大学艺术学院教授、福建省政协副主席、致公党中央常委、致公党福建省委员会主任委员等职。

② 泰国蜜柚：原产泰国曼谷附近低地一带，外形呈短球形，果肉粉红，果心小，肉质较白柚柔软多汁，糖度高、酸味低，故称之“蜜柚”。

三　基础建设优先行，柔性方略暖民心

在脱贫攻坚初期，我们村并没有立马开始搞产业，而是先搞基础设施建设。以前村里的路不通，基础设施基本没有。脱贫攻坚以来，我们两手抓，一方面是想办法让贫困户先脱贫，另一方面就是搞好基础设施建设。

在基础设施建设方面，我们先把村里的道路搞通，把路灯装好，而且当时国家有“厕所革命”[①]“三清三拆”[②] 等号召，我们就把烂房子、烂厕所全部拆除。后来就开始美化环境，修建公共厕所等等。在修建基础设施的过程中慢慢摸索就过去几年了，最后都做成熟了，路也通了，并且我们通过对群众开展思想工作，群众也看到村里翻天覆地的变化，群众有思想基础了，周围的环境也变化了，最后才去做产业。产业是脱贫攻坚中最难啃的那一块硬骨头，如果一开始就做产业而且还做砸了的话，再加上其他工作跟不上，群众自然而然就不信我们了，只有先易后难，先把基础设施建设这些容易做的事都做好，群众对我们有一定的信任度了，再出来发展产业就容易成功。

我刚回到村里时，印象最深刻的就是村里的那条河道。河道长期不通，两岸长满了杂草，上游发大水或者下大雨时河道里的水积聚在这里难以排到下游，搞得我们村半个村子都被淹了。我当时就觉得这条河道如果不整改的话，以后会一直给村里带来不便。大概是在 2014 年的时候，有一次河道不通导致村里又被淹了，然后就有农民破口大骂：“种了（农作物）也没用，一场大水全都淹了，（河水）也没得排，这些干部不管用，没本事解决问题。”我当时心里就很受触动，我说：“那就让我来，我愿意干活，是吃墨水长大的，我来当干部。”本来村里的干部就劝我竞选，再加上我自己主动参加竞选，后来在村民的支持下就成功当选了村支书。

---

① 厕所革命：对发展中国家的厕所进行改造的一项举措，最早由联合国儿童基金会提出。厕所是衡量文明的重要标志，改善厕所卫生状况直接关系到这些国家人民的健康和环境状况。

② 三清：一是清理村巷道及乱堆乱放的生产工具、建筑材料；二是清理房前屋后和村巷道杂草杂物、积存垃圾；三是清理沟渠池塘溪河淤泥、漂浮物和障碍物。三拆：一是拆除农村的危旧废弃房屋、露天厕所；二是拆除乱搭乱建房屋；三是拆除违规商业广告、招牌。

我当选村支书后，就开始着手治理河道。在那时党委政府还没有相关的政策，我们不能眼睁睁地看着村子都被淹了却坐等政府出钱。首先我们并没有“等、靠、要”的思想，而是想办法先发动乡贤捐款，自己先做起来，等到党委政府看到“我都还没投资你，你自己都搞得那么好，自己先做起来了”，还有一些没有完善的东西，政府再开始带动，就可以让我们村的工作开展得更加顺利。于是我就把我们村里的首富请来，他是我的同学，从事房地产行业的，赚了很多钱。我就用我的哲学精神去打动他，去“诱惑”他，我对他说：“你挣再多的钱也没用，死后你的钱也带不走，回过头来看看自己什么也没有（为家乡做过）。现在你不如留点功德，为家乡做点实事，子孙万代都能够感谢你。”我还把村里被淹的照片发给他看，他看了之后也表示很受触动，于是他就愿意出钱了，我也就成功地把他“拖下水”了。这也是我学习哲学的优势，所以我很会做思想工作的，一做工作他就说“对对对”。但由于整治河道时间很紧迫，如果我的同学把钱捐到村委会，村财务的每一笔资金进出都比较麻烦，又得延长工期了，所以我就建议他直接以他的名义去整改河道。后来他就以个人名义去整改河道，把全村的主河道全部进行整改，全部挖宽一些，同时用石头一块一块地全部重新接起来，做到河道全覆盖。到后来全村的河道整改全是他自己投资搞好的，而且我们村不止一条河道，有四条河道，我们就叫“kēi tào”①，“kēi tào”也就是流水的地方，全部都是他搞好的。他自己先投资，花了好几百万。当时的工钱还是很便宜的，我记得一平方米需要120元工钱，（在当时那种情况下）也花了几百万，现在一平方米就要五六百元工钱了。

我们摒弃了“等、靠、要”的思想，没有想着坐等，靠政府给钱。全村主河道的整改费用基本上都是我同学出的，没有向党委政府要一分钱。我这个同学后来也一直帮着投资把家乡建设得更好，而且每年村里的贫困户还有家里有老人、残疾人的，我们村委会会列一个名单给他，他都会汇钱回来买油、买米、给钱慰问这些老人、残疾人，已经坚持好几年了。我们村很多公益事业都是他出钱的。

当然，在村务工作开展的过程中，还是存在一些困难的，主要集中在与村民沟通这方面，因为群众的文化素质不高，虽然有时候我们的村务工

① 客家方言，指“流水的沟渠”。

作确实已经做好了，但还是会有群众难以沟通。2018 年时，我们村里需要修建下水道进行污水处理，其中有一户姓王的人家，家里的老头儿无论如何也不愿意把那块地方让出来，我总不能说花钱买你的这一小块地方吧，这样就会在村里开了“花钱买地”的不好的先例。很多干部都上门给老头儿做过思想工作，可是干部们想尽了办法，都没成功，无论怎样他都不愿意让出这一小块地方。最后经我了解，他儿媳妇与他儿子离婚了，他家里还有两个孙子在读书，经济条件比较困难，主要是他儿子在外赌博又不顾家，光靠两个老人家养两个孙子真的很困难。在我了解到了这个情况后，我就决定登门拜访。在端午节的前两天，我就亲自去到他们家中，没有提修下水道的事，我说：“我作为村书记关心你也不够，家里两个孩子读书也困难，刚好这也是过节，我自己掏腰包拿 2000 块钱给你的孙子读书。”当时老头儿很感动，老太太也很感动，眼泪都掉下来了。第二天他亲自来到我家，带了一捆青菜，他就说：“书记，想不到你那么好，那个地方村委会要用的，就不要去讲钱了，你爱怎么弄就怎么弄。”最后修建下水道的工作就得以顺利开展了。说到底还是要以情动人，我认为群众工作不好做但也很好做，就看你怎么去做，在遇到困难时不要使劲去啃那一块硬骨头，要利用换位思维，从另外一个角度去想，这个时候就不叫对群众做工作，是对群众的一种关心，是纯粹的关心，而且这种关心需要让他能接受，假如我（态度恶劣或者一副高高在上的样子）说：“喂，老头，给你两千块钱。”这样行不行？他肯定就说：“我就不，我又不是爱你的钱，我就不让出这一点地方。”这样开展工作是不行的，而且负面影响也挺大。我们需要了解他的困难之处，换一种思维，充分发挥哲学的思维与精神。俗话说“攻城为下，攻心为上”，也就是这个道理。

除了整改河道以外，还有就是路灯整改。在我还没当村支书时，村里装的那十几盏、二十盏路灯全都是生锈、损坏的。后来我们也对路灯进行了整改，河道、路灯这两个是最基础的东西，都是需要第一时间整改的，现在的路灯就很漂亮了。

此外，我还积极推进村里的艺术馆和文化室修建，在建设方面投入了我大量的心血，文化室里配置的书画最起码上万册，全都是我自己捐赠的，而且这些书画全部向村民免费开放，可以免费借阅，很多学生在空闲时间会来这里读书、学习。我建设艺术馆和文化室的初衷，就是希望村里的孩子们能够在空闲时间来到这里看看书，好好学习。村里有很多户人家都是年轻人两夫妻外出打工挣钱，把孩子留下来给爷爷奶奶抚养，可是随着孩子长大，爷爷奶奶也难以管束他们了，这个时候孩子就很容易学坏，走了歪路。只有努力读书，并且把书读出来，以后在城市有稳定的工作，买了房子，就可以把家里人都接去城市，孩子就不会再留守了。读书的目的就是让留守的孩子以后不要再留守，这也是一种哲学。

说到艺术馆与文化室，就让我想起一件至今难以忘怀的事情。之前我发现有一个在上初中的女孩子无心向学，整日玩耍，刚好我和她学校的校长（校长姓廖）交好，我就跟廖校长说："你们学校的那个女孩子，经常到处跑，你要看看她什么情况，多多关注她。"我跟廖校长提及这件事后，廖校长就打电话给女孩子的爷爷，说："你的孙女，你要好好看护她，不要老是让她晚上跑出去和男的喝酒什么的，她还是个未成年人，还没有年满 18 岁。"孩子的爷爷就说道："她爸她妈都出去打工了，我一个老头子哪能看得住她，我哪里知道她跑哪里去。"孩子的爷爷就这样回复，学校也无计可施了。而就在我和廖校长提及这件事半个月之后，这个女孩子就出事了。我们村开办了一家农家乐，这个女孩子与一些男孩子去农家乐吃饭喝酒，有人酒后开摩托车把她撞了，导致脑部严重受损，开颅手术都做了两次，女孩子的性命暂且是救回来了，但是造成了终身残疾，智商和走路都有问题。这就是留守儿童的悲哀。假如她有父母在家看护，也许就不会发生这种事情，但是现实情况就是父母不在家，孩子没人管，老人也管不了。这件事真的让我触动很大，如果她能认真读书学习，或许就不会发生这样的悲剧。所以我就想改变这个现象，把村里学生的学习环境和氛围弄得好一点，让外出务工的人们能常回家，那孩子就不会留守了。但是谁愿意抛弃父母、孩子出去打工呢？归根到底还是在农村挣不到钱才需要出去打工。我不是圣人，我也只能尽一己之力，所以我就建了艺术馆和文化室（借此为村里营造良好的文化氛围）。

四　党委澍雨滋弱树，政府春风绿残枝

无论一个人读多少书、有多少钱，没有党建引领，没有各级党委政府的支持，所有的工作是做不出来的，是寸步难行的。一个乡村的建设，没

有各级党委政府的支持也是做不来的。因为国家政策发挥着无可替代的重要作用。

脱贫攻坚时，有省定贫困村政策，每个省定贫困村都有指定的包保单位，我们村的包保单位是广东省广州市海珠区城管和执法局。城管和执法局是直接对接帮扶我们村的，他们派了干部过来（帮扶），同时也带着扶贫资金过来，当然这些资金是属于国家的，因为这是国家的大政策。国家倡导包保单位每年必须投入一定的扶贫资金，那些扶贫资金是实实在在的。比如说光伏发电、贫困户孩子读书都需要扶贫资金的支持。另外，国家从乡村振兴战略出发，进行新农村建设示范点的评选，又投资了 1000 多万元，这是对我们村的落地政策。说到底，还是要感谢党，感谢政府的配套政策，没有党委政府的支持，我们也是“巧妇难为无米之炊”。

由于我们村走在前列，工作做得比较好，因此国家给了一些奖励补贴。实际上一个村的工作做得越好，国家就越愿意往这个村投资。我们村虽然与其他村同时起步，但是由于我们村没有“等、靠、要”的思想，而是选择主动“出击”，慢慢走在了同类乡村的前列。而且我们做得好，国家的政策对我们村就会有更多的补贴。

基础设施完善了，国家的政策落地了，政府的资金带到了，我们村在 2018 年就开始搞产业了。

我们村的产业就是柚子种植业。种植的柚子品种是泰国蜜柚，这种柚子幼苗是从泰国引进的，为了更好地让泰国蜜柚在村里落地生根，我聘请了大埔种柚子技术最好的师傅来管理全村的柚子种植产业。同时，如果贫困户需要嫁接、改良服务，我们都免费提供，就连柚子的幼苗也是免费发放的。这样做就是想调动村民尤其是贫困户的积极性，带动贫困户劳动致富，而不是把田地荒废了，这也是响应国家提出的“不要弃耕农田”的号召。本来这 70 多亩的水田荒废了 30 多年了，现在我们全部复垦，用来种植柚子树，现在都满树挂果。搞产业，就是“一边看、一边做、一边摸索”，我们现在在产业方面做得还不错，种了 4000 多棵柚子树，今年保守估计也有 4 万斤的产量。粗略计算有 1400 多名村民参与到柚子产业中，基本上是带动了全村村民就业。

目前我们村的柚子处于种植与直销阶段。我们的柚子不用开厂加工，因为柚子不像其他的生鲜水果保鲜期很短，我们村种植的柚子保鲜期很

图 2 2021 年 9 月周克追（左二）陪同中科院朱明勇博士（左一）到柚子产业园参观

长，柚子摘下来一个月不去动它也不会坏，其中一个原因是它的品质好，还有一个原因是它的果肉被厚厚的柚子皮包住，就像椰子一样，就算再老一点也可以吃椰子汁，柚子也是同样的道理。所以我们的柚子就没有加工，也无须加工。

暂时我们还没有延长产业链的想法。但是，我们的柚子种植基地是有自动化管养房的，柚子种植的现代化方面的工作我们还是做足了。根据泰国柚子树的生长习性可知，这种柚子一般是春节期间上市的，而普通柚子是中秋节左右上市，我们的柚子上市时间跟普通的柚子上市时间完美错开。虽然泰国蜜柚价格昂贵，基本是 10 元一斤起步，但是由于我们的泰国蜜柚特别好吃，再加上错开了普通柚子的集中上市时间，反而具有很强的竞争力。我们村的柚子在商场销售时是按个卖而不是按斤卖的，因为我们村种的柚子品质更好，市场接受程度更高，竞争力更强。人家也种柚子，人家种的柚子 2 元一斤。我们村通过引进优质的泰国柚苗种出的泰国蜜柚就至少 10 元一斤。销量非常可观，收益也比较好。

除了柚子产业外，我们村还有光伏发电产业。扶贫单位的投资再加上村民资金入股，投资到自来水厂和供电局，它们每年都分红，光伏发电收益 30 年不变，每年都有 10 万元收益。但是，我觉得真正的产业还得是农副业生产。光伏发电、水电站发电虽然说也是产业，但是这种产业是被动的产业，水电站如果遇到没水的情况就发不了电，也就没了收入。归根到底农民还是离不开农副产品的产业。种养，那才叫真正的产业。

我们之所以会想到要投资发电产业，主要考虑的是资金的造血功能。假如国家现在给村里投资了 100 万元，我们把资金全部分给贫困户，如果贫困户不能好好利用扶贫资金，全部挥霍完了怎么办呢？所以对于贫困户而言，资金一定要有造血功能。

此外，我们还会考虑到资金的远景功能。我们村里有一户贫困户，家里有个孩子高考考上了广东工业大学。他的母亲患有精神病无法从事劳动，他的父亲一个人养家糊口，还要供家里另外 3 个孩子读书，家庭困难，实在是没办法再供他上大学。我们村就一次性给该贫困户 3 万元补助，直接把钱打到孩子大学的账户里，包括这个孩子每年的报名费、每个月的伙食费全部都是国家提供的。因为我们考虑到孩子是非常需要读书的，只有读书才能改变命运，等孩子大学毕业了，找到稳定工作就自然脱贫了。

还有，我们也充分考虑贫困户自身的积极性。此前有一户贫困户，他说他爱养羊，我一开始也不太相信他能养好，但是他坚定地说：“我说的是真的，你要相信我。”我就提供 15000 元给他买羊，后来又提供了 6000 元。经过他自己的摸索，居然真的养羊成功了，到现在都有五六十只羊了，他天天都去挤羊奶、卖羊奶，自然而然地他也成功地脱贫了。现在他家的羊奶能卖到 14 元一斤，我老爸现在也会买他家的羊奶，喝了有一年多了。他家扶贫的资金的造血功能算是我们村贫困户里最典型的了。

总之，国家的资金投资在贫困户身上，一定要有生命力，也就是所谓的造血功能。

五　扶贫真情笔墨留，人间真意青史传

我们村在以后的乡村振兴工作中，最重要的还是要继续抓好党建引领。在党建引领下，我们村两委在搭建框架的过程中注重三个“化”。

一是年轻化。我带的班子很年轻，有 4 个干部都是 30 多岁，年轻人富有活力、思想开明、吃苦能干、充满干劲，所以就需要年轻人以后来担任

我们村委的主要职务。而且他们 4 个人都有自主创业经，有的养猪，有的种蜜柚，有的开电商，这与他们同时担任村干部是不冲突的。

二是知识化。现在正处在乡村振兴的阶段①，国家和社会都鼓励大学生到农村开拓一片新天地。我也鼓励大学生来到基层、来到农村当村干部与创业。很多大学生下到基层后，使得整个基层的素质都变得不同。我们扶贫单位派了一位选调生②过来，叫施萍萍，毕业于天津大学，啥都会写，啥都会做，一个班子的精神面貌因为新鲜血液的注入都有所改观。五六个没文化的人再跟一个没文化的人搭档，那这个班子还是没文化的；五六个没文化的人跟一个很有文化的人搭档，没文化的人肯定会受到有文化的人的熏陶。绝对不会出现有文化的人变得没文化的情况，只会是没文化的人受到有文化的人的影响。

三是交叉化。以前我们村委有“我只是支委干部”和“我只是村委干部”的情况，干部分成了两个队伍、两派人，这样是不利于工作开展的。之后我们就决定将村委干部与支委干部全面交叉化。现在村委、支委干部都是有凝聚力的，既是村委干部，又是支委干部，这就实现了全面交叉。

年轻化、知识化、交叉化实现后，工作就好开展了。村委、支委的框架已经搭建得很好了，村干部都是很年轻的，年轻的干部又能学习，又能干事，又不会偷懒。所以现在很多村里的具体事务都是他们在做，我说：“你们要学会去跟乡贤打交道，也要学会去关心人民群众，还要学会去做调解工作，你们每个人都要成为多面手。”下一届我就卸任了，现在我也不知道谁是新的村支书，我也不指定谁是新一任村支书。最成才的、最有情怀的、最能关心群众的、在群众中威信最好的，就是新一任的村支书。所以他们都很努力，很用心去做、去学。我说：“你们（遇到）不懂的（问题）就问我。”毕竟我也是上了年纪的，我是 1965 年出生的，到今年也快 60 岁了，有些工作需要年轻人自己干，我就指导一下他们。现在对我来说最想做的事情就是写点东西，我其实很爱写东西。

---

① 2020 年，中共中央、国务院发布了《关于实现巩固拓展脱贫攻坚成果同乡村振兴有效衔接的意见》，提出重点工作意见。

② 选调生，是各省党委组织部门有计划地从高等院校选调品学兼优的应届大学本科及以上学历毕业生到基层工作，作为党政领导干部后备人选和县级以上党政机关高素质的工作人员人选进行重点培养的群体的简称。

我会写文章宣传我们村的扶贫事迹，但是我从来不宣传我自己，我都是写文章“点赞”村里的其他干部。比如刚刚我提到的选调生施萍萍，她11月份就要调回市里去了，我就写了一篇叫《乡村之梦》[①] 的文章，把她在我们大留村的工作表现、扶贫经历写下来，然后发表到《国际日报》和《梅州日报》上。

乡村之梦

梅州市大埔县大麻镇韩江河以西有一个一千四百多人的小山村，这个乡村是以两个客家围龙屋为主体，另有许多特色民居组合而成的自然村——大留村。这里群山环绕，鸟语花香。小桥流水人家的景象，时常会唤起人们心底浓浓的乡愁。

经历了近几年乡村振兴的大潮，很多乡村落后的面貌已被席卷而去，换来了翻天覆地的变化，他乡的游子已分辨不出旧时的模样。对大留村的游子而言，在大留村，唯有一个市级文物保护单位——客家半月形围龙屋怡和书室的特殊建筑，以及书屋透出来的书香味儿，似曾熟悉，是游子们在他乡无法磨灭的乡愁。

普普通通的乡村，于2019年11月迎来了一位市里分派来的选调生姑娘——施萍萍。萍萍姑娘除了读书人特有的文雅，还说着带有闽南口音的普通话，是一位接地气的平凡人。而平凡人跟普通的乡村显得更加和谐、协调。这位平凡的支书助理来到村里，不但没有天津大学毕业生的高傲，反而不断汲取着乡村的泥土之味及中国农村特有的气息，每天上班时最早到的是她，扫地、洗茶杯、打开服务平台的电脑系统的也是她。

大留村是省定扶贫村，脱贫攻坚任务重。她总是跟着干部到建档立卡贫困户家了解情况，协助解决各种类型的问题。村干部对电脑不熟悉，她主动完成电脑系统的文档归类，耐心教村干部使用电脑，协助做好包括组织振兴、文化振兴、产业振兴及村级日常事务等的乡村振兴工作。在森林防火工作、村民纠纷、维稳工作中，她总是把自己

① 《乡村之梦》，发表于《梅州日报》，https：//mzrb. meizhou. cn/html/2021 - 03/23/content _ 269892. htm，最后访问日期：2021年7月20日。

当作一名普通的村干部去参与，亲力亲为，把工作做好。

特别是在2020年春节疫情期间，她每天都与村干部一起在路口值班，为过往村民测体温，对外来人员进行分类检测，到村民家中发宣传单，在寒冷之中坚守在防疫、抗疫的第一线岗位上。

从春花烂漫到秋去冬来，五百多天过去了，村里的各项工作不断完善，被住建部评为“美好环境幸福村的试点村”和“广东省卫生村”。村里各项工作每天都在重复着，她没有厌倦懈怠，每天还是准时上班，对村务工作不离不弃。所不同的是，她被大留群众认为是本村的姑娘。因为，她和大留人民一样热爱着家乡蓝天的朵朵云彩和家乡深秋的片片红叶……

我写的文章基本上都是今天发出去，第二天就能登报了，没有超过三天的。我通过“点赞”其他扶贫干部来看我们村的扶贫事迹，这也是一种对扶贫精神的弘扬。我从不说我自己做得多好，我“点赞”其他扶贫干部做得好，不是更好吗？还有一个扶贫干部姓张，他扎根我们大留村扶贫3年，他调回市里的时候，我为他写了一篇文章，“点赞”他对大留人民的那种深厚的情怀。文章发表还未满一个星期，梅州市委组织部就到村里来了解他的扶贫工作表现，后来发现他的确工作认真刻苦，为脱贫攻坚做出突出贡献，然后市委组织部就把他升上去当副处长了。我觉得弘扬扶贫精神挺好，我也想把这种精神传承下去，我都去“点赞”别人，很少说我自己。我就只能通过写文章来传播这种精神，我用的钢笔、水杯都是人民日报社赠予我的。我就爱写文章，而且没有一篇不发表的，只要投了就会刊登，报社偶尔还会打个电话给我：“怎么这段时间不见你的大作，是不是挺忙的?”除了做村支书，我还想做一个业余作家，我曾经想过要把我们村的扶贫事迹写成一本书，记录脱贫攻坚、乡村振兴中的好人好事，传承我们独特的客家文化。我很想写这些东西。

从经商到当村支书，我经历了心态的回归。在我看来，钱赚得再多也无止境，需要回去家乡做点实事。你看我越活越年轻，我都差不多57岁了（但看起来也不像这个年龄的），（那是因为）我心态好。我觉得我的孩子成才了，我能照顾父亲了，村里的工作又做好了，我又不愁吃穿，比较满足。人生在世还是要实实在在为社会做点事，总要为社会做点什么，（一个人能为社会）做点实事就觉得此生无憾了。假如我在外面做生意，或许会比现在更有钱，但是我没能为我的家乡做点什么。试想如果现在我们村还是被大水淹，我就觉得我这个大学生是国家白培养了。

回村当村支书也收获了许多感动。其实我的脾气很不好，生气的时候会骂人，有的党员做得不好我就敢指着他的鼻子破口大骂，因为我不怕人情，如果一个人扯到人情的怪圈里去，永远都难以自拔。而且，对就是对、错就是错，反正我就这样做，你爱怎么评价我就怎样评价。最后这一次选村支书的时候，共有 15 个村民小组长，将近 30 个党员，17 个姓氏 1500 多号人，全都是无记名投票，别人想投票给谁是我控制不了的。我想，大部分人认可我的工作是很正常的，全部人都认可我而且就只投我一票估计不太可能，因为我在开展工作的过程中总会得罪人的。采用这种无记名投票的方式，如果有人对我有意见，他不投我也不知道，因此有四五十张票不投我，我都认为是很正常的。但最后结果出来，我是满票，而且我是全镇最高票，我感到无比惊喜与感动，这说明我这几年村支书还是没有白当，1500 多号人全都认可我的工作。投票的时候是最容易见人心的，满票是最好的见证，也是百姓对我最高的评价。

南果北种创收益，脱贫致富有决心

受访人：康学鹏

访谈人：梁芷婵

访谈时间：2021 年 7 月 15 日、2021 年 7 月 29 日、2021 年 9 月 20 日

访谈形式：线上访谈

访谈整理：刘思君

访谈校对：梁芷婵　刘思君

故事写作：梁芷婵

受访人简介：康学鹏，男，汉族，1988 年生，河北滦平人，大专文化，爱熙家庭农场负责人。2007 年入伍，2012 年退伍之后在北京特练集训营从事培训工作，2019 年 8 月响应乡村振兴号召，返乡创办爱熙家庭农场，农场主要种植水果和有机蔬菜，倡导绿色有机种植，南果北种，形成了“现场采摘、线上销售、线下销售”三种主要售卖方式。此外，还通过租用村民土地、雇用贫困户务工等方式帮助农户增收，带动群众致富。

一　决心创业返乡村

我出生于 1988 年 3 月，2007 年入伍，2012 年退伍后便一直在北京特练集训营，从事针对企业进行军事化管理培训和拓展的工作，一直到 2019 年 8 月，我辞职了，背上行囊，回到了老家，决定投身于农业。

退伍后，我的思乡恋家之情日益积累，再加上父母养殖场养鸡创业的

图 1　2021 年 7 月 15 日康学鹏（右上）接受梁芷婵（左上）、刘思君（下）线上访谈

成功，让我在 2017 年就有了回乡创业的想法。我想这样的话，我就有更多的时间待在我父母身边，陪伴家人。并且我本身对农业就很感兴趣，在部队里当兵的时候，空余时间里，我经常会看与农业相关的书籍和报纸，在退伍之后也经常去学习农业方面的知识。当兵之前一直生活在乡下，邻里间的关系特别和睦，一到吃饭的时间，家家炊烟袅袅，饭香四溢。如果这时候刚好经过邻居家门口，他们还会热情地邀请我去吃饭，可以说我从小是吃着“百家饭”长大的。而这也让我对家乡有一种很强的归属感，总想回家乡干点什么。

2019 年 4 月，我下定决心返乡创业，但是此时的我并没有选择盲目地从培训基地辞职，而是准备先去北京的农科院学习专业的农业知识，回乡开个有自己品牌的农场。但由于当时我还没有辞职，所以我只能利用假期的时间来学习知识。学习完之后，我就辞职返乡了。

在我回来创业之前，我周围没有人回来创业，我回来创业算独一份。当时周围的人都不支持我回乡创业。他们觉得乡里肯定是不如市区繁荣，在乡里创业没有什么前途，是赔钱的事情。而且我才 30 岁，正值壮年，所以好多人在我创业的时候都说："这么年轻回来创业，还是什么农业，不就是种田嘛，这也太可惜了吧。"为了说服我父母，我对他们说："你看我都这年纪了，如果在外面给别人打工，虽说收入还比较可观，但这也是年轻的时候，到时候我老了，上了年纪，在外面给别人打工也是很不稳定的，老板说不要我就不要我了，那也是浪费我个人的时间嘛。别人不要我了，我也一大把年纪了，回来还能干什么呢？不也是要重新开始吗？但是我现在回乡创业就不一样了，创业虽然说一开始难一些，艰苦一些，但它总归会往好的方面走，一天会比一天好的呀。而且你们看呀，现在国家都在大力推动'三农'工作，鼓励人们积极地返乡创业，发展乡村经济。我返乡创业这件事，它是跟党走的，是不会错的嘛。而且我也算是靠土地吃饭，再差也差不到哪里去，最差也还是能维持自己的生活呀。"就这样，我一直开导家里人，家里人也慢慢开始理解这件事了。

但是，理解是一回事，接受又是另一回事。家里人虽然支持我去创业，但他们还是认为农业这方面的创业不靠谱，没有保障。为了让他们接受这件事情，我决定采取逐一击破的策略。我先带着我父亲去农科院考察，从农科院回来之后，父亲改变了想法，开始和我一起做我母亲的思想工作。母亲看我的态度非常坚决，也松了口，开始全身心地支持我回乡创业，并且不断鼓励我、支持我。我们村的第一书记吕书记知道了我的想法之后，很细心地为我解读了当时国家对返乡创业人士的一些扶持政策，这些国家政策在我创业的过程中给了我很大的帮助。

但是想法终究是想法，没有实践的话也只不过是一张空头支票罢了，关于创业资金、种植的农作物、农业耕种的方法、具体的方向等问题的思考，又成了我肩上的重担。

我的家乡是河北省承德市滦平县平坊满族乡于营村，这里主要盛产杏儿和药材，土地里种的大部分是五谷杂粮，以玉米为主。我们村附近还有好多原生态的、未经过开发的荒山，上面有一些药材，能稍微增加我们的收入。但很可惜的是，可能是因为这些年的生活变化以及缺乏专业的山林管理，这些原生态、没有经过开发的山有好多已经不适合果树生长了。

在村子里考察后，我最终决定种植有机蔬菜，因为这符合现代人的生活理念。但只是种蔬菜是远远不够的，没有什么亮点，不能打造出属于我的农场的品牌特色。为了让我的品牌能更吸引眼球，我最终打算将"南果北种”这个亮点当作我事业的切入点。

特色农业其实就应该选择一个差异化的产品，“南果北种”就有这个差异化和特殊性。它既能增加我们北方人的见识，扩大知识面，又能让我们吃到应季水果。在北方想吃到南方正宗的水果是很难的，这是因为如果是刚好成熟的时候摘下来的话，经过长途运输后，这些果子就很容易烂掉，这样就会给商家带来很大的损失，所以南方水果在六分熟、七分熟就摘下来，然后经过长途运输运来北方。运过来之后这些六七分熟的水果要经过处理才能彻底成熟，所以吃着口感特别差，不够正宗。但如果我们“南果北种”的话，在北方满足它的生长条件之后，也能种出有机的、十分成熟的水果。

二　创业伊始困难来

万事开头难。创业初期困难重重，要建大规模的农场，最重要的就是要有土地。但是自己家的土地毕竟数量有限，不能满足我种植和建设的需求，于是我打算从村民手里流转土地。但是在流转土地的时候，土地比较分散，涉及贫困户也比较多，再加上一些历史遗留问题，有些土地的归属很不明确，且土地之间也有纠纷。为了解决这些问题，我找到了村支委。经过多次交涉之后，才从村民那里把土地流转过来。

解决了土地问题之后，另一个问题也接踵而来。农业离不开水电，充足的水电供给是农业活动必不可少的条件。当时乡里知道我在这方面遇到了困难，在供水方面，就直接给我配备了一套高标准水利设施——滴灌设施。在供电方面，也是村委会临时帮我解决的，就是在另外的电线上接了电让我先这样用着，当然后期，他们也准备帮我建一个单独用电设施。

经过村委会的帮忙，好不容易解决了土地和水电的问题。开始动工的时候，另一个麻烦又找上门来了——温室大棚的建设。我们要建的温室大棚是那种后墙用土堆起来的温室，这种温室特别地保温，适合我们北方的农业生产。然而我开始动工的时候已经是 2019 年 10 月下旬，天气在一天天地变冷，后来地表慢慢有了冻层之后，我们没有办法再继续动工，就只能停了下来。当时我们已经把农场大体框架做好了，就等着第二年开春土地融化之后再次动工。但 2020 年开春，正好赶上新冠肺炎疫情，整个农场就又不能动工了。我们虽然停了，可是天气却不会因为我们的停工而停止变化。气温在一天天回暖，土一冻一化，有些温室大棚的后墙就坍塌了，由于这场突如其来的麻烦，我最后损失了不少钱。

疫情防控常态化后我来到农场里，看到当时农场里的惨状，整个人都比较着急，一时间，脑子里乱糟糟的，各种想法一窝蜂地涌进脑海里，觉得抱歉——“感觉对不起父母，让他们把养老钱都搭进去了”；又觉得担心——“现在就这么难了，以后该怎么办？我还能走下去吗？”……我的脑袋嗡嗡作响，心里也哇凉哇凉的，创业咋就这么难呢！

土墙坍塌之后，父母只是安慰我说：“没事，不用担心，不要慌，已经发生了，就慢慢解决问题就行了。”父亲以前干过建筑，在这方面有经验。他找了一些人来清理这些坍塌的部分，清理出来之后就装入袋子，用土又垒起来，之后上了拱架，又开始在上面打水泥槽，这样子就可以加固了。这些大概又多耗时二十几天之后，保温设施建设、路面修整、防护篱笆安装等基建工作差不多都完成了，我就准备往里种植果树了。

虽说刚开始创业就遭到了这么大的打击，但是我没想过放弃。这坚定不移的精神是我在部队里学到的，自己认定的道路要坚持走下去才行。人生不如意的事十有八九，但最主要的是看自己怎么走过去。这场大灾难过去之后，我的事业也开始有了进展，我开始种植果蔬了。

在我想回乡搞农业创业之前，我就知道农业生产是需要技术的，学习先进的技术不仅能培育出自己所需要的高品质产品，还能降低试验的成本，让我在创业初期最缺钱的时候减少不必要的风险开支，少走弯路，延长我的创业寿命。虽然回乡后我不能在北京的农科院那边继续学习了，但是我还是经常用手机与老师进行线上一对一的沟通和学习，有问题的话可以直接反馈给老师，老师再反馈给我。

当时在乡里考察的时候，结合我学过的知识，如果有疑问的地方我也去问老师，听取他们的意见，但是因为前期有过损失，所以在种植水果时我还是有很多考虑。就拿火龙果来说，我那时候就有两种打算。一个是买小苗，小苗成本低，但是需要两年才能结果。另一个是买成品苗，结果时间特别短，当年就能见效益，但是这个成本也就高了。思虑再三，最终我决定买成品苗。成品苗的确种得很成功，再加上不断学习农业知识，我信心大增。除了水果外，我还种了有机蔬菜。为了能更高效地利用土地资源，我选择套种的模式，在冬季的时候我就利用空闲的土地来种植有机蔬菜，增产增值。现在虽然我的农业技术已经很成熟了，在种植这块基本上也没有什么问题了，但我秉持多学一点还是好的想法，也为了能更好地培育出更多优质的水果和有机蔬菜，我还坚持跟着老师学习。

技术方面的实践成功给我了信心，但在销售模式以及销售手段这方面我没什么底气。幸运的是，碧桂园在我们村成立了苗木扶贫基地，他们了解到我是返乡创业人士并创办了爱心农场，但对销售方面有一些担忧，就主动过来和我沟通，然后针对我的困难组织了电子商务培训。他们给了我很大的帮助，两期电子商务培训一下子打开了我的思路，扩大了我的知识面。通过碧桂园的培训我更加深入地了解了微商的销售模式，对电子商务短视频有了更通透的了解，操作更熟练。最直接的体现就是在网上开店，销售了100多单，产生了将近两万元的利润，打开了我的市场销路。拿火龙果举例来说，突破点就是火龙果刚开的花。火龙果的花特别漂亮，在北方这边也十分少见。受到培训的启发，我决定在火龙果开完花、授完粉后，拍一些短视频来宣传我的火龙果。我把这些花摘下来拿到县城，在小区、超市这些人流量多的地方做宣传，宣传火龙果花和火龙果的功效，并通过加微信送火龙果花的方式收获不少的会员和粉丝，再通过定期发布图文、短视频增强互动，保持住他们的热情，到采摘的季节还会邀请他们过来一同采摘。

在销售方面，我们采取了新的销售方式。我的销售方式大概有三种。一是现场采摘，就像农家乐那样，我们邀请那些有兴趣的消费者来农场采摘，体验生活，享受自己的收获成果。他们可以带着小孩来这边摘果子，体验劳动的快乐。孩子们在里面就跟在儿童乐园似的，特别放飞自我，摘下了果子抱着就啃，玩得特别开心。二是给县城那边的水果客户送货，这些主要是我之前在县城里宣传时获得的客源，等到果子成熟之后，我直接送货上门。三是通过微信去宣传，网上销售，然后直接用快递寄走。这三种销售方式主要都是通过微信这个渠道去宣传。这样，我们的销售问题也就解决了，销售量也在持续上涨。

三　脱贫致富期未来

现在我的事业已经慢慢地走入了正轨，我平时在农场的工作主要是对农作物进行养护、观察农作物的生长习性、观测周围环境的情况来控制大棚里的温度和湿度。除了这些农场的日常维护之外，我做得更多的是在微信上发一些宣传的照片和视频以及在微信上开展客户沟通、客户咨询等线上工作。

图 2　2021 年 8 月康学鹏在农场里修剪残果

创业两年多来，虽然不能说特别成功，但也算是有点收获了。我现在的扶贫情况是租赁村民土地每年帮助村民增收 5 万余元，雇用 6 名贫困户务工帮助增收 4 万余元。因为我最开始回乡创业的目的就是想为家乡做点事，所以当时在流转土地的时候，我也是最先考虑从贫困户手里边流转土地，这样子既能为他们增收，又可以让他们有更多的时间去干别的事情。在进行基建和耕作的时候，我们也是优先雇用贫困户来做这些工作。

说到贫困户，我不得不说老陈这个人。老陈是我的一名员工，他的爱人常年卧病在床，没有劳动能力，女儿也还在上学，一家人全靠他打工来维持生活。他以前主要是靠打短工来维持家庭的开销，但这些短工不是很稳定，收入也比较低。他曾在我父亲的养殖场里干过一段时间，但后来因为村里建设的需要就拆掉了养殖场，他也没了这份工作。而现在老陈在我的农场里工作，有正常工种的收入，他的收入相对来说提高了不少，而且工作也比较稳定轻松，不影响他照顾家人，再加上国家政策的扶持以及其他各方面努力，他们家现在已经实现脱贫了。到目前为止，在养殖场工作的贫困户都已经脱贫了。当然啦，其中最应该感谢的是我们国家政策的大力支持，我这儿最多只是起了一个锦上添花的作用。

除了事业上的成就，生活中我也收获了不少。第一个收获就是自己变得更加自信了，不再畏畏缩缩，能勇于放手去做。第二个收获就是内心的满足感，每次看到自己的农场，心里都有一种特别平静、特别快乐的感觉，即使干的工作再累，一到那儿之后就会感觉特别地轻松愉悦。第三个收获最大，那就是有更多的时间来陪伴我的父母。农场在我的家乡，是父母在的地方，所以我能够经常和父母在一起，能陪在他们身边好好地孝敬他们，这对我来说也是一种幸福。

现在我的事业已经有一定起色了，对于接下来的道路我也有了更进一步的想法，首先，就是扩大规模。因为只有扩大规模，后续才能有更好的营销，才能打出自己的品牌。在我的规划里，扩大规模分为两个方面：一是用工，在用工这方面，依然还是雇用本村的人，增加他们的收入；二是发展“庭院经济”。“庭院经济”说到底就是把农作物像花一样种在庭院里，种出来后回收。村里的每家每户都有一个院子，人们都可以在院子里种菜，我就把技术教给大家，让大家能够把菜种出来。然后我在县城成立一个专卖店，这样我再把菜回收，直接放在专卖店里销售，再把钱按比例分给大家。在我们村里有很多年过60岁的老年人，也还想再挣点钱，减轻一下儿女的负担，或者改善一下自己的生活。“庭院经济”让他们守着地就可以增加收入，虽说不能挣很多钱，但是生活费、医药费这些应该是可以覆盖的。这样既解决了土地闲置问题，又能给村民带来收益，一举两得，岂不美哉！

回顾我这两年创业致富的过程，主要有七个因素非常重要。第一个因素，也是最关键的因素——技术。农业离不开技术，农科院的技术和老师一对一的跟踪反馈能够减少我失败的次数，让我少走弯路，减少不必要的开支，让我可以把钱花在最需要的地方。第二个因素是政策。现在国家大力发展农业和推动乡村振兴，这些政策对我的创业有一定的启发和帮助。对我来说国家政策就像是领航者，引导我回乡创业。第三个因素就是市场需求。现在大家生活好了，对健康也越来越重视，我们的健康食品省心、有保障，整个种植过程都是按照有机标准执行的，除此之外我们在有好品质的同时还有让大众惊艳的亮点，能够吸引眼球，满足大众对新鲜水果的需求。第四个因素是互联网。有了互联网，信息传播的范围变广了，只要营销得当，有品质又有亮点的品牌就很容易被别人记得和关注。互联网的发展，也让我可以随时和农科院的老师沟通，遇到困难，也不用辛辛苦苦地跑来跑去，只要有一台手机就可以轻松地解决问题。互联网的发展，还使我扩大了销售范围，能够把商品卖到全国各地。互联网的发展，让我的品牌被大众熟知，让农场能够开得更好。第五个因素是要有不服输的信念和勇气，认准这件事情怎么都要做下去，闷着头往前走就没错了，即使撞到南墙，也要把墙撞倒继续往前走，不要怕失败，勇往直前就是了。第六个因素是要有一个宽广的胸怀。虽不能说我自己的胸怀有多广，但是必须能装下老百姓，得为他们着想才行。我之前是当兵的，入伍之后便一直接受着要为人民服务的教育，心里头一直都有我们的老百姓。退伍后我虽然不在部队里生活了，但我一直从事培训工作，要想做老师教别人就要为人民服务，就必须自己打心底里认同这一点才行，言传身教，才能教好别人。再加上我从小就在农村里长大，跟邻里都挺好的，去这家蹭下饭去那家蹭下饭也是常有的事，所以当时回乡创业也是想在家乡干一番事业，虽说不一定能带动大家全都脱贫，但是能帮一点是一点。第七个因素是兴趣。创业的时候一定要选择自己喜欢的领域，沉着冷静地去考虑，不要因为自己一时冲动或者一个高尚的情结去做。因为这样不仅做不好，而且一旦受挫就不愿去面对，随随便便就放弃了。

我应该算是我们村的致富带头人，在我看来，致富带头人就像是部队里的班长，起一个承上启下的桥梁作用。因为是致富带头人，所以我更接近百姓，更了解他们，能够带领大家，在致富这个领域也更有发言权。大家都盼着你能带领大家实现脱贫致富。在乡村振兴这方面，虽然国家的政策非常好，但是要落到实处，则需要致富带头人去了解和落实，这样才能更好地切实推进和执行。所以我觉得先致富才能带头，因为如果你不富起来，你就没办法去带这个头，光喊口号没有任何意义，就像改革开放那会说的“先让小部分人富起来”那样。我相信在不久的将来，我们村会发展得更好，大家一定会奔向幸福之路。

后记：传承新农人的致富密码与创业精神

新农人是新技术、新知识的推广者和农村生产生活变革的示范者，是创新创业的探索者和实践者，是自力更生、艰苦奋斗的典范。他们懂技术、善管理、敢闯敢拼并富有奉献精神，具有一定的经济资本、人力资本与社会资本，以农业及其衍生行业为产业依托，对周边农民群众增收致富起着辐射、示范和带动作用。

可以说，新农人往往带着批判审视的眼光进入农业，对传统农业进行改造和加工，做新时代农业的弄潮儿、探路者、发酵剂，做农村土地的守护者、有机食物的生产者、农耕文化的传承者、当地村民的帮扶者。如何留住这一群体的集体记忆并传承其致富密码与创业精神，是乡村振兴研究者的使命与担当。

如何留住这一群体的集体记忆，自序中我已经谈得比较多了。后记中，我主要想谈谈为何要以及该如何传承新农人的致富密码与创业精神。整体而言，新农人群体的故事，可以作为校园育人资源与课程思政素材，用于培养学生的家国情怀、担当意识和公共精神，鼓励学生争当乡村人才振兴的孵化器，引导学生到基层去、到农村去创业就业，为乡村人才振兴提供智力支持与人才支撑。

具体来说，可以普及中国乡村振兴战略，促使青年学生了解乡村；可以讲解乡村创新创业体系，引导青年学生关注乡村；可以凝聚乡村创新创业力量，推动青年学生投入乡村；可以搭建乡村创新创业平台，鼓励青年学生献身乡村振兴；可以开展乡村创新创业实践，助力青年学生振兴乡村。之所以将“育人”作为与“留住乡村命运共同体的集体记忆”并驾齐驱的“口述乡村”系统活动目的之一，主要在于新时代、新征程、新变革让大学生普遍存在就业难、创业难等问题。

当然，造成这一现象（大学生就业难、创业难）的原因是多元的，一是在求职的过程中大学生普遍存在“高不成低不就”的问题，部分大学生在求职过程中存在非理性就业期望，忽视对自身能力的正确判断，对高等职位抱有期望，自身的能力却与职位需求不匹配，而低等职位又与自身的期望不符合，自我与职业之间的悬浮性导致毕业容易却就业难、大学生失业的现象增多。二是在当下社会中，虽然创新创业越来越受到社会的重视和关注，毕业之后创业也会有很好的发展机会，但部分学生思维僵化、取向单一，职业发展范围主要在城市，忽视了乡村对大学生人才的需求。而随着大学毕业生数量的增加，在城市就业的大学生数量逐渐饱和，社会就业职位数量逐渐变少，大学生的就业选择变得更少，竞争和压力较大。三是受国内外不良风气的影响，大学里的拜金主义、享乐主义和奢靡之风盛行，部分青年学生不思进取、好高骛远、怨天尤人、心浮气躁，亟须通过精神鼓舞、榜样示范、价值引领和课堂教育，让青年学生有信仰、有情怀、有责任、有担当。新农人所呈现的“责任、担当、奉献、探索、吃苦、实干”等精神，正是培育青年学生积极进取、吃苦耐劳、艰苦朴素、勇于担当、敢于创新等优秀品质的鲜活教材与生动案例，使他们在真实事迹的感召下，树立远大志向、练就过硬本领、磨炼顽强意志，以实际行动到基层到农村去创业就业，或成为乡村人才振兴的孵化器，为乡村振兴提供智力支持与人才支撑。

但是，即便有部分大学生愿下乡进村，其能力也可能与乡村所需不匹配。毕竟，绝大多数高校位于大城市，优质高校尤其如此，以致有些大学生不太熟悉乡村，没有乡土知识与文化，对农村的需求不甚了解，即便想去乡村创业就业，也缺乏相应的引导和平台。大学是人才的供给侧，乡村是人才的需求侧，目前，二者之间不能有效匹配。为什么高校培养的人才与乡村需要的人才不匹配呢？首先是本科人才培养结构不完善，教育结构中缺乏社会平台的引导。平台是引导学生进入乡村的途径之一，部分大学生想进入乡村创业就业，但是现阶段教学之中，学校的教育主要是集中在文化理论上，缺乏平台支持。大学与乡村之间缺少相互联系引导的中介，部分大学生想到乡村但无法去乡村，因此即便大学生想去乡村创业就业，也缺乏相应的引导和平台，为大学生提供乡村振兴平台是促进大学生服务乡村振兴的重要举措之一。当然，从推拉理论视角分析，乡村逐渐成为具有人才吸引力的拉力。首先，国家对乡村振兴、创新创业给予大力支持，乡村就业创业环境逐渐改善；其次，为促进乡村振兴，国家为乡村提供大量的政策支持，乡村振兴政策得到保障；最后，乡村振兴存在巨大的人才缺口，投入农村就业创业是大学生不错的选择。而城市却成为促进人才去农村的推力，一方面科技化发展导致社会就业职位相对减少，社会就业竞争压力大，大学生的可选择范围小或就业无选择性；另一方面我国教育规模越来越大导致高校毕业生总量逐渐增长，大学生面临日趋严峻的就业形势和激烈的社会竞争。乡村人才需求的拉力和城市人才过剩的推力，形成了推动大学生去乡村创新创业的合力，大学生想去农村的意愿变强，但现有的人才培养体系不足以支持。虽然现有的本科人才培养模式重视对学生综合能力的发展，也通过建立合理的学业评价体系促进大学生的创新能力及自主学习能力提升，但高校现有的创新型人才培养模式缺乏面向乡村振兴的指向性，其所培养的人才与乡村振兴所需人才契合度较低，导致大学生想下乡但是不能下乡的现状，因此高校需要对现有人才培养模式进行改革与创新，培养面向乡村振兴的人才。

基于上述原因，我们才准备将新农人故事作为培育青年大学生的重要素材，一代一代传承下去。

对于新农人口述故事的采写与出版，离不开多方力量的帮助与支持，在此我要感谢广东省乡村振兴局、共青团广东省委员会、广州市社科联的指导，感谢广东省国强公益基金会的资助，感谢编委会成员的支持，感谢广州大学教务处、校团委、公共管理学院领导的帮助，感谢广州大学、贵州民族大学、云南大学、重庆大学等高校学生的参与，感谢南京大学、南开大学、武汉大学、上海大学、四川外国语大学、上海交通大学、贵州民族大学等高校专家的审修，感谢社会科学文献出版社编辑的校正，感谢广州大学乡村振兴研究院团队的帮助，更要感谢那些接受我们采访并提供资料的农村致富带头人。

撰写后记之际，我又阅读了一些资料和文献，发现新农人在现有农业生产者中的比重依旧较低，且在发展过程中，生产经营链条上各环节发育不同步、土地供应与集约化争端、资金与技术短缺问题等成了普遍难题。在行业特性上，也呈现出服务体系不完善、农业风险防控难等特点。在带头作用的发挥上，存在普通农民响应协作不够、领头雁“孤雁难飞”等窘境。再加上农业行业风险较大且试错成本较高，土地流转阻力较大且整合周期较长，新农人培训的体系化、系统化、市场化、精准化不够，新农人发展还面临一些困难与挑战。不过，我们欣喜地看到，目前的新农人群体呈现如下特点：一是从业规模越发庞大，每年以50万人左右的速度在增加；二是从业领域越发宽广，从最初的农业种植产业到后来的电商直播、乡村旅游、休闲农业、三产融合，再到现在的智能种养、托管服务、数字产业等；三是行业联系越发紧密，组织化程度越来越高，新农人联合会、农人会等社团机构越来越多。因此，展望未来，新农人将在乡村振兴和共同富裕中发挥越来越大的作用，将会有更多的城市有为青年和在校大学生加入，将要着力延长产业链、提升价值链、完善利益链，重点在发展乡村共享经济、创意农业、特色文化产业等方面做文章，构建集要素整合、分工调整、角色转换、市场开拓于一体的良性农村创新创业生态圈。站在这个角度，未来的新农人，更需要具有务实肯干、跨界融合、资源链接、善于合作、尊重农民的能力与品质。

谢治菊

2022年5月29日于羊城

图书在版编目（CIP）数据

从“扎根”到“引领”：新农人致富记忆与带头密码. 下卷 / 谢治菊，李利文编著. -- 北京：社会科学文献出版社，2022.8

ISBN 978-7-5228-0232-9

Ⅰ.①从… Ⅱ.①谢… ②李… Ⅲ.①农村-致富-中国-文集 Ⅳ.①F323-53

中国版本图书馆 CIP 数据核字(2022)第 099296 号

从“扎根”到“引领”（下卷）

——新农人致富记忆与带头密码

编　　著 / 谢治菊　李利文

出 版 人 / 王利民
责任编辑 / 张建中
文稿编辑 / 杨言妮
责任印制 / 王京美

出　　版 / 社会科学文献出版社·政法传媒分社（010）59367156
地址：北京市北三环中路甲 29 号院华龙大厦　邮编：100029
网址：www.ssap.com.cn
发　　行 / 社会科学文献出版社（010）59367028
印　　装 / 三河市尚艺印装有限公司

规　　格 / 开　本：787mm × 1092mm　1/16
印　张：22.25　字　数：362 千字
版　　次 / 2022 年 8 月第 1 版　2022 年 8 月第 1 次印刷
书　　号 / ISBN 978-7-5228-0232-9
定　　价 / 258.00 元（上、下卷）

读者服务电话：4008918866